미국 북장로교 한국 선교회사

HISTORY OF THE KOREA MISSION
PRESBYTERIAN CHURCH U. S. A.

VOLUME Ⅰ (1884–1934)

해리 로즈 지음
(Harry A. Rhodes, A. M., D.D.)

최재건 옮김

연세대학교 출판부

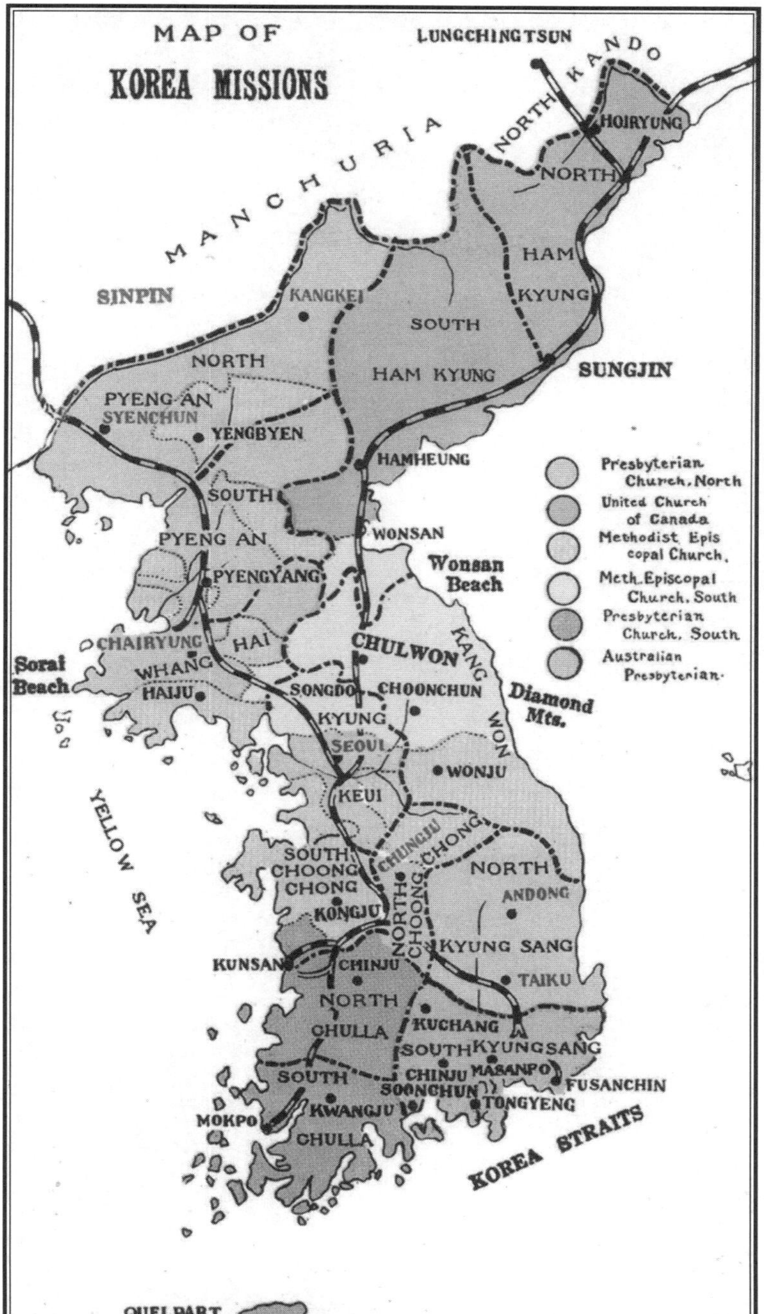
MAP OF
KOREA MISSIONS
LUNGCHINGTSUN
NORTH KANDO
MANCHURIA
HOIRYUNG
NORTH
HAM
KYUNG
SINPIN
KANGKEI
SOUTH
HAM KYUNG
SUNGJIN
NORTH
PYENG AN
SYENCHUN
YENGBYEN
HAMHEUNG
SOUTH
PYENG AN
WONSAN
PYENGYANG
Wonsan Beach
Presbyterian Church, North
United Church of Canada
Methodist Episcopal Church.
Meth. Episcopal Church, South
Presbyterian Church, South
Australian Presbyterian.
CHAIRYUNG
HAI
WHANG
CHULWON
KANG WON
Sorai Beach
HAIJU
SONGDO
CHOONCHUN
Diamond Mts.
KYUNG
SEOUL
WONJU
KEUI
YELLOW SEA
CHUNGJU
CHONG
SOUTH
CHOONG
CHONG
NORTH
NORTH CHOONG
ANDONG
KONGJU
KYUNG SANG
KUNSAN
CHINJU
TAIKU
NORTH
KUCHANG
CHULLA
SOUTH KYUNGSANG
SOUTH
CHINJU
MASANPO
FUSANCHIN
SOONCHUN
TONGYENG
MOKPO
KWANGJU
CHULLA
KOREA STRAITS
QUELPART

• • •

역자 서문

본서는 미국 북장로회 선교부가 1934년에 한국선교 50주년인 희년을 맞아 그 기념 사업의 일환으로 지난 50년간의 활동상을 정리해놓은 것이다. 미국 북장로회 한국선교회는 미 북장로회 총회의 해외선교부가 세계 각지에 설립한 선교회들 중에서 최대 규모를 이루고 있었다. 중국처럼 여러 지방에 북장로교 선교회들이 포진되어 있는 경우가 있어 국가 규모로 보면 그렇지 않았지만 개별 선교회 단위로서는 한국선교회가 가장 컸다. 이 한국선교회는 한국에 있는 여러 교단 선교회들 중에서도 규모가 가장 컸고, 한국교회의 형성과 발전에도 가장 큰 영향을 끼쳤다. 그러므로 본서는 이 선교회의 역사를 이해하는 일뿐만 아니라 한국교회사를 이해하는 일에도 필수적인 자료가 된다. 다행히 본서는 북장로교가 초창기부터 1934년까지 벌인 선교활동의 여러 측면을 상세하게 기술하고 회고와 전망에 대한 논평과 상당한 양의 통계표들까지 더하고 있으며, 다른 선교회들에 관한 내용도 많이 포함시키고 있다. 그러므로 교회사 연구가 상당한 진전을 이룬 오늘날에도 한국교회사를 세부적 · 종합적으로 파악하기에 가장 적합한 자료 중의 하나가 되고 있다. 이것이 본서를 늦게나마 번역해서 발행하게 된 기본 이유가 된다. 또 다른 이유는 근래에 한국교회 안에서 한국교회사에 대한 관심이 고조되는 점을 고려해 전문 연구자가 아닌 일반인들도 쉽게 활용할 수 있게 하려는 데에 있다.

본서는 북장로교 선교부 한국선교회가 1906년부터 자체의 역사편찬을 위해 준비해온 것을 바탕으로 제작되었다. 본서 머리글에 따르면, 그 과정에서 사이드보텀(R. H. Sidebotham), 쿤스(E. W. Koons), 윌리암 C. 커(William C. Kerr), 샤록스(A. M. Sharrocks)의 부인, 홀드크로프트(J. G. Holdcroft)의 부인 · 코엔(R. C. Coen), 피터스(A. A. Pieters) 등 여러 선교사들이 역사편찬위원회의 위원으로 활동하였다. 본서는 그러한 노력의 최종 결실로서 선교회의 공식적인 지원과 선교사들의 협력을 힘입어 발행되었다. 그러므로 해리 A. 로즈의 개인저술이라고 단정하기 어려운 점이 있다. 하지만 그가 선교회의 위촉을 받아 집필자로 수고한 점과 본문 여러 곳에서 그의 주관이 반영된 흔적이 발견되는 점들에서 본서는 북장로교 한국선교회 공식 선교회사로서 거기에 속한 여러 선교사들의 추인을 받은 로즈의 저술이라고 불러도 손색이 없을 것이다.

해리 A. 로즈(Harry A. Rhodes, 魯〈盧〉解理, 1875-1965, A.M., D.D.)는 1908년에 프린스톤 대학의 석사과정과 프린스톤 신학교를 졸업하고-신학박사 학위는 1925년에 그로브 시티 칼리지(Grove City Colleg)에서 취득했다-그 해 8월 18일에 미국 북장로회의 선교사로 부인 에디트 브라운 로즈(Edith Brown Rhodes)와 함께 내한했다. 그는 미국에서 안식년을 보내던 언더우드 선교사의 영향으로 한국 선교사가 되었다. 사역 초기에는 평안북도 강계와 선천에 부임하여 개신교가 서북지역에서 가장 왕성하게 성장하고 만주지역으로 선교지를 확장하는 데에 일조하였다. 1918년에 연희전문학교의 교수로 발탁되어 서울로 임지를 옮긴 후에는 학원선교와 문서선교에 주력하였다. 특히 연희전문의 설립이사, 이사, 학감, 신학과장 등을 역임하면서 연세대학의 기초를 다지는 일에 크게 기여하였다. 평안북도에서 활동할 때 인연을 맺었던 백낙준 박사를 연희전문 교수로 이끈 일도 그러한 업적의 하나가 된다. 그는 신학과장으로서 채플과 성경과목을 담당하여 연희전문이 기독교대학으로서의 정체성을 유지하게 하는 데도 기여했다. 그의 부인도 음악교수로 봉사하였다. 또한 학원선교사업의 하나로서 미북장로교 한국선교회 실행위원회 위원이 되어 일제의 기독교학교 신사참배 강요에 항의하기도 하였다.

문서선교사업에도 종사해 1921년에 기독신보 사장이 되었고, 1922년에 조선예수교서회 편집위원이 되었다. 해방 후에는 기독교서회 평생회원이 되어 문서운동을 지도하고 후원하였다. 그는 본서 외에도 많은 저술을 남겼다. 본서의 속편인 *History of the*

Korea Mission Presbyterian Church in the U.S.A., Vol. II, 1935-1959는 아치발드 캠벨과 공저로 저술하여 뉴욕에서 1964년에 발행했다. 그가 독자적으로 1933년에 서울에서 발행한 『조선기독교회략사』는 문고판 형태로 된 한국교회사 서적의 시범이 되었다. 그 밖에 『오경문답』(1923), 『모압녀인 룻』(1931)의 저서와 『인물설교십강』(1933), 『성경고유명사사전』(1937), 『성경요람』(1940) 등의 역서를 남겼고, 『신학지남』, 『신학세계』, *The Korea Mission Field* 등의 저널들에도 많은 글을 남겼다.

그의 활동과 저작물들과 본서의 인용서적들을 보면 그의 성향을 일부 짐작할 수 있다. 그는 서북지방 선교사들과도 친교가 깊었지만, 기호지방 선교사들과는 더욱 뜻을 같이 했던 것으로 보인다. 이는 그가 한국 단일 교회의 설립이 좌절된 일을 비판적으로 언급한 점, 언더우드 부부의 저술들을 심심치 않게 인용 · 참고한 점, 연희대학 설립문제를 자세히 다룬 점 등을 미루어 짐작할 수 있다. 천주교사 부분에서도 『조선기독교회략사』에 나타난, 개신교 선교의 전사로서 천주교사에 대한 그의 깊은 관심이 반영되어 있다고 할 수 있다. 이상과 같은 서술 방향은 그가 장로교 선교사들 중에서 상대적으로 교회연합운동에 대해 더 열린 자세를 가지고 있었던 것을 보여준다.

그러나 기본적으로 그의 글은 북장로교의 선교사들의 공통 인식을 반영하는 방향으로 작성되었다. 그의 글의 가장 큰 강점이 여기에 있는데, 그는 선교사들이 작성했던 보고서, 회의록, 저서, 저널 기사들을 두루 섭렵하여 중요한 역사적 사실들을 선정하고 일목요연하게 정리했으며, 시시때때로 그 출처를 미주에 밝혀놓았다. 백낙준의 조언을 자주 받았다고 밝히고 그의 예일대 박사학위 논문을 많이 인용한 것도 주목할 점이다. 한국사 분야에서는 게일(J. S. Gale)의 저서(*History of the Korean People*)를 많이 의존했던 것으로 보인다. 그런 점에서 그의 글이 1차 자료라고 하기는 어렵지만, 선교회의 내부사정을 잘 아는 선교사가 여러 선교사들의 동의와 협력 아래 자체 역사를 서술한 점에서 연구자료로서의 신뢰도는 높다고 할 수 있다.

본서에는 몇 가지 한계점들도 있다. 먼저 오자들과 각주의 표기가 맞지 않는 경우가 종종 발견되고 있다. 그런 경우는 눈에 띄는 대로 역자주를 붙여 정정하였다. 지역명이나 용어 등이 일본식으로 표기된 경우도 있는데, 그런 점 역시 역자주를 붙여 표시하였다. 북한 지역의 행정구역명은 당시의 명칭 그대로 두었다. 선교사의 시각과 일제시대의 시대인식에 근거하여 시대착오적인 역사인식을 보이는 경우도 있다. 당시에는 한국이 해방될 것을 짐작할 수 없었기 때문에 식민지 상태가 계속될 것이 전제되고 있었다. 후주나 참고자료 표기 양식도 오늘날 거의 일반화된 시카고 매뉴얼을 따르지 않고 있는데, 이 책은 원문에 있는 대로 표기하면서 책명만 이탤릭체로 전환하였다. 본 번역서는 직역을 원칙으로 하여 내용을 이해하는 데에 지장을 주지 않는 한도 내에서 문장이 매끄럽지 못한 부분을 더러 그대로 두었다. 원문에서 의사를 가르키는 'Dr.' 표기는 일상적인 호칭을 따라 대개 박사로 번역하였다.

역자로서는 젊은 날에 이 책을 언젠가는 번역하겠노라고 가졌던 꿈을 오랜 세월이 흐른 후에 결국 이루게 되어 감회가 깊다. 본서를 번역하여 출판하는데 도움을 준 여러 분들께 감사의 말씀을 드린다. 무엇보다 연세대학교 출판부 관계자들께 깊은 감사를 드린다.

2008년 말,

연세대학교 신학관 연구실에서

차 례

차 례

머리말

선교회는 지난 25년 동안 선교회의 역사를 출판할 계획을 세워왔다. 선교회는 1906년에 다음과 같은 조치를 취했다. “발의된 대로 의장은 삼인(三人)위원회를 구성하고 그들로 하여금 선교사 명단이나 통계표 등등과 더불어 선교회사 작성에 필요한 전반적인 문제를 숙고한 후 그 일을 수행하는, 바람직하고 가장 확실한 방법에 관해 선교회에 보고하도록 해야 했다. 의장은 베어드(Baird) 박사, 밀러(F. S. Miller), 사이드보텀(R. H. Sidebotham)을 임명하여 그 같은 위원회를 이루게 했다.” 그 위원회는 모임을 가진 다음에 “특별위원회가 선교회사 편찬 문제를 숙고하였는 바 사이드보텀에게 이 역사 편찬을 위한 자료 수집과 전술한 작업을 시작해주도록 요청할 것을 권고합니다”라고 보고하였다.[1] 이듬해(1907)에 그 일의 진행상항을 알리는 보고서가 작성되었다.

사이드보텀 목사는 1908년에 사망하기까지 3년 동안 홀로 선교회사 편찬위원회를 담당했다. 그를 뒤이어 쿤스(E. W. Koons) 목사가 1929년까지 그 위원회의 일원으로 활동했다. 1911년에는 윌리암 C. 커(William C. Kerr) 목사가 합류했다. 1918년 해리 A. 로즈(Harry A. Rhodes) 목사가 커를 승계한 후에 계속 그 위원회에서 일해 왔다. 세 번째로 샤록스(A. M. Sharrocks)의 부인이 들어와 1926년부터 1929년까지 활동했다. 그리하여 그 위원회는 다음과 같은 체제를 이어갔다. 1906-1908년: 사이드보텀, 1909-1910년: 쿤스, 1911-1917년: 쿤스 · 커, 1918-1925년: 쿤스 · 로즈, 1926-1929년: 쿤스 · 로즈 · 샤록스 부인, 1930년: 로즈 · 홀드크로프트의 부인(Mrs. J. G. Holdcroft) · 코엔(R. C. Coen) 목사, 1931년: 로즈 · 피터스(A. A. Pieters) · 코엔. 1932년 피터스가 사망한 후에는 쿤스 박사(E. W. Koons D.D.)가 위원회의 일원이 되었다.

선교회사 편찬위원회는 그 다음 번 보고서를 1910년에 작성하여 보고하였다. "위원회는 자료를 수집하고 활자화되지 않은 사실들을 취합하는 일에서 그동안 진행된 상황을 보고한다. 선교회에서 토론을 거친 후, 몇 가지 권장사항을 채택하였다.[2)]

1. 이 작업의 일차적인 목표는 이곳과 다른 선교지의 선교사역자들이 이용할 수 있도록 한 권의 책으로 편찬하여 우리 선교회의 기원, 정책, 특징들을 보여주는 데 있다.
2. 개인의 전기에 관한 정보를 제시하는 데는 특별한 주의가 요청되며, 그것들은 원고의 형태로 보존될 지라도 이 책의 일부로 출판되지는 않는다.
3. 선교회 총무는 권한을 가지고, 요청이 있을 경우, 이 위원회에게 선교회 자료나 서신 같은 것들을 넘겨주어야 한다."

1911년에 선교회는 "개인 신상 기록"이란 문서들을 수합하였다. 각 선교사들은 이용지에 있는 30개의 문항들을 채우도록 요청받았다. 현재(1932년 2월까지) 이 책은 현존 회원 154명, 사임자 87명 중 63명, 사망자 44명 중 20명, 은퇴자 4명-모두 합쳐 이제까지 선교회의 정규회원 총 289명 가운데 241명-의 정보를 담고 있다. 또한 네 명의 준회원들 가운데 2명, 사임한 준회원 5명, 사망한 준회원 7명-전체 준회원 16명 가운데 8명-의 정보를 담고 있다. 이 책은 매년 연례 모임에서 추가로 정보를 수집하였고, 연중의 기록에서도 추가정보를 모아왔다,

위원회는 1911년도 보고서 가운데 선교회사의 편찬에 관해 다음과 같이 제안하였다.

1. 그동안의 실적. 처음에는 부담 없이 시작했을지라도 예상했던 것보다 더 힘들고 광범위하게 업무가 추진되어왔다. 입수가 가능했던 선교회 회의록들과 다른 문서 자료들을 신중하게 활용해왔으며, 할 수 있는 대로 초창기부터 이곳에 있은 자들의 구두설명과 비교해서 그 진실성을 입증하고자 했다. 이제까지 추진되어온 계

획은 다음과 같다.

a. 연대기. 한국과 여러 외국과의 관계를 밝히고 또한 선교회의 사역 연대를 지정한다. 이것은 역사 서술의 기본 윤곽을 제공한다.

b. 선교회 연보(年譜). 매년 선교회에서 일어났던 중요한 사건들을 열거한다. 이것이 완성되어 읽힐 만한 문서의 형태를 갖추게 되면 역사 서술의 몸체가 될 것이다. 여기에 보고서들에서 발췌된 것들, 교회사역과 학교사역에 관한 설명들, 선교회의 특수정책들에 관한 몇몇 견해들과 그 이유들이 보충될 것이다. 이 일은 현재 1890년까지 완료되었다.

2. 권고사항. 선교회 총무에게 지시하여 그로 하여금 선교부에 편지를 써서 선교회사 편찬위원회가 선교부에 소장된 서신 파일들을 볼 수 있게 해달라고 요청해야 한다.[3)]

1912년도 위원회 보고서는 "한 해 동안 초기 선교회사의 개요를 여러 사람–그 중 몇 사람은 선교회 회원이 아니었다–에게 제출하여 교정과 보완을 꾀하였다. 위원회는 매번 많은 도움을 받았으며, 이에 대해 공식적으로 사의를 표명하기를 원한다"고 언급하였다. 그 해(1912)에 "초창기 역사를 시험적으로 인쇄하기" 위해 60원을 지급해주며 역사서가 완성되고 승인되면 인쇄할 특별 기금으로 1천 달러를 모금할 수 있게 허락해달라고 요청했으나, 선교회의 허가를 받지 못했다.

1913년에 위원회는 "뉴욕에 있는 선교편지들을 복사하고 발췌문 및 요약문을 작성하는 일에 많은 시간을 보냈다"고 보고하였다. 위원회는 이 자료들을 보면서 "초기 10년사의 시험본을 펴낼 준비가 다 되었다고" 느끼고 두 가지 사항을 권고하였다. "(a) 원고를 준비한 후 언더우드 박사, 게일 박사, 마펫 박사, 알렌 박사에게 보여서 비판, 교정, 추가, 수정을 받게 할 것. (b) 그들에게서 승인을 받은 후 선교회의 지도 아래 원고들을 회람용으로 인쇄할 것." 이 보고는 편집 · 출판위원회(Editorial and Publishing Committee)에 회부되어 (a)의 문제를 승인을 받았고, (b)의 요청은 승인을 권고 받은 실행부(Executive Committee)에 의해 수납되었다.[4)][i)]

그 후 3년간은 "더 이상 진전되지 않고 있다", "일이 진행되고 있다"는 등의 보고가 있었으며, 1917년에는 아무런 보고서도 제출되지 않았다.[5)] 1918년도 보고서는 "여름휴가 기간에 선교회의 초기 10년사를 다룬 일종의 최종본이 만들어질 수 있을 것이다"라는 희망을 피력하였다. 이어 1919년에는 "선교회의 초기 10년사를 위한 원고가 금년 여름에 완성될 것이다"라는 보고가 있었다. 1920년에는 "위원회의 기대와 달리 그 역사의 원고에 관해 아무 것도 이루어진 것이 없다"라고 보고되었다.[6] 1921년과 1922년에는 보고서의 분량이 이전보다 늘어났으나, "한국선교의 역사를 저술하는 방법은 여전히 미정인 채로 있다"는 언급 외에 선교회사에 관한 별다른 보고가 없었다.[7]

1923년에 다음과 같은 권고와 더불어 선교회사를 일부나마 완성시키려는 두 번째 시도가 이루어졌다. "40주년 기념행사의 일환으로서 선교회 초기 10년사 시험판을 300권 한정으로 인쇄하여 선교회와 미국 선교부에 개별적으로 회람시킨 후 적절한 수정과 개정작업을 거쳐 최종판으로 대체해야 한다."[8] 그러나 선교부가 재정지출의 과다를 염려함으로써 1924년에는 연례 모임이 개최되지 않았고, 40주년 기념행사 계획이 무산되었다. 1925년에는 전년도의 여파로 인해 그리고 위원회의 위원 한 명이 안식년을 떠난 일로 인해 아무런 보고도 이루어지지 않았다.[9]

1926년에는 무언가를 만들려는 노력이 부분적으로 가시화되었다. 출판물의 제목을 "선교회 약사"(A Resume of the History of the Mission)로 바꾸자는 의견이 제시되었다. 위원회의 요청을 받은 선교회 회원들에 의해 몇 편의 글들이 작성되었다. 그 중 어떤 것들은 선교회 앞에서 읽혀졌고, 선교회는 "이 핸드북을 인쇄하기 위해 선교회사 편찬위원회에 100원을 지급하며 필자들은 모임을 갖고 적절하게 편집할 것"을 의결하였다.[10]

1927년에는 위원회가 정규적으로 모임을 가졌다. 거의 모든 항목에서 최종 원고들이 모아졌으며, 출판계획이 구체화되었다. 각 선교기지들에 관해서는 처음 수년간의 역사만을 다루었다. 그 전체 개요는 이 책의 서문에서 찾아볼 수 있다. "출판을 시작"하고, 1천 권을 찍어 권당 3원 정도에 팔며, 선교회 회계에게 부탁하여 권당 2원씩에 선매하게 할 것이 표결되었다. 또한 예수교서회에게 위탁하여 남은 책들을 처리하고 그 이윤은 1934년에 낼 선교회사 완성본을 위한 출판기금으로 보관하게 했다.[11]

이듬해(1928)에는 그 출판물에 "한국의 개척자-미국 북장로교 조선 선교회의 초기 역사"(Pioneers of Korea-A History of the Beginning of the Chosen Mission, Presbyterian Church, U.S.A.)라는 제목이 붙여졌다. 보충하는 글이 또한 더해졌고, 백낙준(George L. Paik) 박사에게도 그가 출판한 『조선개신교사, 1832-1910』(*The History of Protestant Missions in Korea*, 1832-1910)[ii] 중에서 발췌를 허락해준 데에 대해 감사

를 표할 것이 결의되었다. 예수교서회의 제럴드 본윅(Gerald Bonwick)의 중재로 상해에서 1천 권을 발행하도록 타협이 이루어졌으며, 500권을 권당 2.50원에 선불로 예매하되 선교회 사람들이 300권을 소화하고 나머지는 다른 선교사들, 미국의 친지들, 선교사 자녀들에게 팔도록 결정되었다.[12] 그 즉시로 선교기지들에 의해 선매주문이 확보되기까지 하였으나, 위원회는 이러한 계획을 실행하지 못했다. 1929년의 연례 모임에서 위원회 총무는 다른 문제들에 관해서는 보고하면서도 선교회사에 관해서는 아무런 언급도 하지 않았다.

지금의 이 책을 발행하는 일은 1930년에 시작되었다. 위원회는 그때 요청했던 "초기 역사"의 마지막 원고들을 접수했으며 인쇄소 세 곳으로부터 입찰을 받고 있다고 보고하였다. 선교회에 대해서는 다음의 사항들을 질의하였다. "우리가 출판하기까지 이 일을 계속 진행시킬 것인지? 그렇다면 1,500원 정도가 소요될 것으로 산정되는 재정을 어떻게 충당할 것인지? 50주년을 기념하기 위해 우리의 프로그램을 확대시켜 앞으로 4년 안에 선교회의 역사를 전부 포괄하는 더 큰 분량의 책을 발간하고자 하는 우리의 계획을 지지할 것인지? 만일 어떠한 결정이 이루어진다면, 편집책임자는 이 작업을 주된 업무로 삼을 수 있도록 배려되어야 할 것이다." 이 보고가 선교회의 분담위원회(Apportionment Committee)에 회부된 후 다음과 같은 회신이 내려졌다. "선교회 창설 50주년기념 축하행사에 맞추도록 선교회사의 출판을 연기하며, 로즈 박사를 편집장으로 임명한다." 새로운 선교회사 편찬위원회가 임명되었다.[13] 이에 편집인은 "목차 초안"을 작성하고 위원회에 속하지 않은 약 20명의 선교회 회원들에게 동일한 내용의 질문서를 보냈다. 회신들이 수합된 후, 그 "목차"는 선교회사 편찬위원회와 실행부 모두에 의해 검토되었다.

이렇게 해서 지난 25년 동안 선교회사 편찬이란 과업은 우여곡절로 많은 세월이 흘러갔다. 처음에 생각했던 것보다 분량이 늘어났으며, 더 완전한 책을 쓰기로 결정하기까지 이와 같은 실패와 "재시도"와 계획 변경의 역사를 경험하였다. 50년에 한 번씩 선교회사를 쓰는 일은 어쩌면 앞으로도 종종 이루어지게 될 것이다.

돌이켜보면 그 모든 실패의 원인들 중에서 가장 큰 원인은 한두 사람에게 그 일을 전담시켰음에도 불구하고 그 일에만 전념할 시간을 마련해주지 못했던 데에 있었다고 생각된다. 그뿐 아니라 선교회의 한 명이나 몇 사람이 선교회원 모두를 만족시킬 수 있는 역사를 쓰는 일이 과연 가능할 것인지에 관해 자주 의심이 표출되었다. 선교회는 마침내 다음의 결론에 도달했다. 통일성이 있게 역사를 쓰려면 한 사람이-그가 어떠한 도움을 얻을 수 있든지 간에-기획하고 쓰도록 해야 하며, 최소한 몇 사람들은 부분적으로 만족하지 못할 수 있다는 점을 인정하고서 출판해야 한다는 것이었다.

편집인은 이 일을 맡도록 선정된 것을 명예롭게 여기는 한편, 내 자신이 천사들도 가기를 두려워하는 곳으로 들어가고 있다는 사실을 깨달았다. 그리고 일을 마친 후에는 이 작품의 단점들에 대해 독자들보다 내가 더 민감하게 반응하게 될 것을 깨달았다. 이 과업은 오랫동안 끌어온 일의 한 부분이라도 완성시키려고 노력하여 선교회 창설 50주년을 기념하는 이 역사적인 기회를 빛내도록 하라는 분명한 소명처럼 여겨졌다.

"한국 선교회"(Korea Mission)란 이름이 "조선 선교회"(Chosen Mission)란 이름 대신에 사용되는 것은 코리아(Korea)란 이름이 서구 세계에서 더 잘 알려져 있기 때문이다.

:: 주석

선교회사에 관해 연례모임 회의록에서 참조한 부분은 다음과 같다:

1) 1906, pp. 21, 51.
2) 1910, p. 27.
3) 1911, pp. 61–62.
4) 1912, pp. 28–29.
5) 1913, pp. 27, 77.
6) 1914, p. 29; 1915, p. 52; 1916, p. 25.
7) 1918, p. 9; 1919, p. 26; 1920, p. 19.
8) 1921, pp. 20–22; 1022, pp. 16–19.
9) 1923, pp. 24–26; 1924, p. 52; 1925, p. 27.
10) 1926, pp. 100–101.
11) 1927, pp. 79–81.
12) 1928, pp. 77–81.
13) 1929, pp. 84–85; 1930, pp. 11, 31, 80–82; 1931, pp. 11, 59, 68–71; 1932, pp. 12, 77–78; 1933, pp. 6, 69, 71–72.

:: 역자주

i) 본문에서는 4번부터 9번까지의 각주번호가 5~10번으로 잘못 표기되어 있다.

ii) 본서는 영문으로 1929년 숭실전문학교 출판부에서 출판되었고 1971년 연세대학교 출판부에서 재간행되었으며 한글 번역본은 1973년 연세대학교 출판부에서 간행되었다.)

서문

이른바 선교회사가 아직 작성되지도 출판되지도 않았던 때에 "사반세기 문서(Quarto-Centennial Papers)란 제목으로 작성된 인쇄물이 1909년의 25주년 기념행사 때 미북장로교 한국 선교회 앞에서 읽혀지면서" 그때까지 이룩해온 선교회의 사역과 역사에 관해 많은 생각을 하게 만들었다. 그 '문서'의 내용은 이 장에서 밝혀질 것이다.

편집인 앞에는 또한 1927-1928년에 작성되었다가 출판되지 못한 "조선선교회 초창기 역사"(History of the Beginning of the Chosen Mission)의 원고들이 있다. 출판을 위해 준비되었던 글들은 다음과 같다.

서문 선교회사 편찬위원회

해외선교부 서언 …………………… 아더 J. 브라운(Arthur J. Brown, D.D. LL.D.) 목사

선교회 서언 ………………………… 제임스 J. 게일(James S. Gale D.D.) 목사

선교회의 처음 10년 ………………… 밀러(F. S. Miller, Susan Dorty)의 부인

선교기지의 시작:

서울 선교기지의 두 번째 10년 …… 피터스(A. A. Pieters) 목사

부산 ………………………………… 베어드(W. M. Baird, D.D., Ph.D.) 목사
원산 ………………………………… 스왈른(W. L. Swallen, D.D.) 목사
평양 ………………………………… 번하이젤(C. F. Bernheisel, D.D.) 목사
대구 ………………………………… 헨리 M. 브루엔(Henry M. Bruen) 목사
선천 ………………………………… 샤록스(A. M. Sharroks)의 부인
재령 ………………………………… 쿤스(E. W. Koons, D.D.) 목사
청주 ………………………………… 밀러(F. S. Miller) 목사
강계 ………………………………… 허버트 E. 블레어(Herbert E. Blair) 목사
안동 ………………………………… 아더 G. 웰본(Arthur G. Welbon) 목사
횡경(신빈) ………………………… 쿡(W. T. Cook) 목사
선교회의 선교방법과 정책 ………… 홀드크로프트(J. G. Holdcroft, D.D.) 목사
한국 장로교회의 조직과 발전……… 알렌 클라크(C. Allen Clark, D.D., Ph.D.) 목사
선교회의 연합사역 참가 …………… 쿤스(E. W. Koons, D.D.) 목사
연대기………………………………… 해리 A. 로즈(Harry A. Rhodes, D.D.) 목사
참고문헌 및 독자 안내 ……………… 언더우드(H. H. Underwood, Ph.D.)
통계표 ……………………………… 쿤스(E. W. Koons, D.D.) 목사
부록 ………………………………… 해리 A. 로즈(Harry A. Rhodes, D.D.) 목사
선교기지 인명록(선교사들 전체 포함)
사임한 선교사의 명단 및 주소록
사망 선교사 명단
선교사 자녀 명단(16세 전후까지)

분실된 게일 박사의 '서언' 외에는 위의 모든 글들이 편집인의 손에 있다. 편집인은 이 필자들 각자에게 그 수고에 합당한 명예를 돌리지 못하는 것을 유감스럽게 생각한다.

다음으로 가장 유용하게 사용되었던 자료는 백낙준(George Paik) 박사의 『한국개신교사』(*The History of Protestant Missions in Korea*)였다. 여러 해 동안 백 박사는 편집인의 가장 가까운 이웃이 되어 친하게 지내왔다. 그의 책이 도움을 주었던 것은 물론이고 백 박사 자신까지도 매우 자주 자문에 응해주었다. 그 위에 백 박사는 원고의 여러 부

분들을 살피면서 값진 제언들을 베풀고 수정할 점들을 지적해주었다. 백 박사는 선교회사에 관한 지식뿐만 아니라 한국의 모든 것들에 관해 설명해줄 줄 수 있는 뛰어난 실력을 갖추고 있었으며, 실제로 많은 도움을 주었다.

또한 선교회 회의록들과 선교기지 보고서들의 모든 출판물들이 검토되었으며, *The Korean Repository*(1892-1898), *The Korea Mission Field*(1904-), *The Korea Mission Year Book*(1928, 1932)도 숙독되었다. 장로교 선교공의회, 개신교통합선교공의회와 그 뒤를 이은 연합선교공의회, 조선예수교연합공의회의 회의록들도 검토되었다. 알렌 박사, 언더우드 박사, 게일 박사, 클라크 박사, 언더우드 부인과 기타 많은 사람들의 한국 및 한국선교에 관한 저서들도 탐색되었다. 몇몇 선교기지의 회의록들, 개인적인 보고서들, 선교부에서 발송한 편지들과 선교부에 소장된 서신들도 조사되었다. 개인들에 대한 인터뷰도 많이 행해졌다. 편집인은 이러한 모든 자료들로부터 도움을 받았다. 만일 시간이 더 있었더라면 훨씬 더 많이 준비할 수 있었을 것이다. 정보의 정확성을 확보하기 위해 신중하게 노력했으며, 기록이 사실에 부합하는지를 밝히고자 하였다. 그럼에도 불구하고 실수가 발생했을 것은 말할 나위가 없다. 만일 이런 것들이 발견되고, 보완할 정보들이 모아지고, 다른 자료들이 추가로 검토된다면 다음에 낼 선교회사가 훨씬 좋아질 것이다. 편집인은 이 같은 희망 속에서 선교회사의 밑그림을 그리는 일을 기꺼이 감당해왔다. 이 일은 매우 흥미로운 공부가 되었다. 누구든지 이 일을 감당하다보면 조용한 아침의 나라에서 이 놀라운 은혜의 사역의 한 축을 이뤄온 수많은 한국인들과 선교사들에 관해 더 깊이 알게 되는 특권을 얻은 것을 감사하게 여기며 마음이 따뜻해지는 것을 발견하게 될 것이다.

방대한 자료들을 골라내는 작업은 편집인에게 힘겨운 일이었다. 역사서술에는 어떠한 원칙이 있었다. 이 책의 기록은 새로운 정보만을 담고 있는 것도 아니고 모든 사람들을 즐겁게 해주는 것도 아니다. 중요한 문제를 다룰 때는 흥미로운 보조설명과 개인에 대한 언급들을 곁들여 더 읽기 좋은 책이 되도록 했다. 통계표들은 무미건조하다는 말을 들을지라도 결코 빠뜨려서는 안 된다고 보았다. 시작과 성장을 돋보이게 묘사했으며, 사망기사는 제외시켰다. 선교사들의 개별 사역을 평가하는 일은, 설혹 예기치 않게 그런 경우가 일부 발생할 수는 있어도 시도하지 않았다. 개별 사역을 언급하는 일은 여하 간에 의도된 적이 없었다. 처음에는 한국교회의 대표적인 지도자 몇 사람을 기술할 생각이 있었다. 그러나 그들을 선정하는 문제에 관해 만족할 만한 방법을 찾을 수 없었다. 따라서 한국인 사역자들의 이름이 언급되는 경우가 있을지라도 우연히 이루어진 것이다. 사진을 선정하는 문제에 대해서도 같은 말을 할 수 있다. 다수의 부록들 가운데서 발견되는 정례적인 통계자료들은 본문의 서술을 확증하기 위한 것이다. 마음속에 늘 견지해온 이 책의 본 의도는 젊은 신예 선교사들, 선교방법을 연구하는 자들, 한국에 관심을 갖고 투자하는 모교회 교인들에게 정보를 제공하는 것이었다.

목차 순서가 의아하게 여겨질 수 있다. 논리적으로 따지면 3장과 4장이 맨 처음에 오는 것이 맞다. 그러나 그렇게 하는 대신 문호개방과 선교회 창설에 관한 흥미로운 이야기를 먼저 다루었다. 이어 선교 현장과 선교 이전의 역사적 배경을 묘사하며 잠시 쉼을 가진 후, 5장에서 선교회의 역사를 짧게 개관하였다. 12장부터는 우리 선교회와 다른 선교회들, 미국 선교부, 정부들과의 관계를 다루었다. 마지막 장에서는 현재의 조건과 미래에 대한 전망을 다루고, 통계표들과 부록들을 그 뒤에 배치하였다.

한국인들의 성명은 한국의 관습에서 성이 첫 번째 음절에서 발음되고 본명은 그 뒤에서 한두 음절로 발음되는 것을 좇아서 표기했다. 장소들도 한국식 명칭을 따라 표기했지만, 독자들은 최근 문헌에서 종종 일본식 명칭들을 보게 되기도 한다. 한국인들은 특정 장소를 가리키는 한자를 한 가지로 발음하지만 일본인들은 같은 글자를 다르게 발음한다. 선교회들의 선교기지들이 위치한 한국 도시들의 목록을 아래에 제시한다. 한국식 명칭을 먼저 표기하고 일본식 명칭은 괄호로 처리했다. 양편 모두에서 발음이 같은 경우에는 한 가지로만 표기되었다.

미북장로교: 서울(케이조), 평양(헤이조), 대구(타이큐), 선천(센센), 재령(사이네이), 청주(세이슈), 강계(코카이), 안동(안도), 만주의 신빈(코케이).

미북감리교: 서울(케이조), 제물포(진센), 평양(헤이조), 해주(카이슈), 영변(네이헨), 공주(코슈), 원주(겐슈).

호주 장로교: 부산진, 진주(신슈), 구마산, 거창(쿄쇼), 통영(토에이).

미남장로교: 전주(젠슈), 목포(몹포), 군산, 광주(코슈), 순천(준텐).

미남감리교: 서울(케이조), 송도(카이조), 원산(겐산), 춘천(쑨센), 철원(테쭈겐).

캐나다장로교: 원산(겐산), 함흥(칸코), 성진(조신), 회령(카이네이), 만주의 용정(류세이).

한국의 다른 중요한 장소들: 의주(기슈), 안주(안슈), 진남포, 사리원(샤리인), 강화(칸코), 충주(추슈), 조치원(초치인), 대전(타이덴), 경주(케이슈), 청진(세이신), 백두산(하쿠토), 금강산(공고산).

참고: 홀드크로프트(J. G. Holdcroft)의 부인이 꼼꼼하게 교정을 보아 편집인을 크게 도와주었다. 때로는 앤더슨(W. J. Anderson)의 부인이 이 작업을 대신하였다. 두 명이 함께 세 번 반복해서 교정본을 읽으며 검토했다. 그런데도 오자들이 모두 교정되지 못했다. 그 책임의 일부는 영어에 익숙하지 않은 인쇄소에게도 돌려져야 한다. "정오표"에서는 이러한 오자들이 대부분 교정되었다.

선교회의 50주년 기념위원회는 "선교회사의 출판이 가능해지도록" 휘트모어(N. C. Wittemore) 목사와 쿤스(E. W. Koons, D.D.) 목사를 편찬 조력자로 임명하였다. 휘트모어는 1933년 12월부터 1934년 2월까지 미국에 떠나 있는 동안 백 달러의 출판보조금과 백 달러 어치가 넘는 주문을 미리 확보해주었다. 쿤스 박사는 선매를 위한 한국순회를 제안하였고, 그 자체로도 큰 작업이 되는, 사진을 고르고 인쇄하는 일을 총괄하였다. 쿤스 박사는 사반세기 동안 선교회사의 인쇄 작업을 주관했다. 연대기 작성도 그가 시작했다. 그러므로 선교회의 많은 멤버들이 이 책의 저술과 출판을 위해 한 부분씩 맡아 수고했다고 할 수 있다.

1934년 4월 5일

서울, 한국

제 **1** 장

은자의 나라의 문호개방

한국 개신교의 역사는 "선교가 국가의 깃발을 뒤따랐다"고 할 수 있으나, 가톨릭 선교는 그 반대가 참이었다. 그러므로 선교사역의 시작을 설명하기 전에 이 나라가 어떻게 해외통상을 위해 문호를 개방했는지를 설명하는 것이 바른 순서가 될 것이다.

한국은 1882년까지 서구 국가들과의 모든 종류의 교섭을 지속적으로 거부해왔기 때문에 "은자의 나라"(Hermit Nation)라고 불려진다. 일찍이 1100년에 "아랍 상인들이 한국 선원들에게서 나침반을 얻어 유럽과 콜럼버스에게 전했다"고 하는 전승이 있다. 1860년 전의 역사기록에는 한국과 서구세계가 접촉한 일이 매우 드물게 나온다. 1627년에 네덜란드 프리기트함 아우데케레스(Auderkeres) 호가 세 명을 해변가로 보내 물을 구해 오게 했다. 그러나 그들은 결코 한국을 떠나지 못했다. 그들 중의 한 명인 요한 베테레(John Wetteree)는[i] 1653년에 네덜란드선 스파베르(Spar-Wehr) 호가 두 번째로 제주도 해안에 난파될 때까지 살았다. 그 배의 선원들 중 살아남은 36명도 한국에 억류되었다. 그들 중 16명은 1666년 9월 4일에 배를 타고 일본 나가사키로 도망쳐서 1668년 7월 20일 암스텔담에 도착했다. 그 일행에 속한 헨드릭 하멜(Hendrick Hamel)은 항해와 억류의 경험을 기록으로 남겼다.[1] 1787년 프랑스인 해양탐험가 라 페루즈(La Perouse)가 한국 근해를 방문하고 다젤레(Dagelet) 섬이란 이름을 붙였다. 1799년에는 영국의 무장범선 프로비던스(Providence) 호의 브로튼(W. R. Broughton) 선장이 부산을 방문하고 동쪽 해안을 브로튼 만이라고 명명했다. 1816년 9월 1일에는 한국의 서해안이 영국선 알세스트(Alceste) 호와 리라(Lyra) 호의 선장 바실 홀(Basil Hall)의 방문을 받았다. 그는 소래 근해의 섬들을 에딘버러 왕립학회 회장을 기념한다는 뜻으로 제임스 홀 경(Sir James Hall) 군도라고 명명했다. 그의 방문담은 매우 재미있는 책으로 꾸며졌다.[2] 한국과의 교역을 트려는 서구국가의 첫 번째 시도는 선장 리스(Rees) 사령관이 이끌고 린드세이(H. H. Lindsay)가 탐험대를 지휘하고 칼 구츨라프(Carl Gutzlaff)가 통역을 맡았던 영국선 로드 암허스트(Lord Amherst) 호의 한국 방문 때 행해졌다고 할 수 있다. 그들이 한국 해안에서 한 달간 체류했던 일과 교역을 성사시키려 했다가 실패했던 일에 대한 린드세이의 설명은 한국에 관해서 기록된 초기의 흥미로운 영국책들 가운데 들어 있다.[3] 1845년 6월에는 영국선 사마랑(Samarang) 호의 에드워드 벨처(Edward Belcher) 선장이 제주도를 측량하고 한국 남단을 해밀턴(Hamilton) 항이라 불렀다. 이듬해 1846년에는 세실(Cecile) 선장이 세 척의 프랑스선을 이끌고 1839년에 3명의 프랑스인 사제들이 처형되었던 일을 문책하러 왔다. 한 편지가 육로를 통해 서울로 보내졌고, 그 해 중에 피에르(Pierre) 선장이 이끄는 두 척의 프랑스선 라 글로아르(La Gloire) 호와 라 빅토리우스(La Victorieuse) 호가 세실 선장이 보냈던 편지의 답변을 받기 위해 왔다. 그 두 배들은 전라도 해안에서 난파되었다. 1854년에는 러시아선이 측량하고 원산 근해를 라자레프(Lazareff) 항이라고 명명하였으며, 다음 해에는 프랑스 무장선 버지니(Virginie) 호가 두만강을 측량했다. 이 모든 방문 기록들은 알렌(Allen) 박사의 『연대순 색인』를 참조한 것이다.[4] 거기에는 또한 1862년과 1866년에도 러시아, 프랑스, 영국, 미국, 독일 사람들이 통상을 이루기 위해 효력 없는 시도를 행했던 사실이 기록되어 있다.

여러 선교회들의 역사상에서도 문호를 개방시키려는 노력이 행해진 점에서도 1866년은 가장 중대한 해가 된다. 이 해에 다음과 같은 일들이 연이어 발생했다. 1월에는 러시아선이 원산에 와서 교역을 요구했다. 이 사건은 아마도 그 해 3월 프랑스인 신부 1명과 사제 8명이 처형되었던 일에 직접적으로 영향을 끼쳤을 것이다. 6월 14일에는 맥캐슬린(McCaslin) 선장이 이끄는 미국의 스쿠너선 서프라이즈(Surprise) 호가 황해도 해안에서 난파되었다. 한국인들은 선원들을 친절하게 대해주고 의주를 거쳐 보내주었다. 6월에는 영국선 로마(Roma) 호가 한국을 방문했고, 8월에는 또 다른 영국선 엠퍼러(Emperor) 호가 한강 입구를 측량했다. 9월 2일에는 판매할 상품들을 적재하고 온 미국 스쿠너선 제너럴 셔먼(General Sherman) 호가 평양의 맞은편 강에서 파괴되었다. 이때 그리고 그 다음 달에 프랑스와 미국의 배들이 와서 각각 배상을 요구했으나, 모두 거절당했다. 이 일은 최초의 조약이 일본과 체결되기 불과 10년 전에 일어난 일이었다.

1. 일본과의 조약체결

한국과 일본의 관계는 역사기록에서 서기(西紀) 이전부터 거론된다. 한국측의 기록은 일본이 B.C. 50년에 한국을 침공한 적이 있었던 사실을 보여준다. 202년에도 일본이 또 다른 침공을 행한 기록이 있다.[ii] 한국은 일본에 많은 것을 전해주었다. 이를테면 불교, 문학, 샤츠마(Satsuma)의 도자기제조법 등등이 전해졌다. 그럼에도 불구하고 한일관계는 우호적인 때가 거의 없었다. 한국민족의 가장 위대한 영웅 중 한 사람인 이순신은 1592년에 히데요시가 대대적으로 침략해왔을 때 철갑선으로 일본 함대를 패퇴시켰다. 1598년 일본군대가 마지막으로 한국에서 철수한 후부터 1868년까지는 한일관계가 더 드물게 언급되었다.

일본은 1868년에 한국과의 관계개선을 시도했다가 거절당했다. 1870-1871년에는 Y. 하나부사가[iii] "궁궐 손님으로" 얼마간 서울에서 머물며 외교업무를 수행했다. 1872년 8월 15일에는 외교교섭을 위해 일본에서 두 척의 무장선이 부산에 왔으나 "거의 혹은 아무 것도 성취하지 못했다." 1874년에는 모리야마가 파견되어 왔는데, 그의 임무는 한국인들을 권유하여 동경으로 사절을 보내게 하고 한 편지를 받게 하는 일이었다. 그 편지는 이듬해에 제출되었다가 거절당했다.[5] 1874년에는 어떻게든 조율이 이루어져 부산과의 교역관계가 허용되었다. 그러나 그 지역에서 일본인이 거주하는 것은 제한되었다.[6] 1875년 9월에는 일본의 무장선 운양호가[iv] 측량을 위해 한국 해안에 나타났다가 한강 입구에 있는 강화도 요새로부터 포격을 받았다. 일본인들은 그 다음날에 상륙해서 요새를 파괴했다.

이 사건으로 최초의 조약을 한국과 체결하게 만들 개항의 쐐기가 일본의 손에 의해 박히게 되었다. 『해리 파크스 경의 생애』(*Life of Sir Harry Parks*)의 202-318쪽에 나오는 설명에 의하면, 일은 다음과 같은 방식으로 진행되었다.

일본은 저명한 장군 구로다와 노련한 정치가 이노우에,[v] 두 척의 군함과 세 척의 운송선, 800명의 해군으로 구성된 사절단을 한국에 보내기로 결정했다. 1876년 1월 15일에 이들을 태운 총 7척의 배가 부산에 도착했고, 1월 26일에는 강화도에 도착했다. 구로다는 2월 11일에 한국 협상단과 첫 만남을 가졌다. 그는 한국측이 1874년에 모리야마와 행한 약속을 깨고 문서를 받지 않은 이유와 1875년에 요새에서 일본 기선을 공격한 이유를 물었다. 한국인들은 그 편지문제의 책임이 부산의 담당관들에게 있으며 운양호 포격은 실수로-상대가 일본배인 줄을 몰라서-행해진 것이었다고 답변했다. 다음 날 그들은 한국인들에게 조약의 초안을 건네주며 4, 5일 내로 응답하라고 요구했다. 그 기한은 한국인들이 그것을 서울로 가져가서 서명을 받은 후에 가져올 수 있도록 열흘로 변경되었다. 9일째 되는 날에 한국인들 사이에서 반대가 제기되었는데, 일본국의 "황제"와 한국의 "왕"이란 칭호의 격이 동등하지 않다는 이유에서였다. 이에 그 대신 "대일본"과 "대조선"이라는 용어를 사용하기로 합의하고, 1876년 2월 26일 오전 8시에 강화도에서 조약을 체결하였다. 그 조약은 한국이 독립된 국가인 것을 인정하고, 일본과의 무역을 위해 제물포와 원산, 두 항구를 추가로 개항하고, 외교관이 서울에 주재할 수 있게 하며, 조약의 효력에서 모든 서구국가들을 배제시킬 것을 규정하였다. 그럼에도 불구하고 서구국가들은 즉시 한국과의 조약체결을 요구하고 나섰다.

2. 미국과의 조약

1866년 서프라이즈 호와 제너럴 셔먼 호 사건(전술 참조)이 발생한 그 이듬해 1월 미국은 와슈세트(Wachusett) 호의 슈펠트(Schufelt) 제독을 보내 제너럴 셔먼 호가 파괴된 일에 대해 설명해줄 것을 요구했다. 그들은 서해안에 있는 '제임스 홀 경 군도' 부근의 항만-그들은 이를 '와슈세트(Wachussett) 만'이라고 불렀다-에서 한 편지를 서울에 보냈다. 이듬해(1868년) 5월 미국 해군장성 로웬(Rowen)이 쉐난도(Schenadoah) 호를 이끌고 슈펠트 제독의 편지에 대한 답변을 받기 위해 왔다. 그들이 받은 답변은 제너럴 셔먼 호의 승무원에게 그 불행한 사건의 책임을 지우고 있었다. 나중에 보게 되겠지만, 거기에는 얼마간의 타당성이 있었다.[7)]

1871년 봄, 북경에 있는 로우(F. H. Low) 미국공사가 정부로부터 존 로저스(John Rogers) 해군소장과 함께 한국으로 가라는 지시를 받았다.[8)] 그는 미국 전함들인 콜로라도(Colorado), 알라스카(Alaska), 베니카(Benica), 팔로스(Palos), 모노카시(Monocacy) 호를 찾아 나가사키로 갔다. 그 함대는 5월 16일에 항해를 시작해서 5월 30일에 한국 해안에다 닻을 내렸다. 그 원정대의 일원이었던 쉴리(Schley) 해군소장은 그들의 목적이 조약을 위한 협상에 있었고, 제너럴 셔먼 호에 대한 배상을 얻는 데 있었던 것은 아니었다고 말했다.[9)] 오유준 대장과[vi)] 삼천 명의 한국 군사들이 강화도 요새와 덕진 요새로 파견되었다. 전함 모노카시 호와 팔로스 호가 강화읍을 향해 강의 수로를 올라가려고 하자 그들이 덕진에서 발포했고, 포함들은 오히려 그 요새를 평정했다. 한국인들이 사과하기를 거부함에 따라 750명의 해병대원들이 상륙해서 강화요새를 습격했다. 맥키(Mckee) 대위가 앞장서서 난간을 오르다가 죽임을 당해 바로 그 뒤를 따르던 쉴리의 군대 속으로 떨어졌다. (맥키의 아버지도 멕시칸 전투에서 같은 방법으로 전사했다. 그들을 기념하는 현판이 아나폴리스에 있는 해군 아카데미〈Naval Academy〉의 벽에 붙어 있다.) 잠시 백병전이 이어졌고, 한국인들이 용감히 싸워 백중세를 이루었으나, 곡사포 배터리가 작동하자마자 그 날의 승리가 미국인들에게 돌아갔다. 한국측에서는 3백 명 가량이 죽었고, 미국측에서는 3명이 죽고 9명이 부상을 당했다. 따라서 "한국과의 작은 전쟁"으로 알려진 이 일은 슈펠트의 말처럼 "아무 것도 얻은 것이 없이" 끝났으며, 전 국무장관 존 W. 포스터(John W. Foster)는 이때의 일을 "미국의 동양외교사상 가장 심각한 실책"으로 여겼다.[10)]

슈펠트 제독은 왕의 손님이 되어 1876년 혹은 1877년 겨울을 서울에서 보냈다. 그는 1887년 1월 29일자로 된 "한국의 개방"(Opening of Korea)이란 제목의 한 전말서를 H. G. 아펜젤러 목사에게 주었다.[11)] 그 글에서 그는 1867년[vii)] 1월 왕에게 편지를 보내고 답변을 기다리며 열흘 혹은 십오 일을 성과 없이 보낸 후 상해로 돌아가면서 "힘을 과시하지 않고 은자의 나라와 조약을 체결하는 방법"에 관해 생각했다고 하였다. 그가 이 일을 성취하는 데는 15년이 걸렸다.

1878년 4월 8일, 캘리포니아의 상원의원 사전트(A. A. Sargent)가 평화통상조약을 체결하기 위해 한국과 협상할 위원단을 임명하도록 대통령에게 요구할 것을 상원에 제안했다. 이 제안이 실현되지는 않았으나, 해군부장관은 슈펠트 제독이 미국선 타이콘데로가(Ticonderoga) 호로 "세계를 순항하며 외교와 통상을 도모하다가 마지막으로 한국에 가서 수호조약을 맺는 일"을 재가했다. 주일 미국공사 존 빙햄(John Bingham)은 이 일을 위해서 일본과 협력하는 방안을 찾도록 요청받았다. 타이콘데로가는 1880년 5월 14일, 부산에 도착하여 한국왕에게 한 편지를 보냈다. 그들이 나가사키에서 일본정부를 통해 받은 그 답변의 내용은 '외국 세력과 조약을 맺기에는 시기가 적합하지 않다"는 것이었다. 나가사키에서 슈펠트는 중국영사 싱(U. Tsing)을 만났는데, 싱은 이홍장이 천진의 여름수도에 있다고 말해주었다. 그 만남으로 중국의 도움을 얻게 되었는데, 중국은 조약을 위해 한국과 협상할 것을 약속했고, 슈펠트는 미국을 잠깐 방문하고 그 다음 해에 중국으로 돌아갈 것을 약속했다. 타이콘데로가는 1880년 11월, 샌프란시스코에 도착했고, 슈펠트는 워싱턴으로 갔다. 슈펠트는 블레인(Blaine)[viii]의 도움을 받으며 미국공사를 수행하는 해군무관으로서 한국과 조약을 체결할 비밀 권한을 가지고 1881년 봄 중국으로 돌아갔다.[12)]

그러는 동안 일본 주재 중국공사에 의해 책략이 만들어져서 일본에서 체류하고 있던 한국대신 김홍집에게 전달되었다.[ix)] 그는 한국왕에게 편지을 보내어 미국과 조약을 맺으면 한국이 얻게 될 유익한 점들을 지적했다. 그 편지의 저자가 서울로 돌아온 후, 1882년 초에 한국사절들이 이홍장과 의논하기 위해 천진으로 파견되었다. 이홍장이 이 조약의 체결에 관심을 가졌던 것은 이 조약이 한국을 잠식하려는 일본과 러시아의 의도를 좌절시키고 그렇게 하여 한국에 대한 중국의 영향력이 유지되도록 도울 것으로 보았기 때문이었다.[13)]

슈펠트 제독은 1881-1882년 겨울을 북경에서 보냈다. 1882년 3월에 한국정부가 미국과 조약을 체결하려 한다는 사실이 알려졌다. 이홍장의 주선으로 한국 사절들이 천진에서 조약을 위해 협상을 행하고 돌아갔다. 슈펠트 제독은 1882년 5월 7일에 필립 쿠퍼(Philip Cooper) 선장이 지휘하는 미국선 스와타라(Swatara) 호를 타고 제물포에 도착했다. 그는 인천(제물포)에서 세 명의 한국 대표단과 조약의 최종안에 관해 합의를 보았다. 슈펠트 제독은 이렇게 설명을 이어갔다. "며칠 후 한국인들이 제물포의 어느 지점에 천막 하나를 쳤으며(지금 그곳에는 관세청장의 영빈관이 세워져 있다.), 나는 사무원들과 안내원을 데리고 상륙했다. 평화롭게 미국 국기가 천막 앞에 게양되었고, 양키 두들(Yankee Doodle)이 연주되었으며, 나는 1882년 5월 22일에 은자의 나라가 서방국가들이 맺은 최초의 조약에 서명했다." 존 W. 포스터 공사의 설명에 의하면, "조약에 서명했던 슈펠트 제독은 해군에서 43년을 더 복무했다. …… 이 외교업무는 우연히 그를 찾아온 것이 아니었다. 페리가 그랬던 것처럼, 그 사명을 수행하는 데에 그가 적합했기 때문에 선택된 것이었다. 그는 그 일에 앞서 그 나라를 방문함으로써 한국문제에 정통한 자가 되었다."

그 조약은 미국시민들이 개항장에서 교역하는 것을 허용했고, 한국이 독립국가인 사실을 인정하였다. 또한 장차 폐기하기로 내용이 수정된 치외법권을 규정하였고, "미국이 한국의 정치적 독립과 영토보전을 지지할 것을 확신시켰다." 그러나 "종교 자유의 문제에 대해서는 침묵했다."[14]

아더(Arthur) 대통령은 1883년 2월 26일에 루시우스 H. 푸트(Lucius H. Foote)를 초대 주한미국공사로 임명하였다. 푸트는 5월 12일에 미국선 모노카시(Monocacy) 호로 제물포에 도착해서 5월 20일에 국왕을 알현하고 임무를 수행하기 시작했다. 1883년 9월 2일에는 한국 대사 민영익이 샌프란시스코에 상륙한 후 워싱턴으로 향했다.

3. 영국과의 조약

1816년에 바실 홀(Basil Hall) 선장이 방문한 이후로 영국선들의 한국 해상 출현이 빈번해졌다. 1878년 가을에는 바바라 테일러(Barara Taylor)호가 제주도 해안에서 난파되었다. 한국인들은 선원들을 구출하고 화물을 인양하여 모두 일본 나가사키로 보내면서 그 일에 대해 보상받기를 일체 거절하였다. 도쿄 주재 영국공사관에서는 나가사키 영국영사관의 폴(E. B. Paul)에게 제주도로 가서 영국이 받은 친절에 대해 공식적인 사례를 표하고 가능하면 장래에 한국과 교역할 수 있도록 노력해보라는 지시를 내렸다. 그러나 그는 이 문제에서 성공하지 못했다. 1881년 5월에 조약체결을 위한 협상이 재개되었다. 그때 영국선 두 척이 도착했고, 다시 그 해 6월에 영국선 페가수스(Pagasus) 호가 원산에 정박했다.

한미조약이 서명된 지 며칠이 지나지 않아 영국 또한 한국과 조약을 체결했다. 해군대장 윌레스(Willes)가 아스톤(W. G. Aston)을 대동하고 와서 1882년 6월 6일에 제물포에서 체결했지만, 이 조약은 영국정부의 비준을 얻지 못했다.[15] 마침내 해리 파크스 경이 중국에서 파송을 받았다. 그는 1883년 10월 26일에 사파이어(Sappire) 호로 제물포에 도착했다. 다음날 월터 C. 힐러(Walter C. Hillier), 에드워즈 재프(Edward Zappe), 요코하마 주재 독일총영사가 함께 서울로 올라갔고, 아스톤(Aston), 브루스(Bruce), 마우드(Maud)가 제2진을 이뤄 뒤를 좇았다. 한 달간의 협상 끝에 영국 및 독일과의 조약이 1883년 11월 26일, 한 날에 체결되었다. 그 협상에 대해 해리 파크스 경은 "많은 난관과 평정심과 인내의 시험을 극복한 후 우리는 11월 26일 조약에 서명했을 뿐만 아니라 우리가 원하던 모든 것을 얻었다"고 설명했다. 그런 다음 왕의 알현이 27일에 이루어졌다. 그들은 28일에 짐을 꾸리고 29일에 제물포를 향해 떠나서 30일에 출항했으며, 12월 1일 지푸에 도착했다. 나중에 파크스는 중국공사로 임명되었으며, 한국 특명전권공사로도 임명되었다. 1884년 4월 28일에 그는 비준서의 교환을 위해 하스톤(Aston), 힐러(Hillier)와 함께 영국선 클레오파트라(Cleopatra) 호로 상해를 출발했다. 3일 후에 그는 한국 왕을 알현하고 금박상자 3개를 선물했으며, 왕은 그를 크게 반겨주었다.[16]

4. 프랑스와의 조약

1627년과 1653년에 배가 난파되어 왔던 화란인들을 제외하면, 1836년에 온 프랑스인 가톨릭 사제들이 한국에 거주한 최초의 서양인들이 되었다. 1866년 3월에 프랑스인 신부들이 죽임을 당한 후에 도피했던 리델(Ridel) 주교는 그 해 9월 23일에 프랑스선 데룰레드(Deroulede) 호와 타디프(Tardiff) 호를 타고 돌아왔다. 그들은 한강을 거슬러 서울까지 올라와 수일간 머물다가 아무런 소득도 없이 1886년 10월 3일에 지푸로 돌아갔다. 해군대장 로즈(Roze)는 10월 13일에 7척의 전함과 1천 명의 군대를 거느리고 강화로 돌아와서 10월 16일에 그 섬의 성채들을 파괴하였다. 한국인들은 그들이 서울로 접근하는 것을 막기 위해 한강에 밧줄을 가라앉히고 5천 명의 병사들을 보내 대항하게 했다. 프랑스 소함대는 큰 손실을 입고 10월 28일에 그곳을 떠났다. 1년 후인 1881년 6월에도 프랑스가 교섭을 개시하고자 시도했으나 성공하지 못했다. 프랑스는 신부들이 죽임을 당한 지 20년이 지난 1886년에야 한국과 조약을 체결하는 데에 성공하였다.

알렌 박사의 『연대기』(*Chronological Index*)와 헨리 정의 『미국의 동양정책』(*Oriental Policy of the United States*)에는 모두 한국이 다른 나라들과 체결한 조약들의 목록이 제시되어 있다. 각 국가들과 맺은 첫 번째 조약들의 목록은 다음의 순서대로 꾸며졌다.

일본	1876년 2월 26일	수호와 친선
미국	1882년 5월 22일	수호와 통상
영국	1883년 1월 26일	친선과 통상
독일	1883년 11월 26일	친선과 통상
이태리	1885년 6월 25일	친선과 통상
러시아	1884년 7월 7일	위버(C. Weaber) 전권공사
프랑스	1886년 6월 4일	친선과 통상
오스트리아-헝가리	1892년 6월 23일	친선과 통상
중국	1899년 9월 11일	통상
벨기에	1901년 3월 23일	친선과 통상
덴마크	1902년 7월 15일	친선과 통상

서구국가들과 맺은 조약들 가운데 6개는 1882년부터 1886년까지 5년 사이에 체결되었다. 그러니까 은자의 나라의 문호개방은 1876년부터 1886년까지 10년 사이에 일어난 것이었다.

그동안 일어났던 모든 일을 볼 때, 한국의 지도자들은 한국이 "은자의 나라"로 남을 수 있게 되기를 원하는 경우가 많았다고 할 수 있다. 그래함 리(Graham Lee) 박사는 1908년에 지난 20년간 한국에는 '고요한 아침'(morning calm)이 없었다고 말했다. 수년전에 마펫(Moffett) 박사는 한국에서 10년마다 전쟁을 보았다고 말했다. 근동의 팔레스틴처럼 극동의 십자로에 있는 한국의 위치는 빠르게 왕래하는 20세기의 와중에서 은거상태를 유지하기가 불가능하게 되었다. 한국은 세계의 고속도로 위에 있다. 이것은 이 나라의 문명화를 위해 주어진 최고의 기회이기도 하며, 오늘날 기독교 종교를 다른 민족들에게 전하는 일을 위해서도 최고의 기회가 된다. 한국의 문호는 강제로 개방되었다. 하지만 유대인들이나 그리스인들처럼 한국은 문학, 종교, 영혼의 명상 등을 통해 그 나라에 들어온 사람들과 소통할 수 있다. 그런데 과연 한국이 이런 일을 하려고 할 것인가? 확신을 갖고 말하기에는 너무 이르다. 여전히 우리는 한국이 계속해서 복음을 빠르게 받아들이고 한국이 세계를 향해 영적으로 가치 있는 공헌을 하게 되기를 소망하며 기도한다.

:: 주석

1) Hendrik Hamel, *Narrative of an Unlucky Voyage and Imprisonment in Korea*, 1653~1677, 영어판. (왕립아시아학회 한국지부 재판, 1918, p. 50.)

2) 한국 서해안과 큰 유구 섬을 발견한 항해에 관한 글, 바실 홀(Basil Hall) 선장. 222 pp. 게일(Gale) 박사는 그의 "History of Korea"(*Korea Mission Field*, June 1927, p. 126)에서 말한다. 홀 함장은 영국으로 돌아가는 도중 1817년 8월 17일 세인트 헬레나(St. Helena)에서 멈췄고, 나폴레옹에게 한국과 유구 섬에 관한 그림들을 보여주었다.

3) Voyage to the Northern Ports of China in the ship "Lord Amherst," p. 296. (구츨라프〈Gutzlaff〉는 "Lord Amherst" 호로 한국을 방문했다.)

4) Horace N. Allen, *A Chronological Index*, 1901, p. 4.

5) F. V. Dickens and Sir Lane Poole, *Life of Sir Harry Parks*, Vol. II, MacMillan, p. 201.

6) *Korean Repository*, 1897, p. 96. 또한 *Life of Sir Harry Parks*, p. 319.

7) John W. Foster 공사의 *American Diplomacy in the Orient*, p. 311에 나오는 설명에 의하면, 1867년 혹은 1868년에 상해 주재 미국총영사 조지 F. 시워드(Geo. F. Seward)가 가톨릭 사제들과 일군의 한국인들이 도착한 사실을 보고했다. 한국인들은 외교관이 그들을 친절하게 영접해서 미국과 프랑스로 보내 제너럴 셔먼 호의 파괴와 프랑스 선교사들의 처형에 대해 해명과 배상을 요구할 것인지를 확인하기 위해 한국정부가 보낸 자들이었다. 그의 정보통은 또한 시워드씨에게 한국이 통상조약을 맺고 나라를 해외무역을 위해 문호를 개방할 준비가 되어 있다고 말했다. 저자 주: 이 진술은 조사될 필요가 있다. 당시 조선이 외국에 적대적인 태도를 취했던 사실을 볼 때 믿기 어렵다. 다른 모든 참고자료들은 한국정부가 당시에 그 같은 예비교섭을 행했을 가능성을 배제시키고 있다.

8) *Korean Review*, 1901, p. 142.

9) *Korean Review*, 1905, p. 100.

10) *American Diplomacy in the Orient*, John W. Foster, p. 317.

11) *Korean Repository*, 1892, pp. 57-62.

12) L. G. Paik, *History of Protestant Missions in Korea*, pp. 59-60.

13) John W. Foster, *American Diplomacy in the Orient*, p. 323.

14) L. G. Paik, *History of Protestant Missions in Korea*, p. 61.

15) Horace N. Allen, *A Chronological Index*, 1901, p. 11.

16) Dickins and Poole, *Life of Sir Harry Parks*, Vol. II, p. 215, 372.

:: 역자주

i) 일반적으로는 벨테브레(Weltevree)로 알려져 있다.

ii) 202년의 일본침공은 『일본서기』(日本書紀)에 나오는 일본 신공황후 정벌설을 가리키며 한국 측 사서에는 나오지 않는다. 일본 내에서 이 설은 그 일 이후로 한국이 일본의 조공국이 되었다고 하여 한국침략의 당위성을 뒷받침하는 것으로 취급되었다.

iii) 요시모토 하나부사(花房義質, 1842-1917)는 1871년에 한일교섭을 시도한 적이 있었으며, 1877-1878년간 주한 일본대리공사를 맡았고, 1880년부터 서울에서 변리공사로 재직하던 중 임오군란 때 쫓겨나갔다가 이 일로 인한 제물포조약 체결시에 일본측 대표로 협상에 임했고, 갑신정변을 주도한 개화파와 교류하였다.

iv) 운양호(雲揚號) 사건은 일본이 1874년에 대만을 정복하고 조선을 무력으로 정벌하자는 정한론이 크게 대두되는 정황 속에서 중무장한 운양호가 한국에 나타나 5월부터 9월까지 측량을 구실로 한국측의 경고를 무시하고 한국 근해를 맴돌며 지속적으로 무력시위를 하던 중에 발생했다.

v) 구로다 기요타카(黑田淸隆)와 이노우에 가오루(井上馨)를 가리킨다.

vi) '오유준' 은 이 전투를 지휘하다 전사했던 진무중군(鎭撫中軍) 어재연(魚在淵)을 가리키는 듯하다.

vii) 1877년의 오기인 듯하다.

viii) James Blaine은 당시 미국의 국무장관이었다.

ix) 주일청국참사관 황준헌(黃遵憲)이 1880년경에 쓴 『조선책략』(朝鮮策略)을 가리킨다. 이 책은 러시아의 남진을 막을 방아책(防我策)으로써 중국과 친하고 일본과 결탁하며 미국과 연합해야 한다(親中國 結日本 聯美國)는 주장을 폈다. 1880년에 수신사 김홍집(金弘集)이 귀국해서 이를 고종에게 바친 후 유생들 사이에서 대대적으로 척사운동이 일어났다.

제 2 장

• • •

선교의 시작

1882년 5월에 한미조약을 서명한 일과 1883년 9월에 워싱턴과 뉴욕에서 아더(Arthur) 대통령이 한국 사절을 접견한 일은 즉각적으로 가능성 있는 새 선교지로서의 한국에 대한 관심을 불러일으켰다.[1] 미국 장로교회에서는 이러한 관심이 당시에 일본에 거주하고 있던 어느 한국 기독교인의 호소로 인해 증대되었다. 그 호소는 『세계선교평론』(*The Missionary Review of the World*) 1884년 3월호를 통해 알려졌다. 이 한국인의 이름은 일본어 발음으로 리주테(Rijutei)라고 표기되었다. 그의 한국이름은 다른 권위 있는 곳에서 이수정(Yi Su-chon)과 이규태(Yi Kiu-tai)란 표기가 제시되고 있어 다소 의문시 된다.[2] 그 호소는 『해외선교사』(*The Foreign Missionary*) 1884년 9월호에 게재된 주일 장로교 선교사 조지 W. 녹스(George W. Knox) 목사의 「한국의 사정」("The Condition of Corea")란 글에도 실려 있다. Knox 목사는 1883년 9월에 한국을 방문할 계획을 세웠으나 실행시키지 못했다.[3]

해외선교부(Foreign Board)에서는 한국에서 사역을 시작하는 것의 적합성 여부를 두고 견해가 나뉘어 있었다. 선임 총무는 서두르지 말도록 권고하는 글을 썼으나, 선교부의 엘링우드(F. F. Ellinwood) 박사는 즉각 참여하는 편을 지지했다. 그의 주장은 브룩클린의 평신도 그리스도인 맥윌리엄스(W. McWilliams)에게 확신을 주었다. 프레데릭 마르칸드(Frederick Marquand)의 유산 집행자인 윌리암스는 "미국과 다른 모든 나라에서의 교육사업과 예수 그리스도의 복음전파와 모든 선한 일을 격려하고 돕기 위한" 6천 불의 기금을 가지고 있었다. 맥윌리엄스는 이 돈을 1884년 2월과 4월 해외선교부에 기부했다.

서울 남대문. 1898

서울 남대문. 1933
(세브란스 병원이 오른편에 있다.)

여러 해가 지난 후에 변화된 모습

이 돈은 마지막으로 1884년 5월 1일에 제공되었다.

그러는 동안 새로운 선교지에 사역자들을 공급하기 위한 어떤 움직임이 학생써클들 안에서 일어나고 있었다. 1880년 10월에 뉴저지 주 뉴브룬스윅(New Brunswick)에서 미국 신학교연맹(The American Inter-seminary Alliance)이 조직되었다. 코네티컷 주 하트포트(Hartford)에 있는 한 미래 모임은 언더우드(H. G. Underwood)와 아펜젤러(H. G. Appenzeller)를 파송하기로 결정하였다. 1882-1883년 겨울에는 일본 개혁교회선교회(Reformed Church Mission in Japan)의 올트만스(A. Oltmans, D.D.) 목사가 뉴 브륀스윅 신학교의 학생들 앞에서 한국에 관한 한 글을 읽었다. 그때 언더우드가 그 학교의 학생으로 있었다.

1. 첫 선교사들

언더우드 박사는 한국에 오는 일에 대해 가장 먼저 적극적인 관심을 보인 인물이었다고 할 수 있을 듯하다. 헤론(Heron) 박사 부부는 최초로 임명받았고, 알렌(Allen) 박사 부부는 가장 먼저 현지에 도착했다. 그들의 내한 이야기는 도착한 순서에 따라서 기술될 것이다.

1) 알렌 부부

호레이스 N. 알렌(Horace N. Allen, M.D., Ethan Allen 장군의 조카)과 알렌 부인은 먼저 중국으로 임명되어 1883년 10월 11일 상해에 도착했다. 그들은 처음에 남경에 배치되었다가 나중에 상해로 가게 되었다. 알렌 박사의 설명에 의하면, “우리는 일 년간 중국을 떠돌며 유쾌하고 흥미로운 경험을 많이 했으나, 의료사역의 실질적인 전망에 관해서는 오히려 실망하게 되었다.” 상해의 헨더슨(Henderson) 박사와 다른 의사 친구들은 알렌 부부에게 한국으로 가서 “그 나라와 함께 성장하도록” 조언했다. 알렌 박사는 1884년 6월 6일자로 한국세관의 조셉 해스(Joseph Hass)에게 한국에 있는 외국인 거주자들 사이에서 의사가 필요한지를 묻는 편지를 보냈다. 6월 8일에는 해외선교부에 그들이 한국으로 임명될 수 있는 지를 묻고 전신으로 답해주도록 요청했다. 7월 22일에 이를 승낙하는 답변이 도착하였다. 상해에서 알렌 박사는 1884년 5월 34일[i] 그곳에 도착한 전함 트랜튼(Trenton) 호의 사무원들을 만났는데, 그 배는 미국으로부터 돌아오는 한국 사절 민영익과 그의 일행을 제물포에 내려주고 오는 길이었다. 트랜튼 호의 선장 피티안(Pythian) 함장은 알렌 박사에게 서울 주재 미국공사 루시우스 H. 푸트(Luicus H. Foote) 장군에게 보내는 편지를 주었다. 알렌 박사는 핸더슨 박사가 보내는 편지들, 곧 중국 세관이 한국에 소개한 외국인 고문 묄렌도르프(P. G. Von Möllendorf)에게 보내는 편지와 제물포 세관에 파견된 스트리플링(A. B. Stripling)에게 보내는 편지들을 가지고 9월 14일에 상해를 떠나 20일 서울에 도착했다. 그는 의사를 필요로 했던 상황에서 아주 따뜻한 환영을 받고 즉시 미국공사관의 의사로 임명되었다. 나중에는 영국, 중국, 일본 공사관에 의사로 임명되었다. 이런 임용으로 그는 한국 정부가 선교사들을 환영하지 않았고 선교사역을 지원할 조약이 마련되지 않았던 그 당시에 한국에서 거주할 수 있게 되었다. 미국공사의 도움으로 알렌 박사는 공사관 근처의 땅(그곳에 현재 서울클럽의 건물이 있다)을 사고, 거주할 한옥을 건축했다, 그는 10월에 가족을 위해 상해로 돌아갔다가 1884년 10월 26일에 서울로 돌아와 일본인 요리사 한 명, 중국인 간호사 한 명, 한국인 어학선생 한명과 함께 그 집에서 살기 시작했다. 이하영이란 이름의 그 어학선생은 후에 워싱턴에서 한국문제 담당관이 되었다.[4)]

2) 1884년 12월 4일의 거사

의료선교사로서 알렌 박사의 사역은 매우 극적으로 이날에 이 나라에서 일어난 정치적 소요로 말미암아 시작되었다. 김옥균, 박영효, 서광범, 홍영식, 서재필 등이 이끄는 진보적인 한 정당이 결성되었다. 앞에서부터 세 사람은 그 정당을 처음 결성한 자들이었다. 이 세 사람 중에서 김과 서는 한국의 지체 높은 가문 출신으로 1875년에 몰래 일본으로 유학을 가서 진보적인 사상에 물들게 되었다. 박은 전 왕의 사위였다. 홍은 최고위 신료의 아들이었으며 일본에 사절로 다녀온 적이 있었다. 서재필은 의사 필립 제이슨(Philip Jaison)으로 더 알려진 인물인데, 현재 펜실베니아 주 필라델피아 부근의 메디아에서 살고 있다.[ii)] 이 다섯 명 중에서 홍영식은 참판이었고, 서광범은 1883년 9월 워싱턴에 갔던 한국 사절단의 비서관이었다. 그 사절단의 우두머리는 보수주의자인 민영익 공이었다.[iii)] 사절단은 귀국 여행길에서 갈라졌다. 민영익과 서광범 등은 트렌턴(Trenton) 호를 타고 유럽과 홍해를 경유하여 1884년 5월 31일 제물포에 도착했다. 홍과 농학자인 최경서 등의 다른 일행은 샌프란시스코를 거쳐 곧장 귀국하여 1883년 12월 서울에 도착했다. 이 두 번째 일행 가운데 하버드 대학 총장의 형제인 퍼시벌 로웰(Percival Lowell)이 있었다. 그는 한국에서 얼마간 체류한 후, 1888년에 『조선, 고요한 아침의 나라』(*Chosen, The Land of the Morning Calm*)란 저서를 출판했다. 사람들은 그가 이 이름으로 한국을 부른 최초의 저술가라고 믿고 있다.[iv]

사절단의 귀국과 관련하여 1884년 7월 17일에 우편제도의 설립이 결정되었고, 홍영식이 우정국총판을, 최경서가 농무관을 맡게 되었다. 이들의 취임이 보수당에 의해 강제로 이루어졌기 때문에 진보당 지도자들은 만족하지 않고 한 혁명을 계획했다. 그들은 그들의 일원으로서 우정국총판이 된 홍을 불신했다. 보수주의자들은 친중국적이었던 반면, 진보주의자들은 친일본적이었다. 급진적인 진보주의자들은 민영익에 대해서도 실망을 했는데, 그것은 그가 미국에서 돌아와 서구의 진보적인 방법에 대해 반동적인 태도를 보였기 때문이었다.

그에 따라 보수주의 지도자들이 새로운 우정국의 개관을 기념하기 위해 외국 각료들과 한국의 고위관리들을 초대한 연회에서 보수주의 지도자들을 암살할 계획이 세워졌다. 12월 4일 오후 5시, 그 연회가 진행되는 도중에 인접한 한 건물에서 불이 났다고 외치는 소리가 들려왔다. 한국 지도자들이 몰려나오자 그들 중 몇 사람에 대한 암살이 시도되었다. 민영익 공은 중상을 입었으나, 하인 덕분에 죽음을 면할 수 있었다. 그 하인은 습격을 피하면서 팔을 잃었다. 그 현장에 맨 처음 도착한 묄렌도르프(P. G. Von Möllendorf)는 부상당한 그를 거실로 데려갔고, 한 시간 후에 관세청(묄렌도르프의 집)으로 옮겼다. 알렌 박사는 그 도시 건너편에서 타운센드(Townsend)와 스미소니안 협회의 버나도우(Bernadou)와 함께 식사를 하고 귀가하자마자 미국 공사관 비서관의 부름을 받고 부상당한 그에게 달려갔다. 알렌 박사가 도착했을 때 그는 14명의 한국인 의사들에게 둘러싸여 있었고, 그들은 지혈을 위해 송진을 상처에 부으려 하고 있었다. 알렌 박사는 몸집이 거대하고 벨트에 피스톨을 차고 있던 니플러(Kniffler)라는 이름의 독일인에게 상황을 설명했고, 이내 모든 한국인 의사들은 조언을 구하여 현관에서 불러내는 방식으로 쫓겨났다. 민영익은 그와 가까이 지내면서 천천히 회복되어갔다. 1885년 1월 27일 그는 알렌 박사에게 감사의 글과 개인적인 선물로서 1십만 원의 현금을 보냈다. (치료비는 나중에 보내왔다.)

혁명가들은 12월 4일 저녁에 궁궐을 점령하고 왕이 일본공사에게 쓴 것으로 되어 있는 한 문서를 돌렸다. 그 내용은 일본 군인들을 보내어 그들을 돕도록 요청하는 것이었다. 같은 방법으로 5, 6명의 보수파 지도자들이 부름을 받고 도착하는 대로 살해당했다. 새 정부의 생명은 짧았다. 12월 6일 3천 명의 한국 군사들과 수많은 중국 군인들이 원세개의 지휘 아래 궁궐 동관을 공격했다. 140명의 일본 군사들은 지뢰 하나를 폭파시켜 동맹군을 일시적으로 물리친 다음, 서둘러 일본 공사관으로 갔고, 이어 제물포로 도망쳤다. 세 명의 혁명 지도자들도 그들과 함께 갔다. 새 우정국 건물과 일본 공사관이 파괴되었다. 여러 일본 민간인들이 죽임을 당했고, 그들의 시신들이 거리에 방치되었다. 12월 30일에 중국 특사가 3천 명 이상의 군대와 함께 도착했고, 같은 날 일본 특사 이노우에 백작도 2,500명의 군대와 함께 제물포에 도착했다. 한국과 일본 사이에 논박이 오가다가 결국 타협을 보아 한국은 일본공사관의 파괴에 대해 40만 원을 지불하기로 하였다. 중국과 일본은 1885년 4월 18일에 천진에서 행해진 이토 히로부미와 이홍장의 협상으로 양 국가가 한국에서 군대를 철수시킬 것을 합의했다.[5)]

혁명이 시도된 후, 여러 날 동안 폭도들이 도시를 장악하고 있었다. 푸트(Foote) 장군은 다른 외국인들과 함께 제물포로 떠났으나, 알렌과 미국공사관을 책임 맡은 조지 C. 포크(George C. Foulk) 대위는 남아 있었다. 알렌 박사도 궁중의사로써 많은 일을 맡고 있었으며, 부상당한 군인들을 보살피고 있었다. 1885년 1월 22일, 그는 포크 대위에게 정부의 경비로 운영되는 한편 알렌 박사가 무보수로 봉사하는 병원용 빌딩과 부지를 마련하도록 한국정부에 요청하게 했다. 이 요청이 받아들여져서 광혜원 혹은 제중원이라고 불리는 왕립병원이 1885년 2월 25일에 개원되었다. 사용된 집은 도시 북동쪽 옛 외국인 사무소 부근에 있었는데, 혁명가들에게 살해당한 우정국총판 홍영식의 집이었다.[v)] 알렌 박사는 “우리가 그곳을 양도받았을 때 침실은 여전히 피범벅이었다”고 말했다. 이 병원에서 하루에 백 명 가량의 환자들이 치료를 받았다. 한번은 한쪽 눈을 잃은 스튜어드(E. D. Steward, 그는 유돈〈Eu Don〉이란 이름을 가진 중국인이었다)를 마취하기도 했다. 그 중국인은 초대 미국공사 푸트(Foote) 장군이 일본에서 데려온 전함의 사환이었는데, “함장에게 사정해서 자기를 데려가게 하였다.” 알렌 박사는 가족을 만나러 상해로 떠날 때 이 사람에게 집수리를 맡겼다. 그 후부터 선교사들과 다른 외국인들은 매달 받는 월급의 많은 부분을 지불하며 스튜어트회사(E. D. Steward & Co)에서 식료품 등을 샀다. 또한 수년 동안 제물포에 도착할 때면 스튜어트 호텔에 머물렀다.[6)]

3) 언더우드 목사

언더우드(H. G. Underwood)는 1885년 4월 5일, 부활주일에 제물포에 도착했다. 기선 쓰루가 마루(Tsuruga Maru)에는 언더우드 뿐만 아니라 북감리교의 아펜젤러 부부와 이 나라를 보려고 온 일본 장로교선교회의 스쿠더(Scudder) 박사, 테일러(Taylor) 박사가 함께 탑승하고 있었다. 그들은 다이부츠(Daibutsu) 호텔에 머물렀다.[vi] 아펜젤러 부부는 다른 한 여성이 서울로 가려고 하다가 많은 반대를 받는 것을 보고 일본으로 돌아가 두 달을 보냈다. 쿠퍼(C. H. Cooper)는 언더우드의 서울행을 주선해주었다.

언더우드가 어떻게 인도받아 한국에 오게 되었는가에 관한 이야기는 선교문학 상에서 가장 재미있는 이야기에 속한다. 그는 일본의 올스먼(Oltsman) 박사가 뉴브룬스윅 신학생들에게 행한 강연을 듣고 한국에 관심을 갖게 되었지만 그 자신은 인도를 지원하고 있었으므로 한국에 갈 사람을 찾기로 결심했다.

많은 노력에도 불구하고 한국에 갈 사람을 찾지 못하고 있던 중에 "네 자신이 왜 가지 않느냐?"라는 생각이 떠올랐다. 그리하여 한 해 동안 개혁교회 선교부에 두 번, 장로교 선교부에 두 번 신청을 했으나, 모든 문들이 닫혀 있는 것만 같았다. 마지못해 뉴욕에 있는 한 개혁교회의 목사 초빙에 응하는 편지를 써서 부치려 하는 순간, 한 음성이 그에게 말씀하는 듯한 느낌을 받았다. "한국을 위해서는 아무도 없다. 네가 한국에 가지 않겠느냐?" 그는 편지를 거두고 다시 한번 시도해보기로 결심했다. 이번에는 뉴욕의 중심가인 23번가에 있는 장로교 선교부 사무실로 갔다가 그곳에서 한국선교를 개시하는 일에 호의적인 엘링우드(Ellingwood) 박사를 만났다. 그뿐 아니라 그 일을 목적으로 맥윌리엄(McWilliam)의 기부금까지 이미 받아들여진 것도 알게 되었다.[7] 언더우드는 1884년 7월 28일에 임명을 받고 12월 16일에 샌프란시스코를 떠났다. 1월 일본에 도착하여 햅번(J. C. Hepburn)의 집에서 환대를 받았다. 1884년 여름에는 영국–그는 런던에서 태어났다–으로 여행을 했다. 그의 숙부인 런던선교회 소속 에드워드 존스(Edward Jones) 목사를 방문했을 때 "한국! 한국이라! 그래, 우리가 20년 전쯤에 한 사람을 그곳에 보냈는데, 그 후 아무도 그를 본적이 없었던 것으로 알고 있지"(토마스〈R. J. Thomas〉 목사에 관한 말이다)라고 말했다. 언더우드가 한국을 향해 뉴욕을 떠났을 때, 그의 형 존(John T. Underwood)이 그와 함께 시카고까지 같이 갔다. 어떤 의미에서 그들은 선교사역의 동역을 시작하고 있었다. 존은 거의 반세기 동안 지속적으로 한국 사역을 위해 돈과 기도와 노력을 지원했다.

언더우드는 한국 입국 전에 일본에서 두 달 이상 지내는 동안 그곳에 있는 선교사들과 교제하면서 '리주태'(이수정)-리주태는 언더우드가 한국에 올 때 들어왔던 마가복음을 번역한 자였다-를 비롯한 몇 명의 한국인들을 만나 한국어 공부를 시작하였다.

그는 일 년간 의술을 공부한 적이 있었기 때문에 서울에 도착하자마자 알렌 박사에게 큰 도움을 주었다. 그러나 수술 도중에 때때로 졸도하여 환자와 함께 돌봄을 받아야 하기도 했다. 언더우드는 첫해에 병원일과 언어공부 외에 다른 일들을 시작했다. 거주를 위해서는 현재 북감리교의 그레이 하우스(Gray House)가 있는 곳의 집을 구입할 수 있었다. 3백 년 된 한옥이 외국식으로 고쳐졌다. 1886년 4월 10일부터 그는 병원 부설의 의학반에서 화학과 물리학을 가르치기 시작했다. 하퍼스 매거진(*Harpers Magazine*)의 대표인 젊은 미국인을 간호하기도 했으나, 그 미국인은 천연두로 죽었다. 1886년 여름 서울에서 콜레라가 돌았는데, 이로 인해 언더우드의 요리사가 오후에 부엌에서 죽었다. 그 집에 있던 손님들은 저녁식사가 제 때에 나오는 것을 보고 놀랐다. 또한 이 해에 소년 고아원의 형태로 교육사업을 시작했으며, 알렌 여사의 도움을 받았다.

1886년 7월 11일에 최초의 한국인 성인에 대한 세례식이 은밀히 거행되었다. 세례를 받은 노도사는 알렌 박사의 어학선생이었고, 나중에 북감리교 스크랜튼(Scranton) 박사의 어학선생이 되었다. 언더우드 박사는 그의 "회고록"에서 "우리의 사역과 기도의 첫 열매인 이 사람을 볼 때 우리의 신앙이 강해지고 열심이 고조되었으며, 그의 뒤를 따르는 다른 자들의 환상을 보는 듯했다"고 기술했다.

4) 헤론 부부

1885년 7월 13일 의장인 알렌 박사를 포함해 세 명의 투표권자들이 최초로 선교회 모임을 가졌다. 그런데 6월 헤론 부부의 도착으로 선교회 회원은 다섯 명이 되었다. 그 다섯 명 가운데 맨 마지막에 도착한 사람이 원래 맨 처음에 임명받았던 자였다. 그들이 임명받았을 때는 1884년 4월이었다.

존 W. 헤론(John W. Heron) 박사는 회중교회 목사의 아들로 영국에서 태어나 14세 때 미국으로 이민을 왔다. 그는 메리빌 대학(Maryville College)을 나왔고, 테네시 대학 의대를 우등으로 졸업했다. 그의 아내 해티 깁슨(Hattie Gibson)은 테네시 주 존스보로

의사 릴리아스 호튼(Lillias Horton) 양
(H. G. 언더우드의 부인)
1888–1921

애니 엘러즈 양
(D. A. 벙커의 부인)
우리 선교회에는 1887–1888년에 속해 있었다.

노도사
1886년 7월 11일 한국인 최초로 개신교 세례를 받았다.

이정내(Yi Chung Nai)씨
1888년 8월 24일 세례를 받았다.
이 사진은 1934년에 찍은 것이다.
세례를 받을 때 호튼 양이 그에게 성경을 주었다.

초기의 교우들

(Jonesboro)에 있는 그의 전임 의료동역자의 딸이었다. 1917년 1월 필자가 존스보로를 기차로 통과했을 때 한 동료목사가 헤론 부인이 여기에서 성장했다고 회고하였다. 그는 당시 50년 전에 여성선교회가 조직되어 첫 모임이 열렸을 때 너무 반대가 심해 남편 몇 명이 각기 부인을 보호하기 위해 동행해야 할 정도였다고 말했다. 헤론 부인은 그 선교회에서 임명받은 첫 번째 여성이었으며, 헤론 박사가 사망한 후에 게일(J. S. Gale) 목사와 결혼했다. 그녀는 동해안 지역에 거주한 첫 번째 외국인 여성이었다. 밀러(F. S. Miller)의 부인(Susan Doty)은 그녀에 대해 "1888년에 헤론 부인의 사경회에서 최초로 여성 세 명이 세례를 받았다"고 말했다. 헤론 부부는 1885년 6월 21일에 탄가로 마루(Tangaro Maru)로 한국에 도착했다. 그들과 일본에서 돌아오는 아펜젤러 가족은 밤에 교대로 가장 큰 선실을 차지했다. 이에 대해 아펜젤러 여사는 "감리교와 장로교 선교회 사이에 최초의 연합이 이루어졌다"고 말했다.[8)]

2. 최초의 독신여성 선교사

1886년 7월 4일 제물포에 도착한 애니 J. 엘러즈(Annie J. Ellllers, Bunker의 부인) 양은 선교부로부터 한국에 가도록 권면을 받았을 때 의료수업 과정을 거의 다 마친 숙련된 간호사였다. 그녀는 여행길에서 헐버트(H. B. Hulbert), 벙커(D. A. Bunker), 길모어(G. W. Gilmore), 길모어 부인과 동행했는데, 이 세 교사들은 한국정부의 요청에 따라 미국 정부가 보낸 자들이었다. 선교부의 보고에 따르면, 그녀는 "고급반과 하급반을 망라해 여성들 사이에서 매우 중요한 사역을 맡기 위해" 보내졌다.

벙커는 도착한 다음 날의 서울로 오던 여정을 실감 있게 묘사했다. 이것은 어쩌면 초창기에 다른 외국인 여행자들이 제물포와 서울 사이의 16마일을 지나면서 겪은 전형적인 경험이라고도 할 수 있을 것이다. 그는 수많은 구경꾼들의 시선 속에서 당나귀를 타고 마포에서 나룻배로 한강을 건너는 동안 "승선한 짐승들과 뒤섞이는" 시련을 겪은 다음, 어두워져서 성문이 닫히기 전에 도착하기 위해 3마일을 달렸다. 그는 이렇게 이야기를 마친다. …… "서대문의 망루에서 악대가 저녁 경종을 울리고 남산 위의 세 곳에서 봉홧불이 한 순간에 타오르고 종로의 큰 종이 저녁 노래를 달래는 듯이 울려 퍼지는 동안 그 도시의 성문이 닫히면 서울은 무덤처럼 조용해진다."[9)]

엘러즈 양은 병원에서 여성부를 담당하고 왕비의 주치의가 되었다. 1887년 벙커(Bunker)와 결혼하여 선교회와의 공식적인 관계를 중단한 후에도 소녀반 하나를 계속 가르쳤으며, 마침내 서울역 부근에 있는 한 장로교 여학교의 설립자가 되었다. 그녀의 사역은 1888년 3월 27일에 도착한 릴리아스 S. 호튼(Lilias S. Horton) 양에게 이어졌다. 그 병원은 1887년 구리개의 새 부지로 옮겨졌는데, 현재 동양척식회사 건물의 바로 남동쪽에 있다. 호튼 박사는 여성부를 맡았고 나중에는 정동과 모화관에 있는 시약소를 맡았다. 그녀는 왕비와 중국인 원세개 가족의 주치의가 되었다. 언더우드 목사와 1889년 3월 13일에 결혼한 후에도 선교사역을 계속했다.

이상과 같이 우리는 처음 3년 반 동안 한국에 온 7명의 첫 선교사들의 내한에 관해 간략하게 설명했다. 어떤 의미에서 그들은 모두 의료사역자들이었다. 안수를 받은 언더우드마저도 1년간 의학을 공부한 일이 있었다. 의료사역은 "파고드는 쐐기"가 되었다. 이 일과 함께 전도, 교육, 문서사역의 출발이 이루어졌다. 최초의 교회(현재의 서울 서대문 장로교회)[vii)]가 창립된 1886년 9월은 바로 알렌 박사가 도착한 지 3년째가 되는 때였다.

1890년까지의 초기 기간에 한국인들의 비우호적인 태도를 드러낸 두세 가지 사건들이 발생했다.

3. 1888년의 금지령

1888년 4월 28일 서울에 있는 미국인 휴 A. 딘스모어(Hugh A. Dinsmore) 목사가 한국 외무부로부터 급한 연락을 받고 선교사들에게 다음과 같은 전언을 보냈다. "한국인들에게 기독교를 가르치고 예배와 성찬식을 행하는 일을 삼가야 한다고 당신에게 요구하는 것이 나의 임무가 되고 있다." 언더우드와 아펜젤러는 순회여행 중에 있었고 평양까지 갔다가 소환되었다. 갈등의 첫 번째 원인은 로마가톨릭측이 정부의 허락 없이 서울의 성당 부지를 매입하고 포기하기를 거절한 데에 있었다. 그렇지 않아도 기독교 교리의 전파를 반대하고 있던 정부는 조약에서 선교사역을 재가한 일이 없었다는 점을 지적하였다. 몇몇 선교사들은 그 명령에 복종하려 하지 않았는데, 그것이 가톨릭에만 해당된

다고 여겼기 때문이었다. 그럼에도 불구하고 5월부터 9월까지 아무런 종교 집회도 열리지 못했다.[10)]

4. 영아소동(1888년 6월 10-25일)

중국에서 선교 초기에 일어났던 일이 한국에서도 일어났다. 외국인들이 한국인 어린아이들을 유괴하여 병원에서 죽이고 공사관에서 그들의 시체를 먹으며 눈은 사진을 찍는데 사용하고 다른 장기들은 의학용 등으로 쓴다는 소문이 떠돌았다. 성난 군중들이 모여들었고, 외국인들의 어린아이 납치를 도왔다고 의심받은 한국인들이 한두 명 살해되기도 하였다. 거리에서 모습을 드러내는 일은 선교사들이나 다른 외국인들에게 안전한 일이 못되었다. 언더우드 부인은 병원에 갈 때 호위를 받았다고 진술하였다. 제물포에서 온 해병대원들이 공사관을 지켰다. 대표단이 한국 정부에 진정함으로써 소문들이 잠재워졌고, 다른 기간의 박해와 위험도 지나갔다.[11)]

5. 헤론 박사의 죽음

1890년 7월 26일에 헤론 박사가 죽은 일이 각별히 언급되는 이유는 그의 죽음이 서울에 거주하는 외국인들 중에서 최초의 일이었고, 매장지를 확보하는 일로 어려움을 겪었기 때문이다. 헤론박사는 뜨거운 여름에 도시에 머물러 있었을 뿐만 아니라 그 자신이 환자이면서도 시골지역으로 25마일을 가서 "치료를 베풀 것"을 고집했다. 그 결과 선교현장에서 있은 지 5년 만에 이질로 죽었다. 묘지를 얻고자 신청했을 때, 한국 정부는 자꾸만 미루다가 매장이 불가능한 두세 곳을 추천했다. 결국 미국공사는 선교회 구내에다 임시로 매장하자는 데에 동의했다. 그 도시의 경계선 안에서는 어떠한 매장도 허용된 적이 없었기 때문에 이러한 매장은 거의 폭동을 일으킬 법한 일이었다. 이에 정부 관리들이 즉각 굴복하여 양화진의 아름다운 매장지를 확보하게 되었다.[12)] 이 지역은 조약에 의해 개방되어 1884년 6월에 외국인 거주지를 찾는 외국인 대표단의 방문을 받았으나, 만족스럽지 못하게 여겨졌다. 대신에 그곳은 외국인 매장지가 되었다.

6. 선교사의 부임과 사임

선교회의 멤버들은 1890년까지 가끔씩 지방으로 장기 순회여행을 가는 경우 외에는 모두 서울에 있었다. 알렌 박사는 워싱턴으로 가는 최초의 한국 사절단을 수행하기 위해 1887년 9월에 퇴임했다. 선교부에서 재임명되어 1889년 9월에 돌아왔으나, 서울 주재 미국공사가 되기 위해 1890년 7월 9일에 다시 사임했다.

선교회의 다른 멤버들은 다음과 같이 도착했다. 1888년 기포드(D. L. Gifford) 목사, 메리 헤이든(Mary Haydn, 나중에 Gifford와 결혼) 양, 찰스 파워(Charles Power, M.D., 이듬해에 사임)가 부임했다. 1889년에는 가드너(W. M. Gardner) 목사와 사라 가드너(Sarah Gardner, 그녀는 오던 해에 돌아갔다) 양이 부임했다. 1890년 1월에는 마펫(S, A, Moffett) 목사와 수잔 도티(Susan Doty) 양이 왔다. 6명이 사임하고 1명이 죽어 일곱 명을 잃었으나, 선교회에는 여전히 일곱 명이 남았다. 게일(J. S. Gale) 목사는 토론토 대학교 YMCA의 소속으로 1888년에 왔다가 나중에 (본)선교회에 가입했다.

존 W. 헤론(John W. Heron, M.D.)
1885년 6월 21일 도착
1890년 7월 26일 사망

제임스 S. 게일(James S. Gale, D.D.)
1888년 12월 16일 도착
1891년 선교회 합류, 1928년 8월 31일 은퇴

사무엘 A. 마펫(Samuel A. Moffett, D.D.)
1890년 1월 25일 도착
1935년 1월 25일 은퇴

O. R. 에비슨(O. R. Avison, M.D.., L.L.D.)
1893년 7월 16일 도착
1932년 6월 30일 은퇴

네 명의 개척자들

:: 주석

1) 감리교 존 F. 가우처(John F. Goucher D.D.) 목사는 우연히 워싱턴으로 가는 도중에 한국 보빙사 일행과 3일 동안 같은 침대차를 타고 여행할 기회를 가졌다. 그는 1883년 11월 6일에 윌리(Wiley) 감독에게 편지를 쓰고 한국을 위해 2천 불을 기부했다. 1884년 1월 31일에는 일본에 있는 북감리교의 매클레이(R. S. McClay) 목사에게 한국으로 건너가서 상황을 조사하라고 편지를 썼다. 메클레이 박사와 그 아내는 1884년 6월에 한국을 방문하고 긍정적인 보고를 했다. 이에 가우처 박사는 다시 부동산 구입을 위해 3천 불을 더 지원했다.

2) L. G. Paik, *The History of Protestant Missions in Korea*, p. 70.

3) *Korea Mission Field, January*, 1912. 녹스(Knox) 박사는 1890년 일본으로부터 귀국해서 뉴욕에 있는 유니온 신학교의 교수가 되었으며, 다시 한국을 방문했다가 1912년 4월 25일 서울의 세브란스 병원에서 죽었다.

4) L. G. Paik, *The History of Protestant Missions in Korea*, p. 90.

5) *Ibid*., p. 93.

6) H. N. Allen, "Greetings", *Quarto Centennial Report, Korea Mission*, 1909, p. 6.

7) H. G. Underwood, "Reminiscences", *Quarto Centennial Report*, pp. 98–99.

8) *Korea Mission Field*, November, 1909, p. 189.

9) *Korea Mission Field*, August, 1926, pp. 165–7.

10) L. G. Paik, *The History of Protestant Missions in Korea*, pp. 145–7.

11) *Ibid*., pp. 147–8.

12) H. G. Underwood, "Reminiscences", *Quarto Centennial Report*, pp. 105–6.

:: 역자주

i) 원문에서 5월 34일로 표기되어 있어, 5월 3일을 가리키는지 4일을 가리키는지 정확히 알 수 없다.

ii) 갑신정변 때 독립당에서 활약하다가 일본을 거쳐 미국에 망명했다 의사가 되어 귀국하여 개화사상을 고취하고 독립협회 고문으로도 활동하다가 동 협회가 해산되자 1898년 다시 미국으로 가서 체재했다. 해방 후 잠시 귀국했으나 되돌아가서 1951년에 서거하였다.

iii) 한미수호조약이 체결된 후 주한미국공사 푸트의 내한에 대한 답례로 보빙사(報聘使)가 미국에 파견되어 체스터 아더 대통령에게 국서를 전달했다. 이때 민영익(閔泳翊)이 정사였고 홍영식이 부사였으며, 유길준이 수행원으로 갔다가 공부하기 위해 미국에 남았다. 이 여행 후에 민영익은 오히려 수구파의 대열에 섰다.

iv) '고요한 아침의 나라' (The Land of the Morning Calm)란 용어의 최초 사용자가 로웰이 아닌 것은 분명하다. 이 용어는 1882년에 그리피스가 미국에서 발행한 『한국: 은자의 나라』(*Corea: The Hermit Nation*)란 책에서도 자주 사용되었다. 이 용어는 서구인의 오리엔탈리즘과 일본의 식민사관을 반영하여 한국에게 피동적이고 정체적인 이미지를 부여한다. 이 책에서 이 용어는 문호개방과 근대화가 시작되기 전의 한국을 주로 가리킨다.

v) 홍영식은 혁명가들이 아닌 청나라 군인들에 의해 사살되었다.

vi) '다이부츠호텔' 은 '대불호텔' 의 일본식 발음이며, 1888년에 일본인에 의해 세워졌다.

vii) 광화문의 새문안 장로교회를 가리킨다.

제 3 장

• • •

한국(高麗)

1. 나라와 주민들

1) 명칭

이 나라의 가장 오래된 명칭은 조선(Cho-sun)이며, 오늘날은 보통 아침의 신선함을 뜻하는 조선(Cho-sen)이란[i)] 글자로 표기되고 있다. 이 이름은 반신화적인 최초의 왕 단군(B.C. 2332)에 의해 주어진 것이며, 또한 이씨 왕조(1392-1897)에 의해 사용되었다. "코리아"라는 이름은 고려 왕조(918-1392)에서 나왔다. "고려"라는 이름은 '높고 아름다운' 혹은 높은 산들과 빛나는 시내들을 의미한다. 중국인들이 이 이름을 "코우-울-리"(Cow-oo-li)라고 발음한 것을 서구인들은 "코리아"란 말로 들었다. 왕이 1897년 황제로 대관되었을 때, 나라 이름이 "대한"(위대한 한)으로 바뀌었다. 한은 중국에 있는 어느 고대 왕조와 강의 이름이었다. 그러므로 한강이 한국에 있다. 서울의 옛 이름이 한양(빛나는 한)이었고, 서울 인근의 두 산성들은 북한산과 남한산(북쪽과 남쪽의 한)으로 불려졌다. 1910년의 합방으로 나라의 공식 명칭이 다시 조선(Chosen〈Chosun〉)으로 바뀌었으나,

서구 세계는 대부분 코리아라는 이름으로 계속 부르고 있다.

2) 위치

한국은 하나의 반도이다. 길이가 660마일이고 넓이가 135마일이며, 동북아시아 만주에서 약간 동남쪽으로 돌출해 있고, 일본 남쪽에 있는 큐슈섬을 향하고 있다. 북위 33° 06'에서 43° 사이와 동경 124° 11'에서 136° 56'사이에 있다. 북위 상으로 서울과 매우 비슷한 위치에 지푸(Chefoo), 태브리즈(Tabriz), 아테네(Athens), 메시나(Messina), 리스본(Lisbon) 워싱턴(Washington), 샌프란시스코(San Francisco)가 있다. 한국의 본토는 동쪽으로 청진(세이신)항과 원산항, 남쪽으로 부산, 서쪽으로 목포(몹포), 군산, 제물포(진센), 진남포, 용암(압록강 어귀에 있음)을 끼고 도는 해안선이 5,500마일에 달하고 있다.

중국, 일본, 시베리아(러시아) 사이에 있는 한국의 위치는 곧잘 이집트, 바빌론과 앗시리아, 시리아 · 그리스 · 로마 사이에 있는 팔레스틴의 위치와 비교된다. 이런 점이 한국을 근동의 팔레스틴처럼 극동에 있는 "열국의 고속도로"로 만들고 있다. 우리는 유대인들이 그들과 접촉하는 지역에 유일신교를 전하고 나중에는 기독교를 전했던 것처럼, 지금 복음을 받아들이고 있는 한국인들도 동양의 다른 여러 나라 사람들에게 복음을 전하게 되기를 바라고 있다. 실제로 한국교회는 이미 그러한 영향력을 한국, 만주, 산동, 시베리아, 일본에서 발휘하기 시작하고 있다.

3) 규모

한국의 면적은 84,738평방마일이다. 이 면적은 아이다호, 캔사스, 미네소타, 유타의 면적과 거의 같다. 그것은 뉴잉글랜드의 여섯 주들에다 뉴저지와 델러웨어와 메릴랜드의 절반 이상을 합친 것과 같은 면적이다. 이 나라는 1902년부터 13개의 도로 나뉘어왔다. 서울에서 안동까지의 거리는 310마일, 서울에서 부산까지는 280마일, 서울에서 원산까지는 138마일, 원산에서 회령(두만강변의)까지는 133마일, 원산에서 부산(동해안)까지는 341마일이다. 압록(Yalu)강과 두만(Tumen)강 사이의 북쪽경계선은 그 길이가 813마일에 달한다.

4) 지형

한국에 "산 넘어 산"이란 속담이 있다. 한국에는 "만 개의 섬들"이 있다고 말하지만, 산들은 셀 수 없이 많다. 높은 산맥이 북쪽 끝의 백두산으로부터 동해안을 따라 제주도(Quelpart)의 한라산까지 뻗쳐 있다. 이것이 큰 강들로 하여금 서쪽으로 흐르게 만들었으나, 두만강만 예외가 되고 있다. 이러한 강들 가운데 압록(청오리)강은 의주를 지나고, 대동강은 평양(Pyengyang)을 지나 진남포로 향하고, 한강은 서울을 지나 제물포로 향하고, 금강은 전라와 충청 지방을 지나 군산을 향하고, 낙동강은 안동 남쪽에서 대구를 지나 부산 부근의 대한해협으로 향하고, 임진강은 송도 부근을 지나고, 청천강은 안주와 동내 부근과 강계를 지난다.

북단에 있는 늘 하얀 산 혹은 흰 머리 산(백두산)은 한국에서 신성한 산이다. 1930년에 선교사들이 이 산을 처음 찾았고, 서양인들이 한 두 차례 간 적이 있었다. 높이가 해발 9,002피트이며, 여기에서 송하강, 압록강, 두만강 등 세 개의 강이 시작된다. 사화산이며 분화구의 호수는 바닥에 닿지 않고 1,420피트의 깊이까지 소리가 측정된다.

동해안 원산의 남쪽에 있는 금강산의 경관은 극동에서 비길 데가 없다. 둘레가 50마일이 되는 지경에 1만 2천 개의 봉우리들이 있다고 말해진다. 해마다 금강산을 찾는 수천 명의 관광객들 가운데 많은 사람들이 일본, 중국, 서양에서 온다. 아름다운 가을날에 "일만 폭포의 계곡"을 따라 걷다보면 마법의 나라로 들어온 것 같은 느낌을 갖게 된다. 현재 이 산에 약 25개의 절들이 있다.

5) 기후

7월과 8월의 우기를 제외하면, 한국의 기후는 세계에서 가장 좋은 기후에 속한다고 할 수 있다. 북방에서는 겨울이 매우 춥지만(-30° 에서-40° C) 남쪽에서는 가장 낮은 기온이 -14° C이다. 강계 북쪽으로 100마일 떨어진 중강은 한국에서 가장 추운 곳이며, 대구는 가장 덥고, 부산과 원산은 가장 습도가 높은 반면, 평양은 가장 날씨가 맑다(68퍼센트). 기온차가 중강이 137°, 평양이 116°, 서울과 대구가 100°, 부산이 85° 이다. 연간 강우량은 남쪽지방이 60인치이고 만주 접경은 24인치이다. 여름은 뜨겁고 습하다. 우기는 거의 설명이 불가능하다. 그것을 이겨낼 수 있는 것이 없다. 지붕이 새고 무너지며, 말랐던 강이 맹렬한 급류가 되고, 다리가 무너지며, 그와 동시에 모든 일과 왕래가 정지된다.

그러나 심하게 번개 치는 일은 드물다. 보이는 것과는 대조적으로 한국의 기후가 그다지 좋은 편은 아닌 것 같다. 그곳에 관해 일률적으로 행해지는 많은 말들이 있다. 흔히 하는 말은 "공기 중에 오존이 부족하다"는 것이다. 선교사들의 건강기록은 특별히 좋은 편이 아니다. 다섯 명 중 한 명은 건강을 위해 휴가를 갖는다. 많은 경우 휴가가 신경의 피로나 기력의 저조에서 기인되고 있다. 기후는 부분적인 원인에 불과하다. 많은 선교사들이 능히 막을 수 있는 질병 때문에 건강을 잃었다. 네 명 중에서 한 명은 만성 설사나 이질을 앓고 있으며, 사망자 일곱 명 중에서 한 명의 사망 원인이 되고 있다. 선교사들 사이에서 유행하는 다른 질병들은 말라리아, 폐렴, 결핵, 티푸스, 장티푸스, 암 등이다. 선교사들의 건강상태에 관한 수년 전의 조사 결과는 다음과 같았다. "아주 건강이 양호한 경우는 매우 드물며, 막을 수 있는 질병의 발병과 건강을 위한 휴가가 지나치게 빈번하다. 유아 사망률은 미국에서보다 2-5배가 높다."

6) 인종과 인구

한국인의 기원에 관한 인종학자들의 논쟁이 계속되고 있으나, 그들이 북방에서 유력한 몽골인(퉁구스족)의 요소와 남방의 코카서스인(일본)의 요소가 혼합된 종족임을 보여주는 흔적들이 있다. 북방(송하강의 부루)과 중국으로부터 수많은 침략을 받은 것으로 우리는 알고 있다. 남쪽으로부터 침략 받은 증거는 그리 명확하지 않다. 헐버트(Hulbert)는 남쪽 지방의 초기 정착민들이 인도에서 온 드라비다 사람이었을 것으로 생각한다. 다른 권위자들은 남쪽 지방의 상류층에서 코카서스의 모습이 보인다고 생각한다. 그러나 일본과 중국 그리고 먼 북방에서 침략을 해왔을 때 온 본토인들이 있었음을 알리는 표지들도 있다. 한국인들과 에스키모들과의 유사성도 종종 지적되고 있다. 한국인의 얼굴을 볼 때면 일본, 중국, 인디언(미국과 인도의 인디언)의 형태들을 찾아볼 수 있다. 어떤 한국인들이 서양 옷을 입을 때면, 그들이 일본인인지 한국인인지 혹은 중국인인지를 구별하기가 서양인들에게만 아니라 동양인들에게도 쉽지 않다.

한국에서 인구를 표시하는 표현으로 "이천만 동포들"이라는 말이 있다. 그러나 최근에 들어서야 그 말이 참되게 되었다. 개신교 선교사들이 처음 왔을 때는 아마도 1,200만 명 이상이 넘지 않았을 것이다. 그러나 더 좋아진 위생상태, 천연두의 예방접종, 전염병 검역, 서양의학의 진보, 훈련된 의사의 증가로 인해 인구가 20만 명에서 25만 5천 명으로 늘어났다. 1931년의 인구조사에서는 인구가 2,026만 2,958명이었다. 이 인구수에서 약 40분의 1(2.5퍼센트) 혹은 51만 4,666 명이 일본인이고, 100분의 1 혹은 100분의 2 미만이 외국인(대부분은 중국인)이다. 남성이 여성보다 50만 명 더 많다. 도시와 촌락의 수는 2,503개이다. 주민이 5천 명 이상인 도시로는 60개가 있다. 이들 중 주민이 3만 명 이상인 도시는 15개이다. 도시로는 그 규모 순으로 서울, 평양, 부산, 대구, 제물포, 송도, 원산, 신의주, 함흥, 진남포, 전주(젠수), 제주(사이슈), 청진(세이신), 목포, 광주(코슈) 등이 있다. 일본인의 비율이 가장 높은 곳은 부산이고, 가장 낮은 곳은 송도이다. 전국에 약 2만 명의 경찰이 있으며, 그들 가운데 한국인들이 거의 8천 명에 이른다.

7) 직업

인구의 80퍼센트가 농업, 축산업 등에 종사하고 있으며, 상업과 운송업에 7.5퍼센트, 공업에 2.5퍼센트, 공공 서비스와 전문직에 2.5퍼센트, 어업과 염업에 1.5퍼센트가 종사하고 있다. 농민의 가족 당 평균 경작지는 4에이커이다. 경작에 알맞은 땅(1829년에 55퍼센트)의 절반 이상이 소작인들에 의해 경작되고 있다.

8) 생산물

곡식. 쌀은 한국 전역에서 재배된다. 경작이 가능한 토지의 3분의 1이 논이다. 콩과 목화도 모든 지방에서 재배된다. 밀, 보리, 기장, 옥수수, 귀리, 감자는 북쪽에서 더 많이 경작된다. 한국은 인삼으로 유명하다. 담배도 널리 재배되고 있다.

양잠업은 하나의 성장산업으로 1년에 2천 만 부셀 이상의 누에고치들이 생산된다.

가축. 소는 최근 수년간 낙농업이 증가되고 있으나 주로 짐을 나르거나 육우로 이용되고 있다. 한국에는 약 2백만 두가 있다. 속담에 나오는 "바짝 마른 돼지"는 더 좋은 사육장에서 "통통하게 살찐 돼지"로 바뀌어 왔다. 양계는 주요 산업이다. 염소들도 조금 있고, 많지 않지만 양들도 있으며, 한국의 조랑말들은 그 수가 점차 줄어들고 있다.

과실재배. 감은 여전히 한국의 과실들 중에서 가장 먼저 손꼽힌다. 다른 토산 과일들로는 배와 살구가 있고, 견과류로 영국식의 호두와 밤이 있다. 최근 수년 전부터 외국 과일들-사과, 배, 자두, 복숭아, 체리, 포도, 딸기-이 널리 재배되고 있다.

삼림. 이것이 전체 면적의 74퍼센트를 차지하고 있으며, 삼림의 56퍼센트가 재목으로 자라고 있다. 국유림은 2천 5백만 에이커에 달하며, 그 대부분이 압록강과 두만강을 따라 펼쳐지고 있다. 조림사업으로 천만 그루 이상을 매년 심고 있다.

어업. 약 80종의 물고기들이 멀리 뻗은 한국의 해안선을 따라 인근 바다에서 잡히고 있다. 정어리와 고등어가 그 중에 으뜸이며, 그밖에 조기, 명태, 청어, 돔, 대구, 새우 등이 있다.

광산업. 광물들은 금, 철, 석탄, 구리, 은, 흑연, 납, 아연, 운모 등의 순으로 생산되고 있다.

공업. 공업들을 양조(연간 6천만 원 이상), 담배(3천만 원 이상), 방직, 짚공예, 방적, 제지, 금속세공, 은박, 제분, 비료, 제당 등의 순으로 이루어지고 있다.

수출품과 수입품. 대표적인 수출품으로는, 순서대로, 쌀, 비단, 콩, 어류, 비료, 철, 설탕 등을 꼽을 수 있다. 대표적인 수입품은 기장, 옥양목, 비료, 쌀, 목재, 석탄 등이다. 수입총액이 수출총액을 약간 초과한다(매년 약 4만 원).

사냥. 한국은 수렵가들에게 여전히 좋은 사냥터가 되고 있으나, 매년 감소 추세를 보이고 있다. 지금도 진짜 호랑이(자주 보이지 않는다)가 있으며, 표범, 곰, 사슴, 멧돼지, 여우, 거위, 오리, 꿩, 뇌조 등이 있다.

9) 교통시설

철도. 1929년 5월에 집계된 국철의 길이는 총 1,695마일이다. 12개년 건설계획안에 따르면 813마일이 더 필요하다고 한다. 이미 이용되고 있는 사설철도 553마일도 언급되어야 할 것이다. 1927년에는 탑승객의 총수가 국철의 경우 2천만 명을 넘었고, 사설 철도는 4백만 명을 넘었다. 한국에서 맨 처음에 가설된 철도는 1899년에 놓인 경인선이었고, 이어 1904년에 경부선이, 1906년에 경의선이, 1911년에 평양-진남포선이, 1914년에 대전-목포선과 경원선이 놓였다. 안동에서[ii] 압록강을 건너는 다리는 1911년에 175만 3천 원의 비용을 들여 완공되었다. 두만강을 건너는 다리는 1927년에 완공되었다.

도로. 1935년에 끝나는 25개년 계획의 도로가설 프로그램이 3,500만 원의 비용을 들여 수행되고 있다. 이미 6천 마일의 제1급(폭 24피트) 도로들과 제2급(폭 18피트) 도로들 그리고 5천 마일의 제3급(폭 12피트) 도로들이 완공되었다. 이것은 전체 25년 기간의 약 70퍼센트에 이르고 있다. 자동차들은 전국에서 널리 사용되고 있다.

전신. 1884년 전신 서비스가 부산과 일본 사이에서 개통되었다. 1927년에는 한국에 745개의 전신소가 있었다. 1923년 서울에서 무선전신 사무소가, 1926년 11월 라디오 방송국이 문을 열었다. 서울과 제물포를 이었던 최초의 전화 서비스는 1902년에 개통되었다. 현재 전화가입자들이 3만 명을 넘어섰고, 한 해에 거의 2억 번의 통화가 이루어지고 있다.

10) 한국인

체격. 한국인들은 평균적으로 북쪽 사람들이 남쪽 사람들보다 더 키가 크며, 중국인만큼 크지는 않지만 일본인만큼 작지도 않다. 한국남자의 평균키는 5피트 6인치로 집계되고 있다.

성격. 그들을 가장 잘 아는 사람들이 보기에 한국인들은 호감이 가는 사람들이다. 더 나은 계층의 한국인을 만나지 못하는 여행자들은 나쁜 인상을 받는다. 한국인들 중의 일부는 게으르고 부주의하고 거칠지만, 대다수는 부지런하고 마음씨가 친절하며 예의 바르고 유능하다. 그들은 사교적이고 유쾌하며 타고난 배우들이다. 그들은 서양인들보다 기질을 더 잘 다스리지만, "흐트러질 때는 끝장을 본다." 그들은 머뭇거리고 솔직성이 부족하며 이해하기가 어려울 때가 자주 있다. 감정적이고, 그들의 지도자들 중의 한 사람이 말한 것처럼 "책임성이 부족하다." 빚을 지는 일을 두려워하지 않는다. 물론 이는 일반적인 이야기이다. 매우 모범적인 한국인들이 많이 있다. 북쪽지방의 사람들이 남쪽지방 사람들보다 더 활동적이고 주도적이며 독립적이라는 것이 하나의 법칙처럼 되어 있다. 한국 남자들은 집안 사내아이들의 비위를 맞추고 응석을 받아주는 가정교육 세대에서 망쳐지는 경향을 보여왔으나, 한국 여성은 성실, 근면, 인내의 모델이 되고 있다.

11) 습관과 풍습들

한국인들의 생활은 너무나 급격하게 바뀌고 있어서, 수년 전에 그들의 습관과 풍습을 묘사한 것 중에서 어떤 것은 오늘날 부합하지 않게 되고 있고, 오늘날에 묘사한 중에서 어떤 것은 수년 후에 부합하지 않게 될 것이다. 전반적인 경향이 서구적이거나 반서구적인 표준들을 지향하고 있다. 이런 경향은 가옥형태. 의복, 음식, 생활의 표준, 여행, 통신, 교육, 예배형태, 건축, 의료, 위생과 하수시설, 남녀교제. 결혼, 장례, 에티켓, 여

쟁기질

방아

모내기

어름 낚시

시골지역 광경

성의 지위 등에 해당되고 있다. - 즉 모든 것이 변화되는 가운데 있다. 서구국가들과의 조약, 서구문명과의 접촉, 선교사들의 내한, 서구적인 것을 이미 많이 수용한 일본인들의 내한, 해외유학에서 돌아온 수많은 한국 젊은이들, 이 모든 것들이 한국인의 세계를 뒤집어 놓았다. 한국인들은 달라진 것이 없고 예전 모습 그대로 있다는 반박이 제기될 수도 있다. 그러나 젊은 세대는 나이든 사람들과 다르다.

그럼에도 불구하고 대부분의 한국인들은 여전히 짚이나 기와로 지붕을 덮고, 진흙으로 벽을 바르고 마루에 온돌을 깐 집에서 살고 있다. 대부분의 사람들이 여전히 흰옷을 입고, 널리 한글을 쓰며 한국어를 말하고 있다. 대부분의 결혼이, 전보다는 덜하지만, 여전히 부모에 의해서 결정되고 있다. 주식은 여전히 쌀이나 기장 그리고 김치(절인 것)이며, 평균적인 한국인의 기질도 거의 동일하게 남아 있다고 말할 수 있다. 다른 한편 한국인 소녀들이 학교에 다니고 있으며, 여성들이 격리되지 않고 있으며, 계급구별이 덜 엄격해졌으며, 젊은 세대는 연장자들을 덜 공경하고 있으며, 한국 명절들과 옛 장례 풍습이 덜 지켜지고 있으며, 한국인들의 상투풍습이 빠르게 사라져가고 있다.

12) 사회계층

한국인들은 중국에서 유래한 표준을 따라 사농공상의 네 계층으로 나뉘어졌다.[iii] 귀족(양반)은 항상 가장 높은 계층을 차지하였다. 오늘날 이 용어는 학자, 관리, 부자에게 적용된다. 약 150개의 성씨들이 있으며,[iv] 사람들의 거의 3분의 1이 김씨이다. 이씨, 백씨, 박씨, 최씨, 안씨, 오씨, 정씨 등도 비교적 많은 편이다.

2. 역사

한국에서는 역사의 변동이 모두 북쪽에서 비롯되었다. 전통의 원류도 주민이 적고 황야와도 같은 북쪽지역에서 더 찾아볼 수 있다. 오늘날 만주와 시베리아로 이주하는 한국인들은 그들의 역사의 근원으로 점점 더 가까이 회귀하고 있는 셈이다.

1) 단군(B.C. 2332년)

한국인들의 최초의 왕은 단군이었다. 그는 신인(神人)으로 여겨지며 평안북도 묘향산(놀랍도록 향기로운 산)[1] 기슭에서 태어나 1048년을 향수한 것으로 추정된다. 다른 전승은 그의 출생지를 백두산으로 지목하기도 한다. 그는 그 땅에 정착해 있는 "야만스런 아홉 부족들"을 문명화시켰다. 그는 평양을 수도로 택하고 그 나라를 조선(아침의 신선함)이라[i] 이름지었다. 전승에 따르면, 단군은 B.C. 2365년 한강 어귀에 있는 강화도 마니산에서 맨 처음 제사를 지냈다. 그 제단은 전등사 근처의 산꼭대기에 있으며 한국인들이 만든 유물 중에서 가장 오래된 것으로 여겨진다. 강화도의 성벽은 단군의 세 아들들이 쌓았다고 하여 삼랑(세 아들)이라 불리고 있다. 그의 무덤은 평양 동쪽의 강동에서 찾아볼 수 있는데, 그 둘레가 410피트이다. 평양에는 1429년에 건립된 단군 사원이 있다. 단군 이후 천 년 이상의 한국역사가 거의 공백으로 있다.

2) 기자조선(B.C. 1122년)

기자는 중국인으로 상왕조가 몰락한 후 5천 명의 추종자들을 데리고 이주해왔다. 그는 바다를 건너와서 진남포에서 북쪽으로 12마일 가량 떨어진 대동강변의 절도에 처음 머물렀다. 절도에 기자의 유적 두 가지가 있는데, 곧 우물 하나와 기념비 하나가 있다. 이곳이 적합하지 않다고 여긴 그는 평양으로 이동했다. 그가 쌓았던 성벽의 일부는 선교회 주택지대 뒤편에 있다. 그가 팠던 우물은 기차역 부근에 있다. 그 도시 북쪽으로 그의 무덤으로 알려진 곳에는 (1325년)에 건립된 기자 기념비가 있다. 그는 백성들에게 법을 베풀어 법률, 농법, 양잠, 읽기, 쓰기, 중국학문, 예의규범 등을 가르쳤다.

그는 주민들의 마음을 변화시키려고 버드나무를 심었으며, 평양은 이런 이유에서 "버드나무 수도"(유경)라고 불리고 있다.[2] 한국인들이 입는 흰색 두루마기와 조끼는 기자를 애도하는 한 상징인 것으로 짐작된다. 그의 왕조는 1천 년 동안 지속되었다.

3) 삼한

B.C. 194년 북경에서 온 위만이 기자의 42대 자손으로 왕위계승자인 기준을 몰아내고 수도를 평양에서 왕검성으로 옮겼다. 위만은 한국에 상투를 도입시킨 자로 알려져 있다. 상투라는 남자의 표시는 매우 중시되어서, 게일 박사의 말에 따르면, 그의 한 한국인 친구의 아버지는 1894년에 상투를 잘리는 것보다 자살하는 편을 택했다. B.C. 108년 한국이 중국에게 86년 동안 조공을 바치지 않았다는 이유에서 한 중국사절이 위만의 후손인 한국왕에게 파견되었다가 죽임을 당했다. 그 후 중국군대가 파견되어 한국 북쪽지역을 복속시키고 낙랑, 진번, 임둔, 현도의 네 지방으로 분할했다. 대동강 건너편 평양 남쪽에 있는 낙랑의 수도는 1913년 세키노 박사의 지휘 아래 발굴되었다.[3]

(1) 마한(B.C. 194년–)

위만에 의해 평양에서 쫓겨난 기준은 남쪽으로 내려가서 마한국을 세우고 익산을 수도로 정했다. '마'는 안정되고 고요하고 문명화 된 것을 의미한다. 그 왕국은 54개의 마을들로 구성되었으며, 마지막으로 9년 백제 온조왕에 의해 정복되었다.

(2) 진한(B.C. 215년–)

중국 만리장성을 쌓는 노역을 피하려는 산서와 감숙의 탈주자들이 한국으로 와서 진한 왕국을 세우고 경주를 수도로 정했다. 이 왕국은 여섯 지역들로[4] 구성되었고, 마한에 조공을 마쳤다.

(3) 변한(B.C. 107년?–)

한국 남쪽지방에 있는 이 왕국은 역시 중국에서 온 사람들에 의해 세워졌으며 수도가 김해의 서쪽에 있었다고 추정된다. 비록 기자 시대 이래로 수많은 중국 이민들에 의해서 문명이 전해졌다고는 하지만, 모든 역사 서술들에서 아직까지 거의 알려지지 않고 있는 토착의 한국인들이 있었을 것으로 추정되고 있다.

4) 삼국

한국에서 일어난 다음 번의 역사적 변동은 압록강과 백두산 북쪽에 있는 부여국에서 시작된다.

(1) 고구려(B.C. 37년–668년)

부여에서 '고'라는 성을 가진 한 전설적인 영웅 주몽(궁사)이 고구려 왕국을 세우고 국내성을 수도로 정했다. 국내성의 옛 터는 오늘날 강계군 만포의 압록강 건너편 만주지역에 있다. 여기에서 414년에 세워져 지금까지 남아 있는 매우 흥미로운 기념비를(6피트 20인치) 발견할 수 있다. 수도가 427년 서남쪽 40마일 지점의 환도로 옮겨지고 나중에 평양으로 옮겨져 이후 2백 년 동안 유지되었다. 또한 234년에서부터 백 년 동안도 수도가 평양이었다. 평양의 서쪽 20마일 지점의 우흁리에 있는 세 능의 벽화들, 진남포선 신지도 역 부근에 있는 두 개의 기둥 무덤 벽화들은 우리에게 고구려 왕국의 예술의 한 면모를 보여준다. 지금까지 전래된 것들 중에 한국인의 가장 오래된 노래는 고구려의 2대 왕인 유리왕(B.C. 17년)의 노래이다. 그는 그의 중국인 아내가 한국인 아내와 다투고 떠나버리자 그녀를 잃은 것을 슬퍼하며 두 마리의 꾀꼬리가 함께 있는 것을 보고 노래했다.

너 명랑하고 즐거운 노란 새들아.
서로 짝을 지어 살며 사랑하는구나.
아 슬프다, 나를 찾지 않고 내 소리를 듣지 않으니
네 운명을 부러워하노라, 나의 작은 형제여.[ii]

고구려는 612년 을지 장군의 지휘로 안주에서 중국의 50만 대군을 패퇴시킨 후, 두 번째로 중국의 소정방이 지휘하는 20만 대군의 침략을 받고 패배했다. 소정방은 663년에 백제를 멸망시켰고, 668년에 고구려를 멸망시켰다.

(2) 백제(B.C. 18년–663년)

주몽이 부여에서 도망쳤을 때, 그는 아들 유리를 임신한지 얼마 안 된 아내를 남겨두었다. 유리는 장성하여 국내성에 있는 아버지에게로 갔다. 그러나 아버지는 다시 결혼해서 다른 두 아들, 곧 비류와 온조를 두고 있었다. 그 두 아들은 유리를 피해 남쪽으로 갔는데, 그들이 B.C. 18년 북한산의 바위로 된 산봉우리의 하나인 백운대 정상에 섰다고 말해진다. 비류는 제물포 방면으로 가서 한 도시를 세웠는데, 그 도시 성벽의 윤곽이 아직 어렴풋이 남아 있다. 그러나 그 나라가 강성해지지 못하자 비탄에 잠겨 죽었다.

온조는 남한을 택해 수도로 삼고 나라를 백제라고 불렀는데, 백제는 '100명이 건너갔다' 는 뜻을 지니고 있다. B.C. 6년 그는 수도를 북한으로 옮기고 이듬해에 첫 번째 성벽을 쌓았다. 그 후 수도가 여러 차례 옮겨졌으며, 위례와 직산도 수도였던 것으로 알려져 있다. 538년에는 수도가 현재의 대전–목포 간 철도가 지나는 논산에서 13마일 떨어진 부여시 근처에 위치하고 있었다.[5)] 이곳을 찾은 방문자는 산성(부소산성)과 백제의 마지막 여섯 왕들(538–660)의 안식처인 능산 혹은 왕릉과 중국 당나라가 1,300년 전에 백제의 멸망을 표시하기 위해 세운 한국에서 가장 오래된 탑을 볼 수 있다.

이 왕국은 현재 전라, 충청, 경기 지방의 경계선을 모두 포함하고 있다. 이 나라는 285년에 일본으로 한자를 전해주었고 552년에 불교를 전해주었다. 멸망 당시에 백제에는 24만 호의 가옥과 610만 명의 주민이 있었다. (그 왕릉에 매장된 유적에 관한 흥미로운 이야기는 1902년 *The Korea Review*, pp. 102–4를 참조하라.)

(3) 신라(B.C. 58년–918년)

신라는 삼국 가운데 가장 먼저 건국되었고, 백제와 고구려가 멸망한 후 하나의 통일 왕국으로서 거의 300년간 역사를 지속시켰다.

건국자는 박혁거세이며, 그는 박처럼 생긴 한 알에서 발견되었다고 추정된다. 진한의 한 지역인 고허를 다스리는 소벌공에 의해서 발견되었다고 말해진다. 박은 13세 때에 진한을 통치하기 시작했으며, 나라 이름을 서라벌(사라, 사로)로 바꿨는데, 그 이름이 503년에는 신라로 바뀌었다. 변한이란 나라는 자원하여 그의 속국이 되었다.[6] 555년에 세워진 북한산의 한 비석은 당시 신라의 북쪽 경계선의 위치를 표시하고 있다. 685년부터 신라는 반도 전체를 다스렸다.

이처럼 간단하게 개괄해서는 신라 문명의 경이로움을 다 다룰 수가 없다. 고대의 수도인 경주는 오늘날 한국에서 가장 유명한 관광지의 하나가 되고 있다. 이곳에 약 17만 8천 호의 가옥이 있었고 90만 명의 인구가 살고 있었다. 관심을 끄는 유물들 가운데 9층탑,[7] 10피트의 높이에 무게가 30만 7,700파운드인 황금부처, 900년의 역사를 지닌 서빙고, 647년에 세워진 첨성대, 773년에 청동으로 주조되었고 무게가 15만 8천 파운드인 큰 종, 751년에 건축된 불국사, 이 절의 언덕 너머에 있는 동굴사원인 석굴암 등을 볼 수 있다.

이곳에서 664년에 설총이란 위대한 학자가 태어났고, 711년에 한국에서 가장 유명한 서예가인 김생이 태어나서 살았으며, "한국문학의 아버지"인 최치원은 중국으로 유학을 다녀왔다(875–885년).

(4) 가야 왕국(42–562년)

삼국과 같은 시기에 가야라는 작은 왕국이 세워졌다. 가야는 김해에서 성주까지 뻗어나갔으며, 대구에서 서남쪽으로 25마일 떨어진 고령에 수도를 두고 있었다. 이 왕국은 음악으로 유명하여 오늘날의 한국식 하프가 가야금이라 일컬어진다. 가야의 위대한 음악가 우륵은 고령의 바로 북쪽에 있는 금곡이란 작은 마을 출신이었다. 가야가 562년에 멸망해서 신라의 영토에 병합되었을 때 우륵이 신라를 위해 "거의 200개에 달하는 곡을 만들었는데, 이것들이 오늘날 한국음악의 기본 형식이 되었다. 이렇게 가야는 음악으로 한국에 기여했다."[8]

5) 고려(918-1332년)

신라의 마지막 왕은 애꾸눈의 사악한 궁예였다.[iii] 그는 아내와 지식을 죽이고 한 날에 100명의 무죄한 백성을 죽인 폭군이었다. 그 땅을 정복하고 위협하기 위한 전략으로 철원에 본부를 두었다. 그의 부하 장군들 가운데 한 명인 왕건은 아내와 가신들의 지원에 힘입어 권력을 탈취하고 자기를 왕으로 공표하게 했다. 수도를 송도로 택하고 나라 이름을 고려라고 정했다.

고려시대는 불교의 황금시대였다. 송도에는 16만 8천 평방 피트에 달하는 큰 절이 세워졌고, 1천 명의 승려들을 위해 5일 동안 잔치가 베풀어졌다. 송도는 20만 호의 가옥들이 있는 큰 도시가 되었다.

957년에 과거라 불리는 정부의 시험제도가 중국에서 온 쌍기에 의해 도입되었다. 이후 이러한 시험을 위한 준비과정으로서의 한국 젊은이를 위한 교육제도가 천 년 동안 존속되어 왔다. "공부시간의 3분의 1은 읽고, 3분의 1은 쓰고, 3분의 1은 작문하는 데에 사용하였다." 1101년에는 가운데에 구멍이 뚫린 구리돈이 주조되었다. 이러한 통화제도는 초기 선교사들에게 큰 짐이 되었다. 1달러가 3천 냥이었기 때문이었다.[iv]

1011년 송도가 타타르인들에 의해 불에 탔고, 고려왕은 남쪽으로 멀리 나주까지 도망쳤다. 그러나 1019년에 노련한 강감찬 장군의 큰 지혜와 수완으로 침략자들이 쫓겨났다. 2백 년 후 몽고가 고려를 침략했고, 이에 1232년부터 1270년까지 수도가 송도에서 강화로 옮겨졌다. 1271년에는 고려의 왕자가 쿠빌라이의 딸과 혼인함으로써 평화를 누리게 되었다.

1169년에 고려에서 가장 유명한 시인인 이규보가 태어났다. 게일 박사의 설명에 의하면, "그는 고려 역사상 가장 위대한 학자와 정치가로 인정받았다."[9] 그의 무덤은 강화도에 있다. 또 다른 위대한 문학의 대가 이재현은 1332년에 훌륭한 문장의 청원서를 황제에게 바쳐서 고려가 몽골의 일개 지방으로 편입되는 일을 막아냈다. 그러나 무능한 통치자들, 불교의 타락, 만주로부터의 침략들로 인해 그 왕국이 종말을 맞게 되었다.[10]

6) 이조(1392-1910년)[v]

사악한 승려이며 궁실의 라스푸틴(Rasputin)인[vi] 신돈은 1352년에 왕으로 즉위한 공민왕에게 나쁜 영향을 끼쳤다. 결국 신돈은 그의 악행으로 인해 참수되었고 왕도 3년 후에 불만을 품은 환관에 의해서 살해되었다. 왕의 열 살 난 아들 신우-그는 실제로 신돈의 아들이었다-에게는[vii] 최영과 이성계라는 두 명의 강력한 장군들이 있었는데, 그들은 갈등을 빚고 있었다. 이성계는 중국 명나라를 향해 전쟁을 일으키도록 파견되었으나, 도중에서 반란의 깃발을 올리고 평양에서 송도까지 왕을 향해 진격하여 최영이 이끄는 왕의 군사들을 패퇴시켰다. 최영은 유배를 당했고, 왕의 가족은 강화로 보내졌으며, 마지막 왕인 공양은 퇴위당하고 원주로 보내졌다. 이성계는 이씨 왕조의 군주 30명 중 초대 왕으로서 이태조라는 이름을 취했으며, 수도를 서울(한양)로 옮기고 고대의 국호를 좇아 나라를 조선이라 칭했다. 위대한 정치가인 정몽주는 새 군주에게 충성을 맹세하기를 거절하여 송도의 대나무 다리[viii] 위에서 한 암살자에 의해 살해당했다. 그곳에는 핏자국이 아직도 남아 있다고 전해진다.[11)]

서울의 성벽들은 1396년에 조준의 지시 아래 6개월 만에 축조되었다. 컬럼버스가 아메리카를 발견하기 거의 백 년 전에 지어진 서울의 남대문은 가장 아름다운 건축물의 하나이다. 전 왕조에서 불교가 끼친 나쁜 영향으로 인해 새로운 수도 안에서 불교도들이 거주하는 일이 금지되었다.

사랑하는 왕비의 아들인 방석에게 왕위를 물려주려 했던 태조의 계획은 그의 다섯째 아들인 태종에 의해 좌절되었다. 태종은 거사를 일으켜 방석과 그의 친구들을 살해하였다. 이 일로 분노한 태조는 함흥에서 십 년 동안 스스로 유폐생활을 했고, 마침내는 서울 동쪽 의정부에서 마련된 화해의 자리에서 여전히 분노하는 가운데 자기의 뜻을 굽히지 않는 아들에게 옥새를 던졌다.

태종은 1418년에 사랑하는 셋째 아들 세종에게 양위하고 그 자신을 위해 현재의 조선기독교대학 부근에 한 궁을 짓고 연희궁이라고 불렀다. 그 대학은 한국에서 연희대학이라고 불리고 있다.[ix)] "위대하고 선한" 왕 세종은 스물여덟 자로 된 한국의 알파벳을 발명하고(나중에 스물다섯 자로 줄었다). 시계를 만들었고,[x)] 이동이 가능한 새로운 활자를 주조하였으며, 위대한 학자들과 정치가들을 거느리고 있었다.

이 왕조에서 일어난 큰 사건은 1592년에 히데요시가 일으킨 일본의 침략이었다. 그 침략의 목적은 중국과 싸우는 데 있었다. 한국 군대들은 동래, 상주, 충주에서 패배하였다. 왕은 서울을 비우고 평양으로 몽진했다가 나중에 의주로 갔다. 다른 한국 군대도 송도 부근의 임진강 교전에서 패배했다. 일본 군대는 나뉘어 가토 휘하의 부대는 함흥으로 향했고, 기독교인인 고니시 휘하의 부대는 평양으로 갔다. 고니시는 그곳에서 중국의 4만 군대와 싸워 패하고 서울로 후퇴하여 그 도시를 불태웠다. 중국 군대는 추격하다가 서울 부근에서 패배한 후 중국으로 물러갔고, 일본군은 부산으로 갔다. 이런 일이 진행되는 동안에 한국의 해군대장 이순신은 80척의 전선들로 구성한 철갑의 거북선 함대를 이끌고, "바다를 뒤덮은" 일본 함대를 패퇴시키고 있었다. 그렇게 해서 상황이 종료되었으나, 백 박사

연못 안의 별관
경복궁

네 명의 애국자들
홍영식, 박영효, 제이슨 박사, 김옥균

독립문(1896)

초창기의 추억

의 말과도 같이 "한국은 그 재앙으로부터 결코 완전히 회복되지 못했다."[12]

우리는 이제 이조의 비극적인 종말을 향해 나아가게 될 것이다. 다음과 같은 주요 사건들이 펼쳐졌다. 가톨릭 선교의 시작(1784), 한 세기 후 프로테스탄트 선교의 시작(1884), 프랑스 사제들의 처형과 제너럴 셔먼 호의 파괴(1866), 1882년의 반란,[xi] 은자의 나라의 개방(1876–86),[xii] 김옥균의 반란(1884), 청일전쟁(1894), 왕비 살해(1895), 왕의 황제 즉위(1897), 러일전쟁(1904), 한국의 보호국화(1905), 합병(1910) 등이 그것이다. 이 중 몇몇 사건들은 다른 장들에서 다뤄지고 있다. 우리는 이제 이 여러 사건들의 정치적 쟁점들을 다루게 될 것이다.

일본, 중국, 러시아 사이에 있으면서 열국으로부터 개방 압력을 받고 있는 한국은 하나로 통일되고 유능하며 지혜로운 정치가 이끄는 강력한 정부가 필요한 입장에 있었지만, 실제로는 한국에 이런 것이 없었다. 정파들의 다툼은 한국에서 자국의 이익만을 위해 싸우는 다른 나라들의 도움을 기꺼이 받아들이게 만들었다.

(1) 동학교도들

청일전쟁의 직접적인 원인은 1894년에 일어난 동학운동에서 찾아진다. 이 운동은 1859년에 지도자인 경주의 최복술(최제우)에 의해서 시작되었다. 그것은 하나의 절충적이고 종교적이고 반외세적인 조직에서 "부패와 관리의 압제"에 항거하는 정치개혁운동으로 발전되었다. 동학의 경전은 성경대전 혹은 대성전으로[xiii] 불리며, 유교의 오륜, 불교의 정신수양법, 도교의 도덕적 · 선천적 불순물로부터의 신체 정화법, 샤머니즘의 부적과 주술 사용, 가톨릭을 본떠 예배의식 때 촛불을 사용하는 일신교적 신앙 등으로 혼합되어 있다.[13] 창시자 최제우는 1863년에 천주교와 한 패라는 죄명으로 대구에서 참수되었으나, 이 운동은 계속 성장하였다.

동학교도들은 1894년에 남쪽지방에서 군대를 일으켜서 수도로 진군하면서 충군과 동시에 부패한 관리들의 숙청을 표방하였다. 그 운동을 막을 수 없었던 정부는 중국에게 도움을 요청했고, 이홍장은 원세개가 지휘하는 군대를 파견하였다. 이 일이 일본의 반대를 야기해 결국 청일전쟁이 발발하게 되었다.[xiv] 이 전쟁으로 맺어진 조약이 한국에 독립을 가져다주었으나, 이후 10년 동안 명목상으로만 독립해 있었고 실제로는 중국을 대신하여 처음에는 일본의 영향 아래, 나중에는 러시아의 영향 아래 있게 되었다. 한국이 외관상 아직 독립을 부지하고 있는 가운데 한 독립운동이 촉발했다. 서대문 밖에 독립문이 세워졌고, 필립 제이슨(Philip Jaison)을[xv] 초대 회장으로 하는 독립협회(Independence Club)가 형성되었다. 그는 1884년에 개혁운동을 이끌었던 자들 가운데 한 사람이었다. 그 운동의 다른 지도자인 박영효도 일본공사 이노우에 백작과 함께 일본에서 돌아왔다. 그가 발족시킨 개혁운동은 너무 급진적이었고 일본의 요구로 시작되었기 때문에 대중적인 지지를 얻지 못했다.[xvi] 이노우에의 역할은 미우라 백작에게 승계되었는데, 미우라는 다만 나쁜 상황을 더 나쁘게 만들었을 뿐이었다.

(2) 왕비 살해(1895년 10월 8일)

왕의 아버지인 대원군 측과 민비 측은 오랫동안 서로 반목해왔는데, 이러한 반목은 그녀의 죽음으로 종결되었다. 왕손인 대원군은 흥선군이란 명칭으로 처음 알려졌고, 1864년에 그의 12세 아들이 왕위에 오른 후 대원군으로서 왕이 성년이 될 때까지 9년 동안 섭정을 행했다. 이 섭정은 성격이 강한 며느리와 그녀가 속한 민씨 집안을 통제하는데 실패하고 그녀의 적이 되었다. 그는 1873년에 권좌에서 쫓겨났다가 1882년 7월에 발생한 군란과 연계되어 재기하였다. 그때 일본 공사관이 파괴되었고, 일본인 7명과 한국인 지도자들 다수가 죽임을 당했으며, 왕비는 충주로 피신해야 했다. 일본과의 화해협상에서 한국은 50만 원을 배상하고 살해된 일본인 가족에게 5만 원을 보상하라는 요구를 받았다. 왕비는 원세개의 지휘 하에 중국군인 3천 명의 보호를 받으면서 궁궐로 돌아왔고, 대원군은 중국으로 보내졌다가 3년 후인 1885년 10월에 돌아왔다. 그가 복귀하는 기회는 1894년의 동학 봉기로 인해 주어졌는데, 이때는 일본당의 수뇌로서 궁궐에 소환되었다. 이듬해인 1895년 10월 8일에 일본인 암살자들의 조력으로 왕비가 살해되었으며,[xvii] 왕과 세자는 사실상으로 궁전에 감금되어 있었다가 1896년 2월 11일 밤에 러시아 공사관으로 피신하였다. 그들은 1년 후인 1897년 2월 20일에 러시아 공사관에서 외국 공사관들이 가까운 정동의 새 궁궐로 이동했다.[xviii] 이러한 사실은 러시아 세력이 우세해졌고 1904년 러일전쟁 때까지 그들의 우세가 지속되었다는 것을 의미했다. 그러는 동안 명목상의 독립이 계속 지탱된 가운데 1897년 10월 12일에 왕이 대한제국의 황제로 즉위하였다. 독립협회의 지도 아래 개혁 청원이 황제에게 제출되었고, 그 청원대로의 개혁 시행이 약속되었으나 그 약속은 지켜지지 않았다.

(3) 러일전쟁(1904-1905년)

이 전쟁은 러시아가 한국을 잠식한 일 때문에 일어났다. 그 전쟁의 결과로 한국은 1905년 11월 17일에 정동의 궁궐에서 한국의 외교업무 관할권을 일본에게 넘긴다는 조약에 서명했다.[xix] 민영환 공은 이 조약을 멸망의 시작으로 여겨 그의 집을 정리하고 11월 29일에 자결하였다. 황제의 세자 양위는 1907년 7월 24일에 이어졌다. 1909년 10월에 초대 통감인 이토 후작이 하얼빈에서 암살되었는데, 그는 일본의 한국병합을 위해 많은 일을 했을 것으로 쉽게 짐작되는 인물이다. 한국병합은 1910년 8월 22일에 이뤄지고 일주일 후에 공표되었다.

합병 이후에 부임한 총독들과 그 재직 기간은 다음과 같았다. 테라우치 백작(1910년-1916년 10월), 하세가와 백작(1916년 10월-1919년 8월), 사이토 자작(1919년 8월-1927년 12월, 1929년 8월-1931년 6월), 야마나시 장군(1927년 12월-1929년 8월), 우가끼 장군(1931년 6월, 총독 서리 1927년 4-10월).

1884년 이후 그 모든 소란한 시대에 선교사들이 정부와 가져온 관계는 다른 장에서 설명된다. 한국교회의 가장 급격한 성장은 나라의 몰락과 그 시기를 같이 한다. 대다수의 관찰자들은 한국이 서구국가들에게서 도움을 얻기를 바라고 또한 서구문명을 받아들여 개혁을 행하고자 애쓰던 때에 한국인들이 복음의 메시지에 더 마음을 열었다는 견해를 갖고 있다. 나중에 국가적 희망과 소망이 산산조각 나는 것을 보았을 때 한국인들은 복음 안에서 희망과 위로를 발견했다.

7) 합병 이후

한국인들 편에서 감정적인 반발이 거세게 일어나고 새 정부에 대한 커다란 저항운동이 벌어지게 되었던 것은 놀라운 일이 아니다. 많은 한국인 지도자들이 만주와 상해로 도피하여 그곳에서 임시정부를 세웠다. 하와이와 미국에서도 한국인 지도자들이 일본의 지배에 반대하는 선전활동을 수행해왔다. 한국 안에서도 '음모 사건'[xx]으로 알려진 일로 인해 반일감정이 고조되었다. 이 사건은 테라우치 총독이 1910년 12월 28일에 선천을 통과할 때 그를 암살하려는 음모가 있었을 것이라고 추정한데서 비롯되었다. 그 결과 수백 명의 한국인 지도자들이 - 그들 중 다수가 기독교 신자들이었다 - 체포되었고, 그 중에 일부는 여러 해 동안 투옥되었다.

결국 1919년 3월 1일에 독립운동이 발발했다. 이 일에 앞서 한국의 전 황제인 이왕(李王)이 1919년 1월 21일에 승하했고, 그의 국장이 3월 3일에 거행되었다. 이어서 9월 26일에는 새로 부임한 총독인 사이토 남작을 암살하려는 시도가 있었다. 독립선언서에 서명한 33인 중에는 한국교회의 탁월한 지도자들이 많이 있었다. 독립운동은 전국적으로 널리 일어났고, 한국과 일본에 있는 선교사들과 일본인 기독교 지도자들에게서도 항의를 불러일으킬 정도로 무자비하게 진압되었다. 합방 이후 선교사들과 새 정부와의 관계 및 합병 이후 교회의 성장률 둔화에 관해서는 다른 장들에서 언급하게 될 것이다.

길가의 사당

조상숭배
평양의 기자묘

불교사원

길가의 장승들

한국의 옛 종교

3. 종교 신앙

한국의 종교는 설명하기가 매우 어렵다. 한국인들에게는 종교가 없다고 생각하는 사람에서부터 아테네인들에 대한 바울의 말처럼 그들은 “매우 종교적”이라고 말하는 사람들에 이르기까지 여러 다른 견해들이 제기되고 있다. 만약 비기독교인들에게 종교를 묻는다면 일반적으로 “무종교”라고 대답할 것이다. 그러면서도 어쩌면 수많은 종교의식을 수행하고 있을 것이다. 조지 히버 존스(George Heber Jones, D.D.) 목사는 한국인들이 다음과 같은 한 종교를 신봉하고 있다고 결론짓는다.[1)]

1. 그들은 그들보다 높고 초월적인 존재에게 의존하는 마음을 지니고 있다.
2. 그들은 인간과 신이 상호 교통하고 관계를 맺는 장소를 찾을 수 있다고 굳게 믿는다.
3. 그들 가운데는 괴로움과 고통에서 영혼이 자유롭게 되기를 간절히 추구하는 자들이 있다.

1) 한국인들의 하나님 인식

게일 박사는 이 주제를 논하면서[2)] 한국인들이 부르는 신의 이름을 위대한 한 분(하느님과 천), 최고의 통치자(상제), 모든 것을 보는 분(신명), 주인(대주재), 신성한 왕(천군), 하늘의 기술자(천공), 완전한 군주(옥황), 창조주(조화옹), 영(신) 등으로 번역한다. 하나님(God)에 대해 가장 일반적으로 사용되는 “하나님”(Hananim)이라는 단어는 “하늘”(sky)과 “님”(master)이란 두 단어의 합성어이거나 존귀한 하늘들(또는 하늘의 주)을 뜻하는 단어이다. 본래는 인격적인 하나님이란 개념이 없었으나, 나중에 기독교에서 사용하는 그러한 의미를 갖게 되었다. 최초의 반신화적인 왕인 단군(B.C. 2332)은 하나님(환웅왕)이 성육신한 존재라고 추정되고 있다.

한국인들이 신뢰하는 중국의 고대철학에 따르면, 본래 절대자는 ‘반고’라고 불리는 자연의 양과 음(중국에서는 양〈yang〉과 인〈yin〉으로 불린다)의 이중 원리를 창제한 자인데, 그것은 남성과 여성, 하늘과 땅, 짝수와 홀수, 백과 흑, 긍정과 부정 등으로 해석되고 있다. 이것이 한국 국기에서 한 원 안의 푸른색과 붉은 색 나선들로 표시되었고, 지금도 곧잘 건물들이나 서적들이나 정기간행물들에서 원 안의 흰색과 푸른색 나선들로 표시되고 있다. 이와 같은 하나의 근원 안의 이중 기원 사상은 일신교적이다. 언더우드 박사는 그의 책, 『동아사이의 종교』(*Religion of Eastern Asia*)에서 "고구려인들이 나왔던 부여로 거슬러 올라가보면 이 나라의 종교가 하늘 숭배였고 어떠한 다른 영들이나 더 저급한 신들을 언급한 일은 절대로 없었던 것을 발견할 수 있다" 라고 말한다.[3] 한국인들은 항상 하나의 큰 존재(하나님)을 믿으면서도 수많은 영들의 존재를 또한 믿는다. 그들이 부족시대 이래로 지녀온 종교는 정령 숭배이다.

2) 샤머니즘

한국 종교의 토대는 샤머니즘 혹은 선하거나 악한 영들에 대한 숭배이다. 그것은 지식층의 종교가 되기보다 일반 서민이나 낮고 무식한 계층의 종교가 되고 있다. 초기 선교사들 가운데 한 명인 기포드(D. L. Gifford) 목사는 이 문제를 연구한 후에 "나는 귀신(마귀) 숭배가 한국의 종교라고 말할 단계에 거의 다 이르렀다"라고 썼다.[4] 클라크(W. M. Clark, D.D.) 목사는 최근 연구에서 "오늘날의 샤머니즘은 종교적 견지에서 가장 강력한 힘을 지니고 있다"라고 말한다.[5]

언더우드 목사는 "샤먼(Shaman)이란 단어는 페르시아어이며 우상숭배자를 의미한다. 샤머니스트들은 영들과 귀신들의 영향력에 대항해서 물체 숭배, 주문, 부적, 기타 수단들을 사용하여 질병을 치료하고 임박한 재앙을 피할 수 있다고 고백하는 자들이다" 라고 설명한다.[6] 오늘날 한국의 모든 마을에서 들리는, 환자를 위해 굿을 하는 소리는 그러한 신앙이 아직도 존재하고 있음을 알리는 증거가 된다. 여자 마술사(무당)는 귀신의 뜻을 확인하고 그 몸값을 정해주는 것으로 여겨지며, 눈먼 남자 마술사(판수)는 내면세계를 보며 방문자의 운명을 결정하고 장래의 일을 말해줄 수 있다고 여겨진다. 이사벨 버드 비숍(Isabelle Bird Bishop) 부인은 한국이 귀신 숭배로 1년에 125만 달러를 쓴다고 추정하였다.[7]

더 높은 영적인 세계에는 동, 서, 남, 북, 중앙의 다섯 장군들(오방장군)이 있으며, 각각 초록, 빨강, 하양, 검정, 노랑 색깔을 하고 있다. 마을과 촌락 바깥에 세워진 귀신 기둥들은 이러한 장군들을 가리킨다. 그들은 악령들을 쫓아내고 그곳을 보호한다고 여겨진다.

다섯 장군 밑으로는 그들의 부관(영적 장군들 혹은 신창)들이 있는데, 그 수가 8만이며, 다음의 15가지 계층으로 나뉜다. 산의 영들(산신), 사당의 영들(서낭당), 무덤에 있는 토지의 영들(토지신). 마을의 영들(촌신), 악귀들(도깨비), 부정한 신들(사귀 혹은 둔신), 물에 있는 용의 영들(용신), 집의 영(성주), 집터의 영(토주), 집의 문의 영(무호지신), 행운의 영(옥주), 심부름의 영(굴립), 천연두의 영(역신), 출산의 신(삼신), 불행을 쫓아내기 위한 뇌물의 일종으로써 짚으로 만들고 그 안에 약간의 돈을 넣어둔 인간우상의 영(제옹) 등이 그것이다.[8] 언젠가 한 한국기독교인은 밀러(F.S. Miller) 목사에게 다음과 같이 말한 적이 있었다. "나의 아내와 나는 개종하기 전에 우리가 아는 모든 귀신들을 섬기는 한 법을 정했다. 우리의 집과 뜰은 산신령, 뒤뜰의 영, 부엌의 영, 집터의 영, 기타 모든 영들을 위한 사당들로 가득 차 있었다. 우리의 방들에 사당들이 너무나 가득히 들어차서 밤에 자러 들어갈 때면 머리가 사당에 부딪쳐서 그 영들을 화나게 만들어 우리 가족에게 재앙을 내리게 할까봐 두려워했다."[9]

그러나 한국은 외래종교들로부터도 많은 영향을 받아왔다. 기독교에 앞서 다른 세 가지 큰 종교들이 중국을 거쳐 들어왔다. 이제 이들을 간략하게 언급하게 될 것이다.

3) 도교

게일 박사는 도교를 "세상에서 물러나 침묵과 명상의 신비한 경지로 들어가는 종교"라고 묘사했다. 도교의 신비를 밝히는 위대한 해설가는 노자(Lao-tsze, 기원전 604-522년의 옛 철학자이다)이며, 도교의 경전은 도덕경이다.[10] 언더우드 박사는 "문자적으로 길을 의미하는 '도'가 때로는 '방법' 또는 '이성'으로 번역되어왔으며, 도교철학에서 '도'는 '절대', 곧 만물에게 존재를 부여하고 모든 것들을 조정하는 하나의 원리를 가리킨다"고 설명하였다.[11]

한국인의 마음에 끼친 도교의 영향은 문학을 통해 전해져왔으나, 최근에는 도교의 승려들과 학파들이 한국에서 알려지고 있지 않다. 게일 박사의 말을 다시 인용하면, "한국인들에게 무한한 위로를 주는 것들은 도교의 신념과 즐거움으로부터 왔다. …… 그들의 영혼에는 도교가 있어 높은 세계에서 사는 자들에 대한 가장 유쾌한 이야기를 - 가끔씩 그들을 만나기도 하는 방법 등에 관해서 - 늘어놓곤 한다. 이런 식으로 그들은 상상의 세계를 즐긴다."

4) 불교

한국에 불교가 전래된 시기는 보통 372년으로 알려져 있으나, 스타(Starr) 박사는 369년으로 추정한다. 전해지는 이야기에 따르면, 순도라고 하는 승려가 중국에서(중국에서는 67년에 불교가 소개되었다) 파송되어오면서 불상들과 신성한 경전들을 들여왔다고 한다. 5년 후에 두 번째로 승려 아도가 파송되어왔다. 이들 두 사람은 고구려 왕국의 수도인 평양으로 왔다. 384년에 유명한 승려 마라난타가 백제 왕국에 불교를 전해주었고, 그 불교가 552년에 일본으로 전해졌다. 424년에는 검은색 승려 묵호자가 신라 왕국에 불교를 전했다. 순도는 티벳 출신의 몽고인으로, 마라난타는 인도 출신의 코카시아인으로, 묵호자는 아프리카의 에티오피아인으로 추정된다.[12)]

한국인들은 부처를 "석가모니" 혹은 "사키아모니"라고 부른다. 부처라는 말은 욕망에의 압도에서 기인하는 삶의 고뇌로부터 벗어나기를 구했던 고타마(B.C. 557–479)가 다다른 "삶의 질이나 조건"을 가리킨다. 그가 가르친 네 가지 위대한 덕목들은 다음과 같다. ① 존재한다는 것은 질병과 늙음과 죽음이 따르는 비참한 것이다. ② 이러한 비참의 원인은 사람의 욕망과 육욕에 있다. ③ 고통과 비참을 원하면 멈추게 할 수 있다. ④ 원하는 바 욕망을 그치게 하는 것은 올바른 신념, 목적, 말, 행동, 생활, 노력, 명상, 사색 등이다.[i)] 그들의 불법(dharma), 승가(sangha), 부처는 불교의 삼위일체를 구성한다.[13)] 불교의 십계명은 하지 말라는 계명으로 이루어져 있다. 곧 "살생을 말라, 도둑질 하지 말라, 더럽히지 말라, 거짓말을 하지 말라, 술을 마시지 말라, 육식을 하지 말라(?),[ii)] 가무와 연극공연에 참여하지 말라, 사사로운 장식을 위해 꽃과 향을 사용하지 말라, 높은 자리나 침상에 앉지 말라, 은금 보석을 지니지 말라" 등이다.[14)]

스타 박사는 "중국과 일본과 한국의 불교는 개별 영혼의 지속성을 인정하고 있다. 예배자는 아미타부처(한국에서는 아미타불)를 통해 구원을 얻고자 한다. 사람이 자기 자신을 위해서는 아무 것도 하지 않고 다른 사람들을 위해 쌓은 공덕을 통해서만 구원을 얻는다는 믿음을 갖고 있다"고 말한다. 이것은 마하야나(Mahayana, 대윤회) 형태라고 불리며, 개별 영혼을 부인하는 인도의 히나야나(Hinayana, 소윤회) 형태와 구별된다. 한국 불교에는 두 분파가 있는데, 곧 선종(명상)과 교종(독경)이다.[15)]

트롤로프(M. N. Trollope, D.D.) 주교는 "한국의 절에서 나는 기도소리는 대부분 아미타불에게 드려지며," (Nomu Amida Pul–나는 부처를 믿는다) 아미타불은 비역사적 성격을 지니는데, "서력기원이 시작되던 때에 불교가 그리스와 페르시아의 문명과 접촉하는 동안에 수용되어 고타마(혹은 석가모니) 부처를 크게 압박해 한편으로 밀어냈다"고 말한다.[16)]

한국에서 불교의 황금시대는 고려왕조(917-1392) 기간이었다. 1036년에는 아들이 넷일 경우 한 아들이 반드시 승려가 되어야 했다. 1056년에는 세 명 중의 한 명으로 바뀌었다. 1046년에 왕은 궁궐에서 1만 명의 수도승들을 재우고 먹였다. 1136년에는 한 의식에 3만 명의 수도승들이 참석하였다. 최근에는 1만 5천 명에 달하는 사람들이 석탄일에 통도사에 모였고, 1만 명이 밤에 땅에서 잠을 잤다.

사찰들 외에도 한국 불교에는 몇 가지 흥미로운 유물들이 있다. 하나는 미륵(석상)으로, 파주와 안성에 한 쌍씩 있다. 홀로 있는 석상은 분명히 부처의 상을 하고 있다. 한 쌍을 이루고 있는 것들은 자연의 이중 원리나 바위숭배에서 부처상에 대한 숭배로 변화되었던 것을 대변한다고 할 수 있다. 다른 것으로 충청도과 전라도 지방의 경계와 강경의 장시 근처의 은진에 거대한 부처상이 있다. 이 거대한 석상은 높이가 55피트이고 둘레가 30피트이다. 이 석상은 968년부터 1004년까지 36년 동안에 1백 명의 석공들이 두 개의 돌덩어리를 끌로 깎아서 만들었다. 경주 뒤편 일선군에 있는 동굴사원(석굴암)의 벽에도 돌부처와 새겨진 인물상들이 있다. 이 절에서 검은색 승려인 묵호자가 살았다. 눌지왕은 그의 딸이 묵호자가 7일간 기도한 후에 회복되자 중국에서 예술가들을 구해와 그 사원에서 40년 동안 형상을 새기게 했다.

해인사 사찰에서는 고종(7백 년 전) 때 불교경전을 인쇄하기 위해 15년 동안 승려들이 만든 8만 개의 목판들이 있다. 이 목판들은 1판을 1페이지로 하는 6,580권과 1,511권의 다른 작품들로 되어 있다.

이조 5백 년 동안에는 한국 불교가 쇠퇴하였다. 그러나 1910년의 합병 이후로 정부의 호의를 힘입어 불교가 부흥해왔다. 1929년의 통계에 따르면 사찰이 1,300곳이고, 그 중 손꼽히는 곳은 31곳이며, 수도승이 6천 명, 여승이 910명, 헌신자가 18만 9천 명이다. 금강산에 있는 유점사는 그 지역 40개 사찰들의 본산이며,[iii)] 서울 근처의 봉은사는 86개 사찰들의 본산이다.

최초의 불교사찰들은 다음과 같이 지어졌다. 평양에서는 375년에, 금강산의 유점사 424년에, 경주에서 불국사는 529년에, 충청북도 지방 속리산(소금강산) 대법주사는 553년에 지어졌다.

5) 유교

엄격히 말해서 유교는 종교가 아니지만 그런데도 종교를 대신하면서 한국인 대다수가 오늘날 신봉하는 유일한 종교가 되고 있다. 유교의 최고 신조인 조상숭배는 지금도 기독교 발전에 가장 큰 장애물이 된다. 기자가 역사의 경전(서경)을 지니고 왔다고 하는 기원전 1112년부터 한국이 중국 문명의 영향을 크게 받아왔다고 하지만, 유교가 한국에 도입된 정확한 시기는 알려지지 않고 있다. 한국 남부의 삼한 왕국(B.C. 215-55년)은 모두 중국에서 온 사람들에 의해 건국되었고, 중국의 영향 아래 있었다. 평양에서 나라를 다스리고 있던 위만은 B.C. 194년에 북경에서 건너왔다. 삼국(고구려, 백제, 신라)은 모두 중국과 접촉하고 있었고, 627년에는 삼국이 모두 중국에 조공을 바치고 있었다. 651년 신라의 왕이 두 아들을 중국에 보냈는데, 그 중 한 사람은 위대한 유학자가 되었다고 말해지고 있다. 한국 최초의 위대한 학자 두 명의 이름은 신라의 설총과 최치원이며, 두 사람 모두 유교서원에 제향되어 있다.[17] 최치원은 여러 해 동안 중국에서 공부한 후에 중국 고전들을 가지고 돌아왔다.

공자(B.C. 551-479)는 위대한 도덕교사였다. 그는 영적 실체들에 관해서는 불가지론의 입장에 있었다. 백 박사가 말한 것처럼, "공자가 하나님, 영혼, 불로장수의 문제에 대해서는 거의 아무런 빛도 남기지 못했다." 유교에서는 효성을 강조하는 관계로 조상들이 마치 살아 있는 듯이 숭배되었다. 공자는 하나님, 기도, 경배, 운명에 대해 말할 때, 그 당시 백성들의 고대신앙을 따르고 있었다. 하나님에 해당하는 단어 "상제"(최고의 통치자 혹은 가장 높은 황제)와 천(하늘)에 일부 인격적인 의미가 들어 있었다.[18]

유교 서적들에는 아홉 가지 고전들, 곧 오경과 사서가 있다. 전자는 공자가 편집한 고대의 책들로, 『주역』, 『서경』, 『시경』, 『예기』, 『춘추』 이다. 후자는 『대학』(성선과 그의 제자들의 작품), 『중용』(공자의 손자인 자사의 작품), 『논어』(가장 믿을 수 있는 공자의 가르침에 관한 원전), 『맹자』(공자에 대한 가장 위대한 해설서)이다. 공자의 기본적인 가르침은 사람을 사랑하는 것이다. 유교의 다섯 가지 통치 원리들은 인자, 청렴, 공손, 지혜, 충성이다. "그것은 인생의 오륜, 곧 왕과 신하, 부모와 자식, 남편과 아내, 형과 아우, 친구 간의 관계를 다루고 있다."[19]

한국에서 유교의 영향력은 의심할 여지없이 학자 최치원이 중국에서 여러 해 동안 공부하고 885년에 중국 고전들을 가지고 돌아온 후에 크게 증가했다. 그러나 한국에서 유교는 1392년에 이조가 시작될 때까지 불교를 대신할 수 없었다. 이때부터 유교는 5백여 년 동안 중국 문명 전반의 영향력을 행사하며 한국을 완전히 뒤흔들어 놓았다.

6) 조상 숭배

유교의 토대는 조상 숭배이며, 조상 숭배는 죽은 자에 대한 효성을 확대시킨 결과이다. 공자 자신은 조상 숭배를 가르치거나 실천하지 않았을 것으로 생각되지만, 공자로 인해 가족이 극히 소중해졌고, 효성은 모든 덕의 근원이 되었다. 따라서 하나 이상의 아들들을 갖는 것이 가장 큰 축복으로 여겨졌다. 이것이 결혼의 목적이 되었고 일부다처제의 원인이 되었다. 족보가 열심히 보존되었고, 묘지가 주의 깊게 선정되었으며, 제삿날이 종교적으로 지켜졌다. "한국인들은 모든 사람에게 영혼이 셋이 있어 죽으면 하나는 저승으로 가고, 다른 하나는 무덤으로 가며, 또 다른 하나는 조상의 신주에게로 간다고 믿었다." 그들은 실컷 통곡하며, 곡하는 옷을 입고, 정해진 제삿날에 죽은 자에 대한 제물을 무덤과 집에 있는 조상의 신주 앞에서 드린다. 유교 신봉자들에게 가장 큰 장애는 기독교인이 되는 것인데, 조상 숭배를 포기하도록 요청받기 때문이다.

서양인들은 유교에 윤리도덕, 부모에 대한 존경심, 가족 중시 등의 유익한 점들이 있다는 말을 듣는다. 그러므로 한국인 기독교 학자들이 다음과 같은 지적을 한 것은 놀라운 일이 아니다.[20] "유교가 한국을 위해 한 일이 조금은 있었겠지만 나는 오히려 거의 없었다고 감히 말하겠다.

① 유교는 믿음의 기능을 약화시키고 점차적으로 파괴한다. 그것은 불가지론의 체계이다. 그의 가르침에 함몰된 자는 먹고 사는 물질세계 너머에 있는 어떤 진리를 믿는 일이 어렵게 된다.

② 유교는 자존심을 키운다. 인간의 마음은 본래 선한 경향성을 지니고 있다고 말한다.

③ 유교는 인간보다 높은 이상세계를 알지 못하여 경건하거나 신을 닮은 인간을 만들어낼 수 없다. 그 추종자들은 도덕적일 수 있지만, 전혀 영적이지 못하다.

④ 유교는 이기적이거나 이기심을 조장한다. 결코 '가서 가르치라' 고 말하지 않고 '와서 배우라' 고만 말한다.

⑤ 유교 시스템은 여성을 하인과 노예로 구별함으로써 도덕과 예절의 토대를 약화시킨다.

⑥ 유교는 법률을 통해 사람들을 선하게 만들고자 한다. 대중 속의 각 개인을 개혁하여 사회를 개혁한다는 사상은 결코 가져본 적이 없었다.

⑦ 공직을 행하는 유자들은 기존방식을 답습하기만 하면서 공자의 예를 따른다고 하며 경건한 체 한다.

불가지론, 이기심, 오만, 전제정치, 여성 천시의 열매를 맺는 윤리체계는 좋은 것이란 말을 들을 수 없다."

7) 혼합주의

관찰자들에게는 한국인들의 종교가 이런 모든 종교체계들의 혼합을 보이고 있는 것이 분명하게 보인다. 존스(G. H. Jones) 박사의 말에 의하면, "그(한국인)는 공자에게서 교육을 받고, 아내를 부처에게 보내 자손을 얻기 위해 기도하게 하며, 병이 들면 무당과 판수에게 기꺼이 돈을 주고 굿을 한다."[21] 게일 박사는 또한 "한국의 종교는 이상하게도 조상 숭배가 불교, 도교, 정령 숭배, 점치기, 마술, 흙점, 점성술, 물질 숭배와 혼합되어 있다. 용들이 한쪽에서 놀고 있고, 악마(귀신)들이나 자연신들이 매우 많으며, 도깨비(엘프, 님프, 가블린)들이 군대를 이루고 있다"고 설명한다.[22]

8) 천도교

이러한 혼합주의 경향은 천도교에서 나타난다. 천도교는 동학을 다시 일으킨 것인데,[iii] 동학은 상기의 역사 항목에서 짧게 설명된 적이 있다. 1863년에 창시자 최제우가 사형당한 후, 해월 선생이라고 불리는 최시형이 그의 후계자가 되었다. "그는 1893년 제자들 가운데 한 명인 김귀암을[iv] 많은 추종자들과 함께 서울로 보내 임금께 청원하게 했다." 그들은 교조가 부당하게 참수되었다고 주장하고 그 종파의 신도들이 교리를 자유롭게 전파할 수 있게 허락해 달라고 호소하였다. 궁전 앞에서 여러 날 동안 무릎을 꿇고 탄원한 후, 그 호소가 받아들여졌다.

이듬해(1894년) 전라남도[v] 고부의 전봉준이 이끄는 동학군이 봉기하였다. 최시형은 폭력에 반대하면서 추종자들에게 경고했다. 전봉준은 최시형과 신도들을 녹두(작은 콩)라고 불렀으며, 따라서 전봉준과 그의 추종자들은 큰 콩들로 알려지게 되었다.[vi] 최시형은 마침내 손병희가 이끄는 무장 세력을 파견하여 전봉준을 대적하게 했다. 그러나 패배하여 최와 손은 도망쳤다. 전은 나중에 청일전쟁 중에 사로잡혀 서울에서 처형당했다. 1898년에는 최도 마침내 원주에서 체포되어 서울로 압송된 후에 교살되었다. 손이 그의 계승자로 선택되었지만 김귀암을 지도자로 선택하고 시천교(하나님의 교회를 섬기는 종교)라는 새 종파를 이룬 분파의 반대를 받았다.[23] 손병희의 실제 이름은 이상순이며, 유학차 일본에 가서 1905년까지 있었다.[24] 두 종파 중에서 천도교가 더 크다.

9) 고인돌

이 항목에 대한 하나의 각주로서 특별하게 황해도에서 발견되어 고고학자들의 큰 관심을 끌고 있는 고인돌에 관해 언급하려고 한다. 그들은 직립한 세 개의 돌들이 받침을 이루는 형태를 하고 있다. 언더우드 박사는 그것들이 제단으로서 "자연을 숭배하는 한국인들이 어떠한 땅의 신들에게 제사하는 데에 사용되었을 것"이라고 설명하였다.[25] 게일박사는 "한국인의 말에 의하면, 그것들은 수천 년 전에 한국을 침략한 중국인들이 한국 전사들에게 미치는 그 땅의 기운을 억누르기 위해 세운 것이었다"고 주장하였다."[26]

참고: 이 주제(종교 신앙)에 관한 최근 정보는 찰스 알렌 클라크(Charles Allen Clark D.D., Ph.D.)가 쓴 *Religions of old Korea*(The Revell Co., 1932)에서 찾아볼 수 있다.

:: 주석

2. 역사

1) *Korea Review*, 1906, pp. 412–18; *Korea Mission Field*, April, 1927, p. 71.
2) *Royal Asiatic Society, Korea Branch*, Vol. 1, 1900, p. 2.
3) *Korea Mission Field*, December, 1914, p. 247.
4) *Korea Review*, 1906, p. 416.
5) *Korea Magazine*, February, 1919, p. 64.
6) *Korea Review*, 1906, pp. 412–18.
7) *Korea Mission Field*, July, 1925, p. 142.
8) *Korea Magazine*, March, 1919, pp. 114–16.
9) *Korea Mission Field*, January, 1926, p. 7.
10) L. G. Paik, *History of Protestant Missions in Korea*, p. 13.
11) *Korea Mission Field*, May, 1926, p. 107.
12) *Ibid.*, November, pp. 235–9; L. G. Paik, *History of Protestant Missions in Korea*, p. 15.
13) *Korea Repository*, 1895, pp. 56–61; L. G. Paik, *History of Protestant Missions in Korea*, pp. 161–2; *Korea Mission Field*, September, 1927, p. 194.

3. 종교 신앙

1) *Royal Asiatic Society, Korea Branch*, Vol. II, Part I, p. 38.
2) *Korea Mission Field*, March, 1916, p. 67.
3) H. G. Underwood, *Religions of Eastern Asia*, LL.D., p. 93.
4) *Korea Repository*, 1892, p. 106.
5) *Korea Mission Field*, April, 1925, p. 78.
6) H. G. Underwood, *Religions of Eastern Asia*, p. 93.
7) J.S. Gale, *Korea in Transition*, D.D., p. 83.
8) *Royal Asiatic Society, Korea Branch*, Vol. II, Part I, pp. 37–58.
9) *Korea Mission Field*, March, 1910, p. 66.
10) *Ibid.*, August, 1924, p. 159.
11) H. G. Underwood, *Religions of Eastern Asia*, p. 22.
12) Frederick Starr, *Korean Buddhism*, p. 16.
13) H. G. Underwood, *Religions of Eastern Asia*, p. 189.
14) *Royal Asiatic Society, Korea Branch*, Vol. III, pp. 26–32.
15) Frederick Starr, *Korean Buddhism*, pp. 49–53.

16) *Royal Asiatic Society*, Korea Branch, Vol. I, pp. 5–8.
17) Z. K. Zia, *The Confucian Civilization*, M. A. pp. 7–11; 21–24.
18) L. W. Eckered, *Historical Sketches of the Missions of the Presbyterian Church*, U.S.A., p. 126.
19) *Korea Repository*, 1895, pp. 401–4.
20) *Royal Asiatic Society*, Korea Branch, Vol. II, p. 39.
21) J.S. Gale, *Korea in Transition*, p. 70.
22) *Korea Magazine*, April, 1918, pp. 160–165.
23) *Korea Review*, 1906, pp. 418–424. 역자주: 시천교는 일진회(一進會)를 이끈 이용구 일파가 1906년에 손병희에 의해 출교당한 후 창시한 동학의 분파이다. 손병희와 대립하던 김연국(金演局)이 1907년에 천도교를 나와 시천교에 합류했다.
24) H. G. Underwood, *Religions of Eastern Asia*, p. 102.
25) J.S. Gale, *Korea in Transition*, p. 101.

:: 역자주

1. 나라와 주민들

i) 후자의 'Cho-sen'은 일본식 발음에 따른 표기로 이해된다.
ii) 압록강 강변의 중국 도시로 20세기 후반부터 단동(丹東)으로 불리고 있다.
iii) 사농공상의 구별이 중국에서 왔다는 설명은 게일을 따른 것이다. 게일은 그의 저서 *History of the Korean People*(韓國民族史)에서 중국 주나라로부터 사농공상을 구별하는 사회관습이 들어왔다고 주장했다. Richard Rutt ed., *James Scarth Gale and his History of the Korean People*, Royal Asiatic Society, 1972. p. 108. 로스는 한국의 문화와 역사 등을 설명하는 일에 게일을 많이 의존했다.
iv) 한국의 성씨는 250개가 넘는다.

2. 역사

i) 주한 선교사들은 '조선'의 뜻을 풀어쓸 때 '고요한 아침'(Morning Calm)보다 '아침의 신선함'(Morning Freshness)이란 표현을 선호하였다. 헐버트는 '아침의 광휘'(Morning Radiance)란 표현을 쓸 것을 주장하였다. H.B.H, "Book Review," *The Korean Repository*, Apr. 1895, p. 230.
ii) 유리왕의 黃鳥歌가 여기에서는 영어 본문을 따라 번역되었다. 『삼국사기』 고구려 본기 중의 "翩翩黃鳥 雌雄相依 念我之獨 誰基與歸"라는 구절이 일반적으로 "펄펄나는 꾀꼬리는 암수 서로 놀건마는 외로운 이내 몸은 뉘와 함께 돌아갈꼬"라는 번역문으로 알려져 있다.

iii) 이 책에서 궁예가 신라의 마지막 왕으로 잘못 기술되고 있다. 신라의 마지막 왕은 56대 경순왕(敬順王)이었다.

iv) 엽전들이 무겁고 부피가 커서 달러를 엽전으로 환산해서 휴대하고 운반하는 데에 큰 애로를 느꼈다.

v) 일제시대의 용례를 따라 일제가 조선을 일개 왕실의 통치단위로 격을 낮추어 부르던 명칭대로 '이조'로 표기하고 있다.

vi) 라스푸틴(Grigory Yefimovich Rasputin, 1872?-1916)은 시베리아 출신 수도사로서 예언과 치유로 명성을 높이고 혈우병을 앓는 황태자를 기도로 고쳐 니콜라이 2세와 황후 알렉산드라의 총애를 받았다. 그러한 신임을 바탕으로 정치에 참견하며 방탕한 생활을 하다가 귀족들에 의해 암살당했다.

vii) 이 책은 조선시대의 여말에 대한 시각을 답습하고 있다. 조선왕조는 우왕(禑王)과 창왕(昌王)을 '신우', '신창'으로 부르고 승려인 신돈(辛旽)을 사악한 인물로 묘사했는데, 조선 건국의 정당성을 선양하려는 의도와 배불사상에서 비롯된 것으로 이해되고 있다.

viii) 선죽교

ix) '연희대학'(Yun-Heui College)은 1915년에 H. G. 언더우드에 의해 설립되고 미국 남·북장로교와 남·북감리교 및 호주장로교 선교회들의 연합기관으로서 운영된 연희전문학교를 가리키며, 영문으로는 Chosen Christian College(조선기독교대학)이라 불렸다. 처음부터 종합대학을 지향하고 있었으나, 일제의 불허로 해방 후에야 종합대학인 연세대학교가 되었다. 개교 후 서울 YMCA 건물을 사용하다가 1917년에 연희궁이 있던 현재의 연세대학교 부지(당시 고양군 연희면)를 매입해 1918년에 임시건물을 짓고 이주하였다.

x) 세종 때 만들어진 시계로는 해시계인 앙구일부와 물시계인 자격루가 있다.

xi) 구식군대의 반란인 임오군란(壬午軍亂)을 가리킨다. 이 사건으로 대원군이 일시 집권했다가 청으로 납치되어간 후 청과 조청상민수륙무역장정을 체결하고 청의 경제침탈과 속방화(屬邦化) 정책의 수모를 당하게 되었으며, 일본과 제물포조약을 체결하여 배상금을 지불하고 일본경비병의 조선 주둔을 인정하게 되었다.

xii) 1876년과 1886년 사이에 1장에서 언급된 것처럼 일본 및 서양 여러 나라들과 조약을 맺었다.

xiii) 성경대전은 최제우가 저술한 '동경대전'(東經大全)을 가리키는 것 같다.

xiv) 동학교도들의 봉기 때문에 조선정부가 요청해서 청군이 왔고 청군이 왔기 때문에 일본군이 왔다는 속설은 모든 책임을 조선에 전가하려는 일본의 의도를 반영하고 있다. 엄밀히 따지면, 일본은 농민들이 무장항쟁을 시작하기도 전인 1893년 4월에 격양되고 있는 동학교도들을 진압하러 일본 군함 2척을 파견한 적이 있었고, 이듬해(1894년)에 전봉준 등이 봉기한 후에는 조선의 민영준이 6월에 청군출병을 요청하기도 전인 5월에도 일본군을 파병하였다. 청군 출병 후 다시 파병하여 청군과 전쟁을 벌이고 동학군을 토벌하였으며, 조선정부의 철군 요구를 거절하고 경복궁을 점령하였다.

xv) 필립 제이슨은 서재필을 가리킨다.

xvi) 박영효의 개혁은 갑오개혁 중에서도 11월부터 일본의 간섭이 강화된 제2차 개혁을 가리킨다. 박영효가 국왕 · 왕비 암살음모사건으로 일본으로 피신한 후 친러 · 친미파가 내각을 주도하게 되자 일본이 명성왕후를 살해하고(을미사변) 단발령을 강행했다.

xvii) 이 글은 일본인들이 실무 조력자 차원에서 왕비를 시해한 것이었고 그 교사 책임은 일본정부보다도 대원군에게 있었다고 보는 듯한 뉘앙스를 풍긴다. 을사조약 때 고종의 밀사로 활동하며 반일에 앞장섰던 헐버트마저도 대원군과 일본 공사가 모사했고 일본정부가 시킨 일은 아니었다고 믿었다.

xviii) 정동의 궁궐은 경운궁(慶運宮), 곧 오늘날의 덕수궁(德壽宮)을 가리킨다.

xix) 을사조약(乙巳條約)은 제2차 한일협약이라고 불리기도 한다.(제1차 한일협약은 8월 22일에 체결되었다.) 조약의 체결은 일본이 무력으로 위협하는 가운데 대신들에 의해 이루어졌으며, 고종은 미국에 파견한 헐버트 등을 통해 그 자신이 이를 재가한 적이 없다는 사실을 분명하게 밝혔다.

xx) 소위 "The Conspiracy Case"는 "105인 사건"을 가리키는 영문표기이다.

3. 종교 신앙

i) 불교의 팔정도(八正道)는 정견(正見), 정어(正語), 정업(正業), 정명(正命), 정념(正念), 정정(正定), 정사유(正思惟), 정정진(正精進) 등의 여덟 가지 수행 덕목들을 가리킨다.

ii) 원문에서 '(?)' 표기로 의문을 표시하고 있다.

iii) 유점사(楡岾寺)는 금강산에 있는 절. 신라 남해왕 때 창건되었으며, 금강산 4대 명찰의 하나이며, 일제시대 31본산(本山)의 하나이다.

iv) 손병희는 1898년 최시형이 처형된 후에 동학의 지도자가 되었으며, 1905년에 동학을 천도교로 개칭하였다.

v) '김귀암' (Kim Kwi-am)은 여기에서 김개남을 가리키는 것 같으나 아래 문단에서 언급하는 시천교 분립과 관련해서 보면 김연국을 가리키는 것 같기도 하다. 교조신원운동은 1892년 전라도 삼례에서부터 행해졌으며 여기에서 설명되고 있는 서울에서의 복합상소는 1893년에 행해졌다.

vi) 여기에서 전라도의 고부가 전라남도의 고부로 잘못 표기되고 있다.

vii) 녹두는 오히려 전봉준의 아명이었다.

제 **4** 장

• • •

1884년 이전의 선교활동

1884년과 1885년 개신교 선교사들이 처음 당도했을 때, 기독교는 한국인들에게 아주 낯선 것이었다. 복음이 널리 전파되어 소책자들과 쪽복음이 배포되고 수천 명에서 수만 명까지 믿기에 이르렀으나, 기독교를 배척하는 포고령이 내려지고 수많은 박해가 일어나 수백, 수천 명이 순교하였다. 정부와 박해자들은 여러 차례 자신들이 기독교를 뿌리 뽑았다고 생각하였다. 그러나 적어도 1874년 이후부터는 어떻게 해서든지 간에 한국인들 가운데 기독교인들이 존재해왔다. 우리의 초기 선교사들은 그들보다 먼저 행해진 선교사역의 자취를 발견했다. 이 장에서는 이러한 선행 선교활동을 간단히 설명하고자 한다.

1. 가톨릭 선교 백 년(1784-)

일본의 히데요시가 1592년에 침략전쟁을 일으켰을 때, 일본군 장성의 한 명인 고니시는 기독교인이었다. 그의 휘하 부대에 8천 명의 기독교 군인들이 있었다고 전한다. 그들을 돌보기 위해 예수회 신부 세스페데스(Gregorio de Cespedes)와 일본인 개종자 한 명이 1594년 봄에 한국으로 파송되었으나, 불교인으로서 고니시의 경쟁자인 가또 대장이 시기하여 두 달 만에 일본으로 소환되었다.

고니시의 아내도 "마리아"라는 영세명을 가진 기독교인이었다. 고니시는 그녀에게 한국인 포로 소년 두 명을 보냈는데, 그들은 귀족층에 속한 자들이었다. 그 두 명 중에 더 어린 소년은 고니시의 집에 계속 있으면서 교육을 받았고, 더 나이든 소년은 교토에 있는 예수회 선교회의 신학교로 보내졌다. 이 두 번째 소년은 1603년에 "빈센트"란 이름으로 세례를 받았다. 처음에 그는 나가사키의 한국인들 사이에서 사역하였다. 후에는 선교사가 되어 한국으로 파송될 것이 결정되었다. 그는 북경으로 가서 중국을 통해 한국으로 가고자 하였다. 그러나 만주인들이 북경을 침략함에 따라 빈센트는 한국 땅을 구경하지도 못한 채 1620년에 일본으로 소환되었다. 5년 후, 일본의 기독교 박해기간 중에 44세의 나이로 순교하였다.

알려진 것처럼 세스페데스 신부는 한국에 들어온 첫 번째 선교사였으며, 빈센트는 이름이 알려진 첫 번째 한국인 개종자였다. 나가사키에 보내진 300명의 한국인 포로들 가운데 다수의 기독교인들이 생겨났고, 그들 중 적지 않은 사람들이 일본에서 순교했다고 보고되고 있다.

1) 한국에서의 첫 개종자들

1777년 한 무리의 한국 학자들이 서울 동편의 한 절에[i] 열흘 동안 공자와 맹자를 공부하러 갔다. 이 모임의 참석자들 가운데는 정약전, 정약용, 이덕조(후에 '이벽' 〈돌담〉으로 불렸다), 그리고 그들의 선생인 권철신 등이 있었다. 그때 그들 중의 몇 명이 북경에서 들여온 서적들을 몇 권 받았는데, 그것들은 철학서적과 종교서적이었다. 그 가운데는 기독교 신앙에 관해 설명하는 가톨릭 서적도 일부 있었다. 그들 중의 몇 명은 믿기로 결심하고, 일곱 째 날을 매번 일요일로 지켰다. 이벽은 특별히 열심이었고, 북경으로부터 새 종교에 관한 더 많은 정보를 얻고 싶어 했다. 그 기회는 북경사행의 아들이며 그의 친구인 이승훈이 아버지를 따라 가게 되었을 때 찾아왔다. 이승훈은 북경에서 믿고 세례를 받았으며, 그가 한국에 교회를 세우기를 바란다는 뜻으로 '베드로' 란 이름을 얻었다. 그는 귀국해서 자기보다 먼저 믿었던 그의 친구에게 "요한"이란 이름으로 세례를 주었다. 그 후 상당한 수의 신자들이 생겨났다. 그의 선생인 권철신과 선생의 동생은 "믿음의 요람"이라 불리는 양근 지방에서 복음을 전파했다. 그곳은 서울에서 동쪽으로 30마일 떨어진 곳에 있었다. 다른 사람들은 내포와 전라도 지방으로 가서 개종자들을 얻었다. 그러나 그들은 긴 박해를 앞에 두고 있었다. 최초의 순교자인 김범우(Thomas)는 조상의 신주를 불태운 혐의로 심문을 받았다.[ii] 그는 고문을 당하고 유배당한 후에 곧 죽었다. 1784년 4월에 기독교를 배척하는 첫 번째 포고령이 내려졌다.[iii] 박해는 삼 년 동안 계속되었다. 초기 개종자인 이덕조를 비롯해 몇 사람이 배교했으나 이 새로운 신앙은 계속 전파되어갔다.

신도들은 스스로 조직을 갖추어 성례를 행하고 사제들을 선출했는데, 그것이 교회의 법칙에 위배되는 줄을 몰랐다.[iv] 마침내 그들은 그들의 일원인 윤유일(Paul)을 북경에 보내 이 사실을 보고하였다. 그는 북경에서 구베아 주교에게 세례를 받고 확신을 얻었으며, 지시를 받고 돌아왔다. 1791년 12월 18일에 윤지충(Paul)과 권상연(James)이 조상제사를 거부한 일로 처형되었다.[v] 심한 박해가 계속 발생해서 4천 명에 달하는 기독교인들이 고문을 당하고 죽임을 당하였다. 1791년 2월에 마카오에 있던 포르투갈인 레메디오스(Jean dos Remedios)가 한국을 위해 임명되었다. 북경으로부터 만주의 국경까지 한겨울에 20일간 힘든 여행을 했으나 입국할 수가 없었다. 그는 북경으로 돌아간 후에 곧 사망했다.

2) 한국에 파송된 첫 외국선교사

북경의 교회 지도자들은 2년 넘게 한국으로부터 아무런 소식도 듣지 못했다. 그들은 젊은 중국인 사제 주야고보를 보내기로 결정하였다. 그는 신경의 동료 기독교인들 가운데 머물며 국경에서 거의 일 년을 기다린 후 1794년 12월 23일에 압록강을 건너 서울에 도착했다.[vi] 6개월 후, 그를 서울까지 데려온 두 명의 안내자와 통역자가 체포되어 고문을 당했으나 끝까지 배신하기를 거부하며 선교사의 은신처를 말하지 않았다.[vii] 그들은 1795년 6월에 참수되어 시신이 한강에 던져졌다. 주 신부는 신분이 높은 여성 기독교인의 집에서 3년 동안 숨어 있었다. 그는 비단에 라틴어로 편지를 써서 두 기독교인의 옷에 바느질한 다음 그들을 북경에 보냈으며, 그들은 1797년 1월 28일 북경에 도착했다. 그는 포르투갈왕에게 한국과 우호조약을 맺을 것을 제안하였다. 1799년 10월에 브로튼(W.R. Broughton) 선장이 이끄는 영국의 전함 프로비던스(Providence) 호가 동해에 나

서울 고등 보통학교
J.O.D.K 시청 총독부
덕수궁
고등법원 조선은행 우체국 예수교서회

경성제국대학
창경원 연동 장로교 지대
창덕궁
로마가톨릭성당

오늘날의 서울

타났을 때, 한국 기독교인 한 명이 그들에게 온 편지를 받게 될 것으로 생각하여 그 배를 방문했다가 체포되었다.

1801년 기독교인들을 박해하기를 좋아하는 당파가 권력을 잡으면서 중국인 신부의 입국이 불법으로 선언되었다.[viii] 주 신부는 자수하고 1801년 5월 31일에 처형되었다. 그를 숨겨준 여신도와 다른 네 명의 여자 기독교인들도 서울 서소문 밖에서 처형되었다. 편지를 써서 북경에 호소했던 황사영(Alexander) 역시 처형되었다.[ix)] 그 해에 300명의 기독교인들이 순교하였다.

이후 30년 동안 한국 기독교인들은 여러 차례 북경의 주교에게 도움을 청했다. 1811년에는 교황에게 호소한 적이 있었는데, 그때 그는 퐁텐블로(Fontainbleau)에 갇혀 있었다. 이러한 정황이 전개되고 있던 1816년에 바실 홀(Basil Hall) 선장이 한국 해변을 방문했다. 1832년에는 개신교 선교사 찰스 구츨라프(Charles Gutzlaff) 목사가 탄 로드 암허스트(Lord Amherst) 호가 왔다. 1802년, 1815년, 1819년, 1826년에도 박해는 계속되었으나 1만 명의 신도를 가진 목자 없는 한국교회는 죽지 않았다. 1814년에 원베드로, 황바울, 장마태가 공주에서 순교하였다.[x)] 어떤 이는 한국 가톨릭교회의 초기 50년 동안에, 다시 말해서 서구선교사가 처음으로 이 나라에 와서 상주하기 전에 천 명의 순교자가 있었다고 추정한다.

3) 한국에 상주한 첫 서구선교사

1831년 샴에 있던 브뤼기에르(Barthelemy Brugiere) 선교사가 한국 선교사로 임명되었다. 그는 만주의 신경에서 한국에 들어갈 기회를 얻기를 기다리다 돌연히 병에 걸려 1835년 10월 20일에 죽었다. 그 후 그의 동료 모방(Piere Philibert Maubant)이 한국을 자원하였다. 그런데 일 년 전에 나폴리에서 교육받은 한 중국인 사제가[xi)] 한국에 들어왔다. 모방과 그의 한국인 동료들은 1835년 12월에 의주시의 성벽 아래 배수로를 기어 의주로 들어왔으며, 15일 후인 1836년 1월 서울에 도착하였다.

그는 중국인 유(방제) 신부에게 중국으로 돌아가도록 명령했다. 유 신부는 한국어를 배우려 하지 않았고 북경의 주교 이외의 사제에게 순종하는 것도 거부하고 있었다. 유 신부를 따라 세 명의 한국인 소년들이 마카오에서 공부하기 위해 갔다. 가는 도중에 그들은 만주 국경의 변문에서 한국으로 들어오려 하는 샤스탕(Jacques Honere Chastan)

신부를 만났다. 샤스탕은 1836년 12월 31일에 압록강을 건넌 후 15일 만에 서울에서 모방과 합류했다. 일 년 후 앵베르(Laurent Marie-Joseph Imbert) 주교가 1837년 12월 18일에 압록강을 건너 1월 1일에 서울에 도착했다. 그는 한국에 오기 전에는 중국 사천성에서 12년간 선교사역을 하였다.

그들은 모두 한동안 안전하게 사역을 펼쳤으며, 그리하여 일 년에 2천 명의 성인이 세례를 받았고, 교회가 번창하였다. 그러나 이윽고 기독교에 적대적인 당파가 세력을 얻게 되면서[xii] 1839년 7월 7일에 새로이 기독교박해 포고령이 내려졌다. 8월 10일에 앵베르 주교가 자수하고 모방과 샤스탕에게도 자수를 명령하였다. 그들은 심문과 이루 말할 수 없는 고문을 당한 후 1839년 9월 21일에 한강 둑에서 처형되었다. 그들의 시신은 20일 후 이를 몰래 가져간 기독교인들에 의해 서울로부터 8마일 떨어진 노고산(Noku)에 묻혔다.[xiii]

그때 130명의 한국 기독교인들이 순교했던 것으로 알려지고 있다. 그로부터 6년 후 다른 외국인 사제들이 도착하였다.

4) 김대건

새로 선교사들이 오기까지 핍박받는 한국교회는 마카오에서 교육받은 김대건(Andrew)의 지도력에 의지했다. 그는 1843년 초 변문의 장시에서 돌아오는 한국 상인과 함께 의주를 통해 한국으로 들어왔다. 그러나 의심을 받게 되자 압록강을 건너 목단으로 돌아갔다. 1843년 12월 31일에 페레올(Jean Joseph Ferreol)이 한국의 주교로 임명받았다. 그는 두만강의 훈춘을 통해 한국에 들어오는 길을 찾기로 결정하였다. 김대건은 그 길을 탐색하기 위해 훈춘으로 갔다. 그는 비밀리에 몇몇 기독교인들을 만났으며, 그들은 의주를 거쳐 들어오는 것이 안전하다고 결정하였다. 그에 따라 페레올과 김대건을 변문에서 만나려고 7명의 기독교인들이 1844년 12월에 서울을 출발하였다. 3명만이 의주의 감시인 앞을 통과할 수 있었다. 이 같은 때에 페레올 주교가 입국하기에는 너무나 위험하다는 생각에서 김대건은 세 사람과 함께 돌아가고 주교는 마카오로 가기로 합의하였다. 주교는 후에 상해로 돌아갔다. 김대건과 그의 동료들은 1845년 1월 8일 서울에 도착했다. 4월 24일에 김대건은 바다에 한 번도 나가본 적이 없는 11명의 기독교인들과 함께 "슈"(Shoe)라고 불리는 중국인 선원들의 낡은 고깃배를 타고 항해를 시작해 6월에 상해에 도착했다.

8월 17일에 김대건은 페레올 주교에게 사제 서품을 받았고, 9월 1일에는 다블뤼(Nicholas Daveluy) 신부와 11명의 기독교인들과 함께 다시 '슈'(Shoe)를 타고 출발해 10월 12일 한국에 안착했다. 나중에 김대건은 황해도로 보내져서 해안을 탐사하고 지도를 작성하면서 입국이 가능한 길을 찾았다. 그는 중국배를 불러 세우고 선장에게 편지들과 해안 해도들과 한국지도들을 주려고 하였다. 그는 이것들을 몰수당하고 체포되어 심문을 받기 위해 서울로 압송되었으며, 9월 16일 "서구 야만인과 내통한" 죄로 처형되었다. 여러 해 후에 그의 유해는 용산의 가톨릭신학교 예배당으로 옮겨졌다.

5) 더 많은 선교사들의 도착

1847년 8월 10일에 프랑스선 두 척, 곧 라 글루아르(La Gloire) 호와 라 빅토리에즈(La Victorieuse) 호가 전라도 해안에서 난파되었다. 배에 있던 6백 명의 선원들은 친절한 대우를 받고 한 영국배를 타고 떠나도록 배려를 받았다. 그런데 그들 가운데는 한국인 사제 최양업과 프랑스인 사제 메스트르(Maistre) 신부가 있었다. 이듬해에 두 사람은 중국배를 타고 건너와 황해도로 들어오려고 하였으나 중국으로 되돌려 보내졌다. 1850년 5월에 그들은 만주를 통해 들어오려고 시도했으나 한국의 국경 감시인들이 최양업만을 들여보냈다. 최양업은 무사히 서울에 도착했고, 매스트르는 상해로 돌아갔다. 매스트르는 이후 10년 동안 한국에 들어오려고 노력했다. 마침내 1851년에 그는 중국인 사제 헬로트(Helot) 신부와 함께 중국배를 타고 건너와 8일 만에 도착하였다. 15일 만에 페레올 주교를 만났으나, 페레올은 앓고 있었고, 1853년 2월 3일에 사망했다. 1854년 3월에 장송(Jenson) 신부가 입국했다가 그 해 6월에 뇌의 고열로 사망하였다. 이렇게 해서 한국에는 매스트르, 최, 다블뤼 세 사람의 신부만 남게 되었다. 1856년 5월에 베르뇌(Simeon Frnacuis Berneaux) 주교와 두 명의 사제, 프티니콜라(Michel Petitnicholas)와 푸르티에(Charles Antoine Pourthie)가 중국배를 타고 상하이를 떠나 건너왔고, 페롱(Feron) 신부는 이듬해 3월에 한국 밀수선을 타고 건너왔다. 베르뇌 주교는 1857년 3월 25일에 다블뤼 신부를 그의 동료 주교로 임명했다. 1857년 12월 20일에는 매스트르가 죽었다. 1861년 10월에 새로 4명의 사제들, 곧 랑드르(Landre), 조안노(Joanno), 리델(Ridel), 깔레(Calais)가 도착했고, 그 해에 최양업(Thomas)이 12년간의 사역 끝에 죽었다. 1863년에 오매트르(Aumaitre) 신부가 도착했으나, 그 해에 랑드르(Landre) 신부와 조안노(Joanno)

신부가 죽었다. 이후 수년 동안 다른 사제들, 브르트니에르(Bretenieres), 볼류(Beaulieu), 도리(Dorie), 위앵(Huin)이 도착했다. 이렇게 해서 대박해가 발생했을 때 이 나라에는 두 명의 주교와 10명의 사제가 있었다. 당시에 가톨릭교인의 수는 2만 3천 명이었다.

6) 1866년의 박해

1866년 1월에 러시아 군함이 원산항에 나타나 한국과 통상조약 체결을 요구하였다. 섭정인 대원군은 반외세적이고 반기독교적인 인물이었다. 이 흥선군은 그 당시 조선의 왕 철종이 1864년 1월 15일에 죽자 당시에 생존해 있던 세 왕비 중에서 가장 연장자인 조대왕대비에[xvi] 의해 그의 12세 된 아들이 왕으로 지명되기 2년 전에 권력을 잡았다. 어린 왕의 아버지는 섭정이 되었고, 호칭도 대원군으로 바뀌었다. 그는 "돌로 된 심장과 쇠로 된 내장"을 지닌 인물로 묘사되었다.

때마침 왕실에는 어린 왕의 어머니와 유모 박마르다를 비롯해 여러 기독교인들이 있었다. 이들은 프랑스인 사제들이 한국정부가 프랑스, 영국과 조약을 맺도록 능히 도울 수 있을 것으로 믿었다. 그럼으로써 러시아의 침략을 막고 그 결과 기독교인들이 종교에 대한 관용을 얻게 될 것으로 믿었다. 그 중 한사람인 김계호(Thomas)는 베르뇌(Berneaux) 주교에게 정부가 그 같은 조약을 맺도록 기꺼이 도와줄 것인지를 물었다. 확답을 받은 후에 그와 남종삼(John)이란 또 다른 귀족은 섭정에게 제안을 담은 글을 써서 바쳤다. 대원군은 흥미를 느낀 듯 베르뇌 주교를 만나보기를 원한다고 말했다. 이에 지방에 있던 주교가 1월 25일에 서울로 올라왔다. 그러나 러시아 군함이 갑자기 떠나버렸고, 중국을 다녀온 사절이 중국에서 모든 유럽인들이 죽임을 당했다는 잘못된 소식을 전해왔다. 섭정의 태도는 즉시 혹독한 박해자의 모습으로 돌변하였다.

2월 26일부터 28일까지 3일간 베르뇌 주교와 브르트니에르(Bretenieres), 볼류(Beaulieu), 도리(Dorie), 그리고 남종삼을 비롯한 몇몇 한국인들이 체포되었다. 몇 차례 엄한 심문과 가혹한 고문이 행해진 후, 외국인 신부와 남종삼이 3월 8일에 처형되었다. 처형된 곳은 1839년에 앵베르 주교와 그의 동료들이 처형당했던 곳과 같은 장소인 용산 건너편 새남터 마을 근처의 한강둑이었다. 그들의 시신은 삼 일간 방치되다가 가까이 있는 어떤 묘지에 묻혔으며, 그 해 8월에 기독교인들에 의해 은밀히 옮겨져 매장되었다.

3월 19일에 한국인 두 명, 최형(Peter)과 전장운(John)이[xv] 참수되었다. 3월 8일에는 푸르티에(Purtie) 신부와 프티니콜라(Petitnicholas) 신부가 배론에서 붙잡혔다. 배론은 푸르티에가 설립한 신학교가 맨 처음에 있던 곳이었다. 그들은 서울로 압송되어 배교했다가 뉘우친 정의배(Mark), 우세영(Alexis)과[xvi] 함께 3월 11일에 처형되었다. 이 날에 다

한국을 다스린 섭정(1864-1878) 대원군
그는 1866년 로마가톨릭 박해를 지시했다.

대원군이 세운 척화비

1871년에 대원군의 명으로 서울 중앙에 비석이 세워졌다. 알렌과 다른 초기 선교사들이 왔을 때도 세워져 있었으나, 나중에 치워졌다. 거기에는 다음과 같은 명문이 새겨져 있었다. “서양 오랑캐가 침범해왔으매, 그들과 싸우든지 아니면 화친해야 하나, 화친을 주장하는 것은 나라를 파는 일임을 자손만대에 경계한다. 1866년에 제작되어 1871년에 세워짐.”
첫 부분-12글자로 알려졌다-은 그 나라에서 생산된 먹기둥에 새기도록 지시가 내려졌다.

상주들
입국이 금지된 프랑스인 신부들이 들어올 때 이런 위장을 했다.

초기 선교사들이 부딪쳤던 상황들

블뤼(Davuley) 주교가 내포에서 붙잡혔고, 오매트르(Aumaitre) 신부와 위앵(Huin) 신부가 자수하였다. 이 세 사람은 황석두(Lucas),[xvii] 장주기(Joseph)와 함께 3월 30일 성 금요일에 처형되었다. 프랑스인들인 주교 2명과 사제 7명이 순교했고, 리델(Ridel), 깔레(Calais), 페롱(Feron)은 몸을 피했다. 손차선(Thomas)은 4월 5일 공주에 있는 감옥에서 교살되었다. 7명의 한국인들이 12월 13일 충주에서 처형되었으며, 1867년 1월 5일 조베드로가 같은 장소에서 교살되었으며, 이요한이 1월 21일 대구에서 처형되었다. 1868년까지 2천 명의 기독교인들이 죽임을 당했다.

7) 이후의 사건들

1866년 5월 15일, 피신한 세 명의 프랑스 신부들이 만나 회의를 하였다. 그들은 리델 신부를 중국으로 보내기로 결정했다. 그는 6월 말에 떠나 7월 7일 지푸에 도착했다. 깔레와 페롱도 배를 타고 지푸로 갔다. 그렇게 하여 교회에는 다시 한번 선교사가 없게 되었다. 1867년 새로운 세 명의 선교사들, 블랑(Blanc), 리샤르(Richard), 마르티노(Martineux)가 파리를 떠나 중국에서 페롱, 리델, 깔레와 만났다. 페롱은 후에 인도 선교사가 되어 그곳으로 갔다.

1866년 9월에 로즈 제독이 지휘하는 프랑스선 세 척이 리델 신부와 한국 기독교인 몇 명을 안내자로 태우고 한강을 탐사하다 23일 서울에 도착했다. 그들은 며칠간 머물렀으나 프랑스인 사제들의 죽음에 대해 아무런 보상도 얻지 못했다. 강화 부근의 한 섬으로 돌아간 그들은 한국 기독교인들로부터 평양에서 제너럴 셔먼 호가 파괴되었으며 심한 박해가 여전히 진행되고 있다는 정보를 접했다. 로즈 제독은 지푸로 돌아갔고, 10월 3일과 13일에 7척의 프랑스 탐험대가 강화에 도착하여 보상을 받아내고자 하였다.

1866년 10월 16일에 프랑스 해군들이 상륙하여 강화 요새를 파괴하였다. 그러나 한국인들이 재빨리 많은 병사들을 모아왔는데, 그들 가운데는 북쪽에서 온 8백 명의 호랑이 사냥꾼들이 포함되어 있었다. 10월 27일에 해군들이 큰 피해를 입고 격퇴되었고, 다음 날 프랑스 함대가 한국 해변에서 물러갔다. 서구인들에게서 거둔 이러한 승리는 한국 정부로 하여금 기독교를 더 철저히 박멸할 것을 결심하게 만들었다. 심지어 부녀자와 아이들도 살해되었다. 선교사들은 10년 동안 한국에 들어갈 수가 없었다.

1868년, 파리에서 온 세 명의 새 선교사가 만주에서 리델과 깔레와 함께 모였다.

1876년 말에 블랑 신부와 드게트(Deguette) 신부가 한국에 들어왔으나, 이제 주교가 된 리델은 만주로 돌아갔다. 이듬해 리델이 두세(Doucet), 로베르(Robert)와 함께 만주를 출발해 18일 만에 한국에 도착했다. 리델 주교는 1878년 1월 28일에 체포되어 만주 국경으로 호송되었다. 한국인 최지혁(John)은 6월 18일에 감옥에서 굶어죽었다. 1879년 5월 15일에 드게트 신부와 한국 기독교인 14명이 공주에서 체포되어 북쪽 국경까지 호송되었다. 이렇게 해서 블랑, 로베르, 두세가 한국에 남게 되었다. 1880년 11월 13일에 뮈텔(Mutel) 신부와 리우빌(Liouville) 신부가 황해도로 입국하였다. 1881년 6월 12일에 또 다른 척사윤음이 반포되었으나, 이듬해에 선교사들의 한국 내 거주권이 인정되었다. 리델 주교는 1884년에 프랑스로 돌아가 그곳에서 죽었다. 1882년에 주교가 된 블랑 신부는 1890년 2월 21일에 죽었다. 1884년, 가톨릭 선교의 첫 세기가 마감되는 시점에는 19개 선교 교구에 속한 신자수가 총 1만 7,577명에 달하고 있었고, 319개의 기독교 공동체가 조직되어 있었다. 1836년 이래로 26명의 프랑스인 선교사들이 도착했고, 12명이 순교했고, 5명이 한국에서 죽었고, 2명이 떠났고, 두 명이 정부에 의해 추방되었고, 5명이 남도록 허용되었다.

초기 가톨릭선교사들의 범한 몇 가지 실수는 쉽게 지적해낼 수 있다. 한국인에게 외국이름으로 세례를 주는 관습을 고집한 것, 해외 서구국가들의 왕실 개입을 주선하고 나선 것, 은밀히 행하고 자주 속이는 방법을 사용한 것, 사람들에게 성서를 전하지 못한 것 등등이다. 그러나 우리는 또한 그들의 영웅적인 행동, 고난, 투옥, 순교를 기꺼이 감당하는 자세에 대해 찬사를 보내야 한다. 수만 명에 달하는 사람들이 죽기까지 신앙을 지켰던 것은 한국인의 성격에 신뢰할 만한 자질이 있음을 알려주는 풍성한 증거가 된다.

이 장을 마무리하면서 한국가톨릭 선교의 후기 50년을 간단히 개관하고자 한다. 뮈텔(G. C. Mutel) 대주교는 우리 선교회의 알렌 박사 부부가 맨 처음 도착하기 4년 전에 한국으로 왔다. 그는 1890년 9월 21일에 파리에서 최초의 세 선교사의 죽음(1839년)을 기리는 기념식이 거행되는 가운데 주교로 임명받았다. 1891년에 조상(Josean) 신부가 공주에서 죽었다. 그 해에 또한 가톨릭신학교가 프랑스인 사제들이 처형된 장소에 가까운 용산으로 이전했다. 1866년부터 교회를 그처럼 심하게 박해했던 무시무시한 섭정 대원군은 1898년 2월 22일에 88세를 일기로 죽었다. 죽기 전에 그는 양심의 가책을 크게 느껴 1866년에 학살되었던 기독교인들의 영혼을 위해 제사를 드리도록 명령했다는 말이 전해진다. 우리는 능히 있을 법한 일로서 그의 아내인 마리아 대부인이 1898년 1월 8일에 80세의 나이로 기독교인으로서 죽음을 맞이한 사실을 알고 있다. 뮈텔 주교는 그가 어떻게 두 번이나-한 번은 그녀에게 세례를 베풀기 위해, 한 번은 성찬을 베풀기 위해-밤에 몰래 갈 수 있었는지에 관해 하나의 낭만적인 선교 이야기를 들려준다. 이 늙은 부부는 문산 바로 너머 철도에서 주요 간선도로가 약간 떨어진 곳에 묻혀 있다. 필자는 이곳을 두 번 방문했다. 이곳은 이름답게 가려져 있고 매우 평화롭다. 근처 언덕에서 농사짓고 땔감을 구하는 한국의 시골사람들은 그곳에 누운 자가 한때 교회에 큰 해를 입혔던 사람이고 그 곁에 누운 그의 부인이 기독교인으로 죽은 줄을 알지 못한다. 그들이 죽었을 때는 한국에 4만 명의 가톨릭 교인들이 있었고, 개신교인들은 그 두 배를 이루고 있었다.

1890년에 로베르 신부가 대구에 발을 내딛었다. 그는 한때 폭도들에 의해서 그곳에서 쫓겨난 일이 있었다. 1901년에는 5, 6백 명의 가톨릭 교인들이 제주도에서 죽었다. 1911년 6월 11일 드망즈(Demange) 신부가 주교로 임명되었다. 1917년에 두세(Doucet) 신부가 40년의 사역을 마치고 사망했다. 그 해에 6명의 한국 사제들이 임명되었다.

1920년 9월 21일에 뮈텔 주교가 한국에서 사역한지 30년 만에 대주교로 임명되었다. 현재는 70명의 사제들이 있다. 이들 중에서 30명이 한국인 사제들이며, 모두 뮈텔 주교로부터 서품을 받았다. 이 해에 드브레(Devred) 신부와 사우어(Sauer) 신부가 주교로 임명되었다.

1922년에 메리놀(Maryknoll)회의 미국인 선교사들이 한국에 서북지역 지목구(Northwest Vicarate)를 세우기로 결정했다. 1923년 5월에 패트릭 J. 번(Patrick J. Byrne) 신부가 이 회의 첫 번째 선교사로 한국에 도착했다.

1924년 3월 24일에 로마교황청 회의에서 82명의 한국인 순교자들이 복자로 선포되었다.[xviii] 이때 로마에는 한국에서 온 몇몇 개신교 선교사들이 있었다.

여러 프랑스인 사제들이 상복 차림으로 위장하고 한국에 들어왔다. 그들은 상주인양 머리 전체를 덮고 어깨까지 내려오는 모자를 썼다. 당시에 상을 당한 사람은 얼굴의 앞면에 천으로 된 가리개를 하고 있었다. 관습상 상주는 누구에게든지 말을 하지 않아도 되었으며, 아무도 그에게 말을 걸려고 하지 않았다. 뮈텔 주교는 한국 소년들이 때때로 그를 발견하곤 했음에도 불구하고 일리지 않았던 일에 대해 이야기한다. 그는 한국 개들이 항상 외국인의 냄새를 맡고 짖어대는 일로 가장 곤란을 겪었다.

참고: 대주교 뮈텔은 1933년 1월 23일 서울에서 죽었다.

이 장을 준비하면서 다음의 권위 있는 기록들을 참조하였다.

① *The Catholic Church in Korea*, p. 180, Illus, Hongkong, 1924.

② William Elliot Griffis, *Corea, the Hermit Nation*, Charles Scribner's Sons, pp. 121–123; 347–387.

③ L. George Paik, *The History of Protestant Missions in Korea*, 1832–1910, 1929, pp. 26–38.

④ *The Korean Repository*, 1896, pp. 134–158; 1898, pp. 8–91.

⑤ *Korea Mission Field*, September, 1914, pp. 261–271.

2. 개신교 선교사역의 시작

1) 칼 아우구스투스 프레데릭 구츨라프 목사

한국인들에게 복음을 전하기 위해 서구세계에서 한국에 온 최초의 선교사는 개신교인이었다. 1832년에 영국선 로드 암허스트 호가 교역을 목적으로 한국에 왔다. 통역으로서 그 배를 타고 있던 구츨라프(Carl Augustus Frederick Gutzlaff, M.D.) 목사는 복음 전파의 기회를 가질 목적으로 이곳에 왔다, 그는 샴에서 선교사로 있었고(1823–31), 중국에서는 1831년부터 1851년 사망할 때까지 있었다. 1832년 2월 26일에 마카오를 떠난 그 배는 중국 해안을 따라 항해하면서 수많은 항구를 지났고, 7월 16일에 중국의 위해위를 출발하여 다음날 오전 10시에 한국 서해안의 '제임스 홀 경 군도'를[i] 바라보게 되었다. 그들은 이곳에서 남쪽으로 내려가 한 달간 머물다가 8월 17일 한국 해안을 떠나 유구 제도에 들린 후 1832년 9월 5일에 마카오로 돌아갔다. 한국에 있는 동안에는 중국어 성서번역본 2권과 몇 권의 소책자들을 여러 선물들과 함께 왕에게 보내고자 하였다. 한 달 후 한국인들이 모든 선물들을 되돌려 주려 했으나 그들은 받지 않았다. 이 책들과 소책자들이 나중에 어떻게 되었는지는 알 길이 없다. 한국에 복음을 전하려는 이 같은 시도도 어떤 결과를 냈는지 알 수는 없지만, 구츨라프 박사의 신앙과 선교 열정은 그의 일기 중 다음의 글에 반영되어 있다. "한국에 뿌린 거룩한 진리가 빼앗겨질 수 있을까? 나는 그렇게 믿지 않는다. 하나님의 위대한 계획 안에서 하나님께서 그들을 자비롭게 방문하시는 때가 올 것이다. …… 성서는 우리에게 하나님께서 이러한 미약한 시작도 축복할 수 있으시다는 것을 믿으라고 가르친다. 한국에 더 좋은 날이 곧 밝아올 것을 바라보자."[1)]

2) 로버트 저메인 토마스 목사

구츨라프 박사가 했던 것과 비슷한 시도가 1866년 미국의 스쿠너선 제너럴 셔먼 호를 탄 로버트 저메인 토마스(Robert Jermain Thomas) 목사의 한국 방문 때 행해졌다. 그 배에는 무역상품들이 선적되어 있었다. 토마스는 1840년 9월 7일 웨일즈에서 태어났다. 그와 그의 아내는 런던선교회(London Missionary Society) 소속으로 1863년 12월에 상해에 도착했다. 그의 아내는 1864년 3월에 죽었고, 토마스는 그 해에 런던선교회와 결별했다가 1866년에 다시 임명되었다. 그는 1865년에 지푸로 가서 스코틀랜드 성서공회(National Bible Society of Scotland)의 윌리암슨(A. Williamson) 목사의 집에서 두 명의 한국인 가톨릭 신자를 만났다. 토마스는 이 두 사람과 함께 한국으로 가기로 결심했고, 윌리암슨는 성서 번역본들과 소책자들과 여행경비를 마련해주었다. 그들은 1865년 9월 황해도에 도착하여 12월까지 한국에 머물렀다. 평양에 있는 우리 여학교의 교사이며 토마스의 생애를 연구하여 훌륭한 조사보고서를 작성한 오문환은 그가 한국 체류기간의 일부를 소래해변 맞은편의 백령도에서 보낸 사실을 밝혀냈다.

1866년 8월 한국에 도착한 제너럴 셔먼 호는 대동강으로 가서 평양을 향해 올라갔다. 강서포산(Kang-suh-po-san)에서 토마스는 강변에 있는 몇몇 한국인들에게 쪽복음서들을 던졌다. 여러 해 후에 한 원입교인(마펫 박사에게 전도 받아 교회에 나온 자였다)이 그의 아버지가 그 성경들 중의 하나를 받았다는 말을 했다고 한다. 그 배가 강을 더 올라가 만경대에 왔을 때 두 명의 가톨릭 신자들이 그 배에서 참외들을 받아 가지고 나오다가 체포되었고, 나중에 우리 선교회의 주택지대 뒤편인 보통강 둑에서 처형되었다. 쑥섬에서 선주 프레스톤(Preston)과 그의 중국인 통역이 해변으로 와서 평양의 지방관과 중군을 만났다.[ii)] 중군과 부하 세 사람은 그 배를 방문하러 갔다. 그 배의 선원이 중군에게 중군의 인장(임금으로부터 받은 것이었다)을 보기를 요청했다가 되돌려주기를 거절하였다. 그런 다음 그 네 명을 그 배의 길쭉한 보트에 강제로 태워 강으로 들어갔다. 강변에 있던 한국인들은 누구든지 그들의 동료들을 구해오면 큰 보상을 하겠다고 제의하였다.

박춘권이란 사람이 작은 배를 저어 오늘날 평양 철교가 있는 지점에서 급류가 세져서 어려움을 겪고 있는 길쭉한 보트로 갔다. 한국인들이 그 보트로 뛰어들었고, 중군과 그 일행은 구조되었으나 다른 두 사람은 익사하였다. 박춘권은 중군의 조카로서 후에 평양 초기 기독교인의 한 사람이 되었다. 이재형은 신암교회의 장로가 되었다.

그 배는 2주일 동안 발포를 멈췄다 행했다 하기를 계속했다. 그에 따라 20명의 한국인들이 죽었고 많은 사람들이 다쳤다. 그러는 동안 그 배가 늪에 좌초돼 어찌할 수 없게 되자 선원들이 화평을 청하기 시작했다. 그들은 관청에 사과하기 위해 한 사람과 한 통역을 보냈다. 그들은 포박되어 만일 진심으로 사과하려거든 나머지 선원들을 내보내라는 명령을 받았다. 그러나 이 명령은 하나의 계략이라는 의심을 받았다. 주의가 적힌 쪽지가 되돌려지자마자 그 배가 다시 발포하기 시작하였다. 한국인들은 이제 제너럴 셔먼 호를 불태우기로 결정하고 1866년 9월 3일 소나무 가지들을 커다란 운반선에 싣고 불을 붙여 그 배를 향해 보냈다. 선원들이 이를 피하려고 물로 뛰어들었고 강가로 오르자마자 죽임을 당했다. 그 수는 24명(말레이인과 중국인이 19명, 서구인이 5명)이었다. 토마스 목사와 호가드(Hogarth)는 영국인이었고, 선주 프레스톤과 선장 페이지(Page)와 항해사 윌슨(Wilson)은 미국인이었다.[2] 토마스는 강가로 올라와서 그를 죽이려는 사람에게 성경을 건넸으나 거절당했다. 이에 토마스는 무릎을 꿇고 기도했다. 그를 죽인 사람은 자기가 선한 사람을 죽였다고 느꼈다. 그는 성경을 집으로 가져갔다. 이 사람의 조카인 이영태는 몇 년 전에 평양숭실전문학교(Union Christian College)를 졸업했으며, 그 후 레이놀즈(W. D. Reynolds) 박사의 성경개역 사역을 도왔다. 제너럴 셔먼 호가 파괴된 현장을 목격한 군중 가운데 최치량이라는 12세 소년이 있었다. 그는 토마스가 주었던 성경 세 권을 가져왔으나, 그 책을 지닌 것을 두려워하여 그것을 한 군인에게 주었다. 그 군인은 낱장들을 떼어내어 그의 방에 발랐다. 최치량은 기독교인이 된 후 그 집에 가서 벽에 붙은 성경 페이지들을 보았다. 토마스는 "한국의 첫 번째 개신교 순교자"였다. 그의 사역은 실패로 끝난 것처럼 보였으나, 열매가 아주 없지는 않았다.[3]

현재는 제너럴 셔먼 호 닻의 쇠밧줄은 잘려져서 평양 동대문 기둥들의 주변에 있는 것을 볼 수 있다. 그 배의 대포 하나는 현재 도시 북쪽에 잇는 옛 관아-현재 학교로 사용되고 있다-의 뜰에서 볼 수 있다.

1927년 5월 8일에 천 명의 기독교인들이 토마스의 유해가 묻혀 있다고 믿어지는 쑥섬에 모여 그를 기념하는 예배를 가졌다. 그 배의 남쪽 강뚝 근처에는 성장하고 있는 조왕교회가 있으며, 그곳에 새로 지은 건물은 "토마스 기념교회"로 명명되었다. 이 운동은 1911년 선교회의 연례모임에서 시작되었는데, 이때 "평양에 토마스 기념교회를 세우며 스코틀랜드 성서공회에 500파운드를 기부하기를 권고한다"고 결정되었다(*Minutes*, p. 53.). 이 희망은 실현되지 않았고, 1915년에는 토마스기념위원회가 해산되었다. 1927년에 한국장로교 총회가 각 교회당 1인으로 위원회를 구성하고 10월 둘째 주일에 이 일을 위해 특별 헌금을 하기로 결정하였다. 이듬해 6백 불이 모아졌다고 보고되었다. 이 기금에 선교사들과 토마스의 두 조카를 비롯한 여러 사람들이 기부금을 더하여 1932년 2월에 그 총액이 1,860달러에 이르렀다. 125피트×40피트 크기의 이 새 건물은 1933년 9월 14일에 헌정되었다. 그때 평양에서 모였던 총회원들은 지금 건재해 있다.

로버트 토마스(Robert Thomas) 목사와 토마스 기념교회 (Thomas Memorial Church)

평양 대동문
셔먼 호의 닻의 쇠사슬이 오늘날 이 문에 걸려 있다.

MEMORIES of the "GENERAL SHERMAN", pp. 71-73을 보라.

3) 로스와 매킨타이어

존 로스(John Ross D.D.) 목사와 그의 처남 존 매킨타이어(John McIntyre) 목사는 만주 주재 스코틀랜드장로교 선교사들로서 1873년부터 그곳에 있는 한국인들에게 복음을 전파하기 시작했다. 매킨타이어는 1876년에 한국인 최초의 개종자들에게 세례를 주었다. 그들은 그 개종자들 중 두 명, 이응찬과 김진규의 도움을 받아 누가복음을 번역하고 1882년에 인쇄하였다. 이어서 다른 복음서들과 사도행전을 번역하였고, 마침내 1887년에 신약성서 전체를 번역하여 최초의 한국어 번역성경을 만들었다. 로스 목사는 또한 1874년에 『한영독본』(Korean-English Primer)을 편집하였고, 1879년에 영문저서 중에서 『한국, 그 역사, 예법, 관습』(*Corea, Its History, Manner, and Customs*)을 발표하였다. 이것들은 모두 선구적인 출판물들이 되었다. 의주의 두 초기 기독교인들, 이성하와 백홍준 등은 만주에서 세례를 받았다. 다른 인물, 곧 소래의 서상윤은 목단에서 로스 목사에게 세례를 받고 한국의 개신교 전도자의 선구자가 되었다. 이성하와 서상윤은 권서로 고용되었다. 그들은 처음에 만주 동부 계곡에 사는 한국인들 사이에서 활동하였다. 선교사들은 이들의 사역을 뒤좇아 이 계곡들을 두 번 여행했다. 그들은 1881년의 첫 번째 여행에서 75명에게 세례를 베풀었다.

털리(R. T. Turly)는 『코리아 미션 필드』(*Korea Mission Field*, 1915, p.314)에 한 여행기를 남겼다. "1897-1898년에 스코틀랜드장로교 선교회의 그래함(J. N. Graham) 목사, 복음전파협회의 스프렌트(F. H. Sprent) 목사, 영국과 해외성서공회(British and Foreign Bible Society)에서 한국을 관할지역의 일부로 맡게 된 한 작가가 함께 강계로부터 서쪽으로 압록강을 따라 계곡들을 여행하였다. 몇 주간 여행의 결실로 우리는 육백명 이상의 명단을 가지게 되었다. 명단에 기재된 자들은 기독교인이 되어 우상숭배의 모든 외적인 흔적을 버리고 세례받기를 갈망해왔다고 고백하는 가족들의 가장들이었다."

이성하는 복음을 전파하러 처음 의주에 들어왔을 때, 위험이 초래될까봐 성경을 가지고 가지 못하고 만주에 있는 한 중국 여관에 남겨두었다. 여관 주인은 나중에 그 중의 일부를 강에 던지고 일부는 불태웠다. 로스 목사는 이 사실을 전해 듣고 "성서들이 던져진 강물은 한국인들에게 '생명의 물'이 될 것이고 그 재는 한국교회를 크게 성장시킬 거름이 될 것이다"라고 말했다.[4] 이성하가 병으로 사직하고 백홍준이 이성하 담당지역의 권서로 임명되었다. 백홍전은 후에 의주 최초의 조사(보조 설교자)의 한 명이 되었다. 기록(*Korean Repository*, 1895, p. 19.)에 의하면, "의주의 연로한 전도사 백홍준은 매킨타이어 목사에게 세례 받은 첫 번째 한국인으로 죽기 전 마지막 2년 동안 옥고와 많은 매질을 견뎌냈다."

이상재 장로
YMCA 한국본부에서 16년 동안 종교부 총무로 있었다.

권서 서상윤
개신교 개척전도사
목단에서 존 로스(John Ross) 박사에게서 세례를 받았다. P. 74를 보라.

김씨 호선
한국 장로교 여전도회에 의해서 산동의 여성들에게 파송되었다.

선천 신성중학교 장리욱 교장(L. W. Chang)
이 소년들은 "우리의 조국"에서 공부하기 위해 로스앤젤레스에서 왔다.

돋보이는 인물들

서상윤은 의주로 들어가려다가 체포되어 성경을 싼 짐을 몰수당했다. 그러나 검문소에서 일하는 그의 친척 김효순이 그가 밤에 도망치게 도와주었고, 성경도 얼마간 가지고 가게 해주었다. 그는 소래 마을에 사는 친척들과 친구들에게 복음을 전파하여 곧 기독교인 집단을 만들게 되었다. 그들 가운데 그의 동생 서경조는 나중에 한국장로교 목사로 안수 받은 최초의 7인 중의 하나가 되었다. 그러므로 소래는 "한국 개신교의 요람"으로 알려져 있다. 이 두 형제는 여러 해 동안 소래에서 거주하였다. 그들은 여름이면 곧잘 소래해변을 찾은 선교사들을 만나곤 했는데, 소래해변에 가는 일은 초기 기독교인들이 종종 경험했던 일이었다.

서상윤은 복음을 전파하러 서울로 왔다. 처음에 그는 몰래 전도할 수밖에 없었고, 그것도 북에서 온 그의 친구들에게 할 수밖에 없었다. 그는 로스 목사와 연락하여 제물포를 통해 그에게 보낸 6천 권의 번역 성경들을 받기로 하였다. 이 책들은 세관원들에게 발견되어 몰수되었다. 이 일은 한국 정부의 외국인 고문인 묄렌도르프(P. G. Möllendorf)의 신실한 기독교인 아내에게 알려졌다. 그녀는 로스 목사가 보낸 편지를 받고, 남편과 함께 이 책이 통과되도록 중재하였다. 이렇게 해서 서상윤은 첫 번째 개신교 선교사들이 도착했을 때 서울에서 전도활동을 할 수 있었다.

4) 이러한 사역의 결과

우리의 초기 선교사들은 일심으로 한국 개신교회의 설립이 만주 주재 스코틀랜드장로교 선교사의 사역으로 말미암아 시작되었다는 사실을 증거한다. 소래, 서울, 의주에서 조직된 최초의 교회들은 이 사역에까지 자취를 더듬어 올라갈 수 있다. 우리는 이 일에 대해 순서를 바꿔서 말할 것이다. 언더우드 목사 부부는 1889년 의주에 도착해서 100명의 세례지원자들을 만났다. 언더우드는 여행 중에 한국에서는 세례를 주지 않겠다고 약속했기 때문에 만주로 건너가서 지원자들 중의 30명에게 세례를 주었다. 이들 중의 일부는 의심할 바 없이 만주에서 살고 있었다.[5] 이 가운데 어떤 자들은 3년 전에 세례를 받을 준비가 되어 있었다고 보고되었다. 소래에 있는 신자집단에 관하여 언더우드는 "1886년이 끝나갈 때 권서 서상윤이 로스 목사가 보낸 소개편지를 가지고 내 집에 와서 그의 마을에 세례받기를 원하는 여러 사람들이 있다고 말했다"고 썼다. 언더우드는 그 요청을 승락할 수가 없었다. 그러나 "세례받기를 원했던 이 마을의 기독교인 대표 13명이 이듬해인 1887년 봄에 우리를 방문하여 세례를 요청하였다. 그들은 전체 선교회 앞에서 조사를 받았고, 선교회는 그들이 여러 해 동안 신앙인으로 살아왔으며 신앙의 기본 사실들을 지적으로 진술할 수 있다는 것을 알게 되었다. 이에 만장일치로 세 사람이 교회에서 세례를 받아야 한다고 결정하였다." 그 해 가을에 언더우드는 소래로 첫 번째 여행을 떠나 7명 이상에게 세례를 주고 성찬을 집행하였다.

서상윤은 서울에 왔을 때 처음에는 새로 도착한 선교사들에게 자신을 알리지 않고 그들 대신 로스 목사에게 서울에 백 명 이상의 신자들이 있다는 정보를 전하며 서울로 와서 그들에게 세례를 베풀어달라고 강권했던 것으로 보인다. 우리가 보았듯이, 로스는 올 수가 없어서 서상윤에게 언더우드가 서울에 온 사실을 알려주었다. 언더우드는 한국에 온지 2년이 못되어 서울에서 한국 최초의 개신교 교회를 성립시킬 수 있게 되었다. 그는 1887년 10월 7일에 다음과 같이 기록했다. "일 주일 전 화요일에 우리는 장로 두 사람을 선정함으로써 장로교회의 조직을 성사시켰고, 지난 일요일에 그 두 사람에게 안수했다. 우리는 14명으로 교회를 조직했으며, 지난 일요일에는 한 명을 더 얻었다"라고 썼다. 이것은 만주의 로스 씨가 경험했던 일과 완전히 부합하는 것이었다. 그는 이러한 역사적 사건에 대해 다음과 같이 말했다. "신약성서와 관련된 일로 나는 바다를 통해 서울로 갔다. 이러한 여행은 이제 가능한 일이 되었고 쉬워졌다. 저녁나절에 도착했을 때 각별한 주목을 받았다. 나를 맞이한 언더우드는 그가 그날 밤에 작은 예배당에 가서 그곳에 모인 소수의 사람들을 데리고 장로교회를 조직할 것이라는 사실을 알려주었다. 나는 그 도시가 완전히 어두워졌을 때 그와 그의 의사 동료들과 함께 갔다. …… 종이 창문을 부드럽게 두드리고 안전하게 한 방으로 들어간 후 옷을 잘 갖춰 입고 지성적으로 보이는 14명의 남자들을 발견했다. 이들 중의 한 명이 세례를 받았으나, 주된 용건은 장로로 세울 두 사람을 선출하는 일이었다. 두 사람이 만장일치로 선출되었으며, 다음 안식일에 안수 받았다."[6] 또 다른 흥미로운 사실은 장로교 목사로 맨 처음에 안수 받은 한국인 7인 중에서 서경조 목사가 소래 출신이고 한석진 목사가 의주 출신이란 점이다. 두 사람은 이 지역의 첫 기독교인들이었다. 언더우드는 북쪽 지방에서의 이러한 사역이 끼친 영향에 대해 다음과 같이 말했다. "중국에서 수행되다가 북쪽 지방 전체로 널리 뿌려진 씨와 유포된 책들이 효과를 발했던 것이 분명하며, 다른 어느 곳보다도 이쪽 지역에서 효과적으로 사역할 기회가 더 많았던 것이 분명하다."

5) 일본에서의 사역

부산에서 복음을 전하려고 초기에 시도되었던 일들 중의 하나가 1883년 6월 스코틀랜드 성서공회에 의해 이루어졌다. 이때 일본인 기독교인 요원 나카사카가 부산으로 파송되었다. 이듬해 4월 협회 요원 오스틴 톰슨(J. Austin Thompson)과 그의 아내, 일본인 사역자 미우라, 수가노 부부가 함께 부산을 방문했다. 이 일본인 사역자들은 협회 요원으로서 부산에 자리를 잡았다. 또한 톰슨 부부는 다음 해(1885) 7월에 서울을 방문했다. 수가노는 1889년에 부산에서 죽었고, 미우라는 해고되었다.[7)]

일본 주재 선교사들도 일본에 온 한국인에게 복음을 전했다. 일본에서의 그 초기 개종자 중의 한 명은 '리주태'(Rijutei)이며, 그의 한국이름은 이수정으로 알려지고 있다. 백낙준 박사는 그가 한국에서 육군 장교였던 이규태일 것이라고 생각한다.[8)] 그는 1882년의 정치적 소요로 인해 일본으로 도망쳤다. 일본 기독교인을 통해 녹스(G. W. Knox) 목사와 매클레이(R. S. McClay) 목사와 접촉하게 되었고 중국어 성경과 기독교서적을 읽고서 마침내 믿게 되어 1883년 4월에 세례를 받았다. 1884년에 헨리 루미스(Henry Loomis)의 도움을 받아 마가복음을 순한글로 번역하였고, 이것은 이듬해 미국성서공회에 의해 천 부가 출판되었다. 언더우드는 한국으로 오는 길에 일본에서 짧은 기간이나마 그와 함께 공부했다. 최초의 선교사들이 한국에 들어올 때면 이 마가복음판을 가지고 들어왔다. '리주태'는 일본에 있는 한국인들을 위한 전도자가 되었고, 많은 개종자를 냈던 것으로 보고되었다. 그는 기독교 소책자들을 많이 번역하였고, 미국교회를 향해 한국에 선교사들을 보내라는 호소문을 보냈다.

한국처럼 이토록 빠른 결과를 얻은 선교지는 찾기 어려울 것이다. 선교사들은 그 이유의 하나로서 중국과 일본에 머물지 않고 그들에게 직접 나아간 사실을 지적한다. 그러므로 한국교회의 급격한 성장은 생각하는 것만큼 그렇게 "신비한" 일이 아니다. 더욱이 수천 명의 한국인은 가톨릭에 관한 지식을 통해 기독교에 관해 어느 정도 알고 있었다. 씨가 뿌려져서 그 밭이 "희어져서 거둘 때가 되었다." 만일 "순교자의 피가 교회의 씨"라면 한국에는 좋은 결실을 기대할 이유가 있었다.

:: 주석

2. 개신교 선교사역의 시작

1) *Korea Mission Field* 가운데 N. C. Whittemore가 January, 1920, p. 17에서, H. A. Rhodes가 November, 1931, p. 223에서 구츨라프의 방문에 관해 설명한 것을 보라.
2) Wm. Elliot Griffis, *Corea, the Hermit Kingdom*, 1889, p. 391.
3) *Korea Mission Field*, September, 1927, pp. 181–85.
4) *History of the Presbyterian Church in Korea* by a Committee of the General Assembly.
5) Lilias H. Underwood, M.D., *Underwood of Korea*, p. 89.
6) L. George Paik, Ph. D., *A History of Protestant Missions in Korea*, 1832–1910, p. 132–3. 서대문교회의 어떤 오래된 교인은 이 두 사람이 집사 안수를 받았으며, 그들의 이름은 염춘호(Yum Choon–oh)와 이성원(Yi Sung–won)이라고 주장한다.
7) *Ibid.*, p. 49.
8) *Ibid.*, p. 70–71, 140.

:: 역자주

1. 가톨릭 선교 백 년(1874–)

i) 천진암, 주어사로 알려져 있다.
ii) 김범우(金範禹)는 1785년 3월의 을사추조적발사건(乙巳秋曹摘發事件))으로 죽었다. 이벽, 이승훈, 정약전, 정약종, 정약용, 권일신 등이 명례방(현재 명동) 김범우의 집에서 천주교 집회를 가지다가 추조에게 적발되어 모두 체포되었으나, 양반들은 훈방되고 중인인 김범우만 심문을 당하고 밀양에 유배된 후 이듬해에 죽었다. 이로 인해 최초의 순교자로 지목되기도 하지만, 일반적으로 윤지충이 최초의 순교자로 인정되고 있다.
iii) 1784년 4월은 이승훈이 3월에 귀국한 후 정약용 형제가 이벽으로부터 천주교 교리를 접했던 때이다. 최초의 전교 금지령은 추조적발사건 후에 내려졌다.
iv) 1876년부터 약 2년간 조선 평신도 천주교인들이 자체적으로 조직해서 성사를 거행한 가성직제도를 가리킨다. 그들은 교리서를 보고 스스로 이 제도에 의문을 품어 윤유일(尹有一)을 파견해 북경의 구베아 주교에게 문의하였다.
v) 진산사건(珍山事件) 혹은 신해박해(辛亥迫害)라고 불리는 이 사건으로 천주교가 무부무군(無父無君)의 교로 몰리게 되었다.
vi) 주문모(周文謨, 야고보) 신부는 요동 봉황성 책문(柵門)에서 조선 신자들을 만났지만 압록강이 얼 때까지 기다렸다가 입국하였다.

vii) 안내자는 윤유일과 지황(池璜)이며, 통역자는 최인길(崔仁吉)을 가리킨다. 그들은 주문모 신부 체포령이 내려졌을 때 최인길의 집에서 붙잡혀 그날 중으로 1895년 5월 12일에 장살되었다.

viii) 최초의 전국적인 박해인 신유박해(辛酉迫害)를 가리킨다. 순조 즉위 후 노론 벽파에 속한 대왕대비 정순왕후(貞純王后) 김씨가 수렴청정을 하면서 정조를 지지한 남인 시파를 제거하기 위해 기독교 박해를 일으켰다. 남인 시파에 기독교인이 많았기 때문이었다.

ix) 황사영백서(黃嗣永帛書)사건을 가리키는데, '황'이 'Wang'으로 오기되어 있다.

x) 이들의 한국명은 알려지지 않고 있다.

xi) 유방제 신부

xii) 풍양조씨의 득세를 가리킨다.

xiii) 여기에서 Noku로 표기된 노고산에는 현재 서강대학교가 자리 잡고 있다.

xiv) 세 왕비는 순조의 아들 효명세자빈인 조대왕대비, 헌종비인 김대비, 철종비를 가리킨다.

xv) 여기에서는 최형과 함께 참수된 전장운이 'John Chun'으로 표기되어 있으나, 전장운의 영세명은 요한이 아닌 마태이다.

xvi) 여기에서는 우세영의 성, '우'가 'On'으로 오기되어 있다.

xvii) 황석두의 성이 'Hong'으로 오기되어 있다.

xviii) 1924년에 기해 · 병오박해 순교자 82위가 조사대상에 올랐다가 1925년에 79위가 로마 베드로성당에서 교황 비오 11세에 의해 시복되었다.

2. 개신교 선교사역의 시작

i) 1816년에 영국 선장 바실이 명명한 황해도 소래 연안의 섬들을 가리킨다. 제1장 '은자의 나라의 문호개방' 부분을 참조.

ii) 이때 평양감사는 박규수(朴珪壽)였고 군사지휘관인 중군은 이현익(李玄益)이었는데, 박규수가 직접 그들을 만나러 갔다고 보기 어렵다. 이때 진사 안상흡(安尙洽)이 중군 이현익보다 먼저 그 배에 나아가서 문정(問情)을 행했고, 그 후 중군이 제너럴 셔먼 호에 납치되었다.

제 **5** 장

초기의 선교방법과 정책

초기 선교사들은 필히 사역의 방법과 정책을 결정해야 했다. 그리고 결정하면서 나중에 오는 선교사들을 위해 얼마간 "속도를 조정"해야 했다. 그러나 이 초기 선교사들은 그들을 거의 안내하지 못했다. 그들은 본국의 선교부로부터 어떤 지시들을 받고 있었고 다른 선교지에서 사용되는 어떠한 방법들을 알고 있었으나, 그것들은 그들이 알지 못하는 세계에 관한 것들이었다. 그뿐 아니라 새 선교지의 '개척자' 로서 그들은 어떠한 방법을 시도하든지간에 그들이 파악하게 된 현지 조건에 그 방법들을 반드시 적응시켜야 했다. 가톨릭선교사들은 이 나라에서 거의 50년간 사역해 왔으나, 일반적으로 동의되고 있는 것처럼, 반드시 피해야만 했던 어떤 실수를 피하지 못했다. 그러므로 초기 선교사들은 기도하고 의논하면서 나아갈 길을 스스로 알아내야 했다. 다행히 초기 선교사들은 거의 모두 의료사역자였으며, 사건들이 벌어질 때마다 의료 사역은 "파고드는 쐐기"가 되었다. 자주 언급되어왔듯이 "한국은 랜셋의[i] 끝에서 개방되었다." 다음으로 필히 고려할 점은 한국이 서구세계를 향해 개방하는 과정에 있었다는 것과 최소한 한국정부로서는 사람들이 서구 문명과 접촉할 수 있게 해줄 어떤 종류의 교육사업에 호의적이었다는 사실이다. 이런 이유에서 1886년에 미국정부는 한국정부의 요청에 부응해 세 명의 교사들–헐버트(Hulbert), 벙커(Bunker), 길모어(Gilmore)–를 보냈고, 그리하여 그 해 9월에 영어학교가 개교되었다. 그러나 이 일에 앞서 1883년 10월 1일에 영국인 핼리팩스(R. E. Halifax)가 통변학교의 책임을 맡았는데, 이 학교는 두 달 전에 묄렌도르프(P. G. von Möllendorf)가 개교하였다.[1] 감리교와 장로교 선교사들도 1886년에 소년소녀를 위한 몇 가지 교육사업을 시작하였다. 그러나 선교사들은 의료와 교육 분야 사업을 시작함으로써 얻게 되는 유익을 즐겨 추구하는 동안에 복음 전파와 교회 설립을 제1차적으로 추구하는 데서 벗어나 있었다. 그 당시에 기독교에 대한 시선이 곱지 않았고 서구세력들과 맺은 조약들이 복음을 자유롭게 전파할 여건을 마련해주지 못한 상황이었지만 그런 일을 직접적으로 행하자는 주장이 제기되기도 하였다.

한국에서 개신교 운동이 처음부터 매우 성공적이었던 것에 대해서 다양한 이유들이 제기되고 있다. 클라크(C. A. Clark, D.D.) 목사는 한 저서에서 이 문제를 검토하였다. 그는 가능한 이유로서 14가지가 지적되어 왔다고 하였다. 그 중 12가지는 사회적인 것이었고 2가지는 영적인 것이었다.[2] 서구문명을 향한 문호개방과 조카 민영익이 치유된 후에 보여준 국왕의 호의 말고도 다른 이유들이 다음과 같이 제기되었다. 한국인들은 전쟁이 휩쓸고 지나갈 때마다 나라가 쇠락해가는 것을 보고 그들의 구원이 선교사들의 대다수를 파송한 미국이나 영국과 같은 강력한 서구세력의 환심을 사는 데에 있다고 생각했다. 다른 이유들을 살펴보면, 그들은 이 세상에 아무런 희망도 없는 것을 보고 위안과 평화와 내세의 소망을 제공하는 복음을 듣기 원했다. 한국인들은 유순하고 쉽게 영향을 받으며 항상 중국이나 다른 어떤 외부세력을 다소간에 의존해왔다. 토착종교가 무너지고 기독교가 "귀신을 쫓아내는" 종교가 되었다. 한국인들은 감정적인 자들이어서 기독교의 감정적인 요소들이 그들에게 호소력을 발했다. 기독교의 진기함과 새로움이 그들에게 흥미를 일으켰다. 복음이 노예상태에서 있는 한국여성의 해방을 선언하였다. 사람들이 대규모 집회에 모이게 함으로써 대중운동의 한 종류를 산출해냈다. 반면에 선교사들이 행한 몇 가지 점들은 새 종교가 사람들에게 인기가 없게 만들었다. 그것은 조상숭배와 일부다처제를 반대한 일, 정치적 문제에서 중립을 지킨 일, 기독교인의 자녀와 비기독교인의 결혼을 금한 일, 높은 도덕규율과 주일성수를 고집한 일 등이었다. 이러한 방책에 대한 찬반양론이 엇갈리고 있지만, 선교사들이 물론 하나님의 말씀과 성령의 능력을 항상 크게 의지해왔다는 점과 한국인들이 복음의 호소에 민감하게 반응을 보여 곧잘 "종교의 천재"라고 말해진다는 점을 더 언급할 수 있다.

'방법과 정책'의 문제는 후속의 장에서 다시 논의될 것이다. 선행 선교사들의 활동들이(4장) 예비적인 성격을 지닌다는 점을 인정하지만 이 장에서는 우리가 매우 효과적이었다고 믿어지는 초기의 세 가지 방법들을 더 언급하고자 한다.

1. 확대 순회설교

위험한 일이 발생할 것을 우려하여 초기 선교사들이 곧바로 시골지역으로 가지 않았던 것은 그리 놀랄 일이 아니다. 그뿐 아니라 서울 안에서만도 시작해야 할 일이 많았다. 그렇지만 소래와 의주의 기독교인이 계속 방문을 요청해오면서 선교사들은 전략적인 중심지역을 정하는 문제를 생각하게 되었다. 그리하여 2년 안에 장기 순회여행이 시작되었다.

1887년 가을에 언더우드가 송도, 소래, 평양, 의주로 첫 번째 여행을 하였다. 그는 판매용 의약품들(키니네와 다른 간단한 치료약)과 책을 얼마간 가지고 갔다. 그는 귀환여행을 시작하기 전에 이것들과 두 번째 물품들을 다 팔았다. 이 여행에서 언더우드는 소래의 7명을 포함해 20명 이상에게 세례를 주었다. 이듬해(1888년) 봄에 그는 아펜젤러와 함께 같은 장소를 향해 출발했다. 그들은 평양에 이르렀다가 1888년의 금지령 때문에 이곳에서 미국공사로부터 소환을 당했다. 이 해에 서울, 소래, 평양, 의주에서 권서가 고용되었다.

1889년 3월에 언더우드 씨와 의사 호튼 양이 결혼하고 장거리 '신혼여행'을 떠나 평양과 강계로 갔다가 압록강을 따라 가서 의주를 거쳐 집으로 돌아왔다. 그들은 2달 넘게 천 마일 이상을 여행하고 6백여 명의 환자들을 돌보았다. 동료 선교사들 몇 사람은 그 여행을 위험하다고 반대했다. 서울 이북에는 외국인 여자가 아무도 없었고, 외국인 남자도 거의 없다시피 하였다. 다행히 언더우드는 한국 정부의 허가와 승인을 받고 갔으며, 그것이 그들을 보호하고 여행 중에 그들을 도우라고 명령하는 힘을 발하여 불상사가 없이 여행할 수 있었다. 강계 방문은 선교사들 중에서 유일하게 행해진 것이었다. 이것은 선교기지가 개설되기 20년 전의 일이었다. 귀환 도중 4월 27일에 의주에서 백 명의 세례

지원자를 만났다. 언더우드는 그 중 33명에게 강 건너 만주에서 세례를 주었다. 불행히도 다음 2년 동안은 다른 어떤 선교사도 의주를 방문하지 못했다.[3)]

1889년 3월에 게일이 해주로 첫 번째 지방여행을 떠났는데, 그때는 아직 선교회의 일원이 아니었다. 해주에서 2주간 머물고 소래로 가서 3달을 머문 후, 6일 만에 배를 타고 제물포로 돌아왔다.[4)] 1889년이 끝나갈 무렵에는 육로로 부산까지 여행했다. 12월 31일에 대구에 도착했을 때 그는 그 시에 그를 들이지 않기 위해 성문이 닫혀 있는 것을 보았다. 그와 한국인 동료 이 씨는 여러 시간을 기다린 후에 그들을 "특별히 차갑게 맞이하는" 그 도시의 지방장관에게 안내되었다. 게일이 폭도들의 위협에서 벗어나는 유일한 방법은 새해 전날 밤에 부모님께 편지를 써서 조선에 대해 이야기해주고자 한다면서 홀로 떨어져 있기를 요청하는 것이었다. 이렇게 효성을 표현함으로써 그 날을 넘길 수 있었다.[5)] 게일은 대구에서 부산으로 가는 여정을 위해 조랑말을 제공하는 정부의 여행안내제도를 의지할 필요가 있었다. 이 제도는 5마일마다 말을 교체해달라고 요청하게 되어 있었다. 이후 3일 동안 그는 첫 번째 조랑말 외에는 모두 똑같이 나쁜 14마리의 말에게 시련을 당했다.[6)] 봄이 되어 그때까지 부산에 있던 게일은 인근 마을에 있는 헨리 데이비스(J. Henry Davis) 목사로부터 "즉시 오라"는 전언을 받았다. 데이비스는 그의 여동생과 함께 호주장로교 선교사로서는 맨 처음 한국에 왔는데, 서울에서 내려오는 동안 천연두에 걸렸다. 게일은 그를 부산으로 데려왔고, 데이비스는 그곳에서 1890년 4월 15일에 사망했다.[7)]

말한 김에 북감리교의 아펜젤러(H. G. Appenzeller) 목사가 세관원인 헌트(J. H. Hunt)와 동행하여 1887년 4월에 최초로 평양을 방문한 사실도 언급하기로 한다. 1888년 8월에 아펜젤러와 존스(G. H. Jones) 목사가 원주, 원산, 부산을 여행했다. 1888년 10월에는 아펜젤러와 스크랜튼(Wm. B. Scranton, 북감리교) 의사가 평양과 의주를 여행했다. 『조선예수교 장로회사기』(*The Korean Presbyterian Church History*)에 의하면, 그들은 의주에서 교회건물로 사용되던 초가집으로 인도되어 가서 6명의 의주 신자들에게 이름을 지어주었다고 한다.

마펫(S. A. Moffett) 목사는 1890년 8월에 아펜젤러, 헐버트(H. B. Hulbert)와 함께 처음으로 평양을 방문하였다. 이 때 헐버트가 석탄을 사러갔다가 며칠 만에 빈손으로 돌아왔다고 한다. 아펜젤러는 이틀 후에 북쪽으로 갔고, 마펫은 2주간 평양에 머물러 있다가 소래를 거쳐 서울로 돌아왔다.

게일과 마펫은 1891년 3월과 5월 사이에 "압록강과 그 너머까지" 1,400마일을 여행했다. 그들은 송도, 평양, 의주, 목단을 지나고, 거기에서 동쪽으로 가서 통화현에서 이틀간 머문 후, 압록강으로 가서 강계 북쪽의 창성을 다시 가로지르고 후창을 통과하여 함경도로 들어왔다. 장진을 지나 함흥으로 가고, 다시 남쪽으로 원산을 거쳐 서울로 돌아왔다. 그들은 2월 27일에 서울을 출발했으며, 3월 24일에 의주에서, 5월 9일에 원산에서 편지를 썼다. 그들과 함께 한국인 세 명이 동행했는데, 그들은 소래 출신으로 당시에는 서울에서 고용되어 있던 전도사 서상윤, 아명이 금돌이인 요리사 최윤화, 의주 출신

옹기짐들

4인교

피아노 옮기기

강계–1909

전도사 백홍준이었다.[8)] 다른 한국인 두 명도 여행에 가담했다. 마펫 박사의 말을 인용하면, "장로교 선교사들은 이처럼 1891년 5월에 이르러 한국의 모든 지역에 복음을 선포했으며, 새로운 선교기지들을 개설할 계획을 구상하였다."[9)]

우리의 첫 선교사들이 행했던 이러한 긴 순회여행은 우리 선교회의 사업정책 결정에 영향을 끼쳤다. 1893년의 선교회 보고서는 "이 해에 많은 순회여행이 이루어졌다. 여기에 한국의 가장 큰 희망이 있다"고 하였다. 이 해에 베어드(Baird) 부인이 부산에서 지방 세 곳을 여행하였다. 게일 박사는 8년 동안(1889-1897년) "한반도를 서로 다른 길로 서로 다른 계절에 12번 횡단했다"고 기록하였으며, 1915년에는 조랑말로 반도를 25번 횡단했다고 말했다.[10)]

각 선교 중심지의 선교사들은 그 선교기지 영내에 있는 모든 마을과 산과 계곡으로 가도록 압력을 받아왔다. 그린필드(M. W. Greenfield) 목사는 1913년에 쓴 글에서 일 년 중 180일을 시골지역에서 보냈고 1,530마일(영국 마일)을 여행했다고 하였다. 이 기록은 우리 모든 선교사들이 통상적으로 겪은 것이었다. 베스트(Best) 양과 그녀의 전도부인(박씨)는 1906년 4월에 외국 여성이 한 번도 간 적이 없는 곡산의 산악지대로 갔다. 그들은 22일 동안 213마일을 가마를 타고 여행했다.

우리 선교사들의 순회사역 경험담을 일일이 글로 썼다면 수많은 책을 이뤘을 것이다. 불어난 거친 물살을 다리가 없이 건너고 눈 덮인 산을 지나며, 해충이 들끓는 방에서 잠자고, 숯이 내뿜는 독한 기운에 압도되고, 어딜 가나 군중이 둘러싸여 행하는 모든 것이 관찰되는 일들이 설명될 것이다. 여기에는 고립된 선교기지의 집에서 가족을 돌보며 때로는 병든 자녀를 보살펴야 하는 외로운 아내의 이야기도 있다.

이 같은 순회정책이 시행된 결과 "한국 기독교인의 73퍼센트가 촌락에 있다. 도시에서는 225개의 사역 중심지가 있고, 시골지역에는 7천 개가 있다. 한국이 독특한 선교지가 되게 한 것이 바로 이것이었다."[11)]

순회사역은 처음에 대부분은 도보로 행해졌으며 그밖에 가마나 조랑말을 타는 것 말고는 다른 수단이 없었다. 처음 20년 동안에는 철도가 없었다. 1896년에는 한국에 오직 14대의 자전거가 있었다(그 중 4대가 여성용이었다). 우리 선교회가 기지들을 개설할 때는 철도가 닿는 곳이 없었고, 그 중 두 곳은 지금도 그런 곳에 위치해 있다. 강계 선교기지가 개설된 후 처음 10년 동안은 선교사 가족들이 가장 가까운 안주역을 출발하여 그

읍에 도착하려면 6일 동안 강행군을 해야 했다. 철도와 자동차도로가 모든 시골지방으로 확대되면서 순회 사역이 훨씬 용이해졌다. 그러나 모든 선교기지의 사역 현장에는 아직도 옛날 방법 말고는 갈 수가 없는 구역이 남아 있다. 지금도 새로 오는 선교사들에게 내려지는 제1의 소명은 기꺼이 그리고 능히 순회 사역을 감당하는 것이다.

2. 네비우스 방법의 채택

한국 선교회의 사역이 시작되는 동안 존 네비우스(John L. Nevius, D.D.) 목사가 쓴 일련의 글들이 1885년에 「선교 교회들의 개척과 발전」(“Planting and Development of Missionary Churches”)이란 제목으로 『차이니스 리코더』(*Chinese Recorder*)에 발표되었다. 네비우스는 우리 선교회에서 경험이 많은 선교사들 중의 한 명으로 중국 산동에서 사역하고 있었다. 그 글들은 1886년에 상해의 장로교출판사(Presbyterian Press)에서 다시 인쇄되었고, 제2판은 선교부(Foreign Board)의 ‘해외선교문고’(Foreign Missions Library)에 의해 출판되었다.

언더우드는 네비우스 선교방법에 흥미를 느끼고 이것을 선교사역에 적용할 생각을 품었다. 그뿐 아니라 나이든 중국선교사들 중의 누군가로부터 조언과 안내를 받을 필요가 있다고 느껴 “경험이 많은 사람을 보내달라고 반복해서 편지를 썼다.”[12] 그렇게 하여 1890년 6월에 중국 지푸의 네비우스 부부가 서울을 방문해 선교부 회원 7명과 2주간을 보냈다. 이 일은 선교부의 역사를 좌우하는 결정적인 계기가 되었다. 그 결과, 언더우드가 진술했듯이, “신중하게 기도하고 숙고한 후 우리는 이것(네비우스 선교방법)을 주요 정책으로 받아들이기로 인도함을 받았다.”

이 방법을 쉽게 이해하려면, 네비우스를 직접 만났던 자들의 진술에서 가장 잘 안내를 받을 수 있을 것이다. 기포드(D. L. Gifford) 목사는 「선교정책」(“Mission Policy”)이란 글에서 다음과 같이 진술하였다. “이 사역이 충분히 발전해서 각 사역지에 배정된 지도자들, 원입교인 교육을 위한 학습반, 지도자 교육을 위한 겨울반 등의 보다 정규적인 조직을 갖추게 되기까지 선교부는 네비우스의 사역방법을 믿을 것이다.”[13] 마펫(S. A. Moffett) 목사는 “그(네비우스 박사)로부터 우리 사역의 두 가지 원리, 곧 사경회 제도와 자력공급에 대한 사상의 씨앗이 뿌려졌다"라고 말했다.[14] 언더우드는 목사는 그 방법을 다음과 같이 요약하였다.

"① 각 사람으로 처음에 하나님께 발견되었던 그 부르심의 자리에 거하게 하고, 각 사람이 그리스도를 위한 일꾼이 되어 그의 이웃 가운데서 그리스도의 삶을 살라는 가르침에 거하게 하고, 각 사람이 자기 일을 하여 자기를 부양하게 한다.

② 토착교회가 보살피고 관리할 수 있는 범위 안에서 교회의 운영방법과 조직을 발전시키게 한다.

③ 교회가 인력과 재정을 지원할 수 있게 되면 보다 적합하다고 여겨지는 사람을 따로 세워 그 이웃 사이에서 복음전도 사역을 하게 한다.

④ 토착민이 그들의 교회건물을 스스로 마련하게 하되 건축양식은 토착 형식으로 하고 지역교회가 능히 건축비를 충당할 수 있을 만하게 한다."[15]

한국에 적용된 네비우스 계획에 대한 완벽한 설명은 클라크(C. A. Clark, D.D.) 목사의 저서 『한국교회와 네비우스 방법』(*The Korean Church and the Nevius Methods*)에 제공되어 있다. 33쪽에 요약되어 있는 네비우스 원리를 인용하면 다음과 같다.

① 선교사는 널리 순회하면서 개인 전도를 한다.

② 자전. 모든 신자는 다른 사람을 가르치는 교사이며 자기보다 나은 다른 사람에게서 배우는 학생이다. 각 사람과 그룹은 사역을 확장시키기 위해 층을 쌓는 휘묻이법을 도모한다.

③ 자치. 모든 그룹은 피택된 무급의 영수가 이끈다. 순회교구의 조사는 그 구역에서 보수를 받으며 나중에 목사가 된다.

④ 자급. 모든 예배당은 신자들이 스스로 마련한다. 각 그룹은 결성되자마자 순회 조사의 보수를 지불하기 시작한다.

⑤ 영수나 순회 조사는 모든 신자들을 위해 체계적인 성경공부를 실시한다.

⑥ 성경의 책벌구절을 따라 엄격한 치리를 실시한다.

⑦ 다른 교단과 협력하고 연합하며, 그렇지 못하더라도 최소한 지역분할은 행한다.

⑧ 법률 소송이나 그런 유의 다른 문제들로 방해받지 않는다.

⑨ 사람들의 경제생활을 가능한 경우에 전반적으로 돕는다.

클라크 박사의 견해 가운데서 "네비우스 제도의 근본사상은 자급의 요소이다." 그는 이 계획을 성공적으로 실행하려면 다음의 조건들이 필요하다고 하였다.

① 이 제도를 철저히 신뢰하는 선교사들의 그룹.

② 선교사들 중의 약한 형제를 화합 속에서 견고하게 붙들 수 있게 하는 규칙들.

③ 모든 기독교인 그룹을 방문하고 감독하기 위한 강력한 선교기지 조직.

④ 반드시 동일한 계획을 따라 행해지는 의료, 교육, 전도 등등 모든 계통의 사역.

⑤ 이 계획이 갖는 자력 공급의 특징을 살리는 데 필요한 교계 예양 혹은 지역 분할을 위한 어떤 우호적인 계획.

⑥ 이 계획의 성공을 위해 반드시 필요한 사경회 제도.

⑦ 성경의 권위에 근거하여 명시된 신뢰할 만한 진술.[16)]

네비우스 원리를 실천하기 위해 선교부는 1891년에 선교회 규범(Rules and By-laws)을 받아들였다. 이 같은 계획을 받아들인 그 첫 번째 결과로서 서울에 있는 소년고아원의 운영 방식이 바뀌었다.[ii)] 이 계획으로 말미암아 소년들은 학비의 일부를 부담하도록 요구받았고, 방학 기간에는 집으로 보내졌다.

이 계획이 우리 사역의 모든 부문과 선교 현장의 모든 분야에서 엄격하게 추구되었다는 이야기는 너무나 많이 들을 수 있다. 어쨌든 주요 분야에서 신실하게 추구되어왔다고 말할 수는 있다. 선교회의 관할지역 내에서 교회가 성장하고 있는 구역에서는 이 제도가 가장 완벽하게 실천되고 있다. 이 제도 때문에 교회가 성장했는지 아니면 교회가 성장했기 때문에 이 제도의 실행이 가능했는지에 대해 논쟁이 이루어질 수 있다. 여하튼 간에 시간상으로는 이 제도의 제정이 앞서고 있다. 이것이 채택되었던 해(1890)에는 선교부 전체에서 성찬 참여자가 100명에 불과했다.

이 이론은 교회가 어느 곳에 있든지, 심지어 아직 미약한 단계에 있을 때일지라도, 자체적인 경제활동에 기초해서 보수나 건물 등을 스스로 조달할 수 있다고 하는 것이다. 만일 선교부가 외국에서 들어온 기금으로 높은 보수를 지급하고 유지비가 비싼 큰 건물을 세운다면 교회가 감당할 경제적 능력을 뛰어넘게 된다. 복음전도 사역에서 이 제도는 훌륭한 기능을 행했다. 교회는 현재 거의 모두가 보수를 지급하고 있고 교회당도 세워왔다. 의료사역에서 운영비는 진료비로 크게 충당하였으나, 의료시설은 대부분 선교부가 마련했다. 교육사역에서 기독교인을 위한 초등학교는 모두 교회가 운영하고 재정을 충당하였다. 고등교육은 정부의 요구사항 때문에 훨씬 많은 지출이 소요되었다. 선교부는 건물과 장비를 제공하였을 뿐만 아니라 운영비도 상당한 부분을 제공하였다. 기독교계 고등학교들 가운데 일부 학교는 운영비가 학비수입보다 적어 교회에 맡겨지고 있다. 그러나 어떤 경우에도 선교사들의 보수가 교회에서 지급되는 것을 기대해본 적은 없었다.

중국에서 네비우스 방법은 널리 활용되지는 않았어도 성공적으로 시도되어왔다. 중국 산동 동부지역에 파송된 한국 장로교 선교부는 이 방법을 성공적으로 사용하고 있다. 실론, 마드라스, 일본, 우간다, 서부 아프리카에 있는 어떤 선교부들은 네비우스 원리를 적용하여 좋은 결과를 얻었다. 이 계획은 선교부 내에서 널리 알려졌다. 그것은 토착교회의 자생적인 발전을 추구하기 때문이다. 자생적인 교회는 어느 나라든지 기독교운동의 성공을 위해 궁극적으로 필요로 하는 것이다. 한국은 네비우스 방법을 채택해왔고 적용해왔다. 또한 확실한 결과를 빠르게 나타냈다. 선교사들은 대부분 이 둘 사이에 분명한 관계가 있다고 믿는다. 클라크 박사가 말한 것처럼 현재도 "이 방법은 모든 조건과 상황에 듣는 만병통치약이 아니다. 그것은 직면하는 거의 모든 경우에 적용하면 도움이 되는, 사역을 위해 극히 유용한 계획의 하나에 불과할 뿐이다. 그것은 필요를 느끼는 모든 자들을 위한 것이다."

3. 한글 사용

선교사들은 한국에 도착하여 한국의 지식인 계층이 중국문자를 읽고 쓰는 것을 보았다. 이것은 거의 모든 여성과 대다수의 남성이 문맹으로 분류되는 것을 의미했다. "언문"이라[iii] 불리는 쉽고 간단한 한국 글자가 있었지만 그것을 사용하는 자가 없었다. 책들은 오직 중국어로만 출판되었다. 이것은 영국과 미국에서 책이 라틴어로 출판되는 것과 같았다.

선교사들은 성서와 기타 기독교 문서 및 서적을 한글로 인쇄함으로써 읽을거리가 널리 제공되고 사람들이 문맹에서 벗어나게 되는 것을 보았다. 이렇게 함으로써 그들은 일시적으로 지식인 계층과 멀어졌다. 지식인들은 언문이 "여자들도 배울 수 있을" 만큼 너무나 쉬운 까닭에 이를 멸시했다. 한글은 기독교운동을 사람들에게 널리 확산시키는 일에 무한한 가치를 지닌 도구가 되었다. 무식한 남자들과 여자들과 어린이들이 모두 곧 읽고 쓸 수 있게 되었다. 지식인들은 그들의 능력에 맞게 한자로 인쇄된 성경과 서적들을 갖는 것을 선호했던 반면, 일반 서민들은 한글을 사용하고자 했다. 이것은 선교사들에게도 큰 축복이었다. 그들도 언문을 며칠 만에 배울 수 있었고 한글성경을 읽을 수 있었으며 한국어 쓰기와 말하기를 공부할 수 있기 때문이었다.

그러면 언제부터 배우기 쉬운 한글이 멸시를 당하게 되었는가? 서기 1416년 이조의 제2대 왕 '이태종'이[iv] 그가 신임하는 아들에게 양위하였는데, 그 아들은 한국 역사에서 "선한 세종"으로 알려진 왕이며 32년간 나라를 다스렸다. 게일의 묘사에 의하면, 그는 "이제까지 이 세상에 출현한 가장 훌륭한 왕들 가운데 한 명"이었다. 많은 업적을 이루었지만, 그중에서 한국 알파벳의 발명보다 더 위대한 것은 없었다. 그의 목표는 일반 서민들이 학문의 즐거움을 누리는 것이었다.

이 글자들은 창제를 시작한지 3년만인 1446년에 완성되었다. 이 일에 대한 학자들의 반대가 매우 심했지만, 그 자신이 학자였던 왕은 그것의 가치를 알고 있었다. 이 과업을 위해 그는 다른 네 사람과 협력했다. 이 글자는 원래는 28자로 만들어졌으나, 후에 25-그 중 11자는 모음이고 14자는 자음이다-자로 줄어들었다. 자음 3개가 첫 음과 나중 음에서(s, t ; r, l ; 묵음, '응' 〈ng〉) 두 가지 소리를 냈기 때문에 처음의 28자는 이 글자들이 두 번 세어진 것이었다. 14개 자음 가운데는 구개음, 설음, 순음, 치음이 3개씩 있으며, 후음이 하나, 반설음이 하나 있다. 자음들은 원이나 원의 부분들로 구성되었는데, 이것들은 우주를 나타내며 자연의 이중 원리를 구현한 것이고, 한 획은 하늘을, 두 획은 땅을 나타낸다. 모음은 수평과 수직의 획에 의해 구성되었으며, 이것은 점에서 발전된 것으로 점은 고대 한자에서 왕을 가리키고 있었다. 그런데 점도 원에서 비롯된 것이었다.[17] 자음의 소리는 중국 음계의 다섯 음에 상응한다. 중국철학에서 이 음악의 오음(궁, 상, 각, 치, 우)은 각각 오대 성음(후음, 치음, 구개음, 설음, 순음), 오대 자연원소(토, 금, 목, 화, 수), 오대 미각(단맛, 신맛, 쓴맛, 짠맛, 매운맛), 오대 방위(중, 서, 동, 남, 북), 오대 행성(토성, 금성, 목성, 화성, 수성), 오대 색상(황, 백, 청, 홍, 흑), 오대 장기(위, 폐, 간, 심, 신)에 부응한다. 마지막 넷은 계절(추, 춘, 하, 동)에 각각 상응한다. 한글은 중국의 고대 한자 36글자-그것은 산스크리트어를 본떠서 만들어졌고 543년경(Parker)에 발표되었다-를 28글자로 줄이고 다시 25글자로 줄이는 과정을 통해서 창제되었다. 이 같은 철학과 음조에 근거하고 단순화 과정을 거쳤던 까닭에 한글이 곧잘 "세상에서 가장 완벽한 글자의 하나"라고 말하는 것은 놀랄 일이 아니다.

이 글자를 만든 목적은 물론 종이에다 한자(漢子)뿐만 아니라 한국어로 사용되는 단어들을 한국에서 발음되는 대로 표기하는 데에 있었다. 한자를 쉽게 읽기 위한 시도는 그 전에도 있었다. 신라 종명왕(682-702년)[v] 때 학자 설총-그는 왕에게 신임을 받은 승려 원효의 아들이었다-이 만들었던 문자체계는 "이두"(문자표)라고 불렸다. 제임스 스코트(James Scott, M.A.)는 이것에 관해 그의 저서 『영한사전』(*English-Corean Dictionary*)(p. VIII)에서 다음과 같이 썼다. "그것은 소리의 응집, 억양 변화, 토착 단어들을 한자의 형태로 조합해서 나타내기 위해 그 의미나 음가(音價)를 임의로 선정한 한자들의 집합으로 일본어 가나의 경우와 같다. 이 표의문자들은 그 수가 150개 이상이었으며, 한국인들이 내는 소리를 가리키는 단순한 상징기호로서 그 모든 단어들이 한자 본연의 용법 및 의미와 상관없이 연결되어 사용되었다. 보다 어설프고 불편한 이 글자체계는 그 실상이 거의 알려지지 않고 있다." 헐버트(H. B. Hulbert)는 이 체계에 관해서 "이두는 한국 독자들을 돕기 위해 중국의 상형문자에다 적절한 어미를 붙여 한문서적의 난외 여백에 기입한 임의적인 기호이다"라고 하였다.[18] 세종을 도와 한글을 만들었던 네 명 중 한 사람인 정인지는 이 고대의 글자체계에 대해 "이두가 일상용어의 측면에서 천 가지 소리를 일일이 표현하기에는 전체적으로 부적합하다"고 하였다.

세종과 그의 신료들은 한글창제 작업을 철저하게 수행했다. 이 위원들은 13번이나 유명한 중국학자, 왕찬(당시에 낙양에 유배되어 있었다)을 찾아가 음향과 운율에 대해 문의했다. 그 글자는 훈민정음(백성의 글자)이라 불렀다. 서문은 그 글자에 대해 "그 글자의 형식과 외양은 중국의 고대 범어에서 취했으며, 소리는 음악의 7가지 기본음에서 취했다. 삼태극(천, 지, 인)과 더불어 양원(남, 여)을 구현하면서 모든 것을 이 28자 안에 포함시키고 있다."[19] 헐버트는 이 글자에 대해 "모음이 기본 형태를 이루고 자음이 그것들에 붙는다. 이것은 모음이 모든 발음의 근간이 되는 사실을 알아차린 발명가의 천재성을 보여주는 표시이다"라고 하였다.[20]

오늘날 성서, 찬송가, 모든 한국 신문들과 몇몇 잡지들의 일부분이 언문으로 출판되고 있다. 교회의 찬송가는 오직 언문으로만 출판되고 있다. 또한 주일학교 공과와 다른 주일학교 문서들이 언문으로 되어 있으며, 예수교서회 출판물의 절반 가량을 차지하고 있다. 그러나 언문의 미래는 다소 불확실하다. 바로 현재 언문의 철자와 몇몇 글자의 쓰기 형태가 바뀌고 있으며, 언문이 처음에 기록되었던 길로 되돌아가는 경향성을 보이고 있다. 물론 지식층은 국한문 혼용(한자에 언문으로 어미를 붙인 것)을 선호하고 있다. 젊은 세대는 일본서적을 점점 더 많이 읽고 있다. 결국 언문은 앞으로 어떻게 될 것인가? 답을 찾고자 애쓸 것도 없이 이 문제에 대한 선교사들과 한국교회의 태도는 그럴 필요가 있고 원하는 자가 있는 한 언문으로 출판하기를 계속한다는 것이다.

어쨌든 선교사들과 교회는 한국민족의 글자를 대중화하여 비기독교권에서도 상용화하도록 만들었다고 말할 수 있다. 교회에 갈 때 성경과 찬송가를 손에 드는 것이 하나의 풍습이 되어 지금도 지켜지고 있다. 최근 수년 전까지 교인의 약 3분의 2가 언문을 읽고 있었다. 적은 비율의 여성과 약간의 다른 사람들이 문맹일 뿐이다. 50세를 넘긴 많은 여성이 글을 깨우치고 있다. 기독교운동이 시작된 후 처음 여러 해 동안은 학문서적, 신문, 잡지가 거의 없었고, 선교부가 낸 성경, 찬송가, 기타 출판물만이 있었다. 성경에 약속된 풍성한 복을 이전에 사용되지 않았던 그 나라 사람들의 글자로 수많은 사람들에게 소개하는 광경을 마음에 그려보라! 거의 모든 한국 기독교인들이 단번에 문맹에서 벗어났다. 이와 같이 어둠에 앉았던 한 백성이 인쇄된 페이지를 통해서 돌연히 위대한 빛을 보았다.

:: 주석

1) Horace N. Allen, *A Chronological Index*, 1901, pp. 13, 20. 역자주: 통상아문의 부속기관으로 설립되었으며 '동문학'(同文學)이라 불리기도 한다. 역관 양성을 위해 약 40명을 영어를 위주로 교육하였으며 1886년 육영공원이 설립된 후 폐교되었다.
2) C. Allen Clark, *The Korean Church and the Nevius Methods*, pp. 229-38.
3) L. H. Underwood, *Fifteen Years among the Top-knots*, pp. 34-89.
4) J. S. Gale, *Korean Sketchs*, pp. 17-51.
5) *Ibid.*, pp. 171-173.
6) *Ibid.*, pp. 123-126.
7) L. George Paik, *The History of Protestant Missions in Korea*, 1832-1910, pp. 176-7.
8) J. S. Gale, *Korean Sketchs*, pp. 73-103, 127-42.
9) *Quarto Centennial Report, Korea Mission, presbyterian Church U.S.A.*, p. 15.
10) *Korea Mission Field*, December, 1915, p. 337.
11) C. Allen Clark, *The Korean Church and the Nevius Methods*, p. 102.
12) L. H. Underwood, *Fifteen Years among the Top-knots*, p. 84; H. G. Underwood, *The Call of Korea*, p. 109.
13) *Korean Repository*, 1885, p. 44.
14) *Quarto Centennial Report, Korea Mission, presbyterian Church U.S.A.*, p. 18.
15) H. G. Underwood, *The Call of Korea*, pp. 109-10.
16) C. Allen Clark, *The Korean Church and the Nevius Methods*, pp. 242-3.
17) *Transaction of the Korea Branch of the Royal Asiatic Society*, Vol. IV, -Part I, J. S. Gale, "The Korean Alphabet", pp. 63-69.
18) *Korean Repository*, 1898, pp. 47-54.
19) Same as No. 17, p. 26.
20) *Korean Repository*, 1896, p. 217.

:: 역자주

i) 랜셋은 수술용 칼을 가리킨다.
ii) 언더우드 선교사가 1886년에 개교한 '언더우드학당을 가리키는 것 같다. 일반적으로 이 학교가 발전하여 1905년에 경신학교가 되었다고 알려졌다.
iii) 저자는 '한글' 이란 고유명사 대신 '언문' 이란 용어를 사용하고 있다. 여기에서 '한글' 이라고 번역된 것은 '한국의 문자 언어', '한국의 필기 글자', '한국 글자', '한국의 것' 등처럼 영문으로 풀어쓴 것을 일괄해서 번역한 것이다.

iv) 저자는 시호인 태종(太宗)을 일반 이름으로 여겨 시호 앞에 성을 붙였다.

v) 설총은 신문왕(681-691) 때 활동한 것으로 알려졌다. '종명'은 오기이다.

제6장

• • •

전략적 요충지의 선교기지

선교회가 창설된 지 7년이 지났을 때 첫 번째 확장사업이 시작되었다. 1891년에 베어드(Baird) 부부가 부산을 거주지로 삼았다. 1892년 4월에는 게일(J. S. Gale) 목사와 헤론(Heron) 부인이 결혼하고 원산으로 옮겨갔다. 그리하여 게일의 부인은 이 도시에 거주하는 첫 번째 서양여성이 되었다. 1893년 마펫(S. A. Moffett) 목사가 당시에는 미혼인 몸으로 평양에 거주하기로 지정되었다. 베어드와 그의 부인은 1895년에 부산에서 대구로 이주했다. 서울 바깥에는 한국에서 가장 크고 가장 중요한 도시가 네 개 있었다. 1901년에 선천 선교기지가 평양에 의해 개설되었고, 1906년에 재령 선교기지가 평양과 서울에 의해 문을 열었다. 의주와 해주는 그곳이 지방에서 가장 중요한 도시들이란 점에서 이 두 선교기지를 설치할 충분한 조건을 가지고 있었다. 그러나 선천과 재령이 보다 가운데에 있다는 이유에서 선정되었다. 그렇게 해서 여섯 곳의 선교기지들이 15년 안에 세워졌고 서울을 합쳐서 모두 7곳이 되었다. 그러나 원산기지는 1898년에 캐나다장로교 선교회로 넘겨졌다.

그 모든 선교기지들은 그곳을 왕복하려면 해안이나 강을 따라 보트를 타고 육로는 가마나 조랑말을 타는 것이 유일한 수단이었던 '개척 시대'에 개설되었다. 그럼에도 불구하고 매년 서울이나 평양에서 선교회의 연례 모임이 열릴 때면 다른 기지들의 선교사들과 그 가족들은 여행의 수고를 감내하며 그곳에 참석했다.

처음에 북감리교 선교회는 이 나라에 복음을 전하기 위해 우리의 구역에서도 자기들이 활동할 의무가 있다고 여겼다. 1890년 부산에 정착한 호주 장로교 선교사들은 그 지역을 자기들의 선교지라고 여겼다. 미국 남장로교의 첫 선교사들은 1892년에 도착한 후, 처음에는 충청도과 전라도를 할당받았으나, 나중에는 전라남도와 전라북도만을 맡게 되었다. 1896년에는 남감리교 선교회가 서울, 송도, 원산에 기지를 개설하고 정착했다. 1898년에는 캐나다 장로교 선교사들이 동해 쪽의 함경도 지역을 할당받았다.

이 기간에 독립 선교회들과 선교사들이 한국에서 일하기 시작했다. 토론토 대학의 Y.M.C.A. 선교회에 속한 게일(J. S. Gale) 목사가 1888년에 내한하여 서울, 소래, 부산에 거주하다가 1891년에 우리 선교회에 가입하였으며, 하디(R. A. Hardie) 부부가 1890년에 내한하여 부산, 서울, 원산에 거주하다가 1898년에 남감리교에 가입하였다. 독립 선교사 펜윅(M. C. Fenwick) 목사는 1889년에 캐나다에서 와서 서울과 소래에서 머물다가 마침내 원산으로 가서 지금까지 살고 있고, 1893년부터 1896년까지 '한국 순회선교회'(Corean Itinerant Mission)를 조직했다. 성공회 복음전도회(Society of England for the Propagation of the Gospel)는 1890년에 크로페(C. J. Corfe) 주교, 윌레스(I. Willes) 의사, 랜디스(E. B. Landis) 의사, 트롤로프(M. N. Trollope) 신부, 기타 다른 사람들이 도착하면서 서울과 제물포에서 사역을 시작했다. 보스턴 클래랜든 스트리트 침례교회(Calrendon Street Baptist Church)의 엘라 팅 메모리얼 선교회(Ella Thing Memorial Mission)는 1895년에 서울에서 사역을 시작하였다가 나중에 공주로 옮겨갔다. 그 선교회의 첫 선교사들은 파울링(E. C. Pauling) 목사와 그 부인 그리고 아만다 가들린(Amanda Gardeline) 양이었으며, 곧 이어 스테드먼(F. W. Steadman)과 그 부인 그리고 아머 엘머(Arma Ellmer) 양이 왔다. 이 선교회는 1900년부터 펜윅이 주도하였다.[1)]

그러므로 우리 선교회는 한국에서 인구밀도가 가장 높은 한 도의 전체 지역, 다른 다섯 개 도의 거의 모든 지역, 균등하게 분배된 수도의 한 지역, 다른 두 도의 더 적은 지역에서 선교를 담당하게 되었으며, 1900년에는 다섯 개 도에서 거의 혹은 전혀 책임을 맡지 않았다. 우리는 3분의 1 이상의 인구를 책임지게 되었다. 이 책임을 감당하기 위해 선교회는 남부지방의 부산부터 북부지방의 의주(선천)까지 일련의 선교기지들을 세웠다.

동대문에서 본 서울 모습. 1893

이 계획이 현명했던 것은 이후에 이루어진 발전으로 입증되었다.

선교회의 역사에서는 선교기지들 사이의 이해관계가 곧잘 매우 중요한 문제로 대두된다. 화목하던 연례 모임에서 선교기지들은 때때로 격렬히 경쟁하였다. 자기가 속한 기지의 이해관계를 우선시하지 않는 선교사는 남녀를 불문하고 거의 없었다. 그리고 어떤 선교사들에게는 이런 일이 다른 무엇보다도 힘겨운 일이 되었다.

각 선교기지의 역사는 그 자체만으로도 하나의 책을 이룰 수 있을 것이다. 우리가 여기에서 할 수 있는 일은 각 선교회의 사역이 발전해오는 동안 돋보였고 흥미로웠던 몇 가지 일들을 제시하면서 그 역사를 간략하게 개관하는 것에 불과하다.

1. 서울

선교회의 사역이 서울에서 시작했고 서울 선교기지가 지금도 선교회에서 가장 큰 두 선교기지 중의 하나가 되고 있는 것은 불가피한 일이었다. 서울 선교기지에 속한 선교사들은 기지 자체의 사역뿐만 아니라 전체 선교회를 위한 사역까지 감당해야 했다. 대정부 교섭 업무, 문서사역, 규모가 가장 큰 교육사역, 의료사역, 출판사역이 서울에 집중되고 있다. 선교회의 재정문제와 자산문제도 서울에 집중되고 있다. 한두 차례의 짧은 기간 외에는 서울 기지의 회원이 선교회의 회계를 맡았다. 언더우드(Underwood) 박사, 기포드(D. L. Gifford) 목사, 빈튼(Vinton) 박사, 밀러(F. S. Miller) 목사, 피터스(A. A. Pieters) 부부가 이곳에서 그런 일을 감당했다. 1908년 이후로는 겐소(John F. Genso)가 안식년 기간을 제외하고 선교회의 회계 일을 유능하게 감당해냈다. 그는 또한 선교회 법인부(Mission Incorporation Committee, 선교회 자산관리 담당부서)의 최고 책임자로 있으면서 여러 선교기지들과 선교회들의 회계 및 선교회 간 거래 담당 회계를 맡아왔다.

언더우드(H. G. Underwood) 박사 부부

로마에서처럼 한국에서도 모든 길은 서울로 통한다. 서울은 한국인들의 삶의 중심지이다. 한국인이라면 서울에 와보지 않고 자기의 삶이 충족되었다고 여기는 사람이 없다. 당연히 기독교인들은 교회 모임이나 학업을 위해 서울에 오는 기회를 갖고 싶어 한다. 서울은 역사적 · 지역적으로 그리고 현재의 전략적인 중요성에서 매우 흥미로운 도시이다. 일본의 관심이 만주로 확장되고 있는 점을 고려하면, 서울은 일본제국의 중심이다.

선교회가 최초로 소유한 땅에 있는 언더우드의 집. 여기에서 한국성교서회-오늘날 예수교서회-가 1890년에 조직되었다.

서울의 옛 이름은 한양이며, 현재의 일본식 이름은 게이조이다. 수십 년 전부터 이곳에서 32만 명의 주민이 살고 있으며, 한국인은 그중에 4분의 3을 이루고 있다. 이 도시는 이조 초창기인 1394년에 수도로 선정되었다. 그런데 일찍이 B.C. 18년에 고구려왕의 두 아들이 망명하여 삼각산에 도착했는데, 이 산은 지금도 서울을 지키고 있다. 12년 후 그 중의 한 명인 온조가 돌이켜 그의 왕국 백제의 두 번째 수도를 이 도시의 북쪽에 있는 북한산성으로 정했다. 북쪽에 있는 그 산들과 남산(남쪽의 산) 아래의 평지는 조선왕조가 세워지기 전에 무학대사에 의해 미래의 수도로 선택되었다. 이 시의 성벽들은 1396년에 세워지기 시작하여 9개월 동안 9,975보(12마일)의 둘레에 42피트의 높이로 축성되었다. 그 때 북쪽에서는 11만 9천 명이, 남쪽에서는 7만 9천 명이 동원되었다. 미국인들은 그들이 보았던 아름다운 서울의 남대문을 기억할 수밖에 없다. 이것은 콜럼버스가 미국을 발견하기 거의 100년 전에 세워진 것이다.

500년의 역사를 지닌 이 도시에 오게 된 일이 우리의 첫 선교사들에게는 결코 잊을 수 없는 경험이지만, 좀더 젊은 선교사들은 이곳에 온 일을 즐길 수 있게 되기를 소망한다. 1905년에 경부선 철도가 놓이기 전까지는 모든 선교사들이 제물포를 통해서 왔으며, 제물포에서는 언더우드가 농담조로 "일등급으로 불린다"고 언급했던 다이부츠 또는 해리스(Harry's, 후에 스튜어즈〈Steward's〉) 호텔에서 숙박하였다. 1900년 이전에는 그곳에서 서울까지 27마일의 길을 조랑말이나 가마 또는 한강의 배를 이용해서 올라왔다. 벙커(D. A. Bunker) 목사는 서울로의 진입에 관해서 1886년에 엘러즈(Ellers, 장래의 아내) 양, 길모어(Gilmore), 헐버트(Hulbert)와 함께 왔던 일을 마치 그림을 그리듯 묘사한 적이 있다. 그는 "우리의 작은 말들은 힘든 하루의 여행이 끝나가는 것을 느끼는 듯 마지막 질주를 하였다. 길 양편에는 초가집들이 줄지어 있었고 우리는 인정 많은 수행원들과 짖어대는 개들의 호위를 받았다. …… 오래된 남대문이 움직이는 것이 보였고, 그 안쪽으로 밤 시간을 위해 두 대문을 닫으려 하는 사람들이 보였다. 우리의 조랑말을 붙든 남자들과 다른 사람들이 소리를 치자 대문의 빗장을 거는 일이 잠시 늦추어지고 우리는 도시의 성벽 안으로 들어갔다."[2)]

1) 자산

벙커는 서울에 있는 우리 선교회의 첫 번째 자산이 있었던 곳을 설명한다. 엘러즈 양은 알렌의 집(오늘날 그곳에 서울 클럽 빌당이 있다)에서 맞이했고, 헐버트와 벙커는 언더우드 집(현재 북감리교의 그레이 하우스〈Gray House〉가 있다)으로 들어갔고, 길모어는 헤론의 집(그레이 하우스에서 북쪽으로 75피트 지점)으로 들어갔는데, 그 집들은 모두 미국과 러시아 공사관 사이에 있었다. 1902년에 그 자산은 2년 전에 있던 왕의 요청으로 정부에 6만 원에 팔렸다. 다음 해에 선교기지는 그 매매증서로 현재 선교사들의 동대문 거주지역인 연못골을 사고도 만 원이 남는 것을 알게 되었다. 그 부지의 한 부분은 1894년에 구입해서 소유해오고 있었다. 1904년에 정부의 요청으로 현재 조선호텔 뒤편의 곤당골 자산과 현재 동양척식주식회사 건물에서 약간 동남쪽에 있는 구리개 병원 자산을 포기하고 지금의 남대문 부지를 사들였다. 남대문 안에는 초기에 여러 해 동안 선교기지가 소유했던 서점이 있었다. 언더우드는 정동의 자산을 포기하고 남대문 바깥의 땅을 사서 건물을 지었다. 여름을 나기 위한 장소로는 1894년 한강 근처의 땅을 75달러에 샀다. 에비슨(Avison) 부부와 밀러는 연합으로 작은 별장들을 세웠다. 후에 밀러는 그의 별장을 소래 해변으로 옮겼다. 외국인 공동체의 다른 가족들은 뜨거운 여름 우기를 건강하게 보내는 방편으로서 가끔씩 북한산성, 남한산성, 관악산, 기타 근교지역을 찾곤 했다.

2) 도시전도사역

선교사들은 곤당골, 모화관(서대문 밖) 그리고 서점에서 남대문과 정동에 이르는 곳에서 규칙적으로 거리설교를 했다. 언더우드는 "우리는 나가서 골목길들과 샛길들로 들어가고 혹은 붐비는 큰길 가의 어느 나무 아래 아니면 병을 고친다는 어느 샘 가에 앉아, 떼로 몰려다니기를 잘하는 사람들을 향해 책을 들고 읽기 시작하면, 몇 사람들이 우리 주변에 모여 질문을 했으며, 우리는 그들에게 그 책에 대해, 그 진리와 그 의미를 설명하고자 노력했다."[3]

서대문(새문안) 장로교회가 1887년 9월에 14명의 창립교인들로 조직되었던 일은 앞(4장)에서 언급되었다. 그 회중은 처음에 언더우드의 집에서 모였고, 다음에는 정동에 있는 작은 건물에서 모였다. 1894년에 이르러 비록 이 도시의 중앙과 동쪽 지역 두 곳에서 별도로 모이고 있었을지라도 모교회 건물은 매우 작았다. 두 번째 건물이 서대문 안, 현재의 피어슨 성경학원(Pierson Memorial Bible Institute) 아랫길에 세워졌는데, 거의 전적으로 한국 기독교인들 스스로의 지출로 이루어졌다. 일 년이 지나지 않아 그 건물이 너무 비좁아져서 증축하지 않을 수 없게 되자 회중은 새로운 장소에 더 크고 영구적인 벽돌건물을 짓기로 하고 계획을 세우기 시작했다. 그 소망이 실현되어 1910년 5월

22일에 현 건물로 이전했으며, 그 후 첫 일요일에 건물 안에는 1,500명이, 건물 밖에는 300명이 운집한 가운데 건물이 봉헌되었다. 건축공사는 중국인 건축업자 해리 장(Harry Chang)이 담당했다. 홀(E. F. Hall) 목사는 강대상을, 세브란스(L. H. Severance)는 오르간을 봉헌하였다. 그 후 언더우드 목사 기념석이 1928년 4월 28일에 한국 장로교 총회에 의해서 그 건물 전면에 세워져 방문자들의 주목을 받았다.

차재명 목사는 1920년부터 그 교회의 목사로 봉직했는데, 그 전에 9년간 조사(지역 설교자)로 일했다. 그는 한국 장로교의 뛰어난 지도자 중 한 사람이다. 여러 해 동안 교회의 해외선교부장으로 활동해왔으며 1929년에 그 교회에서 총회가 열렸을 때 사회를 보았다.

중앙(승동)교회는 1898년에 곤당골과 홍문석골, 두 교회의 연합으로 조직된 교회이다. 후자가 전자로부터 분리되어 나온 적이 있었는데, 이는 그 교인들이 "당시의 사회문제에 대한 선교사들의 태도에 불만을 품었기" 때문이었다. 무어(S. F. Moore) 목사는 곤당골교회를 여러 해 동안 맡아왔다. 1893년에 16명의 창립교인들로 시작하여 첫 해 말에 43명의 회중을 얻었다. 박씨 성을 가진 한 백정이[i] 그 곳 교인으로 받아들여졌을 때 신사(양반)계층에 속한 많은 교인들이 한국사회에서 외면받는 자와 함께 예배를 드리는 것을 거절하고 떨어져나갔다가 나중에 돌아왔다. 박씨는 무어와 에비슨(O. R. Avison)의 도움을 받아 백정이 신분의 굴레를 벗고 양민의 갓을 착용할 수 있게 허락해달라고 정부에 호소하여 이를 관철시켰다. 그 결과 박은 백정계층의 복음전도자가 되어 그 공고문을 손에 들고 여러 마을들을 다니며 행정관들을 설득하여 그 명령이 효력을 발하도록 하였다. 박의 아들 박봉출은 후에 세브란스 의학전문학교(Severance Union Medical College)를 졸업했다. 처음에 백정들 중의 몇 사람은 너무나 좋아서 잠자리에서도 갓을 썼다. 수원에서 열린 한 집회에는 50명의 백정들이 복음을 들으러 나왔다. 몇 년 안에 수도권 지역에서 132명의 백정들이 신자가 되었다고 보고되었다.[4] 중앙교회는 1905년 8월 1일에 현재의 자리로 옮겼다. 그 부지를 위해 곤당골 건물을 판 돈과 필라델피아의 존 H. 컨버스(John H. Converse)가 기부한 5,500원을 합해 9천 원을 지불하였다. 새 교회의 건축을 위해 한국 후원자들이 2천 달러를 기부했는데, 교인 1인당 33일분의 노임을 낸 셈이었다. 여러 해 동안 그 교회와 협력해온 클라크(C. A. Clark, D.D.) 목사가 새 건물을 짓는 일을 감독하였다. 선교회는 아직 그 부지를 소유하고 있고, 연례 사경회 기간에 기숙사로 사용하고 있다.

연못골교회(동대문 부근)는 일찍이 1890년대에 기포드(D. L. Gifford) 목사의 담임으로 시작되었다. 일 년 내로 그들의 작은 예배처소가 너무 비좁게 되어 선교회 주거지역에 있는 한 건물을 제공받았다. 회중이 스스로 경비를 지출하여 건물을 개조하고 후에 증축하였다. 그 교회는 얼마 후 한동안 성장이 지체되었다. 많은 교인들이 타락하였고, 플리머스 형제단이 그들을 유혹하고자 노력했기 때문이었다. 후에 다시 빠르게 성장하여 1901년에는 회중이 평균 천 명 정도 모였고, 그 교회가 이 도시에서 가장 크고 부자라는 말을 들었다. 그러나 최근 수년 동안 교인들이 다시 줄고 있다. 1908년에 현재 사용하는 1,200석 규모의 예배당이 지어졌으며, 한국교인들이 그 비용의 3분의 2를 부담하였다. 게일 목사는 그 교회를 이 도시에서 가장 중요한 곳의 하나라고 여겨 여러 해 동안 협력해왔다. 그것은 그 교회가 우리 선교회에 속한 2개 중등학교뿐만 아니라 경성제국대학 및 의학전문학교와도 가까운 곳에 있었고 이 도시 중 그 지역에 위치한 다른 여러 학교들과도 가까웠기 때문이었다.

선교회의 서대문교회 자산은 1909년 11월 21일에 조성되었다. 새 건물로 옮기기 전의 옛 건물은 아름다운 한옥으로 궁궐터에 있었다. 새 건물은 고 세브란스(L. H. Severance)의 기부금으로 지어졌으며, 1910년 12월 4일에 봉헌되었다. 에비슨 의사 부부와 허스트(J. W. Hirst) 의사, 그 밖에 선교회 소속의 다른 사람들이 여러 해 동안 여기에서 일했다. 현재 있는 장로들 중에 두 명, 이(Y. S. Lee)[ii] 장로와 고(M. H. Koh)[iii] 장로는 세브란스 병원의 외과의사들이다. 그 교회는 선교회의 사역상 중요한 곳으로 여겨져 왔는데, 그것은 의대생들, 간호사들, 세브란스 병원 직원들이 대거 그 교회에 나오고 있기 때문이다. 피어슨(A. T. Pierson) 의사는 천 명의 회중이 모였던 시기에 그 교회를 헌신적으로 섬기며 도왔다.

북부(안동)교회는 그 지역의 부유한 기독교인들로 조직되었다. 새 예배당을 위해 소요된 4천 달러는 모두 한국인들에 의해 마련되었다. 그 예배당은 1913년에 봉헌되었다. 그 교회에서 여러 해 동안 재직해온 장로들 가운데 한 사람인 윤치소는 감리교인 윤치호의 형제이다. 윤치호는 한국 기독교인들 중에서 가장 저명한 인물로 자주 거론된다.

이 도시에 있는 다른 교회들로는 연못골교회에서 갈라져 나온 묘동교회, 창경원 동편의 승의동교회, 청계천 근처 도시 중심부 동편의 하교교회, 소동대문 안의 남정동교회 등이 있다. 교외 지역에는 동막교회가 1908년에 건축되었고, 1925년에 재건축되었다. 용산교회는 1931년에 새 예배당을 봉헌하였다. 뚝섬교회는 동쪽으로 떨어져서 도시 상수도사업본부의 정수장 부근에 있다. 이 도시와 근교 지역에 14개의 장로교회가 있다. 거의 예외 없이 이들 각 교회에서 두 명이나 그 이상의 선교회 회원들이 사역하고 있다.

3) 한국 여성을 위한 사역

선교회 초기에는 여성 임원들이 교회사역을 수행하는 것 외에 한국 여성들을 위한 사역을 더 수행하였다. 1888년에 호튼(Horton) 양의 사경회에서 최초로 세 명의 여성 세례인이 배출되었다. 기포드(Gifford) 부인과 다른 기혼여성 선교사들도 그들의 집에서 주중 사경회를 열었다. 언더우드 부인은 여러 해 동안 모화관에서 한국 여성을 위한 사역을 감당했다. 엘렌 스트롱(Ellen Strong) 양은 도시의 남쪽 지역에 있는 인성부재(In Sung Poochai)에서 한국여성을 위한 사역을 시작했다. 그녀의 사역은 그 지역에 거주하는 웰번(Welbon) 부인에게 넘어갔다. 이렇게 해서 이 도시에 여성사역 센터가 6곳에 세워져 일요일과 주중에 수행되었다. 여기에 더해서 의사들인 언더우드 부인, 의사 인 조지아나 화이팅(Georgiana Whiting) 양, 에바 필드(Eva Field) 양, 그리고 최초의 간호사인 자콥슨(Jacobson) 양도 이 도시의 다른 지역에서 여성을 위한 진료소를 운영하였다. 자콥슨 양의 사역은 그녀가 죽은 후 미국 공인간호사인 에스터 실즈(Esther Shields)가 이어갔다. 후에 화이팅과 필드 두의사는 복음전도 사역으로 전환하였다.

초기에 기혼 여성 선교사들은 매우 힘든 한국의 생활환경을 견뎌나가야 했다. 에비슨, 빈튼, 무어, 밀러의 집에는 각각 여러 명의 자녀들이 있었다. 엄마들은 가족을 돌보는 일 외에 다른 선교사역도 마찬가지로 수행해야 했다. 에비슨 박사는 그들이 한국에 도착한 지 얼마 안 되어 중국인 요리사를 채용하였는데, 첫 주의 식비 청구서가 그들이 봉급을 초과하여 크게 낙심했던 일을 말해준다.

4) 시골지역 전도사역

무어는 권서들의 도움을 받아 강변 마을들에서 복음을 크게 전파했다. 그는 한때 숙박시설이 되어 있는 배를 가지고 있었는데, 그 배를 '기쁜 물결'(Glad Tiding)이라고 명명하였다. 3년 안으로 25곳에 기독교인들의 예배처소가 생겨났고, 그 중 한 곳인 황해도 배천의 기독교인들은 스스로 비용을 부담하여 큰 한옥을 사서 예배당으로 개조하였다.

그 중 어떤 기독교인 집단은 천주교인들과 비기독교인 이웃들로부터 핍박을 받았다. 그러나 그 사역이 점점 성장하여 교인이 850명에 이르렀고, 한 해에는 성인 백 명이 무어에게 세례를 받았다. 서울 서쪽 교외에 있는 동막교회와 대현교회도 무어에 의해 세워졌다.

기포드 목사는 '남쪽지역'을 순회하며 사역을 행했다. 그런데 여행 도중 갑자기 병에 걸려 1900년 사망하였다. 빈튼 박사가 때때로 그와 동행하였다. 파렴치한 몇몇 사람들은 돈을 벌기 위해 믿음을 가장하고 소책자들을 배포하면서 사람들에게 기독교인인척 하도록 강요하였다. 어떤 신실한 신자들은 마을의 공동제사에 기부하기를 거절하여 고난을 받았다. 기포드가 그 지역이 점점 힘을 얻어가는 것을 보았다고 할지라도 복음 전파는 쉽지 않았다. 이후 그 지역은 밀러(F. S. Miller), 피터스(Pieters), 클라크(Clark), 톰스(Toms), 코엔(Coen), 로즈(Rhodes) 박사가 담당하였다.

1913년부터 서울에서 가장 가까운 남쪽 지역이 클라크(C. A. Clark) 목사가 담당하는 '중앙 지역'에 포함되었다. 그의 책임은 다음 해에 밀러(E. H. Miller) 목사가 떠맡았다. 클라크는 1916년 이후 수년간 다시 그 지역을 맡았다. 최근 수년간은 앤더슨(W. J. Anderson) 목사가 그 지역에서 피어슨 성경학원 학생들의 도움을 받아 사역을 했다.

서울 동쪽으로 청주, 원주, 강원을 포함해 동해안에 이르는 지역은 밀러(F. S. Miller) 목사가 맡았다. 그는 청주에 점점 더 깊은 관심을 갖게 되어 그곳에 새로 세운 선교기지의 책임자가 되었다. 원주 구역은 새로운 선교기지를 세울 계획 속에서 1903년 웰본(A. G. Welbon) 목사에게 배정되었다. 부지를 구입하기까지 했으나, 지역분할로 북감리교에 그 지역을 넘겼으나 지금까지 유지되고 있다. 강원지역은 남감리교로 넘어갔다. 경기도 동부도 여전히 서울 선교기지에 속해 있는데, 클라크 목사가 여러 해 동안 사역해왔고, 앤더슨 목사가 이를 이어받았으며, 현재는 윈(G. H. Winn) 목사가 맡고 있다.

한강에서 강화와 황해도 해변에 이르는 서쪽 지역은 언더우드 목사가 관장하였다. 그 지역에서 가장 먼저 설립되었고, 가장 사람들의 흥미를 끌고, 가장 먼 교회는 소래에 있다. 언더우드는 그곳에 여러 번 갔고, 언더우드 부인, 파이팅 양, 그밖에 다른 사람들도 그곳에 갔다. 황해도는 후에 샤프(C. E. Sharp) 목사가 맡았다가 재령 선교기지의 소관지역이 되었다. 언더우드 박사는 1916년 그가 죽을 때까지 경기도 서쪽 지역을 계속 맡으면서 매우 열정적으로 순회설교, 사경회, 천막집회 등의 활동을 펼쳤다. 1914년부터 1916년까지 언더우드 박사는 샤핀(V. D. Chaffin) 목사를 고용하여 서신왕래와 복음전도

사역을 돕게 하였다. 샤핀은 덕망이 높아서 한국어를 알지 못했음에도 불구하고 한국인들에게 좋은 영향을 끼쳤다. 1917년에 그가 죽은 후, 샤핀 부인은 북감리교에 가입하여 서울 여자성경학원의 교장이 되었다. 그 지역은 서울 서대문교회의 장로인 언더우드 박사(H. H. Underwood, Ph. D. 한국명: 원한경)가 여러 해 동안 봉사해온 그의 부친으로 인해 그 지역의 모든 사역과 긴밀하게 연계되어 있었으나, 1916년부터 여러 선교사들과 한국인 목사들에게 분할되었다. 장로교 경기노회에서 가장 큰 교회는 영등포(예이토호)에 있으며, 그 교회는 서울에서 강을 건너 비행장 가까이에 있고 부산과 제물포에서 오는 철도들이 만나는 곳에 있었다. 복음전도자로서 인기가 높은 배진성 목사는 클라크의 책에 '한국의 첫 열매' 로 기록된 주목받는 인물 중 한 명이다.

서경조 목사. 최초의 목사

소래 마을 교회

서울 서대문교회. 한국에서 가장 오래된 장로교회 비석은 언더우드를 기념하여 한국 장로교총회가 세웠다.

5) 소래 교회와 소래 해변

서울 선교기지가 그 지역을 매우 오랫동안 관할했던 까닭에 아마도 우리는 그곳이야말로 몇 가지 점에서 한국 장로교 역사에서 가장 역사적인 장소라고 거듭하여 말하게 될 것이다. 우리는 이미 바실 홀이 1816년에, 구츨라프가 1832년에 그곳의 해변을 방문한 사실, 저메인 토마스(Jermain Thomas) 목사가 1865년에 백령도를 방문한 사실, 만주에서 로스 목사에게 세례를 받은 서상륜이 고향인 소래로 돌아와 한국에서 최초로 개신교인 집단을 조직한 사실, 1887년 봄에 언더우드 목사가 그를 찾아 서울로 온 13명의 무리들 중 3명에게 세례를 주었고 그 해 가을에 소래를 처음 방문하여 7명 이상에게 세례를 준 사실, 1888년 봄에 언더우드와 아펜젤러가 평양으로 가는 도중에 그들을 다시 방문한 사실, 1889년 봄에 게일 목사가 그곳에서 3개월 동안 산 사실, 1890년 가을에 마펫(S. A. Moffett) 목사가 소래에 들렀고 이어 펜윅(M. C. Fenwick)이 그곳으로 가서 2달 동안 머문 사실 등을 이미 언급하였다. 펜윅은 1891년에 소래로 돌아가서 거주지를 매입하고 1893년까지 머물렀다.

소래 이야기를 계속하자면, 캐나다 장로교 선교사인 윌리암 J. 맥켄지(Wm. J. McKenzie) 목사가 1893년 12월 한국에 도착하고 이듬해 초에 소래로 가서 살았다. 그는 가끔씩 서울에 들렀던 일 외에는 1895년 6월 23일에 죽을 때까지 그곳에서 머물며 한국인처럼 생활하고 옷을 입었다. 그는 교회 건물이 세워지는 동안 소래교회를 목회하였다. 때마침 그가 일본인의 첩자라는 말이 돌아 동학교도들에게 생명의 위협을 받은 적도 있었다. 그는 북부 지방에서 관습화 된, 교회에 세인트 조지의 십자가(St. George's cross)[iv] 깃발을 세우는 일을 시작했다.[5] 그의 무덤은 여름에 소래 해변을 찾는 사람들이 자주 들르는 곳이 되었다.

맥켄지가 죽었다는 말을 듣고 언더우드와 의사 헌터 웰즈(J. Hunter Wells)는 즉시 소래로 출발했다. 1895년 7월 3일에 추모예배가 열렸고, 그때 많은 사람들이 세례를 받았으며, 새 교회건물이 봉헌되었다. 한국 최초의 교회건물인 그 예배당은 한국인들이 전적으로 재정을 부담해 세워진 일로 자주 언급되고 있다.

교회가 봉헌되던 날에 김필순이란 한 젊은 남자가 세례를 받았는데, 그는 나중에 세브란스 의전의 제1회 졸업생 7명 중의 하나가 되었다. 그의 여동생인 김필례는 현재 광주에 사는 의사 최씨의[v] 아내이다. 그녀는 서울에 있는 여학교를 졸업하였고, 5년 전에 한국 여학교를 대표해서 인도에서 열린 회의에 참석하였다. 김필순 의사는 정치적 혼란을 피해 만주로 망명하여 병원을 열었으며, 그곳에서 몇 년 전에 죽었다. 그의 아들은 목단의 의대(Medical College)를 졸업한 후 세브란스 병원에서 인턴이 된 데에 이어 보조의사가 되었다. 이 두 사람의 어머니는 소래교회와 그 지역에서 오랫동안 전도부인으로 활동했다. 그녀는 언더우드 부인이 소래에서 심하게 앓았을 때 딸과 함께 산으로 가서 밤새 기도하였다. 그 교회 출신인 또 다른 훌륭한 기독교인 청년, 김명선은 세브란스 의전을 졸업하고 미국에서 대학원 과정을 밟았으며, 현재 세브란스 병원 의료진에 속해 있다. 그 교회의 첫 번째 장로인 서경조는 서상륜의 동생이며 후에 한국 장로교 목사로 안수받은 최초의 7인 중 한 명이 되었다.

6) 소래 해변

언더우드는 이 같은 소래 방문을 통해 소래해변을 발견하고 한국에서 선교사들이 많아지면서 크게 필요하게 될 일을 예상하여 그곳을 피서지로 만들 계획을 세우기 시작하였다. 아름답고 둥근 그곳 해안은 바다 가운데 바위들이 솟아 있으며, 당시에는 봉화가 있어 매일 밤마다 불을 밝히며 변경의 상황이 '모두 평안하다' 거나 그렇지 않다고 하는 신호를 서울로 보내고 있었다. 언더우드는 1905년에 그곳의 땅을 사서 작은 별장을 짓고 가족과 선교회의 젊은 남자 두 명을 대동하여 그곳을 찾았다. 1913-1914년까지는 별장들이 그리 많이 지어지지 않았다. 이제 그곳에는 60개의 별장들이 있고, 강당, 가게, 시장, 운동장, 그리고 '세상에서 가장 멋진 바다' 가 있다. 소래 해변은 곧잘 '어린이의 천국' 이라고 불린다. 중국과 일본에서도 선교사들이 그곳으로 왔다. 탁 트인 공기가 주는 '최고의' 서비스는 결코 잊을 수 없다. 소래 해변에서 선교사들과 그 자녀들은 건강을 되찾고, 즐겁게 우정을 나누며, 가장 귀중한 영적 경험을 하였다.

7) 라틴어 전보

1900년 가을, 중국에서 의화단 사건이 일어났던 시기에 언더우드 박사와 그의 가족은 해주에 있었다. 그런데 한 한국인이 선교사들에게 급한 소식을 전하기 위해 소래 너머의 은율에서 그를 찾아왔다. 그는 정부가 유학자들에게 명령을 내려 2주 후 정한 날에 모든 서양인들을 죽이라고 했다는 정보를 알려주었다. 언더우드 박사는 어린 아들로부터 문법에 관한 도움을 받아 라틴어로 전보를 작성해 에비슨 박사에게 보냈다. 에비슨은 즉시 외국 공사관들에게 이 사실을 알렸다. 그 명령은 왕이 모르게 만들어진 것으로 곧 취소되었다.

8) 사경회와 성경학원

유명한 한국교회의 사경회 제도는 1890년 서울에서 언더우드가 7명을 가르쳤던 것에서 시작되었다. 두 명은 북쪽 지방 출신, 두 명은 소래 출신, 세 명은 서울 출신이었다. 기포드(D. L. Gifford) 목사와 다른 사람들이 교사가 되었다. 교회, 지역, 지도자들, 전체를 대상으로 하는 정규 사경회 제도는 선교기지가 세워진 후부터 계속해서 시행되었다. 10일 동안 진행되는 여자 연합사경회에 가장 많은 수가 등록했을 때는 1911년으로 450명이 참석했다. 남자 사경회는 1913년에 600명이 참석했다. 1907년에 평양의 길선주 목사가 이끈 남자 사경회에서는 2,200일을 날연보로 바쳤다.

선교기지의 몇몇 독신여성 사역자들은 끊임없이 시골교회들과 지방으로 가서 사경회를 이끌었다. 아마도 전국적으로 캐더린 웜볼드(Katherine Wambold) 양보다 시골에서 더 많은 날들을 보낸 독신여성 사역자는 없을 것이다. 1911년 그녀는 그 전 해에 18번 시골 사경회를 이끌었다고 보고하였다. 여러 해 동안 시골에서 사역한 것으로는 마리안 하트네스(Marian Hartness)가 그 뒤를 잇는다. 바레트(M. B. Barett) 양은 학교사역으로 옮겼고, 루비 브라운리(Ruby Brownlee) 양은 5년 동안 현장 사역만 했했다. 헬렌 테일러(Helen Taylor) 양은 1908년에 와서 2년 후 북감리교의 빌링스(B. W. Billings) 목사와 결혼하였다,

선교기지는 여러 가지 이유에서 성경학원 사역을 계속하지 못했다. 1910년 남자 성경학원이 40명의 학생들과 더불어 개설되었다. 이듬해 한국을 방문한 화이트(W. W. White, D.D.) 목사의 주도로 연합성경학원 설립운동이 시작되었다. 그 연합학교는 1912년 가을에 60명, 80명, 100명의 학생들과 더불어 3학기제로 시작되었다. 그 학교는 1913년에 피어슨 성경학원(Pierson Memorial Bible Institute)이 되었으며, 그 해에 22명의 졸업생을 배출하였다. 1915년에 현재의 자리를 매입하였고, 로버트 E. 스피어(Robert E. Speer) 박사가 새 건물의 머릿돌을 놓았다. 그 성경학원이 매우 훌륭한 시설을 갖추게 된 것에 대해 서울기지와 선교회는 모두 고 아더 T. 피어슨(Arthur T. Pierson)의 친구들

과 가족에게 깊이 감사하고 있다. 그렇지만 그 연합기관을 선교기지의 성경학원으로 활용해서 남자교육의 필요를 해결하려는 계획은 부분적으로만 성공했다.

서울기지에 있는 여자성경학원의 역사는 남자학교의 경우와 크게 비슷하다. 1894년 초에 여자훈련반이 전도부인 양성을 위해 일 주일에 두 번 개최되었다. 그러한 노력으로 세 명의 사역자들이 나왔는데, 그 중 한 명인 신씨 부인은 25년간 여학교를 신실하게 섬겼다. 1914년 가을에 남감리교 선교회와의 연합성경학원이 46명의 학생으로 개교하였으며, 그 중 30명이 장로교인이었다. 1916년에는 북감리교 선교회가 참여하였다. 1919년까지 평균 약 40명이 학교를 다녔고, 밀러 부인과 웜볼드가 교사로 활동하였다. 그 학교는 1921년에 세 선교회의 연합사업인 사회복지관(Evangelistic-Social Center)으로 통합되었다. 서울 선교기지의 마리안 킨슬러(Marian Kinsler) 양이 그곳의 전임사역자가 되었다. 그 기관은 교육, 사회봉사, 성경, 가정 등의 여러 분야들에서 많은 일을 하고 있다. 그러나 그 기관 역시 전도부인을 양성하길 원하는 선교기지의 필요를 아직 충족시키지 못하고 있다. 소수의 여성이 평양에 있는 고등성경학원에서 훈련받았다.

9) 전도사역의 성장

1894년에는 7개의 기독교인 집단과 236명의 세례교인들이 있었다. 1904년에 이르러 집단들과 세례인들이 7배로 증가하여 신자가 총 3,400명이 되었다. 1914년에는 3,300명의 세례교인들과 8,700명의 등록교인들이 있었다. 다음 10년 동안에는 2,600명의 세례교인과 6천 명의 등록교인으로 감소하였다. 현재는 3천 명의 세례교인들과 거의 7천 명에 이르는 등록교인들이 있다. 교인 감소는 대부분 시골지역에서 일어났는데, 그 지역들은 선교회에서 가장 전도하기 힘든 지역에 속한다.

10) 교육사역

언더우드에 의해 1886년에 개설된 고아원은 미국의 해외선교부와 한국 정부당국의 허가를 받았다. 10명에서 25명의 소년들이 학교에 등록되어 먹이고 입히고 여러 가지 사역을 행할 수 있도록 교육받았다. 그들은 한문, 약간의 영어, 성경 등을 배웠다.[6)]

1890년, (선교회의)요청에 의해 마펫(S. A. Moffett) 목사가 학교를 맡은 후 정책을 바꾸었다. 학교 이름을 '예수교학당'으로 바꾸었고, 학생들은 학자금의 전체나 일부를 내도록 요구받았다. 이듬해에는 24명의 학생 가운데 10명이 계속 선교회의 도움을 받았다. 교과목은 한문성경, 십계명, 예수의 생애 등이었다. "이 학교의 목적은 그들의 고향에 있는 시골사람들에게 진리를 전하는 설교자와 교사로 준비시키는 것이었다." 1893년에 밀러(F. S. Miller) 목사가 평양으로 전임된 마펫 목사를 대신해서 그 일을 맡았다. 밀러가 운영하면서 학교의 목표가 약간 확대되었다. 그는 "자기 자녀가 기독교교육을 받길 원하는 부모가 한 사람이라도 있는 한은 선교사가 교육사역을 그만둘 수 없다. 그런데 가장 유능한 소년 기독교인들로 만들려면 그들에게 언문[토착언어]과 성경 이상의 것을 가르쳐야 한다. 우리는 반드시 서양지식을 가르쳐야 한다"라고 보고하였다. 마펫도 몇 가지 산업교육을 도입시킬 계획을 세웠다. 청일전쟁 후에는 학생수가 15명에서 46명으로(그 중 15명이 기숙사에 있었다) 증가하였다.

1896년에 베어드(W. M. Baird) 목사가 교육사업을 위해 대구에서 서울로 왔다. 선교회의 목적은 기독교인의 자녀에게 기독교교육을 시키는 데 있었다. 그러나 이듬해(1897년 10월)에 선교회가 학교의 폐쇄를 표결하였다. 선교부의 총무인 로버트 E. 스피어(Robert E. Speer) 박사가 그 자리에 참석하여 그 결정에 동의하였다. 스피어 박사는 학교를 폐쇄해야 하는 4가지의 이유를 제시했다. 복음전도사역이 절대적으로 긴박한 점, 토착 기독교인들에게 고등교육이 그다지 필요하지 않은 점, 당시까지 학교의 평판이 만족스럽지 못한 점, 학교를 담당하기에 적절한 자질을 가진 사람이 부족한 점 등을 들었다. 언더우드, 베어드, 에비슨 박사를 포함한 소수의 선교회 사람들은 학교 폐쇄를 좋아하지 않았다.[7] 그 일은 아직도 논쟁 중에 있는데, 어떤 사람들은 선교회가 나중에 했던 일을 그때 중단시켰던 것은 실수였다고 주장한다. 선교회는 서울에서 보다 큰 교육 프로그램을 진행시키고 있다. 베어드는 평양으로 옮겨가 그곳에서 교육사업을 시작했다. 중단된 그 학교가 아무런 좋은 결과도 내지 못했던 것은 아니었다. 밀러 부인은 소년들을 모아 주일학교 반을 만들었다. 한번은 그들 중에서 7명이 세례를 받았고, 모두 10명이 세례를 받았다. 그 중 네 명은 병원에 고용되었다. 그 소년들의 도움으로 5천 권의 소책자들이 군인들에게 배포되었다.

11) 초등학교

소년들의 학교는 폐쇄된 후에 서대문교회 보통학교로 흡수되었다. 교회의 후원으로 학교수가 계속 증가하여 1908년에 30개의 학교들에 782명의 학생들이 등록되어 있었으며, 소년들이 대부분이었다. 서울지역 최초의 소학교 심상과는[vi] 아마도 1897년 베어드와 밀러가 운영한 학교였을 것이다. 그때 취학 학생들 중에서 15명은 여러 지방에서 왔고, 고등과의 10명은 서울의 남학교에서 왔다.

중앙[승동]교회에 있는 캐리 마블 여학교(Carrie Marble Memorial Day School)는 1907년에 22명의 학생들이 있다고 보고되었고, 남학교는 30명이 있었던 것으로 보고되었다. 그 학교들은 1915년에 남감리교와 연합하여 연합 보통학교가 되었고, 학생수는 125명이었다. 몇 년 전에 남감리교 선교회가 후원을 취소한 후로 한국인들이 계속 그 학교를 운영하고 후원하였다. 1915년에도 두 감리교 선교회들과의 연합으로 서대문보통학교라고 알려진 학교가 등록학생 200명으로 개교하였다. 1930년에 교회가 후원하는 보통학교 중에서 학생수가 천 명인 학교가 9개교였고, 3백 명인 유치원이 9개교였다.

12) 기독교사역자 양성을 위한 존 디 웰즈 학교

남학교가 문을 닫은 지 4년 후인 1901년에 연못골에서 한 중등학교가 6명의 소년들을 데리고 게일을 교장으로 하여 조직되었다. 이듬해에는 학교 부지가 6,900원에 매입되었다. 그 학교는 2년 안에 등록 학생이 29명으로 늘었다. 1904년에 존 D. 웰즈(John D. Wells, LL.D.) 목사를 기념하는 기금으로 새 본관이 건축될 것이 발표되었다. 그는 1884년(이 선교회가 세워지던 해)부터 해외선교부 회장을 맡아오다가 1903년 10월 31일 88세의 나이로 사망하였다. 1906년에 52×32 피트의 2층 건물이 완성되었다. 그 건물은 1910년에 현재의 모습으로 확장되었으며, 증축할 때 베어드(W. M. Baird) 목사가 초석을 놓았다. 웰즈 박사의 사위 제임스 포스트(James Post)의 기부금으로 지어진 포스트 채플(Post Chapel)이 1926년 9월 27일에 봉헌되었다. 봉헌식 때 총독 사이또 자작이 참석하여 연설하였다.

밀러(E. H. Miller) 목사는 1905년에 교장이 된 후에 쿤스(E. W. Koons) 목사가 1913년에 직무를 인계할 때까지 사실상 계속 그 자리에 있었다. 이렇게 말하는 이유는 그의 안식년 및 정부와의 교섭 문제로 인해 그린필드(M. W. Greenfield) 목사가 1908년에 교장으로 활동했고, 레이너(R. O. Reiner)가 1909년에 그 일을 맡았으며, 언더우드(H. G. Underwood) 목사가 1910년 이후 몇 년간 교육사업 감독(Superintendent of Educational

Work)으로서 그 학교에 관여했기 때문이었다. 1912–1916년 사이에 언더우드(H. H. Underwood)는 학교에서 가르치면서 사업부를 담당하였다. 쿤스 박사가 두 차례 안식년 –1922년과 1930년–을 가질 때는 코엔(Coen) 목사가 교장의 역할을 하였다.

그 학교는 2년 동안(1906–1908) 북감리교의 남자중등학교인 배재학당과 일종의 연합사업을 수행하였다. 그때 평균 140명의 학생들이 등록했는데, 각 선교회에서 약 절반씩 왔다. 그 수년간 '대학부' 라 불린 상급반들이 운영되었다.

1923년 11월 11일, 그 학교는 선교회 최초로 고등보통학교에 상응하는 '지정' 학교가 되었다. 학생 등록이 크게 늘어 450명 정도가 되었다. 현재 그 학교의 이름은 '존 디 웰즈 학교' 이다. 최초의 졸업생은 1906년에 배출되었다. 1931년까지 배출된 총 379명의 졸업생 가운데 12명이 목사 안수를 받았고, 30명이 기독교학교 교사가 되었다. 1927년에 24명의 학생이 연못골교회에서 세례를 받았다. 1933년까지 전체 졸업생의 수가 461명이고, 그 중 425명이 살아 있다.

13) 여자중등학교

여자중등학교의 시작에 관한 가장 훌륭한 설명은 1896년에 기포드(D. L. Gifford) 목사가 제공하였다. 그의 기록에 의하면, "1888년에 벙커 부인이 어린 소녀들을 모았던 것이 여학교가 되었다. 기포드 부인(당시에는 헤이든〈M. E. Hayden〉 양)은 그 해 늦가을에 도착해서 곧바로 그 사역을 맡았다. 1890년에 도티(S. A. Doty) 양이 그 일을 이어받았고, 1892년에 엘런 스트롱(Ellen Strong) 양과 아버클(V. C. Arbuckle) 양이 합류하였다. 그 학교는 전에 외국인 거주지 안에 있었으나, 1895년 가을에 연못골로 옮겨졌다."[8)]

1896년에 도티 양이 안식년을 맞았을 때는 스트롱 양과 웜볼드(Wambold) 양이 그 학교를 맡아서 이끌었다. 도티 양이 밀러(F. S. Miller)의 부인이 되어 1905년에 청주로 옮기면서 웜볼드 양이 교장직을 넘겨받았고, 이듬해에 바레트(M. B. Barrett) 양이, 1907년에 밀러 부인(E. H. Miller)이 이를 넘겨받았으며, 1912년에 루이스(M. L. Lewis) 양이 그 뒤를 이어 현재까지 교장으로 재직하고 있다. 다른 선교사들도 그 학교에서 사역해왔는데, 안나 헤론(Anna Heron, 1907–1910) 양, 레라 에비슨(Lera Avison, 1912–1913) 양, 존 젠소(John F. Genso, 1909–1915)의 부인, 딘(M. L. Dean, 1916–1920) 양, 진 델마터(Jean Delmarter, 1920–현재) 양 등이 그들이다.

기록에 의하면, 1904년에 전체 여학생 26명이 모두 교회의 세례교인이었으며, 그 해에 중급반에서 8명의 여학생이 최초로 졸업했다. 1908년에는 상급반에서 5명이 최초로 졸업했다. 1912년에 새 기숙사 건물이 세워졌는데, 역시 고 세브란스(L. H. Severance)의 기부를 받아서 그를 기념하는 건물이 되었다. 기념건물 지정에 필요한 자금의 약 3분의 1을 받았다.

매해 평균 100명 이상이 학교에 등록했다. 1931년에 296명의 졸업생 중에서 25명이 죽었고, 75명이 기독교학교 교사로 재직하고 있으며, 116명이 주일학교 교사와 관리로, 150명이 기독교인의 아내가 되었다. 학교는 항상 강력한 전도의 열기를 유지해왔다. 학교와 관련된 사업부는 1908년에 중단되었다. 1933년까지 전체 졸업생은 330명이었다. 졸업한 동창들은 그 학교를 후원하는 데 특별한 열심을 보였다.

14) 의료사역

알렌이 책임 맡은 왕립병원이[vii] 1885년 2월 25일에 개원하였고, 나중에 이 도시의 북쪽에 있는 한국정부의 외부 건물 근처로 이사하였다(2장) 1885년에 헤론(J. W. Heron) 박사가 알렌 박사에게 합류하였다. 첫 해에 그들은 265명의 환자를 진료하였으며, 그 중 150명에게 큰 수술을 행했고, 1만 460명에게 투약하였다.

알렌 박사가 1887년에 선교회를 사임하고 워싱턴 주재 한국공사의 비서가[viii] 되어 떠남에 따라 헤론 박사가 당시에 구리개(통현)로 이전한 병원을 맡았다. 알렌 박사는 1889년 선교회에 다시 가입하여 잠시 병원을 맡았다가 1890년 7월 9일에 사임하고 서울 주재 미국공사의 서기관으로 부임하였다. 그 후 대리공사(임시대리공사)가 되었고, 1897년에 공사와 총영사가 되어 1905년까지 그 자리에 있었다. 수잔 도티 밀러(Susan Doty Miller) 부인은 알렌 의사에 대해 "그는 한국인과 선교회의 충성스런 친구였다. 한국의 사상과 사정에 매우 정통했으며, 국민들과 정부로부터 존경과 신뢰를 받았다. 그는 수많은 위기상황을 성공적으로 해결했는데, 그렇지 않았으면 선교회가 심각한 어려움을 겪게 되었을 것이다"라고 말했다.

알렌 박사에 이어 '캐나다 토론토 의대 대표' 하디(R. A. Hardie) 박사가 병원의 책임을 맡아 1891년 4월에 빈튼(C. C. Vinton) 박사가 도착할 때까지 있었다. 병원의 여성부는 애니 엘러즈(Annie Ellers, D. A. Bunker의 부인) 양의 도움을 받았으며, 그녀의 일은 1888년에 온 호튼(Lillias Horton, H. G. Underwood의 부인) 양이 맡게 되었다. 아버클(V. C. Arbuckle) 양도 1893년부터 병원 일을 도왔다. 빈튼 박사는 병원 일을 감독하였는데, 에비슨 박사가 1893년 11월에 그 책임을 맡았다. 빈튼 박사는 그의 집 근처에서 진료소를 운영하였으며, 14개월간 2천 명의 환자를 치료하였다. 그는 지방으로도 자주 다녔으며, 한 여행에서는 평양, 의주, 그리고 만주의 뉴창(Newchang)을 다녀왔다. 또한 언

광혜원

원래 홍영식(그의 사진은 43쪽 건너편에 있다)의 집이었다. 알렌 박사가 1885년 그곳에서 한국 왕립병원을 개설했다. 이 사진은 1934년에 찍은 것이다. 이 건물은 현재 고등보통여학교의 기숙사로 사용되고 있다.

제중원

1897년의 모습이다. 사진 중앙에서 O. R. 에비슨 박사 곁에 있는 인물이 그의 장남 로렌스이다. 그는 현재 브룩클린(Brooklyn) 플래트부시(Flatbush)의 YMCA 총무이다.

한국 왕립병원에서의 의료사역 초기 단계(1885–1897)

더우드를 도와 『그리스도신문』(*Christian News*)을 발행하였으며, 한동안 선교회 회계로 활동하기도 하였다. 이는 그가 한국 성교서회의 초대 재정간사로 일했기 때문이었다.

에비슨 박사가 와서 병원의 새 책임자로 부임하였다. 정부의 보조금은 정부가 고용한 자들-40명의 직원들과 35명의 보조원들-에게 임금을 지불하기에 부족하였다. 에비슨 박사는 선교회가 병원을 운영할 것이며 만일 필요하다면 유지비도 제공하겠다고 주장했다.

6개월을 미룬 후에 정부는 마침내 건물과 땅을 선교회에 양도하였고, 앞으로 지불할 건물 비용을 환급해주기로 동의하였는데, 그 일은 계약을 종료시킬 때 꼭 필요하게 되었던 것으로 10년 후 그 병원이 현재의 위치인 서대문교회 밖으로 이전되었을 때 이 합의가 지켜졌다. 건물을 많이 보수한 후에 그 병원은 한 달에 500명의 환자를 치료하였다. 1895년에는 최초의 외국인 간호사인 안나 자콥슨(Anna Jacobson) 양, 조지아나 화이팅(Whiting) 양이 도착하였다. 자콥슨 양이 1897년에 애석한 죽음을 맞이하여 에스더 실즈(Esther Shields) 양이 그 후임이 되었다. 또한 그 해에 의사인 에바 필드(Eva Filed) 양이 왔고, 찰스 파워(Charles Power)가 왔다가 1889년에 사임하였다. 선교기지에는 13년간 8명의 내과의사와 2명의 간호사가 있었는데, 그 중에서 둘은 죽었고, 하나는 사임했고, 둘은 결혼했다. 현재까지 이 선교기지의 회원으로 6명이 남아 있다. 1899년에 에비슨 박사가 안식년을 맞았을 때는 필드 박사와 샤록스(Sharrocks) 박사가 병원을 이끌었다.

처음에는 현재 하는 것처럼 환자에게 일반 진료비를 청구하는 제도를 정착시키기가 불가능하였다. 그러나 환자는 곧잘 선물을 가져와 감사의 뜻을 표하곤 하였다. 한 환자는 맥주 12병을 보내왔고 다른 환자는 위스키 한 병을 보내와서 요청에 따라 답례로 받고 그 값에 상응하는 돈이 보내졌다. 에비슨 박사는 그가 치료했던 한 소년환자에 대해 종종 이야기하곤 했다. 그의 아버지는 너무 감사하여 여러 해 동안 매달 닭 한 마리씩을 에비슨 박사에게 보내왔다.

두 번째 10년 동안(1894-1904)에는 의료사역 분야에서 비상사태들이 발생했다. 이에 대해 피터스(A. A. Pieters) 목사는 다음과 같이 기록하였다. "1895년 여름에 콜레라가 유행하게 되었고, 정부는 즉시 에비슨 박사에게 이를 물리치는 운동을 실시하도록 요청했다. 정부는 건물, 일꾼, 돈, 경찰의 도움을 제공했다. 전염병이 한 달 반 동안 지속되면서 서울과 인근 지역에서 약 5천 명이 목숨을 잃었다. 선교사들의 자발적인 도움에 힘입어 2천 명의 환자들이 그들의 집에서 치료받았고, 수백 명이 병원 응급실에서 치료받았다. 모화관에 있는 언더우드 박사의 '은신처'에서도 약 2백 명의 콜레라 환자들이 치료를 받았다."

의료사역은 정부에 의해 대중화되었다. 에비슨 박사와 언더우드 부인은 왕실 시의의 일을 계속하였다. 한 해 동안 에비슨 박사는 왕의 진료요청을 33번 받았으며, 정치적인 소요가 있을 때는 하루에 두 번씩 그를 알현하곤 하였다. 한 번은 왕비가 언더우드 부인에게 한국돈으로 500원을 보내와 의료사역에 사용되었다. 1895년에는 부상당한 군인들이 병원으로 보내졌으며, 감시를 받는 어떤 중요한 국사범이 보내지기도 했다. 어떤 때는 에비슨 박사가 5백 명의 군사학교 지원자를 검사하도록 요청을 받기도 하였다. 1902-1903년 서울에서 콜레라, 천연두, 홍역이 유행하였을 때, 병원에서는 9천 명의 환자에게 투약하고 235명을 병실에 수용하였다.

에비슨 박사는 이듬해에 두 자녀가 미친개에게 물리는 일이 발생하여 그들을 나가사키의 파스퇴르 연구소로 데리고 가야 했다. 그 일은 다음의 방법으로 축복으로 변하였다. 에비슨 박사가 그곳에 얼마 동안 머물면서 치료방법을 배우고 돌아오자마자 그 방법을 사용할 기회가 생겨 한 한국 여성의 목숨을 구하게 된 것이었다.

그 같은 날들이 지나고 사역이 계속되어 에비슨 박사는 7명의 의대생을 확보하게 되었다. 그들은 일반교육을 충분히 받지 못했고, 그는 한국말로 된 교재를 가지고 있지 못했다. 그리하여 새로운 의료용어들이 만들어졌다. 그 일은 다른 모든 병원일과 더불어 엄청나게 많은 노력을 요구하였다. 그래도 그 소년들은 제 때에 졸업하여 좋은 내과의사가 되었다. 그때는 아직 한국인 간호사가 없어서 일본 기독교인 간호사 두 명이 한동안 응급실에 고용되었다. 기포드 부인은 1900년에 그녀의 아들 부부가 죽은 후, 선교회 회원이 아니었음에도 불구하고 자원하여 3년간 머물며 세탁물, 내의, 침대 등을 관리하였고, 그렇게 해서 사실상 병원의 수간호사가 되었다.

15) 세브란스 병원

에비슨 박사가 1899년에 안식년을 떠나기 전까지, 그의 관할 아래 의료사역이 점점 대중화되어가고 있었지만, 의료시설은 열악했다. 침대뿐만 아니라 환자복도 부족했다. 그는 선교회들이 함께 노력하여 서울에 좋은 의료시설을 마련해줄 필요가 있다는 결론에 이르게 되었다. 1900년 5월에 뉴욕 에큐메니컬 선교대회(Ecumenical Conference of Missions)에서 이런 생각을 담아 의료사역 연합의 유익에 관한 글을 발표했다. 그때 우연히 세브란스(L. H. Severance)가 우스터 대학(Wooster College)의 학장인 홀덴(L. E. Holden) 박사와 함께 발코니에 앉아 있었다. 세브란스는 그 발표문을 들은 후 홀덴 박사에게 몸을 돌려 "만일 내가 내려가서 저 젊은이에게 병원을 지을 돈을 주면 어떠할까?" 라고 말했다. 그렇게 해서 세계에서 가장 훌륭한 선교병원 중 하나로 널리 알려진 세브란스 병원이 시작되었다. 후에 에비슨 박사와 세브란스는 그들 각자의 기도가 그 새로운 계획으로 응답 되었다고 고백했다.[9] 선교회는 처음에 5천 달러 이상의 비용이 드는 새 의료시설을 가지고 싶어하지 않았다. 세브란스의 기부금은 1만 달러로 후에 부지를 사고 건물 설비를 갖추는 일을 마치기까지 드는 비용의 세 배가 되는 액수였다. 1902년에 남대문 지역의 부지매입이 시작되었고, 정부 기금은 선교회가 구리개의 땅을 마련하는 데 그 대금의 일부로 지출되었다. 새 병원 건물은 건축가 고든(H. B. Gordon)에 의해 건립되어 1904년 9월 23일에 개원하였다. 그 당시에 서울에서 선교회의 모임이 열리고 있었는데, 봉헌 예배를 위해 휴회하였다. 에비슨 부인이 은열쇠로 건물을 열었으며, 언더우

1908년 세브란스 최초의 졸업식. 당시의 통감 이토 공작이 학위를 수여하고 있다.

드 박사가 설교를 하였다. 그 해에 세브란스는 그 병원을 위해 두 번째 내과의사로서 허스트(J. W. Hirst)란 인물을 보냈다. 그는 그 기관에서 30년 동안 큰 역할을 행했다.

서울의 감리교 선교회와의 연합 의료사역은 선교회에서 1905년 한 해 동안 승인받았다. 그리고 항구적인 연합을 도모하기 위해 한 위원회가 결성되었다. 이듬해에 진행이 미흡하다는 지적이 있어 연합계획을 승인한 일이 재확인되었다. 그 해에 또한 북감리교 선교회와의 연합으로 간호사를 양성하는 일이 승인되었고, 실즈 양이 그 사역을 위해 임명되었다. 사실에 있어서 연합 의료사역은 그 후 많은 해가 지났으나 아직 성취되지 못했다.

그러는 동안 에비슨 의사, 허스트 의사, 실즈 양이 도움을 받아가며 병원 일을 하고 의학생들을 가르치고 간호사들을 양성시켰다. 1908년 6월 3일에 의학교 최초로 7명의 학생들이 졸업하였다. 그 일은 15년 사역의 정점을 이룬 것으로 묘사되고 있다. 졸업식 행사에 외교관들, 왕실의 대표자들, 통감 이토가 참석하였으며, 이토가 연설을 하고 졸업생들에게 학위를 수여하였다. 졸업생들은 또한 정부로부터 면허증을 받았는데, 이런 종류는 한국에서 처음으로 발급하는 것이었다, 간호학교에는 일곱 명의 학생들이 있었는데, 그 중 5명이 1908년 6월 12일에 캡을 받았다. 2년 후 최초로 졸업한 간호사는 베시 김(Bessie Kim) 양이었다. 의학교의 두 번째 학급은 1911년에 졸업하였다. 1908년 5월에 선교사가 아닌 간호사 엘라 버피(Ella Burpee) 양이 와서 병원과 외국인 사회에서 짧은 기간 일하였다. 두 번째 간호사로서 헬렌 포사이드(Helen Forsyth) 양이 1911년에 부임해 오면서 병원의 간호사 정규 고용이 시작되었다. 그 해에 3번째 내과의사인 랄프 G. 밀즈(Ralph G. Mills)가 강계에서 서울로 전임해왔다. 1년 후에 러들로우(A. I. Rudlow) 의사가 내한하여 현재까지 외과를 이끌어왔다.

에비슨 박사가 1908-1909년의 안식년 기간에 새 의학교 건물을 위한 기금을 확보한 후, 1913년 6월 13일에 공사가 끝나 병원이 봉헌되었다. 병원과 의학교의 연합사업은 7장에서 설명될 것이다.

의료사역이 행해진 모든 기간에 복음전도 문제가 강조되어왔다. 한 해(1911)에는 진료소를 통해 483명이 개종하였고, 병동을 통해 143명이 개종하였으며, 병원 전도인들이 환자 332명의 가정을 방문했다고 보고되었다. 일시적인 개종이 많았던 것은 의심할 바 없는 사실이었지만, 병원 편에서 전도를 위해 열심히 노력했던 것도 사실이었다.

1906년의 보고에서 에비슨은 11월부터 6월까지 왕에게 126번 왕진하였다고 언급하였다. 왕은 그에게 사적인 선물을 보냈을 뿐만 아니라 크리스마스 선물로 병원에 5백 달러와 새 인력거를 보내면서 정부에 명령하여 그가 궁궐에 올 때는 인력거꾼을 정부가 고용해 비용을 부담하고 당시의 소요경비로 쓰도록 병원에 1,500달러를 기부하게 하였다.

1903-1904년에는 진료환자의 수가 총 7천 명 이상에 이르렀고, 1913-1914년에는 3만 4천 명 이상에 이르렀다. 이후로 한 해에 진료 건수가 7만 회에 이르렀다. 세브란스는 1913년에 사망할 때까지 계속해서 병원을 후원했고, 서울 선교기지의 교육과 전도사역도 후원했다. 내과의사 러들로우 박사를 주치의로 하여 함께 세계 선교지들을 여행하기도 하였다. 1907년도 한국 선교회 연례 모임에 참석하기도 했으며, 그 후에도 때때로 참석하여 선교회에 크게 힘을 북돋우며 조언하고 큰 선물을 보내기도 하였다.

16) 서울에서의 50년

한국을 잘 모르는 사람들에게 심지어는 젊은 선교사들에게까지도 지난 50년간 수도에서 일어난 모든 변화를 설명하는 일은 쉽지 않다. 서울은 이제 여행자들이 찬사를 발하는 현대적인 도시가 되었다. 선교사들은 매우 안락하게 거주하고 있어 잠깐씩 다녀가는 관찰자들에게 그들이 더 이상 어려움을 겪을 일이 없을 것처럼 비쳐지고 있다. 이제 어려운 일은 대부분 정치적 · 사회적 · 경제적인 격변에서 기인하며, 과거의 문제들보다 더 해결하기 곤란하고, 어려운 생활조건, 질병, 미신, 박해와 같은 새로운 문제들이 연이어 도전해오고 있다.

50년 동안 이 기지에 속한 108명의 정규회원과 12명의 준회원들이 선교기지와 선교회를 위해, 휴가기간을 포함해서, 1,323년간 사역을 했으며, 1인당 평균 11년을 일했다. 이것은 평균 22명의 회원들이 선교기지에서 50년 동안 있는 것과 같았다. 다른 모든 선교회들의 선교사들이 서울에서 보낸 햇수를 계산하면, 전체 햇수는 그리스도께서 죽으신 이래로 지금까지 해마다 서울에서 3년간 행한 선교사 사역의 네 배 이상에 달한다. 현재(1932) 한국에는 542명의 개신교 선교사들과 144명의 가톨릭 선교사들이 있다. 여기에는 만주에서 한국인들을 위해 활동하고 있는 소수의 선교사들이 포함되어 있다. 이 중 180명이 서울에 있으며, 이는 4분의 1 이상을 차지한다. 한국인들 사이에서 사역하는 개신교 선교사들 중에서 163명이 서울에 있으며, 거의 3분의 1 이상을 차지한다. 수도와 인근의 도에 있는 많은 주민들에게 북음을 전하는 책임을 북장로교, 북감리교, 남감리교의 세 선교회들이 맡고 있다. 이 선교회들은 전체 선교사들의 3분의 1과 전체 교인의 10분의 1을 보유하고 있다. 비율이 균형을 잃은 것은 서울에 이 선교회들의 교육, 의료, 문서 등의 사역이 서울에 집중되어 있다는 점에서 정당화된다. 우리의 선교회의 경우 선교사들의 4분의 1 이상이 서울에 있는 것에 비해 교인수는 수도와 인근의 도를 포함해 우리 교인 전체의 약 20분의 1에 달할 뿐이다. 그러나 아직도 40명의 선교사들 중에서 오직 4명(남성 두 명과 독신여성 두 명)만이 직접 전도사역에 온전히 매달릴 수 있을 뿐이다. 부인들을 포함해서 다른 많은 사람들이 이 도시와 근교 지역에 있는 교회들에서 파트타임으로 일하고 있지만, 시골 전도를 위해 조금이라도 시간을 낼 수 있는 사람은 6명에 불과하다.

2. 부산

부산(Fusan) 혹은, 한국인들이 부르는 대로 하면, 부-산(Foosan)은 한국인들 사이에서 '한국 전체에서 가장 큰 항구'라고 기술되고 있다. 이곳은 남쪽의 주요 관문으로 일본에서 가장 가까우며, 현재 시모노세키에서 이곳까지 페리 호로 9시간이 걸린다. 이 때문에 일본인의 인구비율이 한국의 다른 어느 도시보다 항상 가장 높았다. 1932년에 부산시의 인구가 13만 9,528명이었을 때 일본인이 그 중에서 4만 5,502명이었다. 훨씬 전인 1891년에는 일본인이 5천 명이었다. 그 당시에 부산은 서양과 극동을 오가는 증기선의 주요 항로에 위치해 있었다. 부산에 사는 한국인들은 다른 어느 지역 사람들보다도 외국인과 더 많이 접촉하였다. 그러므로 부산이 두 번째 선교기지 설립 장소로 선정된 것은 놀랄 일이 아니다.

서구세계에서 온 거의 모든 외국인 선교사들은 부산항에 들어설 때 한국땅과 한국인들을 처음 보았다. 첫 인상은 일반적으로 실망스러웠다. 1901년에 온 우리 선교회의 한 사람은 그 느낌을 다음과 같이 묘사하였다.

"부산은 당시에 도시라고 불릴 만한 곳이 못 되었다. 단지 진흙벽의 초가집들과 그 사이 군데군데에 있는 기와집들이 모여 있는 것에 불과했으며, 모두가 너무나 낮아서 어떤 집이라도 길에 서서 손을 뻗으면 지붕에 닿을 수 있었다. 길에 대해서는 말로 다 표현할 수가 없었다. 한국인들은 대부분 더러운 옷을 입고 있었으며 지저분한 머리띠에 헝클어진 머리를 하고 있었다. 아이들은 거리에서 벌거벗은 채 놀고 있었다. 주름지고 가죽처럼 햇볕에 그을린 얼굴을 한 늙은 여자들은 놀란 아이를 등에 업고 무슨 일인가 하여 집에서 급히 나왔다. …… 어쨌든 우리는 아메리카(America) 호에서 만났던 한국인 신사(황씨)로 인해 하나님께 감사했다. 모든 한국인들이 부산에서 이 사람들을 보며 느꼈던 것처럼 더럽고 가망이 없지 않은 것을 우리는 안다."[1)]

한국 주일학교연합회 임원들. 1932
허봉락, 김건호(Kim Kon Ho) 목사, 박은혜 양, 박길례 양, 최봉칙, 최인화. (앉은 사람들) 정인과 목사, 홀드크로프트(J. G. Holdcroft) 박사, 구성서 목사

베어드(W. M. Baird, D.D., Ph.D.) 목사
선구적인 교육가(p. 130(본 번역본)을 보라.), 1891–1931

로리 아담스 베어드(Laurie Adams Baird)
부인. 1891–1916

1) 선교기지의 개설

뉴욕의 해외선교부는 서울 외의 다른 도시에도 선교회 회원들을 일부 상주시키기로 결정하였다. 맨 먼저 '선교기지 바깥'을 위해 선택된 선교사들은 베어드(W. M. Baird) 부부였다. 베어드 박사는 다음과 같이 썼다. "나는 처음에 중국 영파(Ningpo)의 선교사로 임명되었다가 나중에 한국으로 변경되었다. 엘린우드(F. F. Ellinwood) 박사는 나에게 편지를 썼다. '우리는 한국에 새 기지를 세워 몇몇 선교지들에서 집중화 정책으로 빚어진 잘못을 피하길 원하며, 얼마 안 되는 중심지들에서 대부분의 선교사들이 기관사역에 매달리는 것을 방지하길 원한다. 선교사들을 반드시 선교지 전체로 분산시켜 사람들과 가까워지게 하고 그리하여 온 나라가 더 빨리 복음화되게 해야 한다. 우리는 한국 남쪽에 다른 기지를 개설할 계획을 세우고 있다. 당신이 전혀 새로운 지역에 새 기지를 여는 위험을 감수해줄 수 있겠는가.' 나는 한국 남쪽 부산에서 사역을 개설한다는 견해를 받아들였고, 아내와 나는 1890년 12월에 항해를 시작했다."

베어드 부부는 작은 증기선, 오와리(Owari) 호를 타고 고베에서 제물포까지 8일간의 여행을 시작했다. 1891년 1월 29일에 부산항에 도착했고, 2월 2일에 제물포에 도착하여 마펫을 만났다. 스튜어즈(Steward's) 호텔에서 밤을 보낸 후 다음 날 서울을 향해 추위 속에서 육로여행을 하였다. 선교회는 연례모임을 연기하며 그들의 도착을 기다리고 있었다. 그곳에는 베어드 부부 외에 겨우 일곱 명이 있었다. 언더우드와 베어드가 부산으로 가서 선교기지를 세울 곳을 정하고 땅을 사는 임무를 맡게 되었다. 그들은 3월에 갔다. 부산에 일본인들이 너무나 많아 언더우드는 3마일 정도 떨어진 곳이 좋겠다고 생각했는데, 성으로 둘러싸인 부산진 마을은 앞으로 호주 장로회가 정착하게 될 곳이었다. 그러나 베어드는 그곳이 선교기지의 여자들에게 안전하지 않을 것이라고 우려하였다. 사실은 몇 달 전에 부산진의 성문이 중국에서 온 서양 선교사의 진입을 막기 위해 닫힌 적이 있었다. 이에 두 사람은 항구가 내려다보이는 언덕에 자리를 잡기로 동의하였다. 그러나 그때는 땅을 살 수가 없었다. 그들과 동행한 한국인 이씨가 외국인들이 온 이유를 모든 사람들에게 말해버리는 실수를 저질렀기 때문이었다. 두 선교사들은 10마일 안쪽에 있는 동래 마을을 방문하여 외국 시계들–그 시계들의 시각이 각각 달랐다–을 많이 가진 사람에게 정확한 시간을 가르쳐준 후에 부산을 거쳐 서울로 돌아왔다.

베어드는 미국 공사 허드(A. Heard)의 지시를 받고 1891년 9월에 부산으로 다시 갔다.

부산에서 외국인 거류지로 삼을 세 군데의 땅을 매입해도 좋다는 것이었다. 그 지시는 "각각의 넓이가 3백 평방 야드인 세 지점"을 말했으나, 부산의 한국인들은 그것을 한 변이 3백 야드인 삼각지대를 뜻하는 것으로 해석했다. 이로 인해 일이 지체되었고, 서울의 외국인사무소와 더 많이 협의하게 되었다.

그때 부산에는 서양인 가족으로서는 영국인 세관원 헌트(J. H. Hunt)의 가족과 세관 직원을 위한 의사의 일을 겸하고 있는 하디(R. A. Hardie) 의사가 있었을 뿐이었다. 세관 당국은 디어섬(영도)에 콜레라, 천연두 등의 전염병에 걸린 채 그곳에 도착한 외국인 환자들을 격리 수용할 병동으로 작은 집을 세운 일이 있었다. 그때는 그곳이 사용되지 않고 있었기 때문에 하디 의사 부부가 임시로 거주하도록 허락받았으며, 베어드도 그들과 함께 그 작은 집에서 머물도록 권유받았다. 날씨가 괜찮으면 낮 동안에 베어드의 간이침대를 뜰에 내어놓았고 밤에는 접혀서 식탁 곁에 두었다. 그들은 그곳에서 6주 동안 거하면서 작은 범선을 타고 매일 부산을 왕래하였다. 당시에는 콜레라가 부산에서 대유행하여 매일 시신을 태우는 연기를 볼 수 있었다. 엄청난 폭풍이 한국 남해안을 휩쓸어 지붕이 날아가고 배들이 충돌하였으며, 50명이 죽고 해안을 따라 2천 명의 이재민이 발생했다. 그들은 밤새 재난을 당한 자들이 부르짖는 소리를 들을 수 있었다. 밤을 지새면서 그들의 집도 어느 순간에 날아가 버릴 것으로 예상했다. 그러나 그 폭풍이 최고도에 달했을 때 바람의 방향이 바뀌어 섬에 있는 언덕의 보호를 받게 되었다. 마침내 하디는 부산의 일본인 거류지에서 치빌리니(Civilini)라는 이름의 이탈리아인으로부터 한 집을 구하고 베어드에게 그 집을 함께 사용하자고 제의하였다. 베어드 부인도 파견되어 11월에 도착하였다.

하루는 아무런 예고도 없이 일군의 호주 장로회 선교사들이 도착하였다. 그들은 매카이(Mackay) 부부, 포셋(Fawsett) 양, 맨지스(Menzies) 양, 페리(Perry) 양이었다.[2] 당장에 그들의 숙소를 마련할 필요가 생겼다. 유일하게 적합한 숙소는 큰길가에 있는 빈 가게였는데, 담이 개방되어 있고 통풍이 잘 되는 일본식 집이었다. 그러나 겨울을 보내기에는 매우 부적합했다. 얼마 안 있어 맥카이 부인이 병에 걸려 죽었다. 몇 달 후에는 맥카이도 아프게 되었다.

크리스마스 후에 하디는 베어드 부부와 호주 사람들까지 다 그의 집으로 받아들여 같이 살았다. 호주인들은 부산을 그들의 사역지로 정했다. 그것은 그들 최초의 선교사들 가운데 한 명인 데이비스(J. H. Davis) 목사가 1890년 4월에 그곳에서 죽고 묻혔기 때문이었다.

2) 주택건축

하디의 집이 붐비는 것을 해결하기 위해 베어드가 1892년 3월 지하에 방 두 개, 마루가 딸린 거실, 마루가 없는 부엌을 만들었다. 그들은 여기에 살면서 그들의 집이 완공되기를 기다리다가 결국 다 끝나기도 전에 이사하였다. 건축 자재는 일본에 주문해서 가져왔다. 서울에서 온 중국인 건설업자는 현장을 지키지 않고 공사를 감독하지 않았다. 그의 일꾼들은 빈둥거렸고, 술이 취해 있었으며, 빚을 지고 있었다. 한번은 베어드에게 이 나라를 떠나 돌아가라고 강요하였고, 하룻 밤에는 떼를 지어 몰려와 그와 베어드 부인을 집에 억류하고 베어드에게 더 많은 돈을 달라 부당하게 요구하며 그 요구를 받아들이지 않으면 떠나지 않겠다고 위협하였다. 그 집이 완성되었을 때 '옴니버스 하우스'란 이름이 붙었는데, 우리 선교회와 다른 선교회 사람들이 들락날락하여 거의 언제나 손님들로 가득찼기 때문이었다.

3) 의료사역

이 선교기지에 온 두 번째 선교사 가족은 의사 부부인 휴 브라운(Hugh Brown) 박사와 브라운 부인이었다. 그들은 1891년 12월에 와서 그들의 주택과 첫 번째 진료소를 세웠다. 불행히도 브라운 박사 자신이 폐결핵에 걸려 불가피하게 1893년에 사임하였으며, 2년 후에 뉴욕의 댄빌(Danville)에서 죽었다. 브라운 박사 부부의 후임으로 어빈(C. H. Irvin) 박사 부부가 1893년에 도착하였다. 매우 신속하게 메리 콜린스 화이팅(Mary Collins Whiting) 진료소가 세워져 선교기지의 모든 의료사역을 감당하였고, 그 후 1903년 9월에 전킨 병원(Junkin Memorial Hospital)이 정식으로 개원하였다. 그 병원은 한국 최초의 근대식 병원으로 뉴저지 몽클레어(Montclair)의 제일장로교회(First Presbyterian Church) 교인들이 그들의 목사였던 고 윌리암 F. 전킨(William F. Junkin, D.D.)을 기념하여 낸 성금으로 지어졌다. 그 교회는 또한 어빈 부부를 그들의 선교사로 후원하고 있었다.

선교기지의 의료사업은 처음부터 대단히 성공적이었다. 1901년도 선교기지의 보고서에 의하면, 지난 8년 동안 진료 건수가 거의 6만 번에 이르렀고, 이중 9천 건이 어린이를 대상으로 한 것이었다. 2천 5백 건의 수술을 행하는 가운데 한 건의 의료사고도 없었다. 환자의 가정으로의 왕진은 5천 4백 번 행해졌다.[3)]

어빈 박사는 여러 해 동안 조치유(Cho Ti You)라고 하는 보조의사-그는 열성적인 복음전도자이기도 했다-의 도움을 받았다. 어빈 박사 부부는 또한 고명우라는 지혜로운 청년을 훈련시켰다. 그는 세브란스의 외과의사가 되었고, 교회의 장로가 되었다. 어빈 부인은 그에게 일 주일에 5시간씩 영어를 가르치곤 하였다. 그의 두 딸은 최근 수년 전부터 미국에서 공부하고 있다. 그 병원은 한국에서 가장 잘 보살피는 곳의 하나라는 명성을 누렸으며, 어빈이 1911년에 은퇴할 때까지 매년 6천 명에서 만 명의 환자를 돌보았다. 그 후 밀즈(Mills), 비거(Bigger), 그 밖의 다른 사람들이 단기로 의료사역을 도왔다.

4) 전도사역

부산에서의 첫 세례식은 1894년 4월 23일에 거행되었다. 그때 베어드 목사는 한국 여성 두 명과 심씨에게[i)] 세례를 주었는데, 심씨는 호주 선교회의 여 선교사들에게 고용되어 있었다. 그 해 7월 15일에도 베어드는 그의 집에 고용된 두 사람에게 세례를 주었다. 큰길가에 방 하나를 짓고 그곳에서 정규 예배를 드렸다. 1896년에는 몇몇 어린 학생들을 포함해서 60여 명이 참가하였다. 베어드는 길가에서, 또한 항구에서 어부들에게 전도지들을 나눠주며 복음을 전했다. 이런 방식으로 복음이 제주도까지 전파되었다, 부산시 교회의 초대 장로로서 서동기(Su Dung Key)가 1903년에 피택되었다가 여러 해가 지나 장로직에 관한 공부를 완전히 마치고 안수를 받았다. 1904년 9월에 두 번째 교회가 만의 건너편 영도(Deer Island)에 세워졌다. 교회 사람들은 선교회 구내의 건물에서 모이다가 1905년에 드디어 땅을 사서 교회를 짓게 되었다. 새 교회 건물은 1912년에야 마련되었다. 1910년 3월 13일에 세 번째 교회(초량)가 지역분할에 의해 호주 장로교회에서 넘어왔다. 네 번째 교회가 1913년도 보고서에서 언급되었다. 보고서에 따르면, 네 교회의 전체 기독교인들은 4백 명 미만이었다.

5) 시골지역 사역

베어드 목사는 처음부터 한국 남부의 어느 내륙 지점에 한 선교기지를 세울 곳을 마련하겠다는 생각을 품고 광범위한 지역을 순회하며 전도하였다. 일 년에 7개월은 집을 떠나 있었다. 1896년의 보고에 의하면 8차례의 순회여행으로 시골지역에서 279일을 보냈고, 천 마일을 돌아다녔다. 그는 마산포, 진주, 김해, 동래, 상주, 안동, 경주, 울산, 밀양, 대구, 전주, 목포, 공주 등을 방문하였고, 그 결과 대구를 내륙의 선교기지로 결정하였다. 현재는 이 모든 도시들에 큰 교회들이 있고, 그 중 몇몇 곳에는 선교기지가 있다. 베어드가 안동에 머물렀을 때 번역했던 『텬로지귀』(天路指歸, *Guide to Heaven*)라는 소책자는 이후에 널리 활용되었다. 한 여행에서는 여행경비로 쓸 동전들을 별도의 짐으로 꾸려 조랑말 두 필에 싣고 날라야 했다. 경주에서는 지금도 서 있는 한 비석을 보았는데, 외국인이나 그들의 종교를 위해 어떤 일도 하면 안 된다고 경고하는 내용이 쓰여 있었다.

1896년에 부산 바깥 지역의 첫 번째 기독교인 집단이 김해에서 형성되었다. 1903년에는 79세 된 노인이 부산에서 10마일이 떨어진 동래에서 와서 세례를 받았다. 그는 10년 동안 믿었는데, 베어드 목사가 1895년에 부산을 떠난 후로는 선교사를 보지 못하였다. 신앙을 가진 한 청년이 1905년에 아버지에게 매우 심하게 매를 맞아 삼 일 동안 일어나지 못했다. 그러나 신앙을 관철하여 마침내 그의 아버지를 그리스도에게로 인도하였다. 세례 받은 한 여인은 남편과 아들이 나환자였으며, 다른 아들은 절름발이였다. 이와 같이 복음은 여전히 '구원하시는 하나님의 능력'이었다.

6) 선교기지의 충원

베어드 부부는 1895년에 선교기지를 개설하기 위해 대구로 갔다. 부산에서는 1897년부터 시릴 로스(Cyril Ross) 목사와 그의 부인 로스 의사가 그들의 일을 이어받았다. 1896년에 첫 번째 독신여성 사역자인 루이스 M. 체이스(Louise M. Chase) 양이 도착하였고, 1899년에 사이드보텀(R. H. Sidebotham) 목사 부부가 왔다. 1902년에 체이스 양과 로스 부부가 선천으로 옮겨갔고, 스미스(W. E. Smith) 목사 부부가 왔다. 이듬해 홀(E. F. Hall) 목사가 왔으나, 건강문제 때문에 머물지 못하였다.

1908년 12월에 사이드보텀이 화재로 인해 비극적인 죽음을 맞이하였다. 이로 인해 그들 부부의 인력을 잃게 되자 윈(G. H. Winn) 목사 부부가 안식년 중에 부산으로 배정되었다. 1909년에 윈 목사와 그 부인 윈(R. E. Winn)이 부산에 배속됨으로써 이 선교기지에 3명의 안수받은 목사들을 두고자 했던 선교회의 목적이 실현되었다. 그러나 스미스 부부는 3년 후에 평양으로 옮겨 갔다. 4년 후에 두 번째이며 마지막 독신여성 선교사인 안나 S. 도리스(Anna S. Doriss) 양이 옮겨왔다. 이 23년간의 선교기지 역사에서 21명의 선교회 회원들이 부산으로 배속되었다. 그들 중 9명이 첫 6년 동안에 왔다가 떠났다. 다른 4명은 이 기지로 배정되었으나 이곳에서 상주하지 않았다. 그러한 빈번한 변동은 죽음과 은퇴, 기후조건, 선교기지 내의 불화, 대구 선교기지의 설치, 그리고 우리의 부산 선교기지가 호주 장로회로 넘어간 데서 기인하였다.

7) 교육사역

베어드는 도착하자마자 이웃 주민들 사이에서 소년들을 위한 학교를 시작하였다. 1896년에는 약 100명의 학생이 있었다. 1897년에 어빈 부인은 9개 야간 여학교에 평균 16명이 공부하고 있다고 보고하였다. 1901년에는 25명의 소녀들을 일 주일에 세 차례씩 가르쳤다. 그 해 4월에 부산 지역 최초의 기독교식 결혼식이 거행되었다. 그 학교에서 가장 나이가 많은 소녀가 한 기독교인 상인과 결혼한 것이었다. 그 결혼예식은 "한국과 미국의 관습이 기묘하게 혼합되었지만, 그래도 기독교적이었다"고 묘사되었다. 1908년에 여학교 건물이 세브란스(L. H. Severance), 겜블(D. B. Gemble), 한국인 한 명(호씨)의 후원금으로 지어졌다. 이 여자중등학교의 첫 수업은 1909년 가을에 시작되었다. 그 해 20개의 보통학교에 138명의 소년과 142명의 소녀가 취학하였다고 보고되었다. 남자 아이들에 맞먹게 여자 아이들의 수가 많았던 것은 어빈 부인이 소녀교육을 어떻게 성공적으로 대중화시켰는가를 보여준다. 그녀는 선교회 역사상에 가장 좋은 여학교를 만들어냈다는 평판을 받고 있다. 1911년에 그녀가 은퇴하고 윈(G. H. Winn)의 부인이 교장직을 넘겨받았다. 당시에 그 건물은 선교회에서 "가장 훌륭하고 시설이 잘 되어 있다"고 묘사되었다.

8) 여성사역, 사경회

두 명의 독신여성 사역자들이 이 선교기지에서 일한 기간은 합해서 10년이 조금 못 되었다. 여성사역은 대부분 선교사의 부인들에 의해서 이루어졌으며, 그들은 남편들과 한국인 조력자의 도움을 받았다. 체이스 양과 어빈 부인은 부산시와 영도에서 열정적으로 사역을 수행하였다. 1901년 체이스 양은 시골지역에서 32일 동안 5개 기독교인 집단을 방문하였다고 기록하였다. 그 중 두 기독교 집단에서는 여자들이 남자들보다 더 많이 정규예배에 참석하였다. 초창기에는 이런 현상이 예외적이었다. 1904년에 의사 에바 필드(Eva Field) 양이 여섯 곳에서 사경회를 열었으며, 각 사경회에는 12명에서 25명의 인원이 참석하였다. 과부 강씨 부인은 매우 훌륭한 전도부인이란 말을 들었다. 1904년 말 밀양에서 열린 연례 여자사경회에는 125명이 참석하였다. 여성사역자 훈련반은 1912년 4월에 24명을 대상으로 진행되었다.

최초의 남자사경회는 1896년 동래에서 11명이 참석한 가운데 개설되어 베어드와 아담스가 가르쳤다. 남자 도사경회(都査經會)는 1908년에 500여 명이 참석하여 가장 많은 등록 기록을 세웠다. 1910년의 사경회에서는 전도자 한 사람의 9년 사역 기간에 상응하는 날연보가 약정되었고, 8,500부의 마가복음이 팔렸다. 어느 한 사경회에서는 8명이 75마일이나 떨어진 곳에서 왔다.

9) 부산에서의 철수

선교회는 1902년 초에 부산 선교기지를 폐쇄하는 편이 좋을지에 대해 생각하고 있었다. 호주 장로교가 이 도에서 9명의 인력을 확보하고 있었다. 우리 선교회의 많은 사역이 이 도의 북부지방에서 전개되고 있었고, 대구 못지 않게 잘 이뤄질 수 있었다. 선교회는 대구와 서울 사이의 어떤 곳에 새로운 기지를 개설하고 싶어 했다. 뿐만 아니라 부산 선교기지의 사역자들은 서로 잘 협력하지 못했다. 1898년에 언더우드 박사와 에비슨 박사가 몇 가지 어려운 점들을 조정하기 위해 부산으로 파견되었다. 1902년에 이와 비슷한 한 위원회가 다시 구성되었다. 어빈 박사가 성장일로에 있고 효과적인 의료사역을 펼치고 있었던 점과 뉴저지 주 몽클레어의 제일장로교회가 그를 강력히 후원하고 있었던 것은 선교부가 선교기지를 폐쇄하는 쪽으로 결정을 내리기 어렵게 만들었다. 어빈 부인이 한국인 부녀자들과 여학교에서 탁월한 사역을 펼치고 있었고 선교회에서 많은 사랑을 받고 있었던 것도 같은 작용을 했다. 결국 기지를 완전히 폐쇄하는 대신에 몇몇 전도사역자들을 밀양으로 옮기는 계획이 채택되었다. 선교회는 1908년에 호주 장로교를 향해 지역분할을 제안하면서 그 지역에서 기꺼이 다 철수할 수 있다고 통고하고 호주 선교회가 사역자들을 충분히 충원하기를 기다렸다. 다른 한편 우리 선교회는 밀양에서 한 숙소를 매입하고 교육관을 세울 것을 표결하였다. 훈련반 건물을 위한 비용(1,200달러)은 메리 보든 부인(Mary Bordon)과 수잔 크로웰 부인(Susan Crowell)이 제공하였다. 이듬해에 선교회는 윈(G. H. Winn) 목사 부부와 다른 목사 선교사 부부와 여성 사역자 한 명을 밀양에 배치시켰다. 이들은 부산의 사역자들과 함께 부산-밀양 선교기지를 구성하였다. 1910년에 호주 장로교와 지역분할이 합의되었다. 1911년 4월에 어빈 박사가 사임하였다. 그 해 여름부터 밀양의 숙소가 준비되기 시작하였고, 그 일이 끝나기 전에 윈(R. E. Winn)과 그의 가족, 그리고 도리스(Doriss) 양이 11월에 밀양으로 이주하였다. 1912년의 연례모임에서 오랜 난상토론 끝에 부산 대신 밀양에 기지를 설치하려는 계획이 포기되었고, 윈 가족이 부산으로 돌아갔으며, 도리스 양은 병으로 이곳을 떠났다.[4)]

1913년에 연례모임에서 엔젤(G. Engel, D.D.) 목사와 라이올(D. M. Lyall) 목사가 호

베들레헴 채플
만주 신빈, 1927년 건축

전킨 병원(Junkin Memorial Hospital)
부산, 1903년 건축

금강산 여름 수양관
한국 장로교회 건축

주목할 만한 세 건물들

주 선교회를 대표하여 지역의 모든 사역을 그들에게 넘길 것을 공식적으로 요청을 해왔다. 그 일은 투표에 부쳐져 40대 6으로 동의를 얻었으며, 호주 선교회는 부산과 밀양의 자산을 매입하는 데 손해를 끼치지 않겠다고 보증하였다. 회계인 존 겐소(John F. Genso)와 윈(C. H. Winn) 목사가 자산처리부에 임명되었다.[5)]

1914년, 밀양의 자산이 호주 장로교에게 5,259달러에 팔렸다. 부산의 자산은 1919년에 가서야 일본인에게 447만 1,737엔에 팔렸다. 그 중에서 거의 2만 원에 달하는 액수가 만주의 새 선교기지를 세우는 데 투입되었다. 여학교의 시설들은 서울의 여학교에 보내졌다.

이 전환의 시기에 이곳에는 101개의 교회들과 집단들이 있었으며, 1,887명의 성인 세례자들이 있었고, 등록교인의 총수는 3,816명이었다. 이 선교기지를 존속시키는 데에 어려움이 많아 수차의 제안으로 이 기지의 포기 또는 장소 이전 문제가 고려되고 있는 중에서도 모든 부문의 사역은 견고하게 성장했다. 이 기지가 개설된 지 10년이 지난 1901년에는 10개의 전도처에 85명의 세례인들과 216명의 교인들이 있었다. 5년 후인 1911년에는 40개의 전도처에 380명의 세례인들과 1,500명의 교인들이 있었다. 1911년에는 백 개의 교회들과 집단들, 2천 명의 세례인들, 5천 명의 교인들이 있었다.

선교회가 23년간의 사역을 중단하고 부산에서 철수한 것은 유감스러운 일이었다. 그러나 지역분할의 중요성과 다른 기지들에서 더 많은 일을 감당해온 점을 고려하면 지혜로웠다고 생각할 수도 있었다. 이 도에서는 호주 장로교 선교회가 홀로 사역하고 있다. 265개 교회들과 집단들, 7,532명의 성인 세례인들과 1만 8,943명의 교인들(1933년의 통계)이 있다. 사역이 계속 성장하여 한국 장로교회의 24노회들 가운데 한 노회를 이루었다. 우리 선교회 사람들이 이 현장에서 투입한 사역기간은 130년에 달했고, 그것은 무익한 기간이 아니었다.

3. 원산

총독부의 간행물들에는 원산이 "동해안에서 가장 훌륭한 항구이자 반도에 있는 주요 항구들 중의 하나"라고 묘사되어 있다. 이 항구는 조약에 의해서 1880년에 일본에게 겐산[혹은 웬산]이라는 이름으로 개방되었으며, 3년 후(1883. 11. 3)에 다른 나라들에도 동일하게 개방되었다. 선교사들 가운데 한 사람은 1898년에 그곳의 인구를 "오천 명 정도로 추정했다." 1932년에는 인구가 4만 2,453명이었고, 그 중 9,511명이 일본인이었다. 이 읍과 항구의 한국 이름은 원산이다.

이 지방의 역사에 관해 아펜젤러(H. G. Appenzeller) 목사는 1898년에 다음과 같이 기록하였다. "옛날 고려의 왕들이 그곳 주민들 사이에서 출현하였고, 다시 그들 가운데서 조선의 유력한 가문이 태어났다. 원산에서 약 20마일 떨어진 곳에 석왕사라고 하는 큰 절이 있는데, 오백 년 전에 조선의 첫 왕이 나라를 다스릴 것이란 신탁을 받았던 지점에 세워졌으며, 그 이야기는 오늘날까지 그의 후손에게 전해오고 있다." 그는 또한 말하기를, "임진강(이 강은 송도를 지나간다)이 원산에서 10마일 떨어진 노인지(No Inchi)의 정상 부근에서 발원한다"고 하였다.[1)]

캐나다 연합교회의 최근 보고서는 이 읍을 다음과 같이 묘사하였다. "원산은 전략적으로 조약에 의해 개항된 항구이며 이 해안(동해) 방면에 있는 큰 도의 중심지이다. 여기에서 증기선으로 일본, 중국, 러시아, 모든 한국 항구들이 연계되고 있다. 첨언하면, 매우 보기 드문 경관을 지니고 있어 산들의 능선이 바다로 치닫고 있으며, 그 영광스런 항구는 세계의 선박들을 맞이할 자리를 마련하고 있고, 광활한 바다의 정경 속에 섬들이 떠 있다."[2)]

우리 선교회뿐만 아니라 다른 선교회들도 가급적이면 원산을 빨리 차지하는 것이 중요하다고 느끼고 있었다. 마펫(S. A. Moffett) 목사는 1891년에 게일과 함께 여행을 떠나 만주로부터 원산을 거쳐 돌아온 후, 다음과 같이 보고서에 기록하였다. "이 지역(원산)에서 우리가 보기에 한국에서 가장 아름답고, 부유하고, 눈에 띄게 번창하고 있는 지역을 발견했다. 우리는 이곳에서 이미 시작된 일을 적절하게 검토한 후에 빨리 이곳에서 사역을 시작하는 것이 중요하다고 느끼며, 사람들을 더 긴요하게 필요로 하는 장소들이 생겨나고 있다."[3)]

그에 따라 1892년에 우리 선교회와 북감리교 선교회는 모두 원산에 선교사들을 두고 있었다. 대표적인 독립 선교사들인 하디(R. A. Hardie) 목사와 펜윅(M. C. Fenwick) 목사도 원산에 자리잡고 있었다. 펜윅은 그곳에서 지금도(1934) 거주하고 있다. 게일 부부는 1892년에, 스왈른(Swallen) 부부는 1894년에 원산으로 이주하였다. 기록에 의하면, 게일 부인은 원산에 거주하는 첫 번째 서양 여성이 되었으며, 북감리교 선교회의 맥길(McGill)

부인은 1893년 봄에 서울에서 원산까지 육로로 여행한 첫 번째 외국여성이 되었다.

장로교 선교기지를 마련하기 위한 자산으로 원산만의 장관이 내려다보이는 언덕의 돌출 부분이 매입되었다. 게일이 살았던 집에는 현재 한국 장로교의 청년사역 지도자들 가운데 한 사람인 조 목사가 살고 있다. 구내에는 이 두 주택 외에 작은 예배당이 지어졌다.

그때 게일은 한영사전을 편찬하는 일로 분주하였다. 그는 지역교회를 돕는 한편 이 읍과 인근 지역들에서 복음전도 사역을 수행하였다. 게일 가족은 1896년에 사전을 발행하는 문제를 상의하기 위해 일본으로 떠났으며, 이어 안식년을 보내기 위해 미국으로 가서 1898년에 돌아왔다.

1) 지역 교회

1894년 8월 5일에 최초의 세례식이 거행되어 네 명의 여성이 세례를 받았다. 선교기지는 그 해의 보고서에서 900명의 여자들이 이를 지켜보았고 개인적인 대화를 나누었다고 기술하였다. 1896년에는 그 지역 교회가 세례자는 34명, 학습문답자는 24명, 예배 참석자는 평균 80명이라고 보고하였다. 선교사 거주지역의 작은 예배당이 곧 너무 비좁게 되어 교인들이 예배당을 새로 짓기 위해 돈을 모으기 시작하였다. 그들이 22달러(45원)를 모았을 때, 그들은 당시에 한국사회에서 통상적으로 행해졌던 대로 50퍼센트의 이자를 받고 대부해주는 계획을 세웠다. 스왈른 목사와 그의 아내는 그 일이 고리대에 대한 성서의 가르침에 위배된다고 조언하였다. 그들은 대신에 그 돈을 낮은 이자로 은행에 맡기거나 어떤 선교지에 투자하는 편이 좋겠다고 조언하였다. 그러나 교인들은 그 돈이 그들의 것이므로 그들 마음대로 사용할 수 있다고 여겼고, 그렇게 회의하고 기도하며 시간을 허비했다. 스왈른 목사 부부는 이틀 동안 금식하며 기도하였다. 다음 일요일에 스왈른 목사는 하나님의 주권, 그리스도인의 충성, 교회에서 세운 권위에 대한 복종에 관해 설교하였다. 예배를 마치면서 누군가 주님의 돈을 가져간 자가 회개하고 다시 가져오지 않으면 교회 예배를 더 이상 드리지 않을 것이라고 공표하였다. 어느 일요일이 예배 없이 지나갔고, 다음 일요일이 오기 전에 회중의 남자교인들이 스왈른 목사의 사경회에 와서 한 사람씩 눈물을 흘리며 그들의 죄를 고백하였다. 그 결과 교회가 새롭게 겸손과 진실의 정신을 갖게 되었다. 후에 그들은 작은 갈대밭을 사기로 결정하였다. 그 갈대밭을 매년 조금씩 팔 수 있었고, 그렇게 하여 투자에 대한 이윤이 확보되었다. 몇 년 내로 경원선 철도가 놓이게 되면서 그곳의 땅값이 올라 천 달러에 팔렸다.

교회에 또 다른 문제가 생겼는데, 곧 조상숭배에 관한 것이었다. 게일은 몇 명의 지역교회 교인들에게 질문서를 보내 그들의 견해를 적어서 보내달라고 요청하였다. 그들은 만장일치로 "조상숭배가 신약성서의 가르침에 반대"되며 "제사는 어리석은 짓"이라는 견해를 표명하였다.[4] 이 문제는 한국교회를 항상 괴롭혀왔으며, 우리는 원산의 이 초창기 기독교인들이 올바르게 결정했다고 믿는다.

2) 시골지역 전도사역

스왈른은 외부 지방들을 매우 열심히 순회하였다. 그는 빈번하게 함흥을 여행했고, 함경북도의 중심지인 경성까지 여행하였다. 1896년 12월과 1897년 4월에 두 번 함흥을 다녀왔는데, 첫 번째 여행에서는 사람들이 복음에 거의 관심을 보이지 않았으나 두 번째 여행에서는 "모여드는 사람들에게 복음을 전하다가 거의 탈진했다"고 기록하였다.[5]

이내 북청, 홍원, 함흥, 탄천, 기타 다른 지역에도 신자들이 있는 것으로 보고되었다. 함흥에서는 일요일에 정기적으로 12명이 모였으며, 그 중의 한 명인 차을영(Cha Ul Yung)은 곧 열렬한 복음전도자가 되었다. 그는 기도와 말씀 공부에 전념하였다. 회심한 지 일 년이 지나지 않아 세례를 받기 전에 전도지와 쪽복음을 배포하였고, 멀리 북쪽의 갑산 산악지대에 가서 복음을 증거하였으며, 그의 형제들을 그리스도에게로 인도하려고 찾아갔다. 몇 달 후 그가 돌아갔을 때 그의 형제가 기독교인이 되었을 뿐만 아니라 지나갔던 길을 따라 몇 군데에 신자들의 집단이 세워진 것을 알게 되었다, 스왈른 박사는 차씨에 대해 '많은 사람들을 주님께 인도한 위대한 전도자라고' 칭송하였다. 그는 후에 장로가 되었고, 신학교에 입학하였으나, 졸업하기 전에 죽었다.

스왈른 목사가 탄천에서 2주간을 보내며 전도하고 성서를 팔고 전도지들을 나눠주는 동안, 조상숭배를 금한다는 이유로 이 새로운 종교에 반대하는 청년 두 명이 방해를 하였다. 그들은 선교사들을 마을 밖으로 쫓아내겠다고 위협하였다. 처음에 스왈른은 그들을 설득하고 진리를 설명해주려고 노력하였으나, 그들이 들으려 하지 않으므로 실망하여 중단하였다. 그때 예기치 않게 그들 가운데 한 청년이 나서서 복음을 변호하기 시작했다. 그는 비록 복음에 대해서 아직은 많이 알고 있지 않았지만, 아볼로처럼 진리를 강력하게 변호하며 두 청년에게 모르는 것을 비난하면 안 된다고 주장하였다. 그는 혀를 내두를 만한 달변의 웅변가로서 두 시간 동안 적수와 논쟁을 벌여 그들을 패배시켰다. 마침내 그들은 그에게 주먹질을 하였고, 그 방에 있는 다른 사람들이 그를 구했다.

스왈른은 여러 곳을 여행하며 방문하던 중에 함흥에서 신자 집단이 있는 것을 보았다. 그는 그곳을 가장 유망한 장소로 여겨 가족을 데리고 그곳으로 이주하기를 원하였다. 그곳에서도 잠깐 동안 박해를 받았다. 관공서를 사칭하는 한 성명서가 기독교인들에게 어떤 정한 날까지 마을을 떠나라고 명령하였다. 그 문제를 조사하면서 관리들이 기독교인들을 보호하게 되었다.

그 옛날의 안디옥에서처럼 함흥에서도 불신자들은 기독교인들을 조롱하였다. 그들은 길을 가는 기독교인들을 보면 "예수가 간다", 혹은 "예수가 지나간다"고 말했다. 또한 기독교인들에게 심하게 모욕적인 말들을 많이 퍼부었다. 그러나 오늘날 그곳에는 어떠면 동해안 지역에서 가장 큰 교회가 있다.

3) 원산에서의 철수

멕켄지 목사가 소래에서 애석하게 죽은 지 3년 내에 5명의 캐나다 장로교 선교사들이 일차로 도착하였다. 이들 다섯 명 중에서 두 명-의사이자 목사인 로버트 그리어슨(Robert Grierson)과 목사인 맥래(D. M. McRae, D.D.)-이 현재(1934)까지 봉사를 하고 있다. 게일 박사, 하디 박사, 에비슨 박사, 홀 목사(북감리교), 펜윅(독립선교사) 목사 등을 포함하여 초기 선교사들 가운데 매우 많은 사람들이 캐나다인이었다는 사실은 흥미롭다. 에비슨과 홀을 제외하고는 모두 원산에서 사역하였다. 그것은 자연스러운 일로서 선교회들 간의 지역분할 협정으로 그 동해안 지역이 캐나다인들에게 할당되었기 때문이었다. 그 일은 1898년에 이루어졌다. 그 해 11월에 우리 선교회는 원산 지역의 14개 장소에 기독교인들이 있다고 보고하였다. 또한 같은 시기에 북감리교 선교회는 원산 사역을 남감리교 선교회에 넘겨주었다. 게일 부부는 서울로 옮겼고, 스왈른 부부는 평양으로 옮겼다. 두 부부는 이후 그 지역들에서 오랫동안 지내면서 선교사역을 하였다.

캐나다인들은 30년을 넘는 기간에 그들의 사역이 성장하는 것을 보아왔다. 1898년에는 14개 소에 기독교인들이 있었으나 현재는 243개 소에 기독교인들이 있고, 여기에 더해서 만주의 한국인들 사이에서는 국경선을 따라 100개 소 이상(1931)에 기독교인들이 있다. 함경남도와 북도에만 전체 교인이 1만 7,805명에 이르렀고 그 중에 6,543명이 성인 세례자들이었다(1933). 스왈른 부인은 1896년에 원산에서 6명의 학생을 데리고 여학교를 시작하였다. 현재 캐나다인들(캐나다 연합교회)은 한국과 만주에 있는 그들의 관할 지역에서 45개 주간학교와 4,400명의 등록생들을 보유하고 있다.[6)]

마펫, 리, 스왈른이 1893년에 평양으로 가서 선교기지를 개설하기 위해 서울에 있는 헤론의 집을 출발하는 광경

1899년 스왈른 가족이 평양을 향해 원산을 떠나는 광경

길에서

4) 원산해변

원산시에서 해변으로 몇 마일을 내려가면 동해안에 원산해변으로 알려진 여름 휴양소가 있다. 가장 가까운 철도역은 카츠마(Katsuma)로 2마일 떨어진 곳에 있다. 7월과 8월에 선교사들, 영사들, 사업가들이 그곳에 와서 잠시 동안 휴식을 취하고 오락을 즐긴다. 그 땅은 1914년에 로스(J. B. Ross) 의사, 남감리교 선교회의 터너(V. R. Turner) 목사가 매입하였고, 원산해변협회를 조직하였다. 1915년에 처음으로 별장이 세워진 이래 지금은 50개가 넘는다.[7] 캐나다인들과 남감리교 선교회는 자주 그곳에서 연례모임을 갖는다. 매년 한 번 이상 수양회를 개최한다. 비록 값싼 건물에 많은 후원을 받고 있지 못할지라도 그곳은 여름철의 해변부락으로서 매력을 유감없이 발휘하고 있고, 많은 사람들에게 축복을 전해주고 있다. 서울에서 기차로 단 일곱 시간 만에 올 수 있다. 그곳은 또한 금강산 방문자들에게도 좋은 출발지가 된다.

5) 금강산

동해안에 있는 이 유명한 금강산은 서울에서 백 마일 떨어진 곳에 있으며, 주변 둘

평양 선교기지(1933). 소속 선교사들이 모두 참석하였다

레가 60마일에 이른다. 증기선으로 원산항에서 올 수 있고, 암펜(원산 남쪽의 세 정거장 들)에서 기차나 자동차로 올 수도 있으며, 테츠겐[철원]에서 경원선 전철을 타고 올 수도 있다. 바위투성이에 그림처럼 아름다운 산들을 매년 수천 명의 한국인들과 일본인들, 모든 나라의 서양인들이 방문하고 있다. 여러 호텔들 중에서 하나는 한국인 감리교 목사가 경영하고 있다. 그는 또한 번창하는 교회와 학교를 운영하고 있다. 이 산에는 유명한 절들이 많이 있다. 장로교 총회는 여름 수양회를 위해 건물을 세웠고, 1931년 9월에 그곳에서 총회가 열렸다.

4. 평양

평양은 한국에서 가장 오래된 도시인 동시에 세계에서도 가장 오래된 도시 중 하나이다. 이곳의 신뢰할 만한 역사는 기자 시대(B.C. 1133)부터 시작된다. 선교기지 뒤에 있는 기자 성벽, 철도역 앞의 기자 우물, 도시 북쪽 숲속의 기자 무덤은 방문자들에게 낯익은 정경을 보여준다.

평양은 기자 이전에 한국의 전설적인 건국시조인 단군(B.C. 2332)의 전통적인 수도였다. 그의 무덤은 이 도시의 동쪽 강동에 있다. 1429년에 그를 기념해서 세운 사당은 아직도 평양에 있다. 기자가 도착했을 때 단군 왕조의 마지막 왕이 황해도 구월산으로 도피하여 그곳에서 죽었다.[1)]

한국에 상투를 소개했다고 추정되는 위만이 B.C. 194년 평양에 왔을 때, 기자 왕조의 마지막 왕인 기준이 남쪽으로 내려가 새로이 마한 왕국을 건설했다. 그 후 중국이 또 다시 침략했던 B.C. 108년에 위만의 자손이 죽임을 당하였고, 강 건너편 평양 남쪽에 낙양의 새 수도를 세웠다. 이후 234년과 467년경, 두 차례에 걸쳐 고구려 왕국(B.C. 27- 668)의 수도를 평양에 세웠다(3장. 2). 최초의 불교 승려 순도는 372년에 평양으로 왔고, 5년 후에 아도가 왔다(3장. 3). 선교기지의 정 서쪽에 있는 철도역 근처의 보통문은 고려 왕조의 성종 치세 기간에 세워졌는데, 이것은 아마도 한국에서 가장 오래된 건축물일 것이다.

평양의 개신교를 위한 길은 로버트 J. 토마스(Rober J. Thomas) 목사가 준비하였다. 그는 1866년 오늘날의 철교 바로 아래 대동강의 한 섬에서 순교하였고, 그를 기리는 토마스 기념교회를 강둑 반대편 남쪽에 세웠다. 평양 최초의 개신교인들 중에서 일부가 그 순교 장면을 목격하였으며, 토마스가 죽을 때 나눠주었던 한문성경들을 가지고 있었다.

평양은 1884년에 한국 선교회가 창립되었을 때와 마찬가지로 지금도 한국에서 두 번째로 큰 도시다. 1932년에 인구가 14만 4,215명이었고, 그 중에서 1만 9,268명이 일본인이었다. 평양 근처에 석탄이 매장되어 있어 장차 한국 산업의 중심도시가 될 것이다. 이곳이 1930년에 콘 프로덕스 컴퍼니(Corn Products Company)의 새 공장 부지로 지정된 사실은 이런 운명을 암시하는 듯하다.

1) 최초의 선교사 방문

감리교와 장로교의 선교회는 모두 평양에 사역자들을 배치시키는 일의 중요성을 처음부터 인식하고 있었다. 이에 여러 초기 선교사들이 재빨리 이곳을 방문하였다. 아펜젤러(H. G. Appenzeller) 목사는 1887년 4월 24일에 이 도시를 방문하였다. 그 해 가을에 언더우드(H. G. Underwood) 목사가 평양과 의주를 처음으로 방문하였다. 1888년 봄에 언더우드와 아펜젤러가 함께 평양에 갔다가 며칠 후 4월 28일에 미국 공사의 소환을 받았다. 그때 언더우드는 평양에 권서 한 명을 두었다.

언더우드 부부는 1889년 3월, 그들의 유명한 '신혼여행' 중에 평양을 방문하였다. 그 일과 관련하여 언더우드 부인은 그들이 도시 외곽의 한 쾌적한 지점으로 가서 이곳이 선교기지로 좋은 장소가 되리라고 생각했다고 말한다. 그녀는 심하게 앓다가 회복된 어느 기독교인 어머니의 집을 함께 방문하였는데, 이 도시를 떠나온 후 75세 된 한 늙은 남자가 따라와 "사람이 죄에서 떠날 수 있게 하는 종교에 관해서" 물었다고 전한다. 아펜젤러는 1889년에 스크랜턴(Scranton) 박사와 동행하여 세 번째로 평양을 방문하였다. 이렇게 하여 3년 동안 5차례 선교사들이 평양을 방문하였다.

마펫(S. A. Moffett) 목사가 평양을 처음 방문했을 때는 아펜젤러와 헐버트(H. B. Hulbert)가 동행하였다. 그들은 특별히 황주에서 우기에 물이 불어난 강을 건너는 위험천만한 모험을 한 후, 1890년 8월 28일에 평양에 도착하였다. 아펜젤러는 의주로 갔고, 헐버트는 그의 방문 목적이었던 외국인 공동체를 위한 석탄을 구입하지 못한 채 곧 서울로 돌아갔다. 마펫은 2주 동안 머물다가 소래를 거쳐 서울로 돌아갔다.

평양의 김선달이 운영하는 한 여관에서 마펫이 2주간을 보냈을 때 있었던 일은 번하이즐(Bernheisel) 박사가 다음과 같이 인용하였다. "그는 많은 한국인들의 방문을 받았는데, 그들은 생소하고, 키가 크고, 밝은 색의 머리털과 큰 코를 가진 훌쭉한 외국인을 보고 소리도 들어보려는 호기심에서 왔다." 그러한 방문자들에게 마펫은 한문으로 된 신약성서를 보여주며 한국인 어학선생 이씨의 도움을 받아서 그것을 설명해주려고 애썼다. 이씨는 서울에서 그와 함께 왔는데, 그의 형은 소래에서 살고 있었다. 한 사람이 흥미를 느끼고 그의 마을 사람들에게 '복음'을 전했다. 몇 년 후 마펫이 그 마을에 교회를 세웠고, 그 사람의 형은 나중에 장로가 되었다. 마펫이 평양에 머물던 그 기간에 현재 장로교 중앙교회가 세워져 있는 언덕을 걸어서 올라갈 때, 몇몇 어린 아이들이 돌을 던졌다. 마펫은 보트를 빌려 그 자신과 어학선생, 요리사, 짐 등을 싣고 강을 따라서 소래 근처까지 내려왔다. 그러나 그 배의 항해 능력이 형편없는 것으로 밝혀져서 황해도 안악에서 그 배를 버리고 육로로 소래에 가서 그곳에서 기독교인들과 한 주일을 머문 다음 서울로 갔다. 그렇게 해서 6주일을 보냈다. 그는 서울 영은문에서 미국 영사관 위에 휘날리던 '옛 영광'을 보았을 때 엄습했던 애국주의의 공포에 대해 이야기하였다.[2)]

이듬해(1891) 2월 마펫과 게일은 평양, 의주, 목단으로 가고, 그곳에서 동쪽으로 창성(강계 북쪽)과 함흥으로 가고, 남으로 원산과 서울로 가는 오랜 여행을 시작하였다(5장 1). 평양에서 잠깐 머물 때는 아무런 일도 일어나지 않았으나, 의주에서는 한석진이란 한 젊은 기독교인을 만났다. 한석진은 나중에 마펫이 평양에 있을 때 첫 번째 조사가 되었으며, 장로교 초대 목사 일곱 명 중의 한 명이 되었다. 1891년 가을에, 마펫은 다시 휴 브라운(Hugh Brown) 의사와 함께 평양과 의주를 방문하였다. 평양에서 네 명의 학습교인들을 받아들였고 마을 밖에서 일곱 명을 받아들였다. 1892년에 마펫은 평양과 의주로 세 번 갔다. 한번은 의사 빈튼(C. C. Vinton)과 동행하였다. 의주에서 그는 앞에서 언급했고 평양으로 그를 이끌었던 한씨에게 세례를 주었고, 평양을 새로운 선교기지의 장소로 결정하였다.

그래함 리(Graham Lee) 목사는 1892년 9월에 도착하여 마펫과 함께 새로 선교기지를 개설하는 일을 맡게 되었다. 그들은 1893년 2월에 평양으로 가서 한씨를 통해 현재 여자성경학원이 있는 한 부지를 샀다. 그러나 한국인들 사이에서 즉시 문제가 발생하여 이 도시의 관원들이 한씨에게 그 자산을 반환하도록 강요하였다. 그 후 얼마 지나지 않아 그 대신 동문 안쪽에서 커다란 한옥 한 채를 살 수 있었다. 방문 중에 마펫과 리는 서

1895년의 선교기지
웰즈 박사, 웹 부인, 리 부부, 마일로, 마펫

마펫의 첫 번째 집
최초의 교회 예배를 여기서 드렸으며, 1894년 최초의 세례교인 7인의 세례식도 여기에서 행했다.

장로교 중앙교회
1,500석 규모로 1900년에 건축되었으며, 18교회의 모태가 되었다.

초창기의 평양

문 거리를 걸어 내려가면서 감영 앞을 지날 때, 경찰들이 던진 돌에 맞았다. 돌을 던진 자들 중의 한 명인 이기풍은 후에 기독교인이 되었고, 헌트의 요리사가 되었으며, 마침내 한국 장로교의 초대 목사로 안수받았다. 그와 아내는 한국 장로교가 파송한 최초의 선교사가 되어 제주도로 갔다. 그때 관찰사도 사람들에게 외국인들을 쫓아내도록 명령하였다. 2백 혹은 3백 명의 폭도들이 모여들었다. 마펫은 대변인 세 명을 들어오게 하여 이야기를 나누었다. 대변인들은 선교사들이 떠나지 않는 것을 그들이 찬성하면 그들의 목숨이 위태롭게 된다고 하면서 의주로 가도록 말했다. 그러나 첫 날을 보낸 후에 리가 이질에 걸려 아프게 되자 의주로 가는 대신 서둘러서 육로로 원산에 있는 게일에게 갔다. 리가 원산에서 회복되고 있을 때, 마펫은 '조랑말 급행차'를 타고 서울로 출발하면서 돈(동전 '현금')을 싣기 위해 한두 마리의 조랑말을 더 대동하였다. 후에 선교사들은 당 샤오 이(Tang Shoa Yee)로부터 말굽은(은괴)을 살 수 있었다. 그는 나중에 중국의 대정치가가 되었으나 그때는 중국공사 원세개의[i] 비서로서 한국에 있었다. '말굽은'은 '현금'으로 교환할 수 있었다.

2) 선교기지의 개설

마펫은 1893년 10월에 평양으로 이주해 와서 한씨가 구입했던 동문 안쪽에 있는 집에서 홀로 6개월간 머물렀다. 그의 이웃집 사람은 한국인 유학자인데, 어느 날 술이 취했을 때 '서양 귀신'을 죽이겠다고 와서 마펫의 조사와 요리사가 말린 적이 있었다.

마펫 목사는 이곳으로 오자마자 22명의 학습교인들로 한 반을 조직하였다. 그들 중에는 안악에서 온 한 남자, 선천에서 온 다른 사람, 1866년에 토마스로부터 한문성서를 받았던 사람, 술주정꾼 여관 주인 등이 있었다. 여관 주인은 철저히 회심하여 30년 동안 선교기지의 모든 건물과 사업을 경영하는 데 크게 기여한 조사가 되었다. 그 사람, 곧 최초시는 여러 해 동안 장로로 있었으며, 북부지방의 기독교회에서 유명했다. 그는 1931년에 죽었다. 1894년 1월 8일에 이 반에서 남자 일곱 명이 세례를 받았으며, 평양에서 처음으로 성찬식이 실시되었다.

그러나 평양 최초의 신자는 그 일곱 명 중의 하나가 아닌 김종섭이라고 하는 청년이었다. 마펫 목사가 그에게 성서를 읽어보고 그것이 하나님의 말씀인지 아닌지를 알아보라고 도전했을 때, 그는 그렇게 하여 성서를 공부하며 복음의 메시지를 듣기 시작하였다. 일 년 후에 믿음을 가졌고, 학습기간을 더 거친 후에 세례를 받았다. 그는 평양에서 첫 번째 장로, 첫 번째 병원 전도자, 첫 번째 목사 후보자가 되었다. '그 일곱에 들지 않은' 어느 16세 소년은 전도지들을 집으로 가져가 어머니에게 보여주었다. 그의 어머니인 이씨 신행(Yi-Sie Sin-haing)은 평양에서 첫 여성신자가 되었고, 25년간 여선교회 회장을 지냈다. 그러는 동안 그녀의 아들은 그 교회의 장로가 되었다. 처음 여러 달 동안 초기 여성 신자들은 교회로 와서 8×16피트의 어두운 방에 앉아 예배를 드렸으며, 최초의 남학교가 조직되었고, 최초의 교회헌금 13냥[$1\frac{1}{4}$ 센트)이 바쳐졌다.

마펫 목사는 1894년 4월에 그의 동료 리를 만나기 위해 서울로 돌아갔다. 리는 신부와 장모인 웹(Webb) 여사와 함께 미국에서 돌아왔다. 그가 없는 동안 5월 8일에 평양 사람들이 기독교인들과 홀(W. J. Hall) 의사, 그의 아내 로제타 홀(Rosetta Hall) 의사를 대적하는 박해 사건이 발생했다. 감리교 선교사들인 홀 의사 부부는 어린 아들을 데리고 그 전 날 평양으로 왔다. 홀 박사의 조사 김창식, 마펫의 조사 한씨, 한씨가 샀던 집의 주인이 체포되어 감옥에 갇혔다. 그들은 매를 맞았고, 이 도시에 있는 모든 기독교인들을 죽이겠다는 협박을 받았다.

이 소식이 서울로 전해졌을 때, 선교사들은 기도모임을 갖고 있었다. 마펫과 윌리엄 J. 멕켄지(Wm. J. McKenzie) 목사가 평양으로 떠났고, 미국과 영국의 공사들은 서울에 있는 한국 관원을 압박했다. 얼마 안 있어 갇힌 사람들이 풀려나고 배상금이 지급되어 박해가 종료되었다.

맥켄지 목사는 곧 소래로 갔고 그곳에서 이듬해에 죽었다. 마펫 목사는 6월에 안악으로 갔다가 일주일 만에 평양으로 돌아왔다. 9월 15-17일에 청일전쟁이 일어나 평양에서 양국 군대가 접전을 벌이고 있을 때도 그곳에서 박해는 아직 진행되고 있었다. 도시 서쪽의 평원은 중국인들의 시체로 뒤덮였다. 전쟁이 일어나기 전 8월에 평양의 선교사들이 서울로 떠났고, 기독교인들을 포함해 거의 모든 평양 주민들이 시골지역으로 피신했다. 이렇게 흩어진 결과 기독교인이 가는 곳마다 복음을 전파하여 이내 수많은 기독교인 집단이 형성되었다.

10월에 마펫과 리 그리고 홀 박사가 평양으로 왔고, 헐버트도 그들과 동행했다. 헐버트는 다음과 같이 기록했다. "도망치던 중국인들이 버린 물건들 중에 부채와 종이우산 등이 있었다. …… 어느 곳에서는 총을 맞았던 자리에서 쓰러져 정말로 차곡차곡히 쌓여 있는 시체더미에서 20구를 셀 수 있었다. 수백 구의 시체들이 거의 4분의 1마일의 길이와 몇 야드 넓이로 띠를 이루며 널브러져 있었다."[3] 전투가 있은 지 3주 후의 정경이었다.

불행히도 한 달 후에 홀 박사가 병이 나 진남포에서 서울로 이송되었다. 그때 마펫과 테이트(Tate)가 동행하였다. 그는 1894년 11월 24일, 서울에서 죽었다.

마펫과 리는 1895년 1월에 평양으로 돌아왔다. 그때 그들은 선교기지의 부지를 다시 구입할 수 있었다. 그 장소는 한씨가 1년 전에 압력을 받고서 할 수 없이 포기했던 곳이었다. 그 후 여러 해 동안 추가로 땅을 구입하여 현재는 약 8에이커 정도의 매우 값비싼 지역을 확보하고 있다.

1895년은 평양의 두 선교사들에게 매우 분주한 해였다. 순회전도를 하였고, 기독교 문헌을 배포하였고, 사경회를 운영하였고, 매일같이 복음을 듣고자 하는 모든 사람들에게 전파하였다. 1895년 12월에는 한 달간 훈련반을 개최하여 시골지역 집단들의 지도자들을 가르쳤다. 20명의 한국 기독교인들이 스스로 경비를 부담하며 나가서 복음을 전했다. 평양 북쪽으로 15마일 떨어진 순안에서도 한옥이 매입되어 예배당으로 사용되었다. 평양의 이 기독교인 집단은 소래의 기독교인 집단과 더불어 한국 최초의 교회건물을 최초로 순전한 한국인들의 헌금만으로 사고 지었다는 명예를 공유하고 있다. 그 일은 유명한 작가 이사벨라 버드 비숍(Isabella Bird Bishop) 여사가 평양을 방문했던 기간에 일어났으며, 그녀는 다음과 같이 기록했다. "지난 겨울에 내가 보았고 지금도 많은 면에서 같은 방법으로 진행되고 있는 평양사역은 내가 세계 여러 곳에서 보았던 선교사역들 중에서 가장 인상적인 것이었다."[4] 그 일은 1896년 5월에 리 부인과 그녀의 어머니 웹 부인이 평양으로 왔던 때의 일로 한정되는 것은 아니었다. 그들의 도착으로 평양 선교기지가 완벽하게 세워졌다고 말해질 수 있었다. 1895년 10월 헌터 웰즈(J. Hunter Wells) 의사가 평양에 도착하여 의료사역을 시작하였다.

3) 도시 전도사역

동대문 안쪽의 교회건물이 1896년에 두 칸(한 칸은 8×8피트이다)에서 스물 두 칸으로 증축되어 500명이 앉을 수 있는 규모가 되었다. 1897년의 연례모임에서 리가 선교기지에 대해 주일 오후에는 한 번 대예배를 드리고 오전에는 다섯 번 주일학교 예배들을 드린다고 보고하였다. 그 교회는 그때그때 드는 경비를 스스로 충당하고 있었다. 거기에는 전도사 한 사람에게 매달 지급하는 8달러와 순안의 전도사에게 매달 지급하는 2달러의 봉급이 포함되어 있었다. 그 해 여름에는 여성들을 위한 별도의 건물을 평양에서 샀다. 교회는 건물 개조를 위해 100달러를 지급했고, 기근으로 고통당하는 인도 사람들을 위해서 50달러를 기부하였으며, 크리스마스 축하 행사를 위해 20달러를 모아 그 돈으로

평양 중앙교회의 1905년도 교회 중진들. 이들 13명 중 6명은 목사가 되었고 2명은 장로가 되었다.

평양 감옥의 죄수들을 위해 성경을 사고 크리스마스 만찬을 마련해주었다. 그 해의 헌금 총액은 314.95달러였다(미국 돈으로 환산하려면 10을 곱해야 한다).

1898년에 현재의 중앙교회(장대현교회) 건물 부지를 구입하였고, 여전도회(Woman's Home Missionary Society)가 63명의 회원으로 조직되어 순안에 전도사를 파견하였다. 그 읍에 6개의 주일학교들이 있고 일 주일에 17차례의 예배를 드린다고 보고되었다. 1890년에는 두 번 드리는 주일 오후 전도예배에 500명이 참석했고, 수요 기도예배에 300명이 참석하였다. 1900년에는 삼천 원(1,500엔)의 기부금으로 두 차례에 걸쳐 새 교회 건축비가 지불되었고, 그 해 6월 25일에 중앙교회의 머릿돌이 놓였다. 7월 15일에 김종섭이 최초로 장로안수를 받았고, 4년 동안 조사로서 유능하게 일해 온 다른 피택 장로 이용은이 안수받기 전 4월에 죽었다. 그 건물은 1901년 6월에 준공되었으며, 예배를 드릴 때 천사 백 명이 모였다. 핍박을 받는 한 여성은 새 교회를 위해 하루에 한 냥씩 모아 백 냥[$.08]을 헌금하였다. 그 해 여름에 아더 J. 브라운 목사가 평양을 방문했을 때, 길선주와 방기창을 비롯한 두 명 이상의 장로들의 안수식에 참석하여 그들을 장립하였다. 그때(1901) 중앙교회에는 18개의 구역들이 조직되어 있었다. 이듬해(1902) 이 구역들 가운데 한 구역을 이룬 40명의 구역원들은 어느 여름 오후에 중앙교회 주일 성찬예배에 참여하려고 비를 무릅쓰고 8마일을 걸어왔다. 그 40명 중에서 한 명은 73세 된 여성이었다. 1903년에 이르러 중앙교회는 수요 기도예배에 평균 1천 명에서 1,200명이 참석하여 유명해졌다. 그 해에 450파운드의 교회종을 샌프란시스코의 게렛 여사(W. T. Garrett)와 모튼 여사(H. D. Morton)가 기증하였고, 운송비는 테일러 여사(A. L. Taylor)가 지불하였다. 그 종은 특별히 중앙교회를 위해 주조되었고, '예수께서 오실 때까지 울려라' 라는 글이 새겨져 있었다. 그 종은 몇 년 전에 금이 가서 사용되지 않고 있다.

그 교회 최초의 장로 김종섭이 최초의 협동목회자가 되었다. 건강을 잃어 1904년에 부득이 사직하게 되었을 때, 6년간의 충성스런 섬김을 치하하여 부유한 교인 13명이 크리스마스 날에 그에게 집 한 채와 농장을 선물했다. 두 번째 협동목회자로 길선주가 1903년에 부임하였다. 그는 나중에 '길 목사' 로 유명해진 인물이며, 1907년 10월에 한국 장로교에서 세움 받은 초대 목사이다. 그는 지금도(1932) 중앙교회 원로목사이며 유능한 복음전도자이다. 그의 시력은 지금도 매우 나쁘기는 하지만, 해리 화이팅(Harry C. Whiting) 의사의 백내장 수술 덕분에 완전히 장님이 되는 것을 면했다. 몇 년 후에는 세브란스 병원의 러드로우(A. I. Ludlow, F.A.C.S.) 의사의 수술로 목숨을 구했다. 그가 중앙교회의 목사로 취임하기 전에는 마펫과 리가 교회를 이끌었다.

중앙교회는 1903년에 남문교회가 세워지면서 사람들이 모여들기 시작하였다. 처음에 동문의 예배당에서 모였던 회중이 이제는 남문 밖 기와지붕 건물에서 모이게 되었고, 이후 새로운 건축이 시작되어 1906년에 끝났다. 남문 밖의 사역은 스왈른 부부와 스누크(Snook) 양이 시작하였다. 최초의 목사는 스왈른과 블레어였다. 스왈른 박사와 그의 부인은 그 교회에서 오랫동안 일했다. 1907년에는 600명의 신자들이 등록하였다. 첫 번째 한국인 목사는 이일영으로 1913년 7월에 부임하였다.

사창골 혹은 북부교회는 1905년 12월의 마지막 주일에 맨 처음 모였다. 그때 출석인원이 100명 미만이었으나, 일 년 안에 두 배 이상 늘어 새 건물을 세웠다. 1907년에는 평균 450명이 출석했다. 1913년 가을에는 칠백 명의 회중을 수용하기 위해 건물이 네 배로 증축되었다. 현재의 큰 건물은 1924년에 2만 5천 달러의 비용을 들여 건축되었으며, 이 도시에서 가장 완벽한 건물로 인정받고 있다. 블레어(W. N. Blair) 목사가 최초의 목사로 봉직했고, 그들 부부는 지금도 그 교회에서 협력하며 일하고 있다.

제4교회는 동문교회란 이름으로 시작하였으며, 1906년 1월에 옛 동문 예배당에서 첫 예배를 드렸다. 현 위치에 새로 마련된 교회건물로는 1907년 9월 1일에 이전하였다. 번하이즐(C. F. Bernheisel)이 초대 목사였다. 1911년에 교회건물이 확장되었다. 그 교회의 첫 번째 한국인 목사인 한승곤은 1913년에 부임하였고, 그때 회중은 평균 400명에서 500명 정도였던 것으로 보고되었다. 강규찬 목사가 그 교회에서 오랫동안 사역하였다.

제5교회 혹은 서문교회는 1909년에 550명의 세례교인들과 600명의 평균 출석자들과 더불어 중앙교회에서 분립되었다. 마펫 박사와 리가 목사로 일했다. 그들은 여러 해 동안 신학교 강당에서 모였다. 일 년 후 회중의 수가 900명이 되었고, 1911년에 1천 명이 되었으며, 현재 이 도시에서 가장 많이 모이고 있다. 그 공동체는 선교기지 주택지대의 유력한 기독교인들이 인근에 있을 뿐만 아니라 남 · 녀 중등학교, 전문학교, 신학교의 수많은 학생들이 참석하고 있다. 그러한 이유에서 1922년에 새로운 교회시설을 지었을 때, 미국의 선교부로부터 오천 달러에 이르는 지원금을 받았다. 대학과 신학교를 모두 졸업한 김선두 목사가 1913년에 그 교회의 첫 번째 한국인 목사로 초빙 되었다. 현재는 임종순 목사가 봉직하고 있다.

제6교회 혹은 왜성교회(Waysung Church)는 1911년에 베어드 박사와 모우리가 맡고 있다는 사실이 처음으로 보고되었다. 그 교회는 이 도시의 서남단에 있다. 2년 후 100명의 회중이 모인 것으로 보고되었다. 일찍이 1902년에 한 예배당이 있었다. 1904년에 화이팅 박사와 스누크(Snook) 양이 일본군 주둔지 가까이에 있는 그 지역을 할당받았다.

제7교회 혹은 연화동교회도 이 도시의 서남쪽으로 철도역 방향에 있다. 1911년에 남문교회에서 분립되었으며, 그때 필립스(C. L. Philips) 목사가 담임하였다. 1911년 12월 31일에 200석의 새 교회건물로 들어갔으나, 처음부터 너무 비좁아 이후에 증축되었다.

'일일이 언급하기에는 너무나 많은' 다른 교회들이 평양과 근교 지역에 세워졌으며, 각 교회의 등록교인이 300명에서 800명에 이르고 있다. 그 18개 교회들의 주일학교 출석자들은 모두 합쳐서 1만 2천 명이며, 가장 큰 서문교회에는 2천 2백 명이 출석하고 있다. 유명한 '피그빌 교회'(Pigville Church, 경찬리교회)는 선교기지 북쪽에 있으며 현재 800명이 교회에 나오고 있다. 또 다른 교회(소성리교회)는 1922년에 등록교인이 60명이었다가 10년 만에 그 수가 10배로 불어났다.

4) 시골지역 전도사역

1897년에는 평양남도에만 20개 이상의 예배처소가 있었으며, 이 선교기지가 관할하는 평안남북도와 황해도의 54개 지역 중의 한 곳을 제외하고는 모든 지역에서 복음을 전파해 왔다. 일 년 후(1898)에는 선교기지가 관할하는 그 모든 지역들 안에 126개의 집단들, 69개의 교회건물들, 1,050명의 세례인들, 3,440명의 학습교인들이 있었다.

이 큰 선교 현장은 이 기지에 속한 네 명의 안수받은 선교사들에게 할당되었다. 이를테면, 평안북도는 휘트모어(Whittemore)가, 황해도는 리(Lee)가, 평안남도의 북부는 마펫(Moffett)이, 동쪽과 서쪽 지역은 베어드(Baird)가 맡았다. 1901년과 1906년에 각각 선천과 재령에 선교기지가 개설된 후에는 평양 선교기지의 시골사역이 다음과 같이 할당되었다. 동부 순회구역은 마펫이, 역시 동쪽에 있는 강동은 번하이즐(Bernheisel)이, 북부 순회구역-안주, 영유, 순안-은 블레어(W. N. Blair)가, 평양 서쪽 근교 순회구역은 베어드가, 서부 순회구역은 스왈른이, 평양 남쪽의 정화, 황해도 동부의 황주, 곡산은 리가, 평양 남쪽 순회구역은 맥큔(McCune)이 맡았다. 이후 북쪽으로 멀리 떨어진 덕천이 또 다른 순회구역으로 설정되어 필립스의 책임 아래 있게 되었다. 이 중 서부와 안주, 두 곳은 나중에 노회로 발전하였다. 1929년의 조사보고에 의하면, 한국교회와 선교기지가 복음화를 위해 특별히 감당해야 할 그 지역의 주민이 백만 명 이상에 달했다. 위에서 언급된 사람들 가운데 베어드 박사와 맥큔 박사, 마펫 박사와 번하이즐 박사는 교육사역에 종사하느라 한동안 인근 시골지역의 전도사역에 파트타임으로 참여할 수밖에 없었다. 다른 성직자들도 다음과 같이 교육사역을 도왔다. 모우리(E. M. Mowry): 1909년부터, 호프만(C. S. Hoffman) 목사: 1910-1912년, 스미스(W. E. Smith) 목사: 1912-1919년, 로버트(S. L. Robert, D.D.) 목사 부부와 해밀턴(F. E. Hamilton) 목사: 1920년부터, 클라크(C. A. Clark, D.D.) 목사: 1922년부터, 월터 C. 어드만(Walter C. Erdman, D.D.) 목사: 1924-1930년, 프란시스 킨슬러(Francis Kinsler) 목사: 1928년부터.

시골지역 전도사역을 할당받은 선교기지의 또 다른 성직자들로서 홀드크로포트(J. G. Holdcroft, D.D.) 목사는 1909-1926년에, 웰본(A. G. Welbon) 목사는 1917-1919년에, 힐(H. J. Hill) 목사는 1920년부터 사역을 하였다. 홀드크로포트 박사는 1913년부터 부분적으로 시간을 할애하였고, 1920년부터 1932년까지는 대부분의 시간을 한국 주일학교연합회 총무의 사역에 투입하였다. 선천과 재령의 새 선교기지로 옮길 것을 예상하여 평양의 사역을 도왔던 자들로서 휘트모어 목사(N. C. Whittmore)는 1896-1911년에, 조지 렉(George Leck) 목사는 1900-1901년에, 헌트(W. B. Hunt) 목사는 1897-1906년에, 해리 C. 화이팅(Harry C. Whiting) 의사는 1903-1906년에, 쿤스(E. W. Koons) 목사는 1903-1906년에 활동하였다. 일군의 평신도들-여기에 안수받은 장로들도 일부 포함되어 있다-도 이 도시와 인근 시골지역의 교회사역에 적극적으로 참가하였다. 로버트 맥머트리(Robert McMurtrie)는 1907-1913년에, 길리스(A. W. Gillis)는 1913-1919년에, 라이너(R. O. Reiner)는 1915년부터, 루츠(D. N. Rutz)는 1921년부터, 데이비드 솔타우(David Soltau)는 1921-1929년에 활동하였다.

5) 교회의 성장

평양 선교기지가 1894년에 작성한 첫 해의 보고서에 따르면, 그때 평양에 일곱 명의 세례자들과 총 12명의 신자들이 있었다. 그리고 평안남·북도에 총 52명의 세례교인들이 있었다고 전한다. 10년 후(1904) 평안남도와 황해도 동부의 세 지역에 예배처소가 113개, 세례교인이 3,700명, 기독교 신앙을 고백하는 자가 1만 명이 있었다. 1914년에는 예배처소가 246개로(10년간 118퍼센트 증가), 세례교인이 1만 4,800명으로(300퍼센트 증가), 등록교인이 3만 400명으로(214퍼센트 증가) 증가하였다. 그때까지도 한국인으로는 겨우 5명의 위임목사가 있었다. 1924년에는 예배처소가 270개로(10년간 10퍼센트 증가), 세례자가 1만 7천 명으로(15퍼센트 증가), 등록교인이 3만 5,300명으로(13퍼센트) 증가하였다. 한국인 목사의 수는 53명으로 증가하였다.

최근(1933)의 통계에서는 예배처소가 366개이며(34퍼센트 증가), 성인 세례교인이 2만 932명이며(23퍼센트 증가), 기독교인임을 자인하는 자가 5만 4,300명(53퍼센트 증가)이었다. 한국인 목회자들은 112명으로 늘어났으며, 그 중에서 17명은 활발하게 목회하지 못하였다. 1929년에는 주민 19명 중에서 한 명이 기독교 신앙을 고백하는 자들이었으며, 주일학교 학생은 거의 6만 명에 달했다. 성직을 받은 선교사들은 143명이었는데, 거의 300개 교회와 집단들을 돌보고 있었다.

그 중 한 지역의 교회 성장 사례를 측면에서 묘사하면, 1902년에 블레어(W. N. Blair, D.D.) 목사가 마펫 박사와 함께 처음으로 안주의 성벽을 따라서 걸어갔을 때는 그 읍에서 신앙고백자로 오직 김씨와 읍 바깥에서 주막을 운영하는 그의 아내밖에 없었다.

주변 지역에서 몇 명의 기독교인들이 또한 그곳으로 들어왔다. 1914년, 안주에 새 교회 건물이 세워졌을 때는 "관원이 성 밖 귀신사당의 기와를 그들에게 팔아 기독교인들이 군중들 사이를 지나 그것들을 교회로 운반하였다."[6] 현재(1933)는 안주노회에 88개 교회들과 집단들, 22명의 목사들, 1만 1,165명의 기독교 신앙고백자들, 4,405명의 세례교인들이 있다.

스왈른 박사 부부는 1932년에 은퇴할 때까지 평양에서 33년 동안 사역하였다. 그들이 평양에 왔을 때, 서부 순회구역-그들과는 1905년부터 연계되었다-에는 10개의 예배처소들에 78명의 세례교인들이 있었다. 1933년에는 평양서부노회에 63개의 교회들, 25명의 한국인 목사들, 1만 3,468명의 기독교 신앙고백자들, 5,514명의 성인 세례교인들이 있다. 평양에서 40년 동안 사역했던 마펫 박사는 이 선교기지의 관할지역에서 성인 세례교인의 수가 7명에서 2만 명으로 증가하고 등록신자가 12명에서 5만 명 이상으로 늘어난 것을 보았다.

6) 한국인 여성을 위한 사역

1898년에 베어드 부인과 베스트 양-모두 일 년 전에 선교기지에 도착했다-은 이 도시 안에서 한국인 여성을 위한 주일학교를 개설하였다. 1896년에 평양으로 온 리 부인은 도시 밖에서 주일학교를 운영하였다. 베어드 부인과 리 부인도 그 두 곳에서 매주일 여성기도모임을 이끌었다. 리 부인은 이 도시의 한 여학교에서 가르쳤고, 도시 밖을 담당하게 되면서 웰스 부인에게 그 일을 넘겼다. 이렇게 해서 한국인 부인들과 소녀들을 위한 사역이 시작되었다. 이 일은 이곳에서 활동한 모든 여성들의 협조 속에서 선교기지의 40년 역사 동안에 일반적으로 행해졌다.

의사 엘리스 피쉬(Ellis Fish) 양과 헌트(Hunt) 부인은 1898년에 이 기지로 왔으며, 스왈른(Swallen) 부인은 1899년에 왔다. 4년 후(1896-1899년)에는 일곱 명의 여 선교사들과 웹(Webb) 여사가 이 기지에 있었고, 베어드(Baird) 부인과 스왈른 부인은 1891년과 1892년부터 그 현장에 있었다. 그러므로 베스트 양은 이 기지에 온 첫 번째 독신여성 사역자가 되었다. 이후 그녀는 이 기지에서 뿐만 아니라 전체 선교회에서 한국 여성들을 조직하고 이끌었다. 이곳에 온지 3년 후부터는 평양 북부지역을 제외하고 기독교인들이 있는 곳이면 빠짐없이 방문하였다. 한 여행에서는 한국 여성들과 아침 일찍 "눈 덮인 산을 넘고 미끄러운 논길을 지나" 어느 토요일 밤 11시 반에 안악에 도착하였다. 그러한 경험은 시골지역을 다니는 미혼여성 사역자에게 흔치 않은 일이었다.

1901-1902년의 보고서를 읽으면 선교기지의 여성사역에 관한 한 가지 좋은 아이디어를 얻을 수 있을 것이다. 이 보고서는 여성회원 각각의 사역을 나열하고 있다. 베어드 부인은 이백 명이 출석하는 주일아침 여자성경학원를 맡고 있었고, 30명에서 40명이 참석하는 수요일 오후의 기도모임을 이끌고 있었으며, 주일학교 교사들을 위한 토요일 오후반에서 가르치고 있었다. 리 부인은 선교기지 구내 마르키스 채플(Marquis Chapel)에서 주일학교를 이끌었다. 그 건물은 1900년에 일리노이 주 록 아일랜드(Rock Island)의 마르키스(W. S. Marquis) 목사 부부의 여성사역을 위한 기부금으로 세워졌다. 여기에서 웰스 부인은 여학생들의 통학학교를 책임 맡았고, 그녀의 집에서도 일주일에 두 번 여자청년반을 이끌었다. 그 해에 그녀는 한국인 가정을 100번 방문하였고, 병실도 정기적으로 방문하였다. 헌트 부인은 황해도 시골지역에서 11주를 보내면서 네 곳의 여성반을 개최하였다. 1년간 이 선교기지의 일원으로 있었던 샤록스(Sharrocks) 부인은 여학교와 여성모임에서 어학수업을 이끌었을 뿐만 아니라 노래반의 운영을 도왔다. 웹(Webb) 부인은 여자아이들을 위한 주일아침반을 맡았다. 나중에 마펫 부인이 된 피쉬(Fish) 의사는 교리문답 학습자를 위한 주간반을 이끌었고, 평양지역 10마일 안에 있는 세 교회를 방문하였다. 1901년에 도착한 블레어 부인과 스누크 양은 시골여행을 실시하였다. 스왈른 부인은 마르키스 채플 주일학교와 여성반들을 도와 가르쳤고, 수요일 오후의 사경회와 토요일 오후의 교사반을 가르쳤으며, 시골여성을 위한 가을 훈련반에서 낮 시간을 맡아 가르쳤으며, 왜성교회에서 사역을 수행하였다. 베스트(Best) 양은 한 해에 8개 시골지역에서 성경공부반을 가르쳤으며, 그 이듬해에는 7개 반을 가르쳤다. 한번은 멀리 떨어진 산악지대를 향해 육로로 175마일을 갔다. 여성사역에 대한 이러한 설명은 매년 반복되었다. 선교사들은 날마다 그들의 집에서 한국인 방문자들을 맞이하기 위해 서서 기다렸으며, 한국인 무리들을 초대해 모임을 갖고 다과를 제공하였다. 사역이 발전되면서 새로운 형태의 사역들이 수행되었다. 예를 들어 번하이즐(Bernheisel) 부인과 루츠(Rutz) 부인은 유치원을, 루츠 부인, 솔타우(Soltau) 부인, 기타 다른 사람들은 음악사역을 수행하였다.

10년 후, 1907년에 알리스 M. 버츠(Alice M. Butts) 양이 베스트 양의 동역자가 되어

1933년도 평양 여자사경회. 2천 명 이상의 여신도들이 참석하였다.

이후로 계속 같이 일하였다. 그러는 동안 샤프(Sharp) 부인, 밀러 부인(E. H. Miller), 번하이즐 부인이 각각 독신여성 사역자로 도착하였다가 곧 결혼하였다. 번하이즐 부인만은 선교기지에 남았다. 그 후 독신여성 사역자들인 루이스 헤이즈(Louise Hayes) 양은 1922년에, 캐더린 맥큔(Catherine McCune) 양은 1925년에 베스트 양과 버츠(Butts) 양의 사역에 합류하였다. 안나 S. 도리스(Anna S. Doriss) 양은 1913년에 와서 거의 모든 특수교육 분야에 참여하였다. 이 일에 대해서는 나중에 언급할 것이다.

7) 남녀 사경회

평양 선교기지는 남녀 모두를 위해 잘 정비된 사경회 교육제도를 유지해옴으로써 선교회의 한 정형을 이루어왔다. 1897-1898년에 시골지역에서 5개 반이, 도시에서 2개 반이 운영되었으며, 남자반 한 반에는 150명이 참석하였고, 여자반 한 반에는 60명이 참석하였다. 사월에 열린 여자반은 처음으로 시도된 것이었다. 이 도시 교회들의 한국인 여성들은 충분한 헌금을 하여 시골지역에서 온 20명의 여성들을 열흘 동안 대접하였다. 그들 중의 몇 명은 120마일이나 먼 곳에서 왔다. 이 년 후 그 해에 총 52개 반이 운영되었던 것으로 기록되었다. 그 중 25개 반에서 한 명 또는 그 이상의 선교사들이 가르쳤다. 평양에는 이 도시와 시골지역의 여성들을 위해 봄과 가을에 열리는 사경회가 각각 60명이 참가한 가운데 개최되었다. 남자들을 위한 겨울반에는 250명이 참석하였고, 조사(봉급 받는 사역자)들을 위한 여름반에는 45명의 인원이 참석하여 15일간 진행되었다. 1901년 시골지역의 여성을 선별하여 교육하는 특별 겨울반이 시작되었다. 처음에는 8명이, 다음에는 20명이 참석하였는데, 이 교육은 이 여성들을 교육시켜 나가서 다른 사람들을 가르치게 하기 위함이었다.

1908년부터 평양의 여성들을 위한 정규적인 연례 사경회, 즉 시골지역과 도시의 여성들을 위한 전체 사경회로 네 반이 열렸다. 초가을에 2주간 열리는 특별 '사역자' 반은 오직 제한된 수의 전도부인들과 선교사들에 의해 선정된 다른 사람들만을 위해 열렸으며, 그들은 그 해에 그들이 시골지역 사경회에서 가르치게 될 공부 계획표에 따라 지도를 받았다. 그리고 "특별반은 선교사들이 초대한 여성들이나 그들의 조사들만을 위해 열렸으며, 한국인 목사들이 가르쳤다. 그들을 가장 잘 교육하여 전도부인, 목사의 조사,

1926년도 선교회의 고등성경학원 교사들과 최초의 졸업생들

주일학교 교사"의 일을 맡기려는 의도에서였다.[7)]

1912년에 한국인 여성 지도자들이 166개 시골마을에서 5,700명의 여성들을 가르쳤다. 1903년부터 평양시에서 남녀반이 분리되어 운영되었다. 1914년에 이 도시 사경회들에 참석한 자들은 남자가 400명이었고, 여자가 500명이었다. 1907년에는 남자가 800명, 여자가 300명이었다.

1914년 봄에 목사 사모들을 위한 첫 번째 사경회가 19명이 참석한 가운데 열렸다. 1902-3년 초에는 선교기지의 여성 사역자 5명이 사경회를 위해 총 133일을 시골지역에서 보냈다. 시골지역의 14개 중심지들에서 15번 사경회가 열렸으며, 총 600명의 여자들이 참석하였다. 시골에서 올라온 남녀를 위해 평양에서 열린 전체 사경회들은 매 회마다 천 명을 넘기가 일쑤였으며, 도시와 시골 전체의 남자 사경회들 혹은 여자 사경회들의 총 참석자는 각각 만 명 혹은 그 이상이었다. 1904년에 "지난 해 세례교인들과 학습교인들의 약 60퍼센트가 이 사경회들에 한 번 혹은 그 이상으로 참석하는 특권을 얻었다. 사경회들은 그런 자들이 약 75퍼센트를 이루고 있었다"고 보고되었다. 1914년에 스왈른 박사는 그의 순회구역에 대해 "모든 교회에서 남녀가 분리된 사경회가 열렸으며, 총 참석자가 남자는 3천 명, 여자는 2,700명에 이르렀으며, 만일 순회구역에서와 중앙 사경회들에서 공부한 자의 수를 더한다면, 전체 합계는 최소한 1천 명까지 증가하게 될 것이다"라고 하였다. 그 해 50개 교회들과 9,500명의 등록교인들이 그의 순회구역에 있었다.

8) 성경학원

1907년 5월에 처음으로 전도부인을 훈련시키기 위한 학교가 106명의 출석으로 개교되었다. 남자성경학원(Men's Bible Institute)에는 삼백 여 명이 등록하였다. 그때는 대부흥의 해였다. 여자성경학원의 공식적인 조직은 1910년에야 50명의 출석으로 이루어졌다. 1907년 2월 20일에 미국의 선교부는 메리 보든 부인(Mary Bordon)과 크로웰 부인(H. P. Crowell)이 평양 여성성경학원의 건축을 위해 넉넉히 4,500달러를 기부하였다고 알려왔고, 다음해에 그 건물이 세워졌다. 그 건물은 연례대회가 자주 개최되는 장소가 되었다. 그것은 선교회 사람들 모두가 마음으로 소중히 여기는 것이었다.

첫 번째 졸업식은 1912년 6월 12일에 열렸다. 1930년까지 입학을 허락받은 700명에서 800명의 학생들 가운데 184명이 졸업하였다. 그 중 75명은 봉급을 받는 전도부인이 되었다. 베스트(Best) 양은 초대 교장이었고, 버츠(Butts) 양이 그 뒤를 이었으며 지금도 활동하고 있다. 도리스(Doriss) 양이 실질적인 역할을 물려받은 첫 번째 교장이 되었다. 예외적으로 베스트 양이 일 년간 안식년을 맞았을 때, 도리스 양이 교장직을 수행한 일이 있었다.

남자성경학원은 1926년까지 별도의 건물이 없었다. 전 기간에 걸쳐 수강생들이 200명 이상일 때가 많았다.

9) 여자고등성경학원

여자들을 위한 고등성경학원을 평양에 개설하는 일은 1922년에 선교회에서 승인되었다. 1년 3학기에 3년 과정으로 1923년 3월 23에 시작되었다. 1926년 봄까지 36명의 학생들이 있었고, 그들 중 절반은 신빈과 만주에서 온 자들을 제외하고는 우리 선교회 내의 다른 모든 선교기지들을 대표하고 있었다. 1926년 2월 16일에 최초로 4명이 졸업하였다. 한국인 교사들을 더한 교사진이 구성되었다. 교장은 마가렛 베스트(Margaret Best) 양이었고, 캐더린 윈 부인(Catherine Winn)에 이어 캐더린 맥큔(Catherine McCune) 양이 1927년부터 그 뒤를 이었다. 이 선교기지의 여러 여성사역자들과 몇 명의 남자들, 다른 기지에서 온 독신여성들이 교사진을 이루었다. 1만 5천 달러를 들여 지어진 새로운 교육관이 1930년 9월 20일부터 사용되었고, 앞으로 100명의 학생들을 수용할 예정으로 있다. 처음에 5천 달러의 기부금을 마련하려 했던 일은 마르다 스위처(Martha Switzer) 양의 자산에서 천 달러가 기부됨으로써 시작되었다. 1930년 봄에 모우리(Mowry) 부인을 감독으로 한 자조부가 조직되었다. 1930년까지 졸업한 36명은 모두 한국의 13개 도 중에서 9개 도와 만주의 한국인들 사이에서 기독교 사역에 종사하고 있다.

10) 신학반

신학교육은 공식적으로 1903년 1월에 시작되었다. 6명의 학생들이 한 반을 이루었는데, 그 중 4명은 안수받은 장로였다. 그들은 첫 해 과정을 7월에 끝냈다. 교수들은 마펫, 베어드, 스왈른, 리, 헌트, 번하이즐이었다. 선천에서 온 한 명을 제외한 모든 학생들은 평양의 사역지에서 선교사들과 더불어 일하거나 교회를 섬기고 있었다. 이들 중 두 명은 1901년에 평양선교공의회(Pyengyang Committee of Council)의 승인을 받았고, 네 명은 1902년에 승인을 받았는데, 그때부터 신학교육이 일부 시작되었다. 1906년에 학생들의 수가 53명으로 증가하여 세 학급을 이루었고, 다른 선교기지들과 다른 장로교 선교회들에서 온 교사들이 협력하였다. 1907년에 학생수가 75명이 되었고, 그 해 6월 20일에 처음으로 일곱 명이 졸업하였다. 5천 달러를 기부받아 새 건물을 마련했고, 장로교 공의회의 결정으로 이 신학교가 한국 전체를 위한 장로교신학교가 되었다. 이에 관한 설명은 다음 장에서 계속될 것이다.

11) 초등학교 교육사역

남녀 어린아이들을 위한 학교는 기독교인들의 급격한 증가에 따른 자연스런 결과로서 생겨났다. 1898년 선교사들의 감독 아래 평양에 남녀 아이들을 위해 각각 두 개씩 소학교가 운영되었고, 전국적으로 열 개 또는 열두 개의 학교가 기독교의 영향력 아래 유지되었다. 3년 후 소학교 학생수가 오백 명이 되었다. 1902년 평양에서 6명의 학생들이 졸업하였고, 1903년에는 지방 학교에서 4명이 졸업하였다. 선교기지는 소학교를 "거의 전적으로 자급에 기초하여" 설립하고, "교사들, 학교위원회, 장래성 있는 학생들"과 더불어 개별교육을 실시하고, 매주 교사 훈련반을 운영하고, 매년 여름 시골학교 교사교육을 위해 보통반을 운영하고, 하급학교 졸업생들이 배출되면 상급교육을 시작한다는 정책을 갖고 있었다.[8] 1906년에 첫 번째 보통반이 남자 교사 124명과 여자 교사 44명의 참석리에 개최되었다. 교사들을 위한 보통반은 매년 정기적으로 개최되었다. 맥큔 목사가 1908년에 평양 시내 보통학교들의[ii] 감독으로 임명되었고, 이 직무는 1911년에 베어드 박사가 받게 되었다(또한 1915-1917년에는 모우리〈E. M. Mowry〉 목사가 담당하였다.). 1911년 마펫 박사는 보통학교들을 위해 노회위원회 위원장이 되어[iii] 이후 베어드 박사가 섬겼던 2년간, 즉 1914-1916년을 제외하고 여러 해 동안 이 직무를 섬겼다.

1909년에 새로운 보통학교 건물이 중앙교회 부근의 언덕에 세워졌다. 그 비용은 미네아폴리스의 조지 이너스(George Innes)가 제공했으며, 그는 정초식에 참석하였다. 그 건물은 1911년 1월에 불에 탔으나, 한국인들이 힘을 합쳐 각출을 하고 선교부가 충당하여 다시 지어졌다.

10년 동안 보통학교들과 중등학교들의 학생수가 650명(1904), 4천 명(1914), 6,500명(1924), 6,600명(1933) 등으로 늘어났다. 최고 수치는 1922년의 114개 교 8,700명(25퍼센트는 여학생)이었던 것으로 짐작된다. 1906년의 운동회 날에는 1만 5천 명이 참석하여 학교사역의 한 장관이 연출되었다.

12) 유치원

1912년 가을에 유치원 사업이 번하이즐 부인의 관리 아래 4개 학교에서 120명의 원생들과 더불어 시작되었다. 가르치는 일은 여학교의 사업부 학생들이 담당했다. 이듬해에는 8명의 여학생들이 150명의 원생들을 가르쳤다. 1922년 초 통계표에서 유치원이 별도의 목록으로 작성되기 시작하였을 때, 선교기지 경내에는 7개 학교에 500명의 원생들(절반은 여아들)이 있었다. 1925년에 최중서(Choi Chung Suh)가 5만 달러를 기부하여 평양 시내의 교회들을 위해 완전히 새로운 유치원 건물을 마련하였다. 1933년에 한 한국 기독교인의 단독 제공으로 어쩌면 가장 큰 선물을 교회가 받았다. 유치원과 원생들의 수는 꾸준히 증가하여 1924년에 10개 교와 575명의 원생들에서 1933년에 19개 교와 1,050명의 원생들로 늘어났다.

숭실학교가 1933년에 전국 축구대회에서 우승했다. 오른편의 전일본 중등학교 챔피언쉽 기를 주목하라.

13) 남자중등학교

1898년 초 몇 개월 동안 베어드(W. M. Baird) 목사는 '큰 소년들과 청년들을 위한' 공부반을 이끌었다. 그때 한국인 교사 박씨, 베스트 양, 리 목사 부부가 협력하였다. 18명의 학생들이 출석했는데, 그들 중 일부는 낮의 절반 시간에 정원이나 건물 등을 보살피는 근로 보조원으로 받아들여졌다. 그 해 가을에 선교기지는 학교를 설립하기로 하고 선교회에 '건물과 선생과 몇 가지 물품들을 마련하는 데 쓸 충분한 기금'을 요청하였다. 이 일을 위해 학교가 필히 자체적으로 일부를 충당해야 하며 그에 따라 학생들이 근로를 통해서 그들이 받는 교육의 수업료이나 보수를 내게 한다는 계획이 수립되었다.[9] 기존의 공부반은 "선교회의 결정으로 그 학교의 모태가 되었다." 기독교인 청년들만 입학이 허용되었다. 1898-1899년 기간에는 평균 13명의 학생들이 있었다. 베어드는 비정기적으로 스왈른, 헌트, 휘트모어, 웰스 부인, 마펫 부인 등의 도움을 받았다. 한국인 교사의 봉급은 처음에 겨우 매월 4달러에 불과하였다. 작은 건물을 짓기 위해 700원($350)의 예산이 확보되었다. 이듬해(1900) 스왈른이 교육관 건축을 위해 1,800원을 냈고, 이 선교기지의 다른 회원이 적절한 땅을 사기에 충분한 돈을 제공했으며, 작은 인쇄기도 기증받았다. 1901년에 최초의 건물이 리의 감독과 렉(Leck)의 협력으로 세워져 지금도 도서관으로 사용되고 있다. 5년 과정의 학제가 채택되었고, 교회로부터 60원이 넘는 기부금을 받았으며, 50명의 학생 중 절반이 근로부 학생 명부에 등록되었다. 1904년 5월 17일에 최초로 3명이 졸업하였고, 1905년 6월 12일에 두 번째로 4명이 졸업하였다. 그 해에 학생 총수는 100명이었다. 1905년 가을에는 15명의 감리교 학생들을 받아들임으로써 북감리교 선교회와 연합사업을 시작하였으며, 그때 등록된 전체 학생수는 160명이었다. 감리교 선교사 베커(A. I. Becker) 목사는 감리교에서 처음으로 그 학교의 선생이 되었으며, 1911-1912년에 교장이 되었다. 그러한 협력은 1914년 3월까지 계속되었다. 1907년에 북감리교 선교회가 새로운 교육관을 세웠다. 연합의 와해로 우리 선교회가 4,500원을 들여 긴급히 학교건물을 건축할 필요가 생겼으며, 1916년에는 1만 5천 달러의 비용을 들여 항구적인 헬렌 마르키스 기념관(Helen Marquis Memorial)을 건축하였다. 그 비용은 마르키스(W. S. Marquis, D.D.) 목사와 싸이러스 맥코믹(Cyrus McCormick) 여사가 댔다.

1905년부터 1909년까지 이 선교기지의 두 번째 회원인 맥큔(G. S. McCune)이 베어드 박사의 교육사역을 협력하였다. 베어드 박사는 1911-1912년을 제외하고 1916년까지 교장으로 있었으며, 레이너(R. O. Reiner)에게 승계하였다. 마펫 박사와 모우리(E. M. Mowry) 목사는 그 전에 교장으로 활동했고, 맥큔 박사는 현재 활동하고 있다. 여러 해 동안 그 학교에 김성찬이라는 매우 유능한 학생과장이 있었다.

1928년 5월 23일, 숭실학교(Sung Sil Boy's Academy)가 총독부 교육부의 인가를 받아 공립 고등보통학교에 준하게 되었다. 학생수가 여러 해 동안 평균 300명 혹은 그 이상이었으나, 지정을 받은 후에는 거의 600명으로 증가하였다. 그 학교는 1931년까지 770명 이상을 졸업시켰으며, 그들 중 48명이 목사가 되었고, 19명이 신학교에 진학했으며, 127명이 전도자 혹은 조사(지역 설교자)가 되었고, 학교 선생이 된 학생들도 많았다. (1933년 졸업생의 총수는 915명이었다.)

학생들은 항상 적극적으로 기독교 사역을 펼쳤다. 그들은 1910년 가을에 이 도시의 전도운동을 도왔다. 그때 4천 명 이상이 기독교인이 되기로 결정하였으며, 그 중 절반 이상이 학생들의 인도를 받았다. 그 해 학우회(Student's Mission Association)가 160달러를 모아 그들의 일원인 한 사람을 제주도 선교사로 보냈다. 겨울방학 때는 70명의 학생들이 복음을 전하고 나갔다.

평양의 기독교인들은 1919년 이후로 두 번째 남자중등학교를 후원했다. 그 학교는 학생수가 평균 100명이 넘었다. 1907년부터 몇 해 동안 황주에서도 한국 기독교인들이 100명의 학생들을 데리고 학교를 운영해왔다. 풍천에서도 또 다른 학교가 30명의 학생과 더불어 시작되었다.[10)]

평양의 남자중등학교와 긴밀히 결부되어 있는 숭실전문학교(Union Christian College)에 대한 설명은 연합사역에 관한 장에서 제시될 것이다.

14) 여자중등학교

평양시의 두 여자중등학교가 선교기지 여성사역자들의 보살핌 아래 성장하여 1903년에 시골의 세 지역을 아우르게 되었다. 이 도시에서 8명의 학생이 하숙을 하고 있었으며 시골지역 남학교들에도 30명이 있었던 것으로 보고되었다. 웰즈(Wells) 부인의 여학교를 포함해서 그 해(1903)에 등록된 학생의 수는 모두 200명이었다. 가을에 소녀들과 성인여성들을 위한 3개월 과정(10월 31일부터 1월 29일까지)의 상급 학교가 설립되었다. 43명이 교육을 받았고 그 중 20명은 시골지역에서 왔다. 그 학교는 병원건물에서 시작하였으나 이듬해 선교회 자산인 작은 기와집 세 채로 이전할 필요가 있었다. 스누크(Snook) 양이 그 학교를 이끌었고, 리 부인은 학생의 숙식문제를 책임졌다.

1906년 가을 북감리교 선교회가 학교사역에 합류하였다. 82명의 학생들이 등록했는

1901년의 입학생들

1934년의 건물들

교사들의 주택 본관 가사교육장

평양여학교–숭의학교

데, 많은 학생들이 젊은 과부였다. 1908년의 보고서에서는 그 학교가 평양여자신학교라고 지칭되었다. 150명의 학생들 중에 117명이 장로교인이었고, 38명이 리 부인의 지도 아래 기숙사부에 있었다. 1908년 5월 27일에 최초로 5명이 졸업했으며, 남감리교 선교회의 크램(W. G. Cram) 목사가 설교를 하였다. 그 학교는 1909년에 여자연합학교(Union Academy for Women)라고 불렸으며, 여자성경학원 건물에서 수업을 하였다. 두 번째로 졸업한 학생들은 8명이었다.

새 건물 두 동이 1911년에 세워졌다. 기숙사 한 동은 데이비스(R. B. Davis) 부부의 기부금으로 세워졌고, 교육관 한 동은 감리교 선교회에 의해 세워졌다. 자조부가 설치되어 43명의 여학생들이 일감을 받았다. 가사 공부를 위한 건물은 1922년에 6천 달러의 비용으로 세워졌고, 교육관은 1923년에 3만 9천 달러의 비용으로 세워졌다. 기숙사 건물의 식당이 1930년에 추가되었다. 완전한 건물, 적절한 시설, 우수한 선생들로써 그 학교는 정부의 고등보통학교에 준하는 '지정'을 받을 준비를 마쳤다. 기쁘게도 그 일은 1931년 12월 18일에 확정되어 이 선교기지 최초로 '지정' 여학교가 되었다. 감리교인들과의 연합은 1919년 3월에 깨졌다.

수누크 양은 1931년에 안식년을 맞을 때까지 교장으로 있었으며, 올리베트 스왈른(Olivette Swallen) 양이 그녀의 뒤를 이었다. 스왈른 양도 1915-1918년에 산업부를 책임지며 그 학교와 관련을 맺은 적이 있었다. 모우리 부인도 몇 년 동안 그 학교에서 가르치며 그 부서를 담당했다. 선교회는 독신여성 사역자들을 두 번째 교사와 세 번째 파트타임 교사로 그 학교에 배속시켰다. 플로렌스 플러머(Florence Plummer, 현재 필립스〈C. L. Phillips〉 선교사의 부인) 양은 1909-1911년에, 헬렌 W. 앤더슨(Helen W. Anderson) 양은 1917-1923년에, 안나 L. 버그먼(Anna L. Bergman) 양-가사부를 담당했다-은 1921년부터 사역하였다.

1910년 이래 170명에서 270명의 학생들이 등록하였고, 현재(1933)는 300명을 넘었다. 4백 명의 졸업생들(1931) 중에 62명이 기독교학교 교사가 되었고 17명이 전도부인이 되었다. (1933년에 집계한 졸업생의 총수는 434명이었다.) 졸업생의 한 명인 그레이스 송 심(Grace Song Sim)은 미시간 대학에서 공중보건으로 박사학위(Ph.D.)를 받았다.

15) 룰루 웰즈(Lulu Wells)학교

여러 해 동안 웰스 부인은 '큰 소녀들과 젊은 기혼 여성들'로 이루어진 한 반을 일주일에 두세 번씩 가르쳤다. 그들 가운데는 남편에게 버림을 받아 홀로 지내는 젊은 부인들이 많았다. 처음에는 운영경비를 이 선교기지 사람들의 개인적인 지출로 충당했다. 1903년에는 '여학교'라고 불린 그 학교가 45명의 등록학생과 스왈른 부인, 헌트 부인, 블레어 부인-웰스 여사가 보조하였다-과 더불어 매주 4일간 수업을 진행하였다. 매년 연례보고서들은 그 학교에 관한 항목을 따로 두고 있었다. 1912년도 보고서는 "이것이 15년 동안 진행되었다"고 하였다. 그 해에 등록한 학생은 47명이었다.

웰스 박사 부부가 은퇴한 후 2년 동안(1916-1918) 학교는 라이너 부인이 담당했고 홀드크로프트(Holdcroft) 부인과 웰본(Welbon) 부인이 보조하였다. 도리스(Doriss) 양은 1918년부터 책임을 맡았다. 안식년 기간에는 모우리(Mowry) 부인이 담당하였다. 도리스 양은 개인적인 후원금을 받아 헬렌 마르퀴스 채플(Helen Marquis Chapel) 부지에 건물과 설비를 추가하였다. 그 학교는 현재 기숙사가 딸린 학교로서 사업부를 설치하여 운영되고 있고, 지금까지 선교회의 자금지원 없이 유지되고 있다.

16) 안나 데이비스 물품제작소

베어드 박사는 동료 선교사에게서 50달러의 성금을 받아 남학교 부설의 산업부를 1898년에 시작하였다. 1900년에 인쇄소가 설치되었는데, 베어드 박사는 그 사용법을 배우려고 애썼던 일을 흥미진진하게 설명하였다. 1906년에는 그래함 리(Graham Lee) 목사를 통해 150달러의 기부금을 받았다. 이 돈으로 그해의 사업부를 계속 유지할 수 있었다. 리가 한 동안 그 책임을 맡고 있었는데, 1906년에 일리노이 주 록아일랜드(Rock Island)의 사무엘 데이비스(Samuel Davis)로부터 5천 달러를 받았다. 이로써 안나 데이비스 물품제작소(Anna Davis Memorial Shops)가 생겨났다. 로버트 맥머트리(Robert McMurtrie)가 1907년에 도착한 후부터 그 일을 맡았다.

1911년에 데이비스의 추가 기부로 그 건물을 확장시킬 수 있게 되어, 두 번째 건물이 세워지고 시설이 보충되었다. 그 해에 45명의 학생들이 일감을 받았다. 이 부서는 평양 선교기지의 회원들을 위해 실제적인 봉사를 많이 해왔다. 또한 가구들을 만들고 수많은 선교학교들의 기물들, 교회의 좌석과 종들을 만들었으며, 다양한 부류의 한국인들과 선교사들에게 개별적으로 필요한 것들을 공급하였다. 소래 해변의 많은 별장들, 평양외국인학교의 체육관, 평양의 다른 많은 건물들이 맥머트리와 그의 부서에 의해 건축되었다. 그는 선교회 전체에 적절한 자문을 해주었다.

1913-19년 기간에 길리스(A. W. Gillis)는 이 부서의 협력사역자로 있었고, 1921년부터 루츠(D. N. Lutz)가 농업, 낙농업, 과일재배 등을 개발하였고, 과일과 채소 저장을 포함해 '조용한 아침의 오트'와 다른 생산품들을 제작하였다. 레이너(Reiner), 파커(Parker) 박사와 다른 사람들은 회계로 활동했다. 이 모든 기간에 이 부서에서 그때그때 필요한 예산, 설비, 건물 등은 일반적으로 데이비스가 공급하였다.

17) 의료사역

1895년 10월 헌터 웰스(J. Hunter Wells) 의사가 평양에 도착하였다. 일 년 안에 그는 4천 명의 진료소 환자들을 진료하였다. 첫 수술은 마펫의 식탁 위에서 시행되었다. 가벼운 수술이 필요한 한 환자가 수술도구들을 보고 도망갔으나, 웰스 의사가 뒤쫓아 가서 완력으로 그 환자를 데려왔다. 1896년에 작은 진료소 건물이 1,500달러의 비용으로 세워졌다. 그 비용은 인디아나 주 메디슨에 살고 있는 마펫의 가족들이 제공하였다. 8년 동안 8만 명의 환자들이 그 병원에서 치료를 받았다. 그 건물을 짓는 동안 웰스 박사는 리의 서재에서 일을 계속하였다. 그곳은 몇 년 후에 외국인학교 건물로도 사용하였다. 그 병원 최초의 복음전도자는 평양지역 최초의 신자인 김종섭이었다.

18) 케롤린 A. 래드 병원

캐롤라인 A. 래드(Caroline A. Ladd) 병원 건물은 1906년 10월 15일에 오리건 주 포틀랜드(Portland)의 래드 여사에게 헌정되었다. 그녀로부터 5천 달러를 기부받았고, 장비 마련을 위해 다른 곳으로부터 1,500달러를 받았다. 그 병원과 약국은 얼마 안 있어 한 달에 천 명의 환자들을 진료하기에 이르렀으며, 1912년에는 2만 5천 명 이상의 환자들을 진료하였다. 1911년 윌리엄 래드(Wm. Ladd)가 환자 침대들을 마련할 비용을 제공하였고, 레드 가족이 추가로 기금을 제공했다.

웰스 의사의 몇몇 한국인 조사들은 의학을 공부하였는데, 1901년에 그들은 8명이었다. 후에 이들 중 3명은 실기 자격증을 땄다. 의학생들에 관해서는 1907년까지 보고되었다. 그 병원은 눈병을 잘 고치는 것으로 유명해졌다. 1898-1901년 사이에 백 건의 백내장 수술을 성공적으로 시행하였다. 마펫 부인은 몇 년 동안 여자들과 아이들을 위한 진료소를 운영하였고, 일 년에 400-700명의 환자들을 돌보았다고 보고하였다. 이십 년 후 그 병원이 백만 명의 4분의 1에 달하는 환자들을 진료한 것으로 추정되었다. 루실 캠벨(Lucile Campbell, R.N.) 양이 북태평양 위원회에서 파송과 후원을 받았던 1909-1913년을 제외하고는 이 기간에 선교사 간호원이 없었다. 웰스 부인과 마펫 부인이 병원일을 정기적으로 도왔고, 이 선교기지에 주재하는 다른 의료사역자들도 잠깐 동안씩 협력하였다. 샤록스(Sharrocks) 의사는 1900-1901년에, 화이팅 의사는 1903-1906에 사역하였다.

초기 여러 해 동안은 다른 선교기지로부터의 응급 호출이 빈번하였고 매우 힘든 여행을 감수해야 했다. 한 해에는 웰즈 의사가 선천을 5번이나 다녀왔다. 보고서들 중의 하나에서 그는 다음과 같이 말했다. "한 겨울에 개방된 가마를 타고서 큰 눈이 뒤덮이고 미끄럽고 폭풍이 몰아치는 길을 여행하는 일은 오직 위급한 상황을 맞은 의사만이 할 수 있다고 말할 수 있다. 우리는 영하 27도의 기온 속에서 1박 2일간 인간이 감당할 수 있는 최대한의 속도로 계속해서 갔다."

웰스 박사는 1915년에 은퇴했고, 선교회는 평양의 의료사역을 북감리교 선교회와 연합하여 하기로 기꺼이 결정하였다. 이 연합이 1919년에 최종적으로 완성된 것은 1919년이었는데, 그 일에 대한 설명은 12장에서 이야기할 것이다.

19) 문서사역

여러 해 동안 선교기지 보고서는 '문서사역'을 별도의 항목으로 다뤄왔다. 초창기의 여러 해 동안, 마펫 박사, 베어드 박사 부부, 스왈른 박사, 나중에 클라크(Clark) 박사가 참여하여 이 사역을 가장 광범위하게 전개시켰다. 그러나 다른 많은 사람들, 즉 베스트 양, 번하이즐 박사, 홀드크로프트 부인, 해밀턴(F. E. Hamilton) 목사도 한국어와 영어로 저서를 펴냈다. 이 중에서 몇몇은 '문학' 항목에서 설명할 것이다.

20) 평양에서의 40년 사역

우리 선교회가 평양에서 40년간 일해 온 역사를 간단히 개관하려고 노력하였다. 평양에는 첫 해부터 40년째 되는 해까지 우리 선교회에 속한 86명의 정규 선교사와 5명의 준회원들이 평양에 거주하였다. 그들은 1932년까지 평양 선교기지 사역에(1932년까지) 천 년을 투입하였고, 그것의 많은 부분은 마찬가지로 선교회 전체를 위한 것이기도 하였다. 정규회원들은 일인당 평균 11년 반을 이곳에서 일했다. 그 밖에 40명 이상의 사람들이 외국인학교 교사, 외국인학교 기숙사 사감, 일본과 중국으로 가는 선교사 등등으로 평양에 거주하였다. 또한 전도하는 여러 학생들, 여행가들, 서양 상사(商社)들의 대표들, 신문사 특파원들, 본국 선교부 총무들 등등 평양 방문자들이 많았다. 34년간(1900-1933년) 선교회 연례모임이 평양에서 19번 개최되었다. 이 선교기지가 큰 힘을 가지고 있는 점과 한 구내에 모든 기관이 위치해 있는 점은 평양이 연례모임을 갖기에 가장 편리한 장소로 만들어 주었다.

평양은 선천 선교기지에 대해 어머니와 같은 역할을 하였고, 재령을 많은 면에서 보조하였다. 1930년에는 그 세 기지에 우리 선교회 소속의 교회와 집단의 52퍼센트, 세례교인의 73퍼센트, 65퍼센트의 초 · 중등학교 학생들이 있었다. 1929년에는 그 세 기지가 한국의 모든 감리교와 장로교를 아울러 교회의 20퍼센트, 세례교인의 45퍼센트, 등록교인의 36퍼센트를 점유하였다.

5. 대구

대구는 고대부터 존재한 도시이지만, 그 성벽은 17세기에야 세워졌다. 이 사실은 1787년에 작성된 한 서판에 기록되어 있다. 그 성벽은 길을 내기 위해 제거되었다.

'대구' 라는 명칭은 본래 '대' [크다: 大]와 '구' [공자: 丘], 두 단어로 이루어졌다. 불교도들은 공자를 '구' 라고 불렀으나, 약 270년 전에 유학자들이 신성한 그 이름을 부르는 것에 반대하였다. 그리하여 '구' [공자]의 한자 표기가 같은 의미[덕]를[i] 지니면서도 공자를 가리키지 않는 다른 글자로 바뀌었다. 이 도시의 바로 서쪽에 유명한 달성이 있는데, 그 성벽은 어느 보름날 밤에 솟아났다고 믿고 있다. 그곳은 현재 도시의 공원으로 이용되고 있다. 고려 시대(918-1392)에 이곳은 '수' 문벌이 차지하고 있었다. 그들은 관원들로부터 현재의 기차역 부지가 있는 산을 받고 달성을 양도하라는 요청을 받았다. 대구 가까이에 고려장(묘지)이 있는데, 그곳에서 사람들이 물과 음식과 그릇들과 함께 매장되었다.

대구는 네 개의 계곡들이 낙동의 중앙평야에서 만나는 지점에 있으며, 강에서 10마일 떨어져 있다. 경상도란 명칭은 두 개의 가장 큰 도시들인 경주와 상주에서 유래되었다. 경주는 고대 신라왕국의 수도였다. 상주는 현재 1만 5천 명이 사는 읍이다. 때때로 대구 선교기지는 선교사들을 그 두 도시들에 상주시키는 문제를 심각하게 고려하기도 했다. 다른 큰 읍으로 안동이 있는데, 그곳은 현재 선교기지가 하나 들어서 있다. 1898년에는 대구시 인구가 5만 명이 채 못 되었다. 1932년에는 인구가 10만 3,180명이었고, 그 중 2만 5,750명(25퍼센트)이 일본인이었다. 경상북도는 가장 인구가 많고 밀도가 높은 도의 하나이다. 가톨릭 교인들이 있기는 하지만 전적으로 개신교 지역이다. 1927년에 대구 현장의 인구는 150만 명이었고, 그때는 0.9퍼센트만이 기독교인(개신교인)이었다.

이 선교기지의 담당구역은 한국 땅의 4분의 1에 달하지만 인구의 절반이 분포되어 있는 지역 안에 있다. 이런 이유에서 사람들이 심한 가난에 처해 있다. 1927년에 교인이 30가정인 한 시골교회는 모든 사람들이 소작인이었고, 이자가 40퍼센트인 100~200달러의 빚을 지고 있었다. 칠곡이란 마을에는 400가족이 있었고, 이들 중 326명이 토지를 갖고 있지 못했다. 그 땅의 소출은 소작인에게 3분의 1만 돌아갔고, 비료, 종자, 세금 등의 비용을 치르고 난 다음에는 17퍼센트만 생계비로 남겨졌다. 예를 들면 여섯 기독교인 가족 47명이 $11\frac{1}{3}$에이커에서 살고 있으며, 평균 $4\frac{1}{2}$사람이 한 에이커를 경작하고 있었고, 소출의 3분의 1만이 소작인의 몫이 되고 있었다. 그것은 실제로 8천 명 이상이 1평방 마일의 소출로 살기 위해 애써야 하는 것을 의미했다. 이 조사는 "이러한 조건들은 한국 남부 마을들에서 예외적인 것이 아니다"라고 결론지었다.[3)]

아담스(J. E. Adams, D.D.) 목사는 대구에 관해서 쓴 그의 글에서 이 도시가 다섯 가지 점에서 유명하다고 말했다. 예를 들면, 약령시(독일인 상인들은 그곳을 일 년에 두 번씩 찾는다), 부채, 사과(크고 빨간 품종), 유기(다른 곳에서는 나지 않는 종류이다), 한국에서 가장 큰 일반 시장이다.[4)] 1923년에는 이 도시에 9천 명의 상인들, 7천 명의 농업전문가들, 2,600명의 관원들, 1,800명의 실업가, 4,400명의 여러 종류의 직업인들이 있었다.

1) 초기에 방문한 선교사들

게일(J. S. Gale) 목사가 1889년 12월 31일에, 데이비스(J. Henry Davis) 목사가 이듬

해 봄에 대구를 방문햇던 사실은 이미 5장에서 언급되었다. 그러나 그들이 방문하기 전 1888년 8월에 북감리교의 아펜젤러와 존스가 서울에서 부산으로 가는 길에 대구를 지나간 적이 있었다.[5)] 베어드(W. M. Baird) 목사는 첫 번째 대구방문 사실을 기록으로 남기지 않았으나, 1892년 혹은 1893년경에 방문했던 것으로 짐작된다. 1895년에 그는 전에 방문했던 대구, 상주, 경주, 안동 등 경상북도 내륙 지역으로의 '빈번한 여행'에 관해 기록했다.

부산에서 거주하는 4년 동안 그는 서울까지 두 번 걸어서 여행을 했다. 한 번은 전주를 경유하여 그곳에서 이틀 밤을 보냈는데, 서울에 도착할 때는 그의 신발이 완전히 닳아 벗겨져 있었다. 부산에서부터 이 같이 빈번하게 순회여행을 행한 결과 대구가 남부지역의 첫 번째 내륙 선교기지 장소로 선택되었다.

2) 선교기지 개설

대구의 첫 번째 자산은 1895년에 베어드가 개인적으로 구입한 것인데, 선교부가 나중에 이를 승인하였다. 베어드는 너무 튀어 보이지 않도록 한국 옷을 입었다. 그는 이 도시의 중앙에 있는 큰 기와집을 매입했는데, 나중에 이 도시의 첫 번째 장로교회의 부지가 되었으며, 그 교회는 오늘날 남성정교회이다.

베어드는 그 건물을 보수하고 1896년에 부인, 아들 존과 함께 6주 동안 살았다. 그들은 이 도시에 거주한 첫 번째 서양 여성과 아이가 되었다. 당시에 부산에서 오려면 3일간 힘들게 걸어야 했지만, 현재는 기차로 3시간이 걸린다. 전보통신은 가능했으나, 우편제도가 없었다. 당시에 움직이려면 베어드가 미국 공사를 통해 통지하였는데, 대구가 조약상 허용된 개항장이 아니었기 때문에 위험을 무릅쓰고 간 것이었다. 그것은 위험한 모험이었다. 베어드의 설명에 따르면, "군중들을 제지할 수가 없었다. 그들은 낯선 외국인을 보기 위해 대문을 부수고 문을 찢어 열며 마당에 있는 물항아리를 넘어뜨렸다. 베어드 부인은 호기심 많은 군중의 난폭함 때문에 더욱 피곤을 느꼈다. 그녀가 길에 나서는 것은 안전한 일이 못되었다. 밖에 나가려면 시야가 가려진 한국 가마를 타거나 그 시기에 한국 여인들이 착용했던 큰 모자로 가려야만 했다."

베어드는 1896년에 쓴 「대구 선교기지의 개설」이라는 보고서에서 대구를 사역의 중심지로서 선교기지를 세울 장소로 선정한 이유를 설명했다. 그것은 도청 소재지이고, 주민이 많고, 접근성이 좋고, 커다란 농업지역 안에 있고, 마지막으로 "이미 들어와 있었기" 때문이었다(사역이 이미 이곳에서 시작되고 있었다.).

베어드 박사가 말했듯이 그들이 대구로 이주했을 때, "이곳에서 그들의 생애를 보낼 것으로 기대하였다." 그 해(1896) 가을에 선교회가 그들을 서울로 옮기기로 결정한 후에 베어드는 아담스 목사(베어드 부인의 형제)와 함께 대구에 와서 자산을 아담스에게 넘기고 집안물품들을 가져갔다. 대구로 가는 이 여행에서 두 선교사들은 여러 가지 사건들을 겪었다. 아담스는 말에서 떨어진 후 더럽고 좁은 다리 밑의 깊고 돌이 많은 시내에 빠져 척추를 다쳤다. 밀양 부근에서는 높은 바위 언덕의 언저리에 난 길에서 베어드가 낙마한 후 깊은 도랑에 빠져 갈비가 부러졌다. 수년 후 이 지점에서 사이드보텀(R. H. Sidebotham)과 그의 일행이 강도들에게 습격을 받았다. 강도들은 식량 꾸러미와 사이드보텀의 옷을 벗겨 빼앗아갔다.

아담스 부부는 두 아들과 함께 1897년 가을에 대구로 이주하였다. 존슨(W. O. Johnson, M. D.) 의사 부부는 그 해 겨울에 합류하였다. 두 가족은 이 도시의 부지에 있는 한국 가옥들에서 살았다. 그 해 가을에 대구에서 열린 간이 연례 장시에서 아담스는 하루 2시간 씩 6일 동안 700권의 쪽성경과 전도지들을 팔았다. 그 해 겨울에는 그의 한국인 조사와 함께 시골지역으로 긴 여행을 하면서 복음을 전하고 장터에서 책을 팔았다. 이듬해(1898)에는 아담스 부인의 건강문제로 미국으로 가기 위해 이곳을 떠나야만 했다. 아담스 부인은 떠나기 전에 몇몇 소년들을 데리고 주일학교를 시작했는데, 그들에게 노래와 성경을 가르쳤다. 1899년에 이 선교기지는 서로 다른 20개 장소에 개별 기독교인들이 있으며 단 세 곳에서만 기독교인 집단이 예배모임을 가진다고 보고하였다.

대구는 공식적으로 1899년 5월 1일에 선교회의 한 선교기지가 되었다. 그 해 가을에 새로 온 브루엔(H. M. Bruen) 목사 부부가 존슨(Johnson) 부부와 함께 대구에 도착했다. 브루엔은 그들이 도착했던 일에 대해 다음과 같이 묘사하였다. "1899년 10월 26일에 나는 내 일생의 사역이 될 것으로부터 나를 떼어놓는 마지막 고개의 정상에 섰다. 존슨 부인과 어린아이 메리를 태워 나르는 가마는 해변에서 출발한 지 3일이 되어서야 목적지에 거의 가 닿았다. 가마꾼들은 마치 마지막 속도를 높이려는 듯 신음소리를 내었다. 내 짐을 실은 조랑말의 종은 우리의 계속된 전진을 따라 흥겹게 울렸다. 흔들거리며 남대문을 지나 몇 백 피트에 달하는 담벼락을 따라 가다 골목으로 접어든 후에 큰 지붕이 있는 출입문을 통해 마당으로 들어섰다. 마당의 중앙에 한 담이 있었고, 양 편에 초가집이 한 채 씩 있었다. 작은 문이 작고 깨끗한 사랑(객실)을 나누고 있었다. 건너편에 기와집 주택이 한 채 있었고, 다른 작은 뜰에도 초가집이 한 채 있었다. 이 마지막 집이 첫 해 동안 나의 집이 될 것이었다. 아담스 부인이 건강 때문에 미국으로 갔기 때문에 아담스와 내가 한 묶음이 되었다."

1899년 11월에는 사이드보텀 부부도 대구에 도착하였다. 사이드보텀은 3일간의 육로여행으로 크게 지쳐 있었다. 말도 통하지 않은 채 작은 건물 안에서 가사를 꾸려 가는 일이 주는 시련과 특별히 얼마 안 있어 생긴 심각한 견해차로 인해 사이드보텀이 한 해 후에 부산으로 떠나야 했다. 새디 너스(Sadie Nurse, 후에 Mrs. A. G. Welbon) 양은 이 선교기지로 임명된 최초의 독신여성 사역자로서 1899년에 현장에 왔으나, 첫 해는 서울에서 보냈다. 브루엔의 말을 인용하면, "이듬해 웰번(Welbon)이 서울에 도착했고, 그 후에 대구까지 육로여행을 하였는데, 아마도 그 사이에 너스 양의 재봉틀(New Home이라고 불리는)을 고쳐준 것 같으며, 다음 해에 둘은 결혼하였다." 1901년 가을에는 바레트(W. M. Barrett) 목사가 도착하였다. 그 해 12월에 브루엔이 부인과 함께 미국으로 떠나 1902년에 돌아왔다. 그래서 1902년에는 이 선교기지에 7명이 거주해 있었다. 1901년 초에는 존슨 박사가 발진티푸스에 걸려 죽음의 문턱까지 갔다. 어빈(Irvin) 박사가 부산에서 36시간을 내리 와서 3일 만에 도착했다가 한 달 동안 머물러 있었다. 존슨 박사가 충분히 회복했을 때 그는 한동안 일본에 가서 있으라는 지시를 받았고, 그 기간에 시릴 로스(Mrs. Cyril Ross, M. D.) 여의사가 부산에서 와서 선교기지의 의료 업무를 담당하였다.

3) 건물

언덕에 위치한 현재의 선교기지 부지는 1898-1899년간에 맨 처음 매입되었다. 그 땅의 일부는 옹기를 굽는 곳이었다. 그 언덕 밑에는 호수가 있었다. 이듬해에 아담스 부부와 존슨 부부 소유의 정원지가 팔렸다. 존슨 부부는 새 부지에 있는 작은 집으로 이사했다가 1900년 가을에 새 집을 짓기 시작했다. 이 집과 아담스의 집은 1901년 9월에 완공되었고, 브루엔의 집은 가을에 건축이 시작되었다. 선교기지가 사역을 시작한 후 몇 년 동안은 건물문제가 그들을 힘들게 하였다. 재목들이 25마일 밖에서 잘려 여름 장마 동안 강으로 떠내려 갔다. 그것들이 도시 건너편에 도착했을 때 곤란한 일이 발생하였다.

존슨 박사가 노를 저어 브루엔의 돛배로 할 수 있는 한 모든 것을 건져 올렸으나, 그 중 많은 것들이 바다로 흘러갔다. 짐꾼들이 각각의 통나무들을 강에서 선교기지 부지까지 10마일을 날랐다. 벽돌공들과 석수들이 서울에서 왔고, 일본인 목수들이 부산에서 왔으며, 문짝들은 시카고에서, 철물은 샌프란시스코에서 당도하였다. 그 집들이 절반쯤 지어졌을 때 관원이 작업을 중지하도록 명령하면서 선교사들은 그 지역에서 거주할 권한이 없다고 주장했다. 그러나 수년 전에 프랑스인 가톨릭 선교사 로베르(Robert) 신부가 도시 밖으로 쫓겨났다가 돌아오도록 허락받은 사례가 있었다. 서울에서 미국인들도 동일한 권리를 갖고 있다는 결정이 내려졌다. 그 집들은 마침내 예산 내에서 완공되었다. 그 때 한 해 동안에 이 선교기지의 회원들은 그들 외에 다른 외국인들을 볼 수 없었다. 그들의 화물은 강을 따라 짐꾼이 이 도시까지 10마일을 운반하였다. 20명의 짐꾼들이 최초의 피아노를 강에서 나르는 데에 이틀이 걸렸으며, 그들 중 한 명은 앞으로 나아가면서 종을 울렸다.

그런 가운데 이 선교기지의 회원들은 건축에 그처럼 많은 시간을 소비한 것을 크게 유감스러워했다. 그것은 정규 선교사역을 하지 못하게 방해했고 선교사들이 한국에 온 이유에 대해 한국인들이 잘못된 인상을 갖게 만들었다. 한 해에는 아담스가 건축 때문에 시골지역을 한 달 이상 순회할 수 없었다. 건축의 어려움 때문에 선교기지는 2년 동안 거의 모든 시간을 그 일에 전력할 수밖에 없었다. 그러므로 필수적으로 있어야 하는 첫 번째 건물들이 완공되었을 때, 그들은 큰 짐을 덜게 되어 영적인 임무로 돌아갈 수 있게 되었다.

4) 도시에서의 전도 사역

이 선교기지가 1899년에 공식적으로 개설되었을 때, 이곳에는 단 두 명의 세례자들이 있었다. 그 중 한 명은 김재수로 추정되는데, 그는 1904년의 보고서에서 "우리의 가장 오래된 기독교인"이라고 언급되었다. 1911년의 보고서에서는 "이 도에서 가장 오래된 기독교인이자 우리의 첫 번째 안수 장로이며, 현재는 신학교를 다니고 있다"고 언급하였다. 그는 이 도에서 최초로 목사안수를 받았으며, 현재는 김갈원 목사로 알려져 있다. 그는 부산에서 하디(Hardie) 박사에게 수술을 받고 개종하였다. 이듬해(1889-1890)에 이 도시에서 3명이 더 세례를 받았고, 6명이 학습교인이 되었다. 그 지역 최초의 세례자인 서재명은 병원전도자가 되었고, 여러 해 전에 장로가 되었다. 또 다른 초기 개종자인 정광선은 병원전도자가 되었다. 그도 장로이며, 이 도시의 한 곳에서 의사로 일하고 있다. 1897-1898년에 기독교 신앙을 고백한 사람은 모두 두 명이었고, 1898-1899년에는 20명이 되었다. 그 해에 이들 20명 중에서 1명이 세례를 받았고, 5명이 학습을 받았다. 그렇게 해서 대구시의 사역이 시작되었다.

브루엔이 보고하였듯이 "대구에서 매년 열리는 가을 장은 상인들이 한국 전역에서 모이고 심지어 멀리 북쪽 압록강에서도 대구까지 6주에 걸쳐 오기 때문에 복음의 씨를 널리 그리고 멀리 뿌리는 절호의 기회가 되었다. 남대문 거리는 온통 가게들로 길게 줄을 이루고 있었다. 우리는 한 건물을 사고 그 전면을 터서 모여든 사람들이 거리에서 방해받지 않고 휴식할 수 있을 만한 공간을 만들었다. 아담스와 나는 그곳으로 매일 밤 로체스터(Rochester) 램프를 날랐다." 1900년의 보고서는 "사랑방이 거의 계속해서 열렸으며, 그 결과 시골 마을들에서 사역이 발전하게 되었다"고 기록하였다.

이 도시의 소년들 사이에서는 브루엔의 자전거와 총과 미국 사냥개 '마크'(Mark)가 큰 호기심을 끌었다. 그 자전거는 존슨 박사의 것과 함께 부산과 서울 사이에 있는 유일한 '승용차'였다. 정부 관원은 이 도시의 남문에 벽보를 붙여 "누구든지 외국인 의사가 그의 '승용차'를 타거든 길을 비키도록 하라"고 일렀다.

"마크는 선교사의 좋은 동료가 되어 지방에 있는 초창기 교회들을 찾아가는 수단이 되었다." 브루엔이 시골로 떠나 그곳에서 복음을 전하러 머물렀을 때, 그는 빵 한 조각을 떼어 얼굴을 앞발 사이에 묻고 있는 개에게 주었다. 그 개는 브루엔이 "먹어"라고 말할 때까지 조용히 엎드려 있었다. 이를 구경하던 한 사람이 그 개가 먹기 전에 은혜에 대해 말하고 있다고 생각하고서 "만일 개가 기도할 수 있다면 이제는 내가 시작할 때이다"라고 말했다. 그는 믿고 기독교 집단의 지도자가 되었다. 그의 형제는 경상도 초창기 목사 중 한 사람이 되었다.

하루 일과로서 어학선생 한 명과 공부하고 나면, 브루엔은 곧잘 개를 데리고 총을 들고 산에 올랐고, 한 무리의 소년들이 뒤를 따랐다. 그 소년들 중에서 몇 명이 이내 교회에 나오기 시작했고, 브루엔은 그들을 한 반으로 편성해 찬송과 성경구절들을 가르쳤다. 1900년 2월 1일에 네 명을 데리고 시작했던 사경회는 곧 30명이 되었다. 그 반은 사이드보텀이 가르쳤으며, 사이드보텀 부인은 거기에서 '꼬마 오르간'을 연주하였다.

일요일에 정규적으로 갖는 전도예배 참석자들의 수는 1901년까지 빠르게 늘어나 20명의 여자들이 8평방 피트의 방에 모였고, 25명의 남자들이 인접한 8×16피트의 방에 모였다. 그 해에 새 부지에 외국인 주택들이 세워지면서 이 도시 안에 있는 한옥을 비우고 교회용도로 사용하게 되었다. 그 교회의 교인수가 빠르게 증가하여 1902년과 1903년에 100명에 이르렀고, 1904년에는 150명, 1905년에는 225명, 1906년에는 500명이 되었다. 1907년에는 800명이 되었고, 주중 기도회에는 250명이 참여하였다.

그때 교회 신축이 불가피해져서 1908년에 1,500달러의 비용을 들여 건축을 끝냈다. 선교회가 1908년 8월에 평양에서 연례모임을 가졌을 때, 아담스 박사는 건축 중인 대구시의 새 교회당이 폭풍으로 무너졌다는 전보를 받았으나 곧 복구되었다. 1908년에 새 건물이 봉헌되자 사람들이 돈, 반지, 시계 등을 바쳤고, 여자들은 은으로 된 장신구, 새색시의 비녀를 바쳤으며, "한 여자는 머리카락을 바쳤다."

최초의 교회는 여러 해 동안 중앙교회로 알려졌지만, 오늘날은 남성정교회(남쪽 성벽거리)로[ii] 알려졌다. 그 땅의 소유권은 선교회와 선교부에 계속 속해 있었다. 만일 그 교회에서 문제가 발생하지 않았다면 그 자산은 아마도 수년 전에 노회로 양도되었을 것이다. 그곳에서 아담스(Adams), 브루엔(Bruen), 어드만(Erdman), 기타 다른 사람들이 선교사 목사로 일해왔다. 1912년에 홍성한이 첫 번째 한국인 목사로 부임하였다. 그는 5년 후에 총회에서 중국 산동 동부지역에 선교사로 파송되었다.

그 교회의 한국인 목사는[iii] 1923년에 노회에 순복하기를 거부하였고, 노회는 청원서와 함께 그와 그를 편드는 사람들 중에서 몇 명을 치리하려 하였다. 그러자 그는 독립적인 분파의 우두머리가 되어 교회 자산을 장악한 후, 8년 동안 그것을 붙들고 있었다. 그 동안 선교부, 선교회, 선교기지, 노회, 총회가 그 사건에 관해서 논쟁하였다. 그 사건은 1932년 10월까지 세 법정-지역, 지방, 최고-에서 각각 세 차례씩 다루어졌다. 결국 그 자산이 선교부와 노회로 귀속되었고, 본 교인들은 그 건물에서 다시 예배드리도록 허락받았다. 새 예배당이 1933년 10월에 전국주일학교대회 대표 2,700명이 모여 개회하는 때에 맞춰 세워졌다.

현재 신정교회라고 불리는 제2교회 혹은 서문교회는 1912년 1월 1일에 300명의 회중이 분립해서 만든 교회로 출발하였다. 첫 모임은 병원에서 모였고, 그 후에는 1912년 선교기지의 회원들이 건축비의 3분의 1을 부담하여 40평방 피트의 예배당을 세울 때까지 남자중등학교에서 모였다. 처음에는 브루엔이 당회장으로 선출되었고, 플레처(Fletcher) 박사가 그 교회에서 일하도록 배정되었으나, 새 예배당이 세워졌을 때는 아담스 박사가 담임을 맡았다. 1915년부터 여러 해 동안 아담스 부인과 블레어 부인(H. E. Blair)이 그 교회에서 협력하였다. 현재는 이 도시에서 1,500명이 출석하는 가장 큰 교회가 되었다. 최소의 한국인 목사는 김순정이었으며, 그를 이어 염봉남 목사가 여러 해 동안 목사로 있었다. 지금의 증축된 예배당은 1927년에 세워졌다.

남부교회라고 불렸고 지금은 남산교회라고 알려지고 있는 제3교회는 1916년에 200명 이상이 모였으며, 브루엔(H. M. Bruen) 목사가 담임하였고, 부르엔 부인이 여자 주일학교를 맡았던 것으로 보고되었다. 그 교회에 현재 1천 명이 출석하고 있다. 지금의 예배당은 1930년에 세워졌고, 지금(1932)의 한국인 목사는 이문주 목사이며, 브루엔은 여전히 그 교회에서 협력하고 있다.

이 도시에는 교인수가 각각 200명 가량인 세 교회가 있다. 철도 북쪽에 있는 칠성정 교회는 12년 전에 조직되었고 윈(G. H. Winn) 목사가 목회하였다. 지금은 블레어(H. E. Blair) 목사가 담임을 맡고 있다.

대구에 있는 남성정 교회. 10년 동안 '독립교회'로 있었다.

중앙교회는 몇 해 전에 제일교회를 떠나온 사람들과 결별하였다. 그 교회는 다른 교회들에서 만족하지 못한 일부 젊은 사람들을 포함하여 몇 가지 종류의 구성원들로 이루어져 있었다. 그 목사 오종덕은 유능한 형제의 도움을 받아 매우 훌륭한 예배당을 4천 달러에 세우는 거의 불가능한 일을 성취해냈다. 불행히도 그 빚이 아직 교회에 남아 있

대구에 있는 최초의 선교회 소유 건물- 1895 -아담스(Adams) 박사, 존슨(Johnson) 박사, 한국인 친구들(이곳은 맞은 편 페이지에 보이는 교회의 부지였다.)

대구에 있는 현재의 남부교회

어 그의 사역의 약점이 되고 있다. 핸더슨(H. H. Henderson) 목사가 그 교회에서 조언해 왔으며, 최근(1932)부터는 리용(W. B. Lyon) 목사가 그러한 활동을 하고 있다. 제6교회, 동웅정(Tong Ung Chung)교회는 이 도시의 동쪽 지역에 있다. 한국인 목사는 임종하 목사이며, 챔네스(O. V. Chamness) 목사가 협력선교사로 있다. 여섯 교회의 전체 교인은 3,700명이며 이는 한국인 주민 16명 당 한 명에 달한다.

5) 시골지역

선교기지의 1900년도 보고서에 의하면, 시골지역에 20명의 신자들과 두 집단이 있었다. 그 이듬해에 다섯 집단이 새로 생겨났다. 1902-1903년에는 시골지역이 순회구역으로 구분되었다. 아담스는 동부를 맡았고, 바렛트(W. M. Barrett)는 안동이 포함된 북부를 맡았고, 브루엔은 서부를 맡았다. 그때 시골에는 350명의 신자들이 있었는데, 북부에는 단 12명만 살고 있었다. 1906년에는 맥팔랜드(E. F. McFarland) 선교사가 참여하여 남쪽 순회구역의 책임자가 되었다. 북부에서 맥팔랜드가 바레트를 승계하였고, 월터 어드만(Wlater C. Erdman)은 1908년에, 그린필드(M. W. Greenfield)는 1912년에, 블레어(H. E. Blair)는 1914년에 승계하였다. 브루엔은 1910년에 톰스(J. U. S. Toms)와 서부 순회구역을 나누어 맡았다. 1913년에는 아담스와 맥팔랜드가 동부와 서부를 바꾸어 맡았다. 1915년에 북동부 순회구역이 더해져서 윈(G. H. Winn)이 책임을 맡았다. 지금(1932)은 다섯 순회구역이 있는데, 동부는 챔네스가 맡고 있으며 거기에 가장 큰 지역으로 경주가 있고, 동남부는 리용이 맡고 있으며 가장 큰 지역으로 경산이 있고, 서남부는 브루엔이 맡고 있으며 가장 큰 지역으로 김천(Kim-chun)이 있고, 동북부는 아담스가 맡고 있으며 가장 큰 지역으로 영천(Yeng-chen)이 있고, 서북부는 블레어가 맡고 가장 큰 지역으로 상주가 있다.

1902년 1월에 한재(Han Chai)에서 경상도 최초로 여성과 소년이 세례를 받았으며, 브루엔이 세례를 베풀었다. 그 여성은 그때까지 아무런 이름도 갖지 못했으므로 '빛난별'(명성)이라고 불렸다. 복음의 빛을 많은 사람들의 마음에 비추고 그들을 그리스도께로 인도하기를 바라는 뜻에서 붙여진 것이었다. 브루엔은 그해 5월에 같은 장소에서 유아 2명에 대한 세례식도 집례하였는데, 먼저 받은 아기는 이 도에서 최초로 세례를 받은 것이었다. 이 집단 최초의 두 기독교 가족 중 한 가족에 속한 젊은 남자는 술주정꾼, 도

박꾼, 욕장이였다. 그는 아내가 기독교인이라는 이유로 그녀를 때리고 머리채를 잡아 거리로 끌고 나왔다. 많은 권면과 기도 끝에 그는 갑자기 열렬한 기독교인이 되었고, 이듬해(1903)에 바렛트의 어학교사가 되었다. 고대도시 경주에 사는 한 중년 남자는 한센병이 심했는데, 그의 젊은 아내가 신자였다. 그녀는 계속해서 8평방피트의 한 작은 방에서 그를 시중들며 함께 살았다. 다른 여성은 교회 출석을 위해 일 년 동안 그 깊은 낙동강을 건넜다. 그녀는 매번 건너기 전에 강둑에서 무릎을 꿇고 기도했다.

선교기지가 공식적으로 개설된 지 3년이 지나고 첫 번째 선교회 자산이 매입된 지 7년이 지난 1902년에는 시골지역에서 기독교인 집단이 8개, 성인세례자가 6명, 학습자가 18명, 교인이 77명, 예배당이 1개에 불과했다. 6년이 지난 1908년에는 교회와 집단의 수가 104개(12배 증가), 성인 세례자가 700명(6명에서), 학습자가 1,140명(18명에서), 교회와 예배처소가 130개(하나에서)로 늘어났다. 1903년부터 1908년까지 브루엔의 서부 순회구역에서 기독교 신앙을 고백한 사람의 수는 130명에서 2,500명으로 늘어났다. 이는 5년 동안 평균적으로 하루에 한 명 이상이 늘어난 것이었다. 1902년에는 시골지역 집단들의 전체 헌금액수가 10달러에 미치지 못했으나, 6년 후에는 1,100달러에 이르렀다.

6) 아담스의 전도 기금

1923년부터 1929년까지 선교회에 제출된 보고서에는 연례회의록이란 제목 아래 그 내용이 실려 있다. 아담스 박사는 경상북도 선교사들과 전도자들을 지원하기 위해 특별 기금을 확보하였다. 그 사역은 선교회의 재정이나 선교부 예산에서 독립된 것으로서 선교부와 선교회의 허락과 대구 선교기지와 경상북도 노회와의 긴밀한 협력 아래 운용되었다. 양편 모두에게서 그 일은 순조롭게 진행되었다. 1923년에 리브세이(J. B. Livesay) 목사와 맥팔랜드(E. F. McFaland) 목사(그는 건강상의 이유로 사임했다)가 그 기금에 의해 준회원 선교사로 그 현장에 왔다. 아담스 부부는 남자중등학교 근처의 부동산을 집터 용도로 사고 그곳에 주거지와 '사무실'을 세웠다. 이 자산은 1926년에 선교부에 증여되었다. 리브세이가 1925년에 선교회의 정규회원으로 받아들여지고 재령으로 임명되었으며, 에드워드 아담스(Esward Adams) 부부가 대구로 옮겼고, B. N. 아담스(B. N. Adams) 부부는 안동으로 임명되었다. 그의 두 아들이 그 기금의 수탁자가 되었는데, 그것은 아담스 박사 부부가 건강을 잃어 미국에 머물러 있어야 했기 때문이었다.

그 기금에 관한 1929년도 보고서는 "최근 상세히 조사한 결과 교회가 대구 지방에 66개가 있고, 안동 지방에 7개가 있어 총 73개이며, 이 도의 전체 교회수의 약 15퍼센트를 차지하고 있는 것을 밝혔다"고 하였다.

그 기금의 도움을 받아 다른 형태의 사역들이 다음과 같이 펼쳐졌다. 목사들의 2년 기간 교회 사역, 울릉도로의 전도사 1명 파송 협력, 대구 병원 전도사역 보조, 노회를 위한 주일학교 총무 고용, 남자중등학교 전도단에 대한 비용 지급, 그 지역의 학생들에 대한 전도사역 등이 그것이었다.

그 기금을 운용하는 데 있어 어떠한 어려움들과 문제들의 발생을 방지하는 것은 불가피한 일이었다. 외국 기금으로 고용된 사람은 그들의 사역을 '섬김으로 부르심' 보다 '봉급 받는 직업'으로 생각하게 되는 위험이 있었다. 평균적으로 더 많이 지급되는 봉급은 다른 교회 사역자들에게 시기심을 유발할 수 있었고, 새로 조직된 교회들이 그들 자신의 노력보다 그 기금에 의해 고용된 사역자들에 의존할 수 있었으며, 노회와 다른 교회조직들이 그들의 복음전도 사역을 행하는 데에 그 기금에 의존할 수가 있었다. 그러나 주의 깊게 사용된 결과 그 기금은 이 도의 복음 전도사역에서 많은 것을 성취하는 수단이 되었고, 지금도 그것에 의해서 전도사업이 시작되고 있다.

7) 여성사역

여성을 위한 최초의 사역은 아담스 부인과 존슨 부인에 의해서 이루어졌고, 1899년의 겨울과 봄, 3개월 동안 대구에 와 있었던 부산의 체이스(M. L. Chase) 양의 협력을 받았다. 선교사의 집을 방문한 여자들은 선교사들을 만나서 전도지를 받았으며, 주일 예배 후에는 여자들이 별도로 선교사들을 만났다. 아담스 부인은 한국 가정을 방문해 주중 사경회를 열고 여자들에게 성경과 언문을 가르쳤으며, 1899년에 그들 중에서 최초의 여성 학습자들을 배출했다. 아담스 부인은 일요일에 사경회에서 계속 가르쳤고, 너스(Nourse) 양은 월요일 반을 조직해 14명의 소녀들을 등록시켰다. 이렇게 해서 1899-1901년간에 여성사역이 시작되었다. 이듬해 100달러가 건축을 위해 기부되어 2년 후에 여성 게스트룸이 선교기지 출입문 밖 거리 부근에 세워졌다.

아담스 부인은 1905년에 시골지역을 여행해 경산과 경주를 방문하고 최초의 외국 여성 방문자가 되었다. 그 여행 보고서에서 그녀는 "내가 한복을 입고 머리숱을 나누어 뒤에 낮게 만 후 한국 핀을 하였더니 한국 여인들이 크게 기뻐하였다"고 기록하였다. 1908년까지 이 선교기지에는 단 한 명의 한국 여성이 고용되어 있었다. 1907년에 이 선교기지에서 최초의 간호사 존슨 부인과 카메론(Cameron) 양이 도르가회(Dorcas Society)를 만들었다. 결혼은 선교기지에 독신여성 사역자를 두려는 계획을 다시금 좌절시켰다. 엘리자벳 카슨(Elizabeth Carson) 양은 1904년에 와서 이듬해에 바레트 부인이 되었으나, 1908년까지 선교기지에 남아 있었다. 블랑쉬 에시크(Blanche Essick) 양은 2년 후 윈(G. H. Winn) 목사와 결혼하였다. 안나 레아 밀즈(Anna Rea Mills) 양이 1908년 12월에 와서 3개월 혹은 반 년 동안 엄청난 열정으로 여성사역을 조직하였다. 그녀가 1912년 5월에 휴가를 떠나기 한 해 전에 마르다 스위처(Martha Switzer) 양이 도착하였고, 1929년에 그녀가 죽을 때까지 이 선교기지에서 사역을 계속하였다. 저다 버그반(Gerda Bergman) 양은 1915년부터 스위처 양의 협력자로 일했으며, 현재(1932) 이 선교기지의 유일한 여성사역자로서 그녀의 모든 시간을 전도사역에 바치고 있다. 1923년에 온 헬렌 킨슬러(Helen C. Kinsler) 양은 1929년부터 휴가를 연장하고 자리를 비웠다가 사임하였다. 그녀의 후임으로 헬렌 헨더슨(Helen Henderson)이 이 기지에서 일했다.

그러나 물론 많은 여성사역이 이 선교기지의 기혼여성들에 의해 수행되었다. 윈 부인은 1914년에 이 선교기지로 돌아와서 14년을 일했다. 브루엔 부인은 28년 동안, 맥팔랜드 부인은 17년 동안, 어드만 부인은 19년 동안, 레이너(Reiner) 부인은 5년 동안 이 선교기지에 속해 있었으며, 나머지 7명의 다른 기혼여성 선교사들은 이 선교기지에서 짧은 기간을 머물렀다. 현재 기혼 여성 사역자들 가운데 블레어 부인은 1913년부터, 플레처 부인은 1915년부터, 핸더슨 부인은 1919년부터 이 선교기지에서 일해 왔다. 이 도시 교회들에서 그녀들이 행한 사역 외에도 기혼여성 사역자들은 사경회에서 가르쳤고, 일부는 여자성경학원에서 가르쳤으며, 일부는 시골지역의 여성사역에 종사하였으며, 다른 이들은 병원일이나 여학교나 기타 다른 일들을 도왔다.

8) 사경회와 성경학원

(1) 남자반

지방에서는 첫 번째 남자 사경회가 1901년 1월에 15명이 참가한 가운데 10일 동안 열렸으며, 사경회가 끝났을 때 그 중에서 11명이 학습을 받았다. 이듬해에는 사경회에 14

명이, 1903년에는 30명이 참석하였다. 그 기간에 브루엔도 풍곡(Pung Kok) 지역에서 사경회를 열었다. 1904년에 남자 사경회가 공동으로 모였을 때는 200명이 등록하여 선교사들이 정신을 차릴 수 없을 정도가 되었으나, 1905년에는 그 두 배로 늘어났다. 1908년에는 참석자들이 900명으로 늘어났다. 1910년에는 사경회에서 마가복음이 1만 6천 부가 팔렸으며, 날연보로 3,200일이 서약되었다.

남자 조사 사경회는 아담스가 1903년에 시작하였고, 브루엔이 1904년에 맡아 계속 이끌었다. 1905년 4월 부산에 있는 우리 선교기지와 호주장로교 선교회가 연합하여 대구에서 열리는 그 사경회 사역에 합류했으며, 사이드보텀, 엥걸(Engel), 아담스, 브루엔이 교사로 활동했다. 1907년에 그 사경회에 참석한 자는 35명이었다. 이것은 계속 발전하여 '전도 사역자 훈련반'이 되었고, 나중에 남자성경학원이 되었다.

최초의 연례 교회임원 사경회가 1907년 12월에 135명이 참석한 가운데 개최되었다. 1910년에는 500명이 그 사경회에 참석하였다. 부산과 대구 등 도시의 남자사경회들은 1912년에 시작되었다. 지방의 사경회는 1903년에 하나, 1905년에 둘이 있었던 것으로 보고되었다. 1917년에는 남자 사경회의 총 참석자들이 2,700명이었고, 다른 해에는 3천 명 혹은 그 이상이었다.

40명이 참석한 1919년 6월의 '전도사역자 훈련반'과 1912년 7월의 '경상남도 부산과의 합동 전도사역자 훈련반'은 선교기지 보고서들에서 성경학원과 대등했던 것으로 언급되고 있다. 1912년 11월에 남자 가을성경학원 학기가 어드만이 지도하고 32명이 출석한 가운데 진행되었다. 이듬해 11월과 12월에는 출석자가 85명이었다. 1914년에는 봄학기가 열렸다. 1913-1914년 중에는 성경학원의 교실과 기숙사가 6천 달러를 약간 넘는 비용으로 건립되었다. 언덕 위에 있는 그 성경학원과 여학교 건물들은 이 도시에서 가장 돋보였다. 1918-1919년간에 2학기제 남자성경학원에 출석한 자들은 모두 138명이었고, 1917-1918년간에는 166명이었다.

(2) 여자반

선교기지의 1902년도 보고서는 "우리가 맨 처음 시도했던 것은 여자반이었다. 성인 여자 6명과 소녀 두 명이 70리(10리는 3마일과 같다)~120리를 걸어서 참석하였는데, 모두 등에 아이들을 업고 있었다. 그들은 10일간 머물면서 열심히 배웠다. 그리하여 이들 중에서 3명이 학습을 받았다"고 기술하였다. 이렇게 하여 연례 여자사경회가 공동으로 시작되었고, 1917년에 참석자가 1천 명에 이르렀고, 곧잘 6-700명을 넘어섰다. 1916년도 보고서가 다른 사경회들에 대해 언급한 것을 따르면, 이 도시에서 평일에 진행되는 13개 사경회에 125명이 등록해 있었고, 4일간 또는 더 오랫동안 진행되는 도시의 5개 사경회에 각각 900명이 참석하였고, 시골에서는 사경회가 16번 열려 스위처 양이 가르쳤고, 맥팔랜드 양이 감독하는 35개 여성선교사회가 활동하고 있었다. 1922년 한 해 동안 이 모

1907년 초창기(1906년 개교) 모습

본관. 1931년 건축

대구 계성학교(남자중등학교)

든 여자사경회들에 참석한 자들은 모두 4,400명이었다. 1917년에는 43개 여자사경회에 3,456명이 참석하고 있었다.

여성을 위한 다른 종류의 사경회들이 정기적으로 개최되었다. 예를 들면, 1911년 1월 밀스(Mills) 양이 여성지도자를 위한 사경회를 열었는데, 그 지도자들 중 16명이 둘씩 나가서 36개의 다른 사경회를 열었다. 그 해 6월에는 주일학교 교사들을 위한 사경회도 3주간 열렸다.

1913년에는 여자성경학원 첫 학기에 56명이 출석하였고, 남장로교 선교회의 맥커첸(McCutchen) 부인이 선교기지 여성사역자들을 도왔던 것으로 보고되었다. 1917년 봄, 79명의 출석자들이 있었고, 가을 학기는 콜레라의 유행 때문에 생략되었다. 1917-1918년에는 두 학기 동안 162명이 출석하였다. 밀스 양과 스위처 양이 정식 교장으로 있었고, 현재는 버그만 양이 맡고 있으며, 휴가 기간에는 다른 사람으로 대체되었다.

9) 교육사역, 초등학교

1900년 가을에 한국 기독교인들이 비록 숫자상으로는 소수이지만 그들의 주도로 남자 아이들을 위한 통학학교 예산의 절반을 공급할 수 있는 충분한 기금을 조성하였고, 이 선교기지의 회원들은 개인적으로 기금을 내어 나머지 절반을 제공하였다. 그 학교는 선교회의 한 건물에서 5달 동안 모였으며, 10명에서 15명이 출석하였다. 1902-1904년 동안 교회-이미 그 학교의 절반을 후원하고 있었다-는 한 달에 한 번씩 그 학교를 돕기 위해 헌금을 하였다. 1904년에는 취학학생의 수가 28명이 되었고, 이듬해에는 47명이 되었다. 널(Null) 박사가 그들에게 체조를 가르쳤고, 바레트가 주일학교반을 담당했다. 서부 순회구역에서 개령-송내(Gairyung-Songnai)의 강력한 집단 가운데 한 소학교가 있는 것이 1903년에 보고되었다. 소년들은 사도들의 이름을 익히는 일을 도우려고 서로에게 베드로, 존, 야고보, 안드레 등등의 이름을 붙여주었다. 한 해에 소학교의 수가 4개에서 37개로 늘어났고 학생들이 거의 300명이 되었으며, 그 위에 2개의 여학교가 시작되었다. 1908년 대구교회의 학교들에 167명이 출석하였는데, "이 도시 전체의 교회학교 학생들이 한국인 보통학교 학생들 전체의 3분의 1에" 달하고 있었다고 보고되었다.[6)]

현재는 대구시에 있는 남녀 기독교 보통학교에 600명이 등록해 있다. 이 선교기지는 1914년에 500달러를 자산지금으로 기부했다. 그밖에는 학교가 자급해왔다.

1927년에는 이 선교기지 관할구역 내 22개의 보통학교에 1,800명이 등록해 있었다. 1914년에는 취학 학생이 두 배가 되었고, 2,100명의 남학생들과 1,500명의 여학생들이 100개 이상의 학교에 속해 있었다. 정부가 요구하는 기준에 맞추기 위해 증가된 학교 운영비와 많아진 공립 보통학교 수가 교회의 후원을 받는 보통학교의 수와 등록생들을 감소시켰다. 교회가 관장하는 유치원은 1930년부터 보고되었다. 1930년에는 3개 유치원에서 130명이 배우고 있었다. 교육사역 초기에는 교사들을 위해 정례적으로 하기훈련학교를 운영할 필요가 있었다. 대구에서의 첫 교육은 1909년에 실시되었고, 75명의 교사들이 참석하였다.[7] 정부가 자격을 인정한 교사들이 증가하면서 교회가 경영하는 일반 학교들은 필요치 않게 되었다.

10) 남자중등학교

남자중등학교가 1906년 5월 1일에 27명의 등록 학생들을 데리고 조직되었다. 그 학교는 10주 동안 운영되었으며, 아담스와 사이드보텀이 가르쳤다. 선교기지는 이내 건물을 위해 5천 달러를 선교회에 요청했다. 이듬해에는 8개월 학기에 48명이 등록하였다. 건축 자금의 일부를 받아 공사를 시작해 1908년 가을에 완공하였다. 그 건물에는 5개 방과 채플이 있었다. 그 다음에는 기숙사를 위해 5천 달러를 요청했다. 기숙사는 1910년에 요청했던 액수의 절반 가격으로 세워졌다. 1911년 5월에 12명이 졸업하였고, 레이너(R. O. Reiner)가 그 전 해 가을에 와서 아담스 박사의 교장직을 인계하였다. 다음에는 과학실이 필요했고, 그것은 6천 달러를 들여 1913년에 세워졌으며, 맥퍼슨 기념 과학관(McPerson Memorial Science)이라고 명명되었다. 그 해에 자산기금이 600달러로 늘어났고, 1천 달러를 과학부를 위해 기부받았다. 1911년도 보고서는 그 부서에 등록된 40명의 학생들을 '큰 짐' 으로 묘사하였다. 리용(W. B. Lyon)이 두 번째 선교사 사역자로 그 학교에 와서 1923년부터 1928년까지 그 부서를 맡았다. 1926년에는 1,250달러를 학교시설을 위해 받았고, 그 후에도 시설을 위해 다른 기부금을 받아왔다. 1931년 새 교육관이 2만 5천 달러의 비용으로 세워졌다.

1915년 레니어가 평양으로 옮겨가게 됨에 따라 아담스 박사가 다시 교장이 되어 1919년까지 일했고, 그 후 헨더슨(Henderson)이 교장이 되어 현재까지 이르렀다. 안식년 기간에는 블레어(H. E. Blair) 목사와 윈(G. H. Winn) 목사와 에드워드 아담스(Edward Adams) 목사가 교장의 역할을 하였다. 남학교 학생수는 보통 100명에서 170명 정도가 되었다. 1931년까지 154명이 졸업하였다. 그들 중에서 17명이 목사안수를 받았고, 30명이 조사와 전도사가 되었고, 50명이 교회학교 교사가 되었다. 그 학교는 여러 해 동안 정부의 '지정'을 받기 위해 모든 노력을 다했으며, 때때로 선교기지 회원들이 연례적인 적자를 메우기 위해 큰 부담을 지기도 했다. 서울 이남에서는 선교회 소속의 남자중등학교로서 유일한 것이었기 때문에 선교회와 대구 선교기지는 그 운영을 위해 많은 희생을 치르는 일이 합당하다고 느꼈다. 지정학교 인가는 1933년에 받았다.

체육교사와 1934년도 졸업생들

합창단. 1934

대구 신명학교(여자중등학교)

11) 여자중등학교

너스(Nourse, 후에 Welbon 부인) 양이 15세 이하의 소녀 14명을 가르쳤던 월요일 오후반이 1902년에 존슨 부인에게 넘겨졌으며, 브루엔 부인이 그 일을 도왔다. 그들은 바느질, 읽기, 쓰기를 가르쳤다. 이듬해 브루엔 부인이 책임을 맡았고, 성경과 찬송을 더 가르쳤으며, 주일학교 교사로서도 그들을 가르쳤다. 1905년에는 브루엔 부인이 카슨(Carson, 후에 Barrett 부인) 양의 조력을 받았다. 그 해에 여학생들 중에서 한 명이 세례를 받았으며, 세 명이 학습을 받았다. 이렇게 해서 브르엔은 선교기지 내 다른 여성사역자들의 도움을 받으며 그 학교를 키워 1910년에 선교회를 향해 여자중등학교로 인정해주도록 요청하였다. 당시에 그 학교는 선교기지 구내에 있는 여성 빈관에서 모이고 있었다.

1912년에는 10개 구역에서 온 80명의 학생들과 3명의 교사들이 있었다. 여학생 세 명이 5월에 졸업하였다. 새 건물을 위해 2천 달러의 기부금을 받아 1913년에 4천 달러의 비용으로 건축을 마쳤다. 그때 이르러 해리엇 폴라드(Harriet Pollard) 양이 교장이 되었고, 브루엔 부인과 에드먼 부인이 근로부를 담당했으며, 1915년에 그 부서에서 90명의 여학생들이 그들의 학비 일부를 벌 수 있었다. 기숙사는 1916년에 3,500달러를 들여 지었다. 이듬해에는 500달러의 기부금을 받았다. 1925년에는 두 명의 독신여성 교육사역자들, 곧 폴라드 양과 에타 그림스(Etta Grimes) 양이 살 집을 위해 3,500달러를 받았다. 에타 그림스 양은 1919년부터 맥팔랜드 부인이 되었던 1926년까지 폴라드 양의 협력 사역자로 있었다.

평균적으로 취학 학생수는 보통 100명 이내였다. 1931년까지 118명이 졸업하였는데, 그들 중에서 9명은 전도부인이 되었고, 37명은 기독교학교 교사가 되었으며, 30명은 주일학교 교사와 사무직원이 되었고, 46명은 결혼하여 교회에서 열심히 활동하였다. 몇 해 동안 학교는 1,500달러 가량의 기부금을 받았다.

12) 의료사역

브루엔은 “도착(1899년 10월 26일)한 후에 나는 존슨 박사의 작은 초가집 진료소가 빨리 개원되기를 바라는 마음에서 일꾼들과 선반을 달고 서랍장을 만드느라 10일을 소비했다”고 기록하였다. 존슨 박사가 주문한 약은 그 해 7월에 도착했었다. 진료소는 얼마 지나지 않아 크리스마스 전에 개원해 이듬해 1,700명의 환자들을 치료했으며, 800명이 새로 온 환자들이었다. 수술을 50차례 했고, 80명을 집으로 왕진했다. 기독교인 보조원 서씨는 매우 유능한 조력자여서 존슨 박사가 발진티푸스를 앓았던 몇 주 동안 진료소가 계속 문을 열고 간단한 치료를 행할 수 있게 하였다. 다음 해 1901-1902년 기간에는 2천 명의 환자들이 치료를 받았다. 병원에서 복음이 계속 전해졌고, 전도지들과 책들이 팔렸다. 진료소로 몰려드는 환자들과 구경꾼들에게 대처하는 방편으로서 존슨 박사는 건물 주변에 가시철조망을 설치해야 했다.

대구 나병원에 있는 보이스카웃 분대

아치(Archie)와 도널드 플레처(Donald Fletcher)가 왼편에 있다.

대구 병원. 1931년에 세워졌다.

1903년 4월에 병원 신축을 위해 벽돌공이 서울에서 도착하였다. 새 병원은 고든(H. B. Gordon)의 기획과 필라델피아 제2장로교회의 메리 라이트(Mary H. Wright) 양의 기부금으로 지어졌다. 그 건물은 구조적으로 약했을 뿐만 아니라 1905년에 태풍의 피해를 입어 재건축이 불가피했으므로 1906년에 선교회를 향해 1,250달러의 추가 충당금을 요청하였다. 1907-1908년간에는 환자수가 5천 명을 넘어섰다.

그 해 대구의 의료사역자들 중에서 선교사들이 병마에 시달렸다. 존슨은 1903년에 건강을 잃어 안식년을 일찍 가져야만 했다. 11월에는 의사 부부인 널(M. M. Null) 박사 내외가 도착하였다. 그 남편은 이듬해에 심각하게 앓았고 2년 후에 '완전히 쇠약해져서' 1905년에 다른 선교기지로 옮겨갔다. 존슨은 1906년 여름에 돌아왔다가 이듬해 5월에 다시 앓아누웠다. 크리스틴 카메론(Christine Cameron) 양이 최초의 외국인 간호사로서 1905년 9월에 대구에 왔으나, 1906년 겨울에 넘어져서 여러 달 동안 별다른 일을 할 수 없었다. 그녀는 이 선교기지에서 4년을 지낸 후 1909년에 사임했다. 그 해 간호사 메리 맥켄지(Mary McKenzie) 양이 그녀의 뒤를 이었으나, 이듬해에 건강을 잃어 사임해야 했다. 존슨 박사는 1910년 가을에 건강문제로 인해 복음전도자로 사역을 바꿨고, 그의 의료사역은 플레처(A. G. Fletcher) 박사가 이어받았다. 새로운 진료소가 3천 달러를 들여 1914년에 완공되었고, 그 해에 에셀 매기(Ethel Magee) 양이 세 번째 간호사로 임명되었다. 그녀는 3년 동안 선교기지의 회원으로 있다가 결혼한 후에 사임하였다. 그녀의 일은 1915년에 엘리자벳 베킨스(Elizabeth Bekins) 양이 인계하였는데, 엘리자벳 역시 전임자의 길을 따라 가서 1919년에 사임하였다. 그 해부터 4년 동안 병원은 1916년에 내한한 간호사 엘라 레니어(Ella M. Reiner) 양으로부터 충분한 도움을 받았다. 그녀의 일은 1923년 클라라 M. 헤드버그(Clara M. Hedburg) 양이 넘겨받았다. 그녀는 이미 5명의 전임자들의 사역기간을 합친 기간만큼 일해왔다. 사역이 성장하고 플레처 박사가 한때 건강을 잃어 두 번째 외국인 의사를 두는 것이 불가피해졌다. 스미스(R. K. Smith) 박사 부부는 1911년에 한국에 와서 1920년에 대구로 배정받았다가 2년 후에는 새로 도착한 선교사들, 곧 스펜서 호이트(H. Spencer Hoyt) 박사 부부에게 일을 넘겨주었다. 호이트 부부는 1927년에 안식년을 떠났다가 한국에 돌아오지 않고 건강상의 이유로 1930년에 사임하였다. 따라서 플레처 박사를 빼고는 네 명의 의사가 이 선교기지에 총 20년간 일한 셈이 되었다. 존슨 박사와 널 박사는 건강 때문에, 호이트는 언어공부 때문에 사역에 방해를 받았다. 헤드버그(Hedburg) 양 전에 있었던 다섯 명의 간호사들은 모두 16년 동안 만 있었는데, 그들 중 네 명은 신참 선교사로서 이 선교기지에 왔고, 세 명은 건강 때문에 어려움을 겪었다. 여러 해 동안 대구의 의사는 부산과 서울 사이의 지방에서 유일하게 존재한 외국인이 되었다.

플레처 박사의 경영하에 의료사역이 착실하게 성장하여 매년 입원환자가 천 명 미만에 이르렀고, 다른 투약 환자가 5천 명에 이르렀다. 현재의 진료소는 1만 달러를 들여 1927-1928년 사이에 지어졌다. 새 병원 건물은 3만 5천 달러를 소요해 1931년에 세웠다. 그 위에 매우 유능한 한국인 의사들과 독일인 의사 월터 칼테어플라이터(Walter Kalterfleiter)가 1929년부터 1932년 사이에 고용되었다.

대구의 의료사역은 복음전도 사업을 특별히 강조해왔다. 1910년까지 서재명이 병원 전도사로 일했다. 한 동안 "주일 아침마다 모든 교회에서 여섯 명의 기독교인의 이름이 호명되었는데, 이들은 환자들에게 매일 자유로이 전도하였다." 1922년에는 병동들과 진료소에서 개종을 고백한 자가 300명 이상이었다. 또한 그 해에 병원 전도사들이 과거에 환자였던 사람들의 도움을 받아 시골지역에서 기독교 신앙을 고백한 교인들의 새 집단 7개를 조직하였으며, 그들의 수는 거의 200명에 달하였다. 1924년 한 달 동안 남자 17명과 여자 26명이 개종을 고백하였고, 46명의 기독교인들이 하나의 새 집단을 조직하였다. 그들은 곧 작은 예배당을 그들의 힘으로 짓기 시작하였다. 1932년에는 병원 전도의 결과로 선교기지의 관할구역 안에서 신앙을 고백하는 1천 명의 교인들을 가진 총 42개 교회들과 집단들이 여러 해에 걸쳐 세워졌다.

13) 결론적인 진술

이상과 같은 정규 사역 외에 다른 특별한 측면들을 더 진술할 필요가 있다. 몇몇 사역 지원자들이 대구에 머물면서 선교기지의 사역을 도왔다. 복음전도자 페이 밀스(B. Fay Mills)의 형제이며 안나 레아 밀스(Anna Rea Mills, 후에 그린필드 목사〈H. W. Greenfield〉와 결혼하였다) 양의 아버지인 쏜튼 밀스(Thornton A. Mills, Ph.D,) 목사가 1912-1914년 사이에 그의 딸과 함께 대구에 머물렀다. 헤스터 필드(Hester E. Field) 양은 세계주일학교대회가 열리던 기간에 대구를 방문하여 이곳의 사역에 흥미를 느끼고 1920년부터 1925년까지 5년간 연장해서 머물렀다. 그녀는 집으로 돌아가는 도중에 그리스 아테네에서 병을 얻어 그곳에서 죽었다.

레니어(Reiner)는 1913년에 다섯 건물들-맥퍼슨 기념 과학 병원(McPherson Memorial Science Hall), 남자 성경학원, 남자 성경학원 기숙사, 여자중등학교 교육관과 기숙사, 진료소-의 건축을 감독하였다. 이듬해 블레어는 자신의 집을 지었고, YMCA 건물을 또한 시내에 지었다. 이 후자의 건물에서 "약 2,050명의 남자들이 첫 달에 독서실과 강의실을 사용하는 특권을 누렸다." 수 년 동안 블레어는 권서들을 감독하였고, 1916년에는 자신의 관할 아래 11명을 두었다.

1909년에는 선교기지에서 2주 이내에 회원 두 명이 사망하였다. 넬리 딕 아담스(Nellie Dick Adams)의 부인은 선교기지 설립자의 한 명이었고, 소텔(C. C. Sawtelle) 목사는 새로 곧 개설될 안동 선교기지 설립 회원의 한 명으로 예정되었던 사람이었다. 스위처(Switzer) 양과 브루엔(Bruen) 부인의 무덤 2기와 이 선교기지에서 죽은 몇몇 어린 아이들의 무덤들이 선교기지 부지의 작은 묘역에 있다.

그 지역의 교세는 1898년에 신앙을 고백한 2명의 기독교인으로부터 성장하여 1903년에 470명에 이르렀고, 1908년에 8천 명, 1923년에 1만 3천 명에 이르렀다(이들은 교인들로 추정된다). 한국의 북부지역 만큼 빠르게 성장하지는 못했지만, 그래도 괄목할 만했다. 그러나 기독교 신앙 고백자는 인구 100명당 한 명에 미치지 못했다. 1929년도의 인구는 160만 명으로 추정되었다. 선교기지의 사역은 아마도 거의 틀림없이 최소한 새로운 40년 후까지 이어질 것이다.

6. 선천

선천은 성벽이 둘러져 있지 않은 마을로서 그 역사에 대해 알려진 것이 없다. 초대 선교사들인 휘트모아(N. C. Whittemore) 목사와 샤록스(A. M. Sharrocks) 의사가 선천에 도착해서 행정관을 공식적으로 접견하기 위해 갔을 때, '그 영감'은 비호의적인 태도로 사람을 시켜 작은 곁문으로 들어오게 하였다. 선교사들은 이를 거절하고 큰 대문 앞에서 문이 열릴 때까지 기다렸다. 그 대문에 관한 기록은 콜럼버스가 아메리카를 발견했던 해부터 그곳에 세워져 있었던 사실을 말해준다. 선천은 서울에서 목단과 북경으로 가

선천 선교기지, 1919

는 간선도로 상에 있다. 초기 선교사들이 의주의 기독교인들을 만나러 가는 길에 모두 선천을 지나갔지만, 이곳에서 머물렀다는 기록을 남긴 자는 아무도 없었다. 언더우드 박사는 일찍이 1887년에 그 마을을 통과하지 않으면 안 되었으나 그 장소에 대한 특별한 기억을 갖고 있지 못했다. 아펜젤러, 게일, 마펫, 스크랜턴, 그리고 다른 선교사들도 그 길을 간 것이 틀림없었다. 그러나 그 마을에 관심을 끌어들일 기독교인이 없어 아무런 언급도 이루어지지 않았다. 당시에는 마을 인구가 3천 명의 인구를 넘지 않았던 것으로 짐작된다. 선교기지가 세워진 후에 주민이 5천 명으로 증가했고 현재는 1만 3천 명에 이르고 있다.

처음에는 북쪽의 새 선교기지가 의주에 세워질 것으로 기대되었다. 의주는 그 지방에서 크고 가장 훌륭한 도시였고 나중에 도청 소재지가 되었다. 의주에는 알렌 박사와 언더우드 박사가 한국에 도착하기 전에 이미 어떤 기독교인 집단이 있었다. 감리교와 장로교 선교사들은 모두 그곳에서 자산을 구입했다. 의주 사람들은 모든 한국인들 가운데 가장 지성적이고 진취적이었으며, 기독교 수용에 가장 앞서 있었다. 처음에는 의주를 새 선교기지의 장소로 정하는 데에 이러한 점들이 적합하고 충분한 사유가 된다고 생각하였다. 그러나 휘트모어가 그 지방을 여행하기 시작하면서 선천을 더 바람직한 장소로 확신하게 되었다. 그것은 강계가 평안북도 북부의 중앙에 있듯이 선천이 평안북도 남부의 중앙에 있기 때문이었다. 이곳을 부지로 선택할 뜻을 품은 마펫과 휘트모어는 서로 같은 생각을 하고 있는 사실을 발견했고, 그리하여 새 선교기지가 선천에 들어서게 되었다. 이 선교기지가 개설될 때는 조랑말이나 가마가 유일한 여행 수단이었다. 기차의 경적소리가 선천에서 1905년 4월 28일에 처음 울려 퍼졌다.

1) 선교기지의 개설

휘트모어 목사는 1896년 10월 한국에 도착하자마자 가능한 한 빨리 평안북도에 선교기지를 개설하라는 뜻에서 이곳으로 배정되었다. 휘트모어는 1897년 봄에 베어드(W. M. Baird)와 함께 그 지방을 처음 여행하였고, 가을에 혼자 다시 답사하였다. 1898년 겨울과 봄에 두 번 다녀왔고, 그 해 가을에 또 다시 마펫(S. A. Moffett) 목사와 함께 다녀왔는데, 그때는 선천에서 장차 휘트모어의 집터가 될 곳 앞에 있는 부지를 샀다. 이듬해(1899)에는 훗날 '허니문' 집으로 알려지게 되는 숙소를 구입하였다. 그것은 현재 남교회 자산의 일부가 되고 있으며, 원래 있던 건물의 일부는 교회의 부속건물로 사용되고 있다. 1900년 샤록스(A. M. Sharrocks) 의사 부부가 베스트(Best) 양과 함께 선천을 처음으로 방문하였다. 마지막으로 1901년 10월에 샤록스 부부와 그들의 유아 딸, 그리고 휘트모어가 선천으로 이사하여 '숙소'에 입주하였다. 그러한 이주로 인해 선교기지가 '개설' 되었다고 말할 수 있게 되었다. 몇 주일 후 조지 렉(George Leck) 목사 부부가 선교기지에 도착했는데, 그들은 그 전 해에 내한했다. 첫 번째 독신여성 사역자인 마리 체이스(Marie L. Chase) 양은 이 선교기지로 임명받아 1901년 12월에 도착하였으며, 그때 최초의 외국인 주거지, 곧 샤록스의 집의 건축이 완공되었다. 그 후 렉은 강계까지 오랫동안 여행하고 돌아오던 중, 미국인 광산에서 1901년 크리스마스 날에 천연두로 사망하였다. 그 여행길에 오르기 전에 렉의 집터는 이듬해 봄에 시작할 건축을 위해 미리 평평하게 정지되어 있었다. 미신을 믿는 한국인들은 그의 죽음이 집터를 고르게 하느라 용의 등(선교부지 뒤편에 있는 산)을 긁어 용을 화나게 한 데서 비롯되었다고 믿었다. 집터를 새로 잡으면서 다시는 그곳에 집을 짓지 못했다. 1901-1902년 겨울에는 전에 미국 공사의 비서였다가 당시에 한국정부의 궁내부 고문이었던 샌즈(W. F. Sands)가 의주에서 장티푸스를 앓게 되어 선천으로 옮겨져 샤록스 박사가 보살폈다. 선천의 불친절한 관원들은 샌즈가 '왕 앞에 섰기' 때문에 갑자기 호의적으로 대했다. 1902년 2월에 스왈른(Swallen)과 헌트(Hunt)가 선천으로 와서 남자 사경회 사역을 도왔다. 렉 부인은 그들과 함께 평양으로 돌아갔고, 3월에 아들 조지를 낳았다. 3월 동안 샤록스 부인도 천연두에 걸려 매우 심하게 앓았다. 웰즈 박사가 평양에서 서둘러 왔고 왐볼드(Wambold) 양도 간호일을 돕기 위해 서울에서 왔다. 1902년 봄, 번하이즐(C. F. Bernheisel) 목사가 평양에서 와서 휘트모어의 교회 순회사역을 도왔다. 그 해 여름 7월에 샤록스 부부의 두 번째 딸이 태어났다. 첫 해의 선교기지 역사는 이북 지방에서 콜레라가 유행했던 것으로 종료되었다. 그 같이 하여 한 해에 6명의 선교기지 회원들이 거주하게 되었다. 한 명이 죽었고, 그의 미망인이 사임하였다. 집이 한 채가 지어졌고, 6명의 방문을 받았으며, 2명의 아이들이 태어났다. 장티푸스 감염 사례가 2번 있었고, 콜레라가 유행하였다.

두 번째 해인 1902년 10월 어느 날의 달 밝은 밤에 선교기지 회원들이 연례 모임에서 돌아왔을 때, 그들은 새로운 선교사들, 곧 컨스(C. E. Kearns) 목사 부부와 동행했다. 선천에서 3시간 떨어진 거리에서 선천 기독교인들 100명이 그들의 귀환을 환영하였다. 실즈(Shields) 양은 서울을 떠나 11월에 선천에 와서 복음전도 사역으로 전환하였다. 11월 25일에는 시릴 로스(Cyril Ross) 목사가 도착했고, 로스 부인과 아이들은 1903년 4월에 도착하였다. 제인 사무엘(Jane Samuel)은 1903년 1월에 한국에 도착하였다가 그 해 가을 연례 모임 후에 선천으로 왔다. 외국인으로서는 두 번째로 로스 부부가 살게 될 집, 곧 '제인 P. 워트먼 빌딩'(Jane P. Wortman Building)이라고 명명된 집이 1904년에 완공되었고, 세 번째 집인 '컨스 하우스'(the Kearns House)는 1906년에 완공되었다. 또한 새로 집 두 채가 1907년에 완공되었는데, 한 채는 올리버(J. S. Oliver)의 부인의 기증을 받아 지어진 집으로, 체이스와 사무엘 양이 살게 될 올리버 메모리얼 홈(Oliver Memorial Home)이었다. 다른 한 채는 휘트모어 하우스(Wittemore House)였다.

2) 전도사역

도시사역. 휘트모어가 평안북도로 배정되었을 때 선천에는 기독교인이 두 명밖에 없었다. 한 명은 서쪽으로 7마일 떨어진 옛 감영(선천 구부) 지역에서 이사해 온 사람이었다. 그는 목수였으며, 평양에서 복음을 받아들였다. 선천의 또 다른 신자는 나중에 장로가 된 조규찬(Cho Kyu Chan)이었다. 처음에 그 마을 동북쪽 산의 숲 아래에서 모임을 가지다가 후에 개인집에서 모였고, 마침내 1897년 가을에 커다란 한옥을 한 채 사서 그곳에서 모였다. 그 집은 현재의 남부교회 자리의 약간 서쪽에 있었으며, 현재 목사관이 들어서 있다. 그 집은 개조되고 회중석이 확장되어 많을 때는 450명이 모였다. 그러나 1901년에 선교기지가 문을 열었을 때는 이미 너무 좁은 상태에 있었다. 회중은 1902년 봄에 새 예배당을 짓기 위해 5년 기한을 작정하자고 요청하였다. 첫 해의 작정금은 2천 냥(엽전, 구멍 꿇린 돈)이었는데, 미화 130달러에 해당되었다. 그 해 2월에 남자 겨울 사경회가 열렸을 때, 평안북도 최초의 장로로 양전백이 임명되었다. 그는 6년 동안 조사로(지역 설교자)로 활동해왔으며, 후에 장로교 목사안수를 받은 한국 '최초의 7인' 중 한 사람이 되었다.

1903년에 회중이 5백 명에 이르렀던 것으로 보고되었으며, 이는 그 마을 인구의 10퍼센트에 달하는 수였다. 예배당이 너무 좁아 주일학교를 나누어 남녀를 따로 모아 운영하였다. 이듬해 "이미 거둔 작정헌금으로 기와지붕이 매우 매력적인 집을 구입하였는데, 여자들의 집과 임시 진료소에 인접해 있었다." 그 세 곳이 합해져서 현재 북부교회의 부지가 되었다. 1906년에는 1,400명 이상의 신자들이 보고되었다. 그 해 2월 중에 5개 시골지역 집단들이 이 읍 교회에서 분립해나갔다. 그 해 새 예배당을 위한 제5차 작정 헌금을 거두고, 머릿돌이 7월 5일에 세워졌다. 그 건물은 1906년 10월에 3천 달러를 들여 완공되었는데, 몇몇 선교사들의 개인적인 기부금 외에는 모두 한국인들이 충당하였다. 넉넉히 1,500명이 앉을 수 있는 규모였으나, 2천 명을 수용한 때도 많았다. 1907년 2월의 어느 일요일 오후에는 사람들이 강단 주변에 세 줄로 앉았고, 40명의 어린 아기들이 세례를 받았다. 그 중에 데오도라 샤록스(Theodora Sharrocks)와 마가렛 컨스(Margaret Kearns)가 있었다.[1)]

최초의 조사이자 장로인 양전백은 목사안수를 받은 후, 1908년 여름에 휘트모어의 동사목사로 그 교회에 취임하였다. 그는 1909년 3월에 담임 목사가 되었다. 당시에 2천 명이 주일학교에 등록하고 있었다. 회중은 목사의 봉급을 지불했고 부목사의 봉급을 일부 지불했을 뿐 아니라 그들이 만주에 파송한 한국인 선교사까지 후원하였다.

1910–1911년 사이에 선천에서 교인들이 두 번째로 분립해나갔다. 이 읍을 지나는 시내가 두 회중을 나누는 분리선이 되었다. 그 전에 썼던 예배당이 다시 사용되었다가 여

름에 새 예배당이 세워졌다. 머릿돌은 1911년 6월 14일에 세워졌다. 건축비는 2,500달러였으며, 2천 명을 수용하는 규모였다. 처음에 입당했을 때, 그 교회의 등록교인은 거의 천 명에 이르고 있었다. 두 교회를 합하면 그 해(1911)에 세 군데 남자주일학교와 네 군데 여자주일학교에 2,500명이 등록되었다. 초창기에는 등록교인이 200명이었다. 새 예배당이 세워진 후에 그 교회 교인으로서 초대 장로가 된 김석창(Kim Suk Chang)이 6월에 신학교를 졸업하고 초대 목사가 되었다. 그는 1926년에 총회 의장이 되었다. 한때 휘트모어의 "관심 밖"에 있었으나, 낮은 데서부터 신앙과 경험과 지식의 성장을 이루어 사역자가 되기에 이르렀다, 그는 지금까지도 교회에서 가장 위대한 영적 힘을 지닌 사람 중 한 명으로 인정받고 있으며, 여전히 그 교회에서 목사로 일하고 있다. 양 목사는 북부교회의 은퇴목사가 되었고, 1933년에 죽었다.

최근 교회 두 개가 선천읍에 더 세워졌다. 중앙교회로 알려진 제3교회는 1930년에 세워졌고, 동부교회로 알려진 제4교회는 1932년에 세워졌다. 그 교회들은 각각 400명의 등록교인들이 있었다. 또한 각각 담임목사와 약 500석 가량의 예배당을 보유하고 있다(1932).

3) 시골교회

이 선교기지는 1902년의 보고서에서 시골에 7개의 순회구역이 있다고 언급하였다. 선천군과 구성군에 해당되는 중앙 순회구역에는 다섯 개 집단이 있었으며, 양전백 장로가 조사로 봉급을 받으며 일하고 있었다. 선천군 동쪽 지역의 동부 순회구역에는 7개 집단이 있었고, 강제근(Kang Chei Kun)이 조사로 일하고 있었다. 용철(Nyong-tyul) 순회구역(용천군과 철산군)에는 7개 신자 집단이 있었으며, 정기정(Tyung Kui Tyung)이 조사로 일하고 있었다. 의주읍 교회를 포함하는 의주군 서부 순회구역에는 6개 집단이 있었고, 김창근(Kim Chang Kun)이 조사로 일하고 있었다. 의주군 동부 순회구역에는 8개 집단이 있었으며, 김관근(Kim Kwan Koon)이 조사로 일하고 있었다. 삭주군, 창성군, 벽동군을 포함하는 북부 순회구역에는 6개 집단이 있었으며, 한덕용(Han Tyuk Nyong)이 조사로 일하고 있었다. 거리가 먼 북부 순회구역은 나중에 강계 선교기지가 되었다. 그 7개 순회구역 안에 현재 4개 노회가 있다.

의주와 북부의 두 순회구역은 오랫동안 휘트모어가 담당했으며, 컨스(1902-1907),

로스, 로버츠의 도움을 받았고, 램프(H. W. Lampe)에게 인계되었다. 용철 순회구역은 시릴 로스(Cyril Ross)와 블레어(H. E. Blair)(1904-1907)가 담당하였다. 동부 순회구역은 로스가 맡았고, 다음으로 로버츠(S. L. Roberts)가 맡았다가 피터스(A. A. Pieters)가 인계하였다. 선천 중앙 순회구역은 휘트모어가 맡았으며, 다음으로 맥큔(G. S. McCune) 목사가 맡았고, 최근에는 호프만(C. S. Hoffman) 목사가 맡았다. 그 모든 순회구역들의 사역은 한국 목사들이 안수받게 되면서 점차적으로 그들이 담당하게 되었다.

의주에는 선교사들이 1887년에 처음 도착하기 전부터 기독교인들이 있었으며, 구성에는 1894년부터, 삭주에는 1894년부터 기독교인들이 있었다. 다른 시골지역의 초창기 기독교 집단들은 1897년부터 1899년 사이에 생겨나기 시작하였다. 사역이 매우 빠르게 성장하였기 때문에 1902년에 선교기지가 낸 최초의 보고서는 총 41개의 기독교인 집단들, 70명의 세례자들, 1,300명 이상의 학습자들, 총 2천 명의 기독교인들이 있다고 보고하였다. 5년 후 1907년에는 집단의 수가 두 배로 늘어났으며, 세례자의 수가 5배, 학습자의 수가 3배, 전체 기독교인 수가 7배로 늘어났다. 여기에 훗날 강계 선교기지 영역으로 편입되었던 '먼 북부 지구의 수치는 포함되지 않았다. 또 다른 5년 동안에 성인 세례자의 수가 거의 1만 명으로, 학습자는 6,500명으로, 전체 기독교인 수는 2만 명 이상으로 늘어났다. 5년 후인 1917년의 한 기사는 "선천 선교회의 로망스"라는 제목을 달고 있었다.[2] 그때 성인 세례자의 수가 1만 5천 명을 넘고 있었고, 교인의 총수는 3만 8천 명 이상이었다. 그들은 전체 주민 25명당 한 명에 달하고 있었다. 1933년의 통계에서는 전체 교인수가 5만 2천 명이었고, 그 중에서 성인 세례자가 2만 명이었다. 1929년에는 주민 16명당 한 명이 기독교인이었는데, 그것은 선교회의 모든 선교기지들 가운데 어떤기지보다 가장 많은 비율이었다.

선교기지가 개설되었을 때, 휘트모어는 한 기독교인 집단에게 의주군 계곡에 살고 있는 사람들을 위해 기도해주도록 요청하였다. 그 계곡에는 기독교인이 한 명도 없었다. 그 기독교인들은 계곡에 있는 사람들이 큰 어두움 가운데 있다는 사실을 심각하게 여겼다. 그런 다음 휘트모어는 남산 계곡부터 시작하여 19개의 교회들과 집단들이 계곡에 세워지는 것을 보았다. 철산군의 한 지점에서는 20개 교회들의 종소리를 들을 수 있었다. 1908년에 필자는 양시교회 근처에 있는 용천의 한 작은 산 위에 서서 블레어 목사가 가리키는 것을 따라 주변의 마을들에 있는 24개 교회들과 모임 장소들을 볼 수 있었다. 1914년 5월 말에는 이전 한 해 동안 새 예배당이 13개 세워졌으며, 의주읍에 있는 것은 1,200명이 앉을 수 있을 만큼 넓었다. 그때 이 선교기지 관할지역 내의 교회들은 16명의 남녀 전도사들을 후원하고 있었다. 1906년에 컨스는 지난 해에 자기가 660명에게 세례를 베풀었고 1천 명에게 학습을 실시했다고 보고하였다.

의주군만큼 많은 결실을 거둔 곳이 없었다. 그곳 사람들은 한국에서 가장 정력적이었고, 지성적이었으며, 경제적으로 부유하였다. 의주와 황해도 소래, 이 두 장소는 한국에 개신교 교인 집단이 처음으로 등장한 곳이다. 선교회는 늘 의주에 선교기지가 확실하게 세워지는 것을 보지 못해 유감스럽게 여겨왔다. 의주 기독교인들은 이를 반복적으로 요청하였다. 1908년에 선교회는 이를 정중히 거절하였다. 1910년에 다시 의주읍 서부교회의 목사 김창근(Kim Chang Kun)이 의주 지역 1만 명의 기독교인들을 대표해서 선교회에 청원서를 제출했다. 선교회는 휘트모어 부부와 사무엘 양으로 하여금 의주에 거주하도록 하였다. 1911년 3월에 실행부가 회장인 언더우드 박사와 함께 의주를 방문하였다. 일리노이 주 록아일랜드(Rock Island)의 마키스(W. S. Marquis) 목사도 동행하고 있었다. 언더우드는 1889년 이후로는 의주에 온 적이 없었다. 그때 매우 많은 기독교인 군중이 그들을 환영하였는데, 모두 하얀 옷을 입고 말 그대로 산을 뒤덮고 있었다. 그 실행부의 모든 회원들은 여자 기독교인들이 수놓은 스카프를 선물로 받았다.[4)] 이렇게 호소한 결과 선교사들이 정기적으로 그 읍을 방문하여 들어와 살게 되었고, 이를 위해 의주에 외국인 주택이 세워졌다. 몇 해 후 그곳은 그 지역에 있는 서부교회에 넘어갔다.

4) 여성사역

이 선교기지의 역사가 진행되는 동안 여성 회원들의 일부는 통상적으로 이 읍의 여자주일학교에서 일하였다. 그 대부분의 기간에 선교기지의 두 여선교사들이 남교회와 북교회의 여자 주일학교들을 감독하였다. 다른 형태의 사역들, 곧 한국인 가정 방문, 사경회와 성경학원 교육, 여학교와 병원 협력사역 등도 수행되었는데, 이 모든 것들은 나중에 언급될 것이다. 소수의 기혼여성 사역자들은 몇몇 시골교회들을 방문할 수 있었다. 컨스 부인은 삭주군을 여행한 최초의 외국인 여성이 되었다. 1904년 10월에 그녀는 260마일을 남편과 함께 여행하였다. 1905년 봄에도 그녀는 의주군의 16개 집단을 방문하며 660마일을 여행하였다.

이 선교기지 설립자의 한 명인 루이스 체이스(M. Louis Chase) 양은 10년이 지난 1911년에 건강문제로 인해 사임할 수밖에 없었다. 간호사 에스더 실즈(Esther L. Shields) 양은 1902년부터 2년간 그녀와 함께 사역했으며, 1903년에는 제인 사무엘(Jane Samuel) 양이 함께 사역했다. 사무엘 양은 한 세기의 사사분기를 거의 내리 지칠 줄 모르고 일했던 일꾼으로 선교기지 내의 독신여성 사역자들 중에서 어느 누구보다도 오래 있었다. 힐다 헬스트롬(Hilda Helstrom) 양은 1909년에 와서 일하다가 1920년에 페이 에드거턴(Faye Edgerton) 양에게 넘겨주었다. 에드거턴 양은 건강상의 이유로 3년 후에 사임하였다. 다른 독신 여성 회원들 중에서 핼리 커빙턴(Hallie Covington) 양은 1918년에 이 선교기지로 와서 1933년에 사임하였으며, 메조리 핸슨(Marjory L. Hanson) 양은 1930년에 왔다. 1932년까지 모두 7명의 독신여성 사역자들이 직접적인 복음전도 사역에 종사하였는데, 총 66년 동안 사역하였으며, 이는 선교기지 역사 전체를 통해 두 명의 사역자가 행하는 것에 상당하는 기록이었다. 그러나 체이스 양은 1907년부터 교육사역 분야에서 일했다.

초기 수년 동안 이 선교기지가 두 명의 매우 열심 있는 한국인 여성 사역자들, 김씨 귀반(Kui Ban)과 강씨 신삼을 만났던 것은 행운이었다. 후자는 체이스 양이 시골지역을 여행할 때 늘 동행하면서 "햇볕과 비, 바람과 눈보라를 뚫고 온갖 종류의 여관들과 집들에서 머물으며, 유쾌한 동반자가 되어주었다." 전자는 여행과 설교의 방편이 되어주었는데, 특별히 복음을 듣지 않은 자들을 향해서 더욱 그러했다. 한번은 그녀가 다른 여자들 두 명과 여행하며 의주까지 53마일을 걸어갔고, 그러는 동안 계속해서 류마티스로 고통을 받았다. 그녀는 선천교회에 '여자 공부방'(Women's Study)이라고 알려진 한 건물을 기증했다. 그녀와 그녀의 한결같은 동반자(김씨)의 여행경비는 부유한 과부가 일부 지불하였다. 이 선교기지에서 세 번째로 유명한 한국인 여성 사역자는 박씨 미도이며, 박씨는 여러 해 동안 사무엘 양의 동반자와 전도부인으로 활동했다. 1909년 여성사역을 위해 앤 재미슨 집(Ann Jamison Building)이 완공되었다. 그 건물은 나중에 여학교 부지로 편입되었다.

5) 사경회와 성경학원

(1) 남자반

선천 최초의 남자 사경회는 1898년 12월에 열렸으며, 75명이 참석하였고 마펫

(Moffett)과 휘트모어가 가르쳤다.

1901-1902년 겨울 동안 이 선교기지가 개설 된 후 처음으로 세 개의 중요한 남자 사경회가 열렸다. 삭주에서는 40명이 참석하였고, 의주에서는 200명이 참석했으며, 선천에서는 460명이 참석했다. 1903년 2월 3-16일에 열린 사경회에 참석했던 500명 중에서 세 명이 북쪽으로 240마일이 떨어진 강계에서 걸어 왔다. 이 연례 사경회는 한국에서 지금까지 열린 사경회들 중에 가장 큰 사경회로 발전하였다. 1911년과 다시 1918년에 열렸을 때, 1,800명의 남자들이 등록하였고, 등록하지 않은 채 공부한 자가 200명 이상이었다. 1911년 마펫 박사가 에딘버러 선교대회(Edinburgh Conference)에 대표로 참가해 보고한 것에 따르면 사경회에 온 남자들은 6,700일이나 한 사람이 18년 이상 계속 전도하는 것에 상응하는 '날연보'를 작정하였다. 그 사경회에서 1,135명의 남자들이 함께 앉아서 성찬을 나누었다. 그 전 해(1910)에는 그곳에 참석한 채프먼-알렉산더(Chapman-Alexander) 전도단의 데이비스(S. T. B. Davis)와 함께 1,400명의 남자들이 3만 2천 권의 마가복음을 사서 사경회가 끝난 후에 몇 주 동안 들고 나가서 복음을 전했다.

1911년 선천에서 '대규모' 남자사경회가 끝난 후에 미국에서나 있을 법한 일이 발생했다. 북쪽(벽동군)에 있는 램프의 교회들 가운데 한 교회에서 두 명의 관원이 본향으로 돌아가는 길이었다. 그들은 수요일 밤 늦게 산을 넘어갔는데 한 작은 교회까지 다른 길로 가로질러 가려고 시도하다 눈속에서 길을 잃었다. "그들은 눈이 녹은 후에 발견되었으며, 그들의 몸은 기도하는 모습을 하고 있었다."[5)]

다른 선교기지들에서처럼 통상적으로 지방 사경회, 지역교회 사경회, 교회 직원 사경회, 주일학교 사역자 사경회가 수행되었다. 저녁 집회 때는 새신자들의 수가 많아서 전도집회로 열렸다. 1910년에는 용천군에서 한 달에 500명의 새신자들이 생겼다. 일찍이 1900년에 국내 선교회가 그래함 리의 설교 후에 조직되었고, 그들은 2년이 지나지 않아 평안북도의 기독교인들이 '먼 북부'와 황해도에서 사역하는 두 선교사들을 후원하였다. 1915년에 이 회는 한 달에 62달러를 지급하였다.

남자성경학원의 첫 학기는 1911년 2월 선천에서 남자들의 '대'사경회가 종료된 직후에 개최되었다. 출석자는 65명이었다. 이 기관은 자연발생적으로 시작되었으며, 아무런 사전 광고도 행해지지 않았다. 그 후 일 년에 하나 혹은 두 학기가 6주 기간으로 진행되었다. 로버츠(S. L. Roberts) 목사가 첫 번째 교장이 되었으며, 램프(H. W. Lampe) 목사가 이를 넘겨받았다. 램프는 시릴 로스(Cyril Ross) 목사와 함께 종종 임시변통으로 교장 역할을 하였다. 루이스 전킨 커미지스 성경학원 건물(Louise Junkin Comegys Bible Institute Building)은 1915년에 완공되었다. 그 건물은 남녀 성경학원, 사경회, 주일학교, 기타 다른 많은 용도로 사용되었다. 기숙사는 1925년에 지어졌다. 1911년부터 1922년까지 총 921명, 평균 일 년에 77명이 공부했다. 1930년까지 58명의 남자들이 졸업하였다.

(2) 여자반

선천 최초의 여자 사경회는 1901년 5월에 열흘 동안 열렸으며 베스트(Best) 양이 샤록스 부인의 도움을 받아 가르쳤다. 참석자들은 123명으로 평안북도의 8개 지역에서 왔다. 5명이 70마일, 3명이 100마일, 16명이 50마일 떨어진 의주에서 왔는데, 물론 모두 걸어서 왔다. 이 여자들 중에서 60명은 이미 "복음을 읽을 수 있었고 복음에 대한 상당한 지식을 갖고 있었다."[6] 얼마 안 있어 체이스 양이 1901년에 도착하였는데, 그녀는 매주 세례자반과 학습자반, 두 반을 이끌었다. 이듬해(1902-1903) 동안 체이스 양은 실즈 양의 도움을 받아 여러 지방에서 10번 사경회를 열었으며, 이를 합하여 12개 사경회에 800명이 등록하였다. 의주 사경회에서 한 여성은 "한국에서는 여자란 어떤 존재인가? 개와 돼지를 만든 다음에 만들려고 남겨진 여자는 아무도 없었다. 여자는 그렇게 창조되었다." 라고 말했다. 그러므로 한국 여성의 마음이 복음의 메시지에 반응할 준비가 되어 있었던 것은 이상한 일이 아니다. 1904-1905년간에 1,200명의 여자들이 사경회에서 공부했다. 1907년 체이스 양은 11개 사경회를, 사무엘은 18개 사경회를 가르쳤고, 등록자는 총 2천 명 이상이었다. 1908년 사무엘 양이 16개 사경회를 가르쳤고, 총 2,500명이 참석하였다. 1910년에는 선천에서 가장 큰 사경회의 하나에 1,300명의 여자들이 참석하였다. 그렇게 많은 기독교인 여자들이 한 반에 모이는 것을 보는 것은 대단한 광경이었다. 모두 하얀 옷을 입고 머리를 하얗게 두르고 있었다. 당시 선교기지 관할지역에 1만 3천 명의 기독교인 여성이 있었던 것으로 추정되었다.

1911년부터 1931년까지 매 5년마다 산정하는 통계 수치에 근거하면 선교기지의 사경회 참석자는 20년 동안 매해 평균 남성이 8천 명, 여성이 9천 명이었다. 1930-1931년 사이의 남녀 참석자를 합하면 2만 2천 명을 상회하였는데, 이 숫자는 교인 총수의 절반 이상에 상당하였다. 1917년에는 사경회 참석자가 교인 총수의 62퍼센트에 이르렀다.

최초의 여선교회가 1910년 정주 사경회에서 두 명의 한국인 여성, 곧 사무엘 양의 전도부인인 박씨 미도와 나중에 여학교의 사감이 된 김씨 신환의 지도 아래 17명의 회원들로 조직되었다. 그 다음에는 의주에서 38명의 회원들로 조직되었으며, 세 번째는 용천군 양시에서 조직되었다. 5년 동안 24개의 다른 여선교회들이 조직되었다. 1915년 58개의 여선교회들이 1,400명 이상의 회원들로 조직되었으며, 1,700달러의 헌금이 모아졌다. 첫 번째 선교사는 선천에서 동쪽 30마일 지점에 있는 가산으로 파송되었다. 선교사들은

여자성경학원. 선천. 1933

선천의 남자중등학교–신성학교
1925년에 세워진 학교건물

또한 강계에서 북쪽으로 100마일 떨어진 자성에도 파송되었다.[7)]

여자성경학원 사업은 1912년에 시작되었다. 교장은 사무엘 양, 헬스트롬(Helstrom) 양, 커빙턴(Covington) 양, 핸슨(Hanson) 양이 차례대로 맡았다. 여러 해 동안 평균 35명 정도가 출석하였으며, 1930년까지 60명이 졸업하였다. 10주 동안의 학기가 남자성경학원과 다른 시간에 개최되었는데, 이는 두 학교가 같은 건물을 쓰기 때문이었다. 이것은 평양 이외의 거의 모든 선교기지들에서 일상적인 실상이었다.

6) 교육사역

초등학교. 기독교인들을 위한 평안북도 최초의 소학교는 의주에 세워졌다. 1898년에 13명의 소년들이 등록하였던 것으로 보고되었으며, 이듬해 17명이 보고되었다. 3년 후 1902년에 행해진 선교기지 최초의 보고서는 남녀 아이들을 위해 17개의 소학교가 있다고 보고하였다. 많은 기독교인 가족이 교회학교 때문에 선천으로 이사왔다. 선교기지의 거의 모든 선교사들이 선천의 소학교들에서 가르친다고 보고되었다. 한 해에는 네 명의 여학생들이 기독교인들과 결혼하였다. 1903년에 의주 사경회는 그 읍에 여자 소학교를 개설하기로 결정하고 40달러를 약정하였다. 그 학교는 6월 1일에 20명의 학생들을 데리고 개교하였다. 5년 후에 선교기지가 개설되었을 때, 45개 남자 보통학교에 900명의 학생들이 있었고, 11개 여자 보통학교에 255명의 학생들이 있었다.

1907년에 기독교계와 비기독교계 학교들에서 하룻밤 사이에 어떤 '교육혁명'이 일어난 것으로 보고되었다. "7개 학교의 칠판이 가난한 한 교사의 나부끼는 코트를 걸고 있다"고 말해졌다. 한 해 동안 엄청난 열풍이 몰아쳐서 500개가 넘는 보통학교들과 야학들이 관원들과 불신자들에 의해 개교되었다. 이 모든 학교들은 몇 가지 서구 학문을 가르치려 하고 있었다. 당시(1908)에 133개의 교회학교가 있었고, 3,500명의 학생들이 등록하였고, 학생수는 평양보다 더 많지 않았지만, 학교수는 더 많았다. 다른 해에는 선천의 학생 수가 5천 명으로 늘어났다. 1921년까지 20년 동안 평균적인 보통학교의 수는 약 90개교였고, 학생수는 약 3천 명이었다. 그 후로 학교수는 감소했으나 학생수는 증가하였다. 1931년도 통계에서는 학교수가 47개였고, 학생수는 4천 명이었다.

7) 남자중등학교

선교기지가 개설되었을 때(1901), 평양의 학교에 평안북도 출신의 소년은 10명이 있었다. 그들 중 7명은 학년을 마칠 때까지 공부를 계속하였다. 4년 동안(1903-1906)에 평안북도에서 평양으로 온 학생은 각각 9명, 14명, 24명이었다. 의주와 선천의 중등학교 건립 운동은 1906년에 시작되었다. 의주에서 기독교인들이 100명의 학생들을 숙박시킬 수 있는 한 건물을 제공하였고, 학비 외에도 매달 90달러를 더 제공하기로 약정하였으며, 여름 학기 동안에 30명을 가르쳐줄 평양의 한 졸업생을 확보하였다. 선천의 학교를 위해서도 한 달에 30달러에 해당되는 금액을 주기로 약속되었다. 그 학교는 가을에 옛 교회 건물에서 50명의 학생들이 출석한 가운데 개교되었고, 의주의 학교에서도 그만한 수의 학생들이 참가하였다. 그 해(1907)에 용천과 덕천에서 중등학교 수준의 두 반이 운영되었으나, 더 큰 중심지인 양당에 있는 한 학교로 연합시키기로 계획이 세워졌다. 이안(E-an)에서는 한 부유한 집안이 학교 하나를 세우고 중등부를 가르칠 두 명의 기독교인 교사들을 초빙했다.

선천의 남자중등학교는 맨 처음에 휘트모어가 책임을 맡았고, 다음에는 로스가 맡았으며, 그 후 1909년까지 한동안 한국인들이 경영했으며, 그때는 70명의 학생들과 9명의 첫 학년 졸업생들이 있었다. 그 해(1909) 선교회에 속한 학교가 되어 휴 오닐 주니어 아카데미(Huuh O' Neill Jr, Academy)라는[i)] 명칭을 갖게 되었다. 그 해 여름에 오닐 부인의 기부금으로 교육관이 세워졌다. 맥큔(C. S. McCune)이 교장이 되어 평양에서 옮겨왔으며, 9월 2일에 약 100명의 등록학생으로 개교하였다. 그 해에 자조부 학생 26명에게 어떠한 일감이 주어졌다. 1910년 6월에 다른 반에서 9명이 졸업하였다. 그 해 여름에 일군의 기숙사 건물들이 세워졌다. 1908년에 오닐 부인이 2만 5천 달러를 기부한 사실이 통지되었고, 그 돈은 교육관, 기숙사들, 작업관, 설비와 농장 등의 부지비로 책정되었다. 마지막 용도로 200에이커가 4,500달러에 매입되었다. 샤록스 박사가 건축 공사를 감독하였으며, 한동안 농장부지를 매입하고 개발하는 일을 위해 많은 수고를 하였다. 선교기지는 처음에 그를 학교 교장으로 삼으려 했다. 그러다 나중에 한 안건이 선교회에서 통과되어 그에게 임시로 작업부와 농장을 감독하게 하였다. 마침내 그가 의료사역에서 떠날 수 없다고 결정되었다. 1914년에 오닐 부인이 추가로 2만 달러를 기부하였다. 그것으로 기숙사를 두 배로 늘리고, 학교교정과 시설과 기본재산을 늘리고, 가게용 건물을 세우고, 급수와 배수 시설을 마련할 수 있게 되었다. 그 해 켐벨(E. L. Campbell)이 산업부의 사역을 후원하기 위해 왔다. 그때 등록학생의 수는 200명이었으며, 지금까지 생존해 있는 150명의 졸업생들 가운데 78명이 1915년에 학기가 끝난 후 졸업생과 재학생을 위한 사경회에 참석하였다.

산업부는 평양에 있는 것을 제외하고는 선교회에서 가장 크게 운영되고 있다. 1915-1916년 동안 93명의 학생들이 목공, 금속 세공, 농업, 작농, 돼지사육, 일반 직업, 관리인과 비서직의 일을 받았다. 그들은 하루의 절반씩 거의 1만 일을 일하였고, 700달러 이상을 벌었다. 그들이 생산한 품목들 중에는 우유 8,000쿼트, 버터 100파운드, 치즈 130파운드, 돼지고기 300파운드, 햄 500파운드, 라드 100파운드가 있었다. 소년들은 쌀 600자루를 탈곡했고, 장작 50단을 쌓았으며, 돌 7천 더미를 날랐고, 개천 1,000피트를 팠다. 현재 20명 정도의 소년들이 산업부에 고용되어 있다. 켐벨은 가게들을 통해 그 학교와 계속 관련을 맺고 있으며, 영어교사와 다른 과목 교사로도 활동하였고, 나중에는 두 번째 안식년 1930년)을 가질 때까지 회계로 활동하였다.

맥큔 박사 부부는 그 학교와 선교기지에서 12년을 보낸 후, 자녀 한 명이 앓게 되어 1921년에 미국으로 돌아가야 했다. 그리하여 휘트모어가 다시 교장이 되었다. 그러나 휘트모어도 건강 때문에 1924년 5월 미국으로 돌아갔다. 램프 박사는 1913-1914년 사이에 교장으로 활동하였고, 맥큔 박사는 그동안 안식년을 가졌다가 다시 그 학교의 책임을 맡았으며, 그 후 호프만(C. S. Hoffman)이 강계에서 옮겨올 때까지 있었다. 호프만은 1928년까지 4년 동안 교장으로 있었고, 그때 장리욱이 미국 유학을 마치고 귀국하여 교장이 된 후에 현재까지 이 같이 활동하고 있다. 호프만은 아직도 성경과 영어 교사로서 그 학교와 연계되어 있으며, 이사회(Board of Control)의 일원으로 있다. 1916년에 외국식의 기숙사가 1925년 5천 달러의 비용으로 세워졌으며, 새로운 교육관과 관리실 건물이 3만 5천 달러의 비용을 들여 세워졌다. 큰 기부금이 다른 기부자들로부터 답지하여 학교 이름을 휴 오닐 아카데미에서 '선천의 남자중등학교'(The Boy's Academy of Syenchun)로 바꾸는 것이 가능해졌다. 한국명은 '신성학교'이다.

최근 몇 년 동안 협력사역의 많은 부분이 한국인의 몫으로 넘어갔다. 1927년 선교회는 재정 문제로 학교들 중의 일부를 폐쇄하게 될까봐 우려하였고, 그때 2개 노회의 한국인들이 남녀 중등학교를 연합 이사회의 관할로 계속 운영하며 선교회의 연례 보조금을 1만 원에서 6천 원으로 줄이기로(나중에 8천 원으로 바뀌었다) 합의하였다. 한 해에 혹은 그 일이 있기 전에 농지의 일부가 기본적인 현금 보유자산의 충당을 위해 팔렸다. 1930년에는 100명의 한국인들이 이 기금에 8천 원의 보유자산을 더했다. 현재는 4천 원 이상의 현금 자산에서 매년 수입이 들어오고 있다. 농지에서 일 년에 450원의 수입이 거두어져 장학금으로 쓰이고 있다. 1930-1931년간에 한국인들이 지도, 브리태니커 백과사전, 근로부 연장의 구입을 위해 600원 이상을 제공하였다. 장씨는 학교가 새 시대로 들어가도록 후원하는 일에 선교사들, 한국인들, 정부의 협력을 받아낼 수 있었다. 그 학교는 1932년 3월 16일에 총독부 교육부로부터 고등보통학교에 상응하는 '지정'을 받았다.

현재 그 학교에 등록된 학생은 약 450명이며, 1931년에는 그들 중 40퍼센트가 이미 세례 또는 학습을 받은 자들이었다. 그 해까지 생존해 있는 졸업생 350명 중에 12명이 이미 안수 받아 목회를 하고 있고, 다섯 명이 조사와 전도사로 활동하고 있으며, 30명이 기독교학교 선생이고, 14명이 의학교 학생이다. 동창 중에서 가장 유명한 두 사람으로 연희전문학교의 백낙준(L. George Paik, Ph.D.) 목사와 평양의 장로교신학교에서 가르치고 최근에 구약성경 개역위원이 된 박(H. L. Park) 목사가[ii] 있다.

몇 해 동안 의주와 용천에서 남자중등학교가 계속 운영되었으나, 재정 부담이 커지고 정부의 기준이 더 엄격해지면서 폐쇄할 수밖에 없게 되었다. 선천의 학교만 1916년 이후부터 계속 보고되었다. 1910년에 의주에서 11명이 졸업했고, 용천에서 18명이 졸업했다. 1906년에 의주에서 중등학교가 개교했을 때, 그곳의 기독교인 5천 명이 선교사 선생 한 명을 얻고자 매월 200원의 봉급과 집을 후원하고 모든 학교 경비를 감당하겠다고 제안하였다. 그것은 어쩌면 그들이 계속 감당할 수 있는 것보다 더 많은 것을 기꺼이 약속하려 한 열정의 시기에 널리 깨어 있던 진보적인 의주의 모습이었다.

8) 여자중등학교

소녀들을 위한 최초의 여자중등학교도 의주에 있었다. "그 해(1906-1907)의 거의 모든 기간에 학기가 열렸으며, 주로 한국인들이 가르쳤고, 체이스(Chase) 양이 5주 동안 도왔다." 두 번째 해에는 30명이 등록해 있었고, 체이스 양이 봄 학기에 다시 의주로 가서 "성경과목들만 가르쳤다." 1910년에 세 명이 졸업한 것으로 보고되었다.

선천의 여자중등학교(보성)는 1907년 가을에 개교하였고, 체이스 양이 책임을 맡았다. 5달 동안 학기가 진행되었고, 40명이 등록하였다. 첫 번째 기숙사는 1908년 가을에 완공되었다. 그 건물은 교실로도 사용되었다. 그 해에 체이스 양은 로스 부인과 서울에 있는 우리 선교회의 다른 여자중등학교를 졸업한 '송씨'의 도움을 받았다. 1910년 4월 7일에 8명이 최초로 졸업하였다. 체이스 양이 건강문제로 사임함에 따라 맥큔 부인이 그 학교를 책임 맡아 1911년 3월에 휘트모어 양이 맥큔의 자리를 대신할 때까지 그곳에 있었다. 로스 부인은 그 해 내내 가르쳤다. 그 해에 7명의 소녀들이 바느질을 해서 학비를 벌었다. 1911년 5월에 다시 8명이 졸업했다. 그 해(1911)에 두 번째 기숙사가 지어졌다. 1913년부터는 블랜취 스티븐스(Blanch I. Stevence) 양이 교장이 되었다. 1916년 봄에는 성경교육과 종교의식을 교과과정의 일부로 허락하지 않았던 그 당시 정부의 학교규칙을 따르기를 거부하여 차라리 학교를 폐쇄하기로 결정하였다. 불행히도 학교 인가를 받기 위해 지난 5년간 경주해온 모든 노력이 실패로 돌아갔다. 이미 인가를 받았던 학교는 전과 같이 계속 운영할 수 있었다. 그 학교는 1921년 9월에 선교기지와 선천의 교회들을 대표하는 이사회의 관할 아래 다시 개교하였다. 산업부가 모든 등급의 학생들을 받아들였다. 남녀 중등학교들이 1928년에 선교기지와 2개 노회를 대표하는 하나의 이사회 아래 연합되었을 때, 다른 변화가 생겼다. 이듬해 새 교육관이 남학교의 옛 교사의 자재들을 가지고 건축되었다. 140명의 학생들 중에서 일부만이 정부의 인가를 받은 학술부의 2개 학년에 속해 있었다. 최근에 다른 변화가 생겨 학교가 별도로 독립된 이사회 아래 운영되었다. 1922년부터 1929년까지 스티븐스 양의 협력사역자로 올리베츠 스왈른(Olivetts Swallen) 양이 일했고, 다음에는 의료사역을 하다가 그 학교로 전근해온 간호사 베라 잉거슨(Vera Ingerson) 양이 협력하였다. 학생들의 3분의 2가 세례 또는 학습을 받았으며, 실질적으로 모두 기독교인이 되었다. 1931년까지 347명이 졸업하였다.

1909년에 젊은 기혼여성을 위한 학교가-그 학교의 필요성은 일찍이 1903년에 제기되었다-20명의 출석으로 조직되어 맥큔 부인이 책임을 맡았다. 이듬해 30명이 출석하였고, 그들 중 일부는 학비를 내기 위해 바느질을 했다. 1913년 4월에 최초로 8명이 졸업하였고, 그들은 거의 모두 중등여학교에서 공부를 계속하였다. 42명의 여학생 중에서 30명이 램프 부인의 지도 아래 근로부에서 몇 가지 주어진 일을 하였다. 때로는 일 주일에 500시간을 일하기도 하였다. 1911년에 세인트루이스의 워싱턴 컴턴 가 장로교회(Washington-Compton Ave. Presbyterian Church) 여자 교인들이 그 학교에 4,000달러 이상을 보내왔다. 이 기부금 중의 일부는 근로부의 예비비로 할애되었고, 일부는 학교부지를 구입하는 데에 사용되었다. 그 학교부지에 네 채의 한옥들이 있었는데 이미 학교로 사용되고 있었다. 1917년에 교명이 루이스 체이스 여자학교(Louise Chase Institute for Women)로 개명되었다. 등록학생이 100명에 이르렀고, 80명 혹은 그 이상이 근로부에 있었는데, 그곳에서 한 해에 거의 3천 달러 가량의 사업이 이루어지고 있었다. 1921년에 여학교가 다시 개교한 후, 두 학교가 합병되어 이후의 보고서에서 '여학교'(Girls School)라고 지칭되고 있었다. 1928년에 격이 달라져서 '중등여학교'(Girls' Academy)란 명칭이 다시 사용되었다. 램프(Lampe) 부인에 이어 켐벨(E. L. Campbell)의 부인이 한 동안 근로부를 담당했다. 선교기지의 다른 여성사역자들도 도왔다. 여러 해 동안 그 학교는 한국인 남자교사를 고용하였다. 그는 한국 전체에서 자수로 유명한 안주시에서 매우 아름다운 '안주 자수'의 디자인을 가르쳤던 선생이었다.

9) 의료사역, - '그의 이름으로 병원'

1901년 11월에 임시 진료소로 사용되었던 한 건물을 사들였다. 그러나 3월에 샤록스(Sharrocks) 박사의 장티푸스 병세가 심각해지고 주문한 약이 늦어져 진료소가 그 해 4개월 동안만 열렸으며, 그 기간에 총 1,100건의 치료가 이루어졌다. 환자를 위한 병동이 마련되어 있지 못했는데도 60여 명의 환자들을 받았다. 이듬해에 환자 수가 3,500명으로 늘어났다. 1904년에 7명의 러시아 및 일본 군인들이 치료를 받았다. 한 코자크 하사관은 치료받은 지 며칠 후에 선천 남쪽의 정주에서 벌어진 전투에서 부상당한 전우를 구하려다가 오히려 죽음을 맞았다. 그 해에 5명의 의료보조 학생들이 두 번째 학년을 끝냈고, 또 한 명은 첫 학년을 끝냈다.

캘리포니아의 몇몇 청년들이 새 병원을 짓고 장비를 사들일 충분한 돈을 보내와 1905년 11월에 새 병원이 개원되었다. 선교회의 다음 연례모임 때까지 9개월 동안 치료한 환자의 수는 평균적으로 한 달에 천 명이었다. 목욕실이 일반인들에게 2.5전을 받고 개방되어 많게는 하루에 28명이 사용하였다. 병원의 명성은 곧 퍼져나갔다. 1905년에 한 남자는 "평안북도에서 가장 멀리 떨어진 지역에서 한 달이나 걸리는 고통스러운 여행을 한 끝에 선천에 도착하였다."

1910년에 의료보조 학생 다섯 명이 졸업하였다. 그 중의 한 명인 주 박사는 화이팅

(Whiting) 박사와 함께 재령으로 가서 그곳에 있는 선교병원에서 일했다. 두 명은 선천의 병원에서 계속 일했고, 두 명은 근처 마을들에서 개인적으로 치료하였다.

1909년부터 수년간 오하이오 주 클리블랜드의 에드워드 휘트모어(Edward Whittemore)가 병원을 위해 한 간호사를 후원하였다. 그리하여 헬스트롬 양(Helstrom)이 최초의 간호사로 왔으나, 나중에 이 선교기지의 전도사업 분야로 배정되었다. 두 번째 간호사인 엘리자벳 샌더스(Elizabeth Sanders) 양은 1913년에 와서 2년 후에 켐벨(E. L. Campbell)과 결혼하였다. 세 번째 간호사인 베라 잉거슨(Vera F. Ingerson) 양은 1916년에 임명을 받았다. 그녀는 선교기지에서 의료사역을 계속하다가 1929년에 교육사역으로 배속되었다. 잉거슨은 유능한 한국인 보조 간호사 집단을 훈련시켰다.

의료사역이 점점 빠르게 성장함에 따라 1913년에 이르러 '약국-병원'이 일 년에 1만 8천 명의 신규 환자와 회복 환자들을 치료하였고, 그들 중에서 700명이 입원했고 1,200명이 집에서 통원하였다. 몇몇 놀라운 치료사례가 생겨났다. 한 사람이 아들에 의해 병원으로 인도되었는데, 그는 수년간 두 겹의 백내장으로 앞을 보지 못했다. 수술 후 그는 마지막으로 본 아들이 성장하여 달라진 모습에 처음에 알아보지 못했다. 이 같은 수많은 환자들을 위해 새 병원 건물이 필요하다는 사실은 명백한 일이었다. 그 건물은 1915년에 오하이오 주 우스터(Wooster)의 아치발드(H. T. Archibald)가 그의 어머니를 기념하여 낸 기부금으로 세워졌다. 병원시설은 구미인 위원회(Occidental Board)에 의해서 구비되었다. 이전의 건물은 처음 지었을 때의 계획대로 계속 진료소로 사용되었다. 10년 동안 12만 8천 명의 환자들이 그 건물에서 치료를 받았다. 1918년 샤록스 박사는 안식년을 떠나 있는 동안 병원 직원들이 유능함과 신실함을 갖고 일한 것에 대해 경의를 표했다. 그들은 14개월 동안 1,600명의 환자들을 치료하였는데, 매일 평균 26명의 환자들을 돌본 셈이었다. 두 명의 한국인 의사들이 수술을 200번 하였고, 환자 800명의 집으로 왕진하였다. 진료소의 환자들까지 포함해서 14개월 동안 대거 3만 3천명 이상의 환자들이 진찰을 받았다. 그때 한 달 봉급이 7달러 50센트인 그들의 손에서 5천 달러가 취급되었으나 아무런 손실도 입지 않았다.

병원은 간호사가 세 명이 되었고, 외국인 의사도 세 명이 되었다. 1919년에 팁톤(S. P. Tipton) 의사가 선천 병원의 둘째 의사가 될 예정으로 청주에서 옮겨왔다. 그러나 그 해 가을 샤록스 박사가 미국으로 돌아가야 했고, 안타깝게도 수술을 받은 후에 크리스마스 날 미네소타 주 로체스터(Rochester)에서 죽었다. 그렇게 해서 선교사로서 뛰어나게 유능했던 그의 경력이 20년의 사역을 끝으로 중단되었다. 한국인들이 사랑하는 마음에서 그를 기리는 기념비를 병원부지 입구에 세웠다. 팁톤 박사 부부도 건강 때문에 1924년 10월에 미국으로 돌아갔으나, 다행히 치솜(W. H. Chisholm) 박사 부부가 그 전 해에 선천에 와 있었다. 그들은 현재까지 이 선교기지에서 거주하며 의료사역자로 일하고 있다. 1921-1927년간에 피터스(A. A. Pieters) 의사의 부인이 선교기지의 회원으로 있으면서 병원일을 도왔다. 시릴 로스(Cyril Ross) 의사의 부인은 오랜 기간에 걸쳐 병원과 밀접한 관계를 가져왔으며, 특별히 초기 몇 년간 그리고 다른 의료 사역자들이 부재한 기간에 적극적으로 의료사역에 종사하였다.

간호사의 집(Nurses' Home)이 1922년에 병원에 인접하여 세워졌고, 격리 병동이 이듬해에 세워졌다. 간호사의 집은 여러 해 동안 잉거슨(Ingerson) 양, 스티븐스(Stevens) 양, 커빙턴(Covington)양이 그곳에서 살았으나, 몇 년 전에 한국인 간호사들과 고급 환자들을 위해 병원에 넘겨졌다.

10) 정치적인 소요

(1) 러일전쟁(1904-1906)

러시아 군인들이 왔고 다음으로 일본 군인들이 왔는데, 그 군대들의 진입과 일본이 새 철도를 최대한 빨리 부설하도록 압박한 일로 인해 선교기지의 관할지역에 있는 모든 사람들의 삶이 혼란에 빠졌다. 기독교인들을 포함해 한국인들이 큰 길을 따라 산으로 도망쳤다. 의주에서는 18채로 이루어진 한 촌락이 잠깐 동안의 작은 공격으로 완전히 파괴되었고, 그로 인해 기독교인 두 가족이 각각 재산과 수천 달러를 잃었다. 박천의 새 예배당은 일본군의 마구간으로 사용되었다. 정주의 예배당은 일본군의 병원으로 사용되었다. 코사크 군인들이 동님(Tong-nim)교회를 점유하고 있으면서 약탈을 자행한 까닭에 지역의 비기독교인 주민들이 예배당을 불태웠다. 의주의 예배당은 본래 선교부의 기금으로 구입되어 의주를 방문한 선교사들의 '숙소'로 사용되어온 것이었다. 그 건물이 청일전쟁 때 피해를 입자 기독교인들이 이를 보수한 다음에 교회건물로 사용했으며, 몇 차례에 걸쳐 증축하였다. 그 건물은 러시아군에 의해 막사와 마굿간으로 사용되었고, 다음에는 일본군에 의해 마굿간으로 사용되었다. 선천읍에 있는 거의 모든 한국인의 집들이 한 달 혹은 그 이상 동안 군대에 의해 사용되었다. 미국 국기가 선교기지 구내에 계속 걸려 있고 선교사들이 이곳에 존재하고 있는 사실에서 한국 기독교인들은 큰 힘을 얻어 공포의 엄습을 이겨낼 수 있었다. 샤록스 박사와 컨스는 전쟁 통신을 중국 요양과 평양 사이에 빠르게 전하는 밀사업무를 관리했다. 그것은 최전선과 외부세계를 연결시키는 유일한 통신수단이었다. 그 밀사들은 한국 기독교인들이었는데, 그들 중 많은 사람들이 놀랄만한 신속성과 신뢰성을 보여주었다.

(2) 105인 사건

1910년 8월의 합병 후, 일본은 당연하게도 한국인들을 의심하였으며, 기독교회를 특별히 의심하였다. 교인들이 부르는 '싸우러 가세'와 같은 찬송들, 교인들에게 '귀신을 쫓아내라'고 권유하는 대형 집회들, 다윗과 골리앗 이야기와 같은 성경 이야기들을 설명하는 일 등 모두 정치성을 지닌 것으로 의심받았다. 신성학교의 학생들과 교사들이 특별히 의심을 받았다. 마침내 1911년 10월 12일에 학생 세 명이 체포되었다. 2주일 후에는 신성학교의 모든 선생들, 초등학교의 몇몇 선생들, 수많은 학생들과 일부 다름 사람들이 체포되었다. 그들이 받은 혐의의 하나는 테라우치 총독이 1910년 10월 28일에 선천을 지나갔을 때 그를 암살하는 음모가 그 학교 안에서 꾸며졌다는 것이었다, 그 학교는 한동안 문을 닫았다. 1912년에 문을 열었을 때는 학생이 19명뿐이었던 것으로 보고되었다. 그러나 나중에 70명 이상이 등록하였고, 6월에는 상급학년 학생 8명-반 인원 28명 중에서 그들만 돌아왔다-이 졸업했다. 체포된 자들 가운데는 선천 북교회의 양 목사가 있었다. 한동안 교회와 사경회 참석자들이 크게 줄어들었다. 이 문제는 앞으로 한 장에서 다루어질 것이다. 1912년 9월 28일 구금형을 선고받았던 여러 다른 지역 출신 105명 가운데 2명이 선천 신성학교 선생이었고, 무죄 방면 된 17명 중에서 14명이 그 학교 학생이었다.

(3) 1919년 독립운동

한국 전역에서 동시에 일어났던 이 운동은 선천에도 여파를 미쳤다. 선천의 교회들 가운데서도 목사 2명이 체포되고 투옥되었다. 정주에서도 기독교인들을 포함해 많은 사람들이 총에 맞고 죽임을 당했으며 예배당이 불에 탔다. 의주에서도 많은 사람 사람들이 감옥에 갇혔고, 선천의 병원은 환자들로 가득 찼다. 결국 여섯 교회의 예배당이 소실되었는데, 그 중에 공사를 갓 끝냈던 삭주의 새 예배당이 포함되어 있었다.

11) 성장에 관한 요약 기술

선천에서 진행된 기독교 운동의 괄목할 만한 성장은 과장될 필요가 없다. 1896년에 휘트모어가 한국에 도착하여 평안북도로 임명되었다. 이듬해에 그가 베어드(W. M. Baird)와 함께 이곳을 방문했을 때, 6개 집단을 이룬 60명의 기독교인들을 발견했다.

이 선교기지에서 작성한 1902년도와 1917년도의 보고서를 비교하면, 그 25년 동안에 평안북도의 전도, 교육, 의료 사역이 4,000퍼센트 증가하였음을 알 수 있다. 그 모든 일은 이 선교기지에서 최초로 태어난 아기인 매리언 샤록스(Marion Sharrocks)가 '달콤한 16살' 생일을 맞기 전에 일어났다. 휘트모어가 처음 방문했던 지역에 있던 기독교인 신앙고백자 60명과 현재의 6만 2천 명을 비교하면, 천 배 이상의 증가가 이루어졌다. 1931년도의 교인수 43,000명은 휘트모어가 그 현장에 온 이후 35년간(1896-1931) 매년 평균 1,200명이-기독교인으로서 죽은 수천 명은 논외로 치고-증가한 사실을 보여준다. 1932년까지 40명의 선교회 회원들이 각기 1년간부터 30년간, 혹은 안식년을 포함해 평균 일인당 거의 12년간 이 선교기지의 회원으로 활동했다. 그때(1932)는 그 회원들의 평균 선교사역년 당 매년 90명의 교인들이 증가하였다. 각 선교사들에게는 평균 4일당 한 명이 증가한 셈이었다. 1933년에는 선교기지 관할지역의 전체 교인들이 62,604명이었고, 헌금액수는 총 10만 달러 이상이었다. 선교회가 내려 보낸 선교부의 년간 충당금은 약 2만 7천 달러였다. 여기에는 선교사들의 봉급과 기타 경비가 포함되어 있으며, 교회헌금 총액의 4분의 1에 달하는 것이었다.

그러나 선교사들이 수고해서 얻은 것은 당연한 이야기로 선천에서 얻은 큰 결실의 작은 부분에 불과했다. 이곳에서 행해진 주목할 만한 사역방법은 자전, 자치, 자급이었다. 교회들 가운데서 60명의 목사들과 2,500명의 다른 직원들이 수고했지만, 모든 것보다 더 뛰어난 것은 그리스도의 성령의 위대하신 사역이었다. 그러나 아직까지도 기독교인은 인구의 약 6퍼센트에 불과하다. 지금까지 매우 작은 부분만 성취했을 뿐이다. 이곳은 앞으로도 소수의 외국인 선교사들을 상담자, 교사, 지도자로서 필요로 할 것이다. 선교기지들마다 수천 명의 개종자들을 얻었지만, 선천은 그 수천 명의 열 배를 얻었다. 이 선교기지의 관할 영역은 압록강을 건너 만주에서 장차 한국인들의 대규모 출애굽이 이루어질 것으로 현재 기대되고 있는 곳에 이르고 있다. 한국인들이 만주로 대이동할 것은 매우 확실한 전망이며, 선천의 기독교인들은 선교사들을 파송하게 될 것이다.

1909년의 선교기지
아더 브라운(Arthur J. Brown) 박사 부부가 포함되어 있다.

여름철 주간 성경학교. 1933년 동부교회

재령의 옛 모습과 새 모습

7. 재령

재령 선교기지의 사역은 사반세기 전에, 이 기지가 아직 세워지기 전에 시작되었다. 앞 장에서 말했듯이 소래의 교회는 통상 '한국 개신교의 요람'이라고 불린다. 거의 모든 초기 선교사들이 북쪽 지방으로 먼 여행을 하며 소래, 평양, 의주를 방문하였다. 한국인 최초의 개신교 세례자들 가운데는 1887년 봄에 언더우드를 찾아 서울에 왔던 소래 사람 13명 중의 3명이 있었다. 소래는 아마도 한국의 다른 어느 지방교회보다도 선교사들이 많이 찾은 곳이었을 것이다.

황해도 해변은 서울에서 가기가 쉬웠으며, 황해도의 서쪽 내륙지역은 평양에 있는 선교사들이 자주 방문하였다. 1895년 곡산에서 몇몇 기독교인들이 6년 전에 그곳에서 배포되었던 전도지들을 읽고서 그들 스스로 세례를 받았다.[1] 소래 다음으로는 장전에 있는 교회가 황해도에서 가장 오래되었다.[2]

은율교회도 가장 오래된 교회의 하나이다. 그곳에서 지위가 가장 높은 인물이 서울에서 고종 탄신축하 행사 때 복음을 들었다. 그는 기독교인이 되기로 결심하여 복음서들과 전도지들을 한 꾸러미 사서 조랑말에 싣고 집에 가져왔다. 나중에 그 관원은 비록 비기독교인이었음에도 불구하고 언더우드에게 은율을 방문하도록 초청하였다. 언더우드는 복음전파를 허락해야 한다는 조건을 내세워 그 초청을 받아들였다. 그가 도착했을 때 그 관원이 큰 방을 제공하여 일련의 모임들이 열렸다. 이 이야기의 결말은 그 후 은율에 교회가 들어서 번창하고 있으며, 현재 500명에서 600명 정도 출석하고 있다는 것이다. 최근에(1932년 3월) 언더우드의 아들 언더우드(H. H. Underwood-원한경) 박사가 그 교회 장로들 중 한 사람의 딸과 결혼하는 연희전문학교 졸업생의 혼례식에 참석하기 위해 그 교회를 방문한 적이 있었다. 그 교회의 목사는 강계에서 성장하였고, 왓슨 헤이즈(Watson M. Hayes, D.D., LL.D.) 박사가 교장으로 있는 북중국 신학교를 졸업하였다. 1898년에 이미 황해도 서쪽 지방에 있는 해주와 소래 인근에 42개 예배 처소와 14개 교회가 있으며, 600명 이상이 세례를 받고 350명이 학습을 받고 있었다.

1900년 가을, 평양에서 열린 연례 모임 후에 언더우드 박사와 그의 부인, 의사 화이팅(Whiting) 양, 체이스(Chase) 양, 너스(Nourse) 양이 황해도 서부 지역에 있는 몇몇 집단들을 방문하였다. 백령도에 있는 집단들도 그 방문지에 포함되어 있었는데, 그 집단은 그 섬으로 추방되었다가 그의 조카에게서 신약성경 번역본 한 권을 받았던 사람에 의해 시작되었다. 그 집단은 전에 소래의 서경조와 김씨의 방문을 받은 일이 있었다. 언더우드 부인은 돌아오는 도중 거센 폭풍과 거친 바다 속에서 여자들이 배가 가라앉을까봐 염려하고 있을 때 언더우드 박사가 그들의 심령을 북돋우고자 어떻게 씩씩하게 노래를 불렀는지에 대해 설명하였다. "당신은 주님께 사랑받는 자가 되어야 한다. 그렇지 않으면 죽을 때 천국에 갈 수 없다." 여러 해가 지나 1915년 맥키(McKee) 양이 그 섬을 방문하고 떠나올 때 여자 기독교인들이 해변에서 모두 무릎을 꿇고 그녀가 잘 건너갈 수 있도록 기도하였다. 오늘날 이 섬에는 세 교회가 있다.

언더우드 박사는 1900년에 해주에서 그곳을 방문하는 선교사들을 위해 휴양소를 샀다. 그 집은 윌슨 기념관(Wilson Memorial Building)으로 불렸으며, 그 비용은 뉴왁(Newark) 노회에서 제공받았다. 신무리(Sin Mouri)라는 곳에서 한 늙은 남자가 14년 전에 언더우드로부터 복음을 듣고 기독교인이 되었는데, 그때 마가복음을 한 권 샀다. 온천(Oon chun, Hot Springs)에서는 전도자 한씨가 심하게 두들겨 맞고 마을에서 쫓겨났다.

평양 측으로부터도 리(Lee), 마펫(Moffett), 스왈른(Swallen), 헌트(Hunt) 등이 황해도의 여러 지역들을 개척하였다. 1898년 봄에는 리와 마펫이 6개 마을을 방문하여 성인 300명에게 세례를 주고 1천 명에게 학습을 주었다. 재령 혹은 안악에 "두 명의 선교사들이 한 번에 한 달에서 네 달 동안 편안하게 쉴 수 있는" 휴양소를 마련하기 위해 700원을 만들자는 견해가 제시되었다. 그러한 용도의 집들을 안악과 은율에서 구입하였으나, 여러 해 후 팔았다.

1) 가톨릭교인들의 박해

황해도는 가톨릭 선교사들이 중국으로부터 한국에 들어오는 관문이 되었다. 장산곶이 지푸에서 85마일 가량밖에 떨어져 있지 않기 때문이었다. 1901년에는 이 도에 2만 명의 가톨릭 교인들이 있는 것으로 추산되었다. 그들은 개신교에 대해 비호의적인 시각을 갖고 한동안 심각하게 박해를 가했다. 개신교인들이 두들겨 맞았고, 가축들이 독살되었으며, 돈을 강탈당했다. 갈취와 협박도 제도적으로 이루어졌다. 해주에서 10마일 떨어진 계곡에 거하는 프랑스인 신부들 가운데 한 명이 그 지도자들 중 한 명이었다. 헌트(W. B. Hunt) 목사는 그 고통에 대해 다음과 같이 말했다. "이 일은 내가 맡은 지역에서 가장 심합니다. 나는 매 순간 문제가 발생할 때마다 프랑스인 사제에게 글을 보내 책임을 물었습니다. 그는 그때마다 내가 크게 혹은 전적으로 거짓말을 하고 있다고 응답했으며, 혹은 그 일을 자기의 신도들이 저지르지 않았다고 주장했습니다. 한국 정부가 조사하도록 명한 후에 고소된 모든 사실들이 진실인 것으로 드러났습니다." 1903년에 해주에서 시련을 당했을 때는 황제가 파견한 특별 조사관이 왔고, 프랑스인 사제, 언더우드 박사와 마펫 박사가 그곳에 참석하였다. 조사 결과 15명의 가톨릭 교인들이 서울로 압송되어 각각 70대에서 100대씩 태형을 받았으며, 네 명이 사슬에 묶이는 구금형을 선고받았고, 한 명은 일 년 반의 선고를 받았다.[3] 박해가 중단되었을 뿐만 아니라 이 도의 가톨릭교회가 크게 약화되었다. 그들의 건물 몇 곳은 개신교회에 싼 값에 팔렸다.

2) 선교기지 장소 선정

황해도의 사역은 여러 해 동안 서울과 평양을 중심으로 진행되어 선교기지를 세울 장소를 선정할 때 다소 문제가 발생했다. 평양 측에서는 몇 사람이 안악을 선호하였다. 서울 측에서는 500년의 역사를 지니고 있고 이 도의 관청이 있는 해주를 선호하였다. 마침내 1904년 재령에 선교기지를 세우기로 최종 결정을 내렸다. 이러한 결정은 두 지역의 제안을 타협한 결론이며 재령이 이 도의 가운데에 있었던 점도 영향을 미쳤다.

당시에 재령은 인구가 5천 명인 상업 중심지였으나, 이 도의 다른 도시들에 비해 큰 규모는 아니었다. 이곳에 있는 교회는 작았고, 이 읍이 어떠한 특별한 역사적 의미를 지니고 있었던 것도 아니었다. 그러나 재령을 선교기지 장소로 선정한 일이 지혜로웠던 것은 이후 여러 해 동안에 드러났다. 선교기지 구내에 있는 산에서 내려다보면 넓은 평야 안에 40개 촌락들이 있는 광경이 한 눈에 들어온다. 이 읍은 성장하여 이 도에서 가장 중요한 지역의 하나가 되었다. 그곳의 교회도 크게 성장하였고, 이 읍은 철도와 자동차도로가 놓인 후 황해도의 모든 방면에서 오기 쉬운 곳이 되었다.

1904년의 연례 모임에서 언더우드, 샤프(Sharp), 마펫, 헌트, 휘트모어가 선정되어 "그들이 장소에 대해 합의한 후에 자산을 매입할 권한을 부여받았으며, 서울과 평양이 이에 동의하였다." 그 위원회는 이듬해에 보고서를 작성하면서 그들이 재령을 선택한 다섯 가지 이유를 제시하였다. 이곳은 지리적으로 더 중앙에 있었고, 인구도 더 많았고, 다른 어떤 후보 지역보다도 교회가 더 발전하고 있었다. 이곳은 바다로부터 10리(3마일)밖에 떨어져 있지 않아서 진남포로부터 화물을 들여오고 평양으로부터 석탄을 들여올 수가 있었다. 마지막으로 이곳은 건강에 좋은 곳이었다. 그 보고서는 위원회 중의 한 사람을 뺀 나머지 모든 사람들의 동의를 받았고, 서울과 평양 선교기지의 동의를 받았다. 그 보고서에 의거하여 선교회는 "1906년 5월 1일 재령에 선교기지를 개설하기"로 결정하였다.

3) 선교기지의 개설

쿤스(E. W. Koons) 목사는 선교기지의 개설에 대해 설명하면서 "첫 번째 자산을 1905년 봄에 매입하였다. 그것은 그 마을의 거의 중앙에 있는 기와집이었으며, 선교사들은 여기에서 외국식 집이 지어질 때까지 살았다. 이 선교기지 구내에 낮은 산이 있었는데, 그때는 마을의 가장자리에 있었으나, 이후로 그 주변 전체가 발전하였다. 한국인들은 그곳에 악한 영이 머물고 있다고 믿어 집을 짓기를 기뻐하지 않았다. 우리는 한 번 이상 헌트의 집 현관에 앉아 시골 여자들이 음식과 술을 가져와 그들이 "신성하게 " 여기는 나무의 가지들 아래 땅에 공손하게 내려놓고서 그 귀신들에게 기도하고 떠나는 것을 지켜보았다. 우리는 그 나무에 해를 입히지도 않았고 그들이 그곳에 가려고 우리의 땅을 지나는 것을 반대하지도 않았다.

사랑받는 화이팅 의사가 옻에 감염되어 매우 심하게 앓아 아무런 약도 소용없는 것처럼 보였을 때, 마을의 비기독교인들이 그 나무 아래에서 귀신들에게 희생제사를 드리기 위해 황소 한 마리를 끌고 왔다. 그들은 그들의 산에 우리의 집들을 지었다고 불쾌하게 여겼던 자들이었다. 우리는 이런 일을 하지 못하게 그들을 설득시키면서 우리 종교는 그러한 제사에 참가하는 것을 허락하지 않으며 그런 것으로는 효험을 보지도 못한다고 설명하였다.

뉴저지 주 이스트오렌지(East Orange)의 나다니엘 투커(Nathaniel Tooker)가 선교부지와 최초의 주택 건축을 위해 보낸 돈으로 1906년 여름 동안 집을 지어 화이팅 가족이 이사하였다. 그 부지는 1905년 11월 1일에 매입되었고, 여기에 미국 국기가 게양되었다. 그 해 봄에는 도시 중앙에 있는 기와집에 헌트 부부와 자녀들, 화이팅 박사 부부, 쿤스가 한 달 동안(4월과 5월 사이) 와서 살았다. 헌트 부인은 재령에서 돌아간 지 며칠 후인 1905년 5월 14일에 평양에서 죽었고, 헌트는 자녀들과 함께 다음 달 6월까지 남아 있다가 안식년을 갖기 위해 떠났다. 1906년 1월과 2월 사이에는 쿤스 부부가 재령에 머물렀다. 재령 선교기지의 첫 모임이 1906년 5월 18일에 평양에 있는 화이팅 박사 부부의 집에서 열렸다. 화이팅 박사와 쿤스는 그 해 여름에 대부분의 기간을 재령에서 보냈다. 화이팅 가족은 10월에 연례 모임에 참석한 후, 새 집으로 이사하였다. 몇 주 후에 쿤스 부부와 딸이 왔다. 화이팅 부인은 한국인 방문자들에게 새 집을 보여주느라 여러 달을 바쁘게 보냈다. 1907년 2월에 한국인들의 시간으로 새해를 맞아 3일 동안 1천 명이 화이팅의 집을 방문하였다. 쿤스의 집은 뉴욕 시라큐스(Syracuse)의 토마스 비커스(Thomas M. Vickers)의 기부로 지어져 1907년 10월에 입주하였다. 헌트는 1908년 6월에 새집으로 이사했다. 네 번째로 지어진 집에는 이듬해 6월 샤프가 이사해왔다. 해리엇 화이팅(Harriet Whiting)은 초창기에 이 선교기지에서 중요한 일원으로 존재했다. 그녀가 학업을 위해 1907년에 미국으로 돌아갔을 때, 그 해의 선교기지의 보고서는 다음과 같이 기술하였다. "그녀의 긍정적인 성격은 우리가 고립되어 고달프게 살아가는 하루하루의 삶에 희망과 빛을 주었다. 한국인 소녀들이 그녀를 사랑했으며, 일요일이면 한국인 복장을 하며 한 무리의 소녀들과 숨이 막힐 만큼 밀착해 앉아 있는 그녀를 보는 것이 즐거움이었다. 어린이들과 나이 많은 사람들이 한결같이 그녀에게 반했다." 그녀가 선교사로서 한국에 돌아오게 되기를 바랐던 선교기지의 소망은 1913년에 그녀가 길리스(A. W. Gillis)의 부인이 되어 평양에 왔을 때 이루어졌다.

1906년에 선교기지가 개설되었을 때는 관할영역 안에 100개의 교회들 및 집단들, 2천 명의 세례자와 5천 명의 교인들이 있었던 것으로 추산되었다. 이듬해에는 7천 명 이상의 교인들이 있었다.

4) 전도사역

(1) 재령

1896년, 그 전 해에 평양에서 세례를 받았던 신암포의 한치순이 재령에서 복음을 전하여 소수의 신자들을 얻었다. 그들은 처음에 현재의 선교부지 근처에 있는 집에서 모였고, 나중에는 이 읍의 다른 편 지역에 있는 집에서 모였다. 이듬해에 11명이 세례를 받았는데, 그래함 리(Graham Lee)에게서 받았던 것으로 짐작된다. 1898년에 송영생(Song Yung Saing) 부인이 이 작은 회중에게 집회장소를 제공하기 위한 집을 샀다. 그 해 겨울에 리(Lee)가 재령에서 사경회를 며칠 동안 이끌었으나, 참석자가 많지 않았다. 1898년 가을에 헌트(W. B. Hunt)가 재령을 처음으로 방문하여 "거의 소멸된" 이 집단을 발견했다.

로마가톨릭 교인들은 개신교의 움직임을 저지하려고 할 수 있는 모든 일을 했다. 송 부인은 압력을 받고 그녀가 살던 집을 그들에게 팔려고 하였다. 그녀의 조카 송정신(Song Chung Sin)이 이런 상황을 타개하려고 와서 그 집을 산 다음, 사악한 관리인으로부터 소유권을 넘겨받기 위해 일 년을 기다렸다. 그녀는 기독교 가정을 떠나 그 집에서 일 년 동안 살면서 복음을 전했으나 별다른 결과를 얻지 못했다. 1901년 장차 유명한 전도자가 될 젊은 학교 선생 김익두를 고용하였다. 그 해에 또한 남자 두 명이 일요일마다 거의 매번 6마일 떨어진 신암포에서 예배의 진행을 돕기 위해서 왔다. 새 신자의 수가 늘기 시작하였고, 그들 중에서 한 사람, 곧 김창일이 1905년에 재령교회 최초의 구역장이 되었다. 1902년 신암포에서 남자 40명이 와서 재령의 예배당을 보수하는 일을 도왔다. 재령교회 교인들은 25년 후에 신암포 보통학교 건물의 보수를 돕기 위해 100원(50달러)을 약정함으로써 그들이 받았던 친절에 보답했다. 가톨릭 교인들로부터 박해를 받은 결과, 재령의 개신교 집단은 1903년에 단 20개에 불과했다.

쿤스는 휘트모어와 함께 1904년 가을에 선교기지를 세울 장소를 물색하러 재령에 갔던 일을 이야기 하였다. 그때 모든 개신교인들이 그들을 만나 기도모임을 가졌는데, 그들은 "8×16피트의 방에서 가장자리를 따라 얇게 한 줄로 둘러앉아 있을 뿐이었다."

재령에 선교기지를 세우기로 결정하면서 여러 일들이 발생하기 시작하였다. 1907년까지 3년 동안 이 읍에서 기독교 신앙고백자들의 수가 30명에서 500명으로 늘어났다. 선교기지가 시작된 첫 해에 1천 명이 넉넉히 앉을 수 있을 만큼 큰 새 예배당이 선교사들이 낸 150달러 외에는 모든 비용을 한국인들이 부담하여 전망 좋은 곳에 세워졌다. 교회 건립 후 일 년 내에 회중이 1천 명으로 늘어났고, 1908년 7월 8일에 두 명의 장로를 장립하면서 교회조직이 완비되었다. 1909년 9월 부부동반으로 재령을 방문했던 아더 브라운(Arthur J. Brown) 박사는 일요일에 2,800명이 참석한 공개된 장소에서 설교했다. 헌트와 쿤스는 박태로 장로가 1911년 봄에 신학교를 졸업할 때까지 그 교회의 목사로 있었다. 박장로는 곧 안수를 받고 첫 번째 한국인 목사로 취임하였다. 그는 일 년이 조금 더 지나서 그 교회를 사임하였다. 장로교 총회에서 중국 산동 동부에 파송하는 한국인 최초의 해외 선교사의 한 명으로 선정되어 임명되었기 때문이었다. 재령교회에서는 김용성 목사가 그 뒤를 이었다.

‘서부교회’ 라고 불리는 두 번째 교회는 1919년 10월에 분립되었다. 첫 번째 한국인 목사는 임택원이었고, 그는 1922년에 안수를 받았다. 선교기지는 1921년에 새 예배당을 짓도록 교회부지를 인접한 땅과 바꿔주었다. 1922년에 1,200명이 넉넉히 앉을 수 있는 규모의 2층 벽돌건물이 지어졌다. 선교기지의 회원들은 개인적으로 또는 친구들로부터

황해노회의 여선교회
중국에 있는 해외 선교사들과 한국에 있는 국내 선교사들을 도왔다.

황해노회 목사들. 1933

기부금을 받아 총금액 1만 500달러의 3분의 1을 마련하는 일을 도왔다. 1925년에는 위스콘신의 닌나(Neenah)가 그 교회를 위해 500달러의 기부금을 보냈다. 현재 그 교회에 1,200명이 출석하고 있다. 여러 해 동안 화이팅 박사가 토요일 저녁의 주일학교 교사반 선생과 주일학교 감독으로서 그 두 교회를 오가며 주목할 만한 사역을 행했다.

(2) 순회구역

황해도 사역은 여러 해 동안 서울과 평양의 선교사들이 수행하였다. 시골 순회구역이 일찍이 확립된 사실에 대해 선교기지의 보고서는 다음과 같이 기술하였다. "동부 순회구역은 헌트가 관찰하였다. 1909년에 그 지역이 둘로 나뉘어 헌트가 동부를 맡았고 샤프(C. E. Sharp) 목사가 서남부를 맡았다. 그러나 1910년에 담당자가 다시 바뀌어 윌리암 커(Wm. C. Kerr)가 동부 순회구역을 맡았고, 헌트가 동중앙 순회구역을 맡았다. 1913년 벽두에는 피터스(A. A. Pieters) 목사가 동부 구역을 맡았다. 서남부 순회구역은 한국인 최초로 장로교 목사 안수를 받은 7인 중의 한 명인 소래의 서경조[i] 목사가 목회를 맡았던 2년간을 빼고는 샤프가 맡았다. 서북 순회구역은 쿤스가 맡았으나 1913년에 서울로 옮겨가서 커가 책임을 맡았다. 1912년에는 한국인 목사들이 이끄는 분립 교회들로서 이원모가 사리원을, 김익두가 신천을, 우천수(Oo Chon Su)가 밈화(Mimwha)를 인도하는 것으로 등록되어 있었다.

1917년에 커 부부가 안식년을 떠났고, 그 후 일본 선교회에 속해 일본인들을 위해 일하기 위해 서울로 가서 거주하였다. 쿤스 부부의 사역은 1913년에 피터스 부부가 이어받았고, 1921년에는 에드워드 아담스(Edward Adams) 부부가 이어받았다. 아담스 복음전도기금(Adams Evangelistic Fund)은 1925년에 아담스와 그의 형제 아담스 목사가 관할하였다. 에드워드 아담스 부부가 대구로 옮기면서 교체가 이루어져 리브세이(J. B. Livesay)가 재령으로 왔다. 그 2년 전에 윌리엄 M. 베어드 주니어(Wm. M. Baird Jr.) 목사, 곧 '제2세대 선교사'가 재령으로 배정되었다. 리브세이가 1926년에 캐나다에서 온 뮤리얼 스미스(Murial Smith)와 결혼하고 베어드가 1929년에 평양의 안나 레이스트(Anna L. Reist) 간호사와 결혼하여 이 선교기지의 기혼 전도사역자 명단이 완성되었다. 그 젊은 선교사들이 배속되기 전에 한국인 목사들이 이끄는 교회들의 수가 크게 증가한 관계로 순회구역 담당 선교사들의 사역이 크게 줄어들었다. 따라서 최근 수년 동안 헌트는 무교회 지역 '천막 전도'(Tent Evangelism)에 많은 시간을 투입해 매우 고무적인 결과를 냈다. 이런 방법으로 14개의 새 집단들이 생겨났고 그것들은 지금도 존재하고 있다.

선교기지는 1931년 5월 18일에 설립 25주년 기념행사를 가졌다. 사반세기가 지난 시점에서 선교기지 관할지역의 교인수는 2만 명으로 집계되었다. 이것은 선교기지 개설 당시 5천 명으로 추산되었던 것에 비해 4배가 증가한 것이었다. 이러한 놀라운 성장은 본래의 선교기지 영역과 인구의 절반이 약간 넘는 지역에서 일어난 것이었다. 1909년에

재령의 전도용 천막. 무기독교인 마을들에서 집회를 여는 데에 사용되었다.

간선도로변의 절벽을 깎은 불교도의 글판. '나무아미타불' 세계 공통의 불교기도문

천막 전도운동의 결실들

재령 서부교회의 회중. 일요일에 시장에서 금주운동 홍보물을 배포하기 위해 나서고 있다.

수고한 증거

감리교인들과의 지역분할이 대대적으로 이루어져 황해도 지역의 일부가 해주에 새로 개설된 감리교 선교기지로 넘어갔다. 그때 6개 군과 다른 3개 군의 일부가 감리교인들에게 할당되었고, 재령 선교기지로는 12개 군이 남겨졌다. 인구는 75만 명에서 40만 명으로 줄었다. 43개 교회들과 집단들, 460명의 세례교인들, 거의 2천 명의 등록교인들이 감리교인으로 바뀌었고, 반면에 200명의 교인들이 감리교에서 옮아왔다. 그 후 선교기지 관할지역의 인구가 5만 명 이상 증가하였다. 1929년에는 주민 18명당 한 명이 개신교 신앙고백자였다.

또 다른 재미있는 사실은 선교기지에 25년 동안 25명의 회원들이 있었다는 것이다. 여기에는 선교기지가 개설된 지 얼마 안 되어 죽은 버타 핀리 헌트 부인(Bertha Finly Hunt)이 포함되어 있었다. 현재는 교인이 선교사 1명당 천 명이며, 여기에 이미 죽은 많은 사람들과 감리교인이 된 2천 명은 포함되지 않았다. 1931년까지 25년간 선교기지의 회원들의 사역 햇수-안식년이 포함되었다-는 기이하다 싶을 정도로 정확하게 250년이었다. 현재의 교인들만을 보면 선교사역년당 평균 100명을 나타내고 있다.

그 모든 신자 집단에서 가장 유명한 사람은 전도자 김익두 목사이다. 그는 재령에서 서쪽으로 15마일 떨어진 신천 마을의 큰 시장 부근에서 태어났다. 재령의 작은 학교에서 가르친 후에 - 이 사실은 앞에서 언급되었다 - 권서가 되었다. 전도하러 고향 마을로 가서 사람들의 음주와 불의를 꾸짖었다가 폭도들에게 막대기와 돌로 공격을 받고 마을에서 쫓겨났다. 그는 살며시 돌아와 복음을 전했으며, 처음 믿은 때로부터 9년이 지난 후 고향 마을에 있는 교회의 목사로 취임하기에 이르렀다. 800석의 큰 예배당이 세워졌고, 김목사는 1923년까지 그곳에 목회를 계속하였다. 전도자로서 그는 아마도 한국의 다른 어떤 교회지도자들보다도 더 많이 설교했을 것이다. 1921년 봄에 서울에서 일련의 집회들이 개최되었으며, 미국인 복음전도자 베이더울프(Beiderwolf) 박사가 참석하여 어느 날 저녁에 6천 명의 사람들에게 설교하였다. 그는 집회 때마다 기도를 강조하며 그 자신이 한 번에 여러 시간씩 기도했고, 환자를 위해 기도했으며, 집회 때마다 새벽기도회를 인도했다.

5) 여성사역

재령읍 교회의 초창기에 매우 씩씩하게 요새를 지켰던 송(Song) 부인은 선교기지의 여선교사들에게 모범이 되었고 영감을 주었다. 화이팅의 집이 지어진 후 첫 해 동안 그녀는 장날마다 와서 화이팅 부인을 도와 구경꾼들에게 믿음을 권면하고 전도지들을 나

여학생들. 275명 등록

남학생들. 283명 등록

재령 성경학원. 1934

누어주었다. 화이팅 부인은 여러 해 동안 집에서 통신교육 과정을 이끌었으며, 1915년에는 창세기와 '그리스도의 생애' 공부에 1,300명의 여자들을 등록시켰다. 헌트 부인의 반에서는 수백 명의 한국여성들이 언문 읽기를 배웠다. 또한 그녀의 집에서 한 무리의 여학생들을 가르쳤는데, 그들은 성경구절들과 교리문답을 암송하였다. 헌트 부인과 커 부인은 개별적으로 음악도 가르쳤다. 샤프 부인과 쿤스 부인도 노래를 가르쳤다. 선교기지의 거의 모든 여성사역자들이 주일학교 사역에 어떠한 형태로든지 참가하였다. 화이팅 부인은 주일학교 교사반을 이끌었다. 커 부인은 소년 주일학교를 감독하였다. 이 선교기지 최초의 독신여성사역자는 1908년에 온 캐더린 맥큔(Catherine McCune) 양이었다. 그 이듬해에 안나 맥키(Anna M. McKee) 양이 와서 이 두 '맥스 양들'(Miss Macs)이 15년 동안-1925년에 맥큔 양이 평양으로 옮겨갈 때까지-뛰어난 팀사역을 조화롭고 우호적으로 수행하였다. 맥큔 양이 떠난 다음해에 릴리안 로스(Lilian Ross)가 그 일을 넘겨받았다. 그녀는 어렸을 때부터 한국말을 잘했다. 4년 후, 선교회는 불가피하게 그녀를 강계로 발령했는데, 그곳에 독신여성 사역자가 없었기 때문이었다. 이를 보충해서 안나 하비 부인(Anna S. Harvey)이 선천에서 선교사 자녀들을 3년간 가르친 후에 정규 선교사로 임명되어 1920년에 재령으로 왔으며, 그 후 이곳에서 신실한 사역자로 일해왔다.

6) 사경회와 성경학원

사경회 제도는 선교기지가 개설되기 전에 그 지역에서 이미 활발하게 전개되고 있었다. 선교기지가 출범하기 전 해에는 평양에서 온 사역자들에 의해 사경회가 64번 열려 3천 명이 참석하였다. 그뿐 아니라 샤프의 담당구역에서도 서울에서 온 사역자들이 사경회를 열었다. 선교기지가 개설된 후, 남자 도사경회가 1906년 12월 12-22일에 열려 600명이 참석했으며, 그 중 350명이 재령 밖 다른 지역의 교회 및 기관에서 왔다. 그 일 후에 여자 도사경회가 열렸으나, 모인 수는 기록되지 않았다. 최초의 남녀 도사경회는 그 전 해(1905)에 열렸다. 도시에서 열린 지역 사경회들을 포함해서 참석자는 모두 1,300명이었다.

1911년 사경회 제도가 크게 발전하였다. 그 해 재령에서 사경회가 6번 6~9일 기간으로 개최되었고, 각 사경회마다 총 1,200명이 참석하였다. 남녀 도사경회 외에도 교회직원들을 위한 여름 수양회, 여성사역자 사경회, 시 사경회, 여자 주일학교 교사 사경회가 있었다. 한 해에는 맥큔 양이 480마일을 가마를 타고 여행하며 시골 사경회를 8번 이끌고 600명의 여성들을 등록시켰다. 맥키 양은 선교지 생활 2년 되는 해에 5개 사경회에서 가르쳤다. 그 해(1910-1911) 선교기지 관할지역에서 사경회가 총 328번 열려 도합 9,200명이 참석하였다. 이는 전체 교인 1만 2,600명의 74퍼센트에 달하는 숫자였다. 이듬해(1911-1912)에는 맥큔 양과 맥키 양이 대부분 중첩되지 않은 지역에서 24번을 이끌었고, 다 합하여 2천 명이 출석하였다.

재령의 사경회 참석자의 수는 한국의 모든 선교회들의 선교기지들 중에서 가장 괄목할 만했는데, 어쩌면 세계의 모든 선교회들의 선교기지들 가운데서도 그러할 것이다. 10년(1912-1921) 동안 매년 평균 1만 7천 명의 기독교 신앙고백자들이 교회에 출석하였던 것과 동시에 평균 278개 사경회들에 평균 2만 명이 참석하였고, 각 사경회는 4일에서 10일 동안 개최되었다. 매년 사경회 참석자들은 교인들의 총수보다 더 많았는데, 많은 사람들이 매년 두 번이나 그 이상 사경회들에 참석했기 때문이었다. 10년 중 7년 동안은 사경회 참가자가 선교회의 다른 어느 선교기지보다 더 많았다. 그 정점에 도달했던 때는 1918-1919년간이었는데, 교인 2만 1천 명 중 사경회 참석자가 2만 8천 명으로 그 수가 같은 기간에 평양이나 선천-이들 선교기지에서는 훨씬 많은 사람들이 교회에 출석하고 있었다-에서 참석했던 자들의 두 배 이상에 달했다. 이듬해에는 어쩌면 '독립운동'으로 인해 참석자가 1만 명으로 떨어졌다. 총회의 마지막 보고서(1933)를 보면 사경회 참석자가 여전히 전체 교인수와 비슷했다.

남자성경학원의 첫 학기는 1910년 1월 등록학생 92명으로 시작되었다. 1914년에는 첫 학년의 7명이 졸업하였다. 그 해 겨울에 참가하지 못했던 남자들을 위해 여름 학기가 열려 20명이 출석했다. 수강생은 매년 평균 120명이었다. 1913년 이래 세 번만 100명 아래로 떨어졌고, 한번은 1918년에 200명을 넘었다. 1910-1931년간의 학생 총수는 약 2,700명이었다. 성경학원 건물은 1912년에 6천 달러의 비용으로 세워졌고, 기숙사는 4년 후에 세워졌다. 그 건물은 남녀 성경학원과 사경회 사역을 위해서 사용되었다. 새 기숙사들은 최근에 지어졌다. 곧 맥키 기숙사는 1929년에, 두 번째 새 기숙사는 1933년에 세워졌다. 첫 해 동안 그 건물에서 열린 남녀 성경학원과 사경회에 1,540명이 출석하였다.

여자성경학원은 1914년 60명이 출석한 가운데 시작되었다. 학생은 평균 110명이었으나, 1928년에 시작하여 평균 150명 혹은 그 이상으로 남자성경학원보다 더 많이 공부했다. 1930년까지 108명이 여자성경학원을 졸업했으며, 그 중 20명이 현재 전도부인으로 고용되어 있다. 전체 수강생의 수는(1914-1931) 2천 명이었다.

경제적 도움을 받았던 소수의 여성을 제외하고는 모든 여성이 자신의 기숙사비와 다른 경비를 지불하였다. 그 학교는 일 년 2학기제로 운영되었고, 한 학기는 한 달이나 6주 동안 진행되었다. 선교회의 다른 모든 선교기지들에서처럼 사경회와 성경학원에 참가한 남녀 수천 명이 그렇게 자신의 비용을 스스로 부담하였다. 1932년 봄에 열린 여자 도사경회에는 1,100명이 참가하였다.

7) 교육사역

보통학교. 이미 언급되었듯이 송 부인은 재령읍에서 소년들을 위한 통학 소학교를 세움으로써 '요새를 지키고' 있었다. 그 학교는 선교기지가 개설될 때도 여전히 작았지만, 1906-1907년 동안 취학 학생 85명에 교사 3명으로 늘어났다. 그 해에 또한 한국인들이 재정을 후원하는 한 여학교가 한옥집에서 개교되었고, 그곳에서 첫 번째 의료사역이 이루어졌다.

선교기지가 열리기 전 해인 1905년에 이미 22개의 소학교들이 선교기지 관할영역 안에 있었으며, 300명이 공부하고 있었고, 그 중에는 여학생들도 일부 있었다. 1900년도 보고서에는 황해도에서 오직 4개 소학교들-황주(지금도 평양 선교기지 관할구역 안에 있다), 재령군, 장연, 소래-만 언급되었다. 소래학교는 1895년에 윌리엄 맥켄지(Wm. J. McKenzie) 목사의 인도로 시작되었다.[4] 1900년도 장연학교 취학 학생은 50명이었다. 그 학교는 서경조 장로와 집사회가 보살피고 있었다. 그 학교는 잘 짜인 교과과정을 따라 가르치고 있었다. 겨울 동안 "한 정규반이 그 학교와 연계되어 시작되었으며", 그 출석자들은 이웃 교회들에서 왔다.[5] 서울 선교기지의 1901년도 보고서는 "우리 선교기지와 연계된 시골지역 전체에서 여학생들이 배우는 학교는 오직 하나뿐이었다. 그것은 장연에 있었는데, 여학생들은 남학생들이 앉았던 것과 같은 교실에 앉아 같은 교과를 배웠다"고 기록하였다.

재령 선교기지 관할지역의 노회원들은 1908년 7월에 보통학교 사역을 관리할 다음의 몇 가지 규칙들을 채택했다. (1) 지역학교위원회는 세례 받은 기독교인들로서 목사 혹은 장로회에 의해 임명되거나 목사나 장로회의 동의를 받아 교회에서 뽑힌 자들로 구성되어야 한다. (2) 교사는 반드시 목사, 장로회, 혹은 조사의 승인을 받아야 한다. (3) 학교는 반드시 매일 기도시간을 가져야 한다. (4) 다음으로는 공식 교과과정이 규정되었다. 1909년 재령읍의 한국 기독교인들이 1천 달러의 비용으로 남학교를 세웠다. 일 년 동안 그 학교에서 100명 또는 그 이상이 공부했다. 여학교에서는 60명이 공부했다. 그 해 선교기지 관할지역에 201개 학교가 있었고, 거의 2천 명의 남학생들과 450명의 여학생들이 다니고 있었다. 황해도 교회 관할의 보통학교 교사들을 위한 최초의 정규반은 1908년에 개설되었다. 그 교육은 몇 년간 매년 행해졌다. 보통학교의 학생이 가장 많았던 때는 1920년이었다. 그 때 4,300명의 학생들 중에서 900명이 여학생들이었다. 1931년도 보고서에는 39개 학교들에 3,300명의 학생들이 있는 것으로 기록되었다.

8) 중등학교

재령의 중등학교는 1909년 4월에 한국인들에 의해 개교되었다. 한국인들이 재정을 지원하였고, 교육도 그들이 행했다. 이것이 바로 이후 사반세기 동안 전개된 역사의 전형이었다. 선교사들은 정기적으로 가르치고 기부금을 주는 정도의 도움을 주었고, 경제적인 부담과 책임은 한국인들이 감당했다. 선교회에 몇 차례 재정지원을 간청하기도 했으나, 선교기지의 회원들은 항상 자급을 지지하는 입장에 있었다. 때때로 그들이 압력에 눌려 마음이 약해지려 할 때면 선교회는 그 학교들을 더 후원하느라 너무나 큰 짐을 져야 했다. 그런 가운데 선교회는 여러 해 동안 재령 중등학교에 건물을 마련해주기 위해 자산목록을 작성해 1만 2,500달러를 요청했다. 선교회는 그러한 예산을 여러 해 전부터 확보하지 못해온 것을 유감스럽게 여겼다. 그 일은 한국인들을 크게 고무해 더욱 노력하게 만들었고, 선교사들과 한국교회가 우호적인 좋은 감정으로 더욱 결속하게 만들었다. 최근까지 유일한 학교건물은 서부교회의 지하실이었다. 한때는 학교가 성경학원 건물에서 운영되었다. 마침내 한 학교 건물이 한국인들에 의해 세워졌다. 선교기지는 1923년에 중등학교의 운동장 용도로 땅을 임대해주었다. 1천 달러가 소요된 기숙사도 1924년에 지어졌다.

재령의 신명학교, 남자중등학교로 한국교회가 운영하였다. 1934년 429명이 등록하였다.

1911년 5월에 최초로 4명이 졸업하였다. '105인 음모사건'과 관련한 정치적 훼방으로 인해 학교는 이듬해까지 문을 닫았다. 1931년에 130명의 졸업생들 중에서 14명이 목사,

조사, 전도사들이었고, 47명이 교회학교 선생들이었고, 41명이 교회 직원이었고, 20명이 일본, 중국, 미국에서 공부하고 있었다. 1933년에는 등록생이 400명이었고, 그중 100명이 여학생이었다. 교장은 전부터 한국인이 맡아왔다. 한 한국인이 학교를 후원하기 위해 4년 동안 매년 300달러를 냈으며, 다른 사람은 7년 동안 매년 50달러를 냈다. 학비 수입

재령 여자사경회. 1934년, 1,152명이 등록하였다.

재령의 신명학교. 남자중등학교로 한국교회가 운영하였다. 1934년 429명이 등록하였다.

외에 선교사들로부터도 얼마간 도움을 받았고, 1923년 이래 여러 해 동안 그때그때 소용되는 경비를 위해 한국인들로부터 5천 달러에 달하는 기부금을 받았다.

1921년에 한 여학교(Young Women's School)가 자급정책을 준수한다는 조건 아래 선교기지의 승인을 받았다. 그 학교는 오랫동안 선교기지의 회합에서 논란거리가 되었다. 그 문제는 학교를 위한 노회의 요청으로 선교회의 교육부에 위임되었다. 선교회로서는 선교기지 관할지역의 학교들에서 한국인들과 함께 일할 남녀 교육사역자들을 보내달라는 요구까지는 승인했지만, 학교를 선교회의 후원 아래 둘 뜻은 없었다. 따라서 그 요구는 선교회가 새 사역자들 명단을 작성할 때마다 우선순위에서 밀려났다. 그 논의와 관련해서 선교기지가 1923년도 회의록에 기술한 교육정책의 요지는 다음과 같았다. 초등교육은 반드시 부모에게 책임이 있다. 중등교육은 교회와 선교회가 감당해야 한다. 모든 교육사업에서 올바른 이념이 관철되어야 한다, 선교기지는 그때그때 소요되는 교육사업의 경비를 해외기금으로 충당할 것으로 믿지 않는다. 교사와 다른 지도자들의 개인적인 학생 접촉은 반드시 강조되어야 한다.

그 여학교(Young Women's School)는 당시에 비어 있었던 '쿤스 하우스'라고 알려진 곳에서 개교하였으며, 나중에는 성경학원 건물에서 수업을 하였다. 맥큔 양이 평양으로 옮겨감과 동시에 학교재정에도 어려움이 생겨 마침내 문을 닫았다. 그 후 그 여학생들은 명신학교로 받아들여졌는데, 원래 그 학교는 남학교로 세워진 것이었다. 또한 수백 명의 젊은 남녀 학생들이 서울, 평양, 선천에 있는 우리 선교회의 중등학교들에 다녔다.

9) 의료사역

목사이며 의사인 해리 화이팅(Harry C. Whiting)은 1905년 봄을 재령에서 보냈다. 그는 그 기간에 대해 다음과 같은 설명을 남겼다. "우리가 처음 왔을 때는 우리가 온 데 대해 다소 반대가 있었으나, 우리가 머무는 그 달이 다 지나기 전에 이웃들이 우리에게 매우 친절해졌다. …… 한 사람이 내게 와서 자랑스럽게 그의 몸을 보여주었다. 거기에는 한쪽의 마비를 치료하느라 생긴 화상 자국이 500개나 있었다." 1906년도 9월에 제출된 선교기지 최초의 보고서는 의료사역에 대해 다음과 같이 설명하였다. "현재 사용되고 있는 진료소는 각각 8×6피트 짜리 방 두 칸의 한옥으로 낮은 천정, 진흙 바닥, 초가지붕으로 되어 있다. 그러나 그 방들에서 지난해 화이팅 박사가 이 읍을 방문했을 동안에 2,500명이 넘는 환자들이 치료를 받았다." 1907년 3월 15일에 한 전신이 당도하여 재령에 새 병원을 지으라고 뉴욕시의 메디슨 애비뉴 장로교회가 3천 달러를 기부했다는 소식을 알렸다. 새 건물은 1908년 1월 3일에 개원되었다. 8월의 보고서는 그 해에 거의 6천 건이 처리되었음을 보여주고 있다. 최초의 조수인 유몽택은 이 읍 교회의 지도자가 되었고 신학생이 되었다. '포트 병'(Pott's disease)이라고 불리는 질병에 걸린 한 곱추의 부모가 이성선 부인에게서 처음으로 복음을 전해받았다. 『병원의 25주년 기념』(*The Silver Anniversary Greetings*, 1931)이란 책자는 그녀에 대해 "그녀는 23년간의 사역으로 황해도에서 가장 유명하고 사랑받는 여성이 되었다"라고 하였다. 또 다른 병원 전도자 최종신(Choi Chong Sin) 장로는 약 12년 동안 그 사역에 종사했다. 그는 "이 도의 초대 기독교인 사역자 중 한 명이며, 선교기지의 땅을 사는 일을 크게 도왔다." 병원은 항상 의료사업의 복음전파적인 측면을 강조하였으며, 1930년까지 개종을 고백한 사람들의 명단을 간직해왔는데, 그 수는 1만 1,400명이다.

병원을 찾는 사람들은 진찰실에서 검게 색칠된 6×3피트 크기의 황금 잎사귀 기념패를 보았을 것이다. 그것은 중국에서 비싼 값을 주어 칠을 하고 빛나는 황금 잎사귀를 새긴 것으로, 강도에게 습격받고 죽도록 내버려졌던 사람이 준 감사의 선물이다. 화이팅 박사는 그의 몸에 82바늘을 꿰맸다. 선물에는 실제로 화이팅 박사를 향해 "그는 죽은 자를 살리는 힘을 손에 쥐고 있다"라고 새겨져 있다.

화이팅 박사 부부가 1911년에 안식년을 떠났을 때, 병원에 주태영(Chu Tai Yung) 박사가 있어서 매우 다행이었다. 그는 선천에서 샤록스 박사의 의학반을 졸업했다. 주 박사는 그 병원에서 지금(1932)도 일하고 있으며, 이 도 전체에서 유명해졌다. 그는 첫 해에 몇 달 동안 의사 러드로우(A. I. Ludlow), 간호사 러드로우 부인, 간호사 에셀 매기(Ethel Magee) 양의 도움을 받았는데, 그들은 모두 새로운 선교사들이었다. 의사인 피터스(A. A. Pieters)의 부인도 병원을 도왔다. 그녀는 8년(1913-1921) 동안 이 선교기지에 속해 있었다. 화이팅 박사는 1919년에 사임하였다. 로이 스미스(Roy K. Smith) 박사 부부는 1922년에 대구에서 재령으로 옮겨왔으며, 이곳에서 10년 동안 의료사역에 종사했다. 간호사 출신으로서 에드워드 아담스 부인은 1921년부터 1925년까지, 베어드(W. M. Baird)의 부인은 1929년부터 있었으나, 선교회의 독신여성 간호사들 중에서 이 선교기지에 고정적으로 머물러 있은 사람은 없었다.

1921년에 격리병동이 지어졌고, 이듬해에 외국식 병동이 세워졌다. 두 개 건물을 추가로 짓는 데 3천 달러가 소요되었다. 10년 후 1931년에 사무실들, X-레이 작업실, 환자용 개인방들이 들어설 건물이 시설비를 제외하고 7,500달러에 지어졌다. 한국인 직원은 13명으로 그들 중 2명은 의사이고 한 명은 간호사였다. 환자의 약 60퍼센트가 비기독교인이었다. 병원은 실질적으로 자급으로 운영되었다. 선교회가 주는 소액의 연례 보조금은 자선사업에 사용되었다. 최근에 지어진 새 건물은 여러 해 동안 이자가 늘어나 생긴 차액으로 일부 지불되었다. 병원은 매년 5천 명 이상의 환자들을 치료하였고, 1만 2천 번 치료했다. 사반세기 동안 진료소에서 35만 명의 환자들이 치료를 받았는데, 일 년 평균은 1만 4천 명이었다. 1922년까지 입원환자는 평균 200명이었고, 외래진료를 받은 자는 380명, 수술을 받은 자는 150명이었으며, 이후에 그 수가 더 많아졌다. 재령에서는 최소한의 비용과 인력으로 엄청난 의료사업이 수행되어왔으며, 매우 만족스러운 전도 결과를 얻었다.

10) 재령에서의 25년

선교기지가 개설되었을 때, 이곳은 이미 선교회에서 세 번째로 크게 사역이 진행되고 있었으며, 지금도 그렇게 계속되고 있다. 선교기지의 인원수는 결코 12명을 넘어선 적이 없었다. 선교회의 경비로 교육사업을 행하지도 않았다. 의료사업을 위한 외국식 건물들과 병동들은 최근에야 지어졌으며, 의료시설만이 반외국식이었다. 처음부터 교인이 많았고 고비용의 교육 · 의료사업이 감행되지도 않았기 때문에 재령에서의 사역은 선교회의 다른 어느 선교기지들보다도 자급정책의 원칙에 더 가까이 다가서 있었다. 그러나 이를 말하는 데에 있어 반드시 기억해야 할 것은 선교기지가 다른 선교기지들의 도움을 힘입어 교회, 학교, 병원의 지도자를 교육시켜왔다는 사실이다.

선교기지에서의 사역과 생활은 별다른 특색이 없이 조용한 방식으로 진행되어 왔다. 인원교체도 선교회의 다른 선교기지들보다 더 적게 이루어졌다. 현재의 회원 10명 중에서 10년 이상 이곳에 있은 선교사는 헌트(Hunt) 부부, 맥키(McKee) 양, 하비(Harvey) 양이다. (맥키 양은 1933년에 사임했다.) 선교기지에 배속되었던 25명에 선교회 회원은 모두 지금까지 살아 있다. 다만 선교기지가 개설되기 전에 죽은 버타 핀리 헌트 부인(Bertha Finley Hunt), 1918년에 죽어 평양에 묻인, 엘리자벳 풀러 화이팅(Elizabeth

Fuller Whiting), 에바 필드 피터스 부인(Eva Field Pieters)은 제외된다. 재령은 재한 선교회 중에서 '외국인 묘지'를 가지고 있지 않은 유일한 선교기지이다. 이 선교기지는 최초의 세 아기-해리엣 화이팅(Harriet Whiting), 도로시와 부르스 헌트(Dorothy and Bruce Hunt)-가 태어났던 일이나 그들이 해외선교사들이 된 사실을 즐거운 추억으로 가지고 있다.

1918년까지 선교기지는 철도에서 20마일 떨어진 지점에 있었고, 현재는 소형 기차가 다니는 협궤 철도가 지나는 곳에 있다. 초기 수년간은 재령으로 가려면 진흙길이나 바람이 몰아치는 넓은 논 지대를 지나야 했고, 매우 물살이 센 시내를 건너야 했다. 한 방문자가 묘사했듯이 "몰아치는 급류, 구식 한국배, 칠흑 같은 밤, 휘몰아치는 폭풍은 사람들에게 '굳센 믿음'을 가질 기회를 주었다."[6] 그 결과 찾아오는 손님이 다른 몇몇 선교기지들보다 많지 않았고, 그런 이유에서 그들은 더 많이 환영받았다. 선교기지는 처음부터 '방문록'을 작성해왔다. 1925년까지 900명의 방문자 명단을 보관되어왔는데, 그들은 대부분 서구인들이었다. 그들 중에는 선교부의 브라운(A. J. Brown) 박사 부부, 코핀(H. S. Coffin), 존 티모시 스톤(John Timothy Stone) 박사, 스코트(Scot) 박사, 셸(Schell) 박사, 맥커노이(McConaughy) 박사와 기타 많은 사람들이 있다.

최초의 개신교 선교사 칼 구츨라프(Carl Gutzlaff) 박사가 소래 해변의 섬들을 본 지 100년이 지났고, 가톨릭 선교사들이 맨 처음 황해도를 통해 입국한 지 93년이 지났고, 로버트 토마스(Robert J. Thomas)가 제임스 홀 경 군도(Sir James Hall group)의 백령도를 방문한 지 67년이 지났고, 한국인 최초의 개신교 집단이 소래 마을에서 모이기 시작한 지 50년이 지났다. 우리는 이 황해도에서 무르익어온 것을 추수하는 데에 대해 자신있게 말할 수 있다. "다른 사람이 수고했고 재령 선교기지의 회원들은 그들의 수고에 참여했다"는 것이다.

:: 주석

1. 서울

1) L. G. Paik, *The History of Protestant Mission in Korea*, pp. 183–187.
2) *The Korea Mission Field*, August, 1926, p. 165.
3) L. G. Paik, *The History of Protestant Mission in Korea*, p. 127.
4) *The Korean Repository*, 1898, pp. 127–132.
5) L. G. Paik, *The History of Protestant Mission in Korea*, pp. 121–128.
6) *Ibid.*, pp. 221–226.
7) *The Korean Repository*, 1896, p. 307.
8) *The Korea Mission Field*, February, 1920, pp. 29–32.

2. 부산

1) W. N. Blair, *The Korea Pentecost*, p. 7.
2) L. G. Paik, *History of Protestant Mission in Korea*, pp. 176–77.
3) *Fusan Report*, 1901, pp. 10–11.
4) *Annual Meeting Minutes, 1912*, Korea Mission, Presbyterian Church, U.S.A., pp. 49–20.
5) *Ibid.*, 1913, pp. 28–29.
6) *Ibid.*, 1920, p. 82.

3. 원산

1) *The Korean Repository*, 1898, pp. 406–7.
2) United Church of Canada, *Our Share in Korea*, Toronto, 1931, p. 8.
3) L. G. Paik, *History of Protestant Missions in Korea*, p. 197.
4) *Ibid.*, p. 209.
5) *The Korean Repository*, 1887, p. 344.
6) *Minutes of the General Assembly, Korean Presbyterian Church*, 1933, p. 163.
7) *Korea Mission Year Book*, 1928, p. 196.

4. 평양

1) *Korea Review*, 1906, pp. 321–324.
2) *Korea Mission Field*, March, 1925, pp. 51–55.

3) *Korean Repository*, 1895, p. 12.

4) J. S. Gale, *Korea Transition*, p. 241.

5) *Korean Repository*, 1897, pp. 365-68.

6) W. N. Blair, *The Korea Pentecost*, p. 29.

7) *Report of Korea Mission, Presbyterian Church, U.S.A., 1908*, p. 46.

8) *Quarto Centennial Papers read before the Korea Mission of the Presbyterian Church, U.S.A., 1909*, p. 76.

9) *Pyengyang Station Report*, 1898, p. 18-19.

10) *Quarto Centennial Papers*, p. 70.

5. 대구

1) *Korea Mission Field*, April, 1923, p. 83.(본문에서 각주 표기가 누락되어 있다.)

2) *Korean Review*, 1902, p. 529-533(본문에서 각주 표기가 누락되어 있다.)

3) *Korea Mission Field*, May, 1927, p. 100.

4) *Korea Mission Field*, April, 1923, p. 83.(J. A. Adams의 글)

5) L. G. Paik, *History of Protestant Missions in Korea*, pp. 168, 177.

6) *Report of Korea Mission, Presbyterian Church, U. S. A.*, p. 33.

7) *Quarto Centennial Papers, Korea Mission*, 1909, p. 85.

8) *Korea Mission Field*, September, 1922, p. 151-55.(본문에서 각주 표기가 누락되어 있다.)

6. 선천

1) *Report of Korea Mission, Presbyterian Church, U.S.A.*, 1907, p. 67.

2) *Korea Mission Field*, May, 1919, p. 96.

3) *Minutes of the General Assembly, Korean Presbyterian Church, 1931*. (본문에서 각주 표기가 누락되어 있다.)

4) *Korea Mission Field*, May, 1911, p. 120.

5) *Report of Korea Mission, Presbyterian Church, U.S.A.*, 1911, p. 96.

7) *Korea Mission Field*, July, 1915, p. 192.

7. 재령

1) *Underwood of Korea*, pp. 155-157.

2) *Korea Mission Field*, August, 1925, p. 162.

3) *Korea Review*, 1903, pp. 25-27; 115-128; 506.

4) L. G. Paik, *History of Protestant Missions in Korea*, p. 227.

5) *Report of Dr. and Mrs. H. G. Underwood,* 1900, p. 17.

6) *Korea Mission Field*, March, 1911, p. 82.

:: 역자주

1. 서울

i) 박춘권

ii) 이용설

iii) 고명우

iv) 세인트 조지의 십자가(St. George's cross)는 잉글랜드의 고유의 국기로 백색 바탕에 붉은 십자가가 그려져 있다.

v) 최흥종 목사, 나환자 치료를 위해 많은 노력을 하였다.

vi) 1895년 소학교령에 의해 설립된 소학교는 심상과와 고등과로 나뉘었다. 1906년 보통학교로 개편되면서 두 과정이 통합되었다.

vii) 처음에 광혜원으로 불렸다가 제중원으로 개칭되었다.

viii) 주미 공사 박정양의 고문이 되어 그를 수행했다.

2. 부산

i) 이도념, 귀주, 심상현

4. 평양

i) 원세개는 1884년에 총리교섭 통상사의로 부임하여 1894년 청일전쟁 때까지 한국에 있었다.

ii) 1906년 8월에 발표된 보통학교령으로 소학교가 보통학교로 불리게 되었다.

iii) 당시에는 독노회였다. 한국 장로교 총회는 1912년에 결성되었다.

5. 대구

i) 대구(大邱)의 邱는 언덕을 뜻한다.

ii) 대구제일교회.

iii) 이만집(李萬集).

6. 선천

i) 신성학교, 원문의 'Hnuh'는 'Hugh'의 오타이다.
ii) 역자주: 박형룡 교수를 가리킨다.

7. 재령

i) 본문에서는 '서경주'(Soh Kyung Ju)라고 잘못 표기되어 있다.

제 **7** 장

7중 사역 프로그램

한국 선교회는 타당한 선교정책들을 항상 크게 강조해왔다. 이 정책들이 하나의 팜플렛이나 책에서 그 전체가 일목요연하게 진술된 적은 없었지만, 그래도 잘 알려져 있다. 그것들은 선교회의 규범서(*Rules and By-Laws*)나 클라크(C. A. Clark)가 쓴 『한국교회와 네비우스 선교정책』(*Korean Church and The Nevius Methods*)과 같은 책들 그리고 선교부와 주고받은 서신들에서 다루어지고 있고, 선교회의 연례모임 회의록에서도 때때로 등장하고 있다. 이 뛰어난 정책들은 말과 전통을 통해 나이 많은 선교사들에게서 젊은 선교사들에게로 전해졌다. 일반적으로 이 원칙들은 안내서의 역할을 해온 선교부의 편람에 근거해왔다. 이들 중 어떤 것들은 특별히 강조되었고, 한국의 상황에 맞춰 독특한 특징들을 갖게 되기도 하였다.

선교회의 목적과 정책은 규범서(5페이지)에 전반적으로 잘 기술되어 있다. "선교회의 목적은 선교회가 책임을 맡는 지역에서 모든 사람이 주 예수 그리스도를 그들의 개인적인 구세주로 알게 하고 그들이 그의 제자가 되도록 권면하며, 이러한 제자들을 모아 자전, 자치, 자급하는 교회를 이루게 하며, 한국과 주변지역들을 복음화하고 성령과 그리스도의 원칙을 따라 모든 인간생활을 영위하도록 하기 위해 필요한 만큼 이 교회와 협력하는 데에 있다. 선교회의 정책은 다음의 일반 원칙들에 근거하게 될 것이다. 토착교회가 어떠한 힘을 얻고 지도자의 자질을 갖춘 후에는 외국인 조력자들을 선택하게 하며, 외국인 조력자들의 봉급을 포함해 그들이 쓰는 모든 경비–만일 그렇게 하기를 원한다면 선교회가 도울 것이다–를 스스로 지불하게 하며, 전도사역 · 교육사역 · 의료사역 · 문서사역 등 모든 형태의 선교회 사역을 인수하는 계획을 세우게 할 것이다. 언젠가는 교회가 이러한 일을 그 일과 결부된 모든 책임과 함께 넘겨받기를 간절히 원하는 전환의 때가 올 것이다. 선교회는 만일 원할 경우 얼마 동안은 계속 재정을 지원할 것이지만, 교회가 책임을 지기 시작하는 동시에 선교회의 후원을 줄이는 것을 규칙으로 삼아야 한다. 교회가 아직 이러한 짐을 지기를 원하는 때에 이르지 않았다고 할지라도 이런 문제에 대한 지역 특유의 관점을 적절하게 파악하기 위해서는 한국인들이 모든 협의회들과 위원회들–이는 모든 종류의 제도적인 사역을 지시한다–에 가입하는 것이 바람직하다.” 이 진술은 먼 미래에까지 나아가고 있다. 그리하여 선교회가 축소되어야 하고 교회가 확대되어야 할 것을 규정하였다. 이 목표를 향해 어떻게 큰 진전을 이루어왔는지는 이 역사기록의 다음 장에서 보게 될 것이다. 어쩌면 한국교회는 그들의 기관들에 외국인 조력자들을 고용하는 일을 필요로 하지 않게 될 것이다. 왜냐하면 매우 많은 한국 기독교인들, 젊은 남녀가 해외의 가장 우수한 학교들에서 훈련을 받고 있기 때문이다.

이 장은 위에서 언급한 목적과 정책에 순응하여 채용된 실제적인 방법들을 다루게 될 것이다. 5장에서는 세 가지 대표적인 방법들과 정책들, 예컨대, 확대 순회전도, 네비우스 방법, 한글 사용이 언급되었다. 이 장은 복음전도 · 교육 · 의료 · 문서 등 주요 사역분야에서 사용된 방법들을 검토할 뿐만 아니라 다른 계층의 사람들에게 어떻게 복음의 메시지를 전할 것인가에 관한 몇 가지 생각을 제시하게 될 것이다. 복음의 메시지를 확산시키는 수단으로서 성경, 교회, ‘증거하기’가 많이 강조될 것이다. 신자들은 그리스도를 통한 구원이 그들에게 주는 개인적으로 의미에 대해 배울 뿐 아니라 그리스도 안에서 얻은 새 삶을 다른 사람을 위한 섬김으로 표현하는 법을 배우게 될 것이다.

이러한 몇 가지 방법들은 전 세계의 선교사역에서 공통된 것이지만, 한국에서 특별히 많이 강조되었으며, 많은 사람들이 한국에서의 사역성공이 이 방법들을 사용한 데서 기인되었다고 생각한다. 어느 면에서는 이것이 참이겠지만, 이 방법들이 한국의 모든 부분들에서 동일하게 성공적이었던 것은 아니었고, 세계의 모든 선교지에서 동일한 성공을 거둘 것이라고 장담할 수도 없다. 우리 선교사들 대다수는 어느 곳에서든지 이 방법들을 신실하게 시도하면 만족할 만한 결과가 얻어질 수 있다고 믿는다. 물론 모든 것이 성령의 일하심에 달려 있다. 우리는 성령께서 다른 곳에서는 다른 방법으로 일하신다는 사실을 안다. 그럼에도 불구하고 어떤 방법들은 하나님의 말씀의 약속과 매우 확실하게 부합하므로 그 방법들을 사용하면 성령께서 축복해주실 것을 안다.

1. 제자화와 교회설립

이것은 물론 모든 선교사역 프로그램들 가운데 가장 본질적인 것이며, 주님이 대위임령 가운데 지시하셨던 것에 부합한다. 그러나 이 지시를 따르는 데는 여러 방법들이 존재한다. 우리는 한국 선교회에서 그것이 어떻게 수행되어 왔는가를 말하고자 한다.

모든 한국인의 집에는 마당으로 통하는 곳에 '사랑'이라 불리는 것이 있다. 이곳에서 남자 가족들은 이웃들, 마을사람들, 여행자들을 만난다. 여기에서 사업이 이루어지고, 소식이 전해지고, 생각이 교환되고, 이야기들이 전해지고, 험담이 회자된다. 이 방은 결코 사적인 곳으로 여겨지지 않는다. 선교사들이 이 방에서 특별히 초기에 수많은 남자들을 만나 그들에게 복음을 전했다. 만일 그 집에서 하룻밤이나 그 이상 머물게 되면 그는 보통 저녁 전도집회를 열어 듣고자 하는 모든 사람에게 '새 종교'에 대해 설명하였다. 전도지들이 배포되었고 쪽성경들이 읽혀지고 설명되었다. '사랑'은 선교사들, 권서들, 전도자들, 그리고 이웃에게 복음을 전할 기회를 찾는 모든 기독교인들이 이용했던 진정한 설교 강당이었다.

모든 한국인들의 집은 장터까지 걸어갈 수 있을 만큼 가까운 거리 안에 있었고, 닷새마다 장이 열렸다. 특별히 시골 남자들은 물품들을 교환하고, 빈둥거리고, 한담하고, 먹고, 마시기 위해 한꺼번에 밖으로 쏟아져 나왔다. 이는 전도지를 배포하고, 책을 팔고, 군중에게 집단적으로 또는 개인적으로 전도하기에 좋은 기회였다.

한국인들은 또한 길을 걷는 동안 복음을 들었다. 최근 수년간 사람들이 전보다 더 많이 자동차를 타기 시작했으나 아직도 대부분 걷고 있으며, 많은 사람들이 걸으면서 선교사들, 한국인 목사들, 조사들, 권서들, 전도부인들, 평신도들이 설명해주는 구원의 길에 대해 듣고 있다. 이러한 다른 방법에 의해 복음을 먼저 들은 사람들은 대부분 한국인 남자들이었다. 이런 이유에서와 한국인의 가정생활 영위방식으로 인해 초창기의 기독교인들은 대부분 남자들이었다. 최근 수년간은 많은 교회들에서 그 반대가 참이 되고 있다.

방이나 예배실에서 복음을 전하는 것은 이 선교회에서 널리 쓰인 방법이 아니었다. 때때로 서울과 대구에서 시도하기도 했으나, 일반적으로는 복음을 '맨 투 맨'(man to man)의 방법으로 전달했다. 1911년에 재령 선교기지는 "'캠페인' 식 활동이 한국의 지방에서는 적합하지 않은 것으로 입증되었다. 맨 투 맨의 옛 방식이 최고이다"라고 보고하였다.

신자 하나, 믿는 가족 하나, 마을이나 촌락에 있는 작은 신자 집단 하나는 그 주위에 교회를 세우는 핵이 되었다. 최초의 신자들은 주일을 지키고, 주일에 두세 번 정기적으로 모이고, 수요일 저녁에는 함께 모여 성경을 읽고 기도하고 찬송할 것을 요구받았다. 때로는 유급 조사가 와서 모임을 이끌기도 하였다. 만일 어떤 강력한 교회나 집단이 가까이 있다면, 그곳의 몇몇 임직원들은 한 달에 두 번은 새 집단을 찾아가 예배를 인도하곤 했을 것이다. 이런 방법으로 교회들이 새로 시작되었다. 순회구역을 목회할 책임을 맡은 선교사들은 모든 집단들을 일 년에 두 번씩 정기적으로 방문하였고, 가능할 경우 더 자주 방문하였다. 때로는 한국교회 조직들이 기독교인이 없는 지역으로 전도자들을 파송하여 교회가 시작될 때까지 보살폈다. 다르게는 기독교인 가족을 무기독교인 지역으로 이주시키는 방법도 고안되었다.

새 집단은 보통 그들 중의 한 기독교인 가정에서 모였으며, 인접해 있는 두 방을 모임장소로 사용하였다. 한 방은 남자들을 위한 것이었고, 다른 하나는 여자들을 위한 것이었다. 신자들의 수가 많아지면서 그들은 종종 한옥을 사서 예배당으로 개조했다. 다음 단계로 거기에 칸막이를 설치하고, 방을 늘이며, 입구에 울을 치는 등으로 두세 차례 증축하였다. 마침내는 새 교회건물을 지을 수 있었다. 바울의 "집에 있는 교회에게"란 인사말은 한국의 많은 기독교인들에게 보내기에 적합했다.

믿기로 결정한 사람은 모두 다 그들의 이름이 한 책에 기재되었으며, 주일예배 참석 기록이 보관되었다. 경제적인 여유가 있는 새신자들은 찬송가와 신약성경을 사고 교회에 올 때 이것들을 가져왔다. 주기도문과 십계명을 배웠고, 특별히 그리스도를 통한 구원의 계획을 배웠다.

학습문답.

새신자들은 6개월이나 일 년 또는 몇 년이 지나 신앙과 지식이 성장한 증거를 따라 학습교인이 되기 위한 시험을 보았다. 이것은 선교회가 초기에 미리 생각해둔 계획은 아니었다. 마펫 박사는 이에 대해 다음과 같이 설명하였다. "1890년에 몇 명의 세례지원자들을 시험하였을 때, 그에 앞서 그들을 2주 동안 몇몇 선교사들에게 맡겨 특별지도를 하였다. 우리는 항구적인 학습문답 제도에 관해 어떠한 생각을 갖고 있지 않았으나, 1891년에 15명에게 학습을 주었다. 이 생각이 발전하여 1893년에 학습문답자들이 평양에서 공적으로 받아들여졌다." 지원자들은 시험을 볼 때 성경읽기와 기도습관, 예수 그리스도와 구원계획, 죄의 회개, 결혼관계, 가정여건, 복음을 남들에게 전해온 여부에 대해 질문을 받았다. 개별적인 경우들에서는 세례받기 전의 학습기간이 불필요할 수 있었고, 2 · 3세대 후에는 학습문답식이 중단되는 때가 올 수도 있겠지만, 아직까지는 현명한 계획이었던 것으로 증명되었다. 학습문답에도 불구하고 개종자들은 종종 너무 빨리 세례를 받았다.

세례를 위한 시험은 여러 해 동안 행해지지 않을 수 있다. 그것이 구원의식이 아니기 때문에 지원자가 치를 준비가 되어 있다는 명백한 증거를 보이기 전까지는 그 의식을 굳이 시행할 이유가 없다. 지원자가 비기독교 가정에서 혼자 믿을 경우 혹은 미혼일 경우에는 세례를 늦추는 것이 좋은 때가 많다. 시험은 그들의 성경지식에 대한 몇 가지 문항들, 기독교인으로서의 삶과 행위, 특별히 그 지원자가 세례와 성찬의 의미를 이해하는지에 대한 질문들을 포함하고 한다. 시험은 미국의 교회들보다 훨씬 더 철저하게 치러지고 있다. 지원자들은 기독교적 배경이 없는 경우가 많으므로 수많은 유혹들과 불리한 조건들 속에서 지속적으로 기독교인의 삶을 살아야 한다. 적절한 보살핌을 받으면서도 많은 사람들이 잘못에 빠지고 있다. 그러므로 제자의 표준은 곧잘 엄격하다고 인식된다. 그러나 비기독교적인 분위기가 우세한 가운데서 교회가 생명력을 유지해가려면 반드시 그렇게 되어야 한다.

2. 성경교육과 기도

사경회 제도와 새벽기도 모임은 한국교회가 지닌 두 가지 독특한 특징이다. 성경공부와 기도는 선교회의 사역에서 항상 가장 크게 강조되어왔다. 이것들을 강조할 때, 한국인의 기질이 자연스럽게 반응하였다. 불교도들, 조상숭배자들, 선하고 악한 귀신에게 비는 자들로서 그들은 기도에 대해 어떠한 인식을 가지고 있었다. 경어를 많이 사용하는 한국어의 구조가 자연스레 기도의 형태를 부여한다는 점도 종종 지적되어 왔다. 그러므로 한국 기독교인들은 많은 권면을 받지 않아도 가정예배와 개인 경건시간 때, 공기도 때, 기도회 때 스스로 기도한다. 한국 기독교인들이 산에 가서 기도하는 것은 이상한 일이 아니다. 그들은 자주 큰 소리로 기도한다. 이른 아침이나 저녁이면 산쪽에서 간구하는 소리와 기도 중에 종종 부르는 노랫소리가 들려온다. 수요 저녁기도회는 오래 전부터 주일예배 때처럼 사람들이 많이 모이고 있다. 그 뿐 아니라 그 출석자들은 대부분 교회에서 가장 훌륭한 자들이다. 교회들은 자주 금요일 저녁에 특별기도회를 가지며 어떤 교회들은 여러 해 동안 매일 저녁 기도회를 가졌다.

사경회와 전도집회 기간에 '새벽기도 집회'를 갖는 것은 법칙이 되었다. 우리 선교사들 중의 한 명은 예배자들이 매우 일찍 모이므로 한밤중 기도회라고 불러야 한다고 주장하였다. 그들 중 어떤 자들은 새벽 2, 3시에 오기 시작했다. 수많은 마을에서 아침 공기의 정적은 4시에 치는 교회의 종소리와 함께 깬다. 밖은 매섭게 추우며, 교회 안도 추울 때가 많다. 기독교인의 마음은 따뜻하고 기도는 뜨겁다. 새벽기도회에 3백 명, 5백 명, 7백 명이 모이는 것은 특수한 일이 아니다. 한국 장로교회에서 가장 손꼽히는 복음전도자들, 예를 들어 때때로 '한국의 빌리 선데이(Billy Sunday)'라고 불리는 김익두와 완전한 소경이 아닌데도 때때로 '장님 목사'라고 불리는 길선주는 기도의 사람으로 알려져 있다. 후자는 기독교인이 되기 전에도 기도의 사람이었다. 그는 한때 백일기도를 하러 산에 올라가서 잠들지 않기 위해 그의 눈에 물을 부었다고 전해진다. 이 두 사람은 '밤에 오래 기도하기'와 '기도하러 일찍 일어나기' 등으로 기도를 그들이 인도하는 모든 집회의 매우 중요한 부분으로 만들었다. 바로 얼마 전에 우리의 여성사역자 한 명이 한 시골교회의 주중 전도집회와 성경공부 기간에 김익두 목사가 묵고 있는 방의 옆방에 든 일이 있었다. 자신이 기도의 여성으로 알려진 사람이었는데도 그녀는 집에 와서 그 사람에 비해 자기의 기도와 묵상 시간이 너무 짧아 매우 부끄러웠다고 말했다.

숭실전문학교 강당에서 열린 사경회. 1932년 여름

한국인의 집단 기도회가 보여주는 특별한 현상은 우연한 일로 그들의 관습이 되었다. 그들은 모두가 제각기 성령의 인도를 따라 함께 큰 소리로 기도한다. 그 소리가 매우 소란스럽고 조금도 알아들을 수가 없으나, 인상적이고 진지하다. 이에 대한 최초의 언급은 1907년의 대부흥과 관련하여 이루어졌다. 그래함 리(Graham Lee) 목사가 모임을 이끌고 '두세 명'이 기도를 이끌어주기를 요청했다. 그러나 사람들은 그 대신에 온 방의 여기저기에서 기도하기 시작하였다. 이에 리는 "만일 이처럼 여러 사람들이 기도하는 것을 당신들이 원한다면, 모두 함께 기도하자"라고 말했다.

1) 성경 공부

성경은 선교회의 모든 사역에서 매우 높은 자리를 차지했다. 이것을 강조하는 것에 대해서도 한국인들은 반응을 보였다. 그들은 항상 학자와 책을 공경해왔다. 일반 사람들에게 별다른 문헌들이 제공되지 않던 시절에 성경은 한국인들이 관심을 갖는 것들을 알려주는 정보의 보고가 되었다. 때마침 선교회는 쪽성경, 보급판성경, 한문성경, 한글성경, 국한문성경을 발행하는 성서공회들의 도움을 받았다. 그리하여 성경이 기독교인과 비기독교인을 막론하고 모든 사람들에게 전해지게 되었다. 1906년 선교회는 성서공회의 사역에 대해 다음과 같은 감사의 결의를 하였다. "이 땅에서 전개되고 있는 기독교는 현저하게 성경 기독교(Biblical Christianity)이다. 복음전도자는 복음을 전하러 나아갈 때 손에 성경을 들고 간다. 사람들의 믿음과 구원의 근거는 하나님의 말씀이다. 한국 기독교인들이 매일 영적으로 먹고 마시는 양식은 성경이다. 성경은 이 땅의 수많은 사람들이 섭취하는 정신적 · 영적 자양분 중에서 가장 높은 자리를 차지하고 있다."[1)]

성경훈련반 제도.

한국에서 '사경회' 란 말은 4일에서 10일 동안 연속해서 개최되는 주중 성경반을 가리킨다. 그 기간에 사람들은 가급적 다른 일을 제쳐두고 공부하며 모든 시간을 성경공부, 기도, 불신자 전도, 집회에 투입한다. 보통 이것은 하루 세 차례의 성경공부 시간 프로그램으로 진행된다. 도시 교회들에서는 때때로 저녁에 사경회가 열린다. 그러나 보통은 지역 단위로 열려 여러 교회들에서 많은 사람들이 참석하며, 참가비와 다른 경비를 치르기 위해 먹을 쌀이나 돈을 가져온다. 어떤 경우에는 교회들이 그 교회 참석자들의 비용을 대주기도 한다. 황해도의 한 교회에서는 도사경회에 대표를 보낼 만한 돈을 모으고 그 교회의 지도자들 중에서 누가 갈 것인가를 정하기 위해 제비를 뽑기도 하였다. 보통은 남녀 사경회가 따로 모였으나, 지역 사경회들에서는 특별히 남녀가 함께 참석하기도 하였다.

최초의 사경회는 1890년에 서울에서 개최되었다. 남자 7명이 참석했는데, 두 명은 북부 지방에서, 두 명은 소래에서, 세 명은 서울에서 왔다, 마펫 박사는 그 일에 대해 "나는 언더우드의 집의 서쪽 귀퉁이에 있는 한 작은 방에서 맨 처음 열린 사경회를 잘 기억한다. 기포드(Gifford)가 맡아 가르쳤고, 이 2주 동안 교육을 받은 후에 조사들이 사역에 임하였다."[3)] 이듬해에는 18명이 참석하였다. 1892년부터 이 훈련이 여러 지역들에서 실시되었다. 이렇게 해서 한 제도가 선교회 관할지역 전체로 확대되기 시작하여 지금 널리 유행되고 있다. 보통은 500명에서 1천 명이 교육을 받는다. 평양, 선천, 재령에서는 매우 흔히 1천 명, 1,300명, 1,800명까지(선천에서) 참석한다.

1909년에 3개 선교기지들에서 사경회가 600번 개최되었고, 총 4만 1천 명이 등록하였다. 그 해에 선교회의 8개 선교기지들 중 6개 선교기지들에서 3만 2천 명이 사경회에 참석하였으며, 이는 6개 선교기지 교인 총수의 39퍼센트를 이루는 것으로 추산되었다.

일부 사람들은 그곳까지 200마일을 걸어서 왔다. 그 해에 교육에 참가한 자들이 여행과 교육 등을 위해 쓴 비용은 2만 5천 달러 이상이었던 것으로 추산된다. 1910년 서울에서 열린 한 반에 "14명이 다만 성경을 배우기 위해 동해안 강릉 지방에서 200마일을 걸어 와서 교육비 전부를 스스로 부담하였다."[4] 1914년 만주에서 열린 한 사경회에는 120명이 총 6,840마일 혹은 각기 평균 57마일을 걸어서 참석한 것으로 집계되었다.[5] 선교회 역사상 사경회 참석자가 가장 많았을 때는 1917-1918년간으로 총 7만 6천 명이 참석하여 전체 교인 11만 7천 명 중의 65퍼센트에 달하였다. 1910년부터 1929년까지 25년간의 참석자 총계는 129만 2천 명이었고, 매년 평균은 6만 4,600명이었다. 이러한 사경회들이 교회생활에서 매우 중요하게 여겨졌기 때문에 클라크(C. A. Clark, D.D.) 목사는 "선교사들이 인간적 측면에서 교회가 크게 성장한 가장 큰 비밀은 사경회제도에 있다고 믿는다"라고 말했다.[6]

다음 단계의 성경공부 프로그램은 성경학원인데, 이는 이 장의 다른 항목에서 다루어질 것이다. 성경교육의 또 다른 방법으로 성경통신교육 과정이 실시되어 왔다. 이 과정은 여러 선교기지들에서 선교사들이 개별적으로 행했다. 스왈른(W. L. Swallen, D.D.) 목사와 그의 보조자들이 실시한 이러한 신약성경 과정의 하나에서 550개 문항의 질의응답이 행해졌다. 따로 시행된 구약성경 과정에서는 20개 분과당 50개 문항의 질의응답이 행해졌다. 답변이 적힌 시험지들은 스왈른 박사와 보조자들에 의해 채점을 받아 학생들에게 돌려졌다. 두 번째 시험은 목사 앞에서 치러져 한 과당 10개 문제가 질의되었다. 성공적으로 시험을 통과한 학생은 모종의 학위를 수여받았다. 1917년에 시작해 1924년 12월 31일까지 시행된 이 과정에서 1,015명이 등록하였고, 57명이 졸업하였다. 구약성경 과정은 1925년에 시작되었다. 1933년까지 구약과정에 598명이 등록하여 363명이 졸업하였으며, 신약과정에는 6,229명이 등록해 1,669명이 졸업하였다. 1930년부터는 이 성경통신과정이 한국주일학교연합회에 의해 시행되었으며, 최근부터는 한국 장로교의 종교교육부에 의해서 시행되었다.

3. 교회지도자 훈련

많은 사람들이 선교사역 성공의 열쇠가 여기에 있다고 생각한다. 어떤 사람은 "한국에서는 어디든지 좋은 지도자만 투입하면 교회가 시작될 수 있다"고 말한다. 이것은 극단적인 말일 수도 있으나, 지도자 교육이 선교사역 프로그램 가운데 본질적으로 중요한 부분의 하나인 것은 아무도 의심하지 않을 것이다. 사역 초기에는 이 일의 책임이 선교사에게 있었다. 사경회에 이어서 성경학원이 세워지고 다음으로 신학교가 세워졌다. 임직원 혹은 지도자 교육반이 매년 개최되었으며, 교육자들은 교사들을 훈련시키기 위해 고등교육 혹은 정규교육 과정을 개설하였다. 의료선교사들은 제각기 소수의 의학생들을 지도하였으며, 병원들은 제각기 간호사들을 훈련시켰다. 나중에는 이러한 훈련들 가운데 몇 가지가 연합기관에서 실시되었다. 처음부터 선교사들은 한국 복음화 프로그램의 주요 부분이 한국인 지도자-훈련을 받아서 영적으로 뿐만 아니라 학문적으로 소양을 갖춘 자-의 인도 아래 실시되어야 한다고 인식하였다. 교육,의료,문서,여성 사역의 지도자 훈련은 어디에서나 이루어졌다. 지금 이 항목은 교회를 위한 지도자교육 문제를 다루게 될 것이다.

선교사들은 제각기 하나의 연합체로서 사설 조사들-어학선생, 문서작성자, 전도부인-을 두고 있으며, 그들의 봉급은 선교회의 기금으로 지불된다. 이 연합체는 이것 자체로써도 현재의 교회 지도자들을 많이 길러냈다. 기독교인 집단이 생겨나면 선교사들은 각 집단을 맡아서 매주 예배를 인도하고 영적 지도를 행할 인물들을 한 명이나 그 이상을 필요로 하였다. 기독교인들의 수가 증가하면 임직원들-등급별로 권찰, 집사, 구역장, 장로, 조사-의 수도 늘어났다. 집단 안에 세례 받은 사람이 늘어나는 것에 따라 회중에 의해 피택된 이 임직원들도 늘어났으며, 어떤 사람들은 교회를 담임하는 선교사에 의해서 임명되었다. 훈련의 방법으로서 선교사들은 임직원들로 하여금 지정된 지역 안에서 한 달이나 사사분기에 한 번씩 모이게 하거나 임직원반을 일 년에 한두 번씩 모이게 하여 집회를 열고 성경공부와 기도시간을 갖게 하며 교회치리법을 가르쳐 제직의 사역과 의무에 대해 안내하였다. 사경회 중에 갖는 분반들 가운데 하나는 곧잘 '임직원반'이라 불렸다. 임직원들은 몇 해 동안 사경회에 참석한 후에 좀 더 장기적으로 공부할 필요성을 느끼기 시작했다.

1) 성경학원

비록 1913년 이후에야 성경학원에 대한 보고서에 통계 수치가 제시되기 시작했지만, 성경학원 사역이 평양에서는 1907년에, 서울에서는 1910년에, 선천에서는 1911년에 시작되었다. 선교회는 선교기지들마다 남녀 모두를 위한 성경학원을 둘 계획을 세우고 있었다. 참석자들의 대다수는 교회 임직원과 다른 지도자들이었다. 5년이나 6년 과정에서 한 학기는 매년 한 달이나 두 달 동안 진행되었다. 성경학원은 대체로 평신도 교육기관이었다. 학생들은 규칙에 따라 스스로 학비를 냈고, 소수의 학생들은 그들이 다니는 교회나 개별 선교사들로부터 보조를 받았다.

하루 두세 시간씩의 정규 성경과목 외에 다른 과목들도 가르쳤는데, 그것은 성경지리, 개인사역, 요리문답, 설교, 교회사, 선교, 주일학교 인도법, 음악 등이었고, 여자성경학원에서는 위생과 산수 등도 가르쳤다.

1930년의 선교회 보고서에 따르면, 16개 성경학원에서 남녀 각각 500명 이상이 출석하였다. 학생수가 가장 많았던 1921년에는 1,200명 이상이 등록하였다. 1918년 대구에서의 총 학생수(남녀)는 300명 이상이었고, 1929년에는 재령에서도 이러한 수치를 보였다.

1929년의 보고서는 지난 5년 동안 선교회가 매년 성경학원을 위해 5천 달러를 쓴 것으로 기술하고 있다. 1915년 초 이 금액의 거의 절반이 라이먼 스튜어트(Lyman Stewart)가 낸 것이었다. 1928년의 연례모임 회의록에는 '스튜어트 기금'이란 제목의 글이 등장한다. 이 기금은 큰 축복이었으나, 그것이 고갈되었을 때, 선교회는 성경학원 사역을 지속시키는 데에 어려움을 겪었다.

주일학교 지도자 훈련은 나중에 언급될 것이다. 한국교회의 지도자들이 모든 경우에 적절한 훈련을 받았다고 할 수는 없지만, 심각하게 미흡했다고 할 수도 없다. 1928년에 교회들과 집단들의 절반이 한국인 목사들 만에 의해 인도되었다. 세례자 45명당 한 명의 장로가 있었다. 1931년에는 평균적으로 교인 14명당 1명의 임직원이 있었다. 거의 모든 사람들이 사경회, 성경학원, 교회 임직원반 등등에서 어떠한 훈련을 받았다. 한국교회에서 탄복할 일들 중의 하나는 대부분 무급으로 일하는 평신도 지도자들의 활동이다. 매주일 수많은 교회의 모든 예배들이 자발적인 무급 지도자들에 의해 수행되고 있다. 한 선교사는 한국 기독교인들의 설교자와 저술가로서의 자질을 자연스러움, 자기 확신, 세련되고 품위 있는 태도, 자유로운 표현, 감정적, 종교적인 재질, 언어구사, 적절한 예화 사용 등의 여러 항목들에 걸쳐 평가하였다.[7] 한국인들은 타고난 배우들이며, 언어학자들이며, 표현의 재능을 지니고 있다고 곧잘 언급되고 있다.

평양여자성경학원 제1회 졸업생들. 1912년

선교회의 여자고등성경학원. 평양. 1930년 건립

성경교육은 우리 교회의 희망이다.

4. 노소 여성을 위한 사역

한국여성들에게 일어난 변화를 통해 기독교가 한국의 신분사회에 끼친 유익은 매우 주목할 만하다. 이는 한국인들 스스로 증거하고 있다. 윤치호(LL.D.) 경은 "설혹 기독교 선교사들이 한국에서 다른 아무 것도 성취하지 못했다고 할지라라도 여성교육을 일깨운 일만은 끝없는 감사를 받아 마땅하다"고 했다.[8] 다만 나이든 선교사들과 나이든 한국인들은 그동안 일어난 변화를 감지할 수 있다.

과거에는 한국 여성들이 매우 엄격하게 격리되었다. '안방'에 주로 들어앉아 지냈으며, 가족이나 매우 가까운 친척 외의 남자들에게 모습을 드러내면 안 되는 것으로 여겼다. 게일(Gale) 박사는 그가 소래의 한국인 가정에서 석 달이나 거했지만 한 번도 음식을 요리해준 여성을 본 적이 없었던 사실에 대해 종종 언급했다. 한국 여자가 한낮에 밖으로 나갈 때면 닫힌 가마를 타고 가거나 외투나 갈대모자로 머리를 가리고 가야 했다. 한국 여자들은 교회에 나와 남자들의 시야를 차단시킨 분리된 곁방에서 모이기 시작했다. 몇몇 초기 선교사들은 여자들에게 세례를 주기 위해 학습문답을 행하면서 커튼을 통해 질문을 던졌으며, 몇몇 초기 의료선교사들은 커튼 사이에 난 구멍을 통해 여자 환자들의 혀를 보았다. 한국인 여자들은 독립된 정체성을 가지고 있지 못했다. 소녀였을 때는 '누구의 딸'로 불리고, 결혼해서는 '누구의 아내'로 불리며, 만일 다행히도 아들을 얻으면 '누구의 어머니'라고 불렸다. 심지어 몇몇 나이든 여자들은 세례 받을 때에 이름을 부여받아야 했다.

몇몇 상류층 여자들을 제외하고는 평판이 좋지 못한 '기생'(춤추는 여자들)들만 일정한 종류의 교육을 받았는데, 남자들에게 멋있게 보이고 그들을 기쁘게 해줄 것으로 기대되었기 때문이었다. 이런 이유에서 교회의 초대 전도부인들 중의 일부는 개종한 '기생'들이었는데, 그들은 매우 빠르게 교육받을 수 있었다. 더 나은 계층의 한국 여자들을 위한 교육은 '삼강행실', 곧 부모공경, 자녀양육, 가사를 위한 내용으로 이루어졌다. 그들에게 보다 친숙했던 다른 책들로는 오륜행실, 감웅편(Kam-ong-p'yun, A book of Interesting and proper Thing), 여의종정(Yo-wui Chong-jung, Female Physician Remedy book)이 있었다.[9] 그러나 스스로 이러한 책들을 읽고서 공부할 수 있는 여자들은 거의 없었다. 한국 여자들은 무지와 격리 속에 내팽개쳐졌다. 그러나 힘든 노동과 엄격한 계율 생활은 근면, 성실, 순종, 겸양의 성품을 고양시켰다. 기독교는 그들을 격리와 무지에서 구원했고, 좋은 자질들을 향상시켰다.

선교사들은 한국 여자들에게 구원, 해방, 계몽, 하나님 앞에서의 평등의 메시지를 전했으며, 사회질서 속에서 그들이 차지할 정당한 위치에 대해 가르쳤다. 한국여자들을 위해 기독교가 한 일을 요약하면 다음과 같다. 여자의 지위를 향상시켰으며, 어린아이를 보호하며, 교육의 동기를 제공하고, 사회생활을 경험하게 하고, 노예생활에서 해방시켰다. 또한 결혼연령을 높이고, 가정을 청결하고 아름답게 꾸미는 데 열중케 하였다.[10)]

엘러즈(Ellers, Mrs. Bunker) 양에게 맨 처음 교육받은 소녀는 기독교인 가정을 꾸리고 기독교인 어머니가 되었다. 알렌(Allen) 부인과 헤론(Heron) 부인이 이끄는 공부반에서 맨 처음 세례를 받은 세 사람은 여러 해에 걸쳐 서울의 여자들에게 "좋은 영향을 끼쳤다." 한국 여자들이 교회의 모든 예배에 참석하여 설교를 듣고 함께 같은 노래를 부르고 성경을 읽도록 권면을 받는 순간 그들에게 새 세계가 열린 것이었다! 최초의 여성사역 프로그램 과목은 읽기교육이었다. 다행히 한국의 표음문자(자모)로 인쇄된 신약성경책과 찬송가책이 미리 배포되어 글을 읽는 학습이 쉽게 이루어졌다. 학식을 자랑하는 남자들은 여자들도 배울 수 있고 쓸 수 있다는 이유로 한글을 무시하였다. 그러나 여자들과 선교사들이 재빨리 그 사용법을 배웠고, 나중에는 남자들도 배웠으며, 그 결과 교회의 모든 무식한 계층이 갑자기 유식해졌다.

선교사들 사이에서 50세 이하 남녀 문맹자의 세례를 지연시키는 일은 관례가 되었다. 그러한 요구는 확실히 어리석은 것이었다. 읽는 법을 배우는 것이 세례와 무슨 상관이 있는가? 그러나 선교사들은 신자들이 읽을 수 있게 되면 장래의 신앙생활이 훨씬 더 단단해지고 행복하고 지성적인 사람으로 성장할 것이라고 믿었다. 그 결과 수많은 신실한 크리스천 여성들의 세례가 여러 해 동안 지연되었다. 그들은 여러 모로 읽기 능력을 심사받았다. 남편들은 자주 아내에게 읽는 법을 배울 시간을 주고 읽는 법을 가르치도록 권면 받았다. 읽기 공부반이 조직되었다. 한국인 전도부인들은 집집마다 다니며 여자들에게 읽는 법을 가르쳤다. 젊은 세대는 물론 당연히 주간(晝間)학교와 주일학교에서 읽기를 배웠다. 연령이 60대와 70대인 여성들도 곧잘 읽는 법을 배웠다. 그 결과 모든 사람이 유식한 교회가 되었다. 모든 교회와 주일학교 예배와 사경회에 여자들이 자신의 성경책과 찬송가책과 공책을 가지고 다녔다. 주간 교회신문은 특별히 여자와 어린이들을 위한 지면을 마련했으며, 많은 기독교 문헌이 그들을 위해 발행되었다.

선교회의 초기 회원들이 한국에 왔을 때는 주간학교에서 여학생들을 교육시키는 일이 알려지지 않았다. 여자 아이들도 교육을 받아야 한다고 교회를 설득하는 일은 오랫동안 천천히 진행되었으며, 지금도 진행되고 있다. 한국 장로교회에 속한 보통학교들의 학생 2만 2천 명 중에서 여학생은 겨우 30퍼센트에 불과하다. 그러나 야간학교들과 유치원들에서는 수적으로 여학생이 남학생을 능가한다. 이제 한국인 여학생 교육은 미션계, 국공립, 비기독교계 학교에서 당연한 일로 받아들이고 있다. 그런데 이 모든 운동을 선교사들이 시작하였다. 학교, 주일학교, 사경회, 성경학원에서 여자들에게 이렇게 읽기교육을 시킴으로써 그리고 한글 기독교문헌들을 마련해줌으로써 교회 안의 남자들과 마찬가지로 여자들 가운데서도 교육받은 지도자들이 양성되었다.

여러 가지 방면에서 실시되던 여성사역이 선교회의 여자사역자들의 노력으로 어머니회, 육아상담소, 요리와 바느질반, 공동체 복지사역 기관 등으로 제도화되고 수행되었다. 선교사들의 집에서 개최되는 여자들의 모임과 여성사역 선교사들의 한국인 가정방문은 생각을 나누고 복음을 전하는 최고의 기회를 제공하였다. 선교사들은 통상적으로 결혼식에 초대되고 곧잘 여러 가지 방법으로 도움을 줌으로써 그들이 크게 고마움을 느끼게 하였다. 그들은 화초를 보내고, 몇 벌의 옷을 빌려주고, 한국인들이 호감을 갖는 서양의 결혼식 풍습에 대한 정보를 줄 수 있었다. 선교회의 여러 여자들이 신부의 베일을 빌려주기 위해 보관하고 있었는데, 이를 요청하는 사람이 많았다. 선교회의 음악가들 중에는 결혼식 행진곡을 연주해달라는 요청을 받은 사람이 많았다. 결혼식이 선교사의 집에서 열리는 경우도 흔했다. 한국인 가정에서 열리는 자녀의 생일잔치 때는 선교사들이 몇 벌의 옷들을 보내고, 자녀를 돌보고, 양육문제에 대해 조언을 하였다. 그들이 병에 걸리거나 죽음을 맞이했을 때도 선교사들은 그들을 돕는 다른 계기가 되었다. 한국 여자들은, 특별히 기독교인 여자들은 실로 많은 방면에서 신세계에서 살았다. 지금도 이러한 방면들에서 많은 영향력을 받고 있다. 그 변화는 여러 해 전부터 선교사들과의 접촉을 통해 시작되었다.

수년 전 “지난 10년 동안 이루어진 한국여성의 발전”이란 제목의 글이 발표되었다. 이 글을 쓴 광주 최 부인은 결혼하기 전의 본 이름이 김필례였다. 그녀는 서울에서 여학교를 졸업한 후에 미국에 가서 더 공부하였다. 그녀의 어머니는 소래에서 전도부인으로 일했다. 그녀의 형제들 가운데 한 명은 세브란스 의학전문학교를 졸업하였다. 그녀 자신은 한국 여성대표로 인도회의에 참가하였다. 그 글에서 그녀는 다음과 같은 발전이 이루어졌다고 역설하였다.

(1) "교육받을 권리. 1913년부터 1923년까지 10년 동안 보통학교 여학생의 수가 4천 명 미만에서 4만 명 이상으로 증가했으며, 중등학교는 300명에서 3천 명으로 증가하였다."

(2) "결혼생활에서의 새 자유. 10년 전 서울 외곽지역에서 사는 한 소녀는 부모를 맹목적으로 순종하고 결혼상대를 정하는 일에 아무런 소리도 하지 못하도록 요구받았다. 그녀는 시부모나 친정 부모의 앞에서 남편에게 아무런 말도 하면 안 되었고, 아이를 낳기 전까지는 남 앞에서 남편과 대화를 해도 안 되었다. 오늘날 그녀는 형제들과 자유롭게 말하며 실로 인척이 아닌 사람과도 말을 한다."

(3) "사회생활이 10년 동안 결정적으로 진전되었다. 10년 전에 서울에서 미혼의 소녀들은 길을 다닐 때 대부분 머리에 쓰게 치마를 하였고, 결혼한 여자들은 두루마기를 썼다. 그들은 낮에도 자유롭게 밖에 나가지 못했으며, 가마를 타고 여행을 해야 했다. …… 오늘날 그녀는 아무런 꾸지람도 받지 않고 시골지역을 다니며 일을 할 수 있다. 이것은 괄목할 만한 진보였다."

(4) "지난 10년 동안 사업과 상업 분야에서 어쩌면 다른 모든 분야에서보다도 가장 과격한 변화가 여성에게 일어났다고 할 수 있다. 당시에는 여자들이 가게에 가는 것이 허락되지 않았다. 이제는 몇몇 큰 가게들을 모두 여자들이 운영하고 있다."

(5) "지난 10년 동안 여성단체들이 성장한 사실이 한국 여자들의 사회적 발전을 보여준다. 10년 전에는 여성단체들이 존재하지도 않았다. 금년에 그들은 정부의 주목을 받게 될 만큼 왕성하고 중요한 활동을 하고 있다. 정부에 58개 단체가 기재되어 있다."[11]

이 모든 변화가 오직 기독교로 인한 것이라고 우리도, 최 부인도 주장하지 않는다. 그러나 기독교가 그러한 변화를 야기한 가장 큰 요인이었던 것은 분명하다. 기독교는 선교회의 초기 역사 25년 동안 그런 면에서 가장 현저한 요인으로 작용하였다. 오늘날 가장 학식이 높고, 계몽되고, 교육받은 한국인 여성단체가 교회와 교회학교에 있다. 세브란스 병원의 고(M. H. Koh) 의사는 두 딸이-그 중 한 명은 서울의 이화여전을 졸업했고, 다른 한 명은 교토의 도시샤 대학을 졸업했다-현재 미시간 대학에서 유학 중이다.[i] 그

딸들은 미국 학생들에게 좋은 평판을 얻고 있으며, 나아가 신실한 기독교인들이다. 그들과 교회 장로인 아버지는 모두 선교회 사역과 교회 사역의 직접적인 산물들이다.

5. 기독교인들을 위한 학교교육[ii)]

위와 같은 제목을 붙인 이 글은 선교회가 교육사업을 하면서 장기간 수립해온 정책을 보여준다. 그것이 과연 올바른 정책이었는지 혹은 선교회가 과연 이러한 정책을 추구하고 있는지 때때로 논란이 일곤 했다. 그러나 교회가 이러한 정책을 종종 거듭해서 천명해왔던 것은 의심의 여지가 없다.

이것은 전세계적으로 모든 선교회들마다 다 실시하는 정책은 아니다. 우리의 선교부가 휘하의 모든 선교회들에게 승인해주었던 정책도 아니었다. 한국 선교회 회원들이 추진했던 이 정책이 다른 나라들과 주민들에게 전해져 다른 조건 속에서 선교사역으로 시행될 줄은 물론 아무도 확신하지 않았다. 그러나 그들은 한국으로부터 이 정책을 받아들였고, 지금까지 그렇게 하는 것을 정당한 일로 여기고 있다.

한국에서는 거의 처음부터 한국교회에 회중이 많았고 교회의 젊은 층을 위한 교육욕구가 컸기 때문에 이 정책을 행하는 것이 가능했다. 전도사역에 우선적으로 역점을 두어 그 직접적인 결과로서 큰 회중이 형성되었는가 하는 것은 얼마간 의심의 여지가 있다. 그러나 선교사들은 거의 모두 직접전도를 먼저 강조한 것이 옳았을 뿐 아니라 교회 안에서 교육의 필요성이 생기고 요구가 제기될 때까지 선교회의 연장 교육 프로그램을 지연시키는 것이 마땅했다고 믿었다.

지적되어왔던 것처럼, 선교회 설립 초기인 1886년에 전도사역을 돕기 위해 남녀 학생들을 대상으로 일시에 어떠한 교육사역을 시작했던 적이 있었다. 그러나 전도사역을 위해 남학교를 일시적으로 폐쇄했던 1897년까지는 만족할 만한 진전이 이루어지지 못했다.[12)] 그 일은 이듬해에 "영혼을 정복하는 데는 열정적이고 진보적이고 활동적이고 기쁨이 넘치는 미북장로교 선교회가 교육사역에는 거의 관심을 갖지 않았다"고 기술되었다.[13)] 실제에 있어서 이 말은 완전한 진실이 아니었다. 그것은 3년 전인 1895년에 "선교회는 학교에서 영어를 가르쳐야 한다고 믿지 않는다. 그러나 초등학교를 설립하며 …… 중등교육에서 나아가 고등교육을 지향해야 할 것으로 믿는다"라는 진술이 있었기 때문이다.[14)]1897년 선교부의 총무 로버트 스피어(Robert E. Speer)는 "선교회가 개교회들과 연계하고 후원을 받아 초등학교를 설립하는 것을 승인하는 특별 조치를 취했다. 이 같은 학교들은 기독교인 자녀들을 위한 것으로 오직 기독교인들에 의해서만 가르쳐져야 한다"고 말했다.[15)] 초기 선교사로서 선교회의 교육사업을 이끌었던 베어드(W. M. Baird, Ph.D., D.D.) 목사는 "비기독교인 교육은 우리의 소임이 아니다. 그들에게는 그리스도를 전해야 한다. 신자들과 그 자녀들은 섬김을 위해서 교육을 받아야 한다. …… 우리가 당면하고 있는 가장 중요한 교육프로그램은 교육사업이 세속화되지 않도록 지키는 일이다"라고 말했다."[16)] 1913년 봄 서울에서 에딘버러 선교대회(Edinburgh Conference)의 계속위원회(Continuation Committee) 모임이 개최되었다. '교육의 목표'라는 제목의 '조사결과'는 "한국에서 선교회들에 의해 시행되고 있는 교육은 교육의 현장을 그 지역의 기독교인 젊은이들 사이에서 찾고 있다"라고 기술하였다.[17)] 얼마 전 1925년에는 "학교는 교인 자녀를 양육하기 위한 것이며 전도를 돕는 일을 우선시하지 않는다"라고 진술되었다.[18)] 그러나 일반적으로는 소수의 비기독교인 학생들도 받아들여지고 있다.

두 번째로 선교회는 모든 관할 학교들에서 성경을 가르치고 종교의식을 수행하는 정책을 유지해왔다. 15년 전에는 수년 동안 이러한 선교학교의 권리를 보유한 채로 정부의 인가를 받는 것이 불가능하였다. 그러나 이미 설립된 학교들은 '인가'를 받지 않고도 계속 운영하도록 허락되었다. 이것은 교육적으로 큰 장애요인이었으나, 선교회는 학교를 그렇게 계속 운영하였다. 1915년에 선천의 여학교를 지속시키기 위해 새로 인가를 신청할 필요가 생겼을 때, 선교회는 이러한 권리들을 부인하는 인가를 받아들이기보다는 차라리 학교를 폐쇄하는 편을 선택하기로 하였다. 당시에 선교회는 다음과 같은 결정을 내렸다. "선천의 여자중등학교 문제와 관련해서 우리는 해당 선교기지에 대해 교육사업을 수행하는 우리의 일차적인 목표가 교회의 어린이와 청년들을 위한 기독교 교육을 확보하는 데 있다는 시각을 유지하도록 권고한다. 학교에서 성경을 가르칠 수 없다면 우리가 조선에서 감당해온 선교사역의 목적에서 어긋나게 된다. 그러므로 선교기지는 이미 취해왔던 입장을 유지해야 하며 종교교육을 배제시키는 새로운 법령 아래 인가받기를 신청할 수 없다."[19)] 다행히 그 법령은 나중에 종교교육에 대한 제한이 철폐되는 쪽으로 바뀌었다.

선교회의 교육프로그램은 남녀 학생 모두를 위한 초등 · 중등 · 고등교육을 포함한다. 초창기부터 선교회는 초등교육을 실시하게 되면 교회의 후원을 받아야 할 것으로 여겼다. 그러나 처음에는 이 초등학교들이 선교회로부터 얼마간 도움을 받았으며, 최근까지도 청주에 있는 한 학교는 매년 선교회의 기금을 받았다. 서울 선교기지는 1900년의 보고서

기독교연합 보통학교(Union Christian Common School). 서울

한국인을 위한 하기성경학교 혹은 하계학교에 참석한 경신학교(John D. Wells) 학생들. 1932

에서 "학교들이 토착교회의 후원을 받게 하는 것을 목표로 하지만, 이러한 후원을 하도록 독려하는 동안에는 우리 선교회가 학교 운영비의 절반 정도까지 더 지원할 수 있도록 허락하고 있다"고 말했다. 그러나 선교회가 초등교육을 필수적인 것으로 여기고 어떠한 보조금이 확보되기만 한다면 기꺼이 제공하려는 열의를 가졌을지라도 이러한 현상은 기금 부족으로 인해 오래 가지 않았다. 1912년에 선교회는 2만 5천 원의 초등학교 기금을 선교부에 요청하였으며, 수년 동안 한국교회를 향해 그 두 배의 금액을 모금하도록 거듭 요청하였다. 선교부는 그 돈을 결코 지급해주지 않았고, 초등학교는 점차 교회의 전적인 후원과 때때로 선교사들이 개인적으로 마련해준 약간의 지원금 아래 있게 되었다. 국공립 보통학교들이 크게 증가했던 일도 교회의 보통학교들을 어느 정도 위축시켰다. 그래도 여전히 200개 이상의 학교들이 교회의 후원을 받았고, 남학생 1만 4,100명과 여학생 6,600명 이상(1933년도 통계)이 등록되어 있었다. 그러나 거의 25퍼센트에 달하는 학교 인구를 위해 학교를 지탱해줄 수 있는 곳은 정부뿐이었다. 국공립학교들은 보통 더 좋은 학교로 여겨졌던 반면, 기독교적인 관점의 교육을 기대할 수가 없었다. 사실 이 학교들은 기독교인 가정 출신의 학생들에게 기독교와 무관한 영향을 끼치기 일쑤였다.

1890년부터 선교회는 관할지역 주민들을 위해 얼마간 중등교육을 제공해왔다. 이 학교들은 선교회에서 보통 '아카데미'(Academy)라고 불렸으며, 국공립의 '고등보통학교'에 상응하였다. 1908년 선교회는 중등학교를 네 선교기지-서울, 평양, 대구, 선천-에 각각 남녀 학교 하나씩으로 제한시켰다. 그 밖에 최근까지 강계의 남학교를 위해 소량의 연례 보조금을 지급했다. 몇 군데 다른 중등학교들은 한국교회의 지원도 받았다. 선교회는 중등학교들을 점차 교회에 넘기기로 하였다. 이 일은 이미 시작되었으며, 특별히 선천에서 그러하였다. 현재 거의 모든 미션계 중등학교들이 자체 규약과 한국인들이 참가하는 운영위원회를 가지고 있다. 선교회의 고등교육 문제는 '협력과 연합'에 관한 장에서 설명될 것이다.

선교회 역사의 첫 사반세기 동안에는 한국에 선교사들이 세운 것 외에 '서구학문'을 가르치는 학교가 많지 않았다. 1910년의 합병 후에 전반적인 국공립학교 체계가 세워졌으며, 표준이 제정되었고, 학교 유지비가 크게 상승하였다. 선교회는 1897년에 정규적인 하계 교사교육제도를 출범시켰다. 이 제도는 정부가 학교들을 설립하고 모든 교사들에게 인가받기를 요구하면서 중단되었다.

선교회는 정부의 요구에 부응하는 동시에 미션학교 본연의 목표를 이루기 위해 진지한 노력을 하였다. 1922년에 작성된 '교육정책'에 관한 선교회의 진술은 이러한 사실을 다음과 같이 보여준다.

세브란스 제1회 졸업생들. 1908

세브란스 의학전문학교와 간호훈련학교 졸업생들. 1933

의료교육의 발전

(1) "우리 중등학교들의 교과과정, 건물, 시설, 교사인력, 예산에 대한 표준을 높여 정부에 대한 인가신청 자격을 구비함으로써 우리 학교들이 인가받은 학교의 대열에 올라서기를 기대한다.

(2) 각 학교의 학생수용 능력에 맞게 출석학생수를 제한하되 성격과 재능 그리고 기독교를 위해 유능하게 활동할 가능성을 보아 신중하게 선택한다.

(3) 학생들과 직접 접촉하는 교사, 선교사, 한국교회 지도자 등의 인력을 충분히 확보하여 기독교적 특성을 발전시키도록 강조한다.

(4) 학생당 적정 비용에 맞게 가능한 한도 내에서 학비를 올리고 가난하고 공로가 있는 일정 비율의 학생들을 위해 어느 정도 예비비를 마련한다.

(5) 각 선교기지에서 한국 기독교인들이 우리 교육사업의 운영과 후원에 협력하게 하는 방도를 제공한다."[20]

1931년에 선교회의 8개 중등학교 학생 2천 명 중에서 68퍼센트가 이미 세례 또는 학습문답을 받았다. 112명의 교사들 가운데 86퍼센트가 세례를 받았는데, 그 중 절반 이상이 주일학교 교사나 교회 임직원이었다. 생존해 있는 2,600명의 졸업생들 중에서 18퍼센트가 여러 기독교학교들에서 가르치고 있으며, 11퍼센트가 유급 교회사역자로 일하고 있고, 12퍼센트가 상급학교에서 공부하고 있다. 4개 남학교의 생존 졸업생 1,590명 중에서 100명이 목사안수를 받았고, 절반이 신학교 학생으로 공부하고 있다. 이 8개 학교들 중에서 5개 학교가 이미 정부의 '지정'을 받아 '인가받은 학교'의 대열에 올라섰으며 다른 두 학교는 인가받을 준비를 마친 가운데 있다.

선교회 관할 지역 내 한국 장로교회의 일부분으로서 본 선교회에 연계된 유치원, 보통학교, 중등학교의 학생들 2만 명 이상이 전체 교인수의 15퍼센트 이상을 차지하고 있다. 이 학교들에서 550명의 남녀 한국인 교사들이 일하고 있는데, 그중 99퍼센트가 기독교 신앙을 고백하는 자들이다. 1931년도 통계에 따르면, 그 외에도 선교회의 고등교육기관에 많은 수의 기독교인 학생들과 교사들이 있다. 이 기관들은 대부분 연합기관이며 이에 대해서는 나중에 언급하게 될 것이다.

6. 치유사역

선교회는 출범했을 때부터 줄곧 의료사역을 수행해왔다. 왕과 왕비로부터 거지와 나환자에 이르기까지 모든 계층의 사람들이 치료를 받았다. 게일(Gale) 박사는 다음과 같이 기록하였다. "맨 처음 임명받은 선교사는 의사였으며, 이 선교지에 맨 처음 도착한 사람도 의사였으며, 맨 처음 크게 인명의 손실을 입은 사람도 의사였다. 의료선교사의 생활은 발진티푸스, 나병, 천연두, 콜레라, 인간을 괴롭히는 모든 무시무시한 운명과의 끊임없는 전투이다. 그의 소명은 가난, 범죄, 무지, 미신이 한데 모여 우글거리는 위험한 고난의 소굴로 들어가 친절한 말씨와 사랑이 가득한 마음으로 필경 죽을 수밖에 없는 모든 인간들을 상대하는 것이다."[21] 의료사역은 이 나라가 복음을 향해 문을 열게 만들었던 것처럼 지금도 사람들이 복음을 향해 마음을 열게 하고 있다. 의료사역은 선교회의 다른 모든 사역과 동반해서 수행되어 왔고, 지금도 중요하고 필수적인 일로 여겨지고 있다.

선교회는 각 선교기지에서 적절한 의료시설을 두고 선교사들 속에 최소한 한 명 이상의 의사와 한 명 이상의 간호사를 두어 의료사역을 수행하는 정책을 늘 유지해왔다. 이 이상은 대부분의 경우에 실현되어왔으나 현실과 차이를 빚기도 했다. 현재 두 군데 선교기지에는 외국인 간호사가 없다. 몇 해 동안 선교회는 안식년과 비상상황에 대비해 '대체할 의사'를 갖고자 노력하다가 나중에는 각 병원당 두 명의 의사를 두는 정책을 채택하였다. 그러나 이 정책은 서울 외에서는 실현되지 못했다. 대구, 선천, 평양에서는 예외적으로 짧은 기간만 그 일이 가능했을 뿐이었다. 외국인 의사의 부재로 인해 거의 모든 병원들이 수시로 문을 닫았다. 한국인 의사가 책임을 맡게 되어 병원문을 계속 열 수 있었던 경우도 간혹 있었다. 근래 몇 년 전부터는 모든 병원들에서 한국인 의사들과 간호사들이 한두 명이나 그 이상 일하고 있다.

일부 병원들은 건물이 한국식이어서 환자들이 한국식 온돌 위에 누워 있었다. 현재는 모두 외국식이며 재령과 강계에 약간의 한옥 병동이 있을 뿐이다.

각 병원은 그때그때의 소요 경비를 위해 선교회로부터 500달러 미만의 연례 충당금을 받고 있다. 나머지 지출비로서 인건비를 받고 있으며, 여기에 외국인 의사들과 간호사들의 봉급은 제외되고 있다. 모든 병원들이 많은 자선사업을 해왔는데, 때로는 환자들의 50퍼센트 혹은 그 이상을 대상으로 하였다. 이 자선사업은 근래 수년간 정부와 사설 병원들 및 개인적으로 치료하는 의사들이 증가하면서 줄어드는 경향을 보여왔다. 이들은 환자들에게서 치료비를 받는 비율이 높으며, 돈이 없는 환자들을 미션계 병원들로 가게 하는 경우가 많다. 그럼에도 불구하고 선교회의 의사들은 그리스도의 마음을 본받아 선교회의 충당금이 허락하는 한도 내에서 기쁘게 자선사업을 하라는 말을 곧잘 따르고 있다.

1924년에 선교부는 경비절감 정책을 제안해왔다. 그 계획이란 서울, 평양, 대구를 제외한 모든 선교기지들에서 한국인 의사들을 쓰자는 것이었다. 선교회는 이 제안을 "유감과 염려가 뒤섞인 느낌"으로 받아들였다. 선교회는 그에 대해 다음과 같이 응답했다. "의료사역은 한국 선교회의 역사에서 매우 중요한 역할을 해왔다. 의료선교 사역은 사람들의 마음과 생각 속에 복음의 씨가 심어지도록 준비시키는 일을 하여 모든 선교기지들의 개설과 발전을 위해 크게 공헌해왔다. …… 병원이 유용하게 쓰일수록 선교의 현장은 줄어들기보다 확대되어왔으며, 오늘날 우리는 우리의 의료사역이 한국을 복음화시킬 중요한 요인들의 하나가 되고 있으며 아직은 우리가 이러한 역할에서 물러날 준비가 되어 있지 않다고 생각한다"라고 하였다.[22] 선교회는 긴축 방안으로서 병원당 두 명의 의사를 두는 계획을 포기하고, 서울의 병원 외에는 병원당 한 명의 외국인 간호사만을 두도록 하고, 자산 신청을 축소, 제한하고, 현행 경비를 이전의 연례 지급액에 맞추고, 한국인의 의료사역 참여를 높이는 계획을 세우기로 합의했다. 또한 선교부는 현재의 선교회 소속 병원수를 지속시키는 안을 받아들였으며, 전체 의료사역의 책임을 점차적으로 한국교회에 넘기는 일에 협력하며, 청주 병원에는 계속 외국인 의료진을 두기로 합의하였다.

서울의 세브란스병원을 제외하고는 우리 선교회 병원들의 운영과 유지를 위해 한국인들과 한국교회의 협력을 얻어내는 계획이 그다지 진전을 보지 못했다. 여기에는 최소한 두 가지 이유가 있다. 한국인들은 선교회 병원들이 그때그때 필요한 경비를 감당하기에 충분한 봉급과 선교기부금을 받을 것으로 생각하였다. 많은 사설 병원들과 개인의원을 경영하는 한국인 의사들은 돈을 벌고 있었다. 한국인들 사이에서는 선교회 병원들이 사역의 많은 부분을 응당 무료로 실시해야 한다는 생각이 통용되고 있었다. 두 번째로 한국교회가 맡고 있는 전도와 교육사업의 짐이 매우 커서 그 위에 의료사역의 후원까지 감당할 수가 없었다. 그러나 세브란스 병원에서는 유력한 한국 기독교인들이 운영위원회의 일원으로 있었고, 부유한 한국인들이 격리병동의 건립을 지원했으며, 한국인 직원들은 때때로 병원이 재정적인 어려움을 겪을 때 병원 운영을 위해 봉급의 일부를 내어놓았다. 이와 비슷한 정도로 한국인들이 선교회의 모든 의료사역을 후원해야 할 것이 기대되었다. 이 일은 규칙서에서 다음과 같이 명확하게 기술되어 있다. "선교기지에 관해서는 한국인들이 병원 운영에 참여하여 연합 이사회가 출범하는 때가 조만간 무르익고 선교회의 다른 기관사역들도 그렇게 될 것으로 생각한다. 선교기지와 선교회는 기독교회와 기독교 공동체가 궁극적으로 의료사역을 완전히 책임지는 것을 목표로 한다."

박달촌에서 온 배씨가 대구 병원에 들어서고 있다.

배씨가 기독교인이 되어 병원을 나서고 있다.

박달촌의 '예수 믿는 사람들'

교회가 어떻게 의료사역에 의해 설립되었는가?

선교회의 모든 의료사역은 직접적인 전도사역과 더불어 수행되어 왔다. 전도자들이 고용되었고, 전도지들이 환자들에게 배포되었고, 포스터들과 성경구절들이 대기실과 병동의 벽에 붙었고, 환자들과 그들의 지인들이 전도를 받았으며, 그들의 가족까지 전도를 받았다. 많은 사람들이 기독교인이 되기로 결심했지만, 모두 다 이런 결심을 계속 지켰던 것은 아니었다.

선교회가 행한 병원전도의 좋은 예는 플레처(Fletcher) 박사가 이끄는 대구에서 찾아볼 수 있다. 그는 병원의 목표에 대해 "직원 모두가 ① 모든 환자에게 복음을 전하기, ② 가급적 많은 환자들을 그리스도에게로 이끌기, ③ 교회에 가입하지 않은 새 개종자들이 있는지 살피기 등 3중의 책임을 지고 있다"고 말했다. 그 방법에 관해서는 "병원 직원을 전도회로 조직하였고, …… 전도자들을 파송해 환자들이 사는 무기독교인 마을에서 거하게" 하였다고 말했다. 1924년에는 그 지방에서 남자 전도자 세 명과 여자 전도자 세 명이 활동하였다. 매년 지출액 1,500달러 가운데 절반이 전도회 회원들에 의해 모금되었다. 2년 반 전부터 그때까지 26개의 교회들과 기관들이 세워졌고, 그 중에서 24개가 현재 운영되고 있으며, 16개가 자체적으로 예배당을 마련하였다.[23)]

1916년에 샤록스(Sharrocks) 박사가 지적하였듯이 복음전도를 동반하는 치료는 의료사역의 모든 목적 중에서 으뜸 되는 것이다. "오늘날 의료사역에 있어서 선교회의 목표는 인간의 몸을 치료하는 시간에 맞추어 가능한 한 가장 과학적이고 면밀하게 전도사역을 행하는 것이다." 세브란스 병원장이고 의학전문학교 교장인 에비슨(Avison) 박사는 뛰어난 지도자로서 선교회의 모든 의사들이 그와 뜻을 같이 했다.

우리는 1911년부터 1930년까지 20년간의 의료사역과 그 전 15년간의 진료소를 통해 치료받은 환자들의 숫자에 관해 매우 정확한 통계를 가지고 있다. 이를 바탕으로 45년간의 환자수를 모두 합산하면 입원환자가 11만 명, 왕진환자가 9만 명, 진료소 환자가 150만 명이었다. 물론 치료 횟수는 백만 건에 육박하였다. 1930년까지 36명의 선교회 의사들이 안식년을 포함해서 384년을 사역에 투여했으며, 25명의 간호사들이 132년을 섬겼다. 그리하여 의료 선교사들의 수는 정류 선교사들 총수의 약 25퍼센트에 달했다. 현재는 선교회 회원들의 12퍼센트만이 의료 사역자들이다.

7. 문서출판

다행히 선교회 초기에 문학과 언어의 재능을 부여받은 자들이 많았다. 1884년 9월부터 1892년 11월까지 30명의 선교회 회원들이 도착하였으나, 그들 중 맨 마지막 사람이 오기 전에 30명 중에서 6명이 사임하였으며, 한 명은 죽었고, 그 해 안에 3명이 더 사임하였다. 그 30명 중에서 10명이 사역 중에 영문과 한글로 많은 저술들을 펴냈다. 이들 중 한 사람은 사임한 사람들에 포함되었고, 9명은 사역을 계속하였다. 이 10명이 거의 모두 다 작가들로서 이후에 선교회에서 행해진 것의 두세 배 혹은 그 이상 분량의 글들을 저술했다. 최초의 10명은 그들 후에 선교회에 있었던 나머지 모든 사람들보다 더 많이 저술했다.

예수교서회의 1927년도 한국 출판물 카탈로그에는 525개의 제목들이 올라 있다. 선교회 회원 33명이 이 중 175개와 관련되었는데, 이는 전체의 33퍼센트에 달하는 것이었다.

호레이스 H. 언더우드(Horace H. Underwood, Ph.D.) 박사는 왕립 아시아학회 한국지부(Korean Branch of the Royal Asiatic Society)의 출판서적들 중 1931년에 발행된 제20권에서 『한국에 관한 서구인 저술의 일부 목록』(*A Partial Bibliography of Occidental Literature on Korea*)을 발표하였다. 그는 영국, 미국, 프랑스, 독일, 화란, 일본, 한국 저술가들이 340년 동안 쓴 2,882가지의 책, 정기간행물, 잡지, 기사 등의 목록을 제시했다. 404개 출판물들은 우리 선교회 회원 95명이 저술하였는데, 이것은 1930년까지 발행된 출판물 총수의 14퍼센트에 달하고, 선교회 정규회원 총수(289명)의 33퍼센트에 달하는 것이었다.

이제 이 문학작품들을 여러 종류로 분류해서 이야기하기로 하자.

1) 언어연구

1894년에 "학생들이 이용하는 데에 도움을 주는 어학연구의 거의 절반은 장로교 선교사들의 박학의 산물"이란 말이 있었다.[24] 언더우드(H. G. Underwood) 박사는 1890년에 『한영사전』과 『영한사전』을 요코하마에서 출판하였다. 영한사전의 개정판과 증보판은 1916년 언더우드가 죽기 전에 시작되어, 그의 아들 언더우드(H. H. Underwood)가 완성하였고, 1925년에 출판되었다. 언더우드(H. G. Underwood)는 또한 1890년에 『한영문법』(韓英文法, *An Introduction to the Korean Spoken Language*)을 출판하였다. 이것은 1914년에 개정되었다. 『사과지남』(辭課指南, *Korean Grammatical Forms*)은 게일(J. S. Gale) 목사가 1893년에 출판하였고, 1916년에 개정하였다. 그의 『한영자뎐』(韓英字典, *Korean-English Dictionary*)은 1897년에 출판되었고, 1911년에 개정되었으며, 1930년에 재개정되었다. 재개정본은 피터스(A. A. Pieters)가 완성하였다. 애니 베어드(Annie L. Baird)는 『한국어 초보자를 위한 50가지 도움말』(*Fifty Helps for Beginners in the Use of the Korean Language*)을 1897년에 처음 출판하였다. 이 책은 개정되고 증보되면서 여러 차례 출판되었다. 조지 윈(Geo. H. Winn) 목사는 그러한 형식을 좇아 『일본어 공부를 위한 50가지 도움말』(*Fifty Helps in the Study of the Japanese Language*)을 써서 1914년에 출판하였다. H. H. 언더우드는 1921년에 『한국의 일상용어』(*Every-Day Korean*)라는 이름의 언어학습서를 출판하였다. 게일 박사는 1924년에 『삼천자전』(三千字典, *Present Day English-Korean*)이라는 책명으로 3천 단어가 수록된 작은 사전을 출판하였다. 베어드(W. M. Baird, D.D. Ph.D.) 목사는 1928년에 『영한 한영 교회 회의 법』(*An English-Korean and Korean-English List of Parliamentary, Ecclesiactical*)이라는 이름의 작은 책과 몇 가지 다른 용어들에 관한 책을 출판하였다.

2) 교재

초기 여러 해 동안 선교사들은 학교 사역에 필요한 책들을 마련해야 했다. 에비슨 박사는 많은 의학 교재들을 저술했다. 웰즈(Wells) 박사, 샤록스(Sharrocks) 박사, 빈튼(Vinton) 박사도 이런 분야에서 몇 권의 책들을 썼다. 베어드 박사, 베어드 부인(Annie L. Baird), 피터스 부인(Eva Field Pieters), 밀러(E. H. Miller) 목사와 그 부인, 번하이즐(C. F. Bernheisel) 목사는 모두 가르치는 데 쓸 일반 과목 교과서들을 마련해달라는 요청을 받았다. 클라크(C. A. Clark, D.D.) 목사는 설교학 교과서를 썼다. 스왈른(Swallen) 박사, 게일 박사, 그리고 다른 사람들은 성경공부 교재를 썼다.

3) 한글서적

이러한 책들은 넓은 범위에 걸쳐 발행되었으며, 예수교서회(Christian Literature Society)의 출판도서 목록에서 찾아볼 수 있다. 경건서적 분야에서는 마펫 박사, 베어드 박사, 스왈른 박사, 언더우드(He. G. Underwood) 박사와 언더우드 부인(L. H.

Underwood)이 책을 냈다. 성경공부 분야에서는 베어드 박사, 스왈른 박사, 게일 박사, 밀러(E. H. Miller), 밀러(F. S. Miller), 헌트(F. S. Hunt), 로즈(H. A. Rhodes)가 책을 냈다. 개인사역 분야에서는 스왈른 박사, 밀러(F. S. Miller) 박사, 베어드 부인(Rose. M. Baird)이 책을 냈다. 신학 분야에서는 스왈른 박사와 클라크 박사가, 설교와 설교 자료 분야에서는 언더우드 박사, 클라크 박사, 밀러(F. S. Miller) 박사가, 교회사 분야에서는 스왈른 박사, 클라크 박사, 홀드크래프트(J. G. Holdcraft) 박사가, 주석 분야에서는 클라크 박사, 밀러(F. S. Miller) 박사, 로즈 박사가, 성경해석 분야에서는 게일 박사, 베어드 박사, 언더우드 박사 부부가 책을 냈다. 전기(傳記) 분야에서는 캐더린 맥큔(Catherine McCune) 양, 언더우드 부인, 게일 박사, 램프(Lampe) 박사, 크로더스(Crothers), 윈(Winn)이 책을 냈다. 요리문답 분야에서는 게일 박사, 마펫 박사, 언더우드 박사, 피터스(A. A. Pieters) 목사, 언더우드 부인이, 예배와 형식 분야에서는 마펫 박사, 게일 박사가 책을 냈다. 의학 분야에서는 밀즈(Mills) 박사, 웰즈 박사가 책을 냈다. 절제운동 분야에서는 홉커크(C. C. Hopkirk) 의사, 램프 박사가 책을 냈다. 한 장짜리 전도지 분야에서는 밀러(F. S. Miller) 목사, 베어드 박사, 스왈른 박사, 블레어(W. N. Blair) 박사, 로즈 박사가, 주일학교 분야에서는 홀드크래프트 박사, 클라크 박사가 글을 썼다. 기독교 면려회(Christian Endeavor) 운동 분야에서는 코엔(Coen), 앤더슨(W. J. Anderson)이 책을 냈다. 소설 분야에서는 베어드 박사, 게일 박사, 베어드 부인(A. L. Baird), 언더우드 부인이 책을 냈다. 어린이용 책 분야에서는 게일 박사, 베어드 박사, 홀드크로프트 박사, 베어드 부인, 피터스가 책을 냈다.

4) 찬송가

1896년에 하나의 작은 찬송가(찬송가)를 언더우드 목사가 출판하였고, 이듬해에 두 번째 찬송가(찬송시)를 선교회가 출판하였다. 이것들이 합쳐지고 또 나중에 감리교 찬송가(찬미가)와 합쳐진 것이 1897년에 출판되었다. 그리하여 교회 전체를 위한 하나의 연합 찬송가(찬송가)가 생겨났다. 한국교회의 찬송의 역사에서는 베어드 부인(A. L. Biard), 밀러(F. S. Miller) 목사, 피터스 부부, 커(Kerr) 부부, 앤더슨(Anderson) 목사, 그 밖에 선교회의 다른 회원들이 중요한 역할을 하였다.

5) 출판

교회신문인 『그리스도신문』(*Christian News*)이 1897년 4월 1일에 언더우드를 편집장으로 하고 빈튼(C. C. Vinton) 의사를 발행인으로 하여 창간되었다. 한국정부가 전국의 관료들을 위해 450부를 구입하였다. 두 부가 궁궐로 발송되었고, 국왕이 감사의 글을 보내왔다. 장로교 공의회는 1901년에 이 신문을 전체 교회용으로 받아들였다. 이 신문은 1905년에 감리교의 『죠선크리스도인회보』(*Christian Advocate*)와 합쳐져서 『그리스도신문』(*Christian News*)라는 제목으로 발행되었다. 1909년에 한국장로교는 투표를 통해 『코리언 처치 리코더』(*Korean Church Recorder*)란[25] 명칭의 독자적인 신문을 갖기로 결의하고 언더우드 박사와 게일 박사와 두 명의 한국인에게 책임을 위촉하였다. 그러나 이 일은 이루어지지 못했다. "1913년에 언더우드 박사는 게일 박사와 더불어 선교회의 후원 아래 『예수교신보』(*Christian News*)를 편집하였다."[25] 그러나 이듬해에 그 신문은 중단되었고, 그 결손비용은 장로교 출판기금에서 치러졌다.[26] 이를 이어 『기독신보』(基督申報, *Christian Messenger*)가 연합선교공의회의 관할 아래, 나중에는 예수교서회 관할로 이전되어 발행되었다. 게일 박사, 로즈 박사가 모두 이 주간지의 편집장으로 있었다. 여러 해 동안 베어드 박사가 한국 장로교회의 월간 정기간행물인 『신학지남』(神學指南, *Theological Review*)의 편집인을 맡았고, 클라크 박사가 그 발행인으로 있었다.

1901년에 『코리안 필드』(*Korean Field*)가 빈튼(C. C. Vinton, M. D.)을 편집장으로 하여 창간되었고, 이후에 부정기적으로 발행되었다.[27] 이 월간 영어잡지와 감리회보』(監理會報, *Korean Methodist*)가 1905년에 『코리아 미션 필드』(*Korea Misson Field*)란 하나의 정기간행물로 합쳐졌고, 빈튼 박사가 편집인의 한 명이 되었다. 이 잡지는 연합선교공의회의 후원 아래 계속 발행되었다. 여러 해 동안 언더우드 부인이 편집인으로 있었고, 1913년에 선교회의 준회원인 디캠프(A. F. DeCamp) 목사가 이를 승계했다. 게일 박사는 수년간 『성경잡지』(聖經雜誌, *Bible Magazine*)의 편집인으로 있었는데, 이 잡지는 나중에 『코리아 매거진』(*Korea Magazine*, 영문 월간지)으로 되었다가 1919년에 중단되었다.

6) 영문서적

호레이스 알렌(Horace N. Allen) 의사는 한국의 이야기들을 맨 처음 영어로 소개한 『한국 설화』(*Korean Tales*)를 1889년에 출판하였다. 알렌 박사의 『연대기』(*Chronological*

Index)는 1901년에 출판되었고, 그 『증보편』(*Supplement*)은 1903년에 나왔다. 이 세 책들은 하나로 합쳐져서 1904년에 『한국, 현실과 환상』(*Korea, Fact and Fancy*)이란 제목으로 출판되었다. 1898년에 두 권의 책이 선교회의 두 사람에 의해 출판되었다. 곧 기포드(D. L. Gifford) 목사가 쓴 『한국의 일상생활』(*Everyday Life in Korea*)과 게일(J. S. Gale, D.D.) 목사가 쓴 『코리언 스케치』(*Korean Sketches*)가 그것이다. 후자는 1892-1897년 사이에 『코리언 레포지터리』(*Korean Repository*)에 이미 발표된 일련의 글들을 인쇄한 것이었다. 1904년에는 게일 박사가 『선구자』(*The Vanguard*)를 출판하였다. 그것은 "선교사업이 진행되었던 배경, 주변 환경, 사회적 여건"을 설명하기 위한 것이었다.[28] 그 해에 언더우드 부인(L. H. Underwood)이 『상투쟁이들 사이에서 지낸 15년』(*Fifteen Years among the Top-konts*)을 출판하였다. "이 책은 선교회가 처음 설립되었을 때부터 전개해온 사역의 역사를 보여준다." 1908년에는 3장이 더해진 제2판이 출판되었다.[28] 이듬해에는 언더우드 부인이 『한국에서 자란 토미 톰킨스』(*Tommy Tompkins in Korea*)를 출판하여 독자들에게 미국인 아이가 극동에서 보낸 생활을 묘사하였다.

그 후 선교회 회원들이 펴낸 책들로서 다음과 같은 책들이 있다. 언더우드 박사의 『한국이 부르는 소리』(*Call of Korea*, 1908), 블레어 목사의 『한국의 오순절』(*The Korea Pentecost*, 1908), 베어드 부인(A. L. Biard)의 『한국의 새벽』(*Daybreak in Korea*, 1909), 게일 박사의 『전환기의 조선』(*Korea in Transition*〈선교사업 연구서〉, 1909), 언더우드 박사의 『동아시아의 종교』(*Religions Eastern Asia*, 1910), 게일 박사의 『한국의 민담』(*Korean Folk-Tales*, 1913), 언더우드 부인의 『한국의 언더우드』(*Underwood of Korea,* 〈언더우드의 생애〉, 1918), 클라크 목사의 『한국의 첫 열매』(*First Fruits in Korea*, 1921), 게일 박사가 번역한 『구운몽』(九雲夢, *Cloud Dream of the Nine*, 〈한국소설〉, 1922), 클라크 박사의 『한국교회와 네비우스 선교정책』(*Korean Church and the Nevius Methods*, 1930), 게일 박사의 『한국 민족사』(*History of the Korean People*〈1924-1927년간 Korea Mission Field에 게재되었던 글을 재인쇄한 것〉, 1931), 클라크 박사의 『한국의 옛 종교』(*Religions of Old Korea*, 1932), 솔타우(T. S. Soltau)의 『은자의 나라와 그들의 기독교 수용』(*Hermit Nation and Its Response to Christianity*, 1932) 등이다.

그 밖에도 더 조그만 책들이 시시때때로 발간되었는데, 대표적으로 아담스(J. E. Adams, D.D.) 목사가 쓴 『한국의 대구에서 하나님이 10년 동안 하신 일』(*A Decade of*

God's Doings at Taiku, Korea, 1908)과 베어드 부인(A. L. Baird)이 쓴 『선교사 생활에 대한 내적 관찰』(*Inside View of Missionary Life*, 1913) 등이 있다. 선교회 회원들이 쓴 글들은 교회와 선교회의 모든 현행 간행물들에서 많이 찾아볼 수 있다. 러드로우(A. I. Ludlow, M.D., F.A.C.S.) 의사와 밀즈(R. G. Mills) 의사는 의학잡지나 다른 저널들에 연구논문 성격의 글들을 발표했다.

이상의 간단한 개관은 선교회의 많은 회원들이 선교사들, 한국교회, 미국교회가 필요로 하는 문헌들을-보고서들을 포함해서-공급하는 데 크게 기여했던 점을 시사한다.

:: 주석

1) *Quarto Centennial Papers of the Korea Mission*, 1909, p. 24.
2) *Annual Meeting Minutes, Korea Mission, Presbyterian Church*, U.S.A., 1906, p. 45. (본문에서 각주 표기가 빠져 있음.)
3) *Quarto Centennial Papers of the Korea Mission*, 1909, p. 18.
4) C. A. Clark, *The Korean Church and the Nevius Methods*, 1930, p. 109.
5) *Korea Mission Field*, May, 1914, p. 129.
6) C. A. Clark, *The Korean Church and the Nevius Methods*, 1930, p. 206.
7) *Korea Mission Field*, May, 1918, p. 139.
8) *Ibid*., 1918, June, p. 124.
9) *Korea Review*, 1902, pp. 56–57.
10) *Korea Mission Field*, January, 1915, p. 1.
11) *Ibid*., 1923, November, pp. 222–223.
12) C. A. Clark, *The Korean Church and the Nevius Methods*, 1930, p. 100.
13) *Korean Repository*, 1898, p. 393.
14) *Ibid*., 1895, p. 444.
15) *Ibid*., 1897, p. 341.
16) *Korea Mission Field*, 1914, p. 297.
17) *Annual Meeting Minutes, Korea Mission*, 1915, p. 10.
18) C. A. Clark, *The Korean Church and the Nevius Methods*, 1930, p. 201.
19) *Annual Meeting Minutes, Korea Mission*, 1916, p. 12.
20) *Ibid*., 1922, p. 59.
21) J. S. Gale, *Korea Transition*, 1909, p. 177.
22) *Annual Meeting Minutes, Korea Mission*, 1925, p. 3.
23) *Korea Mission Field*, November, 1924, p. 240.
24) *Korean Repository*, 1894, p. 22.
25) Mrs. L. H. *Underwood, Underwood of Korea*, 1918, pp. 297, 300. (각주 표기 25)가 두 번 나타난다.)
26) *Annual Meeting Minutes, Korea Mission*, 1914, p. 20.
27) *Royal Asiatic Society, Transactions, Korea Branch*, Vol. XX, 1931, p. 175.
28) *Quarto Centennial Papers, Korea Mission*, 1909, p. 93. (각주 표기 28)이 세 번 나타난다.)

:: 역자주

i) 전서울여대 학장, 고황경 박사.

ii) '5. 기독교인들을 위한 학교교육' (SCHOOLS FOR CHRISTIANS)이란 제목에는 목차의 제목에 있는 'YOUTH' 가 빠져 있다.

제 **8** 장

한국교회의 부흥

우리 선교회와 교회의 역사에는 부흥의 때가 자주 등장한다. 이것은 기도, 성경공부, 전도를 늘 강조해왔던 것, 새벽기도회와 저녁 전도집회를 개별 교회들 및 각 지역에서 연례 사경회와 관련해 항상 행해온 것, 선교사들과 교회 지도자들이 교회의 평신도들과 더불어 비기독교인들을 개인적으로 접촉하며 집요하게 복음을 전해온 것에서 기인한다.

그러나 한국교회가 최고 수준의 전도생활을 늘 유지했던 것은 아니었다. 그 결과 특별한 노력이 기울여지고, 성령께서 특별히 쏟아부어주시고, 많은 사람들이 모여드는 특별한 부흥의 계절을 맞게 되었다. 우리는 여기에서 이러한 부흥운동들의 몇 가지 사례를 간단히 설명하고자 한다.

1. 1907년의 대부흥[1)]

이 부흥이 일어났던 때에 자신들이 한국에 있었더라면 좋았겠다고 생각하는 젊은 선교사들이 많다. 나이든 선교사들은 경외감을 가지고 그들의 삶 속에서 가장 큰 축복을 받은 경험을 회상한다.

부흥의 단초는 1903년에 원산에서 두 명의 여자 선교사들-한 명은 중국에서 한국을 방문한 남감리교 선교사였고, 한 명은 캐나다 장로교 선교사였다-이 선교사들 사이에서 부흥이 일어나도록 자주 함께 모여 기도하자고 말했던 때로 거슬러 올라간다. 그들은 원산에 있는 선교사들이 모여서 함께 성경공부와 기도를 하자고 제안했다. 그 중 한 남자가 그리스도를 믿는 믿음, 그리스도 안에 거함, 오순절의 경험 등, 세 가지에 대해-요한복음 14:12, 14:15, 7:16,23에 대한 그의 소견에 근거하여-설명했다. 바로 그 후의 주일 아침 예배에서 젊은 한국인 남자 한 명이 공개적으로 죄를 고백했다. 그는 아내를 죽도록 내버려두었다. 그날 저녁 예기치 않게 예고도 없이 중국을 위한 스칸디나비아 선교연맹(Scandinavian Missionary Alliance of China)의 프란슨(F. Franson) 목사가 도착하였고 일주일 동안 머물면서 원산 주재 선교사들의 기도와 성경공부를 위한 특별 모임을 이끌었다.[2)]

원산 주재 선교사들은 그 해 여름의 성경 수양회(Bible Conference)에서 복된 결과를 얻었다. 남감리교의 하디(R. A. Hardie) 목사는 그 수양회 리더의 한 사람이었다. 그는 강원도 지방의 사역이 실패했다고 자인하며 괴로워하고 있었다. 그는 선교사들 앞에서, 후에는 한국인들 앞에서 자기가 교만하고 마음이 완고하고 믿음이 부족했다고 고백했다. 그 결과 성령의 부어주심이 원산에 있는 선교사들과 한국 기독교인들에게 임했다.[3)]

이 소식은 평양에 전해졌고 그곳의 선교사들은 하디 박사에게 1906년 8월에 와서 일련의 집회들을 인도해주도록 초청하였다. 그들은 함께 요한일서를 공부하였다. 그들은 한국교회가 성령의 세례를 필요로 한다는 사실을 깨닫고 평양에서 열리게 될 겨울 사경회를 축복해주시도록 기도하기로 뜻을 모았다.[4)]

평양에서 이 모임이 있은 후, 1906년 9월 서울에서 선교회 연례모임이 열렸다. 하워드 애그뉴 존스톤(Howard Agnew Johnston, D.D.) 목사가 미국에서 와서 선교사들에게 설교하였다. 그는 한국 기독교인들에게도 설교하면서 인도와 웨일즈의 기독교인들이 받은 축복에 대해 말해주었다. 선교회는 존스톤 박사의 방문에 대한 감사의 편지를 써서 선교부에 보냈다. 그들은 그 편지에서 "선교사들에게 행한 그의 강연은 성령께서 사용하시는 바가 되어 듣는 사람의 영혼과 생명을 소생시켰으며, 더 많이 사랑하고 더 간절히 기도하도록 자극했다. …… 한국인들에게 행한 설교들도 매우 유익하여 그의 방문은 좀처럼 잊히지 않을 것이다"라고 하였다.[5)]

1907년 1월 평양에서 대 남자사경회가 열리는 기간에 그 선교기지의 선교사들이 일련의 정오 기도회를 가졌다. 그래함 리(Graham Lee) 목사는 "그 정오 모임들은 우리에게 바로 그 베델(Bethel)이 되었다"고 말했다. 평양의 선교사들뿐만 아니라 수백 명의 한국 기독교인들이 하루에 한 시간씩 모여 성령의 부어주심을 기도하였다.

그 해 사경회 때 많은 사람들이 모였다. 저녁 집회에는 1,500명이 왔다. 첫째 날에는 선교사들과 한국 교회지도자들이 바라던 특별한 축복이 임하지 않았다. 토요일 저녁 집회에서 블레어(W. N. Blair) 목사가 고린도전서 12장 27절 "너희는 그리스도의 몸이요 지체의 각 부분이라"는 본문을 가지고 설교했다. 다음 날 주일 저녁에 많은 사람들이 모였고, 지도자들은 기대했으나, 아무 일도 일어나지 않았다. 그 집회는 죽었고, 그 집회가 열린 중앙교회의 길 목사가 나중에 말했듯이 "아무 것도 없이 공기만 '휭' 하고 지나갔다."

월요일이 되어 정오 모임에 참석한 선교사들은 특별히 간절하게 성령의 부어주심을 위해 하나님께 탄원했다. 월요일 저녁집회에서(1907년 1월 14일) 짧은 설교가 있은 후에 그래함 리 목사가 집회를 이끌도록 요청받았다. 그가 두세 명의 지도자들에게 기도를 부탁했을 때 20명 혹은 그 이상의 사람들이 기도하기 시작했다. 그러자 리는 "여러분들이 그렇게 기도하기를 원한다면 모두가 기도합시다"라고 말했다. 그러자 거대한 청중이 마치 각자가 성령의 인도를 받고 있는 듯 통성으로 기도하기 시작했다. 그 소리는 마치 "큰 폭포수가 떨어져내리는 것" 같았다. 그날 밤 집회 후에 리는 계속해서 다음과 같이 기록했다. "남자들이 연이어 일어나 자기 죄를 회개하고 참회의 고통으로 울음을 터뜨리며 마룻바닥에 몸을 던지고 주먹으로 마루를 쳤다. …… 한 사람이 회개하고 나면 때때로 전체 청중이 통성기도를 하였는데, 통성기도의 소리는 이루 형언하기 어려웠다. 또 다른 사람이 죄를 고백한 후 그들은 다시 걷잡을 수 없이 울었다. 그렇게 해서 집회는 회개하고 울고 기도하는 가운데 새벽 2시까지 계속되었다.[6)]

화요일에는 선교사들의 정오 모임이 자연스럽게 감사예배로 드려졌다. 그들은 또한 특별히 김(Kim) 장로를 위해 기도했다. 그들이 알기에 김 장로는 전날 밤에 회개했던 강씨에게 불만을 품고 있었다. 화요일 저녁집회에서 전날 밤의 장면들이 더 강력한 형태로 재현되었다. 김씨가 강씨를 미워했을 뿐만 아니라 선교사 한 명을 미워했노라고 고백하였다. 이 화요일 저녁집회에서 선교사들이 놀라 어떻게 하면 청중을 진정시킬 수 있을지를 서로 물었다. 마침내 리가 찬송을 시작하자 평정이 회복되었다. 블레어 목사는 다음과 같이 설명하였다. "그때 내가 과거에 한 번도 본 적이 없고 하나님이 보시기에 절대적으로 필요한 일이 아니라면 다시는 보고 싶어하지 않을 그와 같은 집회가 시작되었다. 그날 밤 인간이 범할 수 있는 모든 죄가 공개적으로 고백되었다. 격한 감정에 창백해지고 떨며 마음과 육체의 고통 속에서 범죄한 영혼들이 심판의 투명한 빛 앞에 서서 하나님이 그들을 보고 계시는 듯 자신들을 바라보았다. 모든 더러운 죄가 떠올라 수치와 근심과 자기혐오에 완전히 사로잡혔다. 자만심을 내버리고 체면을 잊었다. 그들이 배반했던 예수를 향해 하늘을 바라보며 자기를 치고 고통에 찬 소리로 울부짖었다. '주여! 주여! 나를 영원히 버리지 마소서.' 다른 모든 일이 잊혀졌다. 아무 것도 문제되지 않았다. 사람들의 경멸, 법의 처벌, 심지어 죽음 자체조차도 하나님이 용서하시기만 한다면 기꺼이 감수할 작은 일로 여겨졌다. 우리는 공개적인 죄고백이 바람직한가 바람직하지 않는가에 대해 나름대로 이론을 가지고 있을 수 있다. 나도 나의 생각을 가지고 있었다. 그러나 이제 나는 하나님의 성령께서 범죄한 영혼에 임하실 때면 죄가 고백되며 지구상에서 아무도 그것을 금할 수 없게 된다는 것을 안다."[7)]

평양의 집회에서 일어났던 일이 전국의 집회에서 반복되어 일어났다. 훔친 물건과 돈을 다시 돌려줬다. 기독교인들은 집집마다 다니면서 잘못한 사람들에게 죄를 고백했다. 한 중국인 상인은 어느 기독교인이 개종하기 수년 전에 부당하게 취했던 많은 돈을 돌려주자 깜짝 놀란 일이 있었다. 평양의 사경회가 일요일에 끝났을 때 길 목사가 설교했다. 그는 연극을 하듯 자신을 밧줄로 묶고 설교 중에 몸부림쳐 그것에서 벗어나는 광경을 보여주며 죄인이 왜 죄를 끊어야만 하는지를 묘사하였다.

숭실대학과 숭실학교가 1907년 2월에 개교했을 때, 학생들 사이에서도 한꺼번에 부흥이 일어났다. 학교는 며칠 동안 오로지 성경공부, 기도, 전도집회만을 행했다. 교사 중 한 명인 북감리교 선교회의 베커(A. L. Becker) 목사는 그때의 일을 다음과 같이 증언하였다. "10명 중 9명 정도의 학생들이 깊은 감동을 받았다. …… 많은 학생들이 전도자가 되어 …… 그 도시와 인근 시골지역의 교회들뿐만 아니라 멀리 제물포와 공주까지 부흥의 불씨를 날랐다."[8)] 비슷한 결과가 평양의 상급 여학교, 평양 지역 감리교 선교회의 교사들과 다른 기독교사역자를 위한 훈련반, 3월에 열린 장로교 여자 성경훈련반에서 나타났고, 5월에는 장로회 신학교에서도 나타났다.

남자 사경회가 1월에 끝난 후, 선교사들과 교회지도자들이 다른 지역들로 흩어졌다.

그래함 리 목사는 선천으로 갔고, 스왈른(W. L. Swallen) 목사는 광주로 갔고, 헌트(W. B. Hunt)는 대구로 갔고, 길선주 목사는 의주로 갔다가 나중에 서울로 갔다. 부흥운동은 모든 선교회들과 교회들로 그리고 중국으로 확산되었다. 고포스(J. L. Goforth, D.D.) 목사와 장로 두 명이 만주에서 한국에서 일어난 이 은혜로운 일을 보기 위해 왔다가 라토렛(K. S. Latourette) 교수가 그의 책에서 설명하였던 것과 같은 결과를 얻었다. "1908년에 주로 한국에서 일어난 부흥운동과의 연계를 통해서 괄목할 만한 종교운동이 만주에서 일어났다. 그 집회들은 곧잘 공개적인 죄의 고백을 수반하였다. …… 항구적인 성격의 도덕적 · 영적 변화가 일어났고, 많은 사람들이 교회로 몰려들었다. …… 만주에서 시작된 부흥운동은 특히 중국내지선교회에 속한 선교기지들과 그와 연합한 단체들로 확산되어 가히 대중운동이라고 할 만 하였다."[9)]

부흥이 일어나자 처음에는 많은 선교사들이 감정적 요소가 우세했던 요소 때문에 좋지 못한 결과가 생길까봐 염려하였다. 선교부 총무가 보낸 편지들도 그와 같은 견해를 표명하고 있었다. 그러나 그때뿐만 아니라 그 후에도 부흥운동의 지속적인 축복이 기록되었다. 언더우드(H. G. Underwood, D.D.) 목사는 "기독교인들이 각성하여 하나님과 그리스도가 어떤 분인지, 인간의 마음과 죄가 어떠한 것인지 밝히 알게 되었고, 전체 교회가 놀랍도록 정결해지는 효과가 나타났다. …… 1906년 6월과 1907년 6월 사이에 장로교에서만 세례신자가 1만 2,506명에서 1만 5,097명으로 29퍼센트가 늘어났다. 전체 교인수는 34퍼센트가 늘어났고 학교의 학생수는 72퍼센트가 늘어났다."[10)] 영국의 윌리엄 세실(William Cecil) 경은 그 부흥운동을 웨일즈의 부흥운동에 비교했다. 감리교 해리스(M. C. Harris) 감독은 그 결과가 "모두 훌륭했다"고 증언하였으며, 남감리교 선교회의 크램(W. G. Cram) 목사는 그 일이 "참된" 것이었다고 말했다. 백낙준 박사는 "이 위대한 각성은 한국교회의 영적 중생을 뜻한다"고 판단하였다.[11)] 이 부흥운동은 일본이 한국을 보호국화 하는 위급한 시기에 일어나 한국 기독교인들이 일본에 대한 미움의 감정을 극복하도록 도왔다.

2. 백만 인 구령운동

1909-1910년에 일어난 두 번째 부흥운동은 '백만 인 구령운동'으로 알려졌다. 이 일은 남감리교의 몇몇 선교사들 사이에서 시작되었다. 1909년 7월 12일 리드(Reid), 스톡스(Stokes), 갬블(Gamble)이 모여 부흥을 위해 함께 기도했고, 4일째 되는 날에는 새벽 4시까지 계속 기도했다. 이 일을 좇아 그 선교회의 선교사들 10명과 한국교회 지도자 5명이 산에 있는 한 기도소에 가서 며칠 동안 기도하고 회의를 하였다. 또한 나중에 스톡스와 한국인 사역자 20명이 따로 가서 4일간 있었다. 이 사람들은 이듬해에 한국 전역에서 백만 명의 새 개종자를 얻기 위해 기도하였고, 이를 9월에 열린 연합선교공의회 총회에 제안하였다. 이 목표는 채택되었다. 일요일인 1910년 3월 20일이 백만 영혼을 위한 기도의 날로 정해졌다.

1909년 여름 동안 다른 기독교인 집단들이 부흥을 위해 기도하고 있었다. 평양에서 길 목사와 그 교회 장로 한 사람이 함께 두 달 동안 새벽 4시에 교회에서 기도하였다. 그 일이 알려지면서 다른 사람들도 합류하고 싶다는 의사를 밝혔다. 새벽마다 4시 30분이면 교회종을 칠 것을 공표하였다. 첫날, 많은 사람들이 새벽 2시에 도착하여 종이 울렸을 때는 500명이 와 있었다.

'백만 영혼을 그리스도에게'란 슬로건이 몇 시간의 논의 끝에 통합선교공의회에서 채택되었고, 일군의 전도자들, 곧 윌버 채프먼(J. Wilber Chapman, D.D.), 찰스 알렉산더(Charles M. Alexander) 부부, 로버트 하크니스(Robert Harkness), 데이비스(G. T. B. Davis)와 그의 어머니, 노턴(Norton) 부부, 그 밖의 다른 사람들이 한국에 왔다. 그들은 가을에 여러 지역에서 집회를 열었다. 선교사 집단들과 한국교회 지도자들도 서로 다른 지역에서 집회를 열었다. 동시에 아더 브라운(Arthur J. Brown) 박사 부부도 한국에 왔다. 두 달 동안 브라운 박사는 미국 북장로교 선교부의 한국총무로서 많은 집회들에 참석해 설교하였고, 많은 중요한 회의들에서 가치 있는 조언을 하였다.

백만 영혼을 위한 전도운동을 모든 교회들과 선교회들이 열정적으로 수행하였다. 부흥운동 노래들이 수록된 특별한 작은 책자들이 배포되었다. 그 중의 한 노래는 로버트 하크니스가 작사한 것으로 "예수를 위한 백만 영혼들"이란 제목이 붙어 있었다. 거의 모든 교회들에서 전도집회가 한 차례 이상 열렸고, 연례 사경회에도 전보다 더 많은 사람들이 참석했으며, '날연보'(day-preaching)라고 부르는 것이 더 광범위하게 약정되었고, 수많은 전도지들과 쪽성경들이 판매되었다. '날연보' 약정자들은 약정한 날들에 자비량으로 집집마다 마을들마다 다니면서 복음을 전했다. 그들은 그런 일을 할 때면 전도지들과 쪽성경들을 가지고 나갔다. 사복음서와 사도행전이 1전(50센트 이하의 금액)에 팔렸고, 이러한 성경책들과 전도지들이 한국 예수교서회에서 출판되었다.

대구 선교기지 관할지역의 연례 남자사경회에서는 500명의 남자들이 1만 6천 권의 쪽복음서를 샀고, 평양에서는 800명의 남자들이 2만 6천 권을 샀으며, 선천에서는 1,100명의 남자들이 3만 5천 권을 샀다. 재령에서는 1만 일의 날연보가 약정되었고, 평양에서는 청중 1,800명이 2만 2천 일 이상을 약속하였다. 부산에서는 남자 400명이 연례사경회에서 3,500일을 약정하였고, 거의 1만 권의 마가복음서를 샀다. 사경회가 열린 10일 동안 평균 200명의 남자들이 매일 여러 무리를 지어 나가서 반경 3마일 내에 있는 모든 마을들에 복음을 전파하였다. 의주에서는 여자사경회가 끝났을 때 345명의 여자들이 2,300일의 날연보를 약속하였고, 1,200권의 쪽복음서를 샀다.

캠페인 기간의 집계를 따르면, 한국 기독교인들이 10만 일을 전도하는 데 사용하였고, 수백만 부의 전도지들과 70만 권의 쪽복음서를 배포하였으며, 한국의 거의 모든 가정을 방문하였다.[12] 평양 중앙교회는 10일간의 전도운동에서 700명의 결신자를 얻었는데, 7만 3천 부의 전도지들이 학교 인쇄소에서 제작되어 배포되었다.

이 운동을 통해 백만 명이 새로 개종했다고 말하는 사람은 없다. 어떤 사람은 그 슬로건 자체가 실수였다고 생각한다. 그 후 일 년 안에 많은 새 개종자들이 떨어져나갔다. 그러나 백만 인 구령운동이 매우 유익했다는 데는 모두가 일치하고 있다. 일본의 한국병합이 멀지 않았지만 이 운동은 한국인들의 마음속에서 슬픔을 몰아내고 희망의 빛을 심어주었다. 교회는 날로 번창해 그 숫자가 확연히 증가하였다. 평양 지역에서 블레어 목사는 자기의 담당구역 내에서 새로운 기독교인 집단이 지난 5년 동안보다 더 많이 조직되었다고 보고하였다. 홀드크로프트(J. G. Holdcroft) 목사의 담당구역에서는 700명이 학습문답을 받은 것으로 보고되었다. 스왈른 박사의 구역에서는 그 해에 거의 800명이 세례를 받았고 1,100명 이상이 새로 학습문답을 받은 것으로 보고되었다. 번하이즐(C. F. Bernheisel)의 구역에서는 440명이 세례를 받았고, 거의 700명이 학습문답을 받았다. 백만 인 구령운동은 사실상 1907년 대부흥운동의 연속선상에 있었으며 교회의 성장을 가져왔다. 우리 선교회 관할지역에 있는 한국 장로교회 편에서는 세례자 수가 1906년부터 1908년 사이에 57퍼센트 증가하였고, 전체 교인수는 66퍼센트 증가하였으며, 다음 2년 동안(1908-1910) 전체적으로 세례자는 65퍼센트, 교인수는 63퍼센트 증가하였다. 1906

김씨 귀방
그녀는 평안북도에서 교회사역을 위해 돈을 낸 최초의 한국인이다.

이씨 종광
여러 해 동안 주일과 수요일마다 6마일을 걸어서 교회에 왔다.

김익두 목사
유명한 복음전도자

이용설 장로
유명한 의사. 의학교 학장. 주일학교 감독

교회를 세운 사람들

년과 1910년의 통계를 비교하면 세례자의 수가 두 차례의 부흥운동 기간에 1만 2,500명에서 3만 2,500명으로 늘었고, 전체 교인수는 4만 4천 명에서 11만 명으로 늘어 각 부흥운동마다 150퍼센트의 증가율을 보였다. 비록 그 기간 동안 증가율은 목표한 것에는 이르지 못했지만, 부흥운동이 가져온 무형의 성과는 사라지지 않았다.

데이비스는 부흥운동 기간에 석 달 동안 한국에 머물러 있으면서 12곳의 선교기지들을 방문하였으며, 포켓성경연맹(Pocket Testment League)을 조직하였다. 그 연맹의 총무는 첫 해에 2만 2,500개의 서약카드들을 수합하였다. 그의 어머니 데이비스 여사도 성경성공단(Bible Success Band)을 후원하였는데, 그 기금은 지금까지 매년 암송을 위한 성경구절 목록을 인쇄하는 일에 지급되었다.

3. 다른 부흥운동들

그 밖에도 전도를 위한 특별한 노력들이 많이 있었다. 그 중 하나는 1920년 가을에 진행된 '김익두 부흥운동'으로 알려졌다. 김 목사는 '한국의 빌리 선데이(Billy Sunday)'라고 불리기도 한다. 그는 황해도 시골지역의 목사였으며, 재령시 최초의 주일학교 교사였다. 그는 처음에 자기를 쫓아냈던 마을에 강력한 교회를 세웠다. 그는 독특한 방법들을 써서 전도를 아주 많이 했기 때문에 이내 전국의 다른 지역들에서도 전도집회를 이끌어달라는 요청을 받기 시작했고, 그리하여 지난 15년간 전도사업에 전념해왔다.

1920년에 서울에 오라는 초청을 받아들이면서 그는 빌리 선데이가 뉴욕이나 시카고로 갔던 것보다 더 어려운 일도 감행했다. 김씨는 소박한 사람이었고, 때로는 세련되지 못한 태도와 말씨를 보였다. 그는 학자가 아니어서 한문 고전에 대해서나 현대 지식에 대해서나 한국인의 기준으로 보면 무식하였다. 서울 사람들은 한국의 모든 시골 사람들을 마치 갈릴리 사람처럼 여기는 경향이 있었는데, 이 사람은 부자도 아니었고, '양반' 계층에 속하지도 않았다. 그런데도 그는 서울에서 그곳의 역사상 사람들이 가장 많이 모인 일련의 부흥집회를 이끌었다. 처음에는 그 집회가 중앙(승동)장로교회 예배당 안에서 시작되었지만, 이내 강단이 바깥의 교회 계단으로 옮겨졌다. 그것은 군중이 안팎으로 6, 7천 명 이상 모이곤 했기 때문이었던 것으로 짐작된다. 확성기가 없이 전도자의 목소리로

만 전달해야 하는 상황이었기 때문에 그는 금방 목이 쉬었다. 매일 새벽기도회에 600명 이상이 참석하였고, 기도회나 성경공부 시간에는 훨씬 많은 수가 참석하였다.

어떤 저녁집회에서는 1,750원의 헌금이 거두어졌다. (당시에 1원은 약 50센트였다.) 거기에는 반지 200개, 은시계 20개, 금시계 2개, 은비녀 200개, 여러 점의 옷들, 신부의 장신구들 등등이 포함되어 있었다. 한 장로는 400원을 바쳤다. 이 헌금에 의해 4명의 전도자들–남자 두 명, 여자 두 명–이 한 해 동안 고용되었다.[13)]

'김익두의 집회'가 전국적으로 관심을 끌었던 이유는 그가 환자들과 귀신들린 사람들을 위해 기도했기 때문이었다. 보고서는 그가 기적을 행하는 사실을 지적하였다. 여러 해 동안 많은 환자들과 귀신들린 사람들이 그 집회로 이끌려왔다. 이러한 특징은 그의 집회가 인기 있게 만드는 동시에 반대도 유발하였다. 학생들은 지금도 사경회들에서 필자에게 김씨가 기적을 행했는지 그렇지 않았는지에 대해 묻고 있다. 김씨 자신은 결코 자기가 행했다고 주장하지 않았다. 그는 단순히 환자를 위한 성경적인 기도 방법을 따랐을 뿐이라고 말했다. 많은 선교사들과 교회지도자들은 많은 환자들이 도움을 받거나 치료를 받았고 몇몇 경우에는 귀신이 쫓겨나갔다고 주장했다. 다른 한편 치료받지 못한 사람들도 많았다. 근래 수년간은 김씨가 집회에서 옛날처럼 그런 일을 두드러지게 나타내지 못했다. 그는 기도의 사람으로 밤늦도록 오래 기도하고 새벽 일찍 일어나 기도하는 사람으로 알려졌다. 그의 방법들은 성경적이었다. 그의 이적명증서가 널리 유포되었던 것은 유감스런 일이었다. 김씨는 지금도 대표적인 부흥사의 한 사람으로 일하고 있다. 그의 집회에 참석한 청중들의 총수는 아마도 다른 어떤 연사들의 그것보다 많을 것이다. 은퇴한 평양의 길 목사도 아직까지 인기 있는 부흥사이며 전국에서 집회를 이끌고 있다. 오늘날 그들보다 젊은 부흥사들이 많이 있지만 늙은 이 두 사람이 훨씬 더 많은 요청을 받고 있다.

미국의 다른 부흥사들도 한국을 방문하였다. 1923년 가을에 바이더울프(W. E. Beiderwolf, D.D.) 목사, 호머 로드히버(Homer Rodeheaver)와 그의 형제 조셉(Joseph), 그리고 세익스(Saxe) 양과 헤이(Hay) 양이 와서 한국인들과 선교사들을 위해 많은 집회를 열었다. 그러한 방문의 한 결과로서 로드히버가 한 유망한 한국인 청년을 발견하고 미국으로 데려가 시카고에 있는 건 음악학교(Gunn School of Music)에서 음악을 공부하도록 도와주었다. 지금 한국에서 '로디' 현(Rody Hyun)으로 알려져 있는 그 젊은이(역

자주:현제명)는 연희전문학교에서 음악을 가리치고 있으며, 뛰어난 기독교인으로서 전국의 수양회에서 음악을 인도하고 전도하는 성악가로 가장 널리 알려져 있다. 1930년 가을과 1931년 봄에 애스베리 대학의 전도팀-언비(Ernby), 크라우스(Krause), 커크패트릭(Kirkpatrick)-이 한국을 방문했다. 그들은 전국 여러 곳에서 집회를 열어 악기들을 연주하고, 노래하고, 메시지를 전하여 가는 곳마다 부흥의 불길을 일으켰다. 그들이 평양에 왔을 때는 대학 체육관 강당에 5천 명 이상의 사람들이 모여 입추의 여지가 없었다.

각 지역에서 뿐만 아니라 전국적으로도 부흥운동 성격의 전진운동이 개최되었다. 한국 장로교회 총회는 몇 차례 전진운동의 해를 제정하여 추진하였다. 여기에서 선교회의 일부 회원들이 참여하여 지도하였다. 서울의 '김익두 부흥운동'에 뒤이어 이 전진운동을 이끌면서 블레어 목사는 열 개의 전도지 시리즈를 마련할 것을 요청하였다. 전도지들 각각에는 그가 그린 그림이 들어 있었다. 이것들은 120만 부 이상 팔렸다. 다시금 1926년이 부흥을 위한 해로 특별히 구별되었다. 현재 3년(1931-1934) 전진운동이 진행 중이다. 첫 해는 기도하고 성별하고 성경을 읽으며 공부하는 해로 보냈다. 여러 노회 회원들, 각 교회 임직원들, 각 교회 교인들이 모임을 가졌다. 신구약 성경을 읽기로 결심할 것이 요청되었다. '낱장 달력'으로 알려진 것을 예수교서회가 출판하였는데, 1932년 한 해 동안 신약성경 전체를 읽을 수 있게 짜여 있었다. 이것은 4만 장 이상 팔렸다. 어떤 선교회의 선교기지들은 이 달력을 많이 사서 모든 기독교인 가정에 하나씩 나눠주었다. 제2년도를 위해서는 『예수의 생애』(*Life of Jesus*)를 백만 부 인쇄할 계획을 세웠다. 이 책은 마가복음에서 내용을 취했으며, 그 안에 비기독교인을 향한 설명문이 들어 있었다. 기독교인들을 이것을 전국의 전도집회들에서 사용했으며, 마을들마다 집집마다 다니고 사람들마다 붙들어 전도하면서 사용하였다. 140만 권이 배포되었다.

물론 원하는 대로 부흥이 되었다거나 부흥을 위한 이 모든 노력이 똑같이 성공을 거두어왔다고 말할 수는 없다. 그러나 그로 인해 얻은 결과는 모두 성공적이었다. 부흥을 위한 이 모든 노력은 많은 기도와 개인전도를 수반했다. 어떤 때는 진정한 부흥운동이 되었지만, 교회가 해야 할 일이라는 의무감에서 치러진 경우도 있었다. 그리스도를 전국 곳곳에 거듭해서 지속적으로 알리려면, 그리고 이를 실행하려면 교회가 반드시 정화되고 기도하며 전도자의 마음을 가져야 한다. 이 나라를 휩쓰는 정치적 · 상업적 변화, 교육 중시, 세속적이고 현대적인 문헌들의 홍수 등으로 인해 부흥운동을 강조하는 일이 몇 년 전과 같지 않게 되고 있다. 그러나 지금도 이 나라의 어느 곳에서는 매년 부흥이 일어나고 있다. 선교사들과 한국교회 지도자들은 십자가의 복음을 계속해서 전파하는 일만이 한국교회의 뛰어난 성장을 지속시키고 한국을 속히 그리스도의 것으로 만드는 일을 보장하는 유일한 방법임을 잘 인식하고 있다.

:: 주석

1) L. H. *Underwood, Underwood of Korea*, p. 224. (본문 가운데 각주 표기가 나타나지 않음.)
2) *Korea Mission Field*, January, 1914, p. 24.
3) L. George Paik, *History of Protestant Missions in Korea*, pp. 354–55.
4) W. N. Blair, *The Korea Pentecost*, p. 42.
5) *Minutes, Korea Mission, 1906, Presbyterian Church*, U.S.A., p. 26.
6) W. N. Blair, *The Korea Pentecost*, p. 43.
7) *Ibid*., p. 45.
8) L. George Paik, *History of Protestant Missions in Korea*, p. 349.
9) K. S. Latourette, *History of Christian Missions in China*, pp. 574, 582.
10) H. G. Underwood, D.D., "The Growth of the Korean Church", *Missionary Review of the World*, Feb. Mar, 1908.
11) L. George Paik, *History of Protestant missions in Korea*, pp. 360–61.
12) *Korea Mission Field*, January, 1911, p. 5.
13) *Ibid*, June, 1921, p. 113.

제 9 장

한국 선전운동

교인들은 일시에 크게 증가하였으며, 그 예로 1907년 대부흥운동은 '밭이 희어져 추수하게 되었다'고 표현될 만큼 어마어마한 규모였다. 이는 선교회와 선교부가 더 많은 한국 선교사들을 파송할 필요가 있음을 시사했다. 이는 매년 예산을 크게 증가시켜야 하고 새 자산, 교육, 의료시설, 여행 등을 위해 많은 비용을 추가로 투입해야 하는 문제를 내포하였다.

1907년 가을에 다섯 선교사들, 곧 언더우드(H. G. Underwood, D.D.) 목사, 사이드보텀(R. H. Sidebotham) 목사, 브루엔(H. M. Bruen) 목사, 홀(E. F. Hall) 목사, 샤록스(A. M. Sharocks) 의사가 각자 부인들과 함께 안식년을 맞고 있었다. 언더우드는 안식년 중에 가는 곳마다 한국에 대한 관심을 불러 일으켰다. 스피어(Speer) 박사는 그의 그런 모습에 대해 "그는 미국에 올 때마다 타오르는 횃불과도 같았다. 지치지도 않았고, 아프지도 않았고, 움츠려들지도 않았다"라고 기록했다.[1] 언더우드 박사는 많은 한국 선교사들 각자의 지도자였던 동시에 '한국 선교의 아버지'라고 부를 만했다. 1891년 그는 내쉬빌에서 신학교 선교연맹(Inter-Seminary Missionary Alliance)을 향해 연설했고, 버지니아와 노스캐롤라이나를 여행하며 남장로교 총회에서 연설하여 1892년에 한국 남장로교 선교회가 세워지는 결과를 낳았다. 소래의 맥켄지(W. J. McKenzie) 목사가 1895년에 죽었을 때는 언더우드 박사가 한국인들의 호소문을 번역하여 캐나다 장로교회에 보냈고, 그에 따라 1898년에 캐나다 장로교 선교회가 설립되었다. 그러므로 언더우드의 지도 아래 한국을 선전하는 운동이 벌어졌던 것은 놀랄 일이 아니었다. 위에서 언급한 다섯 명의 선교사들은 뉴욕에서 함께 오찬을 나누고 다음날 선교부로 가서 각자가 한국이 필요로 하는 것들에 대해 간략히 설명하는 기회를 가졌다. 그곳에 있던 맥아피(McAfee, D.D.) 목사-당시에 선교부의 일원이었고, 현재 한국 총무로 있다-는 그들의 말을 듣고서 선교부를 향해 "형제들이여 이 일을 위해 우리가 무엇을 해야 할까요?"라고 말했다. 1907년 10월 29일에 실무협의회가 모였고, 11월 7일에 선교부는 조지 알렉산더(George Alexander)를 의장으로 하여 다음과 같은 결정을 내렸다.

"협의회의 선교사들과 직원들은 새로운 선교사들의 상주가 불가피하다는 선교회의 판단에 동의한다. 또한 두 번째로 교육시설을 강조하는 것에도 동의한다. 또한 교육사업을 담당하고 빠르게 성장하는 전도사역을 지도할 20명의 새 선교사들이 필요하다는 데에 동의하며, 그러므로 이런 취지에서 이 새 사역자들을 위해 매년 4만 달러가 필요하고 그들의 새 거주지들을 위해 1인당 3천 달러 혹은 6만 달러가 필요하다는 데에 동의한다. 필요한 금액은 현재 현장에 있는 선교사들을 위해 1만 8천 달러, 현재 있는 학교들과 새로 세워질 학교들, 20가족의 새 선교사들과 그들의 주택 20채를 위해 5만 달러로 추산된다."[2)]

한국 선교회가 1907년 9월 20일에 내린 결정은 그 내용이 마펫(S. A. Moffett, D.D.) 목사에 의해 다음과 같이 알려졌다. "한국 선교회가 2년 내에 의사 3명, 전도와 교육 사역을 행할 안수받은 목사 17명, 전도와 교육 사역을 행할 독신여성 20명을 임명받아 인력을 보강하게 된다면 새로 선교기지 두 곳을 개설할 수 있게 되고 현재 있는 선교기지들의 인력을 최소한이나마 보강하게 될 것이며, 이렇게 보강된 인력으로 한국 복음화와 교회교육에 대한 책임을 감당할 수 있게 된다면 한국 선교회를 보강해주도록 우리가 선교부에 요청했던 일이 해결될 것이다."[3)]

선교회의 요청과 선교부의 결정이 지나치지 않았던 것은 선교부가 1906년 12월 26일자로 선교회로 편지를 보내 엘리스(W. T. Ellis)란 유명한 평신도가 관찰한 결과 "한국을 위해 백 명의 새 선교사들을 보낼 것을 권고한다"라고 한 말을 전했던 사실에서 판단할 수 있다.

안식년을 맞고 있는 선교사들은 선교부의 도움을 받아 즉시 열정적으로 캠페인을 벌이기 시작했다. 나중에는 에비슨(O. R. Avison) 박사, 헐버트(H. B. Hulbert), 그 밖의 사람들이 이 위원회에서 함께 활동했다. 『위기의 한국』(*Korea's Crisis Hour*), 『한국에 투자할 좋은 기회』(*Opportunities for Investment in Korea*) 등과 같은 팜플렛들이 발행되었다. 그들은 동쪽의 캔자스(Kansas) 시를 필두로 주요 도시들을 찾아다녔고, 또한 대학들, 신학교들, 의학교들을 방문하였다. 1909년의 초겨울에는 언더우드 박사, 헤이슬리(Hasley) 박사, 그 밖의 사람들이 태평양 해안지역에서 운동을 벌였다.

처음에는 작은 결과를 얻었다. 맨 처음 받은 큰 선물은 시카고에서 한 남자가 보낸 1만 달러였다. 일 년이 지나지 않아 캠페인을 통해 관심이 크게 고조되었다. 많은 기부금들이 답지하고 선교원자들이 생겨났다. 1908년에 22명의 새 선교사들이 현장으로 떠났으며, 1909년에는 14명이 더 출발하였다. 처음 10개월 안으로 11만 2,879달러가 확보되었다.[4] 선교회는 1908년 8월에 7만 5천 명당 남녀 선교사 한 명씩을 기준으로 하고 여기에 더해서 "사역의 대부분은 토착민 사역자들이 수행하게 한다"는 방침을 정했다. 당시에 선교회는 "앞으로 2년 안에 현재 상태의 우리 사역자들과 충당금 외에 20명의 남자들과 그들의 부인들, 17명의 독신여성들이 더 필요하며, 이후 15년간 결원을 메울 인력으로서 매년 6명의 남녀 선교사들이 필요하다. 우리는 새 자산의 매입, 봉급 수령, 여행 등에 필요한 비용 외에도 현행 토착민 사역을 위해 매년 3만 원의 충당금이 더 필요하다"고 말했다.[5] 이듬해, 곧 1909년 8월 26일에 선교회는 한국 선전운동이 종료되었다고 여기고 그 운동의 결과를 다음과 같이 요약, 진술하였다. 현장에 있거나 임명된 선교사들 혹은 제공된 기금을 받은 자들이 52명이고, 제공된 주택이 21채이며, 여전히 필요로 하는 주거지, 병원, 교육관, 땅, 기타 잡다한 일을 위한 금액이 8만 달러이다.[6] 이미 받아들인 선교사들의 목록에는 결원을 보충한 6명, 안수 받은 목사 10명, 의사 2명, 독신여성 9명, 선교사 아내 9명이 포함되어 있다. 결론적으로 "이 목록에서 1907년에 요청했던 숫자를 채우려면 성직자 7명, 의사 1명, 독신여성 8명이 더 와야 하며, 우리는 선교부가 이 인원을 다 채워서 보내주기를 간절히 요청한다"고 진술하였다. 언더우드 부인(L. H. Underwood)은 그녀가 쓴 책들 중의 하나에서 17만 617달러를 약정하였다고 기술하였다.[7]

선전운동이 종료되었던 해는 선교회 창립 25주년을 기념하는 해였다. 한국 총무 아더 브라운(Arthur J. Brown) 박사와 브라운 부인이 25주년 기념식을 위해 한국에 왔다.

선교회의 고참 회원인 언더우드 부부도 안식년에서 막 돌아왔다. 언더우드 박사는 선전 위원회에 관해 보고하라는 요청을 받았다. 그의 보고는 선교회 회의록에서 다음과 같이 기록되어 있다. "그가 일어서자 긴 박수로 그를 환영하였으며, 그 모든 캠페인을 통해 받은 수많은 직접적인 기도응답들과 하나님의 놀라운 이끄심에 대한 전율할 만한 그의 설명은 선교회를 감동시켜 크게 감사하고 그 일에 대해 깊은 책임감을 느끼게 만들었다." 한국 선전운동이 시작되기 전 해에는 선교회에 79명의 회원들이 있었다. 그 일이 끝난 다음 해에는 113명이 있었고, 43퍼센트의 증가율을 보였다. 새 선교사들이 필요했던 사실은 다음의 비교로써 입증될 것이다. 전체 세례자수와 교인수가 약 15퍼센트 증가하였다. 보통학교의 수-115개에서 606개로 늘었다-와 주일학교 학생수-1만 7,894명에서 8만 7,117명으로 늘었다-는 4배 이상 증가하였다. 교회들에서는 열한 달(1908-1909) 동안 6,500명의 성인이 세례를 받아 27퍼센트의 증가세가 이루어졌다. 주중 사경회는 일 년에 800회가 개최되어 총 5만 명이 등록하였다. 대부흥운동이 일어난 해(1907)에 한국인 목사들이 최초로 안수를 받았고, 1910년에는 한국인 목사가 20명 미만이 되었고, 교회와 집단은 거의 1천 개에 이르렀으며, 세례자는 2만 5천 명, 교인은 11만 명이 있었다. 이 모든 사실은 더 많은 새 선교사들이 매우 절실하게 필요했던 것을 뜻했다. 복음을 전해 듣기를 열망하는 수많은 비기독교인들을 위해서는 더 말할 것도 없었다. 한국 선전운동은 필요한 일이었으며, 한국교회가 생각해온 대수확의 시기에 상황을 타개하는 힘이 되었다.

선전운동이 조직되었을 때(1907) 선교회에는 부인들 외에 46명의 회원들이 있었다. 그들은 여기에 40명-남자 20명과 독신여성 20명-을 더 요구했으므로 총 86명을 요구한 것이었다. 이 목표는 14년 후인 1921년에야 실현되었다. 이때 부인들을 제외한 전체 인원이 93명이었고 선교회 회원은 총 150명이었다. 이 인원은 이후 여러 해 동안 유지되었으며, 가장 많았을 때는 1925년으로 162명에 이르렀다. 그러나 그 후 다시 평균 155명의 회원으로 줄어들었다. 선교회가 결원을 메우기 위해 매년 6명-그 부인들은 제외-의 선교사들을 새로 보내달라고 요구했지만, 실제로는 20년 동안(1911-1930) 매년 평균 $3\frac{1}{2}$명을 받아들였다. 반면에 같은 기간에 사망과 사임으로 매년 $2\frac{1}{4}$명의 손실을 보았다. 이 일로 25명-그 부인들은 제외-이 증가하였다.

1917년에 두 번째로 선교부를 향해 인력보강을 위한 간절한 호소가 행해졌다. 한국 선교회의 실행부가 작성한 그 호소문은 연례 모임 회의록에서 타이프의 작은 글자로 8

페이지에 달했다. 실행부의 판단에 선교회는 한국 선전운동 때 요청했던 11명의 사역자가 여전히 부족한 가운데 있었다. 선교기지들이 필요로 하는 자세한 사역자 목록이 제출되었는데, 새로 14명의 사역자들이 당장에 매우 절실하게 필요하고 21명은 조금 후에 필요한 사실을 보여주었다. 1921년에 이르러 14명을 받았으나, 1925-25까지는 21명의 절반만 충원 받았으며, 사망, 사임, 은퇴로 인해 손실을 입었다. 인력 보강이 필요한 이유들 중 일부는 다음과 같았다. "교육사역과 일반 훈련사역의 큰 증가, 새로운 선교대상지 발생, 향상을 향한 욕구 증대, 현장관리의 부담 증가, 어려움의 고조와 인구수의 증가 등이다." 이러한 문제점들은 지금도 인력 강화를 필요로 하게 하는 충분한 이유가 된다. 학생들 사이에서 더 많은 사역을 행하지 못하고, 더 많은 사회봉사 사역, 더 많은 신문발행과 병원 전도를 행하지 못한 이유는 사역자들과 기금이 부족한 데에 있다.

이런 질문이 곧잘 제기된다. 이제부터 한국에서 선교사들의 수를 점차 줄여갈 수 있을 것인가? 선교회는 토착민들에게 그 문제에 대해 항상 대답해왔다. 선교회는 해를 거듭하며 30명의 추가 사역자들을 요청하고 있다. 한국 선교지의 교회들 가운데 인구 비율면에서 한국교회의 힘을 보여줄 수 있는 교회는 거의 없다. 한국에서는 아직도 인구 100명 당 2명만이 기독교 신앙을 고백하고 있다. 매년 25만 명의 인구가 빠르게 늘어나는 까닭에 한국에는 선교사들이 사역을 처음 시작했을 때보다 비기독교인들이 수백만 명이나 더 많이 있다. 한국교회가 무수한 비기독교인들에게 공격적으로 복음을 전파할 사역자들이나 자금을 충분히 갖고 있지 못하는 한 선교사들의 수는 줄일 수가 없을 뿐만 아니라 가능한 모든 한도 안에서 그 수를 늘려야 한다. 그렇지 않으면 한국교회가 이 땅의 비기독교인들의 힘에 압도되고 말 것이며, 다른 나라들에서 다른 때에 일어났던 비극이 일어나고 말 것이다. 이는 도와주기만 해서는 안 된다는 문제를 초월한 문제이다. 토착교회가 자신들의 능력을 최대한 활용하지 않고서 도움을 의지하려는 경향만을 보인다면, 그럴 때는 돕는 일이 방해가 된다. 지금까지 한국교회는 강력하고 과감하게 때로는 마치 사도시대와 같이 일해왔다. 만일 그대로 내버려둔다면, 오래 동안 살아남기는 하겠지만, 모든 가능성을 생각해볼 때 승리의 생활을 하거나 성장하지 못하게 될 것이다. 그들은 앞으로도 여러 해 동안 선교사들의 모본과 도움을 필요로 할 것이다. 긴급한 상황이 발생해 도움을 줄이기보다 오히려 더 많은 도움을 요청할 수도 있다.

다른 나라들은 한국보다 더 적게 갖춰져 있다는 주장이 나올 수 있으며, 그것은 사실이다. 그러나 다른 어떤 곳의 약한 끈을 강하게 만들기 위해 한국의 너무나 약한 끈을 내버려둔다면 어느 곳의 전투에서도 승리하지 못할 것이다. 기독교 국가들의 교회가 피선교 국가들에 대한 사역을 계속 지원할 수 없다는 주장이 때때로 제기되고 있다. 만일 지원할 수 없다고 한다면, 마지막 때에 두 국가 모두가 재앙을 맞게 될 것이다. 기독교 국가들의 교회는 그 능력을 좇아 선교회들의 사역을 지원하는 일만을 할 수 있을 뿐으로 교회의 머리가 내린 대위임령을 소홀히 할 수도 실행하지 않을 수도 없다.

위기가 증대되는 데에 따라서 또 다른 한국 선전운동이 행해져왔고, 앞으로도 행해질 것이다. 최근 수년간 선교회는 최고의 노력을 기울여왔다. 여기에는 선교회의 중등학교들을 구제해달라고 선교부와 본국 교회를 향해 끊임없이 호소해 왔던 일이 포함되어 있다. 이 문제는 다음 장에서 설명될 것이다. 선교회들이 앞으로 여러 해 동안 필요한 것들에 관해 진술하고자 한다면, 그들이 무오류한 자들은 아니지만, 최선의 판단과 지혜를 좇아서 행해야 한다. 그들은 과장해서 집계하기보다 줄여서 집계할 가능성이 높다. 한국에서 발생해왔던 여러 경우들처럼, 예기치 않은 정치적 동향, 사회 격변, 상업과 과학을 추구하는 심적 태도가 그들이 기대하는 교회의 발전을 더디게 만들 수가 있다. 그 같은 환경에 처하면 선교회들은 다시 조사를 할 수밖에 없고 필요사항에 대해 재집계한 것을 제출할 수밖에 없다.

필자는 1907-1909년의 한국 선전운동 결과로 보강된 인력 가운데 먼저 온 사람들의 한 명으로 한국에 왔다. 당시에는 현재 한국에서 성취하고 있는 것처럼 장차 성장하게 될 것을 예언한 사람이 없었다. 그때 그들이 모두 잘못 보았다고 말할 사람은 없다. 우리 선교회 편에서 볼 때, 그리고 선교회와 연계된 교회 편에서 볼 때, 선교사들의 수가 거의 갑절이 되는 동안 교회의 수도 그렇게 되었다. 1907년과 1929년의 선교회 통계를 비교하면, 전체 교인수는 갑절 이상이 되었고, 주간학교와 주일학교의 학생수는 3배가 늘었고, 한국인 조사들의 수는 4배가 늘었고, 교회의 전체 헌금 액수는 9배가 늘었다. 그러므로 투자한 양 이상을 보답으로 받아온 것이다.

:: 주석

1) Lillias H. Underwood, M.D., *Underwood of Korea*, p. 108.

2) *Ibid.*, pp. 265–273.

3) *Annual Meetings Minutes, 1907, Korea Mission, Presbyterian Church, U.S.A.*, p. 51.

4) *Korea Mission Field*, January, 1914, p. 25.

5) *Annual Meetings Minutes, Korea Mission*, 1908, p. 8.

6) *Ibid.*, 1909, pp. 35–36.

7) Lillias H. Underwood, M.D., *Underwood of Korea*, p. 272.

8) *Annual Meetings Minutes, Korea Mission*, 1917, pp. 20, 29.

제 **10** 장

• • •

추가로 설치된 선교기지

한국 선전운동은 선교회의 복음전도와 다른 사역에 제2차 대확장의 계기가 되었다. 3년 내로 세 곳에 선교기지들(청주, 강계, 안동)이 개설되었고, 개설을 계획했던 다른 한 선교기지(원주)는 1909년의 지역분할로 감리교 선교회에 양도되었다.

마지막에 언급했던 이 선교기지(원주)는 강원도의 11개 군에 있는 집단들-대부분 남감리교로 넘겨졌다-로 이루어져 있었다. 여기에 충청도와 경상도의 몇 개 군들이 더해졌다. 이 지역은 넓이가 동서로 130마일이었고, 길이가 남북으로 50마일이었다. 인구는 35만 명이었다. 선교기지가 있는 원주는 강원도의 옛 중심지였고, 인구는 4만 5천 명이었다.[1]

1908년 선교회는 "원주를 방문해 부지를 결정할 실행권을 지닌" 위원으로 성직자 두 명과 의사 한 명을 임명함으로써 이 기지의 개설을 향해 확실한 행보를 시작했다. 임명된 위원들은 "클라크(Clark), 밀러(F. S. Miller) 혹은 청주의 다른 회원, 안동지방에 배정된 한 사역자"였다. 이 일을 결정한 1908년의 연례 모임은 안식년 중인 웰번(Welbon)을 또한 원주로 임명하였고, 새 선교사들 중의 한 명인 램프(H. W. Lampe)를 "서울에 있으면서 원주를 위해 일하게" 하였다.[2] 그 후 1909년 2월에 로버트 던랩(Robert Dunlap, 그는 결국 원주 대신 중국 지푸로 갔다.)이 원주로 임명되었다. 그러나 그가 한국에 오지 못하게 됨에 따라 플레처(Fletcher) 박사가 1909년의 연례 모임에서 이 새 선교기지에 임명되었다.

1909년에 그 전 년부터 임명되어 있던 위원회가 원주를 방문하여 20에이커의 땅을 부지로 선정하고 실질적으로 모두 확보했다고 보고하였다.[3] 그 해에 보고된 통계에서는 서울 선교기지가 관할하는 강원지역에 40개 기독교집단, 69명의 세례자들, 75명의 학습교인들이 있다고 집계되었다. 1909년 가을의 지역분할로 이 구역과 자산이 감리교 선교회에 넘어갔으며, 그 후 감리교 선교회가 선교기지를 이끌어갔다. 현재 그곳에는 두 명의 여성사역자가 상주해 있다.

이 장에서는 보다 최근에 설치된 선교회의 선교기지들의 역사를 차례로 간략하게 설명할 것이다. 만주에 있는 신빈 선교기지는 한국 선전운동의 산물이 아니라 1914년 호주장로교 선교회에 우리의 부산 선교기지를 넘긴 결과 개설할 수 있게 된 곳이다.

1. 청주

청주읍은 서울에서 남쪽으로 130마일 떨어진 지점에 있으며, 충청북도의 중심지이다. 이 읍은 천 년 전에 한국 불교의 중심지였다. 4백 년 전에 성벽이 세워졌으나, 길을 내기 위해 제거되었다. 1894년에는 한국 정부에 저항했던 동학 반란군의 중심지였다. 옛날 이곳에서 열린 5일장에는 6천 명에 달하는 사람들이 모여들었다. 선교기지가 개설되었을 때는 조치원(일본명은 조치인)을 지나는 철도가 이 읍에서 13마일 떨어져 있었으나, 그 후 지선이 놓여 이 읍을 관통하고 있다. 1932년에는 청주의 인구가 1만 2,539명이었고, 그 중 2,791명이 일본인이었다.[4]

한국에 개신교가 전해지기 오래 전에 청주는 가톨릭의 중심지였다. 그러다 1866년의 대박해로 수많은 기독교인들이 돌다리에서 순교하였는데, 현재 그 다리가 놓인 강 부근에 개신교회가 있다. 흥미를 유발하는 우연의 일치로서 이 선교기지의 개설을 위해 임명받은 이래 지금까지 이곳에서 상주하고 있는 선교회 회원이 가톨릭교인들이 몰살되었던 그 해(1866)에 태어나 그들의 뒤를 이어 현재의 개신교 운동을 지도하고 있다.

처음에는 충청남북도를 하나의 선교구역으로 여겼다. 개신교 선교 초기에 감리교 선교회의 아펜젤러(Appenzeller), 존스(Jones), 맥길(McGill), 당시에 토론토 Y.M.C.A.를 대표하고 있던 게일(J. S. Gale) 목사와 하디(Hardie) 의사, 호주장로교 선교회의 데이비스(J. H. Davis), 우리 선교회의 베어드(W. M. Baird), 남장로교 선교회의 레이놀즈(Reynolds), 테이트, 그 밖의 사람들이 여러 차례 횡단하였다. 1893년 1월 28일 '장로교 정치를 하는 선교공의회'의 제1회 모임에서 장로교 선교회들은 남장로교 선교회가 "미 점유지역인 충청, 전라 두 도를 차지하도록" 합의하였다. 그러나 1896년 남장로교 교회의 외국 선교회 관련 보고서에 따르면, "[한국] 선교회는 실질적으로 [그들에게 허용된] 충청도, 두 도 중에서 …… 한 곳을 …… 침례교 형제들에게 넘겨주었는데, 그것은 인력 부족 때문이었다."[5)]

침례교 선교회는 '엘라 팅 기념 선교회' (Ella Thing Memorial Mission)라고 알려져 있었다. 이는 고든(A. J. Gordon) 박사가 목사로 있는 보스턴의 클래런던 스트리트 침례교회(Clarendon Street Baptist Church)의 집사인 팅(S. B. Thing)의 딸을 기념한 것이었다. 그들의 선교사들은 1895년에 맨 처음 도착하였고, 곧 충청도에 정착해 공주를 중심지로 삼았다. (VI장을 보라.) 침례교 선교회가 재정난으로 1900년에 철수했을 때 그곳에서 시작되었던 사역이 독립선교사인 펜윅(Fenwick)에게 넘어갔다. 그는 한국인들의 도움을 받아 원산에서 그 일을 감독하였다. 침례교인들이 철수하자 우리 선교회와 감리교 선교회가 그 도의 점유를 주장하며 서울에서 사역을 관장하려 했다. 그러나 선교사들은 지역분할에 관해 합의를 이루지 못했다. 감리교인들은 일찍이 청주에서 교회를 시작하고 있었다. 밀러 목사는 "침례교인들과 장로교인들의 합의 하에 충청도가 침례교인들에게 할당되었다. 우리는 그들이 사역을 포기하기까지 들어올 수가 없었다. 그로 인해 우리의 진입이 지체되어 다른 장로교인들이 사역을 시작한 지 10년이 지나서야 들어올 수 있었다. …… 이 중요한 10년 동안 한국교회들이 이미 좋은 출발을 보이고 있었다."

서울 선교기지의 1900년 보고서에는 기포드(D. L. Gifford) 목사의 충청도 여행이 언급되어 있다. 밀러 목사는 1901년 9월에 안식년을 마치고 돌아와 이 도에서 사역하도록 배정받았다.

1) 청주 선교기지의 개설

충청북도에 선교기지를 개설하기 위한 노력은 1902년에 시작되었다. 이때 선교회는 다음과 같은 조치를 취했다. "우리는 3개 선교기지-우리 선교회의 서울과 대구, 남장로교의 전주–사이에 위치한 이 지역에 새 선교기지를 개설하도록 승인해주기를 선교부에 요청한다. 이 새 선교기지는 공주 또는 그 지방의 어떤 곳에 자리를 잡을 것이다." 마펫(Moffett) 박사, 밀러, 브루엔(Bruen)이 차기 연례 모임을 위한 보고서 작성위원으로 임명되었다.[6] 황해도에서 로마가톨릭 교인들의 개신교인 핍박 사건이 일어나고 대구에서 건강문제가 발생하여 이 위원회는 충청도를 방문하지 못했고, 1903년에 보고하지 못했다. 그러나 1904년의 연례 모임에서 이 위원회는 청주에 새로운 선교기지를 세울 때 일어날 일을 8가지 항목으로 정리하여 보고하였다. 그것은 철도가 지나는 조치원에 서점과 숙소를 세워야 한다는 것, 밀러 목사가 경기도 사역에서 벗어나 새 선교기지 개설 작업을 맡아야 한다는 것, 우선적으로 1,500원이 요청된다는 것, 선교부는 이 선교기지가 어떤 사람이나 교회로부터 특별 기부금을 후원받도록 보장해주어야 한다는 것, 널(Null) 박사 부부를 청주에 임명해야 한다는 것, 새로운 성직자 선교사의 파송을 선교부에 요청해야 한다는 것, 새 선교기지를 개설할 때 밀러와 더불어 마펫 박사가 최소한 한 달을 보내야 한다는 것 등이었다.[7] 밀러가 말했듯이 "선교부는 이 선교기지의 개설을 승인하고도 자금을 지급하지 못했다. 이 선교기지의 회원들은 자기들의 돈을 써서 초기 부지의 절반과 교회 및 학교 부지를 샀고, 새로운 통학학교 교육관들, 임시 예배당, 두 개 성경학원의 임시 교육관들, 그들이 살 집을 지었으며, 나중에 미국에서 온 기금으로 상환받았다."

자산 매입은 1904년 10월에 시작되었다. 1905년 6월에 밀러 부부와 그 자녀가 여러 해 동안 밀러의 개인 조사로 일해 온 김형경 장로와 더불어 청주로 이사했다. 밀러와 김씨는 청주에서 1900년부터 열린 큰 시장을 방문하였다.

1905년 9월에 홀(E. F. Hall)과 해리엇 맥리어(Harriet McLear)가 청주를 위해 일하도록" 서울로 배정되었다. 그들은 한 달 안에 결혼하였다. 그러나 건강문제로 인해 널과 홀 모두 한국에 머물 수 없게 되었다. 1907년 에드윈 카긴(Edwin Kagin)이 홀을 이어 전도사역을 담당했다. 이듬해에는 퍼비안스(Purviance) 박사 부부가 널 부부에 이어 부임하였다. 선교기지는 1908년 8월 1일에야 공식적으로 개설되었다. 그때는 선교회가 선교기지의 개설을 맨 처음 표결한 지 6년이 지난 후였다. 한국 선전운동으로 지원자들과 기금이 마련된 덕분으로 그 여러 해 동안의 수고와 자금의 투여가 가능할 수 있었다. 1908년 쿡(W. T. Cook) 목사 부부와 안나 도리스(Anna S. Doris) 양이 청주로 임명되었고, 건물들과 설비 마련에 필요한 돈도 확보되었다. 당시에는 충청남북도의 인구가 12만 명이었고, 청주읍과 청주군 가운데 4만 8천 명이 이 읍의 15마일 반경 안에 있는 900개 마을들에서 살고 있었다. 감리교 측과의 지역분할이 아직 이루어지지 않았을 때부터 감리교인들은 공주와 인근 지역에서 활동해왔다. 감리교 선교회의 맥길 박사는 1900년에 그곳에서 사역을 시작하였다.

2) 건축 작업

선교기지는 이 읍에서 동쪽으로 3분의 1 마일 떨어진 곳에 아름답게 자리 잡고 있다. 김흥경 장로의 도움을 받아 주택 세 채를 지을 땅으로 넉넉하게 15채의 집들이 매입되었다. 그 후 추가로 집들이 매입되었다. 그 터에서 옛 절의 잔류물들을 볼 수 있으며 기와와 벽돌을 만드는 좋은 흙도 발견할 수 있다. 처음에 필요했던 750달러 가운데 500달러를 펜실베니아 주 윌크스베어(Wilkesbarre)에서 사는 친구들이 부담해주었고, 뉴욕의 코핀(Coffin) 박사 부부가 선교기지의 우물을 설치하도록 100달러를 주었다. 시카고의 포사이드(Forsyth) 부부는 첫 번째 주택을 짓는 데 3천 달러를 주었으며, 그 집은 1906년 여름에 완공되었다.

밀러와 카긴은 건축 과정의 시련과 모험에 대해 기술하였다. 밀러가 1905년 6월에 청주로 이사 와서 처음 입주한 집은 6칸짜리 초가집이었다. "그것은 이 읍에서 선교사 가족이 임시로 살 집으로 구입된 것이었고, 장래에는 수위실 숙소로 사용될 것이었다." 그 해 여름에 다섯 칸짜리 기와집 두 채를 세워 우선 임시 주택으로 사용하였고, 나중에는 성경학원의 임시건물로 사용하였다. 관청의 허가를 받아 그 중 한 집의 초석들을 옛 옥사의 벽에서 가져왔는데, 그 옥사는 가톨릭 순교자들이 갇혀 있던 곳이었다. 옥사의 문에 있던 상인방(上引枋) 돌이 한 선교사집 문의 디딤판이 된 것이었다.

당시에는 가장 가까운 기차역까지 가는 3분의 1 마일 거리에 아직 자동차 길이 놓이지 않고 있었다. 새 선교기지까지 가는 모든 화물은 소나 사람이 지고 날아야 했다. 기차역에서 그곳까지 나르는 비용은 제물포에서 기차역까지 나르는 비용의 두 배가 들었다. 청주 주변 지방에는 나무가 거의 없었다. 폭풍으로 밀러의 친구(민영준, Min Yong Chun)인 전임 관원장의 사유지에 있는 나무들이 일부 쓰러졌다. 그것들은 선교기지에 팔렸고, 남자 12명이 18자까지 대들보를 산 아래로 날랐다. 그 전체 비용은 한국 북쪽지방에서 드는 목재가격의 거의 두 배에 달했다. 일을 감독할 중국인 목수들을 외부로부터 불러와 고용할 필요가 생겼다. 그 지역 한국인 목수의 우두머리가 일에서 물러나려 하지 않았기 때문에 체포되어 한동안 갇혀 있었다. 그러다가 요청을 받고 관청에서 일했다. 이 사람, 곧 이동욱

서 있는 사람-김종섭 목사, 평양의 초대 장로
앉아 있는 사람-왼쪽은 유명한 길선주 목사
오른쪽은 평신도 중의 대표적인 인물인 정익로 장로

박정찬 목사

청주 여자사경회. 1932

정인과(B.D., M.A.) 목사
한국 장로교 종교교육부 총무

은 나중에 이 읍 교회의 초대 장로가 되었으며, 그의 아들은 조사가 되었다. 수많은 한국인 일꾼들이 개종하였다. 어떤 때는 남녀 500명이 건축 작업을 '구경' 하러 그곳을 방문하였다. 첫 번째 영구 주택이 완공될 무렵 "홍수가 나서 계곡에 넘쳐흐르고 읍의 제방을 무너뜨린 후 집 400채를 파괴하고 40명의 인명피해를 냈다. 약 200명의 이재민들이 선교기지 구내로 도망쳐왔다. 그들은 집으로 돌아갈 수 있을 때까지 숙식을 제공받았다. 그때 도움을 받은 일로 많은 사람들이 마음을 열고 집에 맞아들였다."

1910-1911년에 병원 건물과 주택 두 채를 세웠고, 건축 작업을 큰 규모로 진행하였다. 카긴의 말처럼, 산에 있는 모든 재목들을 구입하였다. 200명이 2주 동안 나무를 잘랐고, 400명에서 700명이 2주 동안 선교기지 구내로 그 재목을 날랐다. 벽돌과 기와를 구을 땔감용 나무를 자르고 쌓기 위해 남자 40명 이상을 고용하였다.[8)]

3) 전도사역

읍교회. 1929년 밀러는 다음과 같이 기록하였다. "1905년 3월 12일에 최초로 이 읍 교회의 남자와 여자가 남문의 바로 바깥 초가집에서 정규모임을 갖기 시작했는데, 현재는 그 집의 뒤편에 소방서가 있다." 그때 그곳에 남자 10명, 여자 4명, 몇몇 소년들이 출석하였다. 임시 예배당으로 사용되었던 한옥은 첫 해(1904-1905)에 세 차례 증축되었다. 현재의 교회부지를 마련하는 일은 1904년에 한 기와집을 사는 일에서 시작하였다. 그 집은 보부상 조합에 속해 있었으나 그 건물이 팔릴 때는 학교건물로 사용되고 있었다. 그 학교는 이 읍에 사는 몇몇 청년들이 이끌고 있었다. 그 자산에 인접해 있는 다른 땅들도 매입되어 부지 안에 교회, 학교, 진료소를 세울 수 있을 정도가 되었다. 1866년의 가톨릭 박해시기에 그 기와집은 고문실로 사용되었다. 최근까지 그 집은 목사관으로 사용되어왔다. 당시에는 인근 돌다리 아래에서 가톨릭교인들을 처형하는 장면을 관원들이 지켜보는 큰 천막이 그곳에 쳐져 있었다. 신앙을 버리기를 거절했던 훌륭한 가족들의 몇몇 소녀들은 "내일이면 꽃이 필 것이다"라고 말했다.

1907년 8월, 이 읍교회에 평균 200명이 출석한 것으로 보고되었다. 2년 후에는 350명이 모여 그 집이 비좁았다. 구경꾼들도 마당에서 집안으로 들어오려고 애를 썼다. 이듬해(1910) 예배당을 500석으로 증축하였다. 그 일은 1913년 새 예배당 건축을 위한 준비 작업이 되었다. 신씨 부인과 부도지사-그들은 청주교회 교인들이었다-가 넉넉히 기부하고 세브란스(L. H. Severance)가 건축비의 3분의 1을 대겠다는 관대한 제안을 해옴으로써 새 건축이 가능해졌다. 한국인들이 모은 600달러는 노동자들의 일 일 품삯이 15센트에 불과한 것을 감안하면 큰 액수였다. 새 교회는 60년 전에 가톨릭 순교자들이 취조를 받았던 옥사 터에 세워졌다.

1909년에 교회는 신학교 재학 중인 박정찬 장로를 조사로 고용했다. 그는 1910년에 졸업하고 초대 한국인 목사가 되었다. 그는 1913년에 사임하였다. 그 후 황준국, 최영택, 함태영 등의 한국인 목사들이 부임하였다. 마지막으로 거론된 함태영은 한때 대한제국 정부 밑에서 함 판사로 활동했으며, 1923년에 장로교 총회의 회장이 되었고, 얼마 전에 서울 연동장로교회의 목사로 부임하였다. 1913년 이후로 이 교회에 심각한 문제가 발생하여 지도자급 교인 여러 명이 치리를 받았다. 선교기지를 개설할 때 밀러의 조사였으며 12년 동안 신실하게 섬겼던 김흥경 장로마저도 죄에 빠져 해임되었다. 그러나 이창규(조사)와 이동욱(목수이며 초대 장로이다.)을 비롯한 다른 사람들은 신앙을 지켰다.

1932년에는 이 읍교회에 매우 흥미로운 발전이 이루어졌다. 유치원 건물을 마련하려고 노력하는 동안 매우 뜻밖으로 젊고 부유하며 비기독교인인 민씨가 500달러를 희사하였다. 여기에 선교기지와 교회 청년회 회원들이 250달러를 더했다. 그러자 그 젊은 사람이 교회를 위해서 부지를 새로 잡고 몇 가지 건물들을 짓자고 제안하였다. 그들은 많은 힘을 보태기로 동의하였으며, 자신들의 손으로 목사관으로 쓰인 옛 옥사들을 포함해 옛 건물들을 허물었다. 그 청년들은 선교기지에 있는 몇몇 포플라 나무들의 기증을 요청하였으며, 그것들을 자르고 4분의 1 마일 떨어진 교회부지로 옮겨갔다. 그리하여 새 유치원 건물뿐만 아니라 새 목사관, 동네 예배당으로 사용된 세 번째 건물, 책방, 청년회 조직들의 집회실들이 건축되었다.

4) 시골지역

1909년에 지역분할이 이루어져서 청주 선교기지의 사역이 충청북도로 제한되었으며, 충청남도의 중심지인 공주는 감리교의 선교기지가 되었다. 선교기지의 1910년 보고서는 지역분할로 그들이 17개 기독교인 집단들을 내주고 그 대신 27개 집단들을 받았다고 기술하고 있다. 그러나 세례자와 학습교인은 모두 각각 130명씩이었다. 이 분할 결과 선교기지는 120평방 마일 지경 안에 사는 약 30만 명–그 후 40만 명으로 늘어났다–의 주민을 관할하게 되었다. 시골지역에서 가장 오래된 두 교회는 김해와 신태에 있었다.

시골지역은 3개 순회구역으로 나뉘었다. 북부구역은 밀러(F. S. Miller)가 목회를 담당했고. 동부구역은 어드윈 카긴(Edwin Kagin)이 담당했으며, 남부구역은 쿡(W. T. Cook)이 담당했다. 그러나 1917년에 쿡 부부는 만주에 개설된 새 선교기지로 이동하였다. 카긴은 3년 후, 1914년에 남감리교 선교회의 프랜시스 존스톤(Frances Johnstone) 양과 결혼하였으며, 카긴 부인의 건강 때문에 사임하였다. 그들 후임으로 만주에서 일하고 있던 솔타우(R. S. Soltau) 부부가 왔다. 다시금 세 번째 전도사역자 가족으로서 제이슨 퍼디(Jason G. Purdy) 목사 부부가 1923년에 이 선교기지로 배정되었다. 3년 후에 안타깝게도 퍼디가 장티푸스 열로 죽었다. 2년 후 브루스 헌트(Bruce F. Hunt)가 임명되었고, 1932년에 캐더린 블레어(Kathrine Blair)와 결혼하였다. 그리하여 이 선교기지에서는 그 전체의 3분의 2 기간에 세 명의 목사 안수를 받은 전도사역자들이 일하고 있었다.

여성사역

밀러 부인, 곧 수산 도티(Susan Doty) 양은 청주로 오기 전 1890년부터 1904년까지 서울 선교기지에서 독신여성 사역자로 있었다. 그 후 1931년에 죽음을 맞기까지 26년 동안 청주 사역에 헌신하였다. "여성사역의 근간"으로 묘사되는 그녀의 목요일반에는 1909년에 평균 35명이 참석하였다. 초기에 그녀는 구경꾼들에게 에워싸여 있었다. 어떤 봄에는 한국 여자들이 300명이나 왔다. 밀러 부인은 많은 기간 한국말을 아는 다른 여자 선교사들의 도움을 받지 못하고 일했다. 15년 동안(1905-1920) 신임 선교사들로서 4명의 독신여성 사역자들이 이 선교기지로 왔으나, 그들의 전체 사역 햇수는 10년이 못 되었다. 안나 도리스(Anna S. Doriss) 양은 1908년부터 1909년까지 있었고, 그레이스 데이비스(Grace Davis) 양은 1909년부터 1915년까지 있었고, 간호사 엘라 레이너(Ella M. Reiner) 양은 1918년부터 1919년까지 있었고, 페이 에드거턴(Faye Edgerton) 양은 1918년부터 1920년까지 있었다. 데이비스 양은 캐나다 장로교 선교회의 로스(A. R. Ross) 목사와 결혼하기 전까지 한국 여자들 사이에서 매우 잘 조직된 사역을 전개했다. 한 해에는 그녀가 직접 작성한 12과정의 성경공부 용지를 2만 장이나 등사하였다. 몇몇 기혼여성들-퍼비언스(Purviance) 부인과 특별히 쿡 부인-도 이 15년 중의 일부 기간에 중요한 사역을 수행했다. 선교기지는 독립 사역자의 도움도 받았는데, 로건(J. V. Logan)의 부인이 1909년에 왔다가 1919년에 죽을 때까지 있었다. 선교회 모임에서 읽힌 사망자 약력은 그녀의 생애에 관해 "그녀는 언어를 아주 잘 습득하여 여러 해 동안 매우 훌륭하게 사역하였다. 그녀는 청주와 인근 마을들에서 여성사역을 담당하였다. 그녀는 그녀의 집에서 모인 여러 성경공부반들에서 일 주일에 약 15시간씩 가르쳤으며, 50명 혹은 60명의 여자들이 출석하였다"고 기술하였다.

1921–1922년에 릴리언 딘(M. Lillian Dean) 양과 올가 존슨(Olga Johnson) 양이 이 선교기지에 부임하였으며, 존슨 양이 강계로 이동할 때까지 8년 혹은 9년 동안 개별 교회들에서 뿐만 아니라 선교기지의 관할지역 전체를 총괄하여 한국 성인 여자들과 소녀들 사이에서 매우 훌륭하게 사역을 조직하고 수행하였다. 그들은 1921–1922년경에 선교기지의 회원이 된 간호사 캐틀린 이스텝(Kathlyn M. Esteb) 양과 솔타우 부인의 도움과 협력을 받았다. 신실한 한국인 여자사역자들도 항상 그들과 함께 일했다. 선교기지 보고서에서 자주 거론된 사람으로 신태교회 출신인 오씨 부인이 있다. 또 다른 사람으로 70세에 글을 읽는 법을 배운 '신 할머니'가 있다. 그녀는 읍에서 10마일 떨어진 곳에 한 교회를 세웠고 그 거리를 매 주일 걸어다녔다.[9)]

5) 사경회와 성경학원

선교기지의 여자사역자들은 그곳의 모든 회원들이 정규적인 주일학교 사역의 한 부분을 맡고 있는 것에 더하여 특별히 지역교회들에서 여러 주중 공부반들을 이끌었다. 선교기지는 또한 교회의 연중 일정을 따라 정기적으로 남녀 지역사경회와 연합사경회를 수행했다. 데이비스 양은 1911년에 12주 동안 시골지역을 다니며 11차례 사경회를 이끌었다. 1910년에는 전체 교회들의 여자 연합사경회에 130명이 참석하였다. 6년 후에는 170명이 참석하였다. 1914년에는 총 66회의 사경회들에 1,130명이 참석하였다.

1929년까지 10년 동안 사경회가 평균 32회 개최되었고, 4일에서 10일 동안 진행되는 각 사경회에는 남자 300명과 여자 440명이 참석하였다. 성경학원에는 평균 60명이 출석하였다. 이 숫자들은 선교회의 다른 선교기지들에 비해 많지 않았지만, 그들은 체계적인 성경교육 과정을 이행하였다. 가장 많이 등록되었을 때인 1923에는 사경회가 50회 열려 거의 1,600명이 참석하였고, 성경학원에는 80명이 출석하였다.

사경회와 성경학원 사역을 위해 선교기지는 성경교육 용도의 건물들을 마련하였다. 그 건물들은 최초로 지어진 건물들 중의 하나였으며, 때때로 선교사들의 임시주택으로 사용되기도 하였다. 그 건물들 중의 하나는 맥클렁 성경교육관(McClung Bible Class Building)으로 알려져 있다. 1910년 캔자스 주 위치타(Wichita)에 사는 맥클렁(J. S. McClung) 부부가 해외선교사가 되기를 지망했던 그들의 자녀, 그레이스와 로버트를 기

청주 여자성경학원 제1회 졸업반. 1926년

선천 '그의 이름으로' (In His Name) 병원. 1915

념하여 보낸 800달러의 선물이 답지하였다. 성경교육 전용 건물을 가지고 싶어 했던 선교기지의 바램은 그렇게 실현되었다. 퍼디가 1926년에 안타까운 죽음을 맞이한 후, 퍼디 기념 성경학원(Purdy Memorial Bible Institute) 건물을 세우려는 노력이 행해졌다. 그 건물은 현재(1933) 퍼디 가족의 친구들과 선교기지의 친구들이 낸 기부금, 그리고 미국 전역의 교회 주일학교들이 보낸 크리스마스 헌금으로 세워졌다.

남자와 여자 성경학원은 1921년에 설립되었다. 첫 10년 동안 남자성경학원의 전체 학생수는 119명이었다. 1931년에 졸업한 7명 중에서 5명이 장로였다. 현재 솔타우 목사가 교장으로 있다. 여자성경학원에는 같은 기간에 17명이 졸업했으며 그중 4명이 전도부인으로 고용되었다. 1932년에 밀러와 결혼한 딘(M. L. Dean) 양이 교장으로 있다. 남자성경학원은 매년 한 달을 한 학기로 하여 운영되고 있으며, 여자성경학원은 한 달씩 두 학기가 진행되고 있다. 그 학교들은 아직 선교기지의 관리와 재정후원을 받고 있다.

6) 교육사역

1904년, 밀러와 김씨가 청주에 도착했을 때, 이 읍에서는 이미 가장 유능한 젊은 남자들이 남학교를 운영하기 시작했다. 그들은 선교사들과 교회가 선생을 확보하는 데 더 힘써줄 것을 부탁하였고, 그 부탁은 성실한 청년 기독교인, 장풍(Chang Pung)이란 인물에 의해서 성취되었다. 그는 나중에 하와이로 이주하여 피터 장(Peter Chang)이란 이름을 취했다. 밀러는 또한 보부상 조합에게서 한 기와집을 구입하였는데, 남자 청년들이 그것을 학교 건물로 사용했다. 그렇게 하여 현재의 교회부지에 학교가 시작되었다. 그 학교가 오늘날 남녀 아이들이 다니는 보통학교가 되었다. 선교기지와 선교회의 회원들은 몇 해 동안 거의 400달러에 달하는 금액을 매년 희사하였다. 학교를 개설한 몇몇 청년들은 가장 훌륭한 가문 출신들로서 나중에 기독교인들이 되었다. 그들의 도움으로 현재의 교회부지를 구입했다. 학교가 시작되었던 그 건물이 목사관이 되었고, 부지에 있던 천막은 교육관으로 개조되었다. 보고에 따르면 1908년 마을사람들이 학교를 위해 기와집을 마련해주었고, 이듬해 "아담하고, 안락하고, 새로운 네 칸짜리 학당"을 마련해주었다.

1907년에 밀러 부인의 지도 아래 13명의 학생들을 데리고 한 여학교가 시작되었다. 읍교회는 그들을 위해서 자발적으로 가르칠 선생을 제공하였다. 그 학교는 밀러의 집 가까이에 있는 오래된 한옥을 건물로 마련하였다. 최초의 선생들 중의 한 사람인 이(Yi) 양의 어머니는 서울에 있는 우리 선교회 여학교의 제1회 졸업생이었다. 당시에 밀러 부인(도티 양)이 그 학교의 교장이었다. '제1회 졸업생'의 결혼식은 오늘날까지 "한국 장로교회 최초의 기독교 결혼식"이라고 불리고 있다.[10] 여학교는 재정 문제를 비롯한 여러 어려운 일들을 무릅쓰며 운영되어 왔으며, 1925년까지 학생수가 25명에서 50명에 이르렀다. 1926년에 남학교와 여학교가 통합되었다. 학생수는 평균적으로 남학생이 60명, 여학생이 40명이었다.

1909년에는 시골지역 교회들에 7개의 보통학교들이 있으며, 총 118명이 등록되어 있었다. 2년 후에는 6개 학교들에 140명의 학생들이 있었다. 그러나 그 학교들은 재정문제와 다른 어려운 일들로 인해 1923년경에 이르러 모두 소멸되었다. 다른 선교기지들에서처럼 교회가 그러한 학교들을 후원하기에는 기독교 교구가 너무 작았다.

이 선교기지는 수년간 남자 중등학교를 설립하는 일을 논의해왔으나, 이 일 또한 실현 가능성이 없는 것으로 판정되었다. 1913년 선교기지 관할지역의 소년 6명이 서울의 경신학교를 다니는 것으로 보고되었다. 다른 학생들은 평양이나 다른 곳에서 다녔다. 소수의 학생들이 평양과 서울에 있는 미션계 대학들에 다녔다. 만일 청주읍에서 교회의 후원 아래 보통학교들이 계속 운영되고 최소한이라도 지역 교회들의 필요에 맞추어 봉사하게 할 수 있게 된다면 그보다 더 바람직한 일이 없을 것이다.

7) 의료사역

선교회의 결정에 의해 널 박사 부부가 청주에서 의료사역을 시작하도록 배정받았다. 그에 따라 존슨 박사 부부는 대구로 돌아갔다. 그러나 널은 이 선교기지에서 3달밖에 있지 못했다. 그들은 건강문제로 인해 1907년 5월 미국으로 돌아갔으며, 후에 선교지에서 3년 반 동안 있었다. 널 박사는 청주 선교기지 구내의 작은 건물에서 진료소를 열었다.

1908년 2월 퍼비안스(Purviance) 박사 부부가 한국에 도착하였으나 선천의 긴급한 요청으로 6달 후에야 청주에서 상주할 수 있었다. 그러는 동안 이 선교기지에는 의사가 없게 되어 밀러 부인의 묘사에 따르면 "안약과 구충약을 필요로 하는 주민들에게 나눠주면서 버티고 있었다." 퍼비안스 박사는 밀러의 종업원들의 숙소를 차지한 사람들을 내보내고 보수작업을 행한 후 그 숙소에 진료소를 차렸다. 첫 해 동안 그와 두 명의 보조원들이 500건을 치료하고 2,300번을 치료하였다.

1908년에 새 병원건물을 위해 존 던컨(John P. Duncan) 여사가 5천 달러를 기부했다는 소식이 전해졌다. 1910년 4월에 그 건물의 기초가 놓였으나, 건물은 1912년 7월 29일에야 환자를 받아들일 준비를 마쳤다. 던컨 여사는 장비, 샘, 수도시설, 수위실을 위해 관대하게 2천 달러를 더 냈다. 새 건물의 진료소 부분은 1911년 1월에 입실되었고, 밀러 부부가 소유했던 한옥 두 채가 입원환자용 병동으로 사용되었다. 그 해 7달 동안 총 2,500명을 치료하였다. 의료사역에 종사하는 한국인은 7명으로 그 중에 전도자 한 명, 전도부인 한 명, 세브란스 간호훈련학교 출신 간호사 한 명이 포함되어 있었다. 이듬해 퍼비안스 박사 부부는 시골지역으로 두 차례 순회여행을 하였으며, 그 해에 총 4천 명을 진료하였다. 최초의 외국인 간호사의 고용은 1912년 12월에 선교회가 호위(A. G. Howe) 양의 청주행을 승인함으로써 성사되었다. 호위 양은 환자를 일본으로 데려가며 그녀가 선교사역을 하게 되기를 희망하였다. 그녀는 5달 동안 병원에 머물다가 미국으로 돌아갔다. 1913년 11월 퍼비안스 박사 부부 또한 미국으로 돌아갔고, 1914년 7월에 사임하였다. 그 후 책임을 맡을 한국인 의사를 구하려는 노력이 실패로 끝남에 따라 이 선교기지의 의료사역은 중단되었다.

팁톤(S. P. Tipton) 박사 부부가 1914년 12월에 도착하였으나, 의료사역은 1916년 1월에 비로소 재개되었다. 팁톤 박사는 그동안 정부의 새 요구에 따라 도쿄로 가서 면허시험을 보지 않으면 안 되었다. 그는 처음 4개월 반 동안 1,500명 이상을 진료하였다. 선교기지는 1916년의 보고서에서 읍내에 진료소가 필요한 사실에 대해 언급하였다. 그 진료소는 이듬해에 1,500달러를 들여서 이 읍교회의 부지에 세워졌다. 그 해에 한 사람이 50마일 떨어진 곳에서 그의 아내를 등에 업고 5일이 걸리는 거리를 걸어서 병원까지 왔다. 그녀는 다리를 수술받은 후에 걸을 수 있게 되었다. 그녀는 믿음을 갖게 되고, 읽는 법을 배우고, 중간 수준의 요리문답을 암송하였다.

읍내 진료소는 1917년 12월에 개원되었다. 1918년 6월의 선교기지 보고서에 따르면, 일 년에 총 4천 명의 환자들을 치료하였다. 그러나 병원은 연료의 부족으로 일 년 중 상당 기간 문을 닫고 있었다. 사역자들의 건강 상실과 자금 부족은 의료사역을 계속하기 어렵게 만들었다. 팀톤 박사는 사임의사를 밝혔다가 당분간 청주에 남아 있어달라는 선교회의 설득을 받아들였다. 그는 1918-1919년 사이 겨울에 몇 개월 동안 선교회의 다른 의료사역자들과 함께 시베리아로 가서 적십자 사역에 참가하였다. 그가 돌아왔을 때 선천의 선교기지에서 몇 개월간만 임시로 사역해달라는 요청이 왔다. 샤록스 박사가 건강을 잃어가자 그 일이 긴요하다는 판단이 내려졌고 요구가 받아들여지게 되었다. 팁톤은 1919년의 연례모임에서 선천으로 임명되어 그곳에서 계속 일하게 되었다.

외국인 간호사 파송에 대한 청주 선교기지의 간절한 요청에 부응해서 11월에 내한한 간호사 엘라 레이너(Ella M. Reiner) 양이 1918-1919년 동안 청주에서 머물도록 배정되었다. 그러나 그녀는 일 년 중 너무 많은 시간을 시베리아 적십자 사역에 투입했다.

선교기지는 3년(1919-1922) 동안 선교회로부터 아무런 의료사역자도 공급받지 못한 채 방치되어 있었다. 1920년 4월 선교회는 선교부에 의료사역자를 긴급히 요청하는 편지를 보냈다. 그 편지는 병원 세 곳이 문을 닫았고, 지난 8년 동안 한국에는 단 한 명의 의사만 파송되었으며, 그동안 다섯 명의 결원이 생겼다고 진술하였다.[11] 청주 선교기지에 의료사역자를 공급하려는 두 번째 시도가 1922년에 이루어져 맬콤슨(O. K. Malcomson) 의사 부부와 간호사 캐틀린 이스텝(Kathlyn M. Esteb) 양이 배치되었다. 그러나 이듬해에 맬콤슨이 평양으로 옮겨감에 따라 불가피하게 이스텝 양이 그를 잇게 되었고, 그녀는 1929년에 로우(D. S. Lowe) 의사 부부가 오기까지 한국인 의사들의 도움을 받아 선교기지의 의료사역을 지속시켰다. 그러나 이 일조차 이 선교기지의 의료사역 문제에 대한 미봉책에 지나지 않았다. 근래 수년간 새로 도착한 여러 의료선교사들이 정부의 시험을 통과해 의사면허를 확보할 수 있도록 노력했지만 모두 실패하였다.

그러므로 현재까지 선교사들이 청주에서 일해온 30년(1904-1934) 동안 의사들이 있던 기간은 단 17년에 불과했다고 할 수 있다. 파송된 의사 5명이 모두 신임 선교사들이었으며, 그 중 2명은 이곳에서 각각 5년씩 있었고, 두 명은 일 년씩 있었고, 한 명은 지금까지 이 기지의 회원으로 남아 있다. 그 17년 중에서 4년 동안 선교사로 온 의사들이 진료허가를 받지 못했다. 이 모든 것은 교인이 적은 까닭에 다른 어떤 선교기지들보다 복음 앞에 마음을 열게 만들 수단으로 의료사역이 간절히 필요했던 곳에서 잘 구비된 좋은 병원이 많은 시간 동안 문을 닫고 있어야 했다는 것을 뜻했다. 이스텝 양은 이곳에서 10년간 사역하여 의료사역자들 중에서 가장 오래 머물렀다. 그녀는 선교사들과 선교사 자녀들을 돌보았고, 한국인 의사들과 다른 보조원들의 도움을 받아 의료사역을 지속시켰으며, 의료 전도사역을 계속 수행하여 많은 것을 성취하였다. 그녀는 선교기지 관할영역 내 7개 외곽지역의 중심지에 진료소를 유지시켰고, 마찬가지로 전도사역도 가끔씩 도왔다.

의료사역은 1929년까지 16년 동안 최소한도로 유지되어왔으며, 보고에 따르면, 4만 명에게 약을 주었고, 400명의 입원환자들을 치료하였다. 그것은 그 자체로서 매우 가치 있는 기록이었다. 만일 의료사역이 강력하게 잘 추진되었고, 와해되지 않고 지속되었더라면, 의료사업의 결실에 대해서 뿐만 아니라 전도의 측면에서도 매우 다른 이야기를 할 수 있게 되었을 것이다.

8) 특별한 점들

전도지들을 사용하여 '씨를 뿌리는 일'은 선교회의 다른 어느 선교기지들보다 청주에서 더 한층 광범위하게 지속적으로 행해졌다. 사실에 있어서 밀러는 "전도지의 사도"라고 불려왔다. 그는 스스로 수많은 전도지들을 준비했을 뿐만 아니라 광범위하게 사용하였다. 1908년에는 8천 장이 장날에 16명의 사역자들에 의해 배포되었다. 그 해에 모두 6만 장이 사용되었다. 1910년에는 1만 장이 어느 장날 하루에 배포되었고, 1만 3천 장이 겨울 사경회 때 24명의 사역자들에 의해 뿌려졌다. 그 해 12만 5천 장의 전도지들이 배포되었다. 또한 그 해에 영국과 해외 성서공회(British and Foreign Bible Society)에 고용된 권서들이 청주 선교기지 관할지역에서 4천 권의 전도용 소책자들을 팔면서 7천 마일 이상을 여행하였고, 239곳의 시장을 방문하였으며, 2만 명을 접촉하였다.[12] 1916년에는 북부 순회구역에서 4만 부의 전도지들이 배포되었다. 그 해에 선교기지 회원들이 10만 부를 인쇄하여 배포하였다. 1917년에는 남부 순회구역에서 2만 5천 부의 전도지들이 배포되었다. 1918년에는 남부 순회구역에서 7,500권의 책자와 3만 부의 전도지들이 배포되었다. 또한 북부 순회구역에서 5,300권의 책자와 5만 부의 전도지가 사용되었다. 1926-1927년에 밀러는 20개월 동안 450달러를 들여 15만 6천 장의 절제운동 전단지를 인쇄하여 배포하였다.

밀러 목사는 많은 시간 동안 건강이 좋지 못했으며, 그로 인해 감당하기 힘든 사역들 대신에 몇 가지의 문서사역에 매달렸다. 전도지, 한국 소설, 미국 교회 간행물의 기사들을 쓰고, 잡지(Korean Broadcasts of the Mission) 등을 편집하였다. 초기 수년간은 많은 찬송들을 번역하였다. 솔타우 목사도 최근에 한 책, 『한국, 은자의 나라와 그들의 기독교 수용』(*Korea, The Hermit Nation and Its Response*, 이 책은 1932년 World Dominion Press에서 출판되었다)을 저술하였다. '제2세대 선교사'인 브루스 헌트 목사는 전도사역을 행하면서 시골지역 사역과 청년사역에 특별한 관심을 기울였다.

9) 기념일들

수잔 도티 밀러 부인(Susan Doty Miller)의 마지막 미국 귀환에 앞서 한국인들과 선교회는 그녀에 대해 한국에서의 40년 사역을 치하하며 경의를 표했다. 밀러 또한 40년 사역을 완료하였다.

1930년 1월 11일자 선교기지 회의록에는 선교기지 개설 25주년 기념식이 언급되어 있다. 이 기지 최초의 보고서에 의하면, 기독교 집단이 26개, 세례자가 46명, 학습문답인이 68명, 출석교인이 926명이었다. 25년 후(1930)에는 교회와 집단의 수가 66개로 156퍼센트의 증가율을 보였으며, 세례자의 수는 1,116명으로 5년 동안 500퍼센트, 72퍼센트, 14퍼센트, 48퍼센트, 20퍼센트의 증가율을 보였다. 전체 교인수는 1,200명으로 늘어 130퍼센트의 증가율을 보였으나, 주일학교 참석자는 4천 명으로 늘었다. 선교회의 다른 선교기지들에 비해서는 크게 증가하지 않았으나, 완만하면서도 꾸준한 증가세를 보였다. 기독교인은 아직 전체 인구의 1퍼센트에 못 미치고 있다. (북쪽 지방에서는 5~6퍼센트이다.) 충청남도와 북도는 중앙에 있는 도들로서 솔타우는 그의 책에서 다음과 같이 말했다. "[충청도는] 옛 관료들이 가장 많이 살고 있으면서 집과 가문의 재산을 보유하고 있다. 이 도들은 압제와 부재지주의 악행으로 다른 어느 곳들보다 많이 고통을 당했다. 유교의 옛 영광이 그들 가운데서 지금도 강력하게 참호를 구축하고 있고, 문맹율은 다른 어느 곳보다 높다. 그 결과 교회는 …… 수적으로나 자급의 측면에서 가장 적게 성장했다."[13)]

10) 힘든 과업

이 같은 어려운 조건들을 감안하면, 선교회는 그 어려움에 상응하는 수준의 사역자들과 기금을 공급하지 못했다. 지난 25년간(1905-1930) 31명의 사역자들이 이 선교기지에 배정되었다. 그 중 10명이 그곳에서 각각 1년 동안 있었다. 준회원인 로간(Logan) 부인을 포함해 오직 5명만이 1930년까지 각각 10년 혹은 그 이상 있었다. 31명 중 25명이 신임 선교사로서 이곳에 왔다. 이곳의(1905-1930) 모든 회원들이 사역한 전체 햇수는 190년이었고, 1인당 평균 6년이었다.

이 선교기지 관할구역에 있는 한국인 목사의 수는 네다섯 명을 넘지 않았고, 그에

비례해서 다른 한국인 사역자의 수도 적었다. 그러므로 이 도를 복음화시키려면, 선교회가 이 기지의 인력을 최소한 11명-복음전도자 3명, 의사 한 명, 그들의 부인들, 독신여성 사역자 2명, 외국인 간호사 1명-이상 유지시켜야 하고, 병원 문도 열어두어야 하며, 교육사업도 더 많이 도와야 한다. 이곳에서 겪은 것처럼 만일 어떠한 사역이 어려움을 당하는 것을 보게 된다면 더욱 꾸준히 인내하며 노력해야 하지 않겠는가?

2. 강계

강계 지방은 한국에서 가장 외떨어진 곳의 하나였다. 선천 선교기지의 1905년의 보고서에 언급되었듯이 "선천에서 강계까지는 서울에서 선천까지 만큼이나 멀다. 중강[Tung Kang]에 있는 새 기독교인 집단은 선천이 평양에서 멀리 떨어져 있는 것 만큼이나 강계에서도 훨씬 멀리 떨어져 있다."

1914년의 강계읍. 선교회 건물들이 오른편에 있다.

초기에는 조랑말과 가마가 유일한 여행수단이었으며, 겨울에는 썰매-우리는 그것을 '불바인 특급'(Bullvine Express)라고 부르곤 했다-로 한 시간에 3마일을 갈 수 있었다. 평안북도 내지에 있는 다섯 개 군들은 남북으로 200마일에 걸쳐 있으며, 남쪽 지방은 동서의 거리가 100마일이다. 강계읍에서 가장 가까이에 있는 안주의 기차역까지 가려면 170마일 거리를 6일 동안 강행군해야 한다.

1) 최초의 접촉

1880과 1885년 사이에 만주로부터 기독교에 관한 어떤 지식이 이곳 산악지대에 사는 사람들에게 전해졌다. 스코틀란드 장로교 선교회의 로스(Ross) 박사와 매킨타이어

(McIntyre) 박사가 만주에서 한국인들에게 복음을 전하고 그 중 몇 사람에게 세례를 주었으며, 신약성경을 최초로 한국말로 번역하고 출판하였다(IV장 2항을 보라). 그들은 권서를 고용하여 압록강변의 계곡에서 성경을 배포하였다. 그 후 15년이 더 지나 강계에서 한 젊은 사람이 기독교인이 되었을 때, 그의 어머니는 아들이 가져온 책들이 그녀가 수년 전 만주에서 한국인 권서들에게 받았던 것과 같은 종류인 것을 알아보았다. 중강의 한 여관지기는 그가 보았던 그 권서들 중의 한 사람에 대해서 말했는데, 그 권서는 맡은 일에 충실한 사람이 못 되어 그 책들을 강에 던져버린 후 급료를 받으러 돌아갔다고 한다.

다음 차례의 기독교 접촉은 1889년 언더우드 부부의 유명한 '신혼여행'을 통해 이루어졌으며, 언더우드 부인은 그 일을 그녀가 쓴 책들 중 하나에서 매우 사실적으로 묘사하였다.[1] 그녀는 "우리는 이곳(강계)에서 매우 많은 사람들과 이야기 했지만 기독교인은 한 명도 보지 못했다"고 하였다. 그들이 북쪽으로 강계까지 올라 간 후 서쪽으로 위원까지 갔다가 초산과 의주로 남하했던 일에 관해 많은 이야기들이 지금도 말해지고 있다.

1910년 봄에 선천의 제인 사무엘(Jane Samuel) 양이 강계에서 여자사경회를 열었을 때, 그곳에 모인 200명 가량의 참석자들 가운데 14명이 그곳으로 여행 온 언더우드를 보았다고 말했다. 한 여성은 언더우드 부인으로부터 받은 마가복음 한 부를 보여주었는데, 기독교인이 될 때까지 11년 동안 그것을 읽지 않고 내버려두고 있었다.

2년 후(1891), 게일(Gale)과 마펫(Moffett)이 목단[Mukden]으로 가는 길에 강계 북쪽의 창성군과 후창군을 통과하고 함흥과 원산을 지나 동해안을 여행한 적이 있었다. 그들은 그곳에서 무슨 기독교인을 만났거나 "여행 도중에" 많은 사람들에게 복음을 전하느라 너무 힘들었다는 등에 대해서는 아무런 언급도 하지 않았고, 그들이 어떻게 감자-이는 그들이 얻을 수 있는 유일한 음식이었다-로 지탱하며 거의 굶어죽을 뻔했었는지에 대해서만 보고하였다.

강계에서 기독교인을 자칭한다고 알려진 최초의 집단을 만난 때는 1898-1899년이었다. 50명 가량 되는 그들은 복음의 본질을 이해하지 못했고, 죄 가운데 살고 있었다. 그 집단은 의주와 평양에서 복음을 들었던 한 젊은이에 의해 생겨났고 그의 영향을 받고 있었다. 의화단 사건으로 만주에 있던 몇몇 한국인들이 강계로 피난 와서 중국에 있는 모든 외국인들과 기독교인들이 죽임을 당한 사실을 말해주었을 때, 그 집단을 만든 강계의 그 청년은 그 말을 듣자 곧 그들에게 흩어지라고 권고하였다. 그러나 그 피난민들 중의 일부가 1899년에 위원군 석포동에서 교회를 시작하였다. 그것은 아마도 강계 선교기지의 관할지역에서 가장 역사가 오랜 기독교 집단이라 할 것이다. 그 집단은 예배당도 맨 처음으로 지었다. 선교기지가 개설될 때는 약 80명의 기독교인들이 그 집단에 속해 있었다.[2)]

처음에는 복음이 의주에서부터 이 산악지대의 여러 곳으로 전파되었다. 1888년경 압록강 하류에 홍수가 일어나 큰 피해가 났을 때 많은 이재민들이 북쪽에 있는 압록강 상류와 인근지역으로 이주했다. 해를 지내면서 그들이 의주에 있는 친척들을 방문하기 시작했고, 그리하여 그들 중의 일부가 복음을 들었다. 흥미로운 한 사례로서 최씨 이야기가 말해진다. 그는 의주를 방문하는 동안 마펫(S. A. Moffett) 목사로부터 팜플렛을 하나 받아 강계에서 북쪽으로 70마일 떨어진 보들골 계곡에 있는 집으로 가져왔으나, 11년 동안 읽지 않고 내버려두었다. 그러다 평양에서 마펫 박사와 리(Lee)가 재목을 사오도록 보낸 일군의 기독교인들을 계곡 입구에서 만난 후에 비로소 읽게 되었다. 그 때 최씨가 믿음을 가지게 되었고, 그리하여 버들골교회가 시작되었다. 블레어(H. E. Blair) 목사는 1907년 그 계곡에 사는 60명의 기독교인들과 더불어 크리스마스를 그곳에서 보냈다.

2) 선천의 보살핌

선천 지방의 교회들과 선교사들은 먼 북쪽에서 새로 자라는 교회를 보살폈다. 1900년 권서 김관근(Kim Kwan Koon)이 의주를 출발해 강계에 도착하였다. 그는 성경 한 권과 전도지 몇 부를 산 이학면이란 청년에게 관심을 가지고 며칠 동안 그를 가르쳤다. 17세 된 그 청년은 강계 최초의 기독교인으로 널리 알려졌다.

일 년 후 조지 렉(George Leck) 목사가 1901년 11월 12일에 선천을 떠나 12월 6일에 강계에 도착하였다. 그는 다섯 명에게 학습을 베풀었는데, 그 중 한 명이 그 집단을 이끌고 있는 이씨 청년이었다. 30년 후, 필자가 강계교회 설립 13주년 기념식에 참석했을 때, 그 다섯 명 중의 한 명인 김태희가 그 교회의 장로로 있었다. 렉은 강계에서 돌아오는 도중 1901년 12월 14일 미국인 광산이 있는 지타발비(Chit-ta-balbi)에 도착하였고, 천연두에 걸려 크리스마스 날 그곳에서 죽었다. 그가 죽기 전 휘트모어(Whittmore)가 의주로부터 그에게 왔다. 지타발비에 있는 렉의 무덤 비석은 강계 지방 기독교인들이 1907년 겨울사경회 때에 모은 기금으로 세워졌다.

렉은 완벽한 여행일기를 남겼다. 그는 초산군에 도착한 후 기독교인 집단들에 관해 다음과 같이 기술하였다. 평당에는 9명의 신자가 있는데, 그 중 3명이 학습을 받았고, 양변리에는 27명의 신자가 있는데, 14명이 학습을 받았고, 초산골에는 5명의 신자가 있는데. 3명이 학습을 받았고, 위원골에는 신실한 기독교인이 없고, 석포동에는 강력한 기독교인 집단이 있어 아무런 빚도 지지 않고 예배당을 지어놓았으며, 16명이 학습을 받았다. 강계읍에서는 다섯 명이 학습을 받았으며, 주일예배 때는 많은 남녀가 모인다. 렉은 초산골에서 압록강 너머 만주의 양자동(Yang Cha Tong)에서 온 13명의 남자들을 만났다. 그곳에는 40명의 신자들이 있었다. 그가 만난 13명 중 12명이 학습교인이 되었다.

선천기지의 1902년의 보고서가 증명하듯이 선천의 시골교회들은 먼 북쪽지방에서 이미 축호전도를 시작하고 있었다. "강재군(Kang Chai Koon)은 일 년 반 전에 평안북도 기독교인들로부터 아직 복음화되지 않은 곳, 특별히 먼 북쪽지방의 사람들에게 선교활동을 하도록 후원을 받은 일이 있었다. … 그 평북 기독교인 선교회의 6월 모임은 그의 사임을 받아들였다. 그를 대신해서 최봉석이 강계군, 위원군, 초산군, 구성군에서 전도하도록 선택되었다. 또 다른 사람으로서 유상도가[i] 강계 북쪽 대천군 인근의 창성군과 후창군에서 전도하도록 임명되었으며, 길이 열리는 대로 압록강을 건너 만주에서도 전도하게 하였다." 선천 기지의 다음번 보고서(1903)에 따르면, "후창골에서 선교사 뉴(유)가 며칠 동안 감옥에 갇혔는데, 후창군의 경계선까지 호송되어갔다가 다시는 돌아오지 말라는 명령을 받았다."[3] 그를 이어 김상년이 창성과 후창의 사역을 맡았다.

1902년 가을 휘트모어(N. C. Whittmore) 선교사가 43일 동안 강계 지방을 여행했다. 그는 강계읍에서 5일 동안 35명이 참석한 가운데 사경회를 이끌었다. 최초의 신자인 청년 이학면이 세례를 받았고, 13명이 학습교인이 되었다. 만주에 있는 기독교인 집단이 20마일 떨어진 초산까지 대표를 보내 휘트모어에게 방문해주기를 간청했으나, 그는 그렇게 할 수 없었다. 먼 북쪽 지방 교회들의 설교자인 차학연은 한 달에 20냥(1달러)과 숙식을 제공받는 최초의 유급 사역자가 되었다. 이듬해에 그의 급료는 두 배가 되었다.

1903년 봄에 시릴 로스(Cyril Ross) 목사가 강계에 왔다. 그가 사경회를 이끈 5일 동안 "그 교회는 밤중에 두 번 돌팔매질을 당했으며, 한 번은 뒷 담장에 불이 났다." 이번 여행으로 로스는 만주 양자동의 기독교인 집단을 찾은 최초의 방문자가 되었다. 그는 "먼 북쪽" 지방을 2년 동안 관할하고 있었다.

1904년 가을 로스와 샤록스가 함께 강계에 갔다. 그들은 알렉산더 숙소(Alexander

Rest House)를 사는 일을 협상했다. 매입자금은 토론토 여자기도단(Toronto Ladies Prayer Circle)이 제공했다. 그 집은 윤(Yun)장군에게 속해 있었다. 그는 의주로 이사하여 기독교인이 된 후 고향 마을에 한 교회를 세웠다. 그 휴게소는 선교사들의 임시숙소로 사용되다가 나중에 여학교와 주일학교 건물로 사용되었다. 이 자산은 읍내의 새 교회 부지와 합하여 교회의 보통학교 부지로 사용되었다. 샤록스 박사는 강계에서 돌아와 1904년 11월 18일자로 다음과 같이 기록하였다. "강계 사역은 아름답게 진행되고 있다. 내가 떠나온 그곳에서 로스는 80명 또는 그 이상의 사람들을 열흘 넘게 계속 교육시키고 있었다. 그는 세례 심사를 받는 12명의 명단을 가지고 있었으며, 학습교인 지원자는 40명이 넘었다."

허버트 블레어(Herbert E. Blair) 목사는 1904년 가을 한국에 당도하여 선천에서 강계를 위해 일하도록 배정받았다. 그는 1906년 봄에 번하이즐(C. F. Bernheisel) 목사와 함께 이 지방을 처음 여행하였다. 블레어는 1909년에 선교기지가 개설될 때까지 혼자서 이 북쪽지방 사역을 감당하였다. 그는 몇 차례 장기 여행을 하며 그때마다 강계 북쪽으로 100마일 떨어진 후창군과 창성군(동항)을 함께 방문하였다. 1907에서 1908년 사이의 겨울에는 그의 형제 블레어(W. N. Blair) 목사와 함께 강계에서 머물며 겨울 사경회를 크게 이끌었다. 그때는 한국 대부흥운동이 일어나던 시기였다. 강계읍 교회는 성장하여 교인수가 700명에 이르렀고, 주변 일대를 합해서는 2천 명 이상이 되었다. 사경회 때는 강계 읍내의 새 예배당을 위해 350달러가 약정되었다

3) 선교기지의 개설

선천 선교기지가 개설된 후, 1901년에 작성된 최초의 보고서는 강계 지방에 대해 "먼 북쪽 순회구역"에 "익히 알려진 6개 집단이 있고 그 밖에도 여러 집회소들이 있으며", 한 명의 세례자와 60명의 학습교인들, 240명의 교인들이 있다고 기술하였다. 선천 기지의 두 번째 보고서는 '새 선교기지'가 강계에 개설되어야 한다는 문구를 포함시키고 있었으며, 집회소가 12곳, 세례자가 24명, 학습교인이 130명, 교인이 모두 325명이라고 보고하였다. 선천 기지는 매년 선교회에 이 새 선교기지를 개설할 필요성을 주장하면서 강계는 1만 명의 인구를 가진 도회지로서 평안북도에서 의주 다음으로 큰 곳이라고 설명하였다.

선교회는 1904년 초에 그 계획을 승인하고 200달러를 써서 강계에 숙소를 마련하기로 하였다. 이듬해 그 결정이 재확인되었으나, 개설준비 위원회는 한 해 연기하는 안을 선택했다. 1906년에 "자산 구입비가 확보되더라도 최소한 3년간의 의료사역비를 포함한 선교기지의 경상비가 확보되지 않을 경우에는 회계가 그 돈을 지출하지 못하게 해야 한다"는 결의가 이루어졌다. 한국 선전운동은 1908년 6월에 일을 진척할 수 있게 만들었다. 선교회는 다음과 같이 표결하였다. "우리는 곧바로 강계 선교기지의 개설에 착수한다. 블레어(H. E. Blair) 부부와 밀즈(Mills) 박사 부부가 선교기지 개설 작업을 책임진다. 세 번째 인물의 결정은 연례모임 때로 미룬다."[4] 로즈(Rhodes) 부부는 블레어가 한 교회 신문에 기고한 호소문을 읽고 이미 강계행을 자원하여 한국에 가도록 임명되어 있었다. 그들은 1908년 8월의 연례 모임에서 이 새 선교기지로 배치되었다.

4) 선교기지의 부지와 건물들

블레어가 기록한 대로 "이 새 선교기지가 높은 호응 속에서 개설될 가능성은 거의 없었다." 사역자들과 기금이 필요한 만큼 마련되어야 했다. 캘리포니아 헤이워드(Hayward)의 케이트 갬블(Kate Gambel) 여사가 오클랜드 노회의 여신도들에게서 도전을 받고 맨 처음 자금을 제공했다. 그와 때를 같이 하여 읍성 안에 있는 땅을 선교부지로 살 수 있는 기회가 주어졌다. 갬블 여사의 도움을 치하하여 최초의 주택이 "케이트 갬블 오두막"이라고 명명되었다. 이 선교기지는 "렉 기념관"이라고 명명한 의사용 주택도 요청했다. 이 명칭은 강계 사역을 위해 맨 처음 임명된 선교사를 기리기 위한 것이었다.

세 명의 젊은 선교사와 그 가족들에게 선교기지의 개설은 "짜릿한 모험"이었다. 로즈는 1909년 3월에 블레어의 강계 사역에 합류하였으며, 블레어는 새 집을 지을 땅을 정한 후 부인과 어린 딸 메리를 데리러 선천으로 돌아갔다가 밀즈 박사 부부와 함께 새 선교기지로 왔다. 블레어는 선천에서 환송받을 때 찍은 사진에 대해 "이 사진은 우리 친구들을 왕족처럼 보이게 한다. 어떠한 젊은 선교사 일행도 그처럼 여행의 안전을 빌어주는 일을 겪어보지 못했다"고 말했다. 블레어(W. N. Blair)는 그들을 안주에서 만나 짐을 실은 조랑말 11마리와 가마꾼 8명을 데리고 그들이 출발하는 것을 도왔다. 그들의 장거리 행진은 블레어가 가장 잘 묘사하였다. "블레어 가족과 밀즈 가족이 하루하루 전진해 나아가며 산악 지대 안으로 더 깊이 들어가는 동안, 아직도 갈 곳이 멀고 마지막 고단한 여정이 남아 있었지만, 봄 날씨는 이보다 더 좋을 수가 없었고, 꽃들은 이보다 더 아름답게 필 수가 없었으며, 젊은 선교사들의 가슴은 미래를 향해 이보다 더 뜨겁게 될 수가 없었다. 강계의 성벽이 저 멀리 계곡 아래 보이고, 수백 명의 열렬한 기독교인들이 5마일과 10마일이나 멀리 쏟아져 나와 그들을 환영하고 인도해 들이니 마치 왕의 사절들이 도시의 대문을 들어서는 것 같았다. 이때 수백 명의 사람들이 성벽에서 내려다보았고, 거리에는 그들의 아름다운 읍내에서 살려고 온 최초의 외국인들의 모습을 보려는 사람들로 넘쳐났다." 그때가 1910년 5월 1일 토요일 저녁이었다. 5월 3일 월요일에 아침 로즈가 재목을 엮은 뗏목을 타고 압록강을 따라 선천으로 돌아가려고 출발하기 전에 선교기지 최초의 모임이 열렸다.

당장 필요한 물품들의 짐꾸러미를 백 개 이상 화물로 보냈다. 다른 짐들은 선편으로 안동까지 보냈다. 그것들은 중국 정크선에 실려 압록강을 거슬러 올라와 동내강 입구에서 선교기지가 만든 작은 보트들로 옮겨졌다. 오늘날은 보트가 강계 안팎에서 자주 이용되고 있지만, 그 때는 보트 이용이 처음 있는 일이었다. 그 최초의 배로 도착한 것은 블레어의 피아노였는데, 상태가 좋았다. 그것을 강에서 집까지 나르는 데는 30명의 인부가 동원되었다. 한 배는 노끈들이 급류에 끊어져 절반가량 물에 찼다. 몇 해 동안 연례 모임에 갈 때는 집배를 이용했으나, 돌아올 때는 조랑말과 가마를 타야 했으므로 갈 때는 4일이 걸리고 올 때는 6일 내지 8일이 걸렸다. 그처 '내려갔다가' 돌아오는 여행은 어떠한 말로도 적절하게 설명할 수가 없다. 어떤 때는 위험을 무릅써야 했다. 한번은 밀즈 부인이 기온이 영하로 크게 떨어진 날씨에 세브란스 병원으로 급히 가기 위해 썰매를 타야 했으며, 큰 아이들 중의 한 명은 11월의 매우 차가운 날씨에 배를 타야만 했다.

선교기지는 건축 작업을 앞두고 다행스럽게도 평양에서 두 명의 기독교인 건축업자를 구할 수 있었다. 벽돌과 기와는 이곳 읍내 교회의 김태희가 동문 밖에서 구웠다. 강계에는 철물점이 없어서 못 같은 것조차 살 수 없었고, 석회가마도, 목재 공장도 없었다. 철물은 샌프란시스코로, 유리는 상하이로 주문했는데, 강의 얼음이 녹을 때 의주에 도착하도록 충분한 시간을 두고 미리 주문하였다. 의주에서 강계까지 배를 끌어오는 데는 6주가 걸렸다. 석회암은 강계 북쪽 12마일 지점에서 발견되었다.

이러한 조건 하에서 건축이 대대적으로 진행되었으며 "아버지 강"(Father Kang, 강사순)이 총책임자로 이 일을 감독하였다. 블레어의 말을 더 인용하면, "아버지 강은 정말로 새 선교기지의 아버지가 되었다. 그는 산들에 관해서 하나의 책을 펼쳐보듯 잘 알고 있었고, 지혜와 인내의 세계가 그의 안에 담겨져 있었다. 그는 사람들을 데리고 산에 가서 재목이 될 만한 큰 나무들 중에 가장 좋은 것들을 잘라왔다. 또한 기초를 놓을 돌들을 산으로부터 실어 나르기 위해 황소 썰매를 빌려왔다. 1908년 겨울에 흰 눈이 아름답게 쌓인 곳에다 봄에 쓸 모래를 산처럼 쌓아놓은 사람이 그였다. 아침부터 밤까지 그리고 여러 달이 지나는 동안 강계에서 '아버지 강' 처럼 바쁜 사람이 없었고 중요한 사람이 없었다. 그는 소매자락에 담뱃대를 집어넣고 계산을 하거나 계산서를 만들 때 쓰는 이상한 형태의 대나무 셈 막대기들을 가지고 다녔다. 명석한 두뇌와 정직한 마음을 가진 그는 1909년 봄이 되어 눈으로 덮인 길이 녹기 시작하기 전에 새로운 선교기지 부지가 두 개의 새 건물들을 짓기에 충분한 자재들로 뒤덮여 있게 만들었다."

세 번째 주택과 병원 건물은 1910년 여름 동안에 지어졌다. 그 건물들을 위해 시카고의 알버트 킵(Albert Keep)과 뉴욕의 존 케네디(John S. Kennedy)가 기금을 희사한 까닭에 건물들이 '알버트 킵관' 과 '케네디 병원' 으로 명명되었다. 독신여성 사역자들을 위한 네 번째 주택은 10년이 지나서야(1920-1921) 세워졌고, 그 기금이 필라델피아 교회들

20년 혹은 그 이상의 역사를 가진 강계읍 교회 교인들. 1933

의 몇몇 부인들에 의해 조성된 까닭에 '필라델피아 하우스'라고 불렸다. 그러나 그 일전에 필라델피아의 다른 친구들이 이 기지가 필요로 하는 것들을 일부 제공하였다. 안나 굴리(Anna F. Gourley) 양은 책방을 위해 250달러를 제공하였고, 그 건물은 1914년에 읍내 중앙에 세워졌다. 선교기지의 감독 아래 강계읍 교회의 장로들이 돌아가면서 서적판매 사업을 담당하였다. 한 선교기지 보고서는 책방의 지점이 6곳에 있다고 보고하였다. 아래층이 한 동안 진료소로 쓰이기도 했으나, 다시 독서실과 오락실로 사용되었다. 위층의 강당은 주일학교에서 사용했는데, 특별히 청년들의 공중집회 장소로 사용하였다. 선교기지가 개설되기 전, 1907년에 블레어 목사가 모터보트를 마련하기 위해 필라델피아의 제10장로교회에서 1천 달러를 모았으나, 강계까지 흐르는 강물은 모터보트를 쓰기에 너무 빠른 것으로 판명되었다. 선교기지는 그 대신 집배를 만들어 물길이 열리면 압록강과 동내강을 통해 화물을 날라 오고, 연례 모임이나 때때로 위급상황이 발생할 때 의주까지 기지의 가족들을 태워 나르기도 하였다. 1918년에 그곳으로부터 서쪽과 북쪽으로 안주와 강계 사이의 길이 잘 닦인 후에는 선박 운송료가 기지의 자동차 운송료로 사용되었다. 다른 기관들을 위한 건물들의 설립은 나중에 설명될 것이다. 이 기지는 최근 몇 년 전까지 필요한 자산들을 심각하게 지체되는 일이 없이 공급받아왔다.

5) 전도사역

(1) 강계읍

최초의 교회건물은 선교기지가 들어설 곳의 바로 앞에 있었다. 그 한옥은 증축되어 마침내 700명의 회중이 앉을 수 있게 되었다. 몇 차례의 연례적인 약정을 통해 교인들이 빚을 지지 않고 새 예배당을 세울 수 있게 되었다. 그 일은 1910년 여름에 이루어졌다. 그 건물은 1천 석 혹은 그 이상이 규모로 성벽 안 강가의 높은 지대에서 전망이 좋은 곳에 위치해 있었다. 옛 교회 건물은 수년간 여자 주일학교를 위해 사용되다가 나중에는 팔렸고, 그곳에 현대식 한국인 주택이 들어섰다.

그 교회는 지도자들 사이에서 갈등이 일어나 불행한 결과를 맞았다. 최초의 기독교인인 이학면과 의주 출신으로 최초의 이 지역 담당 전도사(조사)인 차학연 간에 경쟁이 벌어졌다. 그 둘은 일 년에 세 달씩 열리고 있던 평양신학교의 학생으로 있었다. 위원군 교회들을 위해 유급 조사로 일하고 있던 이씨가 마침내 위원으로 옮겨가기를 청원했고,

차씨는 강계에 남았다. 차씨에 대한 반대가 커져서 1911년에 세례자와 학습교인 135명이 서명한 차씨의 해임 요청서가 선교사 목사들에게 제출되었다. 차씨에게 사임을 요청하기로 결정 나자 그는 50명의 교인들을 데리고 나갔다. 나간 교인들은 그 절반이 세례자였으며, 독립교회의 형태를 이루었다. 뿐만 아니라 그들이 옛 교회의 이름을 쓰고 있다는 이유로 그 자산을 차지했다. 차씨는 한국 남부 지방에서 목사직을 면직당한 최씨를 보조 사역자로 불러오기까지 했다. 시골의 한 집단도 독립교회의 대열에 합류하였다. 회중 가운데 주요 교인들이 이씨를 그가 책임 맡고 있는 지역으로부터 돌아오게 해야 한다고 주장하였다. 그리하여 그 주장대로 되었으나, 이는 지혜로운 일이 아니었다. 교회 자산을 둘러싼 다툼은 여러 주 동안 계속되었다. 거의 매일 선교사들과 교회 지도자들이 지방 관원들에게 불려갔다. 더 높은 관청이나 옛 선교사들이나 교회 재판부에게 진정이 들어갔다. 마침내 관청은 독립교회들에게 그들이 차지하고 있는 교회자산을 포기하라고 지시했다. 독립파는 회중교회에 합류해 한 건물을 세우고 지금까지 그들의 교회조직을 운영해오고 있다. 2년 후에 이씨 또한 죄에 빠져 교회를 떠났다. 그 일은 교회와 선교사들에게 몰아친 슬픈 바람이었으며, 지금까지도 설명하기가 거의 불가능한 일이 되고 있다.

선교사들이 담임하고 있던 강계교회는 마침내 1914년 4월에 첫 번째 한국인 목사를 청원해 맞아들였다. 그는 수년간 만주에서 복음을 전했으며 선천 지방의 교회들로부터 후원을 받아온 김진근 목사였다. 후임으로는 이 지역 출신들인 김태근 목사, 한석용 목사 등이 부임하였다. 회중은 변함없이 많았지만, 20년 동안 그 수가 크게 늘지는 않았다. 이 읍내의 북쪽 구역에서 제2교회를 조직하는 일이 시작되었다. 여러 해 동안 수많은 유명한 한국 장로교 목사들이 강계를 방문하였다. 그들 가운데는 선천의 양전백 목사, 평양에서 온 길선주 목사, 황해도에서 온 김익두 목사가 있었다. 아름다운 곳에 자리 잡은 강계는 번창하고 있는 동시에 사악한 곳이다. 이곳은 먼 북쪽 지방의 중심지로 알려지고 있다. 선교사들이 살고 일하기에는 이상적인 곳이다.

(2) 시골지역

처음에는 이 선교기지가 관할하는 다섯 개 군들에 군의 수만큼 순회구역들을 두었다가 규모가 큰 강계군을 '강북'과 '강남' 순회구역으로 나누었다. 기지가 개설된 뒤 블레어는 초산군, 위원군, 후창군을 담당하였고, 로스는 강계군과 창성군을 맡았다.

1912년 블레어는 호프만(C.S. Hoffman) 목사에게 책임을 넘겨주었고, 1923년에 베어드(E. H. Baird) 목사가 그 뒤를 이었다. 로즈는 1916년에 안식년을 맞아 떠나면서 캠벨(A. Campbell) 목사에게 강계의 책임을 넘겼다. 그러는 동안 솔타우(T. S. Soltau) 목사 부부가 만주사역을 위해 일 년 동안(1917-1918) 강계에 머무르며 그 기간과 그 이전 일 년 동안 강계의 사역도 도왔다. 호프만이 안식년으로 자리를 비운 동안(1919-1920)에는 윈(G. H. Winn) 목사 부부가 그를 대신하였다. "고개 너머" 압록강을 따라 7개의 교회가 있는 좁고 긴 만주지역이 강계 기지의 관할 아래 있었으나, 몇 년간은 신빈 선교기지의 관할 아래 있었다. 캐나다장로교 선교회와 총회의 조정으로 후창과 강계에서 고개 너머에 있는 함경남도 당진의 일부 지역까지를 강계 기지가 1915년부터 몇 년간 관할하였으나, 다시 캐나다인들과 함남노회로 반환되었다. 1911년에 조직된 강계의 여선교회로부터 파송받은 최초의 선교사가 당진에서 일하고 있었다.[5] 몇몇 한국인 목사들은 그들에게 급료를 지급하는 교회를 목회하면서 선교사들의 시골사역까지 도왔다. 안성원 목사는 초산읍 교회를 담임하면서 그 군에 있는 다른 교회들을 또한 수년간 담임하였다. 선교기지가 개설된 직후에는 이기형(Yi Kui Hyung) 목사가 의주에서 창성으로 이주하여 그곳에서 20년 이상 선교사들과 가장 친밀하게 협력하면서 신실하게 사역하였다. 교회와 목사의 수가 증가하면서 몇몇 순회구역들이 분리되었다. 예를 들면, 창성 순회구역과 강계 남부 순회구역이 각기 둘로 나뉘었다. 만주에서 선교기지가 개설되기 전에는 강계 기지가 그 사역의 일부를 담당했다. 그 일은 나중에 신빈 기지를 설명하면서 언급하게 될 것이다.

이와 같은 내륙지방을 순회하는 데는 어려움이 많았다. 시골지역에서는 사람들이 드문드문 살았고, 그 거리가 매우 멀었으며, 산에 있는 고개들은 매우 높았고, 겨울에는 극히 추웠다. 지금도 그곳은 날씨가 건강에 좋으며 젊은 선교사들이 사역을 즐길만한 곳이다. 지금은 자동차로 모든 곳에 갈 수 있고, 조만간 철도가 놓여 이용할 수 있게 될 것이며, 강계에서 거주하고 사역하기가 그다지 크게 어렵지 않게 될 것이다. 선교기지 초기의 한 보고서는 로즈가 한 해에 연례 모임에서 170마일을 여행하고 돌아온 후에 다시 조랑말과 썰매를 타고 천 마일을 순회한 사실을 언급하였다. 그러나 당시에 그 정도의 여행은 일반적인 연중 사역이었다. 오늘날 이 선교기지의 모든 사람들과 특별히 여성사역자들은 "좋았던 옛 시절"이 지나간 것을 기뻐하고 있다. 독자들은 그런 시절을 지내온 사실조차도 믿을 수 없을 것이다.

(3) 여성사역

1903년의 선천 선교기지의 보고서에는 다음의 구절이 있다. "정주에 사는 권서의 아내 김씨는 지난 가을(1902) 남편과 동반하여 강계까지 힘든 여행을 감행하여 강계의 여자들과 가는 도중에 위치한 기독교 집단의 여자들을 가르치면서 두 달을 보냈고, 외국인 여선교사가 가르칠 때 최선을 다해 부족한 점을 보충해주었다." 그것은 이 선교기지가 개설되기 7년 전의 일이며 언더우드 부인이 강계까지 가기 13년 후의 일이었다. 1903년 봄에는 여자들이 로스(Ross)의 사경회에 참석한 사실이 언급되었다. 처음에는 여성사역자들의 부족으로 강계 지방의 여성사역이 남성사역의 일부로서 한국인들이나 선교사들에 의해 행해져왔다. 초기 수년간은 여성들만을 위한 사경회가 열리지 못했다. 1914년에야 선교사들 가운데 독신여성 사역자들이 강계로 배치되었다. 그러나 1910년 봄에 선천의 제인 사무엘(Jane Samuel) 양이 강계를 방문하고 여자 사경회를 이끌기도 했다. 그 해 여름 동안에도 안나 레아 밀즈(Anna Rea Mills, M. W. Greenfield의 부인) 양과 에바 플러머(Eva Flummer, C. L. Phillips의 부인) 양이 강계에 왔다.

이 선교기지의 기혼여성들은 지역 교회를 도왔다. 블레어 부인은 여자 주일학교를 감독했으며, 로즈 부인이 그 뒤를 이었다. 로즈 부인 다음으로는 호프만 부인이 부임하였다. 이 부인들은 또한 교대로 여선교회 회장을 맡았다. 수년간 유익도(Yu Ik To) 부인이 강계교회에서 전도부인으로 있으면서 교회의 후원을 받았다. 시골지역을 위해 한국인 전도부인을 활용하는 계획도 실행되었다. 선교기지의 1912년의 보고서를 인용하면, "6명의 여자들이 여러 지역에서 전적인 후원을 받아 전도부인 또는 여자 조사로 일했다. 평양에 있는 베스트(Best) 양의 학교에는 4명이 출석했다. 집에 있는 동안 그들은 가정교회들에서 여성사역을 이끌었다. 일 년 중 네 달은 둘 씩 짝지어 나가거나 동행을 자원하는 나이 든 여성들과 더불어 갔다. 한 사람은 한 여자 선교사와 함께 의주의 여선교회에 의해 창성군으로 파송되었다. 그들은 믿지 않는 여자들에게 복음을 전하고 시골지역 교회들의 여자들을 위해 사경회를 열었다. 그 해에 사경회가 31번 열렸으며, 보통 이틀에서 5일 동안 열렸다. 때때로 그들은 사경회에서 조사들과 목사들이 남자들을 가르치는 동안 여자들을 가르쳤다."

1914년에 최초의 독신여성 사역자인 캐리 L. 퓨(Carrie L. Few)가 이곳으로 오면서 여성사역이 얼마간 확대되고 변경되었다. 그녀는 시골지역을 여행하고 여자성경학원을 이끌었으나, 건강문제로 1919년에 사임해야 했다. 이듬해에 간호사 힐다 헬스트롬(Hilda Helstrom) 양이 그녀의 뒤를 이어 강계에 왔다. 선교기지에서 그녀는 그녀다운 생활방식을 보여주며 1927년에 사임할 때까지 한국 여자들 사이에서 전도사역을 매우 적극적으로 수행했다. 그녀는 대부분의 시간 동안 "제2세대 선교사인" 리제트 밀러(Lisettee Miller) 양의 협력을 받았다. 밀러 양은 한국어를 말할 수 있었기 때문에 신임선교사 이상이었다. 1926년에 사임한 후 간호사 훈련과정을 이끌다가 존 무어(John E. Moore) 목사와 결혼했는데, 무어 목사는 한국에서 출생한 또 한 명의 "한국 아이"(Korea Kids)였다. 이삼 년 동안은 선교기지에 독신여성 전도사역자가 없었다. 이 기지가 고립되어 있기 때문에 선교회는 한 명보다 두 명을 임명하기를 원했고, 그 계획은 1929년 청주의 올가 존슨(Olga Johnson) 양과 재령의 릴리안 로스(Lilian Ross) 양을 강계로 보낼 것을 표결함으로써 이루어졌다. 그러나 한슨(Hanson) 양이 1930년에 한국으로 돌아옴에 따라 실행되지 못하고 말았다. 1930-1931년에 로스 양은 강계에 있었고, 존슨 양은 청주에 있었다. 두 사람은 1931년에 미국으로 갔으며, 그로 인해 그 두 사람을 강계에 상주시키려는 선교회의 계획은 1932년에야 실행되었다. 그동안(1927-1930) 강계의 여성사역은 캠벨 부인, 베어드 부인, 의사인 바이람(Byram) 부인 등 기혼 여성들에 의해 수행되었으며, 그들은 한국말을 할 수 있었다. 매년 사역자들이 바뀌는 가운데 선교회의 여러 독신여성 사역자들도 강계로 와서 성경을 가르치는 일을 도왔다.

(4) 사경회와 성경학원

잎에서 언급했듯이 강계 최초의 사경회는 1902년에 휘트모어(N. C. Whittmore) 목사에 의해서 개최되었으며, 다음에는 1903년 3월에 시릴 로스(Cyril Ross) 목사에 의해 개최되었다. 로스는 1905년 9월에도 강계와 위원에서 두 번 사경회를 열었는데 각각 100명씩 참석했다고 보고하였다. 그 다음으로는 1907년에 불레어 형제가 함께 강계에 있는 동안에 사경회가 언급되었다. 그 사이의 기간에는 한국인 조사들이 교회들에서 많은 사경회들을 열었다. 1906년에 번하이즐과 블레어가 여행하면서 한두 차례 사경회를 가졌을 가능성도 있었다. 선교기지 최초의 보고서(1909)에는 두 번의 사경회가 남자 450명과 여자 100명이 참석한 가운데 열렸다고 기록되어 있다. 2년 후(1911)에는 사경회가 56번 열렸고, 남자 1,400명, 여자 700명이 참석하였다. 1918년에는 만주에서 성장하고 있는 교회를 포함해서 사경회가 80번 이상 열렸으며, 모인 사람들은 모두 4,600명이었고, 그것은 전체 교인수의 50퍼센트를 넘는 숫자였다. 1920년 초에는 여자 사경회 참석수가 남자 참석수보다 많았으며, 평균 참석수는 1930년까지 남자가 1,300명, 여자가 1,600명이었다. 그 참석자들을 합하면 전체 교인수가 43퍼센트에 달했다. 교회들 사이의 거리가 멀고 겨울이 극히 추운 산악지대로서는 매우 좋은 성적이었다. 1914년 봄에는 캐더린 맥큔(Katherine McCune) 양이 강계를 방문하여 5개 시골마을들에서 여자사경회를 이끌었고, 여자성경학원의 제2학기 때 25명의 출석자들을 가르쳤다.

강계 선교기지는 매우 다행히도 성경학원 건물을 첫 학기에 맞춰 제 때에 지을 수 있었다. 캘리포니아의 부인들, 특별히 오클랜드 노회의 부인들이 드와이트 E. 포터 기념성경학원(Dwight E. Potter Memorial Bible Institute) 건물을 짓는데 필요한 기금($2,500)을 제공하였다. 이 건물은 1912년의 여름과 가을에 세워졌으며, 그 해 겨울에 열린 여자 사경회 때에 맨 처음 사용되었다. 불행히도 그 기초가 얼어서 벽에 금이 가 1923년에 4,500달러의 비용을 들여 재건축되었다. 현재까지 적합한 기숙사가 마련되지 않고 있다. 1913년 알버트 킵(Albert Keep) 여사의 관대한 희사로 커다란 한옥집을 포함해 서로 인접해 있는 자산이 구입되었다. 이 선교기지 사람들이 농담조로 소경 마술사와 소경에게 기술을 가르치는 선생의 집이라고 일컫는 집이 1924년에[ii] 세워졌다. 그 건물은 기숙사로 쓰였으나, 건물이 볼썽사납고 너무 낡은 까닭에 새로운 기숙사가 필요하게 되어 선교회가 가장 우선적으로 고려하는 자산의 하나가 되었다.

남자 성경학원은 1914년 3월에 35명으로 첫 학기를 시작했다. 이듬해 40명이 출석했으며, 그 후 여자 성경학원의 세 번째 학기가 간호사 힐다 헬스트롬과 선천에서 온 그녀의 전도부인들의 도움으로 열렸다. 그 때도 40명이 출석했다. 한 여성은 배울 때 첩이어서 공부를 할 수 없었으나, 한국법에 의거해 믿지 않는 남편에게서 벗어남에 따라 그 학기에 공부를 할 수 있었고, 졸업한 후에는 여러 해 동안 전도부인으로 열심히 일했다.

오늘날 남자 성경학원은 일 년에 5주 동안 진행되는 한 학기에 평균 30명이 출석하고 있으며, 1930년까지 총 330명이 공부했고, 그중 44명이 졸업했다. 최초의 졸업생으로 1917년에 12명이 졸업하였다. 졸업생들 중에 11명이 장로이며, 다른 많은 사람들이 집사로 있다. 7명은 조사로, 두 명은 전도사로, 두 명은 권서로 일하고 있다. 교장은 로드, 호프만, 캠벨, 베어드가 차례로 맡았다.

여자성경학원은 8주를 한 학기로 하였다. 출석자는 평균 20명이지만, 1922-1923년에는 이 기지에 독신여성 사역자들이 없었던 관계로 학기가 열리지 못했다. 교장은 로즈, 퓨 양, 헬스트롬 양, 딘 양, 존슨 양, 로스 양이 맡았다. 최초의 졸업생으로 9명이 1916년에 졸업하였다. 그들은 몇 년 동안 성경학원 과정과 동등한 공부를 하였으며, 공부하는 동안 몇 사람은 전도부인으로 일했다. 1927년 학기 중에는 두 명의 아기가 태어났다. 그 어머니들이 공부를 계속했을 것은 틀림없었다.

1911년 8월에 제1회 연례 임직원 사경회가 열렸다. 그곳에서 성경공부가 행해졌을 뿐만 아니라 선교기지 관할지역 전체의 사역이 검토되고 계획이 세워졌다. 처음 수년간은 100명에서 150명 정도가 참석했다. 북부 지역의 사역을 위해 시찰이 노회에서 임명되었고, 노회의 권한을 거의 대부분 부여받았다. 그것은 선천으로부터 매우 멀리 떨어져 있기 때문이었다. 1917-1918년 겨울에 한 노회가 분리 · 조직되어 강계 선교기지의 관할지역과 만주의 한국인 지역들을 관장하였다.

제2회 임직원 사경회(1912) 때는 100명의 남자들이 모였는데, 그들 중 일부는 100마일이나 떨어진 세 지역에서 왔다. 1914년에는 80명 중 12명이 100마일을 걸어 와서 그곳에 참석했다. 그 임직원 사경회에 앞서 14명의 조사들과 전도부인들을 위한 사경회가 한 달간 시릴 로스와 안주 김창성 목사의 인도로 열렸다. 김창성 목사는 강계 교회를 돕기 위해 와서 두 달 동안 있었다.

6) 교육사역

보고에 따르면, 1903년 강계읍의 남자 보통학교에 9명의 학생이 있었다. 이듬해에는 학생이 두 배로 늘었으며, 초산에서 두 번째 학교가 26명 학생으로 학기를 시작하였다. 1905년에는 다른 학교들도 초산, 위원, 만주에서 개교되었다. 그 해 모두 5개 교에 45명의 학생들이 있었다. 이듬해에는 또 다른 학교가 강계군에서 설립되어 총 6개 교에 100명의 학생들이 있었다. 1907년에 여자 보통학교가 초산과 강계에 설립되었으며, 각 학교에 11명과 35명의 학생들이 있었던 것으로 보고되었다. 1908년에는 총 15개 학교들에 260명의 학생들이 있었다. 그 해 남자 중등학교가 40명의 학생을 데리고 개교되었다. 그렇게 하여 선교기지가 개설되기 전부터 한국 기독교인들이 교회 청소년들을 위해 그 통학학교들을 조직하고 운영하며 재정을 후원해오고 있었다. 모든 기간에 한국교회가 교육사업을 감당해왔으나, 강계에 있는 학교들은 선교사들의 도움을 받았고, 가끔은 다른 곳에 있는 학교들도 그러했다.

선교사들은 교회의 교육 프로그램에 공감하여 할 수만 있으면 무슨 일이든지 도와주고 싶어 했다. 몇 년 동안 하계 교사강습이 시행되기도 했다. 1914년에는 졸업생 6명을 포함해 35명이 등록한 것으로 보고되었다. 한동안은 이봉훈(Yi Pong Hoon)이 학교의 감독으로 임용되어 학교를 정부의 표준에 맞추려고 노력하였다. 1916년에 14개의 보통학교들 가운데 절반이 정부에 등재되었다. 2년 후에는 학교가 만주에 있는 학교를 빼고 모두 14개 교였으며, 학생이 360명이었고, 그중 100명 이상이 여학생이었다. 그 후로 학교수가 줄어들었으나, 전체 학생수는 늘어났고, 1930년에는 460명이 되었다. 최초의 유치원은 1926년에 보고되었다.

강계읍 학교들은 어떤 의미에서 선교사들의 특별한 보살핌 아래 있었다. 선교사들은 학교에서 학생들을 가르쳤고, 일부 학생들에게 일감을 주었고, 관리위원회의 일원이 되었고, 재정인 도움을 주었고, 학생들 및 교사들과 개인적인 접촉을 가졌다. 학교 연합회가 학교들의 재정문제를 돕기 위해 강계에서 조직되었다. 그 회원이 된 한국인들과 선교사들은 기본자금을 내기로 약정하고 돈을 내지 못하면 약정 금액의 이자를 매달 내기로 했다. 연합회는 매달 모였으며, 그 달의 수입을 여러 학교들에게 나누었다. 여러 해 동안 강계읍의 남자보통학교가 옛 예배당 앞에 있는 방들에서 수업을 하였고, 여학교는 알렉스 샘슨(Alex. Sampson) 숙소에서 수업을 하였다. 마침내 많은-주로는 캠벨 목사의-노력을 통해 일정한 기금이 확보되어 한국인들이 모은 금액을 보충하였다. 1922년 현재의 남녀 학생들을 위한 보통학교 건물이 새 교회자산에 인접한 숙소 터에 세워졌다.

강계에 있는 남자중등학교(영실)는 한국인들과 선교기지 회원들의 특별한 노력을 힘입었고, 선교회도 여기에 참여하였다. 선교회의 보조금은 일 년에 200달러 미만으로 결코 많지 않았다. 한 번은 교회들이 기금을 모아 학교에 제공하기도 했다. 어떤 기부금은 때마침 빚을 졌을 때 들어와 소요경비로 충당되었다. 선교기지는 여러 해 동안 학교를 위해 자조부를 운영했다. 여기에서 해마다 평균 20명의 학생들이 일감을 받았다. 호프만(Hoffman)은 교장으로 있는 동안 플로리다 주 윈터 헤이븐(Winter Haven)의 페린(R. G. Perrine)으로부터 3천 달러를 기부받았는데, 1917년에 로즈가 그곳에서 그를 만났다. 그 기금으로 현재 쓰고 있는 교육관이 1924년 성벽의 동문 밖에 마련되었다. 추가로

1925-1929년 캠벨(Campbell)이 오트(R. M. Ott)와 월레이스(B. G. Wallace)로부터 150달러를 받아 소요 경비로 충당했다. 학교사역은 선교기지의 사역들 가운데 작지만 매우 가치 있는 역할을 했다. 학생수는 오랜 기간을 지나면서 15명에서 120명에 이르렀으며, 평균적으로는 40명 선을 유지했다. 1931년에는 80명이 다녔으며, 그중 46퍼센트가 세례자 혹은 학습교인이었다. 교사는 네 명으로 모두 기독교인들이었다. 그때까지의 졸업생들은 모두 77명이며, 그중 6명이 죽었고, 한 명이 목사안수를 받았으며, 9명이 기독교학교 교사, 12명이 교회직원으로 일하고 있었다. 졸업생 세 명은 나중에 세브란스 의학전문학교를 졸업하여 강계에 있는 케네디 병원에 고용되었다. 그 학교의 수석 교사인 김병국(Kim Pyung Kuk)이 같은 학교를 졸업했다. 블레어(H. E. Blair) 목사는 그를 비서로 채용한 후 서울에 있는 공립 법학교에 진학시켰다. 그는 졸업 후 변호사의 일을 하다가 더 폭넓은 활동이 불가능하자 학교 선생이 되어 여러 해 동안 가르쳤으며, 교회와 지역사회에 그 일원으로서 많은 영향을 끼쳤다. 그 학교는 어쩌면 선교회의 몇몇 정규 중등학교들보다 더 많은 투자의 결실을 얻었다고 할 수 있었다.

이 선교기지 관할구역 교회들의 다른 청년들은 선천, 평양, 서울의 학교로 갔다. 1913년 강계의 여학교 졸업생들 중 5명이 선천으로, 3명이 서울로 진학했다. 그 중 한 명인 김애신(Kim Ai Sin) 양은 미국으로 가서 필라델피아 성경학원을 졸업했으며, 수년간 평양에 있는 우리의 미션계 여자중등학교에서 가르쳤다. 1916년 강계 선교기지 관할지역 출신 학생 8명이 평양에 있는 신학교를 다녔고, 5명이 서울에 있는 세브란스 의학전문학교를 다녔다. 이 격리된 산악지대의 청년들은 한결같이 지식에 대한 강한 욕구를 보여주었다. 1903년 2월 선천에서 열린 남자 사경회에서 공부한 사람들 가운데 3명이 북쪽 140마일 지점의 강계에서 왔다. 그들은 11일 동안 그 거리를 걸어서 왕복하였다. 사경회에서 있은 기간은 10일이었다. 그들은 21일간의 경비를 스스로 부담하였다.

7) 의료사역

선교기지의 의료사역은 최초의 의사, 랄프 밀즈(Ralph G. Mills) 박사가 도착한 다음날인 1909년 5월 2일에 시작되었다. 고용된 한 일꾼의 목을 수술할 필요가 생겨 마당에 있는 작업대가 수술 테이블로 활용되었다. 수술은 블레어와 로즈의 도움을 받아 성공적으로 이루어졌다. 한 장작 헛간이 진료소로 고쳐졌다. 그는 첫 해 여름동안 300명의 환자를 돌보았다. 치료받은 환자들은 진료비의 일부만을 청구 받았다. 필요할 때면 블레어가 통역을 했고, 그렇게 하여 그의 어휘가 늘게 되었다. 선교기지 최초의 보고서 기록에 따르면, "그가 있음으로 해서 엉뚱한 이를 뽑지 않고 엉뚱한 눈을 치료하지 않게 되어 감사한다. 하지만 그가 있음에도 불구하고 엉뚱한 사람이 돈을 받은 것으로 의심을 받아왔다."

밀즈 박사가 부인의 건강문제로 1910년 2월부터 4월까지 서울에 있게 되었을 때, 플레처(A. G. Fletcher) 박사가 강계에서 그의 일을 대신하였다. 케네디 병원은 1910년 여름과 가을 동안 동문 밖에 건설되었다. 건물이 완공되기 전에 증여자인 존 케네디(John S. Kennedy)가 죽었다는 소식이 전해졌다. 새 건물은 5천 달러를 들여 1911년 2월에 개원되었다. 두 번째 해에 3천 명의 외래환자들이 진료를 받았고, 세 번째 해에는 5천 명이 진료를 받았다. 입원환자들은 온돌난방의 한옥 병실들에 수용되었다. 여러 해가 지나 본관 2층을 개조한 외국식 병실들이 마련되었다.

1911년 9월의 연례 모임에서 밀즈 박사 부부가 서울에 있는 세브란스 의학전문학교로 옮겨가게 되었다. 제임스 맥클라한(James J. McClanahan)이 한국으로 임명받아 강계에서 일하게 되어 있었으나, 선교지에 부임하지 못했다. 비상대책으로 존 비거(John D. Bigger)가 부산으로부터 차출되어 왔다가 나중에 강계에서 고정적으로 일하도록 임명받았다. 일 년 후(1912) 그의 약혼녀인 간호사 노마 블런트(Norma Blunt) 양이 한국으로 왔다. 그들이 이곳에 있는 동안 의료사역이 매우 원활하게 진행되었다. 이 지방 출신 보조원 두 명은 의학교 졸업자들이 아니었지만 상당한 지식과 실력을 쌓은 자들이었다. 전도부인 한 명과 남자 전도자 한 명-그곳 교회 장로인 그는 지금까지 그 일에 종사해왔다-이 고용되었다. 그 사역이 확대되어 읍내에 한 진료소가 개설되었다. 보조의사로 의학교 출신 김효정(Kim Hyo Chung)이 고용되었다. 한동안은 만주에 사는 한국인들을 위해 이 동병원 보조원이 파송되기도 했다. 이 지방의 한 여학생(김봉순)은 세브란스 간호학교로 보냄을 받아 우수한 성적으로 졸업한 후 한국인 최초의 간호사가 되어 병원에 고용되었다. 1917년에는 최초의 외국인 간호사 제니 레러(Jennie Rehrer)가 왔다. 강계 교회의 한 청년, 김의문(Kim Eui Moon)이 비거 박사의 도움으로 세브란스 의전에 보냄을 받고 졸업한 후 비거의 보조원이 되었다. 그는 현재 평안북도 남부의 백천에서 의사로 성공하였으며, 그곳에서 강력한 교회를 세웠다. 이상과 같은 일들이 수행되면서 강계의 의료사업이 확장되어갔다. 1918년까지 귀가 환자들과 왕진 환자들을 포함하여 1만 8천 명이 치료를 받았다. 환자들은 치료를 받고자 6일을 걸려 찾아오기도 했다. 교회들은 매년 케네디 병원에서 환자들에게 복음을 전함으로써 한 해의 일을 시작했다. 케네디 부인이 이 사역에 계속 관심을 가지고 많은 돈을 희사했으며, 외국인 간호사를 후원했다. 병원은 수입금 내의 운영과 사역 기록의 완전한 보존을 매우 성공적으로 수행해왔다.

의료사역의 역사에서 제3기는 비거 박사 부부가 1920년에 평양으로 이동한 일로부터 시작되었다. 갈브레이트(W. K. Galbraith) 박사 부부가 강계에 다시 새로 임명되었으나, 현장에 오지 못했다. 그 대신 바이람(R. M. Byram) 박사와 역시 의사인 바이람 부인이 1921년에 와서 지금(1934년)까지 그곳에서 일해왔다. 이 사실은 그동안 의료사역이 훌륭하게 수행되고 지속적으로 확장되어온 것을 뜻한다. 몇 년 동안 새 건물을 짓기 위해 노력하여 필요한 자금이 대부분 마련되었다. 이 선교기지는 병원과 성경학원의 부지 및 건물들을 바꿀 계획을 갖고 있다. 이는 병원이 읍에 더 가까이 있는 것이 타당하다는 판단에서 기인한다. 현재의 성경학원 건물은 안전하지 못하여 새로운 병원 건물로 대체될 것이다. 현재의 병원 건물은 완공되면 성경학원 건물로 사용될 것이다. 이러한 현재의 자산들은 선교회에 대한 최우선적인 요청 품목들 가운데 있으며, 그 자금의 일부가 확보되어 있다.

강계 지방이 외떨어져 있기 때문에 선교회는 그곳의 의료사업을 유지시키려고 늘 노력해왔다. 그런 이유에서 다른 몇몇 선교기지들에 비해 별다른 방해 없이 유지되어왔다. 안식년 기간에도 병원을 운영하는 어떤 방안이 고안되곤 하였다. 레어 양이 1928년에 사임한 후, 이 선교기지는 다른 외국인 간호사를 받아들이지 못한 대신 간호학교를 졸업한 한국인 간호사들을 썼다. 이 선교기지의 관할지역 전체에서 의료사업이 복음전도의 강력한 수단이 되어온 사실을 입증하는 많은 증거들이 있다. 레어 양은 몇 명의 유용한 전도 및 의료 사역자들을 훈련시켜 한국 복음화 사역을 계승하게 했다. 이 선교기지의 여러 여성 사역자들이 의료사역에 큰 도움을 주었다. 밀즈 부인은 간호법을 배웠고, 헬스트롬 양과 비거 부인은 정식의 간호사들이었고, 바이람 부인은 의사였다. 끊이지 않고 계속되어온 강계의 의료사역은 선교기지가 운영되는 동안 의료사역이 필히 있어야 하는 것을 보여주는 훌륭한 예가 되었다.

8) 강계에서의 사반세기

강계 선교기지의 개설은 선교회 설립 25주년을 기념하는 데서 비롯되었다. 우리의 초대 선교사들이 한국에 처음 도착할 무렵 복음이 만주로부터 이곳 산악 지대 사람들에게 전해졌다. 초기 25년 동안 선교회와 한국교회는 이 어두운 계곡들에 빛을 전하기 위해 시시때때로 다양한 노력들을 경주해왔다. 이러한 노력들은 매우 성공적이어서 이 선교기지가 개설되었을 때 이곳에는 이미 2천 명의 기독교 신앙고백자에 25곳의 집회처소

대구 선교기지, 1914

안동 선교기지, 1934

가 있었다. 그 후 교인수가 만주 신빈 선교기지로 분리된 교인들을 빼고 4배로 늘었다. 강계에서의 사역은 만주에서와 마찬가지로 꾸준히 성장하였다.

1908년에 선교기지를 열기로 결정한 이래 24년 동안 21명의 선교회 회원들이 강계로 임명되었다. 그들 중 3분의 1이 이곳에서 1인당 5년 미만의 기간을 살았으며, 3분의 2가 1인당 10년 미만을 살았고, 3분의 1이 1인당 11년에서 18년을 사역하였다. 전체 평균 사역기간은 1인당 8년이었다. 21명 중 14명이 신임 선교사로서 이곳에 왔으며, 다른 두 명은 이 선교지에서 1년 또는 2년 동안 있었다. 동문 밖에는 작은 '외국인 묘지'가 있다. 그 묘지는 1916년 6월 1일에 허가를 받았다. 그곳에는 어린아이 4명만이 묻혀 있다. 여러 해가 지나 강계에서 사역이 끝나 모든 선교사들이 철수하게 될 때가 온다고 할지라도 그곳에 남아 있는 그 무덤들은 비록 네 개뿐이지만 이 산악지방에 사는 수많은 기독교인들에게 한 때 한 무리의 외국인 선교사들이 이곳, 즉 한국 전체에서 가장 아름다운 마을에서 살고 일했던 사실을 말없이 증거하게 될 것이다.

3. 안동

안동읍, 곧 '평화로운 동쪽' 읍은 경상북도 북부 지방의 중심지로 서울에서 남서쪽으로 160마일 떨어진 지점에 있고, 대구에서 동북쪽으로 70마일 떨어진 지점에 있다. 이 읍은 한국에서 가장 긴 강인 낙동강의 물어귀에 위치해 있다. 전에는 대구에서 이곳까지 오려면 조랑말이나 가마로 3일이 걸렸다. 현재는 자동차로 세 시간이면 갈 수 있고, 1931년부터는 기차로 갈 수 있게 되었다.

이러한 한국 안에서의 지역적 특징으로 인해 주민들의 성격이 고립적이 되고 보수적으로 되었다. 웰번(A. G. Welbon) 목사의 말을 인용하면, "1910년에 선교기지가 개설될 때까지 주민 대다수는 바깥세상에서, 심지어 자기 나라 안에서도 일어나고 있는 큰 변화들에 대해 거의 알지 못했다. 그들이 이웃나라 일본과 통교한 지 거의 60년이나 되고 그들이 사랑하는 은자의 나라(Hermit Nation)가 고립에서 벗어나 세계의 위대한 나라들과 관계를 맺은 지 거의 한 세대가 지났는데도 안동 사람들은 주위에서 일어난 일들에 무관심하였다. …… 도로와 통신의 주요 노선들에서 떨어져 있었던 관계로 보수주의자들 가운데서도 보수주의자로 구성된 이곳의 신사들은 사람들을 계몽하거나 깨우치는 일에 대해 별다른 관심을 보이지 않았고, 오히려 무지와 사실상의 노예상태에 매어 있기를 원하고 있었다." 천 년 전에 김씨 성을 가지 세 형제가 이 지방에 정착했으며, 그 후 전주 이씨 왕조 때는 안동 김씨가 한국에서 가장 유력한 가문을 이루고 있었다.[1] 1932년에 안동읍의 인구는 1만 5,160명이었다. 이지방의 선교기지와 교회는 2,500평방 마일 지경 안에 있는 70만 명 이상의 주민들을 복음화 시킬 책임을 지고 있다.

1) 예비사역

베어드(W. M. Baird) 목사가 부산에 거주하는 동안(1891-1895) 안동 지방을 맨처음 순회하며 전도했던 것으로 보인다. 그는 "나중에 『텬로지귀』(天路指歸, *The Guide to Heaven*)라고 부르게 된 한 소책자를 번역했을 때는 장마철에 안동 이웃지역을 여행하고 있던 중이었다"고 기술하였다.

1899년 대구 선교기지가 개설되었을 때 안동지방은 그 선교지의 한 부분으로 포함되었지만 선교기지 회원들의 발길이 닿지 못하다가 1902년 3월에야 아담스(J. E. Adams)의 방문을 받았다. 대구 선교기지는 1901-1902년의 보고서에서 다음과 같이 설명했다. "아담스는 봄에 이러한(개척을 위한) 여행을 두 번 다녀오고 세 번째 여행을 시작했다. 지난번 3월과 4월에는 이 선교기지에서 이제까지 가본 적이 없었던 경상북도 최북단 지방을 다녀왔다. 그는 9개 행정구역들을 방문하여 책을 팔고 시장들에서 복음을 전했다. 그 일을 위해 한 달 이상을 소비했고, 약 1천 권의 책들을 팔았다. 우리는 이 지방에 두 명의 신앙고백자가 있다는 이야기를 들었는데, 한 명은 대구에서 우리를 두 번 찾아왔다. 이곳은 한국에서 알아주는 '양반'의 본산들 중 하나이다. 이 마을은 자긍심이 높고 주민들의 대다수는 야소교회가 있다는 말을 들어본 적이 없었다. 이러한 지방의 중심에 있는 안동은 크고 중요한 도회지이며, 우리가 이곳에 특별한 노력을 기울여야 할 것으로 기대된다."

1902년의 연례 모임에서 북쪽에 있는 이들 14개 군이 이 선교지에 방금 도착한 바레트(W. M. Barrett) 목사에게 할당되었다. 그는 1903년 봄에 브루엔(H. M. Bruen) 목사와 동행하여 첫 번째 여행을 떠났다. 그러나 브루엔은 도중에 건강을 잃어 집으로 돌아가야 했고, 바레트는 안동의 시장을 방문한 후에 북쪽의 산악지대로 가서 홍재삼이란 기독교인을 방문했다. 홍재삼은 이웃사람이 아담스에게서 산 책을 읽고서 한 해 전에 믿게 된 사람이었다. 그 해 동안 홍은 이 새 종교에 대해 더 많이 알고 더 많은 책을 구하고자 대구까지 80마일을 걸어 다녔다. 바레트는 이번 여행 중 홍의 집에서 일요일을 보내고 그를 그 지역 '최초의 학습교인'으로 받아들였다. 그러나 최초의 기독교인은 홍이 아니라 그 해에 죽은 한 다른 남자였다. 바레트는 그 해에 이 지역을 두 번 더 다녀왔다. 그는 이 지역에서 총 50일을 보냈으며, 700마일을 걸었고, 1천 권의 책들과 전도지들을 팔았다.

그 해(1903) 연례 모임에서 그 지역 7개 마을들에 12명의 기독교인들이 있다는 사실이 보고되었다. 그들의 수가 늘어나 1904년에는 12개 마을에 집회처소가 6곳, 학습교인이 7명, 교인이 33명이 있었다. 1905년에는 20개 마을에 집회처소가 8곳, 세례자가 2명, 학습교인이 19명, 교인이 79명이 있었다. 1906년에는 교인수가 200명 이상으로 증가하였으며, 1907년에는 600명, 1908년에는 1,000명 이상이 되었다. 바레트 부부는 1906년 가을 건강 때문에 미국으로 돌아가야 했다. 이에 맥팔랜드(E. F. McFarland) 목사가 안동지방을 담당했고, 2년 후 월터 어드만(Walter C. Erdman) 목사가 그 뒤를 이었는데, 그들은 모두 신임 선교사들이었다.

2) 선교기지의 개설

대구로부터 사흘 길에 있는 북쪽 지방에서 사역이 빠르게 발전함에 따라 선교회는 자연스럽게 안동에 새 선교기지를 설치할 필요성에 직면하게 되었다. 최초의 행보는 1906년에 이루어졌는데, 선교부에서 그해 9월 26일자로 보든(Borden) 여사와 그녀의 아들이 안동읍에 숙소를 마련하도록 100달러를 기부한 사실을 알려왔다.

선교기지의 개설은 1908년에 결정되었다. 이 일을 기록한 회의록은 보다 흥미로운 내용을 보여준다. "전도위원회는 안동 선교기지의 설치를 위해 필요한 예비 작업의 항목들을 제시하였다. 선교회는 안동의 정확한 위치, 이 곳 사람들의 성격, 말씨가 다른 사실, 선교기지를 이곳에 개설하려 하는 다른 여러 이유들에 대해 설명을 들어 잘 알고 있었다. 많은 토론 후에 그 항목이 채택되었다." 그 기록은 다음과 같이 이어진다. "안동에 선교기지를 개설하기 위해 예비 작업을 행할 것이며, 대구 선교기지는 이미 마련된 기금으로 안동에서 숙소를 매입할 것이며, 대구의 한 회원을 임명해 안동을 중심으로 이 지방에서 일하게 할 것이며, 아담스와 카긴과 안동 지방 배정자로 한 위원회를 구성해 이 사역을 전개시킬 향후 계획을 선교회의 다음 연례 모임에서 보고하게 할 것이다."[2)]

새 선교기지의 개설을 위해 임명된 대구의 회원은 1907년에 선교지에 도착한 소텔(C. C. Sawtell) 목사였다. 아담스가 다른 일들 때문에 위원회에서 일할 수가 없어 브루엔(H. M. Bruen)이 위원이 되었다. 카긴도 다른 일 때문에 이 위원회에 참여할 수 없었다. 브루엔과 소텔 그리고 위원회에 참여한 다른 두 명이 1908년 12월 1일에 대구를 출발해 안동읍을 방문하고 숙소용 집을 샀다. 그 집은 "장차 선교기지를 세우기에 가장 좋은 자리라고 여겼던 곳의 바로 앞과 그 자리의 한 편에 있었다." 그들은 이 같은 부지를 원하는 대로 선택할 수 있었다. "그 자리는 이 읍의 서북단 언덕에 있고 평원에서 약 60피트 위쪽에 있으며 동남쪽으로 시야가 트여 있었다."[3)]

1909년의 지역분할에서 계획된대로 감리교 선교회에 원주 선교기지를 양도하게 되면서 웰번(A. G. Welbon) 선교사와 플레처(A. G. Fletcher) 의사가 1909년 11월 안동에 개설될 새 선교기지로 이동되었다. 그리하여 웰번은 이 선교기지의 고참 선교사가 되었다. 그는 다음과 같이 설명하였다. "사고자 했던 부지는 20명 가량이 소유하고 있었으며, 그곳에 또 다른 12명이 소유한 12채의 주택들이 있었다. 그 집들 중의 하나와 그에 딸린 땅을 원주에서 우리와 함께 온 조사 김영옥(Kim Yung Ok)을 위해 샀다. 그 땅들은 각 소유자들과 그 당시 일반적인 매도가격의 두세 배쯤 되는 가격에 사기로 합의를 보았다. 계약금이 지불되었고, 증서를 만들 때 잔금을 치르기로 했다. 그런 다음 서울로 가서 가족을 만나고 집 지을 땅을 고르기 위해 곡괭이와 삽을 가져왔다. 그러는 동안 몇 사람이, 그중에서도 특별히 모든 사람들과의 흥정을 맡았던 자가 자신들이 더 많은 돈을 받았어야 했다는 생각을 품었다. …… 그 일은 몇 달 동안 중지되었다. …… 두 번째로 부지를 선택하여 그 주인들과 조용히 협상을 시작했는데, 놀랍게도 얼마 안 가서 처음에 선택했던 사람들이 찾아와 지금 그 땅을 팔 준비가 다 되었다고 하였다."

선교기지를 위해 그렇게 준비하는 동안에 소텔 목사가 죽어 큰 손실을 입었다. 그와 웰번은 1909년 10월에 함께 순회여행을 하였다. 안동읍에 도착하여 며칠을 머물며 새 선교기지를 세울 만한 곳을 돌아보았으며, 그 후 헤어져 소텔은 북쪽으로 웰번은 서쪽으로 가서 시골지역에 있는 여러 기독교인 집단들을 방문하였다. 10일 후 그들이 안동에서 만났을 때, 소텔은 장티푸스에 걸려 고열 증세를 보이고 있었다. 그는 선교회의 돈을 아끼기 위해 대구로 가는 길에 가마타기를 거부하고 조랑말을 탈 것을 고집하였다. 그는 가는 도중 12번이나 떨어지면서도 여행을 잘 견뎌냈고, 그의 병세도 그가 11월 16일에 죽기 이틀 전까지는 더 이상 심해지지 않았다. 이상하게 웰번도 19년 후인 1928년 4월 5일에 똑같은 질병으로 죽었다. 소텔의 후임으로 크로더스(J. Y. Crothers) 목사가 임명되었다. 그는 1909년 9월에 한국에 도착하여 1910년 1월에 처음으로 안동을 돌아보았다. 1911년 11월에 소텔 부인의 자매인 엘라 맥클렁(Ella McClung) 양과 결혼하였다.

웰번은 선교기지의 개설에 대해 설명하며 "맨 먼저 샀던 한옥을 개조하는 공사가 1910년 이른 봄에 시작되었으나, 웰번 가족이 6월에 도착할 때까지 끝나지 않고 있었다"고 기록하였다. 영구적인 집을 지을 때까지 선교사들의 임시 거처로 다른 한옥 두 채를 사서 보수하였다. 1911년 여름에 그 일을 시작하여 하나에는 그 해 12월에 입주하였

안동읍 교회와 교인들

안동 선교기지, 1911

고, 다른 하나에는 1912년 5월에 입주하였다. 프로스터 & 갬블 회사(Procetor & Gamble Company)의 갬블(D. B. Gamble)이 선교 부지와 그 주택들 중의 하나를 위한 자금을 댔다. 밀턴 스튜어트(Milton Stewart)는 두 번째 주택을 위한 자금을 댔다. 새 선교기지는 최초의 건물들을 세우는 동안 통상적으로 발생하는 지연, 시련, 신경전 등을 감내해야 했다. 일꾼들은 값이 싼 대신 유능하지 못했다. 일용직 일꾼들은 하루에 10센트를 받았고 숙식을 스스로 해결했다. 숙련공들은 그 액수의 두 배를 받았고, 스스로 연장들을 챙겼다. 재목은 강을 타고 운송되었다. 가공된 재목과 철물은 미국에 주문해서 가져왔다. 1913년 봄에 집 두 채를 더 짓기 시작하여 완공된 후에 크로더스와 스미스의 가족이 입주했다.

3) 전도사역

(1) 읍사역

이 읍 최초의 정규예배가 1909년 8월에 7명이 모인 가운데 열렸다. "책방을 담당한 사람의 집에서 모였는데, 그는 몇 주 전에 인근의 한 기독교집단에서 이사왔다." 일 년 후에는 참석자가 70명으로 늘었다. 1911년의 선교기지 보고서에 의하면, "일 년 전에는 이 지역의 교회가 두 번째 임시숙소에서 모이고 있었다. 그 집에는 이 선교기지의 독신남성 두 명이 살고 있었고, 귀퉁이 방 하나에는 한국인 가족이 살고 있었다." 그 집은 1911년에 선교기지의 두 번째 가족과 독신남성 두 명이 들어 살도록 개조되었다. 같은 시기에 이 지역 교회가 최초의 예배당을 세웠다. 주일학교 참석자들이 200명으로 빠르게 늘어나서 일 년이 지나지 않아 건물이 너무 좁게 되었다. 또한 그 해(1911)에 김영옥이 신학교를 졸업하고 10월에 그 교회 최초의 목사가 되었다. 현재의 교회건물은 1913년 11월에 짓기 시작해서 이듬해 2월에 완공되었다. 그것은 40×50피트의 600석 규모이다. 그 건물의 건축에 대해 선교기지는 "안동읍교회는 거의 5년 전에 시작하여 이후 다섯 차례 예배장소를 바꾸고 확장해왔다"고 보고하였다. 커다란 교회종은 캘리포니아 주 산타 파울라(Santa Paula)의 쉬블리(A. L. Shively) 부부가 기증하였다. 1913년 가을에 김병우(Kim Pyung Oo)가 이 지방 전체에서 최초로 이 읍교회의 장로로 피택되고 장립되었다.

(2) 시골지역의 사역

이미 설명한 대로 이 선교기지 관할구역 내의 교회는 1903년에 7개 마을 중 기독교 신앙고백자가 12명이었던 데서 1908년에는 교인수 1천 명 이상으로 빠르게 성장하였다.

2년 후 명실공히 선교기지가 개설되었을 때는 60개 기독교인 집단들에 3천 명 이상의 교인들이 있었고, 그중 성인 세례자는 120명 이상이었다. 그러나 아직 장로나 한국인 목사는 한 명도 없었고, 조사들만 몇 명 있을 뿐이었다. 조사 한 명은 73개 기독교인 집단들을 섬기는 수고를 하였다. 넓은 지역에 흩어져 있고 이처럼 빠르게 성장하고 있는 새 교회를 목회하는 일은 웰번과 크로더스 가족이 담당했다. 1910년에 레니치(E. A. Renich) 목사 가족이 새로 이 선교기지에 왔으나 3년 후에 사임하였다.

시골지역은 3개의 순회구역으로 나누어 서북쪽은 웰번이, 동북쪽은 크로더스가, 남쪽은 레니치가 맡았다. 레니치 대신으로 사역의 경험이 풍부한 윈(R. E. Winn) 목사 부부가 부산 선교기지를 호주 장로교로 양도할 때 부산으로부터 이동해왔다. 새 교회를 형성하는 중요한 기간에 그 세 명의 노련한 사역자들이 3년 동안 이곳의 일을 돌보았던 것은 다행스런 일이었다. 웰번 가족이 1917년에 평양으로 옮겨갔고, 신임 선교사들인 앤더슨(W. J. Anderson) 목사 부부가 안동으로 배치되었다. 그들은 이내 이 선교기지의 중요한 사역자들이 되었다. 1922년 11월 22일에 윈이 애석하게도 이질로 죽었다. 웰번은 미국에서 2년, 대구에서 2년을 있은 후 안동으로 다시 돌아왔고, 웰번 부인은 자녀들과 미국에서 잔류하였다. 1922년에 앤더슨 가족이 서울로 옮겨갔고, 제2세대 선교사인 아담스(B. N. Adams) 부부가 선교사로 임명되어 안동으로 배치되었다. 그들은 아이의 질병으로 사역을 지속하기 어려워 1930년에 중단하였다. 2년 후 그들을 이어 그의 형제인 조지 아담스(George J. Adams) 목사 부부가 이 선교기지에 왔다. 만주로 배정되었던 쿡(W. T. Cook) 목사 부부도 1917-1918년 동안 안동 선교기지에 있었다. 웰번 부인은 1925년에 테네시 주 매리빌(Maryville)에서 죽었고, 웰번은 1928년에 한국 서울에서 죽었다. 그들은 각각 1899년과 1890년에 한국 선교사로 임명되었다. 안동에서의 그들의 자리는 1929년에 헤롤드 보켈(Harold Voelkel, 옛 성은 Gertrude Swallen이며, 또 한 명의 제2세대 선교사이다.) 목사 부부가 맡았다.

교회는 매우 빠르게 성장하였다. 웰번의 설명에 따르면, 처음 5년간은 교인들이 매해 500명씩 증가하였다. 1910년의 선교기지 보고서에 따르면, 400, 600, 900명이 서로 다른 장소들에서 복음전도를 듣기 위해 모였다. 부유한 한 사람은 손님용 숙소들 가운데 하나인 200명이 앉을 수 있는 집을 교회에 제공하였다. 그 운동을 이끌도록 도와달라는 호소문이 발송되었다. 경험이 많은 한국인 사역자 세 명이 대구에서 파송되었다. 선교회는 윌리엄 커(William C. Kerr) 목사를 2년 동안 파송해 교회 순회사역을 계속 하게 하였다. 그는 1910년에 14개 군들을 방문하며 500마일 이상을 여행하였다. 제인 사무엘(Jane Samuel) 양은 여성사역을 이끄는 일을 돕도록 파송되었다. 선천의 남자중등학교는 차씨(C. M. Cha, 현재 서울 서대문교회 목사)를 전도자로 6달 동안 파송했다.[4)][i)]

(3) 안동 전도회들

그러나 전도는 거의 대부분 그 지역에 사는 기독교인들에 의해 이루어졌다. 안동 선교기지는 이런 종류의 사역으로 유명해졌다. 교회들마다 전도회를 조직했고, 한 번씩 각 주일학교에서 전도한 사람, 판매한 단권성경, 새신자 등의 수를 보고했다. 순회구역들은 제각기 비단으로 깃발을 만들어 가장 좋은 성적을 낸 교회들에게 수여했다. 연례 임직원 사경회 때는 각 순회구역들에 있는 기독교인의 수에 비해 최고의 성적을 낸 구역에 큰 깃발이 수여되었다. 3년 동안(1914-1916) 거의 70만 명이 개인적-그 중 많은 사람들이 여러 차례씩 산정되었다-으로 권면을 받고 복음을 들었다. 4년 동안 단권성경이 5만 권 이상 팔렸다. 그 일은 사실상 무급으로 일하는 권서들에 의해 행해졌다. 평균적으로 권서 한 명이 2년 9개월 동안 일하고 1만 2천 권의 단권성경들을 팔았다. 이는 200달러 이상에 해당되었고, 성서공회의 판매 수입액을 훨씬 상회하였다. 이 같은 자발적 전도자들 가운데 한 명은 그의 마을에서 현금 대신 곡식을 받으며 아침 식전에 60권을 팔았다. 조사 한 명은 한 주일에 10명을 데리고 전도를 나서 600권을 팔았다.[5)] 한 해에는 복음을 전한 사람수가 그 지방 인구의 절반에 이르렀다.

(4) 안동 여성을 위한 사역

웰번 부인은 이 선교기지로 부임하기 전에 한국에서 11년간 있으면서 수많은 사경회들을 인도하고 많은 순회여행을 하였다. 안동에 도착했을 때 격리되어 살아온 한국 여성 20명이 큰 호기심을 가지고 그녀와 그녀의 네 아이들을 보러왔다. 웰번 부인은 공부반을 조직해 일주일에 두 번씩 가르쳤는데, 하나는 나이든 여성을 위한 것이고 다른 하나는 젊은 여성을 위한 것이었다. 그 공부반들을 통해서 많은 새 신자들이 교회로 왔다. 70세 된 한 늙은 부인은 읽는 법을 배웠다. 그녀는 친구들과 친척들, 특별히 예안의 부유한 신씨 일가에게 열심히 전도하여 이내 커다란 집단이 생겨나게 하였다. 웰번 부인은 또한 자녀를 데리고 시골지역을 여행하며 기독교인 집단들을 방문했다. 1914년 5월에는 15일간 150마일을 여행하며 12개 교회들을 방문하고 거의 400명에 달하는 여자 기독교들을 만났다. 레니치 부인도 짧은 기간(1910-1913) 남부지역을 몇 차례 순회하였다. 크로더스 부인은 도착하자마자 어린이 주일학교를 돕기 시작해 지금까지 열심히 사역해왔다.

최초의 독신여성 사역자인 제시 로저스(Jessie L. Rodgers)는 1912년에 안동으로 배정되었으나, 3년 후 플레처(A. G. Fletcher) 의사와 결혼하였는데, 플레처는 안동에 있다가 1910년에 대구로 간 사람이었다. 1917-1918년에 핼리 커빙턴(Hallie Covington) 양이 이 선교기지의 독신여성 사역자로 있었으나, 그 해 말에 선천으로 옮겨졌다. 그러므로 처음 8년간은 여성사역이 대부분 기혼 여성들-웰번 부인, 크로더스 부인, 스미스 부인, 윈 부인-에 의해 수행되었고, 일시적으로 다른 선교기지 여성들의 도움을 받기도 했다. 마조리 핸슨(Marjory L. Hanson) 양이 1918년에 온 후 10년 동안, 그리고 레이니어 맥켄지(Rainier McKenzie) 양이 2년 후(1920)에 온 이래 현재까지 여성사역이 매우 잘 진행되었다. 그러나 1918년 이후부터는 기혼여성들이 크로더스 부인을 제외하고는 이 선교기지에 오래 거주하지 못했다. 앤더슨 부인은 1917-1922년까지, 벤자민 아담스(Benj. Adams)의 부인은 1923-1928년까지, 버코비츠(Bercovitz) 부인은 1924-1930년까지, 보켈(Voelkel) 부인은 1929년부터 있었다. 간호사인 샤록스(Sharrocks) 부인도 안동에 부임한 1926년부터 전도사역을 도왔다. 핸슨 양은 1930년에 선천으로 옮겨갔다. 1930년 안동에 도착한 데이지 헨드릭스(Daisy Hendrix) 양이 그녀의 뒤를 이었다.

초기에는 다른 선교기지들에서 한국인 전도부인들을 데려왔다. 대구에서 온 전도부인 한 명은 1912년에 여러 마을들과 교회들을 방문하느라 일 년 동안 2,500마일을 걸었다. 그러한 여행이 때때로 얼마나 힘들었던가는 캐더린 맥큔(Catherine McCune) 양의 경험담을 통해서 알 수 있다. 그녀는 1913년에 안동의 네 곳에서 지역 사경회들을 인도했다. 유난히도 추위가 심한 겨울에는 산을 넘는 일이 거의 불가능했다. 그녀는 어느 날 밤 얼어붙은 가파른 고갯길을 무서워 떠는 전도부인과 술취한 가마꾼들을 데리고 두 손과 두 발로 기어서 건넜다. 그녀가 한밤 중에 고개를 넘어 교회에 도착하자 그 교회의 한국인 여자들은 그녀의 안전한 도착을 감사하는 심야기도회를 열었다.

이 선교기지의 여성들은 자연스럽게 그들의 사역을 거의 대부분 지역교회들에서 그리고 안동에서 열린 사경회들에서 수행하며 시골과 읍의 여성들을 대상으로 활동하였다. 읍에서는 1910년에 최초의 여자 모임이 7명만이 참석한 가운데 열렸다. 5년 후인 1915년 2월에 같은 장소에서-초기 선교사들의 임시 거처로 사용되고 있었다-70명이 모였는데, 그들 가운데 최초의 7명 중 6명이 있었다.

4) 사경회와 성경학원

1912년에 여자성경학원 건물이 마룻바닥에 앉는 한국식의 150석 규모로 세워졌다. 그 건물은 남자들을 위해서도 사용되었다. 때로는 주중 사경회 기간에 그 건물에서 60명이 잠을 잤다. 그 건물은 이 읍에 있는 선교회와 교회의 다른 건물들과 함께 사경회와 성경학원 용도로 사용되었다. 그러다 1925-1927년에 1만 2,500달러의 비용으로 로저 윈 기념성경학원(Roger E. Winn Memorial Institute) 건물이 세워졌다.

1910년 선교기지가 개설되었던 해에 내매(Nai Mai) 마을에서 6일간 사경회가 열려 270명의 남자들이 참석하였다고 보고되었다. 그 사경회에서 크로더스와 커가 가르쳤고, 2천 권의 마가복음이 팔렸다. 이듬해(1911)에는 사경회가 8차례 열렸고, 1,340명이 참석하였다. 그 사경회들 중의 하나로서 이 지역 최초의 여성만을 위한 사경회가 개최되었다. 세 번째 해에는 사경회 제도가 매우 널리 퍼져서, 선교기지의 보고에 의하면, "모든 교회가 다소간에 특별한 성경교육을 받았다." 1917-1929년 동안 평균적으로 사경회가 51번 열렸고, 남자가 1,220명, 여자가 1,500명 참석하였다. 사경회 참석자들은 그 기간의 평균 교인수인 6,100명의 44퍼센트에 이르고 있었다.

남녀 성경학원 교육은 1920년에 시작되어 일 년 1학기제-한 학기는 한 달-로 진행되었다. 1930년부터는 한국인 두 명과 선교사 세 명으로 구성된 연합 이사회가 두 개의 학원을 관장해왔다. 남자 성경학원의 초대 교장은 윈 목사가 맡았다. 1922년 윈이 죽은 후에는 크로더스가 교장이 되었다. 처음 10년 동안 250명의 학생들이 공부했고, 그중 많은 사람들이 몇 학기씩 다녔다. 그들 가운데 오직 4명만이 1931년에 졸업했는데, 그중 한 명은 목사가 되었고, 또 한 명은 권서가 되었다. 여자성경학원의 교장은 앤더슨 부인, 핸슨 양, 맥켄지 양이 차례로 맡았다. 성경 외에 다른 과목들, 곧 위생, 산수, 한문, 음악,

개인전도법 등도 가르쳐졌다. 처음 10년간은 164명의 학생들이 공부했고, 그 중 9명이 졸업했으며, 졸업생들 중 5명이 전도부인으로 고용되었다. 현재 남자성경학원에 평균 30명이 다니고 있으며 여자 학원은 25명이 다니고 있다. 로저 얼 윈 기념 성경학원(Roger Earl Winn Memorial Bible Institute)의 교육관과 기숙사 건물들은 1926년에 준공되었으며, 현재의 인원에 적절한 규모를 갖추고 있다. 이 두 학원들은 각각 약 300달러의 예산으로 운영되고 있다.

5) 교육사역

이 선교기지 관할지역의 교육사역은 선교회의 다른 어느 선교기지보다도 짧게 설명될 것이다. 다른 선교기지들이 앞서 진행해온 교육사업에 비추어 보면, 선교회는 안동 선교기지가 개설되었을 때 덜 도와준 편이었다. 이곳이 대구에서 가까운 점으로 보면 도움이 덜 필요하기도 했다. 선교회는 교육사업을 위해 1912-1916년 사이에 적은 액수의 연례 보조금을 지급했다. 그 밖에는 교육사업이 전적으로 한국인들의 후원으로 진행되었다.

선교기지가 개설되기 전에 그곳에는 남자 아이들을 위한 보통학교가 여러 개 있었다. 여학생들의 학교 등교 사실은 1912년에 최초로 보고되었다. 그 해에 11개의 학교들에 156명의 남학생들과 22명의 여학생들이 있었다. 안동읍에 있는 학교들에는 28명의 남학생들과 14명의 여학생들이 있었으며, 이듬해에 남녀 학생이 각각 31명으로 늘어났다. 그 해부터 1924년까지 학교수가 2개에서 50개로 크게 늘었으며, 학생수도 마찬가지로 30명에서 1,600명으로 크게 늘었다. 학교들은 교육열이 고조되었을 때 번창했으나, 이러한 학교들은 어려울 시기에 거의 모두 소멸되었다. 1925년부터는 보다 안정된 조건이 마련되었다. 6년 동안 평균 15개 학교들에 424명의 남학생들과 146명의 여학생들이 있었다. 유치원들은 1923년부터 보고되기 시작했다.

선교기지의 회원들은 한 때 중등학교의 건립을 호의적으로 생각한 적이 있었다. 1914년 4월 '산업학교'라고 불리는 학교가 37명의 학생들을 데리고 이 선교기지에서 시작되었다. 이듬해 그 학교는 일종의 '중학교'라 불렸지만, 그 학교를 이끄는 2명의 교사가 봉급을 여러 달 동안 받지 못하는 등 불안정한 상태에 있었다. 중등학교는 선교기지가 보고한 통계표들에서 등장하지 않는다. 그 대신 대구, 서울, 평양으로 간 중등학교 학생들은 있었다. 1912년 초에 5명의 학생들이 안동에서 대구에 있는 우리 선교회의 중등학교로 간 것으로 보고되었다. 안동 기지 관할지역 내 교회의 유치원, 보통학교, 야학교들은 최근 수년간 일 년에 약 1천 달러의 현장 수입을 올렸다. 국공립학교들이 학령기 인구의 4분의 1 정도 밖에 수용하지 못해 재정 능력만 있다면 교회가 더 많은 교육사업을 펼칠 수도 있었다.

6) 의료사역

선교기지의 의료사역은 여러 가지 비우호적인 환경 때문에 '기복'을 겪었다. 담당 의사도 너무 자주 바뀌었다. 때로는 의사가 없어 병원 문을 닫기도 했다. 게다가 의료사업은 빚까지 지고 있었다.

1909년에 원주 선교기지가 예정대로 감리교 선교기지로 양도되었을 때, 그 해에 한국에 도착한 플레처(A. G. Fletcher) 의사가 안동으로 배치되었다. 그러나 재령과 강계에서 위급한 상황이 발생함에 따라 그는 첫해의 몇 달을 이 두 선교기지에서 보냈다. 안동에 도착한 후에는 얼마 동안 심각하게 앓았다. 퍼비안스(Purviance) 박사와 간호사 맥켄지(McKenzie) 양이 3일 동안 힘든 여행을 감행하여 도착했을 때, 플레처 박사는 상태가 호전되고 있었다. 그는 첫 해 여름에 600명의 환자들을 보살핀 것으로 보고되었다.

1910년 9월의 연례 모임에서 건강을 상실한 대구의 존슨 박사가 전도사역으로 옮겨가고 플레처 박사가 대구로 배치되었다. 그러나 존슨은 안동에 새 의사가 도착할 때까지 의료사역을 돌봐달라는 부탁을 받았다. 그 해에 존슨 박사는 이 선교기지에 석 달 반을 머물면서 1,300명의 환자들을 진료하였다. 지역교회 교인들은 하루에 평균 세 명꼴로 와서 환자들에게 성경과 찬송가를 가져다주고 일일 전도를 하였다.

존슨 박사는 건강 때문에 1911년 2월 대구로 돌아갔다. 그와 플레처 박사는 그 해의 연례 모임 때까지 임시적으로 자리를 바꾸었다. 플레처 박사는 두 번째로 안동에서 있었던 넉 달 동안 1,800명의 환자들을 진료하였다. 선교기지 부근에 있는 커다란 한옥이 매입되어 "한 방은 객실로, 두세 방은 환자의 병실, 대기실, 욕실, 진료실 등으로" 개조되었다.[6)]

새로 로이 스미스(Roy K. Smith) 의사가 안동으로 임명되었다. 그와 스미스 부인은 1911년 8월에 한국에 도착하였으나 첫 해를 서울에서 보냈고, 그동안 스미스 박사가 세브란스 병원의 인턴으로 있었다. 다행히도 선교회는 그 전 해에 감리교의 서울 동대문병원에서 일했던 엠마 언스버거(Emma Ernsberger)를 일 년 동안 채용할 수 있었다. 이 같은 합의는 만족스러운 결과를 낳았다. 언스버거 박사는 일반 전도사역에도 관심을 가졌고, 나아가 노소 여성의 주일학교까지 관장하였다. 그 해에 투약한 환자들의 수는 기록되지 않았으나, 그들에게서 130달러의 진료비를 받았다.

스미스 박사 부부가 1912년 가을에 이 선교기지에 부임하자마자 뉴욕의 쇼플러(S. F. Schauffler)가 새 병원을 위해 1만 달러를 보냈다는 기쁜 소식이 전해졌다. 1914년에 완공된 그 병원은 그녀의 아버지를 기념하여 '코넬리우스 베이커 기념 병원'(Cornelieus Baker Memorial Hospital)으로 불렸다. 그 벽돌건물은 30×70피트 규모에 2층과 지하층으로 되어 있다. 그 건물은 몇 해 동안 이 선교회에서 가장 잘 지어지고 시설이 가장 완비된 병원 건물로 묘사되었다. 1층의 약제실들은 1915년 1월에 입실되었으나, 전체 시설은 9월에 다 갖추어지고 그해 11월 4일에 헌정되었다. 예전의 진료소 건물도 개조되어 병원 직원 몇 사람에게 숙소로 제공되었으며, 병동에 입원하지 못한 몇몇 남자 환자들이 잠도 자고 스스로 음식도 조리할 수 있는 방으로 제공되었다.

스미스 박사는 한국말을 배우는 한편 의료사역뿐 아니라 교회 일에도 적극 참여하여 활동하였다. 그는 몇 년 동안 안동읍 교회의 남자 주일학교를 감독하였다. 캔자스 주 링컨에 있는 모교회에서 장로로 선출된 그는 1913년 5월에 안동의 조사 사경회에서 안수를 받았다. 4년 동안(1913-1916) 투약환자가 매년 평균 2,600명이었으나, 입원환자는 40명 미만이었다. 스미스 부인도 병원 일을 도왔는데, 1915년 가을 석 달 동안 종일 집에 있는 날은 3일뿐이었다.

1917년 8월에 스미스 박사 부부가 건강문제로 안동의 병원을 떠나 미국으로 귀국하게 되어 1년 동안 병원문을 닫게 되었다. 이듬해 4월에는 대구의 플레처 박사와 그의 가족이 건강 때문에 떠나 1920년 11월까지 돌아오지 못했다. 인접한 선교기지들에서 두 명의 의사들이 건강을 잃어 선교회는 1919년에 안동과 대구의 의료사업을 합병하는 계획을 세웠다. 선교회가 당시에 강력하게 "두 명의 의사 계획"을 지지하면서 점진적으로 안동과 대구에 각각 두 명씩 의사를 두고자 했던 것은 일시적인 일로 그쳐졌다.

채택된 합병 계획에 따라 그 때까지 계속되어온 안동의 약국과 병원 사업에 적절한 사역자들이 마련되어야 했다. 스미스 부부와 간호사 엘라 레이너(Ella M. Reiner) 양이 대구로 이동 배치되었으나, 플레처 박가 돌아오기까지 각기 안동과 서울에서 거주했다.

의사들이 대구에서 살면서 안동의 의료사업을 돌볼 수 있게 하려면 자동차를 구입해야 했다.[7] 그 계획은 잘 진행되지 못했으며, 결국 보고서는 1922-1926년 중에 안동의 의료사업이 "중지되었다"고 보고하였다. 1921년까지 2만 5천 명의 환자들이 약을 처방받았다.

버코비츠(Z. Bercovitz) 박사와 간호사인 그의 부인이 1924년 가을 선교지에 도착하여 안동으로 배정되었으나, 어학공부와 정부의 진료 허가 시험 때문에 안동의 의료사업은 1년 후에야 재개되었다. 1926년 제2세대 선교사인 간호사 엘라 샤록스(Ella J. Sharrocks) 양이 최초의 외국인 간호사로서 안동에 배정되었다. 그녀는 1925-1930년의 5년 동안 약 1,200명의 입원환자들과 1만 2천 명 이상의 투약환자들을 보살폈다. 그동안 버코비츠 박사 부부가 안식년(1929-1930)을 가졌으며, 한국인 의사 한 명과 직원이 샤록스 양과 선교회 의료부의 감독 아래 그 일을 맡았으며, 대구의 플레처 박사의 도움을 받았다. 샤록스 양은 다른 의료사역과 교육사업에도 종사하였으며, 그밖에 소아과 진료도 담당했다. 불행히도 그 기간(1925-1930)의 병원 경영에 큰 결손이 발생하였다. 이것은 마침내 해결되었는데, 쇼플러 부인이 계속 그 사역에 관심을 보였고, 그녀의 자매인 존 케네디(John S. Kennedy)의 부인이 또한 참여하였다. 그들은 현장에서 일하는 샤록스를 몇 년 동안 후원했으며, 재정적 도움이 필요한 다른 일들도 도왔다.

버코비츠 박사 부부는 1930년에 안식년을 마치고 돌아와 평양으로 배정되었다. 그들의 뒤를 이어 헤롤드 바우(Harold T. Baugh) 박사 부부가 안동으로 오면서 이 선교기지의 의료사역이 새로운 시대로 접어들었다. 20년 동안 6명의 의사들이 그 일을 이어받았다. 이들 중 세 명, 곧 플레처 박사, 존슨 박사, 언스버거 박사는 짧은 기간 있었고, 마지막에 온 바우 박사는 사역을 시작하는 중에 있었다. 스미스 박사와 버코비츠는 신임 선교사로서 이 선교기지에 왔다.

안동에서 의료사역을 수행하는 데 있어 모든 어려움에도 불구하고 4만 명의 투약 환자들과 1,500명의 입원환자들에 대한 진료를 훌륭하게 해냈다. 1914년의 보고서에 기술되었듯이 "죽은 뼈가 제거되고, 빠진 턱과 골절된 뼈들이 맞춰지고, 상한 눈이 지탱되고, 화상이 치료되고, 피부가 이식되고, 합성수지 시술이 실시되고, 종양이 제거되었다." 믿지 않는 남편과 다른 친척들에게서 버림받은 한 여자 환자는 걸을 수도 없었고 누울 수도 없었으며, 오직 겨우 앉고 힘들게 숨을 쉴 수 있을 뿐이었다. 수술로 두 개의 종양이 제거되었는데, 그 무게는 하나에 25파운드가 나갔다. "의사는 간호사 역할을 하느라 약제실에서 며칠 밤을 보내야 했다." 한 달 후 그녀는 집까지 40마일을 걸어가 기독교인으로서 다른 사람들에게 열심히 복음을 전했다.

이 관할구역 내에 사는 70만 명 이상의 주민들 가운데 다른 병원들과 사설 의사들이 얼마나 많이 있는지를 불문하고 그곳은 오랜 기간 선교회의 병원을 필요로 했다. 이 지역이 한국에서 가장 가난한 곳의 하나인 까닭에 이곳에는 무료 치료를 필요로 하는 환자들이 많았다. 한번은 이 선교기지와 선교회가 무료치료를 받는 환자들을 위해서만 2만 달러를 제공해줄 것을 간절히 호소한 적이 있었다. 그 돈은 확보되지 못했지만, 그 돈이 없이는 병원이 스스로 충당하며 운영하기가 어렵게 될 것이다.

7) 성공적인 선교기지 사역

안동에서의 사역은 선교회의 남쪽 지방 선교기지들에 그 인력과 자금이 투여된 것과 비해볼 때 가장 성공적으로 이루어져왔다. 26명의 선교사들이 22년 동안(1910-1932) 이 선교기지에 배정되어 왔다. 그들은 안식년을 포함해서 총 194년을 사역하였다. 26명 중에서 9명이 각기 1년에서 3년 동안 이 선교기지에 있었는데, 그들이 있은 전체 햇수는 16년에 불과하였다. 이 선교기지의 사역은 6명의 회원들-크로더스 부부, 웰번 부부, 핸슨 양, 맥켄지 양-이 거의 모두 담당했으며, 그들은 총 99년을 보내면서 전체 햇수의 절반 이상을 보냈고, 각 사람은 평균 16년 이상을 보냈다. 다른 11명의 회원들은 총 76년을 보냈으며, 각기 7년을 보냈다. 선교회는 이 선교기지에 11명의 사역자들-복음 전도자 3명과 의사 한 명 그리고 그들의 아내들, 독신여자 전도사역자 2명, 간호사 한 명-을 둘 생각을 갖고 있었지만, 실제로는 많은 해 동안 평균적으로 약 7명의 사역자들이 있어왔다.

재정도 최소한으로 투자되어왔다. 20년이 넘는 전체 기간에 선교기지의 부지, 임시 숙소들, 주택 네 채, 우물 하나, 위생시설, 난방시설, 특별 지붕보수, 성경학원과 사경회 건물, 병원 건물과 설비 등을 위해 약 5만 달러가 사용되었다. 전도사역과 의료사역, 자산유지, 문서 보조사업 등을 위한 선교회의 연례 지원금은 평균 약 1,600달러가 지급되었다. 그러나 의료비를 제외한 교회의 연례 기부금은 선교기지가 개설된 지 2년 내에 선교회의 연례 지원금을 초과하였다. 1920년 이래로 교회의 헌금 총액은 선교회 지원금의 3배에서 10배가 되었다. 사실상 1920년부터 교회 헌금의 평균 총액은 선교회의 연례 지원금과 선교기지에 있는 선교사들의 봉급을 합한 액수와 비슷하였고, 선교기지 관할지역에 있는 교회 자산의 값은 선교기지가 투자한 자산 전체의 값보다 더 높았다.

한국의 남부지방은 북부지방보다 선교사역이 더 힘들었고 발전 속도도 느렸다. 시골지역은 인구가 조밀했고, 소수의 부유한 지주들 외에 주민들은 매우 가난했다. 그들은 북쪽지방 사람들보다 더 의존적이었고, 무지했고, 덜 진취적이었다. 이러한 불리한 조건에도 불구하고 안동 지방의 교회는 성장해왔고, 능동적으로 일해왔고, 자급해왔다.

1910년에 121명의 세례자들로 시작한지 5년 만에 그 수가 1,121명으로(826퍼센트 증가) 늘어났다. 1915년부터 1925년까지 5년 동안의 증가율은 64퍼센트와 67퍼센트였다. 1930년에는 세례자가 총 3,340명으로 1910년의 교인 총수보다 더 많았으나, 1930년의 교인수에는 절반이 못 되었다. 1918년에는 교인수가 4천 명을 넘어섰으며, 1921년에는 6천 명으로 급속히 증가하였고, 1922년에는 7천 명 이상이 되었다. 이러한 빠른 증가에 선교사들의 사역은 부분적으로만 도움이 되었을 뿐이었다. 한국교회의 유급 조사들이 행한 수고를 말하지 않을 수가 없다. 1912년부터 1918년까지 이 지방에는 단 한 명의 한국인 목사와 9명에서 12명의 조사들(안수 받지 않은 지역 설교자들)이 있었다. 다음 4년 동안 한국인 목사가 2명, 3명, 4명으로 늘어났고, 조사는 20명 가량이 되었다. 최근 몇 년 전부터는 목사가 10명에서 12명이 되었고, 조사는 그 수의 12배가 되었다. 일군의 유급 전도부인들도 항상 일해왔다.

이 같은 빠른 성장은 오직 무급의 교회 임직원들과 평신도들이 적극적으로 활동해왔기 때문에 가능했으며, 특별히 그들이 큰 가난 속에서도 교회의 재정을 후원해왔기 때문에 가능했다. 1911년부터 1930년까지 20년 동안 한국인들이 낸 이러한 교회 헌금의 총액은 평균적으로 매년 교인 1인당 1.67달러 혹은 세례자 1인당 3.47달러에 달했다. 하루 임금이 10센트에서 30센트였던 것을 감안하면 이 액수는 미국의 헌금총액에 10을 곱한 것과 같았다. 선교기지 초기에 조직된 '전도회'는 현재 7천 명이 넘는 기독교 신앙 고백자를 교인으로 확보하는 데에 큰 역할을 감당하였다.

8) 앞으로의 임무

인구가 70만 명인 것에 비하면 교인수 7천 명은 백 명 당 한 명으로 많은 것이 아니며, "아직도 정복해야 할 땅이 많이 남아 있다." 선교회와 선교기지의 사역은 토착교회를 개척하고 그 교회가 불가피하게 대면하게 될 모든 비기독교 세력과의 경쟁에서 이겨

만주 평원

1927년의 노회

신빈 선교기지의 부지

만주에서의 선교사역(만주국)

생명력을 유지하고 성장할 수 있게 하는 것이다. 선교 인력과 재정지원이 최소한 얼마만큼 필요하고 얼마나 오래 필요한지를 결정하는 일은 선교학 상에서 민감한 문제 중 하나이다. 이런 점에서 선교회의 판단은 선교부와 모교회에서 중요하게 다뤄져야 하며, 특별히 한국교회가 스스로 그토록 많이 노력해온 점이 고려되어야 한다.

4. 신빈

한국인의 개신교 역사에서 예수님의 말씀인 "처음 된 자가 나중 되고 나중 된 자가 처음 된다"는 말씀은, 비록 그 분이 뜻한 것과는 의미가 약간 다르지만, 흥미롭게도 현실 속에서 진실이 되고 있다. 앞(IV장 2.)에서 이미 기록한 것처럼, 만주에서 한국인 최초의 개신교인들이 스코틀랜드 장로교 선교사들로부터 세례를 받았다. 우리 선교회의 사람이 이 나라에 처음 도착하기 전에 의주와 서울에서 한국 최초의 개신교 집단이 조직되었을 때, 그 기독교인들은 만주에서 온 자들이었다. 최초의 감리교 선교사들과 최초의 장로교 선교사들은 그 집단들을 방문함으로써 그들의 사역을 시작했다. 게일과 마펫이 만주와 한국 북부 지방을 통과하여 동해안에 이르는 장거리 여행을 한 것도 이렇듯 개신교 선교가 만주에서 먼저 시작되었기 때문이었다.

그런데도 우리 선교회의 만주 선교기지는 가장 마지막으로 선교회가 창설된 지 25년이 지난해에 세워졌다. 그 모든 시기 동안 만주에 사는 한국인들 사이에는 기독교인들도 살고 있었다. 만주에 선교기지를 설립하는 일이 이처럼 늦어진 이유는 분명했다. 먼저 선교부와 선교회는 한국인들의 대다수가 조선 왕국에 있고 만주에서는 한국인들이 많건 적건 간에 중국인들 사이에서 흩어져 있다고 생각하였다. 만주가 한국인들의 본고장이었던 것은 사실이며, 많은 한국사 기록들이 그곳에서 시작되고 있다. 그러나 1875년에 "이홍장이 압록강 너머 좁고 긴 중립지대의 20개 부락들에 있는 도둑들의 은신처를 소탕한 지" 2년 후에 이 지대가 중국에게 병합되었다.[1] 최근 수년 전까지도 한국인들은 만주를 거칠고 사람들이 드물게 살고 있으며 도둑이 횡행하는 지역으로 여겨왔다. 그들은 두려워하며 그곳에 들어갔다가 나올 때 안도의 한숨을 내쉬었다.

선교회가 지내온 전체 역사 속에서 만주에 있는 한국 기독교인들을 돌보기 위한 어떤 준비 작업이 이루어져왔다. 선교회 사람들이 그곳에 있는 스코틀랜드 장로교 선교사들과 계속 접촉해왔으며, 마침내 1902년에 그들과 우리 사이에 분명한 합의가 이루어졌다.[2] 그것은 우리 한국 선교회가 한국 평안북도의 인접 지역을 책임지며 재만 한국인들 중의 사역도 고려해야 한다는 것이었다.

이러한 '고려'는 선천 선교기지가 맨 처음 수행했으며, 나중에는 선천과 강계의 두 선교기지가 수행했다. 더불어 평안북도의 교회들의 도움을 받았고, 나중에는 한국교회 장로교총회의 도움을 받았다. 교계 분할 협정은 처음에는 캐나다 장로교 선교회와 더불어 나중에는 감리교 선교회와 더불어 체결하였다.

1903년 초에 선천 선교기지는 보고서에서 다음과 같이 진술하였다. "재만 한국인들을 위한 사역은 선교사 한 명이 전임하는 것이 더 효율적일 것이다." 선천 선교기지 사역을 표시한 최초의 지도(1902)는 만주에 하나의 정규적인 예배처소-이후의 지도에는 두 개 혹은 그 이상이 있다-가 있는 것을 보여준다. 그것들은 조선 반대편 고개를 넘어

압록강을 따라 기다랗게 띠를 이룬 지역에서 나타난다. 그 교회들은 나중에 강계 선교기지의 보살핌을 받았으며, 다음에는 남만주 노회에 의해, 후에는 다시 강계가 포함된 산서노회로 넘겨졌다. 1901년에 평안북도 교회들의 선교회는 만주의 "압록강 인근지역에 흩어져 사는 사람들"에게로 사역자 한 명을 파송하였다.[3] 그해 선천 선교기지의 보고서에 그의 이름이 유상도로[i] 기재되어 있었고, 2년 후에는 김상년이 그의 후임이 되었다. 만주의 사역에 대한 관심은 계속되어 1910년에 선천읍교회가 홀로 그 사역을 위해 80달러를 내어놓았다. 일 년 후에 목사 안수를 받은 김진근이 만주의 선교사가 되었고, 선천군 교회들의 후원을 받았다.[4] (그 사람은 나중에 강계읍교회의 초대 한국인 목사가 되었다.) 1911년에 봄 남자 두 명이 만주로부터 강계까지 100마일을 걸어와 그곳에 새 기독교 집단이 생겨 일요일마다 100명이 모인 사실을 보고하였다. 로즈(Rhodes)는 그해 가을에 그 집단을 방문하였다.

1) 두 번째 발전 단계

1910년에 일본이 한국을 병합한 후에 수많은 한국인들이 만주로 이주해갔다. 이러한 이주는 정치적 또는 경제적 동기에서 이루어졌다. 의심할 바 없이 그들 가운데 많은 사람들이 만주로 가면 일본의 깃발 아래 살지 않게 될 것으로 생각했다. 그들은 그곳에서 일본의 통치에 저항하는 운동을 전개하였다. 또한 병합 후의 재조정 과정에서 많은 한국인들이 경제적 곤경에 처하게 되었다. 만주는 거의 모든 농경지가 미경작 상태에 있었고 경작만 하면 많은 수확을 내고 있었다. 그러므로 이런 이유와 또 다른 이유들에서 지난 20년 동안 "더 많은 일본인들이 한국으로 오고 더 많은 한국인들이 만주로 가는" 추세가 생겨났다. 그와 같은 만주로의 이주에 대해 중국은 "뜨겁지도 차갑지도 않은" 태도를 보였다. 시간이 지나면서 두 민족은 전반적으로 친밀해졌다. 중국인들은 애초에 한국인들의 농업지대 특히 산악지대 점유를 기꺼이 허용하려는 입장에 있었고, 한국인들을 중국 국민으로 기꺼이 받아들이고자 하였다. 그러나 중국 내부에서 발생한 여러 전쟁들, 홍수들, 기근들로 인해 마침내 중국인들이 대거 만주로 이주해오면서 땅과 집을 필요로 하게 되었다. 더욱이 일본은 재만 한국인들을 일본의 신민으로 여기면서 일본에 반대하는 자들을 수색해야 하고 중국인의 압박을 받는 조선인들을 보호해야 한다고 주장하였다. 만주는 최근의 사건들이 입증한 것처럼 그 같은 정치적인 혼란으로 인해 특별히 위험한 곳이 되었다.

만주로 이민한 한국인들 가운데는 기독교인들도 많이 있었다. 한국의 어떤 지역에서는 교회 전체가 만주로 집단이주를 하였다. 한국 기독교인들은 이내 재만 한국인들을 복음화하는 문제에 직면하게 되었다. 1912년 봄에 에딘버러 선교대회의 계속위원회가 한국에서 열렸을 때, "만주의 교회는 만주로 유입되는 한국인들의 복음화에 관해 필히 한국에 주재하는 미국장로교 선교회와 캐나다장로교 선교회 및 다른 선교회들과 협의해야 한다"는 결정을 내렸다. 1912-1913년 동안 휘트모어(N. C. Whittmore) 목사가 만주를 세 번 여행하였는데, 한번은 로즈와 호프만과 함께 "고개 너머에 있는" 교회들의 연례 겨울사경회에 참석하였다. 두 번째는 1913년 6월에 안동(Antung)의 남쪽 지방으로 갔고, 세 번째는 7월에 목단(Mukden), 요양(Laoyang), 개원(Kai Yuan)으로 갔다. 1913년 3월에는 마지막에 언급한 장소를 통해서 3천 명의 한국인들이 넘어갔다.[5)]

선천과 강계의 선교기지들은 1913년에 만주에 대해 어떠한 조치를 취한 사실을 보고하였다. 선천의 보고서는 목단 시내와 그 주변에 2만 명의 한국인이 있고 그들 중에 약 2천 명의 기독교인이 있는 것 같다고 진술하였다. 강계의 보고서는 통화 지방의 한국인들의 수가 15만 명이며 그 중 1만 5천 명의 기독교인들이 이미 세워진 교회들에 속해 있다고 진술하였다.[6)] 그해(1913) 3월에 선교회 실행부의 권유로 선천과 강계의 선교기지들이 동쪽 훈강(Eastern Hun River, 한국인들은 피디강이라고 부른다)을 따라 만주 사역지의 경계를 나누고, 캐나다장로교 선교회에 대해서는 길림(Kirin)과 신경(Shenking) 사이의 경계선을 따라 그들과 우리의 경계를 나누자는 제안을 하기로 결정하였다. 그해 9월의 연례 모임에서 선교회는 다음과 같이 더 진전된 결정을 내렸다. "선교회는 즉시 만주에 있는 우리의 새로운 선교지를 관장할 사람 한 명을 따로 정하고 그가 새 선교기지의 개설을 염두에 두고 그곳의 전 지역을 답사하며 우리가 믿는 바와 같이 그 일을 위해 필요한 것들을 청구하도록 권한다." 그 모임에서 선교회는 선교부에 편지를 쓸 사람으로 마펫 박사와 휘트모어를 표결로 선출해 "만주 사역에 관한 실상과 필요조건들에 대한 정보를 제시하고 그곳에서의 선교기지 개설에 대비해 지원을 강화해줄 것을 역설하게 하였다." 또한 "우리 선교회와 감리교 선교회가 만주 사역을 장차 북장로교가 지도하도록 합의한 일"을 한국 선교회공의회가 승인한 사실도 보고하였다.(이러한 합의는 나중에 바뀌었다.)[7)]

1913년 11월 강계의 로즈와 호프만은 당시에 선교회 실행부 부원이었던 클라크(C. A. Clark) 목사와 함께 만주 내지를 지나는 여행을 했으며, 통화에서 사경회의 개최를 도왔다. 그 사경회는 중국 교회 건물에서 열렸으며, 144명이 참석했다. (이전의 건물은 의화단 사건 때 파괴되었다.) 그때(1914) 세브란스 의학전문학교 초대 졸업생 중 한 명인 김필순 박사가 통화에서 중국인과 한국인들을 위한 병원을 독립적으로 운영하고 있었다.

2) 선교기지의 개설

선교회는 1914년부터 만주에 선교기지를 개설하기 위한 확실한 행보를 내딛기 시작했다. 그러나 그 일은 7년 동안 성취되지 못했다. 1914년 11월에 솔타우(T. S. Soltau) 부부가 한국에 도착하여 만주로 배치되었다. 그들은 처음 3년 동안 선교회가 지정해준 대로 선천에서 살았으나, 그 사이에 얼마동안 강계 선교기지의 지시를 받았다. 그들은 양편 선교기지의 일을 돕고 있었는데, 1917-1918년간에 최소한 4달 동안은 강계에 있어달라는 요청을 받았다. 그들이 그곳에 왔을 때 만주사역은 서간도에 있는 한국인 목사 세 명과 목단에 있는 한국인 목사 한 명이 관장하고 있었고, 그들은 모두 선천 선교기지 관할지역 교회들의 후원을 받고 있었다.

1913년 12월에 선교회는 실행부의 권고를 받고 휘트모어 목사로 하여금 스코틀랜드 장로교 선교회에 참석해 통화현에다 연합 선교기지를 세우는 문제를 논의하게 하게 하였다. 또한 1914년 8월의 연례 모임에서 만주 선교지의 발전과 개발 상황을 돌아볼 위원회의 위원으로 휘트모어, 로즈, 그리고 만주사역 지명자 한 명이 임명되고 탐사여행이 승인되었다. 선교회는 또한 선교부에 대해 "만주 사역을 전개하기 위해 부산 자산의 판매금 가운데 3만 원(1만 5천 달러)을 따로 떼어놓을 것을" 요청하였다.[8] 1914년 11월에 로즈(Rhodes)와 비거(Bigger) 박사가 만주에 있는 교회들의 연례 사경회에 참석하기 위해 강계에서 궤이다마오츠(Kweidamaotsu)라고 불리는 곳까지 힘든 장거리 여행을 했다. 양전백 목사는 선천으로부터 목단을 거쳐 오는 동안 강물이 불어 지체하다가 사경회 마지막 날에 도착했다. 1915년 봄에는 헬스트롬(Helstrom) 양과 그녀의 전도부인이 여성사역자로서는 선교회 최초로 만주 내지 여행을 감행하였다. 그곳에서 그녀는 50명씩 참석한 여자사경회를 두 번 개최하였다. 그 여행은 힘들고 때로는 흥분되기도 했는데, 하루 밤에는 그들이 자고 있던 집의 옆집에 도둑이 들기도 했다. 그해(1915) 가을에 로즈는 다시 솔타우와 동행하여 진두호(Chin-to-ho)라 불리는 만주지방의 한 교회에서 열린 연례 사경회에 참석하였다. 1916년 봄에는 호프만과 솔타우가 만주에 있는 여러 개별 교회들을 방문하였다.

이러한 모든 사전 조사를 바탕으로 선교회는 1916년 9월의 연례 모임에서 만주에 새 선교기지를 개설하는 일을 공식적으로 의결하였다. 그때 7개 항목이 결의되었는데, 그것은 새 선교기지를 스코틀랜드장로교 선교회와의 연합 선교기지로 만들고, 이 기지의 개설은 추가 기금을 확보한 조건 위에서 행하고, 기관사역은 특별 기부금에 의거하여 행하고, 헌트(Hunt), 솔타우(Soltau), 램프(Lampe)로 하여금 위원회를 구성해 현장을 더 자세히 조사하며 스코틀랜드장로교 선교회와 협의하게 하고, 그 위원회는 기금이 마련될 경우 500원 상당의 숙소를 매입하는 권한을 행사하고, 선교기지의 부지와 주택 두 채를 위한 기금을 확보하고, 필요할 경우 선교부를 향해 부산 자산의 판매금 일부를 그 일에 사용하도록 허가해줄 것을 요청한다는 것이었다.[9] (나중에 선교회의 실행부는 그 부원의 한 명인 홀드크로프트(J. G. Holdcroft)에게 솔타우와 동행하여 만주를 다녀오도록 요청하였다.)

일 년 후(1917)에 실행부는 5페이지로 인쇄된 보고서를 연례 모임에 제출하였다. 그 보고서는 당시의 정치적 상황을 다루었으며, 한국인의 수가 늘어날 가능성을 예견하였고, 중국인 교회와 한국인 교회 간 협력의 유익을 강조하였으며, 한국교회의 빠른 성장과 선교회 도움의 필요성에 대해 논한 다음, 몇 가지 점, 곧 고립, 언어, 선교정책, 선교기지의 부지 선정 등의 어려움 점들을 지적하였다. 그 보고서는 세 가지 사항을 권장했는데, 그것은 스코틀랜드장로교 선교부와 세울 연합 선교기지를 위해 신빈부(Shin-pin-pu) 시를 선정할 것, 선교기지용 부지 매입을 위해 2천 원(1천 달러)을, 주택 두 채의 건립을 위해 6천 달러를 충당해줄 것 등이었다. 동시에 청주에서 첫 번째 사역기간을 보낸 쿡(W. T. Cook) 목사 부부가 새로 마련되는 선교기지에 두 번째 가족으로 이동 배치되었으나, 그들은 1917-1918년 사이에 대부분의 기간을 안동에서 보냈다.[10] 1917년의 연례 모임에 스코틀랜드 선교회의 풀러(H. W. Pullar) 목사가 형제 교회의 대표로 참석하여 선교회를 향해 인사말을 하였다.

다음으로 할 일은 처음부터 연합선교기지를 세우는 일에 동조했던 스코틀랜드장로교 선교회와의 협상을 끝내는 것이었다. 로즈(H. A. Rhodes) 목사가 1918년 1월에 목단에서 가질 스코틀랜드장로교 선교회와의 모임에 참석하도록 선교회의 위임을 받았다. 그가 6월에 선교회의 연례 모임 보고서를 작성했을 때 맥켄지(A. C. McKenzie)가 형제교회의 대표로 와서 그의 선교회가 회의 끝에 신빈부 연합 선교기지 건설 프로젝트를 승인한 사실을 알려주었다. 그 협상이 진행되는 동안 밀튼 스튜어트 기금(Milton Stewart Fund)의 수탁자인 블랙스톤(W. E. Blackstone)이 예정된 새 선교기지를 위해 6천 달러의 특별 기금을 보내왔다. 선교회는 그 돈을 선교기지의 부지를 사고 최초의 건물을 짓는데 쓰기로 표결하였다. 쿡 부부와 솔타우 부부가 선천 선교기지로 배정되었으나, 그들은 1918-1919년 기간에 목단에 머물었다.[11]

솔타우 부부는 1919년 11월에 건강상의 이유로 안식년을 떠나지 않으면 안 되었다. 그들은 귀환이 지체되어 1921년 2월에야 돌아왔다. 그 사이에 잠정적인 결정으로 그들이 청주로 이동되고 헨더슨(L. P. Henderson) 목사 부부가 만주로 배정을 받았다. 헨더슨 부부는 1920년 11월에 도착하였으며, 첫 해에는 선천에 거하도록 지정되었다. 그 일로 인해 쿡 부부가 새 선교시기의 사역을 거의 모두 떠맡게 되었다. 그들은 가끔씩 선교회의 형편을 좇아 임시적인 도움을 받았을 뿐이었다.

3) 구매와 건축

신빈(전에는 영어로 Hing-king, 중국어로 Shing-jin, 한국어로 흥경, 일본어로 Ko-kyo, 현재는 공식적으로 신빈〈Sinpin〉이라 불린다)은 목단에서 동쪽으로 100마일 떨어진 곳에 있다. 선교기지가 개설될 때는 그곳의 인구(대부분은 중국인)가 15,000명에서 20,000명 정도였다. 이곳은 행정 중심지이고 그 지방에서 가장 큰 도시이다. 이곳에 연합 선교기지를 세운다는 합의에 따라 스코틀랜드장로교 선교회가 그들의 선교기지를 영링(Yung-ling)에서 옮겨왔다. 그 당시에 한국인 밀집지역은 그곳으로부터 15마일 떨어진 왕정문이었고, 처음에 선교회는 신빈에서 주택을 사지 않고 이곳에서 숙박소를 살 계획이었다. 선교기지를 매입하는 일이 오랫동안 지체되면서 몇 년 전에 중국으로 귀화한 한 한국인을 중개인으로 하여 흥정한 결과 성사되었다. 그 땅은 이 도시의 동쪽 부분에 있으며 스코틀랜드 선교회의 연합자유교회(United Free Church)에 의해 55군데로 나뉘어 있었다. 이곳에서 두 선교회의 회원들-중국인을 위해 일하는 한 집단과 한국인을 위해 일하는 다른 집단-이 어깨를 나란히 하고 기독교인의 우정을 즐거이 나누고 지내며 사이좋게 일했다. 두 나라에서 온 서구인들의 고립된 이 공동체에서 질병과 비극적인 죽음이 발생할 때면 그들은 서로 돕고 위로했으며, 사회적 · 종교적인 많은 모임들을 함께 갖는 동안 고립감을 덜 심하게 느끼게 되었다.

한국 선교회의 신빈 선교기지는 1921년 4월 1일에 공식적으로 개설되었다. 최초의 선교기지 모임은 그 해 10월 26일에 있었다. 그 해 여름 성경학원 건물과 기숙사 한 채가 건립되었다. 그 건물들은 임시로 쿡 부부와 헨더슨 부부의 숙소로 사용되었다. 신빈에서는 선교회의 다른 선교기지들이 건축문제로 겪었던 모든 시련의 갑절에 달하는 시련을 겪었다. 석회는 남쪽으로 70마일 떨어진 곳에서 가져왔고, 재목은 동쪽으로 70마일 떨어진 통화에서 가져왔다. 최초의 주택 2채를 준비하는 과정에서 목단에 있는 프랑스 은행의 실수로 5천 달러를 잃었다. 선교부는 그 손실을 메우기 위해 충당금을 새로 지급했다.[12] 1923년 여름에 그 두 집을 짓는 동안 100명의 일꾼이 고용되었다. 그 해 여름에는 48일 동안 거의 쉬지 않고 비가 내렸다. 새 건물의 벽들이 이끼로 파랗게 되어 두 번 세척되었다. 최초의 집에는 1923년 10월 20에 쿡 부부가 입주하였으며, 1924년 1월 7일에 두 집이 완공되었다고 보고되었다.

4) 전도사역

도시 교회. 1922년 4월에 교회와 서점을 위해 "그 마을의 동문 바깥 언덕 아래"의 땅이 매입되었다. 그 해 여름에 책방 건물이 세워졌다. 그 후 1925년에 교회 건물을 위한 6천 달러의 기부금이 필라델피아의 베들레헴 장로교회로부터 답지되었다. "만주에 있는 베들레헴"으로 알려진 그 건물에서 1926년 10월 24일에 처음으로 예배가 드려졌고, 1927년 2월 6일에 그 건물이 봉헌되었다. 그 벽돌건물은 500명에서 600명이 앉을 수 있는 규모로 훌륭하게 지어졌다. 그 두 건물은 성경학원과 기숙사 건물들과 함께 지역교회의 사역과 지역 사경회들, 성경학원, 임직원 사경회, 노회 모임 등의 장소로 적절하게 활용되었다. 신빈과 인근 지역에 한국인들이 많이 살지 않았기 때문에 지역 교회의 출석자들이 200명을 넘는 경우는 거의 없었다. 그 숫자는 선교기지의 선교사들과 더불어 열심히 교회생활을 하기에 충분하였다.

5) 선교기지의 관할지역과 사역

감리교 선교회와 한국교회도 재만 한국인들 사이에서 선교하기 시작함에 따라 관할 지역 제한 문제를 다룰 한 위원회가 선정되어 1924년에 목단에서 모임을 가졌다. 그 위원회는 한국 장로교 총회에서 위임받은 장로교인 8명과 감리교인 5명으로 구성되어 있었으며, 허버트 웰취(Herbert Welch) 감독이 위원장으로 있었다. 장로교 측 위원 가운데는 휘트모어, 쿡, 홀드크로프트가 있었다. 헨더슨 목사 또한 참여하였다. 그 문제는 1921년부터 총회에 보고되었으며, 총회 측 의장인 클라크(C. A. Clark, D.D.) 목사가 1926년에 마지막으로 보고하였다. 길림현의 더 넓은 지역은 감리교 측으로 넘어갔다.[13] 신빈 선교기지에게 남겨진 관할지역은 지금도 확장되고 있고 시베리아 지방으로 뻗어가고 있다.

1913년에는 우리 선교회가 20개 집단들에 속한 2천 명의 기독교인들을 보살폈던 것으로 집계되었다. 2년 후에는 45개 집단들과 교회들에 거의 3천 명의 기독교 신앙 고백자들이 있었다. 회집 인원이 평균 100명을 넘는 집단은 9개였으며, 그중 가장 큰 집단은 200명이 넘었다. 5년 후(1920)에 최초로 만주만을 따로 집계한 보고서에 따르면, 교인이 5천 명이었다. 1929년의 조사에서 선교회는 2만 평방 마일에 달하는 신빈 선교기지 관할지역에 30만 명의 한국인들이 있다고 집계하였다. 쿡과 헨더슨은 10년 넘게 8명 내지 9명의 한국인 목사들의 도움을 받으며 이 방대한 지역의 목회사역을 감독하였다. 1920년에 한국인 총회가 남만주 장로교회를 조직하도록 지시하였으며, 이로써 선교기지와 노회가 거의 같은 시기에 존재하게 되었다. 시베리아 노회도 1923년 2월 8일에 조직되었으나, 2년 후에 해산되었다. 그것은 정치적인 혼란으로 노회 소집이 매우 어렵게 되었기 때문이었다. 와해된 노회 지역의 한 부분은 남만주 노회로, 다른 한 부분은 함북 노회로 흡수되었다. 1932년 세 번째 노회인 북만주노회가 다시 조직되었다.

여성사역. 만주에 있는 한국인 부인들과 소녀들을 조직해서 사역하는 것은 쉽지 않은 일이었다. 교회들은 넓은 지역에 흩어져 있었으며, 여성의 여행은 특별히 힘들고 경비가 많이 들고 때로는 안전이 위협받았다. 쿡 부인과 헨더슨 부인은 신빈 지역의 교회에서 열심히 활동했으며, 쿡 부인은 때때로 몇몇 시골지역으로 나아갔다. 그 밖에 한국교회들에 의해서도 여성 사역이 수행되어왔다.

선교회는 여러 해 동안 만주로는 독신여성 사역자들을 보낼 수 없다고 생각했다. 그러나 신빈 선교기지의 회원들은 그런 견해에 결코 동의하지 않았다. 스코틀랜드장로교 선교회의 독신여성 사역자들은 시골지역을 다니며 사역한다. 우리 선교회의 여러 여성 사역자들, 헬스트롬(Helstrom), 잉거슨(Ingerson), 하트니스(Hartness), 헤이즈(Hayes), 블레어(W. N. Blair) 부인, 킨슬러(Kinsler) 부인, 그리고 그 밖에 다른 여성들이 만주 안팎을 여행해왔다. 선교회는 점차 신빈에 한두 명의 여성 사역자를 보내는 것이 좋다고 생각하게 되었다. 선교회의 목록에 있는 그들에 대해 수년간 여러 차례 요청해왔고, 1932년에도 그들 중 한 사람을 요청한 일이 있어 선교회는 새 사역자들을 배정할 때, 그들을 가장 먼저 선정하게 되었다.

성경 교육. 교회 및 지역의 사경회 제도는 선교기지가 개설되기 전에 수립되었다. 1918년 강계 선교기지는 1,900명이 모였던 만주의 한 사경회에 대해 보고하였다. 그 사경회는 신빈 선교기지가 개설되기 전에 몇 년 동안 계속되어왔으며, 강계 선교기지의 회원들은 만주까지 먼 여행을 하여 그 지역의 연례 사경회에 참석하였다. 선교기지가 개설된 후에 브루엔(Bruen), 필립스(Phillips), 힐(Hill), 베어드 주니어(W. M. Baird, Jr.), 킨슬러(Kinsler), 캠벨(A. Campbell), 클라크(Clark) 박사, 블레어(W. N Blair) 박사, 그리고 그밖의 다른 사람들이 선교회에서 보냄을 받아 만주의 사경회와 기관 사역을 도왔다.

남자성경학원은 1920년부터 보고가 행해졌고, 여자성경학원은 1925년부터 보고가 행해졌다. 10년 동안(1920–1929) 매년 평균 24번 사경회가 열렸고, 남자는 960명, 여자는 610명이 참석했다. 1931년 신빈 지역 전체를 위한 연례 남자사경회에 340명이 모였다. 걸어서 여행하기에는 대단히 먼 거리라는 점을 고려하면, 그것은 매우 주목할 만한 현상이었다. 1914년 궤이다마오츠(Kweidamaotsu)의 사경회에는 160명의 남자들이 참석한 것으로 집계되었다. 그들 중 절반이 조금 못 되는 사람들이 총 3,200마일을 걸어서 왔다. 신빈에 있는 성경학원에는 그 해에 평균적으로 남자가 약 35명, 여자가 54명이 출석하였다.

6) 교육사역

만주에 있는 한국인 교회들은 자유로이 그들의 민족주의적인 이상에 따라 보통학교들 및 다른 통학학교들을 세울 수 있었다. 그들은 선교회로부터 재정적인 도움을 받을 수 없었던 한편, 중국의 교육제도를 엄격하게 준수할 필요가 없었고, 한국에서 행해지는 일본의 교육제도에 대해서는 물론 강하게 반발하였다. 그들이 세운 학교들에서는 한국어와 한국사 교육이 강조되었다. 한동안은 군사훈련이 유행하였다. 유행 속에 형성되었던 초등교육 기관들은 교회들로부터 열광적이고 희생적인 후원을 받았다. 20개 보통학교들에 평균적으로 남학생은 410명, 여학생은 90명, 모두 합해서 500명이 있었다. 유치원들은 1926년에 맨 처음 보고되었다. 때때로 남자 중등학교에 20명에서 70명의 학생들이 다니는 것으로 보고되었다. 재만 한국인 교회들은 선교회에 대해 중등교육을 도와달라고 여러 가지로 호소를 해왔다. 한두 차례 한국으로 대표를 파견해 선교회의 연례모임에 그 문제를 제기하기도 했다. 신빈 선교기지와 선교회의 회원들이 그들의 요구에 공감하지 않았던 것은 아니었으나, 선교회는 재정적인 이유 때문에 더 이상의 교육사업을 감당하기가 불가능하였다. 선교기지 회원들은 때때로 사적인 재원을 통해 얼마간 도움을 주기도 했다. 그것은 아직까지 해결되지 못한 문제이다. 그러나 한국인 교회들은 초등교육 이상의 교육을 감당할 수가 없다. 만주에 있는 중국인 학교들은 한국인 학생들을 교육하기에 적합하지도 않으며 더 많이 받아들일 여유도 없다. 한국인 학교들은 필요한 경비를 제공받을 수 있는 곳이 거의 없다. 쿡(Cook)은 아직도 선교기지와 선교회가 신빈에 있는 중등학교를 조만간 후원할 수 있게 되고 그리하여 학비의 부담을 줄여주고 기숙사 시설을 제공할 수 있게 되리라는 희망을 말하고 있다.

7) 의료사역

이 선교기지에 관해서는 선교회가 처음부터 의료사역을 펼칠 계획을 갖고 있지 않았다. 스코틀랜드장로교 선교회가 신빈에 병원을 운영하며 한국인들을 받아들이고 있었다. 그 선교회의 의사들은 선교기지 회원들이 느끼는 의료상의 필요를 관대하게 충족시켜주었다. 재만 한국인들의 의료상 필요도 충족시켜주었던 것은 말할 필요도 없었다. 그러나 사실에 있어서 그들 중의 대다수는 의사의 치료를 받아보지 못하고 살다가 죽었다.

8) 정치적 혼란

정치적 혼란, 이 두 단어는 지금까지 신빈 선교기지가 지내온 기간 내내 중요한 문제로 다루어져왔다. 마적들은 만주의 어느 곳에서나 출몰하였다. 일부 스코틀랜드장로교 선교사들은 그들에게 붙잡혔다. 마적에 대한 공포는 끊임이 없었다. 1923년 가을 선교기지의 회원들은 길림에서 열리는 사경회를 돕기 위해 북쪽으로 200마일의 길을 출발하였다. 그러나 마지막 30마일을 남긴 지점에서 도둑떼들에게 가로막혀 갈 수 없었다.

공산주의의 물결이 시베리아로부터 휩쓸고 내려와 특별히 수많은 한국 청년들의 정신을 물들였다. 1929년 장로교에 속한 일부 청년들이 반외국인, 반기독교의 입장을 표방하며 이 선교기지 회원들 중 한 명을 비난하였다. 나중에는 그런 행동이 없어졌으나 당시에는 심각했고, 남자 성경학원 출석자들의 수가 7명으로 줄어들게 만들었다.

당시에 일본은 일본의 한국지배를 반대하는 음모를 꾸미고 있다고 자신들이 믿는 재만 한국인들을 제압하기 위해서 군대를 파병하였다. 이 파병대들 중의 하나에 대해 쿡은 다음과 같이 기록하였다. "1920년 가을에 이 지방에서 성장하며 발전하고 있는 교회들이 일본군대의 한 부대로부터 일시에 기습을 받았으며, 우리의 많은 지도자들이 하루 사이에 이 땅의 고통을 떠나 '세상이 알 수 없는 평화'의 세계로 들어갔다. 목사들과 다른 사람들은 그 겨울 수개월 동안 고통의 나날을 보냈다. …… 교회는 많은 사람들이 모이기를 두려워한 까닭에 본연의 사역을 활발하게 행할 수가 없었다. 1921년 봄의 한 일요일에는 홍경(신빈)의 교회에 모인 회중이 여자 8명에 불과했다."

오늘날 선교사들과 기독교인들이 중국과 일본이 만주에서 빚고 있는 최근의 갈등으로 다시금 고통을 겪고 있다. 그 한 결과가 '헨더슨(L. P. Henderson) 목사의 비극적인 죽음'이었다. 그가 죽은 소식은 한국에 있는 그의 아내가 미처 알기 전에 미국에 있는 그의 친구에게 라디오를 통해 전해졌다. 일본군 장교들은 그 비극의 현장을 조사하러 온 목단 주재 미국 총영사에게 그의 죽음에 대해 해명하였다. 헨더슨은 한국인 요리사와 다른 한국인 한두 명을 대동하고 신빈을 출발해 5시간 만에 가장 가까운 기차역에 도착하였다. 황혼녘에 그들은 자신들이 버려진 한 마을 속에 있는 사실을 발견했는데, 바로 그 날 마적들이 마을을 약탈하여 사람들이 모두 도망가고 없었다. 헨더슨과 그의 일행은 그 날 밤을 비어 있는 한 집에서 보내려고 준비한 다음 잠자리에 들었다. 그런데 한 일본군 분견대가 그들을 깨우고 말리툰(Malitun)이라고 불리는 일본군 주둔지로 몇 시간 동안 걸어가도록 명령하였다. 헨더슨은 항의하였으나, 한국인들은 어찌 되었건 가야만 한다는 말을 듣고 그들을 불쌍히 여겨 함께 갔다. 1932년 10월 16일 새벽 1시경에 그들은 양편이 산인 한 고개를 넘고 있었다. 매복해 있던 한 무리의 중국 군인들 혹은 마적들이 사격을 가해왔으며, 일본 군인들이 응수하여 중국인들을 물리쳤다. 그러나 상황이 종료된 후에 헨더슨은 머리에 관통상을 입고 즉사한 상태로 발견되었다. 일본 측이 그의 시신을 화장하고 그 재를 미국 총영사에게 넘겨주었으며, 총영사는 목단으로 가져왔고, 한국 대구에 있는 그의 형제 헨더슨(H. H. Henderson) 목사가 이를 건네받았다. 장례식은 10월 24일 월요일에 선천에서 열렸다. 그곳은 1923년 7월에 죽은 헨더슨의 갓난 아들 브루스가 묻힌 곳이었다. 이렇게 해서 우리의 가장 유능하고 사랑스런 선교사의 한 명의 생애가 마감되었다. 그는 우리 선교회에서 사명수행 도중에 폭력적인 죽음을 맞은 유일한 회원이었다. 죽는 순간에 그는 선교기지를 떠나기 전 그 해 여름에 부인과 함께 만들었던 한 작은 미국 국기를 지니고 있었다. 신빈을 마지막으로 떠나기 전날 밤에 마치 자신의 죽음을 예감한 듯 미국에 있는 어머니에게 마지막 편지를 썼으며, 그녀는 나중에 이를 받아보았다. 이런 비극이 있은 후 헨더슨 부인은 대구로 옮겨갔고, 쿡 부부가 스코틀랜드장로교 선교사들과 함께 몇 달 동안 이 선교기지에 체류하였다. 이곳은 정례적인 우편제도의 편의를 제공받지 못하였다. 현재까지도(1934년 2월) 우리 선교회 회원들이 신빈에서 거주하고 있다. 선교회는 1933년의 연례 모임에서 알렌 클라크(Allen D. Clark) 목사 부부-모두 제2세대 선교사들이다-를 신빈으로 임명하였으나, 그들은 1933-1934년 동안 선천에 머물렀다.

9) 장래는 어떻게 될 것인가?

이러한 모든 일이 일어난 후, 선교회와 미국 해외선교부의 몇 사람이 신빈 선교기지는 반드시 폐쇄되어야 한다고 생각하였다. 그러나 달리 보면, 한국인들, 그리고 수천 명의 한국 기독교인들이 지금도 만주에 있으며, 모든 면에서 앞으로도 여러 해 동안 더 많은 한국인들이 만주에서 살게 될 공산이 크다. 이 일이 위험하고 어렵다는 이유만으로 우리가 이곳에서의 사역을 포기해야 할 것인가? 한때 선교회의 젊은 회원들과 선교 현장에서 일하는 회원들의 자녀로서 미국에 거하는 자들 몇 사람이 헨더슨의 만주 사역을 지원한 적이 있었다. 이처럼 그리스도의 군사들은 서로 싸우는 중국이나 일본의 군사들보다 용감하였다.

몇 년 후에 선교회의 실행부는 일본 점령지에 있는 한국인을 대상으로 사역하고 있는 캐나다 장로교회를 향해 우리 선교회의 만주 사역까지 넘겨받을 것을 제안하였다. 그러나 이때는 어떠한 선교회도 사역을 더 많이 감당할 수 있으리라고 느낄 만한 시기가 아니었다.

신빈 선교기지의 사역은 한국에서보다 더 어렵지만, 다른 나라의 수많은 선교기지들의 사역보다 더 어렵거나 고립된 것은 아니다. 더욱이 어떤 면에서는 우리 선교회에서도 그곳의 사역이 가장 흥미롭고 가능성도 높다. 만주에서 일해 온 많은 우리 선교회원들은 그곳에 있는 한국 기독교인들이 민첩하고, 영리하며, 매우 도전적임을 증거한다. 그들은 '흩어진' 한국인들 가운데 속한다. 어쩌면 한국인의 이주가 그들이 본래 왔던 땅으로의 귀환일 수도 있다. 어쨌든 무수한 한국인들이 천국 시민의 특권을 받지 않고는 그곳을 떠나지 않을 것이다.

:: 주석

1. 청주

1) *Annual Reports, Korea Mission, Presbyterian Church, U.S.A.*, 1908, p. 10.
2) *Annual Meetings Minutes, Korea Mission, Presbyterian Church, U.S.A.*, 1908, pp. 43, 56.
3) *Ibid.*, 1909, p. 70.
4) *Korea Mission Field*, September, 1925, p. 186.
5) L. G. Paik, *History of Protestant Missions in Korea*, pp. 184-189.
6) *Annual Meetings Minutes, Korea Mission, Presbyterian Church, U.S.A.*, 1902, p. 40.
7) *Ibid.*, 1904, p. 16.
8) *Korea Mission Field*, August, 1900, p. 130.
9) *Ibid.*, April, 1911, p. 108.
10) *Annual Reports, Korea Mission, Presbyterian Church, U.S.A.*, 1911, p. 90.
11) *Annual Meetings Minutes, Chosen Mission, Presbyterian Church*, *U.S.A.*, 1920, pp. 8, 9.
12) *Annual Reports, Korea Mission, Presbyterian Church, U.S.A.*, 1910, p. 81.
13) T. S. Soltau, *Korea: The Hermit Nation and Its Response to Christianity*, p. 67.

2. 강계

1) L. H. Underwood, *Fifteen years among the Top knots*, p. 64.
2) *In Memory of George Leck*, A pamplet, p. 25; Annual Report, Korea Mission, Presbyterian Church, U.S.A., 1908, p. 89.
3) *Syenchun Station Report*, 1903, p. 14.
4) *Annual Meetings Minutes, Korea Mission, Presbyterian Church, U.S.A.*, 1904, p. 34; 1905, p. 59; 1907, p. 40; 1907, p. 68; 1908, p. 9.
5) *Korea Mission Field*, July, 1915, p. 197.
6) *Ibid.*, October, 1912, p. 296.

3. 안동

1) *Korea Mission Field*, February, 1926, p. 38.
2) *Minutes of Korea Mission, Presbyterian Church, U.S.A.*, 1908, pp. 35, 44.
3) *Ibid.*, 1909, pp. 25; 37-38.
4) *Annual Report, Korea Mission, Presbyterian Church, U.S.A., 1910*, p. 97; *Ibid.*, 1911, p. 111.

5) *Korea Mission Field*, January, 1917, p. 21; *Annual Report Chosen Mission, Presbyterian Church, U.S.A.*, 1915, p. 17.
6) *Report Chosen Mission*, 1911, p. 116.
7) *Minutes, Chosen Mission, Presbyterian Church, U.S.A.*, 1919, p. 70.

4. 신빈

1) H. N. Allen, *A Chronological Index*, p. 8.
2) *Report of Syenchun station*, 1902, p. 12.
3) *Korea Mission Field*, December, 1913, p. 326.
4) *Report of Korean Mission, Presbyterian Church, U.S.A.*, 1911, p. 105.
5) *Korea Mission Field*, 1913, p. 326.
6) *Report of Korean Mission, Presbyterian Church, U.S.A.*, 1913, pp. 66-7, 102.
7) *Minutes of Korea Mission, Presbyterian Church, U.S.A.*, 1923, pp. 10, 20, 32, 40, 81.
8) *Ibid.*, 1914, pp. 10, 20.
9) *Ibid.*, 1916, p. 111.
10) *Ibid.*, 1917, pp. 31-36, 91.
11) *Ibid.*, 1918, pp. 35-36, 59, 78.
12) *Ibid.*, 1922, p. 116.
13) *Minutes, Presbyterian Council, Korea, 1924*, p. 53.

:: 역자주

2. 강계

i) 유상도(Yu Snag To)는 주상도의 오기인 것으로 보인다.
ii) 본문 P. 392에는 1492년으로 되어 있다.

3. 안동

i) 차재명 목사를 가리키는 듯하다.

4. 신빈

i) 유상도(Yu Snag To)는 주상도의 오기인 것으로 보인다.

제11장

한국장로교회

예수님은 “나의 교회를 세울 것이다”라고 말씀하셨다. 그러므로 교회 설립은 모든 나라의 선교회 프로그램에서 필수적인 사업으로 여겨진다. 단순히 복음을 전파하는 것만으로는 충분하지 않다. 교육, 의료, 사회, 기타 다른 사역들이 가부 간에 도모되어야 하고 교회가 반드시 세워져야 한다. 스스로 생명력을 유지할 수 있고 성장할 수 있는 자생적인 교회를 확실하게 만들고자 한다면 사역을 넘겨주기 시작해야 한다고 말하는 사람도 있다.

다른 선교지들에서와 마찬가지로 한국에서 설립된 교회들도 그 성격이 선교사들에 의해 크게 좌우되었다. 그러나 어느 정도는 한국 기독교인들의 성격에 의해 독특한 색채로 변화되었다. 선교사들이 믿고 가르쳤던 것, 그들이 본을 보이며 살았던 모든 것이 새로 설립된 교회의 삶 속에 반영되어 있었다. 다른 한편 한국 기독교인들은 그 배경이나 관점이나 종교경험 면에서 선교사들과는 매우 다르게 동양적이었다. 일의 속성상 처음부터 완전히 토착적인 교회를 세우는 것은 불가능하였다. 완전히 서구적으로 될 수도 없었다. 교회가 성장해갈수록 한국적인 요소와 특징들이 우세하게 될 것은 명약관화한데,

이러한 일이 현재 일어나고 있다.

이 장에서는 한국장로교회의 설립과 성장 과정의 자취를 추적하면서 그들이 이미 참되고 토착적인 교회를 이룬 사실을 보여주고자 한다.

1. 교회조직에 대하여, 자치

선교지에서는 사도행전의 사도들처럼 안수 받은 선교사가 공식적으로 조직교회를 대표한다. 그들은 반드시 치리권을 행사해야 하고, 교육과 성례를 실시해야 하며, 개교회의 임시 직원들을 임명해야 한다. 그리하여 상당수의 세례교인들이 생겨나자마자 교인들에 의한 임직원의 선출이 시작되었다. 다음 단계로 개교회에서 한 명 또는 더 많은 장로들이 선출되었다. 그렇게 하여 한국인 목사가 안수받게 될 때까지 선교사 목사가 당회장을 맡는 교회가 조직되었다. 최초로 조직된 교회는 1887년에 이루어진 서울의 서대문교회이다.[i] 소래교회는 1900년에, 평양교회는 1901년에 조직되었다.[1] 1904년에는 전교회적으로 24명의 장로들이 있었다.

초창기 선교사들이 한국 전체에 하나의 장로교회를 세우는 비전을 가질 수 있었던 것은 행운이었다. 호주교회의 데이비스(J. H. Davis) 목사가 1889년에 도착했을 때 장로교연합선교공의회가 조직되었다. 이 조직은 이듬해에 데이비스가 죽음으로써 불가피하게 중단되었다. 그러나 남장로교 선교사들이 도착한 후인 1893년 1월 28일에 서울에 있는 빈튼(Vinton) 박사의 집에서 다시 조직되었다. 공의회의 목적은 개혁신앙(Reformed Faith)과 장로회 정치형태를 가지는 단 하나의 토착 한국교회로 조직을 획일화시키는 데 있었다. 이 기관이 1907년에 독립된 한국장로교회가 조직될 때까지 교회를 다스렸다. 공의회 밑에 여러 도의 지방회(church session)들이 있었다. 공의회는 이내 평양과 서울에 각각 북부지방과 남부지방을 위해 두 개의 '공의회 지부'(Committee of Council)들을 두었다. 1901년에는 남쪽의 전라도와 경상도에 두 개를 더 설치했고, 1905년에는 가장 북쪽에 있는 함경도에 다섯 번째로 설치했다. '지방회'들은 '공의회 지부'들을 통해서 중앙 공의회에 보고했다. 나중에 '공의회 지부'는 '소회'(Presbyterian Committee, So-hoi)라고 불렸다. 안수 받은 선교사들과 한국인 장로들 및 조사들이 이 소회의 회원이 되었다.

1901년 초에 한국인 장로들과 조사들이 초청받아 중앙 공의회에서 선교사들과 자리를 같이 했다. 이때부터 1907년까지 회의가 영어회와 한국어회, 이중으로 열렸다. 교회를 통솔하는 권한은 여전히 영어 공의회의 선교사들에게 있었다. 그러나 한국인들이 훈련을 받게 되면서 얼마 지나지 않아 1907년에 그 권한이 한국인들에게 넘겨졌다. 그 사이(1901-1907)에 독립교회를 조직할 준비가 이루어졌다. 임시로 신앙고백과 정치규례가 작성되어 한국교회가 조직되었을 때 한국교회에 의해 채용되고 수정되었다. 네 장로교 선교회들은 각자의 모교회 총회와 연락하여 이제 세워질 독립된 한국교회와 연합하는 일을 허락받았다.

마침내 1907년 9월 17일에 새 교회가 출현하게 되었다. 마펫(S. A. Moffett, D.D.) 목사가 노회장으로 선출되었다. 부노회장과 서기와 부서기는 한국인으로 정해졌고, 그래함 리(Graham Lee, D.D.)가 회계로 선출되었다. 새로운 독노회가 맨 처음 한 일은 이 선교회의 성직자 회원으로서 한국에 최초로 왔으나 미국에서 안식년을 보내고 있던 언더우드(H. G. Underwood, D.D.)에게 전보를 치는 것이었다.

새 노회는 38명의 선교사들과 40명의 한국인 장로들로 구성되었다. 그러므로 제1회

한국 독노회의 첫 모임–평양. 1907

노회 때부터 한국인 총대들이 다수를 이루고 있었다. 이 다수의 비율은 이후로 매년 커져갔다. 이것은 역사적인 모임이었다. 공의회가 준비한 신앙고백과 정치규례가 임시로 일 년을 기한으로 하여 채택되었다. 세계장로교동맹(World's Pan Presbyterian Alliance)에 가입하는 일도 신청되었다. 다른 모든 것보다 중요한 것은 최초의 신학교 졸업생 7명에게 목사안수를 준 일이었다. 이전의 7개 장로교 소회는 7개의 대리회(sub-Presbytery)로 개편되었다.[2)]

1908년에 서울에서 노회가 열려 59명의 한국인들과 30명의 선교사 총대들이 참석했다. 1909년에 모인 노회에서는 85명의 한국인들과 33명의 선교사들이 대표로 참석했다. 신학교를 졸업한 8명이 더 안수를 받았다. 1910년에는 선천에서, 1911년에는 대구에서 노회가 열렸다. 1911년의 모임에서 일 년 후에 총회를 조직하려는 계획이 세워졌다. 7개 대리회들이 1912년 3월 1일 이전에 여러 노회들로 조직되었고, 노회장들이 임명되었다.

역사적인 제1회 총회가 1912년 9월 1일에 평양에서 열렸다. 언더우드 목사가 회장으로, 블레어(W. N. Blair) 목사가 회계로 선출되었다. 다른 모든 직책들은 한국인이 맡았다. 총대는 한국인 목사가 52명, 장로가 125명이었고, 선교사가 44명이었다. 회장에게 증정된 의사봉은 7가지 서로 다른 나무 조각들-하나의 조각은 하나의 노회를 상징했다-로 만들어졌는데, 삼위일체를 상징하는 세 개의 은고리로 매어져 있었다. 총회 기간의 주일에는 한국인 참석자의 한 명으로 선천에서 온 김석창 목사가 공개된 장소에서 5천 명의 청중을 향해 설교했다. 이 제1회 총회 모임에서 세 명의 한국인 목사들과 그 가족들을 중국인 대상의 해외선교사로 중국 산동 동부의 내양에 파송하는 일이 결정되었다. 1913년에 서울에서 총회가 시작되었을 때는 한국인 목사들과 장로들의 수가 동수였는데, 5개 교회에서 한 명씩 왔다. 1917년에는 이런 것이 바뀌어 7개 교회에서 목사 한 명과 장로 한 명이 오게끔 되었고, 1931년에는 10개 교회에 한 명이 오게끔 되었다.

처음에는 안수받은 선교사들이 노회와 총회에 회원으로 소속되어 있었고, 탈퇴하려면 투표를 통해 회원 3분의 2의 허락을 받아야 했다. 탈퇴하기 전일지라도 선교사들은 각자가 속해 있는 본국 모교회 노회들의 권위에 복종하고 지도를 받아야 했다.[3)] 1913년에 장로교 공의회는 한국 총회에 선교사 회원들이 개별적으로는 탈퇴하고 대신에 일정 비율의 대표들을 보낼 것을 제안했다. 총회는 1914년에 이를 거절했다가 1916년에 이 두 제안을 승인했다.[4)]

1917년부터 1920년까지 기간에 8명의 한국인들과 6명의 선교사들로 구성된 특별 위원회가 새로운 교회헌법을 작성했다. 선교사들의 주장으로 한국인 위원들이 따로 모였고, 그들은 선교사들의 지위에 관해 다음과 같은 제안을 내어 통과시켰다. 즉 선교사는 한국 노회에 가입할 때 이명증을 가져와야 하며, 만일 노회가 해당 지역 안으로 선교사들을 받아들이면 선교사는 투표권을 가지며 만일 맡은 사역이 없으면 객원으로서 자리에 앉을 수 있으나 어떠한 부서로 선출되면 그 부서에서 투표권을 갖게 된다. 또한 총회 총대를 선출할 때는 노회가 참석하는 한국인 목사들의 수의 절반을 선교사들로 선출해서 양자가 같은 힘을 행사할 수 있게 해야 한다. 노회에 가입한 선교사는 노회의 치리에 복종해야 하고, 새로운 선교사가 선교지로 올 경우에는 그 신조를 받아들일 것을 선언해야 한다.[5] 선교사들은 전처럼 모교회의 노회에 계속 남아서 그 노회에 대한 책임을 이행할 수 있게 되었다.

한국교회가 독립해서 완전한 자치를 이루고 있었다는 사실은 반드시 강조되어야 한다. 선교사들은 노회에서 차용되었고, 노회는 자기들의 뜻대로 선교사들을 받아들일 수도 있었고 거절할 수도 있었다. 선교사들은 노회의 지시를 받는 동시에 선교회의 치리 아래에서 일했다. 총회의 총대 200명 중에서 선교사의 수는 40명을 넘을 수 없었으며, 보통은 30명을 넘지 않았다. 노회에서는 선교사들의 비율이 더욱 낮았다. 노회의 관할지역 안에 있는 선교사는 한 두 명을 넘지 않을 때가 많았다. 1915년 이후에는 선교사가 총회 회장이 된 일이 단 한 번 있었다. 선교사들은 총회 회의장에서 자주 발언하는 것을 그다지 좋아하지 않았다. 그들은 열 명 중 한 명 정도가 부서에 선출되었는데, 그 중에서 중요한 부서에 속한 자는 3분의 1에 불과하였다.

한국 장로교회가 1907년에 독립해서 조직되었을 때 하나의 신앙고백이 채택되었다. 전문을 빼고는 이 고백이 1904년에 인도 국가교회(the National Church of India)에서 채택했던 것과 똑 같았다. 웨스트민스터 소요리문답이 새 교회의 교리문답으로 채택되었다. 그 때 채택되었던 정치규례(Form of Gevernment)와 교회규율서(Book of Discipline)는 임시로 받아들인 것에 불과했다고 이해되었다. 현재의 헌법은 8명의 한국인들과 6명의 선교사들로 구성된 위원회에 의해 1917부터 1920년 사이에 마련되었고 최종적으로 1922년에 노회들에 의해서 승인되었다. 클라크(C. A. Clark, D.D.) 목사의 말을 인용하면 다음과 같다.

이 새 헌법은 다섯 부분으로 구성되어 있다.

1. 1907년에 채택된 신앙고백
2. 웨스터민스터 소요리문답
3. 미국 교회들의 것을 어느 정도 본떠서 만든 정치규례
4. 북장로교의 것을 전반적으로 따르면서 일부 수정한 교회규율서
5. 남장로교의 것을 전반적으로 따르면서 일부 수정한 예배규칙서[6)]

처음의 일곱 노회는 1933년에 지금의 24노회가 되었다. 이 노회들의 관할지역은 또한 세 장로교 선교회들과 캐나다 연합교회 선교회의 관할지역이 되었다. 미북장로교 한국선교회 관할지역에 14개 노회들이 있다. 한국인 목사, 세례자, 교인 총수의 약 70퍼센트와 교회 총수의 거의 60퍼센트가 이 14개 노회 안에 있다. 우리 선교회 관할지역에 300명 이상의 한국인 목사들이 있으며, 안수받은 선교사들이 이 노회들로부터 목회사역에 관해 감독을 받고 있다. 그런데 이 노회들의 작은 교회들과 집단들은 재정적으로 목사를 후원하지 못하는 상태에 있다. 안수받은 한국인 목사에 대한 안수 받은 선교사의 비율은 7:1가량 된다. 선교사들은 새로 시작할 사업계획과 사역방법에 대한 조언자와 동역자와 지도자로서 매우 필요하고 요청되는 존재가 되고 있다. 그러나 교회를 이끌고 다스리는 일은 1907년에 독립된 교회가 조직된 후부터 한국인의 손에 의해 이행되어오고 있다.

2. 증거사역에 대하여, 자전

한국교회가 왜 그처럼 경이적인 성장을 이루었는지에 대해 많은 대답이 주어져왔다. 가장 큰 이유는 교회가 항상 강력하게 전도자의 입장을 견지해온 데 있다. 교회는 임직원들로부터 평신도에 이르기까지 다양한 방법으로 증거하는 교회를 이루어왔다.

초기 선교사들은 모든 그리스도인들이 예수는 하나님의 아들이시고 십자가에 못 박히고 부활하셨으며 우리를 죄에서 구원하는 구세주이시라고 선포해야 하는 책임을 지고 있다는 사실을 모범과 교훈을 통해 강권해왔다. 기독교인들은 언제든지 학습이나 세례

한국장로교회 제1회 총회. 1912
7개로 나누어진 최초의 노회들로 구성되었다.

를 받기 위해 문답을 받게 될 때면 비기독교인들에게 신앙을 권면한 적이 있는지의 여부에 대해 질문받았다. 교회의 '평신도들' 은 최소한 최근 몇 년 전까지는 신실하게 이 의무를 이행해왔다. 초창기의 개종자들은 가족과 이웃들과 친구들과 낯선 자들에게 증거했다. 그들은 길을 걸을 때도, 장에 갈 때도 객주집이나 사랑방에서 사람들 틈에 앉았을 때도 전도했다. 비기독교인들에게 밤늦도록 오랜 시간 열심히 권면하는 경우도 많았다. 신약성경과 찬송가책을 전해주고, 전도지들과 쪽복음서도 곧잘 나눠주었다.

그뿐 아니라 조직적인 방법을 통해서도 복음을 전했다. 일요일이면 교회 예배를 마친 후에 많은 교인들이 주변의 집들과 촌락들로 가서 전도했다. 감사절과 크리스마스는 이러한 전도를 행하는 특별한 날이었다. 크리스마스 축하행사를 가질 때면 집에 사람들이 가득 찼는데 그 회중 가운데는 비기독교인들이 많이 있었다. 만일 비기독교인 가족이 믿을 뜻을 밝히면 몇몇 기독교인들이 그 집에 가서 찬송하고, 성경을 읽고, 그들을 위해 기도하고, 그들에게 새 종교에 대해 가르치고, 그 집에 있는 우상들과 '우상단지' 들을 불태우도록 권면하였다. 여러 해 동안 교인들은 10명 단위로 나뉘어 그들을 이끄는 권찰이란 지도자들을 가지고 있었다. 이런 아이디어는 필라델피아에 있는 존 워너메이커(John Wanamaker)의 주일학교반에서 왔다. 각각의 지도자는 그 열 명의 집단이 지닌 모든 영적인 문제에 대해 책임을 지고 있었다. 그는 규칙적으로 그들을 방문했고, 그들이 교회에서 예배를 드리도록 이끌었으며, 시련과 유혹을 받을 때 그들에게 힘을 북돋았다.

교회에서 4~7일 동안 갖는 사경회는 저녁집회 시간에 전도하는 기회를 갖는다. 그 학생들은 낮동안에 공부한 다음, 오후에 한 두 시간 가량 인근의 모든 마을로 가서 집집마다 다니며 전도하고 전도지들을 배포하며 비기독교인들을 저녁집회에 초청한다. 읍내의 교회들에서는 연례 사경회 외에 부흥 설교자들을 초청한 특별한 전도집회나 전도운동이 자주 개최된다. 평양의 장로교회들이 개최하여 김종순 목사가 인도한 한 전도운동에서는 2천 명의 새 신자들이 생겨났다. 기독교인들이 '날연보'라 부르는 방식의 약정 기간은 여러 해를 넘겼다. 한 순회구역의 교회들에서는 45명이 기도와 전도를 위해 10일을 헌신하였다. 서울에서 가까운 한 작은 시골마을 사경회에서는 100명이 5천 부의 마가복음을 샀으며, 거의 1,200일을 전도하기로 약정하였다. 다른 사경회에서는 250명의 참석자들 중에서 2,700일의 날연보가 약정되었으며, 4천 부의 복음서들을 샀다. 한 사경회에서는 13명이 각각 3달을 약정하였다.[7)]

당시에 많은 사람들이 교회로 모여들었던 것은 놀랄 일 아니다. 스왈른(W. L. Swallen, D.D.) 목사는 1909년 가을 동안 그가 목회하는 교회로 사람들을 초청해 600명 이상의 성인들에게 세례를 주었다. 평양에서는 1928년 11월에 전문학교와 신학교 학생들이 매일 다니는 노상에서 길거리 채플을 열었다. 그리하여 처음 3달 동안 신앙을 고백하는 1천 명의 신자들의 이름이 여러 교회 목사들에게 보고되었다.

교회 선교회의 조직은 교회의 시작과 동시에 시작되었다. 여전도회는 1897년에 평양에서 조직되어 전도사를 순안 지방으로 파송했다. 현재는 어떤 규모로든지 모든 교회들마다, 모든 노회들에서는 노회 단위로, 그리고 총회 때 모이는 대회에 상응하는 조직으로서 선교사회들이 있다.

1919년의 총회 때는 총대들이 그들의 선교사들을 중국에 상주시키기 위해 400달러의 해외선교 예산을 정하는 일이 가능한지 그렇지 않은지에 대해서 토론했는데, 그 방 뒤에서 그 소리를 들었던 몇 명의 여자들이 의논하여 그 돈을 모았다.[8)] 선천 지역에서는 남선교회가 일찍이 1901년에 조직되었고, 그 도의 북부 지방과 만주에 선교사들을 보내

1913년 한국교회에서 최초로 중국 산동에 파송한 3명의 선교사들.
박태로 목사, 사병순 목사, 김영훈 목사

그래함 리 목사 기념비와 이를 세운 평양중앙교회 임직원들

기 시작했다. 어떤 지역에서는 임직원들이 나중에는 노회들이 선교회를 조직해 기독교인이 없는 지역이나 인근 시골지역에서 사는 한국인들에게 선교사들을 파송했다. 1910년 평북노회는 18명의 국내 선교사들을 후원했는데, 그 중에서 5명은 만주로 파송되었다.[9] 그 사역은 1900년에 그래함 리 목사가 선천지역의 연례 대사경회에서 남자들에게 설교했을 때 시작되었다. 1923년에는 여러 해 동안 도움을 받아왔던 남만노회가 길림 북쪽으로 300마일이나 멀리 떨어진 지역으로 가는 전도자 3명을 후원하기로 하였다.

한국 장로교회가 1907년에 독립한 이래 하나의 선교부가 있었고, 1925년부터는 두 개의 선교부가 있었다. 1907년에 독노회(All-Korea Presbytery)가 조직되었을 때, 이기풍 목사와 그의 아내가 제주도에 선교사로 파송되었다. 그 사람은 장로교 목사안수를 받은 '최초의 7인' 중의 한 사람이었으며, 믿기 전 젊었을 때는 평양의 길거리에서 마펫에게 돌을 던졌던 무리들 중 한 사람이었다. 그는 현재도 황해노회의 목사로 열심히 일하고 있다. 2년 후(1909)에 두 번째로 최관흘 목사(두 번째로 목사안수를 받은 8인 중의 한 명이었다.)가 블라디보스톡 지역에 선교사로 파송되었다. 일 년 후에 그는 그곳에 있는 한국인들 가운데 600명의 기독교인들이 있다고 보고했다. 1922년에 총회는 그곳에 간 2명의 목사 선교사들을 후원했고, 함북노회는 세 번째 선교사를 지원했다. 또한 1909년에는 평양의 이성광 부인이 평양교회들의 여신도들에 의해 제주도에 선교사로 파송되어 5년 동안 일했다.

1907년에는 도쿄에 있는 한국학생들도 한국장로교회에 도움을 요청해왔다. 3달 후에 '최초의 7인' 중 한 명인 한석진 목사가 파송되었다. 이듬해에 박영일 장로가 파송되었다. 그는 사역기간이 끝난 후에 질병으로 귀국했다가 곧 죽었다. 1912년에 임종순(현재는 평양 서문교회 목사이다) 장로가 또한 파송되었다. 감리교인들은 도쿄의 한국학생들에 대한 사역을 함께 하기를 원한다는 뜻을 표했다. 임종순이 소환되었고, 공동의 협의로 장로교 주공삼 목사가 파송되었다. 그 사역은 한국 기독교공의회의 후원 아래 계속되었다.[10]

한국 장로교회는 해외 한국교민들을 위한 또 다른 사역도 감당했다. 1922년에 김기곤 목사가 고베 부근의 한국인들에게 복음을 전하러 경상노회에 의해 파송되었다. 그곳에 있는 7개 한국 기독교인들의 모임에 평균 129명이 참석하는 것으로 보고되었다. 2년 후, 교토-고베-오사카 지역에는 10만 명의 한국인들이 있고 일본 본토에는 40만 명이 있는 것으로 보고되었다. 1929년에 6명의 한국인 목사들과 3명의 전도사들이 일본에 있었고, 그들은 21개 예배처소에서 거의 1,000명의 한국기독교인들을 돌보고 있었다. 그 사역은 또한 현재 한국 공의회의 후원 아래 수행되고 있다. 초기 단계에는 일본에 있는 해외 선교사들이 협력하고 자금도 제공했다. 그러나 근래 수년 동안은 캐나다 장로교회가 영(L. L. Young) 목사의 지도 아래 그 사역을 거들고 있다. 지금(1934)은 네 명의 독신 여성 사역자들이 일본 고베와 나고야에 거주하면서 영씨 부부를 돕고 있다.

1926년에는 총회가 상해 한국교회의 송병조 목사와 남경 한국학생들의 교회를 이끄는 장덕로 목사를 후원했다. 평양신학교 학생들은 후자의 사역을 위해 150달러 상당의 금을 기부했다. 또한 수년간 북경에 있는 1천 명의 한국인에 대한 사역도 도왔다. 이렇게 해서 한국 본토에서 뿐만 아니라 주변 국가들에서 살고 있는 한국인들 사이에서도 한국교회는 활발하게 복음을 전파해왔다. 서로 다른 교회들, 총회, 노회들이 거의 2만 5천 달러(1930년의 총회 통계)를 매년 지출하여 전적으로 혹은 시간을 일부의 할애하여 400명의 전도자들을 후원하고 있다. 그 금액 중에서 4천 달러는 여선교회에서 조성되었다. 그 총액에 5천~1만 달러에 달하는 총회의 연례 해외선교 예산이 더해져야 한다. 그 중에

제5회 전국 장로교 여선교회 모임. 평양. 1932년 9월 7일

서 많은 액수는 매년 11월의 교회 추수감사절 헌금으로 들어온 것이었다.

중국 산동의 중국인에 대한 한국교회의 해외선교 사역은 1912년 총회가 조직되었을 때 시작되었고 그 후에 계속 되었다. 재중 해외 선교사들의 조정으로 중국노회-20마일 평방의 관할구역에 120개 마을들이 있으며, 내양이 그 중심지이다-가 한국인 선교사들을 중국 노회의 회원으로 받아들였다. 그후부터 그들의 현장 사역이 매우 크게 확장되었다. 총회의 의도는 그곳에 대해 최소한 세 명의 선교사들과 그 가족들을 후원하는 것이었다. 처음에 선택된 선교사는 재령교회의 박태로 목사였다. 그는 몇 년 동안 신실하게 섬긴 후에 건강 악화로 사임해야 했으며, 그 후에 얼마 지나지 않아 죽었다. 총회가 파송한 선교사들은 교회에서 가장 유능한 사람들이었다. 그들은 학식이 있는 자들로서 중국옷을 입고 중국어를 배워 능숙하게 말할 수 있는 자들이었다.

1916년에 40명의 전체 기독교인들 중에서 12명이 세례를 받았다고 보고되었다. 이듬해에는 6개 집회처소와 3개 주간학교들이 있었다. 1933년에는 20개의 집회처소, 1천 명의 세례교인, 13명의 장로, 12명의 전도자, 7개의 주간학교, 그리고 총 1,300명의 기독교 신앙고백자들이 있었다. 1929년에는 선교사 세 명 중의 한 명이 한국에서 안식년을 보내고 있었다. 그는 그곳의 거주비로 거의 2천 달러를 받았고 텐트 1개, 교회종 4개, 종탑 1개, 악기 2개, 영화 촬영기 1대와 필름들, 전도자 3명과 교사 1명의 일 년 분 봉급을 받았다. 그는 중국선교사 한 명이 전도사역을 위해 500원을 받는다고 보고하였다.

총회가 모일 때마다 국내 선교부와 해외 선교부의 보고들이 큰 흥미 속에서 청취되었다. 매년 열리는 인기 있는 몇몇 저녁 집회들은 산동, 시베리아, 만주, 일본 주재 선교사들로부터 보고를 듣는 시간을 배정하고 있었다. 총회 기간에 선교사역을 위해 감사헌금을 바치는 것은 드물지 않은 일이었다. 1919년의 모임에서 3천 달러가 시베리아에 있는 한국인들에게 복음을 전하기 위해 모금되었다. 그 전 해에는 900달러 상당의 시계, 반지, 안경, 헌금 등이 상해와 블라디보스톡 사역을 위해 바쳐졌다. 1923년에 해외선교부가 1천 달러 이상의 특별헌금을 받았는데, 거기에는 한 기독교인(경상도의 정응수)이 낸 500달러와 평북노회 '여전도회'가 낸 130달러와 우리 선교회 회원들이 낸 250달러가 포함되어 있었다. 이 헌금들은 모두 중국 동부 산동의 중국인을 대상으로 하는 사역을 위한 것이었다.[11)]

이상과 같이 한국 기독교인들이 개인적으로 또 조직적인 방법으로 전도하는 습관과 방법을 간단하게 개관하였던바, 교회의 전 역사에 걸쳐 한국교회가 스스로 전파하는 교회라는 주장을 입증할 풍부한 증거가 있다. 최근 수년간은 개별 기독교인들의 전도열의가 다소 줄어들었지만, 때때로 그리고 특정의 지역들에서는 예전처럼 그러한 것이 지속

헌터 웰즈(J. Hunter Wells, 1895–1915) 의사

박태로 목사
목사, 재령, 1911, 중국 선교사, 산동, 1912

한복 차림의 캐더린 웜볼드(Katherine Wambold, 1896–1934) 양

되고 있다. 교육 및 다른 형태들의 정치적, 상업적 행위에 대한 강조, 과학과 공산주의에 대한 젊은 세대의 관심, 세속문학과 현대문학의 홍수가 많은 교인들의 마음을 혼란시키고 있다. 그러나 이러한 제어작용은 일시적인 것이다. 1933년에 한국교회 전체가 전국적인 전도운동에 동참하여 기독교인들이 마가복음의 말씀에 기초한 『그리스도의 삶』(*Life of Christ*) 140만 부를 비기독교인들에게 배포했다. 교회들에는 전도사역을 위해 열심히 협력하는 청년들로 넘쳐나고 있다.

3. 나눔사역에 대하여, 자급

초기 선교사들은 1890년에 한국을 방문했던 중국의 존 L. 네비우스(John L. Nevius, D.D.) 목사의 조언을 크게 수용하여 그들의 사역에 대한 자급의 원칙을 채택했다(5장 2항). 그 이후의 모든 기간에 선교부는 한국으로 떠나는 새 선교사들에게 네비우스 박사가 쓴 "선교지 교회의 개척과 발전"(*Planting and Development of Missionary Churches*)이란 작은 책자를 선물했다. 선교회 초창기 회원들의 네비우스원칙 채택은 점점 깊은 확신에 이르게 되었다. 그들 중 한 사람인 기포드(D. L. Gifford) 목사는 "선교회는 종교사역을 위해 해외자금으로 고용하는 토착민 일꾼을 최소화해야 할 것으로 믿었다. …… 그것이 곧 토대로부터-토착교회가 직접 그들의 책들의 사고, 그들의 교회를 세우며, 그들의 설교자들에게 봉급을 지불하는 일로부터-토착민의 공급을 이끌어내는 진정한 길이다"고 기록하였다.[12) 평양 선교기지는 1901-1902년의 보고서에서 "우리는 어느 곳에서든지 교회 자체 안에는 그 시작단계에서부터 자급하는 능력이 있다고 믿는다. …… 물론 외국자금이 필요하기는 하지만 외국 선교사들이나 새로 시작하는 기관사역과 같은 외국적인 요소들은 전체적으로 제한되어야 하고 또는 거의 그렇게 되어야 한다." 선천 선교기지는 1912-1913년의 보고서에서 "기본 원칙들"에 대해 진술했는데, 이를 일부 인용하면 다음과 같다.

1. 만일 교회가 자급해야 한다면, 처음부터 그 방식을 시작하는 것이 좋다.
2. 가난은 자급 문제와 아무런 상관이 없다.
3. 채플이나 교회는 외국 자금으로 건축될 수 없다.
4. 토착민 전도자나 목사는 외국돈으로 봉급을 받을 수 없다. 교회에 내구성과 근력

을 주어 가장 큰 은혜를 베푸시는 은혜의 수단을 왜 거부할 것인가?

장로교 선교공의회는 1893년 1월에 열린 첫 모임에서 몇 가지 선교원칙을 채택했다. 그 중의 하나는 다음과 같다. "진취적인 교회는 자급하는 교회가 되어야 하며, 우리는 교인들의 의존도를 낮추고 자급도를 높이는 것을 목표로 삼아야 한다. 그리하여 헌금하는 교인들이 되어야 한다." 선교회의 모든 회원들과 교회의 모든 지도자들이 이 원칙을 믿었던 것은 아니었고, 선교회와 교회가 과연 이를 철저히 지킬 수 있을지 혹은 그렇지 않을지에 관해 논란이 일어날 수도 있었다. 그러나 최소한 초기 선교사들은 이를 믿었고, 한국교회 안에서 자급도가 얼마만큼 성취되었든지 간에 그 원칙이 수용되었다는 사실과 처음 출발할 때부터 다소간에 지켜졌다는 사실은 마땅히 인정해야 한다. 이 원칙이 한국 선교회에 의해 채택된 지 40년 이상이 지난 최근에 평신도위원회(Laymen's Commission)가 『선교의 재고』(*Re-Thinking Missions*)란 보고서에서 강력하게 자급을 주장한 사실은 흥미로운 일이다.

극동의 나라들 가운데서 한국은 어쩌면 그 같은 방법을 성공적으로 이행하려고 애쓰는 마지막 나라가 될 것으로 예상될 수 있었다. 이 나라 사람들은 중국이나 일본 사람들보다 훨씬 가난했다. 한국에서는 1인당 소득이 100달러를 크게 넘지는 않았을 것으로 추정된다. 스왈른(W. L. Swallen, D.D.) 목사는 자급문제를 다룬 한 글에서 "해결책은 조사나 목사가 기꺼이 이 백성들과 대체로 동등한 수준으로 살려고 하는지에 달려 있다"고 하였다. 가난한 교인들로 구성된 교회가 자급의 기조 위에서 설교자와 교사를 위해 높은 수준의 봉급을 지불하고 좋은 건물을 짓는 것은 어렵고 통상적으로 불가능하다. 평신도의 보고서는 다시금 선교회가 자생교회들에게 교회들의 후원능력을 뛰어넘는 건물, 장비, 봉급을 부여하는 것을 비판하였다. 우리 한국 선교회와 교회들은 전도사역에 있어서는 거의 전체를, 의료 · 교육사역 · 기타 다른 사역에 있어서는 부분적으로 자급의 기초 위에서 수행해왔다.

일부 예외가 있기는 하지만, 거의 300명에 이르는 선교회의 관할구역 내 교회들을 책임 맡은 한국인 목사들의 모든 봉급이 한국교회들에 의해 지급되었다. 한국교회의 조사와 남녀 전도사 600명 중에서 오직 10퍼센트만이 선교회의 자금으로부터 전부 혹은 일부의 봉급을 받았다. 선교회가 교회 사역자들에게 매년 지불하는 금액은 총 5천 달러를 넘지 않았다. 이것은 선교회의 전도사역비 총액의 3분의 1에 불과했으며, 선교회가 받는 연례 충당금 총액의 5분의 1 정도에 불과했다. 더욱이 전도사역자들이 선교회 기금에서 봉급으로 받는 모든 달러들을 위해 교회는 12달러를 지불했다(한국교회 총회 1930년도 통계). 여기에 더하여 교회는 교인들을 위한 모든 소요경비를 지불했다. 평양 선교기지가 개설된 지 6년 이내에 19명의 조사들 중에서 6명만이 그들의 봉급을 선교회의 자금으로부터 얼마만큼이라도 받고 있었다. 실제로 선교회의 여러 선교기지들에서 일하는 모든 유급 전도사역자들은 교회에서 봉급을 받았으며, 서울과 정주 선교기지의 시골 지역들에서만 예외적으로 일부 사역자들이 봉급의 일부를 선교회에서 받았다. 1909년에 선교회의 25주년 기념행사 때 1,052명의 토착민 사역자들의 94퍼센트가 한국인들로부터 후원을 받는다고 진술되었다.[13]

그뿐 아니라 더 높은 자급의 수준에서 한국교회들이 세워지고 예배당이 보수되고 유지비가 지급되어왔다. 1909년에 선교회의 관할구역 내 800개 교회건물들 중에서 건축을 위해 외국자금의 도움을 받은 곳은 20개를 넘지 않았다. 때로 외국돈을 쓰는 것이 권할만하다거나 필요하다고 여겨질 경우가 있더라도 선교회는 3분의 1 이상을 돕지 않는다는 정책을 세워두고 있었다. 특별한 이유들로 인해 이 규칙을 적용하는 데에 작은 예외는 있었다.

한국교회는 1894년부터 그들의 건물을 짓기 시작했다. 그 때 26명의 성인 세례자들과 그보다 더 많은 수의 학습교인들 및 다른 신자들로 구성된 소래의 교인들이 160달러의 비용에다 육체노동을 더하는 자체 노력에 의해 그들의 건물을 지었다. 이듬해에 156명의 교인들을 가진 정동장로교회(지금의 서대문교회)가 400달러의 비용과 그만큼 많은 노동력을 투입하여 그들의 첫 교회건물을 지었다.[14] 이 액수를 미국과 동등한 가치로 산정하려면 필히 10배로 곱해야 한다.

서울 연동교회의 현재 건물은 1907-1908년에 지어졌다. 당시에 담임목사였던 게일 목사(G. S. Gale, D.D.)는 "교회로 돈을 가져가기 위해 많은 식사가 포기되고 많은 새 옷들, 옥으로 장식된 은비녀들, 반지들이 기증품 접시에 올려졌다고 하였다.[15] 이 교회는 돈과 더불어 쌀과 다른 곡식들로도 주일헌금을 하는 습관을 유지해오고 있다.

한국교회에는 1천 명에서 1,500명이 앉을 만큼 큰 교회건물들이 많지만, 최근까지도 튼튼하거나 고급스럽게 지어진 교회는 많지 않았다. 이와 같은 수백 개의 예배당들은 작고 볼품이 없어 서구인들에게 불쾌한 인상을 줄 수 있다. 작지만 외관이 산뜻하고 잘 보수되고 있는 다른 건물들도 있다. 그런데 이 모든 건축이, 좀더 큰 소수의 중요한 건물들 외에는, 모두 한국인들이 완성하였으며 한국식 건축양식을 갖추고 있었다. 이것이 자생 교회다운 모습이었다. 일부 더 수가 많고 부유한 회중들은 벽돌이나 석재로 외국식 혹은 반외국식의 건축양식과 설비를 갖춘 튼튼한 건물들을 지었다. 평양에 있는 교회건물들 중에서 네 개는 각각 7천~2만 4천 달러의 비용을 들여 지었다. 신의주에 있는 한 건물은 1만 달러가 들었고, 재령에 있는 다른 건물은 1만 2,500달러가 들었으며, 대구에 있는 한 건물은 1만 5천 달러가 들었다. 20~30센트가 하루 임금이었으므로 이 액수를 미국돈과 동등하게 산정하려면 다시 10배를 곱해야 한다.

교육사역에서는 자급의 원칙이 초등학교, 유치원, 야간학교, 하기성경학교에까지 적용되었다. 선교회의 관할구역 안에는 200개의 초등학교들이 있고, 1만 5천 명의 학생들이 여기에 등록되어 있는데, 그 중에서 정주에 있는 한 곳만이 선교회로부터 적은 보조금을 받고 있다. 소수의 다른 학교들은 선교사들이 가지고 있는 사설 기금으로부터 약간의 도움을 받을 수 있었다. 이 학교들은 모두 한국교회들에 의해 재정을 후원받고 운영되었다. 대구에 있는 한 한국 여자기독교인은 교회의 초등학교 설립을 위해 1만 5천 달러를 기증했다. 유치원도 이제 일반화되었다. 1932년에 선교회 관할구역 안에서 70개의 교회들이 유치원을 두고 있었으며, 거기에 3천 명의 학생들이 등록되어 있었다. 이 유치원은 선교회의 도움 없이 한국인들의 후원으로 운영되었다. 평양의 한국 기독교인들이 그곳의 교회 유치원에 3만 달러를 기부한 사실은 이미 언급되었다.

선교회의 교육사업 지원은 중등학교로부터 시작해서 대학교육에 이르고 있다. 선교부가 매년 한국 선교회에 보내는 토착민 사역 지원금 6만 달러의 절반이 모조리 이 방면에 쓰이고 있다. 11개 중등학교들 중에서 3개 학교가 교회에 의해 운영되고 후원받고 있다. 예외적으로 강계의 학교는 매우 조금씩 연례 보조금을 받고 있으며, 외국돈으로 건물을 세웠다. 다른 8개 학교는 '선교회의 중등학교'들로서 10명의 선교회 회원들이 이 학교들에서 일하는 것을 그들의 주요 사역으로 삼고 있다. 경상비의 큰 부분이 학비로 충당되고 있는데, 선천에서는 건물, 현행 지출비, 기부금을 한국교회들로부터 받고 있다. 선교회와 교회가 학교들의 기독교교육을 위해 한국인의 자원에서 받아들이는 학비와 기부금 등의 현장 수입은 매년 총 15만 달러이다. 대학이나 성경학원이나 신학교는 학교 시설비와 경상비를 학비와 약간의 기부금 외에 외국 자원에서 제공받고 있다.

의료사역에서는 병원과 약국의 건물 및 설비, 선교회 의사들과 간호사들의 봉급이 외국의 자금으로 마련되고 있다. 예외적으로 재령에서는 매년 남은 돈이 새 건물들과 설비를 마련하는 데에 조금씩 투자되어왔다. 선교회는 8개 병원들과 약국들(이들 중 2곳은 연합기관이다)이 경상비를 충당하도록 5천~6천 달러를 나누어 적은 액수의 연례 보조금을 제공하고 있다. 1930년에 6개 선교회 병원들에서 5천 달러, 2개 연합 병원에서 5만 달러의 잔액이 집계되었는데, 이는 치료비와 일부 기부금으로 들어온 것이었다.

이상의 개관을 통해 독자는 자급정책이 성취되었다고 판단할 수 있을 것이다. 선교부의 1932년도 해외선교보고서에 따르면, 선교부가 전 년의 한국선교사역을 위해 35만 5천 달러를 지출했는데(선교사 봉급, 여행경비, 토착민 사역비 등등으로), 같은 해에 선교회 관할구역 내에서 바쳐진 한국교회의 헌금 총액은 363달러였다. 수년간 교회의 헌금 총액은 선교부가 지급하는 충당금의 총액을 초과해왔다. 심지어는 24년 전(1908)에도 한국에 대한 선교부의 충당금이 한국교회의 헌금을 겨우 1만 2천 달러만 넘어서고 있었다.

선교회는 1929년에 마지막으로 행한 조사에서 헌금(현장에서 학비나 치료비로 받은 수입은 포함되지 않았다)이 세례자 1인당 4.68달러 혹은 교인 1인당 2.18달러인 사실을 발견했다. 이 액수는 노동자 1인의 25일분 임금에 해당되는 것이었다. 만일 세속교육을 위해 교회 안에서 제공된 그 해의 기부금을 더한다면, 세례자 1인당 5.70달러와 교인 1인당 2.88달러가 된다. 1922년의 평균 7.00달러와 3.00달러는 위의 평균 액수를 상회한다. (이 모든 수치는 50센트를 1원으로 치는 통상적인 환율에 의해 산정되었다.) 1927년에는 한국교회가 75퍼센트를 자급했고, 한국 기독교인들이 연봉 50달러의 5퍼센트 또는 세례교인 수입의 15퍼센트를 평균적으로 바쳤다. 세례교인들은 전체 헌금 가운데 매우 많은 부분은 책임지고 있다.[16]

이러한 헌금부담이 너무 크며 교회에 바치다가 많은 한국 기독교인들이 가난해진다고 주장하는 사람들이 있다. 그러나 만일 한국 기독교인들이 가난해진다면, 보통은 다른 데에 이유가 있다. 결론으로서 한국인의 반응을 눈여겨보는 것은 흥미로운 일이다. 백낙준 박사는 한국에서의 자급정책에 대해 "자급정책은 한국 기독교회의 설립에 전면적인 영향을 미쳤다. 그것은 사람들에게 독립정신과 체계적인 헌금습관을 가르쳤고 기독교 신앙의 자발적인 전파가 가능해지게 하였다. 무엇보다도 이 정책의 지속이 한국 기독교의 서구화를 피하게 만들었고 교회는 이국적인 외국기관이란 인상이 심화되는 일을 일부 차단시켰다. …… 나아가 자급은 기독교가 빠르게 적응하도록 도왔을 뿐만 아니라 자치도 빠르게 진행될 수 있게 만들었다. …… 사람들은 사역을 후원하면서 자연스런 결과로 그들의 목소리가 선교공의회에 들려지기를 바라게 되었다. 그러므로 한국교회는 서구교회의 후견을 받는 단계를 거치지 않고 스스로 다스리는 교회가 되었다.[17)]

한국교회가 거의 다 자급하고 있다고 말하면 그렇기 때문에 한국교회는 도움을 받을 필요가 없다는 권면을 곧잘 받게 된다. 그러나 이것은 한국교회가 충당할 능력 밖의 교육사업이나 다른 사업을 위해 도움을 필요로 하는 그런 경우에 해당되는 것이 아니다. 그보다는 토착교회가 그들의 사역을 매우 많이 수행하는 동안에 특별한 필요가 발생하여 마땅히 도움을 받아야 하는 경우에 해당된다고 주장되어야 한다.

4. 지도력에 대하여, 자율

처음에 이 책의 구도를 정할 때는 어쩌면 다른 무엇보다도 선교회 사역의 꽃이요 열매라 할 수 있을 '한국 교회지도자들의 펜화'(Pen Pictures of Korean Church Leaders)를 그려 한 장으로 배정할 생각이 있었다. 그러나 반드시 언급해야 할 지도자들을 선정하려 했을 때 그 일이 아주 불가능한 것을 발견했다. 그러므로 대신에 이 장의 이 항목에서 교회 지도자들을 다루려고 한다. 어떤 지도자들의 이름이 언급된 것은 어떤 집단을 이끈 지도자들의 성격, 훈련, 공적을 간단히 논하는 과정에서 우연히 행해진 것이다.

소제목의 두운을 통일하기 위해서 '자율'(self-control)란 용어가 사용될 것이다. 다른 많은 자질들이 거론될 것이지만, 다른 무엇보다도 그들의 통솔력을 우선적으로 거론할 것이다. 그들은 한국이 겪었던 정치적 소요의 시기에 지도자로 불렸던 자들이다. 그러한 때에 통솔력을 지닌 다른 지도자들은 교회를 정치조직으로 변개시켜 독립의 대의를 이루는 데로 끌어가려 했다. 그들 중의 많은 사람들이 애국자로서 의심받고 고문당하고 투옥되고 죽임을 당하기까지 했다. 그러나 그들 모두가 정치적 목적으로 교회를 이용하여 교회의 평판을 떨어뜨렸던 것은 아니었다. 급속하게 성장하는 교회에서 리더십에 대한 사전 교육도 없이 이 지도자들은 돌연히 수백 명 혹은 수천 명에게 매주일 복음의 메시지와 관련된 모든 주제에 관해 설교를 하도록 부름을 받았다. 그들은 자신의 삶 속에서 과거의 모든 비기독교적인 행위들을 깨뜨렸을 뿐만 아니라 절제와 자기부정과 의로운 삶의 모범이 됨으로써 스스로 통치력을 훈련시켰다.

한국이 비록 우리 선교부가 두 나라(베네주엘라와 필리핀)를 빼고는 가장 마지막으로 사역을 시작한 나라였을지라도 한국인들이 최초로 목사안수를 받은 지 25년이 지나는 동안 이 선교회의 지경 안에서 안수받은 목사들이 16개 국가들에 있는 선교부 산하 26개 선교회들에서 안수 받은 목사들 전체의 47퍼센트에 달할 정도로 괄목할 만한 결과를 냈다(1933년의 선교부 보고서를 보라). 그뿐 아니라 교육, 의료, 기타 선교사역에 종사하는 남녀 사역자들의 거의 22퍼센트가 한국에 있다.

중요한 것은 "그들이 과연 유능하며, 자질이 우수한 지도자들인가?"하는 점이다. 이 질문에 답을 하자면, 우리는 1907년에 목사안수를 받은 최초의 7인으로부터 시작해야 한다. 그들 중에서 3명은 총회장이 되었고, 다른 한 사람은 초대 부총회장이 되었는데, 총회장이 될 수도 있었으나 거의 앞을 보지 못했다. 그는 지금도 대표적인 교회 부흥사의 한 사람으로 활동하고 있다. '최초의 7인' 중의 세 명은 1천 명에서 1,500명의 교인들이 모이는 교회의 목사로 있으며, 두 명은 그들이 처음 세움을 받았던 교회에서 은퇴목사로 있다. 7명 중 5명은 뛰어난 교회지도자로 활동해왔다. 7명 중 5명은 현재까지(1934) 살아 있다. 그들 모두는 선교회 관할구역 내 교회들에 취임했다.

한국교회가 독립한 후부터 총회가 구성되기 전까지(1907-1911) 56명이 신학교를 졸업했으며, 그들 중 38명이 안수를 받았다(다른 사람들은 나중에 안수를 받았다). 이들 가운데 총회장이 6명, 부총회장이 8명 나왔고, 총회 서기로 3명이 선출되었다. 초기 졸업생들은 근대교육을 받지 못한 자들이었다. 그러나 거의 모두가 한문교육을 받았고 그들 사회에서 지도자로 인정받고 있었다. 그들은 성경의 터 위에 잘 섰으며 교회 지도자가 되는데 필요한 영적 자질들을 갖추고 있었다.

근래 수년 동안 다수의 교회 지도자들이 선교회와 교회가 경영하는 중등학교, 대학, 의학교를 졸업했고, 소수는 미국에 있는 학교들을 졸업했다. 1931년에 행한 조사에 의하면, 100명 이상의 목사들이 중등학교를 졸업했으며, 35명이 평양과 서울에 있는 두 개의 대학을 졸업했다. 그 때는 남자 중등학교 졸업생 가운데 250명, 여자 중등학교 졸업생 가운데 약 100명, 대학 졸업생 가운데 75명이 상급학교 교육을 희망하고 있었다. 마지막에 언급한 사람들 중에서 최소한 절반은 감리교인들이었다. 전체적으로는 세 단계 학교들의 졸업생들 가운데 128명이 미국에서 공부하고 있었다. 그 학생들은 모두 다 다르지도 않았고 장로교인 일색이지도 않았다. 또한 해외에서 공부하는 많은 학생들이 한국에서 대학을 졸업하지 않았다. 확실한 사실은 교회의 더 젊은 지도자들이 한국, 일본, 중국, 서구 나라들에 있는 오늘날 최고의 학교들에서 교육을 받고 있다는 것이다.

이상과 같이 많은 남녀 지도자들이 이전의 장들에서 언급되었는데, 다른 사람들은 이후에 언급될 것이다. 그들 수백 명의 삶을 묘사하는 일을 위해서는 이 선교회사보다 더 재미있게 읽을 수 있는 다른 책로부터 필요한 내용을 충분히 제공받을 수 있을 것이다. 그 중의 한 책은 왕족의 혈통을 지녔으며 교회와 서울 YMCA에서 훌륭한 지도자로 활동하다가 수년 전, 1927에 평신도로서 죽음을 맞이했던 이상재와 같은 지도자들의 인생을 묘사하고 있다.[18] 그는 한국 장로교회에서 가장 영향력 있고 널리 알려진 기독교 평신도 지도자라고 할 수 있다. 정치지도자로서 몇 차례 투옥된 적이 있었는데, 감옥에 있는 동안 감방 마루 아래에서 요한복음 한 부를 우연히 발견했다. 그것을 여러 번 읽고 예수가 하나님의 아들이신 것을 깊이 확신하게 되었다. 나이가 들었을지라도 젊은 사람들 사이에서 그의 인기를 능가하는 자는 아무도 없었다. 그의 생애에 관해 많은 기사들과 저술들이 쓰여졌다. 그것들 중에서 하나는 종교지도자로 활동하던 YMCA 분야에서 한 해에

이상재 장로의 장례식. 1911–1927년간 서울 YMCA 총무 역임

만 754명의 남자들이 기독교인이 되겠다는 뜻을 피력했고, 또 다른 875명이 사경회들에 등록했다. 세계 기도의 날(Universal Day of Prayer)에 그는 1,200명의 학생들을 YMCA에 모아 요한복음서 한 부씩을 나눠주었다. 1912년 5월에 1천 명의 남자들을 사경회들에 등록시키기 위해 한 클럽을 조직했는데, 한 달 동안의 참석자가 총 4,208명이었다. 그가 죽었을 때 그의 장례식이 서울에서, 심지어는 전체 한국에서도 한국 기독교인을 위한 장례식으로서는 가장 크게 거행되었다. 비록 많은 교회지도자들이 전국적인 명성을 얻고 있고 그들의 인생 이야기들이 다소나마 관심을 끌었을지라도 교회의 모든 지도자들 중에서 그 사람만큼 유명한 자는 없었다.

:: 주석

1) L. G. Paik, *History of Protestant Missions in Korea*, p. 132; C. A. Clark, *The Korean Church and the Nevius Methods*, p. 95.
2) Clark, *Digest of the Presbyterian Church of Korea*, pp. 30–32.
3) C. A. Clark, *The Korean Church and the Nevius Methods*, p. 127.
4) C. A. Clark, *Digest of the Presbyterian Church of Korea*, p. 42.
5) C. A. Clark, *The Korean Church and the Nevius Methods*, pp. 183–185.
6) *Ibid.*, p. 2,532.
7) *Korea Mission Field*, February 1918, p. 25, March, p. 53.
8) *Ibid.*, November, 1919, p. 240.
9) *Ibid.*, November, 1916, p. 299.
10) *Ibid.*, April 1928, p. 69.
11) *Minutes of the General Assembly, Korean Presbyterian Church*, 1923, p. 18.
12) *Korean Repository*, 1895, p. 444.
13) *Quarto–Centennial Papers, Korea Mission, Presbyterian Church, U.S.A.*, p. 23.
14) *Korean Repository*, 1895, pp. 384–385.
15) *Missionary Review of the World*, Feb. March, 1908; J. S. Gale, Korea in Transition, p. 200.
16) *Korea Mission Field*, April 1927, p. 77.
17) L. G. Paik, *History of Protestant Missions in Korea*, p. 282.
18) Mrs. L. H. Underwood, *Underwood of Korea*, p. 249.

:: 역자주

i) 현재 광화문에 있는 새문안교회이다.

제12장

협력과 연합

선교회의 입장에서는 처음부터 몇 가지 방면에서 한국에서 일하는 다른 기독교 기관들과 협력할 필요가 있었다. 미국 북장로교와 감리교는 거의 동시에 한국에서 사역을 시작하였다. 이 두 교회에서 최초로 안수 받고 파송받은 두 선교사들이 1885년에 동일한 증기선을 타고 일본에서 한국으로 왔다. 그들은 아펜젤러(H. G. Apenzeller) 목사가 1902년에 죽을 때까지 계속 좋은 관계를 맺으며 사역해왔다. 1889년에는 호주에서 데이비스(J. H. Davies) 목사가 와서 이듬해에 죽었다. 1893년에 호주 장로교 선교사 제1진이 부산에 도착하였다. 미국 남장로교 선교회는 1892년에 세워졌다. 미국 남감리교는 1896년에 한국사역을 시작하였다. 1898년에 캐나다 장로교 선교사 제1진이 도착하였으나, 맥켄지(W. J. McKenzie) 목사가 1893년에 그들보다 먼저 와서 2년 후에 소래에서 죽었다. 이들 여섯 선교회들은 지금도 연합선교공의회 아래 연합해 있다.

그 밖의 다른 독립 선교회들과 선교사들도 도착하였다. 캐나다인 독립선교사 펜윅(M. C. Fenwick)이 1889년에 도착하였고, 지금도(1934) 원산에서 살고 있다. 토론토 대학 YMCA는 1889년에 게일(J. S. Gale) 목사를 파송하였다. 그는 1891년에 북장로교 선교회에 가입하였다. 또한 Hardie(R. A. Hardie) 의사와 그의 부인을 파송하였는데, 그들은 1898년에 남감리교에 가입하였다. 엘라 팅 기념 선교회(Ella Thing Memorial Mission, 침례교)는 1895년에 한국에서 사역을 시작하였다가 5년 후에 철수하였다. 주한 영국교회 선교회는 1890년에 설립되었다. 러시아정교회 선교회는 1899년에, YMCA는 1903년에, 제7일안식일재림교는 1903년에, 동양선교회는 1905년에, 구세군은 1908년에, YWCA(한국 조직)는 1922년에, WCTU(기독교여자절제회)는 1923년에 설립되었다. 이 선교회들과 조직들은 현재까지 사역을 계속하고 있다.

장로교선교회 공의회는 1902년, 한국에 있는 일본인들을 위해서도 사역하기로 결정하였다. 그에 따라 1904년에 첫 번째로 일본인 목사 아키모토(S. Akimoto)가 부산에 도착하였다. (서울 선교기지는 1892년에 일본인 전도자 시마누키〈Shimanuki〉가 서울에 와서 짧은 기간을 머문 결과로 시도되었다.) 주일 장로교 선교회의 커티스(F. S. Curtis) 목사 부부는 한국에서(1907–1915) 일본인을 위해 사역하였다.[1] 윌리엄 C. 커(William C. Kerr) 목사 부부가 그 일을 이어받았는데, 그들은 전에 우리 선교회에 속해 있었으며, 현재도 한국에서 일하고 있다. 한국에 있는 최초의 일본 장로교회는 1908년에, 최초의 일본 조합교회는 1904년에, 최초의 감리교회는 1903년에 조직되었다. 일본에 있는 조합교회와 감리교 선교회는 일본인들을 위해 사역자들을 계속 한국으로 파송하였다. 한국인들을 위한 독립 회중교회는 1921년에 조직되었으나, 이 사역은 그 전에 18년 동안 일본 조합교회와 연결되어 있었다.[2]

한국에 있는 중국인을 위한 사역은 북감리교 선교회 데밍(C. S. Deming)의 지도 아래 1912년에 시작되었다. 독립선교사인 퀸(M. G. Quinn) 부인이 중국에서 사역한 후, 1929년에 한국으로 와서 현재까지(1934) 상주하며 중국인을 위해 선교사로 일하고 있다. 우리 선교회는 이 사역을 계속 협력해왔다.

이러한 여러 개신교 선교회들 및 다른 단체들은 한 두 가지 기대감에서 현장을 먼저 차지한 자들로부터 환영을 받았다. 현장에는 모든 자들을 위한 사역 공간과 그들의 필요성이 남아 있었다. 그들 중 일부는 다른 자들의 사역을 보충하는 일만 하였다. 그리하여 함께 사역하는 데에 아무런 어려움이 없었다. 그러나 선교회들과 교회들의 사역이 커가면서 점점 가까이 접촉하게 되었고, 때때로 상호 충돌하게 되었다. 협력과 연합 사역 그리고 경계를 나누는 일이 점점 더 필요해지게 되었다.

이 장에서는 이러한 협력 및 연합 기관들의 사역이 시작된 과정과 특별히 처음부터 한국에서 가장 큰 선교회를 이룬 우리 선교회가 연합사역을 해온 과정을 간단히 회고할 계획이다. 앞에서 언급하였듯이, 1895년에 "선교회는 선교회들과 개별 선교사들 사이의 교계예양이 상호 권리와 모든 사람의 충분한 활동범위를 지켜주는 것으로 믿는다"라고 진술되었다.[3] 활동공간을 얻기 위해 협의하고 동의해야 할 필요는 여러 번 제기되었다.

1. 성서공회 사역

한국에 최초의 개신교 선교사들이 도착했을 때, 그들은 그들에 앞서 활동했던 성서공회의 사역에 감사해야 할 이유를 갖고 있었다. 스코틀랜드국립성서공회 대리인 윌리암슨(A. Williamson) 목사와 로버트 J. 토마스(Robert J. Thomas) 목사에 의해 기금과 한문 단권성경들이 그들에게 제공되었다. 토마스 목사는 1865년 9월부터 12월까지 한국 서해안에서 성경을 배포하였고, 다시 이듬해 9월에 평양에서 비운의 미국 스크루선 '제너럴 셔먼' (General Cherman) 호의 선원들과 함께 죽임을 당할 때도 성경을 배포하였다.

10년 후(1875)에 만주의 존 로스(John Ross) 박사가 한국어로 신약성경을 번역하기 시작하였다. 이 사역에서 기독교인이 된 한국인 두 명과 그의 동료인 존 매킨타이어(John McIntyre)의 도움을 받았다. 그들이 번역을 위해서 사용했던 돈이 1881년에 영국과 해외성서공회에 의해 다시 적립되었고 이듬해에 3천 권의 누가복음과 요한복음이 출판되었다. 이 간행본들은 권서들에 의해 만주 동부의 계곡들과 압록강을 따라 한국인들에게 널리 배포되었다. 의주 인근은 백홍준이 배포하였고, 소래와 서울은 서상륜이 배포하였다. 당시에(1883년) 한국은 브라이언트(E. Bryant) 목사가 일하는 영국과 해외성서공회 북중국 지회와 접목되어 있었다. 같은 해에 한국인 기독교 개종자 이수정(일본 이름 Rijutei)이 일본에서 마가복음을 한국어로 번역하였으며, 미국성서공회에 의해 1천 권이 출판되었다. 언더우드와 아펜젤러는 1885년에 한국에 올 때 이 간행본을 여러 권 가져왔고, 서울에 도착한 후에는 소래와 서울에서 서상륜이 로스역본 누가복음과 요한복음을 배포하는 것을 발견하였다. 1885~1887년 동안 언더우드와 아펜젤러는 새로이 마가복음을 번역하여 1887년 3월에 스코틀랜드국립성서공회를 통해 2천 부를 출판하였다. 같은 해에 전

성경번역위원들. 1904년경
서 있는 사람들-이창식, 김명준, 김정삼
앉아 있는 사람들-게일(J. S. Gale) 박사, 언더우드(H. G. Underwood) 박사, 레이놀즈(W. D. Reynolds) 박사

아펜젤러(H. G. Appenzeller) 목사
1858-1902
한국 선교사, 1858-1902

의사 알렌 경(H. N. Allen, M.D., LL.D). 1858-1932
한국 선교사, 1884-1890
공사관 서기관, 1890-1897
미국 공사, 1897-1905

언더우드 목사(H. G. Underwood, D.D., LL.D)
한국 선교사, 1885-1916

한국 전체에 족적을 남긴 사람들

체 신약성경의 로스역본이 영국과 해외성서공회에 의해 출판되었다.

브라이언트 목사가 1887년 3월에 부산을 방문했을 때, 그곳에 영국과 해외성서공회 서점이 있고 중국인 선교사 한 명이 교회선교회(Church Missionary Society)에 의해 파송되어 있는 것을 발견하였다. 브라이언트는 또한 알렌(H. N. Allen) 박사 부부의 손님이 되어 서울을 방문하였다. 틀리(R. T. Turley)가 영국과 해외성서공회에서 만주와 한국을 위한 보조직원으로 임명되었으며, 권서 두 명이 한국 북부지방을 위해 고용되었다.

1887년 2월 7일에 언더우드가 그 전에 일본 주재 헵번(J. C. Hepburn) 박사로부터 들었던 조언을 좇아 한국 상설성경실행위원회(Permanent Executive Bible Committee of Korea)를 결성하는 기념할 만한 일이 이루어졌다. 아펜젤러가 간사로 선출되어 1902년에 죽을 때까지 그 일을 계속하였다. 첫 모임에서 참석한 위원들, 곧 언더우드, 아펜젤러, 헤론(Heron) 박사, 스크랜톤(Scranton) 박사 등은 그들이 한글성경 번역을 위한 위원회를 조직하는 데에 합의하였다. 나중에 게일이 헤론의 번역위원회 일을 승계해 1923년까지 계속 위원으로 있었다.

1888년에 스코틀랜드국립성서공회가 부산과 서울에 보급소를 개설하고 일본인에게 책임을 맡겼다. 북중국에 있는 영국과 해외성서공회 대리인 에반 브라이언트 목사가 1889년에 다시 한국을 방문하였고, 1890년에 세 번째로 방문하였다. 공회는 1893년 서울에 보급소를 세우고 중국인 권서에게 책임을 맡겼다. 1888년에도 한국성경위원회가 나서서 세 성서공회들(미국, 영국, 스코틀랜드)에게 "우리가 번역한 성경을 출판하는 일에 참여할 것인지를 묻고, 그 성경들 중의 일부는 올 해 안에 다 끝내주기를 바란다는 뜻을 피력하였다." 미국성서공회는 그 요구를 다 들어줄 수 없다고 응답하였고, 그리하여 이 계획의 진행이 지연되었다. 1893년 이전의 간행본들이 모두 팔려나갔기 때문에 성경위원회는 스코틀랜드국립성서공회를 향해 마가복음을 다른 판(언더우드와 아펜젤러 번역본)으로 인쇄해주도록 요청하였고, 영국성서공회에는 로스역 누가복음의 다른 판을, 미국성서공회에는 스크랜턴 박사가 후에 철자를 교정한 이수정역 마가복음의 다른 판을 요청하였다. 그러나 미국공회는 또 다시 그 요구를 들어줄 수 없다고 답해왔다.

이 사역에서 다음으로 중요한 일는 1895년에 영국과 해외성서공회가 서울에 보급소를 열고 켄무어(A. Kenmure)를 대리인으로 임명한 것이었다. 또한 그 해에 일본에 있는 미국성서공회의 루미스(H. Loomis) 목사가 한국을 방문하고 서울에 피터스(A. A.

Peiters) 목사를 권서로 둔 것이었다. 3년 후에 피터스는 영국과 해외성서공회에 직원이 되어 합류하였고, 1904년에 미국 북장로교 선교회에 가입하였다. 1906년에는 번역위원회의 위원으로 선출되었다. 이 위원회는 1893년부터 복음서들과 사도행전을 번역하기 시작하였다. 그들은 로스역과 이수정역의 성경들, 헬라어 본문을 원본으로 한 개역성경(Revised Version), 그리고 미국 위원회가 선별한 다른 자료들을 참조하였다. 이 위원회의 한국인 조사들은 대표역본(Delegates Version) 중국성경을 사용하였다. 그들은 1893년 10월 11일에 처음 만난 후로 3년 동안 31번 모였다. 언더우드, 아펜젤러, 게일, 스크랜턴(1905년 사임), 트롤로프(Trollope, 1899년 사임), 레이놀즈(1895년 임명)가 그 위원들이었다. 1902년에 아펜젤러가 사망하여 존스(G. h. Jones) 목사가 임명되어 6달 동안 봉사하였다.[4] 복음서들(누가복음 제외)과 사도행전이 1895년에 출판되었고, 누가복음은 1896년에 세 공회들의 후원 아래 출판되었으며, 신약성경 전체는 1900년 7월에 출판되었다.[5]

1900년 9월 9일에 출판감사예배가 서울 제일감리교회에서 열렸다. 마펫(S. A. Moffett)이 사회를 보았고, 일본의 루미스 목사, 언더우드 목사, 알렌 경이 연사가 되었다. 언더우드는 한국어로 말했으며, 알렌은 특별하게 묶은 신약성경을 번역위원회 위원들과 그들의 한국인 조사들에게 세 공회를 대표해서 증정하였다. 스크랜트 박사는 영어로 답사를 하였다. 그때 그 교회건물은 문까지 사람들로 가득찼다.

개정된 신약성경은 1904년에 출판되었고, 1905년에 다시 출판되었지만, 이 두 간행본들은 "인쇄상의 결함 때문에 크게 실망스럽다"는 말을 들었다. 1905년에는 영국과 해외성서공회의 대리인 켄무어가 신경쇠약으로 영국으로 돌아가야 했다. 1899년에 휴 밀러(Hugh Miller)가 켄무어를 이어 성서공회의 서울보급소 일에 참여하였으며, 지금까지 대리인으로 일해왔다. 부대리인으로서 베시(F. G. Vesey) 목사가 1908년부터 1912년까지 일했고, 토마스 홉스(Thomas Hobbs)가 1913년부터 일했다. 이 성서공회는 1911년 12월 30일에 새 건물로 이사하였으며 이때 롬프리(I. L. Lomprey)가 또한 부대리가 되었다.

한국교회의 성장이 매우 빠르고 성경에 대한 요구가 너무 커서 1906년에 모든 간행본들이 다 팔려나갔으며 새 간행본의 발행은 미국성서공회가 할당받은 소요경비를 감당하지 못해 보류되고 있다고 보고되었다. 각 성서공회가 경비를 지출할 수 있는 능력에 비례해서 할당받은 몫을 감당하게 하자는 헌법 개정작업이 시도되었다. 그러나 미국성서공회 존 폭스(John Fox) 박사와 영국과 해외성서공회의 릿슨(J. H. Ritson) 목사가 참석했던 1907년 4월 16일의 성경위원회 모임에서 미국성서공회는 이 개정안에 합의하기를 거절하였다. 그리하여 연합기관이 해소되었고, 미국성서공회는 서울에 보급소를 열고 벙커(D. A. Bunker) 목사를 책임자로 임명하였다. 그 책임은 1911년에 대리인이 된 베크(S. A. Beck)에게 승계되었다.

이렇게 해서 성경위원회가 피하고자 했던 일, 곧 한국과 같은 작은 나라에 두 개의 기관이 병립하는 일이 일어났다. 마침내 1919년에 두 성서공회가 합의를 보아 미국성서공회는 한국에서 물러나고 영국성서공회는 필리핀에서 물러나기로 하였다. 영국성서공회는 보고서에서 "이 교환은 양편 모두에게 가장 우호적이고 관대한 정신으로 이루어졌다"고 하였다.

1910년까지의 이 모든 기간에 번역위원들은 신약성경을 번역하고 구약성경의 번역을 준비하느라 분주하였다. 1902년 10월부터 1906년 3월까지 세 명의 위원들(언더우드, 게일, 레이놀즈)이 555번 만났다. 마침내 1910년 4월 2일에 밀러(Miller)가 위원회로부터 구약성경의 번역이 끝났다는 전보를 받았다. 5년 5개월 16일만의 일이었다. 이것이 이듬해 3월중에 출판되었고, 5월의 성경주일에 또 다른 감사예배가 드려졌다. 첫 해 동안에 8천 권이 팔렸다. 1911년의 서울 선교기지 보고서에는 "서울 선교기지는 세 명의 회원들, 곧 언더우드, 게일 박사, 피터스가 그처럼 중요하고 위대한 일을 이루는 데에 참여하는 영예를 누리게 되어 깊이 감사한다"고 기록되었다. 최근 수년간 신구약 성경의 번역사업이 강조되어왔다. 이 사역에서 베어드(W. M. Baird, Ph. D., D.D.) 목사가 1931년 11월에 사망하기까지 뛰어난 역할을 하였다. 피터스 목사는 지금도 개역위원회에서 일하고 있다.

많은 사람들이 성서공회가 단일기관 중에서는 한국 복음화를 위해 가장 큰 사역을 해왔다고 생각한다. 선교회 회원들은 즐거이 협력하였다. 각 선교기지에서 한 명이나 그 이상의 안수 받은 선교사들은 성서공회에서 봉급을 받는 권서들의 사역을 감독하였다. 1920년에는 영국과 해외성서공회가 1900년부터 1918년까지 602만 권의 성경을 한국에 배포했다고 말해진다.[6] 밀러가 제공한 통계에 따르면, 1908년부터 1925년까지(18년간) 총 970만 권 이상이 배포되었다. 이것은 일 년 평균 51만 권을 넘는 것이고, 1931년보다는 6만 5천 권이 적은 것이다. 가장 많이 배포된 것은 복음서들과 사도행전(5권)이었다. 가장 절정에 이르렀을 때는 1915년으로 82만 6천 권이 배포되었다. 그 해에 총독부가 개최한 서울박람회와 관련하여 성서공회가 177명의 권서들을 소집해 한 주일동안 집회를 가졌다. 1931년에는 111명의 권서들이 고용되었다.

'마펫역'이라고도 부를 수 있는 한글성경의 번역이 1925년에 번역자 게일 목사에 의해 완료되었다. 이것은 창문사에 의해 출판되었으며, 그 출판기금 1만 달러는 감리교의 유명한 평신도 기독교인 윤치호 경에 의해 마련되었다. 서문의 진술에 의하면, 이 번역은 사상이 담긴 본래의 형태에서 저자의 엄밀한 뜻을 나타내기보다 "본래의 뜻을 취하고 이 나라의 언어와 문법을 따르도록" 시도되었다.

2. 예수교서회

1889년 10월 헤론(J. W. Heron) 의사의 제안으로 언더우드의 집에서 한국성교서회(Korean Religious Tract Society)가 조직되었다. 백박사가 그의 역사서에서 말했듯이 "이 서회의 기원은 아이디어를 낸 헤론 박사, 영국 및 미국 기독교서회의 재정지원을 확보한 언더우드, '조직화'를 이룬 올링거(Ohlinger)에게 돌려져야 한다."[7] 1890년 6월 25일에 그것의 정관이 채택되었지만, 헤론은 그 한 달 전에 죽었다.

맨 처음 출판된 책은 언더우드의 『성교촬리』(*Salinet Doctrine of Christianity*)였으며, 두 번째 책은 마펫 목사의 『장원양우상론』(*The Two Friends*)이었다. 여러 주제들을 다룬 이 두 책 외에 10부의 전도지가 1894년까지 출판되었다. 처음에는 저장하고 판매하는 사람을 '관리인'이라고 불렀는데, 이 직책을 빈튼(C. C. Vinton) 의사가 1907년에 미국으로 돌아갈 때까지 맡았다. 여러 해 동안 이 서회의 이 사무소 또는 '위탁소'는 영국과 해외성서공회의 구내에 있었다.

이 서회의 목적은 영국과 해외성서공회의 대리인인 알렌 켄무어(Allen Kenmure)의 말에서 가장 잘 표현되었다고 할 수 있다. 그는 1895년에 기독교문서 협의회(Christian Literary Union)에서 동아시아를 위한 기독교문헌에 관한 한 글을 읽었다. 그는 "기독교문헌은 개인, 사회, 국가를 예수 그리스도의 가르침과 희생으로 고양시키고 정화시키고, 영화시키는 것을 목표로 하는 완전한 문헌이 되어야 한다."[8]

1905년 당시에 사회에서 인기 있던 사역 형태는 벙커(D. A. Bunker) 목사의 지도로 행해진 감옥 도서관이었다. 그 해에 12명의 죄수들이 성경과 사회서적들을 읽음으로써 세례를 받았다. 일 년간의 전체 판매량도 25만 권(volumes)으로 늘어났고, 여기에 5만 권 이상의 책들(books)이 포함되었다.

한국 중앙 YMCA 건물. 서울

예수교서회 건물. 서울

서울 '동대문 거리'에서 이 두 개의 멋진 건물이 마주보며 서 있다. 각 건물에서 행해지는 연합사업은 한국 전체와 그 너머에 이르고 있다.

이러한 성장으로 서회 건물이 필요해졌다. 선교 공동체의 모임에서 150명이 6천 원(3천 달러)을 내기로 약정하였다. 현재의 부지가 일부 구입되었고, 그곳에 있는 옛 한옥들이 1907년부터 1911년까지 판매소와 저장소로 사용되었다. 유급 간사가 필요하다는 것도 명백해졌다. 미국 기독교서회(American Tract Society)와 런던 기독교서회(Religious Tract Society of London)는 1명의 봉급을 3년 동안 지불해주기로 약속하였다. 1910년에 제럴드 본 윅(Gerald Bonwick)이 기혼자인데도 그 역할을 맡기로 하였다. 이내 새로운 서회건물이 건축되어 1911년에 개원되었다. 많은 사람들이 몰려들어 5년 만에 너무 비좁게 되자 이후 15년 동안 적절한 건물을 짓기 위해 충분한 자금을 확보하려는 쓸데없는 시도가 행해졌다. 마침내 남장로교 선교회의 스와인하트(M. L. Swinehart)가 소요경비 65,000달러를 모으는 일에 나서서 이를 성공시켰다. 새 건물의 설계도는 마닐라 미북장로교 선교회의 군(C. A. Gunn)이 작성하였다. 이 건물은 스와인하트의 감독 아래 건축되었다. 1930년 4월에 공사가 시작되었고, 1931년 6월에 개원하였으며, 9월에 헌정되었다. 스와인하트의 봉사는 개원할 때 공적으로 감사가 표시되었고 이 건물의 서판에 새겨졌다.

본윅은 10년 이상 홀로 행정사역을 수행해왔다. 에바 하디(Eva Hardie) 양이 1922년에 얼마 동안 보조하였고, 사우어(G. A. Sauer) 목사가 1923년에 얼마 동안 보조하였으며, 벙커 목사가 2년 동안 전체 총무로 일했고, 본윅이 출판 총무가 되었다. 벙커가 1920년 1월에 은퇴함에 따라 다시 본윅이 1929년까지 책임을 맡았고, 그 사이에 예외적으로 1년 6개월 동안 데밍(C. S. Deming, S.T.D.) 목사의 보조를 받았다. 이 기간에 본윅이 안식년을 맞음으로써 데밍이 8개월 동안 책임을 맡았다. 1929년 10월 휘트모어(N. C. Whittmore) 목사가 행정 총무의 일을 시작하였고, 본윅이 다시 출판 총무가 되었고, 서점 일을 계속 책임 맡았다.

1919년 서회 이름이 한국성교서회에서 예수교서회(The Christian Literature Society)로 바뀌었으며, 이때 편집위원회를 두려는 계획이 실현되었다. 그리하여 1922년에 게일 목사, 하디(R. A. Hardie, M.D.) 목사, 클라크(W. M. Clark, D.D.)가 편집업무를 맡았다. 1928년에 게일 박사가 선교회에서 은퇴하였으나, 이 위원회의 일을 이을 사람이 임명되지 않았다. 한편 클라크 박사는 1932년에 안식년을 맞아 로즈(H. A. Rhodes, D.D.)가 위원이 되었다.

서회의 실적은 출판과 판매에서 지속적으로 성장하였다. 1931년까지 20년 동안의 총판매량을 집계하면, 단행권들과 정기간행물들이 각각 300만 권 이상이었으며, 소책자는 2,300만 부 이상이었고, 전체적으로는 총 3,200만 권이었다. 평균적으로 일 년에 160만 권이 팔린 것이었다. 연합선교공의회와 한국주일학교협회의 조정으로 서회는 주일학교에 지급하는 보조교재와 잡지들, 『기독신보』(The Christian Messenger), 『코리아 미션 필드』(*Korea Mission Field*)와 같은 정기간행물들을 다수 출판하였다. 또한 『찬송가』(*Union Hymn Book*)도 서회에서 출판하였다.

『기독신보』(연합 주간신문)에 앞서 다른 교파 신문들이나 교회연합 신문들이 있었다. 1897년 언더우드 목사는 빈튼 박사의 도움을 받아 『그리스도신문』(*Christian News*)를 발행하기 시작하였다. 이것이 1901년에 장로교공의회를 위한 신문이 되었다. 이 신문은 1906년에 감리교 『대한크리스도인회보』(*Christian Advocate*)와 연합하여 『그리스도신문』(*Union Christian News*)이 되었다. 그 때 연합출판소를 만들려는 노력이 행해졌으나 실패했고, 1908년에 포기되었다. 1909년에 한국장로교 독노회가 교회신문을 발행하기 시작했는데, 한석진을 편집인으로 하는 주식회사를 세울 계획이었다. 그러나 이 일 또한 실패했으며, 1915년에 구독자위원회(Committee of Receivers)가 구성되었고, 이때 서회가 현재의 『기독신보』를 발행할 것이 발표되었다.[9] 여러 해 동안 게일 박사가 이 신문의 편입인이었으며, 1922년에 로즈 박사가, 그리고 최근 수년간은 하디 박사가 편집을 맡았다. 1933년 7월 초에 김관식 목사가 위원장인 15인 위원회(한국인 12인, 선교사 3인)가 『기독신보』를 맡았고, 전필순 목사가 편집장이 되었다.

『코리아 필드』(*Korea Field*)는 1901년 빈튼 박사에 의해 시작되었다. 이듬해부터 네 가지가 매년 발행되었다. 거의 같은 시기에 『코리아 메소디스트』(*Korea Methodist*)를 존스가 창간하였다. 1905년에는 이 둘이 합쳐져서 『코리아 미션 필드』(*Korea Mission Field*)가 되었다. 몇 년 후 언더우드 부인(L. H. Underwood)이 편집인으로 활동했으며, 1913년에 선교회의 준회원인 디캠프(A. F. DeCamp)가 그 일을 이어받았다. 1927년에는 전에 선교회 회원이었던 윌리엄 C. 커(William C. Kerr) 목사가 편집인이 되어 몇 년 동안 일하다가 현재의 편집인인 엘라스 와그너(Ellasue Wagnr) 양에게 넘겨주었다. 이 선교잡지는 다른 정기간행물들의 편집인들과 선교부 총무들로부터 훌륭하다는 말을 자주 들었다.

1919년에 연합선교공의회가 연합 찬송가책의 발행을 예수교서회로 넘기는 계획을 공식화시켰다. 당시까지 서회는 찬송가책을 공회의 지도 아래 인쇄하고 판매하였다. 이 교파연합 찬송가책(『찬송가』)은 1908년에 처음 만들어졌고, 1931년에 개정하기까지 40판이 발행되었다. 총 85만 권이 팔렸으며, 한국인의 다섯 가정에 한 개의 찬송가 비치된 셈이 되었다. 그러나 이 책들은 모두 인구의 2퍼센트도 못되는 기독교인에 의해 판매되었다. 개정위원회가 사역을 종료한 후에는 피터스(A. A. Pieters) 목사 부부가 새 개정판의 편집을 완료하였다. 첫 번째 판은 1931년 6월 말에 9만 권이 발행되어 판매되기를 기다렸다.

서회는 판매수입 외에 연회원이나 평생회원 구독료, 선교회의 충당금, 한국교회들의 몇 차례 기증금, 개인들이나 단체들의 헌금으로 후원을 받았다. 16년 동안 밀턴 스튜어트 기금(Milton Stewart Fund)으로부터 매년 1천 달러를 받았으며, 현재는 고갈되었다. 21년 동안 런던 종교소책자회로부터 1만 7천 달러에서 약간 미만인 금액을 기부받았다. 서회 회원의 약 30퍼센트가 우리 선교회의 회원이었다. 본워의 봉급, 여행비, 등등은 선교회들의 협력으로 지불되었고 우리 선교회는 4분의 1 이상을 지불하였다. 그 위에 선교회는 편집부서의 일을 위해 매년 250달러를 기증하였다.

40년 이상의 서회 역사에서 서회 대표 10명 가운데 언더우드 박사, 게일 박사, 쿤스(Koons) 박사, 로즈 박사 등 4명이 우리 선교회 회원이었다. 현재 실행부원 12명 가운데 4명이 뛰어난 한국교회 지도자들이다. 지금도 서적출판을 위한 많은 원고들이 한국인들에 의해 기탁되어 있다. 선교사 회원들 중에서는 아마도 게일 박사가 가장 많은 원고 기탁자가 될 것이다. 다른 사람들로서 베어드 박사, 스왈른 박사, 클라크 박사, 밀러 목사, 언더우드(원두우) 박사 부부 등이 원고를 기탁하였다. 서회는 장로회신학교와 조정하여 이 학교 교수들이 준비한 커다란 성경사전을 출판하였다. 『신학지남(神學指南』(*Presbyterian Theological Review*)은 한글판 계간으로 계속 출판하고 있다.

현재 한국교회의 규모와 성장가능성을 가늠하여 서회는 그에 앞서 항구적이고 더 크고 유용한 장소를 마련하였다. 그것은 한국인에게 점점 더 많이 이관될 것이며, 그렇게 됨으로써 장래에는 반드시 선교사들이 아닌 한국교회 지도자들에 의해서 기독교문헌이 구비되어 나오게 될 것이다.

3. 교육사역

지난 15년 동안 우린 선교회와 다른 선교회들의 교육사업 협력은 모두 고등교육 분야에서 이루어졌다. 그 전에 한동안 다양한 시도들이 행해졌으나 결국은 중단되었다. 선교회는 1906년, 서울에서의 "여러 교파 여학교들의 연합 실패"와 경신학교와 감리교 배재학교의 연합에 대해 보고하였다. 그 연합은 2년 후에 해소되었다. 평양 여자학교(중등 수준)와 북감리교의 학교와 "평양 여자신학교"의 연합사업은 1907년에 승인을 받아 1919년까지 계속되었다. 같은 시기 평양의 두 남자중학교의 연합은 1915년에 중단되었다. 각 경우에 있어서 감리교가 떨어져나갔다.

전체 선교회들은 교육사업의 연합을 위한 또 다른 노력으로서 "교육평의회"(Educational Senate) 혹은 "교육재단"(Educational Foundation)을 1911년 6월에 조직하였다. 그 목적은 "여러 기독교 선교회들이 수행해온 기독교교육을 하나의 제도로 통일시키는 것"이었다. 선교회는 1913년에 아담스(J. E. Adams, D.D.) 목사를 3년 기간의 평의회 총무로 선출하는 것을 승인하였다. 그 해(1913)의 평의회 보고서에 따르면, 한국에 있는 여러 선교회들의 학교들을 위한 건물, 기부금, 기타 등을 위해 뉴욕의 합동위원회(Joint Committee)에 요구한 전체 금액이 23만 달러 이상이었다. 1914년의 보고서는 당시에 6개 선교회들이 협력하는 가운데 남녀 중등학교(중등수준 혹은 '중' 학교)는 37개, 학생은 2,100명이 있었고, 교사는 외국인이 49명, 한국인이 204명, 일본인이 24명 있었다. 1916년에 북감리교 선교회가 평의회에서 탈퇴하였다. 그 근거는 모든 학교들이 개정 사립학교법의 요구를 가능한 한 빠르게 이행하는 것이 최상의 정책이라고 여기기 때문이며 평의회가 그들의 학교들과 정부 사이에서 중재해야 한다고 볼 수 없기 때문이라는 것이었다.[10] "분열의 암초" 역할을 한 것은 정부에 등록된 학교들은 종교의식과 성경교육을 방과 후에 자발적인 참여 속에서 해야 한다는 정부의 요구였다. 캐나다 연합교회가 그 학교들을 등록시키기로 한지 얼마 지나지 않아 남감리교 선교회도 그렇게 하기로 동의하였다. 세 장로교 선교회들은 기다리기로 하여 나중(1923)에 총독의 '선언'을 받아내는 소득을 얻었다. 그것은 학교들이 자격을 갖추게 되면 정식학교와 동등한 '지정' 을 받을 수 있다는 것이었다. 그 같은 '지정' 학교들은 성경교육 수업과 예배를 정규 교육과정의 한 부분으로 포함시키고 학생들을 의무적으로 참석시키는 것이 허용되었다. 그

숭실전문학교 학생들. 이들은 1932년 하기성경학교에서 가르치거나 전도대를 조직해 나가며 활동하였다.

결정으로 선교회들이 마침내 평의회를 해소하기로 합의하여 평의회는 1917년 11월 20일에 마지막 모임을 가졌다. 그러나 고등교육기관들에서는 여전히 연합사역이 가능하였고, 비록 "등록학교"일지라도 제약을 받지 않고 종교교육을 시행할 수 있었다.

1) 평양 숭실전문학교(The Union Christian College of Pyenyang)

북감리교 선교회와의 연합 대학교육 사업은 1906년 10월 10일에 2개 반으로 시작되었다. 1908년 5월 13일에 두 명이 졸업하여 한국에서 최초로 학사학위를 받은 사람들이 되었다. 1910년에 열린 제2회 졸업식에는 5명이 졸업하였다. 1909년에 학교 교육관 건축을 위해 7천 달러의 충당금이 지급된다고 발표된 후, 1911년 1월 11일에 모퉁이돌이 놓여졌다. 기숙사는 사이러스 맥코믹 부인(Cyrus McCormick)이 5천 달러를 희사해 1912-1913년에 세워졌다.

1912년 호주장로교 선교회와 남장로교 선교회가 그 연합에 합류하기로 결정하였다. 남장로교 선교회의 파커(W. P. Parker)가 1914년 4월에 교수로 합류하여 현재까지 가르치고 있다. 캐나다장로교(현재는 캐나다 연합교회) 선교회는 나중에 합류하였다. 감리교인들이 1915년에 탈퇴함에 따라 이 학교는 네 선교회들과 한국장로교회의 연합기관으로 운영되고 있다.

베어드(W. M. Baird, D.D., Ph.D.) 목사가 1916년 3월 1일까지 교장으로 있었고, 레니어(R. O. Reiner, A.M.)가 6월 14일에 직책을 이어받았다. 마펫(S. A. Moffett, D.D.) 목사가 1918년부터 1928년 1월까지 교장으로 있었으며, 그 후 모우리(E. M. Mowry) 목사가 그해 가을까지 교장 역할을 하였다. 맥큔(McCune, D.D., LL.D.)이 한국으로 돌아오기 위해 사우스다코다의 휴런대(Huron College)의 학장직을 사임하고 교장이 되었다. 애니 L. 베어드 부인(Annie L. Baird)이 1916년에 죽을 때까지 이 학교에서 유익한 가르침을 베풀었으며, 한국인들이 그녀의 사역에 감사하여 학교 교정에 기념비를 세웠다. 스미스(W. E. Smith, D.D.) 목사는 1912-1919년간에, 번하이즐(C. F. Bernheisel, D.D.) 목사는 1912-1918년간에, 솔타우(D. L. Soltau)는 1921-1929년간에 교수로 있었다. 현재까지 가르치고 있는 레이너(Reiner)와 모우리 외에 해밀턴(F. E. Hamilton) 목사와 루츠(D. N. Lutz)가 1920년에 교수직에 합류하였고, 프랜시스 킨슬러(Francis Kinsler) 목사는 1928년에 말스베리(D. R. Malsbury)는 1929년에 합류하였다. 그밖에 평양 선교기지와 다른 선교회들의 여러 회원들도 한시적으로 교수직에 합류하였다.

문과에 더해서 상과가 몇 해 동안 설치되었다가 폐지되었다. 대신에 농과가 1928년에 추가되었다. 1932년에 74명이 등록하였고 이(H. K. Lee)[i] 박사(역자주: 이훈구)가 과장으로 있었다. 문과 과장은 채필근 목사였는데, 그는 동경제국대학을 졸업한 한국교회의 뛰어난 지도자와 학자이다. 새로운 과학관이 4만 달러를 들여 1926년에 지어졌고, 새 기숙사는 1930년에 지어졌으며, 6천 석의 새 체육관과 강당은 1930년에 지어졌다. 이 새 건물들은 이 대학의 가장 강력한 후원자들 가운데 한 명인 시카고의 크로웰(H. P. Crowell)이 대학에 아낌없이 제공한 막대한 특별 기부금으로 지어졌다. 또한 펜실베니아 피츠버그 제1장로교회가 연례 그리고 특별기부금을 많이 보내주었다. 그 돈이 없었다면 대학운영이 어려웠을 것이다. 여러 해 동안 10만 달러의 그래함 리 기념 기부금(Graham Lee Memorial Endowment)을 받고자 노력하였으나, 1926년에 그 기부금 총액이 25,000 달러 미만인 것으로 보고되었다. 현재의 대학 인가는 1925년 5월 17일에 받았으나, 그해 4월 1일로 날짜가 기록되어 있었다.

연희전문학교 교직원들과 그 부인들

학생들은 1912년에 약 70명이었으며, 1922년에 130명, 1932년에 170명이었다. 1932년도 학생수에서 140명의 학생들이 세례교인들이었으며, 그 중에서도 26명이 목회자 자녀들이었다. 1927년에 41명의 졸업생들과 21명의 동문들이 복음전파를 위해 종사하고 있었다. 1932년도의 보고서에 따르면, 생존해 있는 232명(죽은 자는 19명)의 졸업생들 중에서 35명이 목사 또는 다른 사역자로 교회에서 일하고 있었고, 67명이 학교선생 또는 교회 보조 선생이었으며, 33명이 신학교 학생들이었고, 34명이 중국, 일본, 미국에서 더 깊은 학문을 추구하고 있었다. 현재의 학생들 가운데 약 절반이 평양 시내 18개 교회의 주일학교들과 야학교들에서 가르치며 다른 교회활동을 돕고 있다.

크리스마스 휴가 기간에는(1916) 학생들이 두세 명씩 24개 집단을 형성해 평안도와 황해도의 교회들로 나아가 사경회들과 전도집회들을 열었다. 그들은 600명 이상의 새신자를 얻었다고 보고하였다. 1930년 여름 방학기간에는 77명의 학생들이 전도대를 조직해 나갔고, 하기성경학교에서 가르쳤다. 학생들은 그들의 말로 직설적인 전도 메시지를 담은 "평양의 빛"이란 4쪽짜리 전도지를 출판해 이 도시의 학생들 4천 명에게 매월 배포하였다. 4년 동안 이 대학의 교수들이 한국장로교 총회의 농촌부를 위해 월간지 『농민생활』을 편집하고 출판하였다. 이 잡지는 4천 명이 구독하여 자급으로 운영하였다.

이 대학에는 모든 과에 37명의 교수가 있다(1932). 이들 중 10명이 외국인 선교사이고, 2명이 일본인이며, 25명이 한국인이다. 모든 교수들은 세례교인이며 한국인 교수 12명은 교회 직원이다(1931). 연례 예산은 약 2만 5천 달러에 달하며, 이 중 5천 달러 이상의 수입을 학비와 사례비로 충당하고 있다. 이 대학은 15명의 지도부((Board of Directors) 아래 운영되고 있다. 이들은 상호 협력하는 선교회들, 동문들, 한국장로교회를 대표하며 그 중 7명이 한국인이다.

2) 서울의 연희전문학교(The Chosen Christian College in Seoul)

이 두 번째 남자대학의 설립을 둘러싼 다툼은 다음 장에서 언급될 것이다. 여기에서는 이 학교의 역사와 조직과 사업을 간단히 설명하기로 한다.

1915년 3월에 대학이 조직되고 서울에 있는 한국 중앙 YMCA에서 빌린 방들에서 수업이 시작되었다. 정부의 인가는 1917년 5월 14일에 받았다. 언더우드(H. G. Underwood, DD., LL. D.) 목사가 1916년 10월 11일에 뉴저지의 아틀랜타 시에서 사망할 때까지 교장으로 있었다. 그에 이어 에비슨(O. R. Avison, M.D. LL.D.)이 교장이 되었고, 지금까지(1934) 봉직하고 있다. 대학에 헌신하는 에비슨 박사의 눈부신 사역은 선교회에서 은퇴할 나이에 이르렀을 때 대단히 높이 평가받았으며, 그는 대학 이사회로부터 계속 교장으로 있어달라는 간곡한 요청을 받았다. 그를 이어(1934) 언더우드(H. H. Underwood) 박사가 교장이 되었다.

이사회는 24명으로 구성되었는데, 미북장로, 미북감리교, 미남감리교에서 각각 4명씩, 캐나다 연합교회와 한국 감리교, 한국장로교에서 각각 2명씩, 동문회에서 2명, 일본인 2명으로 구성되었으며, 모두 신앙을 고백하는 기독교인들이었다. 미국에는 조선의 기독교교육을 위한 협력위원회(Co-operating Board)에 속한 12명의 위원들이 있다.

222에이커에 달하는 현재의 도시 외곽 숲지대는 1917년에 매입되었다. 이것은 방문자들에게 곧잘 다른 어느 곳보다도 가장 아름다운 대학부지의 하나라고 묘사되었다. 부지 매입을 위한 5천 달러의 기부금과 최초의 경상지출비를 존 T. 언더우드(John T. Underwood)가 제공하였으며, 그는 또한 1917년에 지은 임시 교육관 건축을 위해 기부금을 주어 이듬해 4월에 그 교실들로 이전하였다.

연희전문학교 언더우드관과 호레이스 그랜트 언더우드의 동상(HORACE GRANT UNDERWOOD, D.D. LL.D.) 앞에 선 젊은이들은 호레이스(Horace), 존(John), 제임스(James) 언더우드이다.

언더우드 박사는 죽기 전에 2만 5천 달러의 기부금을 로스앤젤레스의 찰스 M. 스팀슨(Charles M. Stimpson)에게서 받았다. 이 돈으로 최초의 항구적 건물인 현재의 본관과 예배당이 지어졌다. 모퉁이돌을 1919년 4월 19일에 언더우드 부인(L. H. Underwood)이 세우고 이듬해에 건물이 완공되었다. 10만 달러의 기부금을 존 T. 언더우드가 그의 형제이며 이 대학의 초대교장인 고 언더우드 박사를 기념하기 위해 헌납했다. 그 돈은 교육관 용도로 언더우드관(Underwood Hall)을 세우는 데 쓰여졌다. 같은 때에 매사추세츠주 피츠필드의 제1감리교회(First Methodist Episcopal Church)가 과학관 건립을 위해 5천 달러의 기부금을 보내왔다. 이 건물은 최초의 한국 감리교 선교회의 회원인 아펜젤러(H. G. Appenzeller) 목사 부부를 기념하여 아펜젤러관으로 명명되었다. 이 두 건물의 모퉁이돌들은 1921년 10월 5일에 현재(1933) 이 대학의 부교장으로 있는 언더우드(원한경) 박사와 전부터 지금까지 한국 감리교회 감독으로 지내온 헐버트 웰치(Herbert Welch, LL.D.) 목사가 세웠다. 이 두 건물은 1923년에 완공되었다. 아펜젤러관의 설비는 많은 부분이 뉴욕 부르클린의 매켄지(A. C. MeKenzie)의 기부금으로 마련되었다. 네 번째 항구적인 건물인 기숙사는 남감리교의 핀슨(W. W. Pinson) 박사를 기려 핀슨관으로 명명되었다. 핀슨은 그의 교회로부터 첫 투자 자금 5만 달러를 확보하는 데에 크게 기여하였다. 이 기부금에서 절반이 약간 넘는 돈이 기숙사를 짓는 데 사용되었다. 이 모든 건물들과 주택 5채가 돌로 지어졌다. 뉴욕의 머피와 다나(Murphy and Dana) 상회가 캠퍼스와 중심 건물들을 설계하는 일에 참여하였다. 교수들과 보조원들을 위한 18채의 주택들, 다른 고용원들을 위한 12채의 주택들도 지어졌다. 1931년 3월까지 40만 달러 이상이 대지, 건물, 설비에 투자되었다.

이 대학은 문과, 상과, 수물과를 두었다. 이 대학의 과장과 부서장들은 한국인들이다. 비록 과로 분리되지는 않았으나 음악과가 한 특징을 이루고 있었다. 이 과를 책임 맡은 현제명(Rody Hyun) 교수는 시카고의 군 음악학교(Gunn School of Music)를 졸업하였다. 기악가인 호머 로드히버(Homer Rodeheaver)가 현제명의 음악교육을 도왔다. 이 대학의 교직원 가운데 11명이 선교사이고, 24명이 한국인이고, 4명이 일본이다. 그밖에 8명의 한국인 비서들과 다른 보조원들이 있다. 현재 혹은 이전에 이 학교와 관련을 맺은 우리 선교회 회원들로서 교장 2명 외에 밀러(E. H. Miller, Ph.D.) 목사와 호레이스 H. 언더우드는 1916년부터 일해왔고, 해리 로즈(Harry A. Rhodes, D.D.) 목사는 1918-1932년경에, 루카스(A. E. Lucas) 목사는 1921-1924년경에 일했으며, 헐버트 오웬스(Herbert T. Owens)와 코엔(E. C. Coen) 목사는 1933년부터 일해왔다. 이들 중 2명은 선교회 가맹 회원이었다. 오웬스는 1918년부터 이사회 총무로, 1922년부터 대학 회계로 있었고, 루카스는 건물과 건축의 감독으로 있었다. 밀러 부인은 도서관 일을 도왔고, 언더우드 부인은 영어를, 로즈 부인은 음악교육을 도왔다.

대학은 외국인 선교사 교수들의 봉급을 뺀 매년 예산 5만 달러로 운영되었으며, 그 가운데 4분의 1이 학비와 다른 지엽적인 수입, 선교회 충당금의 잔액, 기부금, 특별 헌금 등으로 충당되었다. 1929년의 기부금은 총 40만 9천 달러였고, 그 중에서 10만 달러를 존 언더우드로부터 받았으며, 21만 5천 달러를 오하이오 주 클리블랜드의 찰스 M. 홀 이스테이트(Charles M. Hall Estate)로부터 받았다.

1932년까지 18년 동안 등록학생 수는 총 2,500명이었고, 일 년 평균 140명이었다. 1932년에 250명의 학생들이 있었으며, 그 중에서 상과에 절반 이상이 있었고, 문과와 수물과에 각각 3분의 1 미만과 5분의 1이 있었다. 그들은 한국의 13도 전역에서 왔다. 종교

가입 상황을 보면, 감리교인들이 절반을 약간 넘었고, 장로교인들이 5분의 1 이상이었고, 다른 교파 사람들이 10퍼센트, 비기독교인들이 15퍼센트였다. 1933-1934년간에는 약 300명의 학생들이 등록하였다.

1932년 3월까지 314명이 졸업하였다. (문과 105명, 상과 152명, 수물과 54명, 농과 3명.) 그 중에서 18명이 죽었다. 생존해 있는 졸업생들 중에서 80명이 이 대학의 직원, 기독교학교 교사, 교회사역자, 신학생으로 활동하고 있었고, 36명이 미국에서 공부하고 있었다. 20명이 정부 관리였고, 80명이 은행과 사업체 직원, 자영 상사나 산업체의 직원, 농업종사자였다. 1933년 3월의 졸업생은 모두 395명이었다.

모든 학생들이 2시간의 성경공부와 5번의 채플예배 참석을 요구받았고, 주일에 정규예배에 참석한 여부를 보고해야 했다. 학생들의 절반 이상 가량이 세례를 받았으며, 그들 중에서 평균 40명이 이 도시와 인근 지역의 교회들에서 매주일 주일학교와 다른 사역을 도왔다. 1932년의 보고서에는 "그 명칭으로만이 아니라 실질적으로도 기독교 대학이 되게 하고, 모든 학생이 예수는 주님과 구세주이심을 숙고하게 하고, 대학 내 행위의 표준을 높이 유지하게 하고, 교회와 긴밀하게 접촉하며 교회에 봉사하는 대학이 되게 하고, 한국사회를 향해 삶의 모든 현장의 조건을 개선하도록 돕는 일에 커다란 기독교적 공헌을 하게 하려고 지속적으로 노력해왔다" 진술되어 있다.

이 대학은 한국인의 자금을 기부 받는 행운을 누렸다. 한국인 친우회(Korean Friendly Association)가 사각형 뜰의 중앙에 고 언더우드 박사의 동상을 세웠다. 그 뜰로 들어가는 전면의 돌계단은 뉴욕에 있는 한국인 친우들이 기증한 것이다. 대학 직원과 학생들이 에비슨 도서관 기금으로 불리는 500달러의 금액을 모았다. 윤치호 경 또한 도서관에 가치 있는 소장 도서들을 기증하였으며, 도서관을 위해 1천 달러를 기부하였다. 845권을 각각 1세트로 하는 20세트 가운데 하나인 『조선왕조실록』(1392-1910)은 경성제국대학의 후원으로 1931년에 출판되었으며 그 가격이 3천 달러인데, 전라도의 이재량씨의 네 아들들이 아버지를 기념하여 대학에 기증한 것이다. 이 대학의 박물관에는 한국의 값진 유물들이 다수 있으며, 여기에 남궁억이 수집하여 기증한 동전들과 러드로우(A. I. Ludlow) 의사가 수집하여 기증한 도자기가 있다. 도서 선정에 게일 박사의 도움을 받아 중국과 한국의 매우 귀중한 고대 고전집을 샀다.

3) 여성 대상 교등교육

선교회는 1920년 이래로 이 문제를 다뤄왔다. 그때 다른 선교회들과의 회합을 앞두고 이 문제가 실행부에 회부되었다. 2년 후 선교회는 투표로 여자대학을 세울 때가 무르익었다고 결정하고 이 문제를 장로교공의회에 위임하였다. 장로교공의회는 3년간 모임을 갖고 토의한 후, 네 명의 위원을 임명하여 "장로교 여자대학 설립의 전망이 어떠한지를 알아보게" 하였다. 이듬해인 1926년, 공의회에서 이 문제가 누락된 듯했지만 그 후에 이 위원회는 "계속하라"는 지시를 받았다.[11]

그러는 동안 해를 넘기면서 이 문제가 선교회에서 부각되었다. 1925년에 홀드크로프트(Holdcroft) 박사, 베스트(Best) 양, 폴라드(Pollard) 양, 호프만(Hoffman), 솔타우(Soltau)가 장로교 여자대학을 위해 확보할 수 있는 재정지원금의 액수를 조사하는 특별한 위원회를 조직하였다. 일 년 후 이 위원회는 한국인 총회와 남장로교 선교회가 장로교 대학에 관심을 가지고 있을지라도 미국과 한국 양편의 전반적인 재정상황이 "현재로서는 기금 확보를 매우 어렵게 하고 있다"고 보고하였다. 이 위원회는 다음과 같은 권고를 받아들였다. 우리는 하나의 장로교 대학이 장차 설립될 것으로 내다보며, 그때까지 동양에 여성을 위해 이미 설립된 대학들에서 고등교육을 받도록 한국의 젊은 여성들을 격려하며, 우리도 장학기금을 확보하도록 노력한다는 것이었다.

이 문제는 더 깊은 조사와 보고를 위해 실행부와 교육부로 넘겨졌다. 1925년에 서울에서 가진 연례 모임에서 선교회는 "숭실전문(평양)의 당국자들에게 만일 정부의 허가를 받게 된다면 그때 여성에 대한 그 같은 협력교육을 시작하는 조치를 취해주도록 요구하기로" 표결하였다. 동시에 "하나의 초교파적인(장로교와 감리교) 한국여자대학(Women's College for Korea)으로 연합하도록 선교회가 조치를 취하는" 대안은 "찬성 33표 대 반대 40표로 부결되었다."

"여성에 대한 협력교육"을 실현시키려는 노력은 교육부로부터 1934년 4월에 숭실학교가 인가를 받은 후에 가정과를 시작하도록 허락을 받는 데까지 진전되었다. 앞으로 학생들은 대학의 실습실 시설들뿐만 아니라 버그만(A. L. Bergman) 양-그녀는 가정과 출신이었다-이 책임을 맡고 있는 여자 중등학교 가사 실습실의 시설들까지 가지게 될 것이다. 이렇게 해서 이 문제는 13년간의 논란이라는 시련을 견뎌냈다.[12]

그러나 젊은 장로교인들은 서울에 있는 이화여자전문학교에 갔다. 이 학교는 1910년에 북감리교 선교회에 의해 시작되었으며, 1925년 이래로 감리교 연합의 여자대학이 되었다. 이 학교에는 영문과, 음악과, 가정과, 세 과가 있었다. 1923년에는 서울의 이화여전 구내에 프레이관(Frey Hall)이 세워졌다. 그 헌정식 때, 총독인 사이토 자작이 연설을 하였다. 1924년에는 연희전문 부지 곁에 45에이커의 아름다운 새 부지가 매입되었다. 새 부지의 첫 건물은 숙련된 건축가인 스와인하트(M. L. Swinehart)의 감독으로 지어졌다(1933–1934). 1933–1934년에 244명의 학생들이 등록하였으며, 이들 중에서 56명이 장로교인이었다. 1934년 3월까지 총 193명이 졸업하였다.(영문과 108명, 음악과 45명, 가정과 40명) 다른 장로교 여학생들은 일본과 미국에서 고등교육 과정 학교들을 졸업하였다.

4. 의료사역

1) 세브란스 의학전문학교와 병원

세브란스(L. H. Severance)가 에비슨 박사에게 맨 처음 기부금을 주었을 때, 두 사람은 모두 마음속에 연합 의료사역을 염두에 두고 있었다. 그러나 사실은 10년 넘도록 연합은 이루어지지 않았다. 우리 선교회는 1905–1906년에 연합을 위해 노력하자는 데에 찬성하였으나, 적극적으로 나서지는 않았다. 1908년에 다른 선교회들에 속한 최초의 의료사역자들, 예컨대 영국 성공회의 와이어(H. H. Weir) 박사, 미북감리교의 폴웰(E. D. Follwell) 박사, 미남감리교의 리드(W. T. Reid) 박사가 세브란스병원으로 왔다. 당시에는 연합에 대한 뚜렷한 계획이 없었다. 그들은 1913년에야 왔으며, 의사 7명이 다섯 선교회를 대표하며 세브란스병원과 의학교에서 일했다. 1915년에 채택된 헌법 전문은 다음과 같은 이상적인 견해를 제시하였다. "조선에서 기독교를 가장 잘 드러내기 위해서는 의료실력을 연마하여 최고의 기독교 이상과 의료사업의 이상을 알리는 것이 지혜로운 일임을 믿으며 다음에 언급된 선교회들은 여기에서 진술된 것의 기초 위에서 의료 및 교육사업을 연합하기로 합의하였다." 연합선교공의회의 여섯 선교회들과 한국의 감리교회 및 장로교회는 모두 이 연합에 참여하였다.

세브란스 의학전문학교(Severance Union Medical College, S.U.M,C.) 이사회는 1916년 4월 25일에 자체 조직을 위한 첫 모임을 가졌다. 정부의 인가는 1917년 5월에 받았다.

광혜원의 전체 직원들. 1901

세브란스 의학전문학교와 병원의 직원들. 1934

그런데 1923년 2월에 총독으로부터 더 큰 허가를 받았다. 이때부터 졸업생들은 한국에서 따로 자격시험을 치르지 않고도 환자를 치료할 자격을 갖게 되었다. 1934년 도쿄로부터 그 해에 졸업한 사람들부터 자격시험 없이 주어지는 치료 자격증의 해당범위가 일본제국 전역으로 확대되었다. 이사회는 30명으로 구성되었으며, 그 중 10명이 한국인이었다. 또한 미국에 협력위원회(Co-operating Board)가 있었다. 그 강령은 “모든 경영자들, 직원들, 교수들, 강사들은 반드시 기독교 신자들이어야 하며 기독교 성경에 들어 있는 교리를 따라야 한다”는 조건을 내세우고 있었다.[13)]

세브란스에서 일한 우리 선교회 회원들과 그 사역기간은 다음과 같다. (이 회원들에 대해서는 IV.1에서 더 언급하게 될 것이다.) 쉬플리(W. J. Scheifley, D.D.S., 준회원, 1915-1920), 홉커크(C. C. Hopkirk, M.D., 1921-1924), 부츠(J. L. Boots, D.D.S., F.A.C.D., 1921-), 맥앤리스(J. A. McAnlis, D.D.S., 1921-), 말컴슨(O. K. Malcomson, M.D., 1921-1922), 에비슨(D. B. Avison, M.B.M.C.P.&S., 1923-), 간호사 캐틀린 이스텝(Kathlyn M. Esteb, R.N., 1905-21), 오웬스(H. T. Owens, 준회원, 1918-1933), 에드나 로렌스(Edna Lawrence, R.N., 1920-), 샤록스(A. M. Sharrocks, 1927-1932). 1925년에는 외국인 의사 13명, 한국인 의사 20명, 일본인 의사와 교사 6명, 그리고 다른 고용인 100명이 있었다. 1932년에는 한국인 교수들 중에서 12명이 해외에서 유학한 자들이었다.

세브란스 건물들은 땅값이 비싼 지대에 있었는데, 백만 달러에 달하는 새 남만철도의 맞은편에 있었다. 이 땅값만 30만 달러에 달했다. 격리병동과 주택 한 채를 위해 존 S. 케네디(John S. Kennedy)가 7천 달러를 제공한 것 외에 다른 모든 건물들이 고 세브란스(L. H. Severance)와 그의 아들((J. L. Severance)과 딸(F. F. Prenties 여사))의 기부금으로 마련되었다. 1926년까지 그들은 10만 달러를 희사하였고, 그밖에 경상지출비를 주었다. 그들은 이 기부금들에 더해서 추가로 10만 달러를 제공하였다. 그 중에 절반은 새 병원 옆의 부속건물을 짓는 데 사용되어 1927년에 완공되었으며, 절반은 그 건물을 위해 기금으로사용되었다.

1931년 10월 28일에 개원한 새 치과건물은 안식년 중인 부츠 박사의 감독 아래 미국 치과협회의 협력을 힘입어 세워졌다. 이 협회의 회원들은 이 일을 위해 이미 1만 달러 정도를 기부하였다. 최신식 건물과 시설을 갖춘 이 치과는 매년 5천~6천 명의 환자를 치료하고 있다. 이 과는 자급 운영하고 있으며, 예외적으로 2명의 외국인 치과의사 맥앤리스 박사와 부츠 박사의 봉급을 선교회로부터 받고 있다. 치과는 1915년 11월 1일 쉐프리 박사의 관할 하에 시작되었다.

세브란스 재단은 매년 15만 달러의 예산을 집행하고 있으며, 이 중 3분의 2를 학비와 치료비로 받아들이고 있다. 수년간 세브란스 씨와 프랜티스 여사가 매년 1만~1만 5천 달러를 보내 연례적으로 발생했던 적자를 메우게 하였다. 1932년에는 직원들이 봉급을 모아 이 금액의 많은 부분을 채웠다. 그 밖에 소규모의 기부금들도 제공되었다. 1930년에 피터스(A. A. Pieters) 목사가 5천 달러를 결핵환자들을 위한 엘리자벳 캠벨 피터스 기념병동(Elizabeth Campbell-Pieters Memorial Ward)을 위해 기부했으며, 2년 후에 다시 그 절반 가량의 금액을 의사 에바 필드 피터스(Eva Field-Pieters) 여사를 기념하여 치과건물 4층에 있는 새 수술실의 완공과 설비를 위해 기부하였다. 그녀는 결혼하기 전뿐만 아니라 결혼한 후에도 이 병원에서 여러 해 동안 일해왔다. 한국인 친구들도 1926년에 격리병동을 지을 때 7천 달러 이상을 제공했으며, 이 도시에 사는 서구인들의 비선

세브란스 간호학교, 1931년

세브란스 본관

교단체들과 다른 외국인 단체들도 3,500달러를 시설비로 제공하였다. 또한 한국인들은 1928년 3월 20일 에비슨 박사의 동상을 구내에 세웠다. 윤치호 경은 최근에 자선사업을 위해 많은 돈을 희사하였다.

병원은 175대의 침대를 갖추고 있다. 이 병동들과 약국에서 이뤄지는 사역의 거의 절반이 자선사업인데, 이를 위해 최근 수년간 5천 달러가 해마다 소요되었다. 중요한 수술은 매년 700~800건이 행해졌다. 세브란스 병원은 1904년에 최초의 건물을 세운 후부터 30년간(1904-1934) 진료실에서 127만 명의 환자들(외래환자)을 치료하였으며, 4만 7천 명의 입원환자들을 치료하였고, 그밖에 병원직원들이 2만 8천 명을 왕진하여 치료하였다. 이 수치는 27년간의 엄밀한 통계를 근거로 한 것이다.

1904년 이전의 20년간은 '왕립' 혹은 '관립' 병원에서 선교회의 의료사역이 행해졌다. 이 기간 전체의 통계가 다 확보되지는 못했으나, 8년간(1885-1904)의 통계를 근거로 추산하면, 그 20년 동안 진료소에서 11만 5천 명의 환자를 치료했고 병동에서 5천 명의 입원환자를 치료한 셈이었다. 50년 동안 치료한 환자의 총수는 약 150만 명이었다.

의학교는 1908년에 7명이 처음 졸업한 후 1924년까지 매년 평균 55명이 등록했으며, 그 해는 등록학생이 107명으로 거의 두 배에 이르고 있었다. 1932년에는 154명이 등록했으며, 80명이 세례를 받았고, 12명이 비기독교인이었다. 매년 200명 이상의 지원자들 중에서 40명이 입학하였다. 전체 졸업생의 수는 352명(1908-1934)이었다. 1931년에는 이 졸업생들 가운데 46명이 선교회의 병원들에 고용되어 있었으며, 35명이 교회직원으로 있었다.

1919년 이래 간호훈련생들의 수는 매년 평균 33명이었다. 간호사와 산파를 양성하는 학교는 1906년에 세워졌으며, 에스더 실즈(Esther L. Shields) 간호사가 이끌었다. 1910년도에 제1회 졸업생을 배출한 후부터 1934년까지 배출한 졸업생은 총 165명이었다. 이 학교는 정부의 인가를 받았으며, 졸업생들이 추가 시험 없이 바로 활동할 수 있었다. 서울 선교기지의 여러 기혼여성 선교사들은 병원, 학교, 병원 구내 교회에서 사역을 도왔다. 그들은 전도부인 사역을 지도한 에비슨 부인, 소아과 간호사 루드로우 부인, 주일학교 사역자 허스트 부인, 간호훈련학교의 간호사 맥안리스 부인, 음악교사 부츠 부인, 성경 교사 홀드크로프트 부인, 유치원의 에비슨(D. B. Avison)의 부인 등이었다.

병원 수간호사인 샤록스 부인은 1929년도 보고서에서 하루에 550인분의 식사가 제공되고 세탁실에서는 한 주일에 2천 장이 처리되고 있다고 하였다. 그 해에 뉴욕 장로교가 37박스의 보급음식을 보내주었는데, 4천 달러에 달하는 것이었다. 의료품구매과(Wholesale Medical Supply)는 1930년에 오웬스와 송(E. Y. Song)씨의 관할 아래 10만 달러어치를 취급하였다. 1930년에 조직되어 밀스(Mills) 박사가 이끄는 조사과(Research Department)는 현재 러드로우 박사의 지도 아래 운영되고 있다. 1931년 한국인 직원들이 17건의 기사를 발표해 출판물들에 게재하였다. 루드로우 박사 자신은 의학잡지에 가치 있는 기사들을 많이 발표하였다.

특별하게 언급하지 않은 다른 부서들로서 외과, 안과, 이비인후과, 피부과, 비뇨, 생식기과, 산부인과, 소아과, 정신과, X레이과가 있다. 여러 해 동안 사우스다코다 주 미노트의 장로교회가 안과 · 이비인후과를 위해 매년 1,500달러를 보내주었다.

이 모든 과들이 의료사역의 와중에서 복음전도를 중시해왔다. 2~4명의 전도자들이 항상 고용되었다. 서울 선교기지의 여러 회원들이 병원에서 정기적으로 일주일씩 전도사역을 벌였다. 이 도시의 교회와 선교단체들은 병동들에서 열리는 예배를 위해 사역자들을 보냈다. 전도지들과 다른 기독교 문헌들이 환자들에게 배포되었고, 그들 가운데 많은 개종자들이 생겨났으며, 그들의 집과 근처의 교회를 연결시키는 노력이 행해졌다. 많은 한국인 직원들이 교회 지도자로서 뛰어난 활약을 보이고 있다.

극동에서 다른 어떤 선교단체도 이보다 더 많이 여행객들의 방문을 받지 못했고, 이보다 더 칭송을 높이 받지 못했을 것이다. 에비슨 박사 부부는 40년 동안 이러한 뛰어난 사역에 종사하였다. 실즈(Shields) 양은 35년 동안, 허스트 박사는 30년 동안 일했다. 서울 선교기지의 부인들을 포함한 회원 40명은 서울의 의료사역을 위해 425년을 일했다. 이들 중 18명이 각각 10년 혹은 그 이상 일했다. 특별히 의사들인 언더우드 부인과 피터스 부인을 비롯한 다른 사람들은 더 여러 해 동안 일했다. 한국 전역에 있는 한국인들, 일본인들, 중국인들, 선교회들과 선교사들, 그밖에 다른 서구인들, 그리고 일본과 중국에서 온 많은 사람들 위해 일한 것은 정말 가치 있는 일이었다.

2) 평양연합기독병원

웰즈(Wells) 박사 부부의 사임과 25만 명의 환자들을 치료한 캐롤라인 기념병원(Caroline A. Ladd Hospital)의 재건축이 필요하게 된 일을 계기로 평양에 있는 북감리교 선교회와 의료사업을 연합하게 되었다. 우리 선교회는 1915년에 연합 방안을 승인하였고, 이듬해에 연합규정을 승인하였다. 선교회가 시설비 2천 달러와 감리교 병원 인접지역 대지매입비 1,500달러를 내고, 1만 2,400달러를 기부하기로 하였으며, 그 위에 선교회가 매년 받는 보조금에서 동일한 액수의 돈을 내기로 하였다.[14)]

캐롤라인 병원 건물과 땅의 가격은 4천 달러로 산정되었다. 이 돈은 그것을 받았을 때 연합병원을 위한 기부금의 일부로 돌려졌고, 옛 병원 부지는 신학교 캠퍼스의 일부가 되었다. 1917년에 선교회는 연합계획을 위해 필요한 사역자들을 공급하려고 노력하여 비거(Bigger) 박사 부부를 강계로부터 불러오고 신임 선교사인 간호사 엘라 M. 레이너(Ella M. Reiner) 양을 배정하였다. 그러나 강계에서 일할 의사 한 명을 구하지 못해 비거가 1920년 7월에야 전임할 수 있었다. 나중에 다른 결정이 내려져 레이너 양은 청주로 가도록 요청받았다. 그러므로 평양 선교기지는 5년 동안 상주 의료사역자를 선교회로부터 공급받지 못했으며, 이 기지의 회원들은 북감리교 선교회의 의사들로부터 관대한 의료관리를 받았다.

1923년 1월 연합규정이 바뀌어 남자들을 위한 감리교 측의 기홀병원(Hall Memorial Hospital) 뿐만 아니라 여자들을 위한 제중원(Hospital of Extended Grace)을 포괄하게 됨에 따라 2개 대신 3개 병원들로 이루어지게 되었으며, '평양연합기독병원'(Pyengyang Union Christian Hospital)이 새 이름으로 채택되었다.[15)] 우리 선교회는 1921년 초의 재산목록에 새 부지에 세울 새 건물을 위한 기금 명세서를 올렸다. 최종적으로 요청된 금액은 3만 7,500달러였으며, 그 가운데 1만 6천 달러를 받았다. 그 돈으로 공사를 착수하여 1931년에 진료소가 세워졌으며, 1932년에 외과건물이 세워졌다. 여러 해 동안 경상지출비를 위해 피츠버그의 제일장로교회로부터 매년 1,500달러를 받아왔다. 두 번째 간호사가 1921년에 연합병원에 임명되어 간호사 에피 스위어(Effie Swier) 양이 현장으로 왔다. 그녀는 3년 후에 사임하였다. 그녀에 이어 간호사 안나 리스트(Anna Reist) 양이 1926년에 왔으며, 1932년에 베어드(R. N. Baird Jr.) 목사와 결혼하였다. 1932년 간호사 에디트 마이어(Edith Myers) 양이 파송받았다. 두 번째 의사와 그의 아내, 곧 말콤슨(O. K. Malcomson) 박사 부부가 1923년에 청주에서 평양으로 이전해왔다가 2년 후에 사임하였다. 1930년 버코비츠(Z. Bercovitz, M.D. Ph.D.) 박사와 그의 부인인 버코비츠 간호사가 안동에서 평양으로 옮겨왔다. 그들 또한 1934년 3월에 사임하였다. 그리하여 연합이 승인된 이후의 16년 기간 중에서 8년 동안 선교회는 지정된 수만큼의 사역자들을 공급할 수 있었다. 현재는 감리교인이 의사 2명과 간호사 2명을 공급하고 있다.

연합병원은 54개의 침대를 갖추고 있으며, 매년 2만 5천~3만 5천 달러의 예산을 집행하였다. 여기에는 선교사들의 봉급이 포함되지 않았다. 1931년에는 직원들 가운데 6명의 한국인 의사들과 33명의 한국인 간호사들이 있었다. 선교회는 비거 박사가 직원으로

1907년에 안수받은 최초의 장로교 목사 7인
방기창, 서경조, 양전백, 한석진, 이기풍, 길선주, 송인서

평양 장로교신학교. 1922년에 건축되었다.

신학교육

합류한 후부터 이 병원에 대해 통계를 내기 시작하였다. 11년 동안(1921-1931년 말) 진료소를 찾은 외래환자는 총 35만 명에 육박하였고, 일 년 평균은 3만 명 이상이었다. 입원환자의 수는 9천 명 이상이었으며, 왕진환자는 거의 8천 명에 이르렀다. 이 병원은 한국에서 두 번째로 큰 도시에 있으며, 기독교인 인구가 가장 많은 곳에 있다. 매년 환자들 가운데 수백 명이 개종하는 사실이 보고되어왔다. 북감리교 선교회의 앤더슨(A. G. Anderson) 의사가 담당하는 X-레이과와 기계는 한국에서 가장 훌륭하다는 말을 자주 듣는다. 강(H. R. Kang) 박사는 코와 목 분야에서 전국적으로 단연 뛰어난 전문가이다. 그는 소년 시절에 세브란스 병원에서 잡일을 하면서 장차 의학을 공부해 코와 목 분야의 전문의가 되겠다는 분명한 뜻을 가지고 있었다. 수년 전에는 비엔나에서 대학원 과정을 시작하였다. 비거 박사는 아메리칸대학에서 외과전공자로 유능한 한국인 외과의사와 함께 일하고 있다.

병원 이사회(Board of Control)는 3개 부속병원의 대표 5명씩으로 구성되어 있다. 그 15명 중에서 6명이 한국인이며, 지역 교회단체들에서 선출되었다. 선교회 회원들은 평양에 있는 감리교 선교기지와 장로교 선교기지에서 선출되었다. 우리 선교회는 이 병원을 평양 선교기지의 관할구역을 돌보는 연합 기관으로 여기고 있다. 그 사역에 대한 보고서들은 평양 선교기지로 제출되고 선교회로 제출되지 않는다. 이것은 한국에서 두 번째로 큰 의료기관으로 거대한 사업을 수행하고 있다.

5. 장로회 신학교

한국장로교회가 독립하여 설립되고 제1회 신학교 졸업생 7명이 안수를 받음과 동시에 장로교 선교공의회는 공식적으로 '한국장로회신학교'(Presbyterian Theological Seminary of Korea)를 설립하였다.[16] 그 전까지는 '신학반'(Theological Class)이란 명칭이 사용되었다. 평양에서의 신학교육은 공의회의 지도 아래 1901년부터 행해져왔으며(IV. 4를 보라), 공의회는 '신학교육'에 관한 6인 위원회를 두고 있었는데, 일찍이 1902년에 5년 과정의 수업안을 만들었다가 이듬해에 정식으로 채택하였다. 1904년 초에 공의회는 협력 중인 선교회들을 향해 서울의 언더우드 박사, 남장로교 선교회의 전킨(W.

M. Junkin) 목사, 캐나다장로교 선교회의 푸트(W. R. Foote) 목사와 같은 특정한 인물들이 평양 선교기지의 회원들의 교육사업을 돕게 하자고 제안하였다. 평양 선교기지의 회원들 중에서는 마펫(Moffett), 베어드(Baird), 스왈른(Swallen), 번하이즐(Bernheisel), 블레어(W. N. Blair), 웰즈(Wells) 박사가 도왔다(1905).[17]

신학교가 1907년에 공식적으로 조직되면서 마펫 박사가 처음부터 주임교수가 되었고 교장으로 선출된 후에 오랫동안 그 일을 맡았다. 1924년에 로버트(S. L. Roberts, D.D.) 목사가 교장이 되었고, 마펫 박사는 명예교장이 되었다. 교수회는 4개 협력 선교회들의 대표 수 명씩으로 구성되었다. 우리 선교회의 대표자 수에는 앞에서 언급했던, 일 년 기간의 정규 교수회 회원들에 리(Graham Lee) 박사, 클라크(C. A. Clark) 박사, 게일(Gale) 박사, 샤프(Sharp) 박사, 어드만(Erdman) 박사가 더해졌다. 다른 선교회들의 소속으로 그곳에 상주한 교수들로는 호주 선교회의 엥겔(G. Engel) 박사, 캐나다 연합교회 선교회의 럽(A. F. Robb) 박사, 미국 남장로교 선교회의 레이놀즈(W. D. Reynolds) 박사가 있다. 1927년에 최초의 한국인 교수 남궁혁(D.D.)이 교수회에 참여하였다. 다른 한국인 교수들로는 이성휘 목사(Th.M., 1930), 박형룡 목사(Th.M.)가 있다. 이 세 명의 한국인 교수들은 미국에서 공부하였다.

교육과정이 처음에는 5년 동안 일 년에 3달씩 수업을 받고 중간에 독서과제를 행하도록 계획되어 있었다. 지역의 유급 설교자(조사)로 교회에서 활동하는 학생들이 사역을 계속할 수 있게 하기 위해서였다. 1919년에 가을학기가 더해졌고, 1922년에 정규적인 일년 3학기제가 시작되었다. 1909년 매년 봄에 한 달씩 4년 동안(현재는 5년) 공부하는 졸업 후 과정이 더해졌다. 이것은 '춘계 신학교'(Spring School of Theology)라고 불렸다. 가을에 3달 동안 공부하는 2년제 졸업 후 과정도 더해졌다. 1923년에는 기독교 종교교육 특별과정이 더해졌다. 이것은 5년 동안 매년 한 달 씩 공부하는 과정으로 목사들과 다른 특별한 교회사역자들을 위해 개원되었다. 정규 신학교 과정은 현재 영어, 헬라어 신약성경, 히브리어 과목이 선택과목으로 포함되었다.[18]

최초의 교육관은 1908년에 시카고의 네티 F. 맥코믹(Nettie F. McCormick) 여사가 기부한 5,500달러의 비용으로 건축되었으며, 3만 5천 달러 기부금으로 1922년에 현재의 교육관으로 옮겨졌다. 맥코믹 여사는 또한 1910년에 두 동의 기숙사를 지어주었고, 1912년에 1만 달러를 기증하였다. 8에이커의 캠퍼스에 외국인과 한국인 교수들을 위해 6채의 주택이 세워졌고, 알렉산더(Alexander) 기숙사가 남장로교 선교회에 의해 세워졌으며, 빅토리안(Victorian) 기숙사는 호주 장로교 선교회에 의해 세워졌다. 그밖에 무명인사가 기증한 '마르다 기념관'(Martha Memorial)을 포함해 세 동의 작은 기숙사들이 있다.

도서관에는 3천 권 이상의 영어책, 한국어책, 중국어책, 일본어책이 있다. 여기에는 한국총회가 고 언더우드 박사를 기념해서 제공한 '언더우드 문고'가 포함되어 있다. 신학교가 필요로 하는 물품 목록에는 '도서관 시설'을 위해 7,500달러를 요구하는 것이 들어 있다.

1918년부터 『신학지남』(*Theological Review*)이 발행되어 왔으며, 현재 격월로 간행되고 있고, 남궁혁이 편집장으로 있다. 1927년 12월에도 『성경사전』(*Dictionary of the Bible*)이 신학교 교수의 저술로 간행되었다. 레이놀즈 목사가 편집책임을 맡아 여러 해 동안 수고하였다.

현재 신학교의 이사회는 14명으로 구성되어 있으며, 그들 중 8명은 4개 협력 선교회들에서 선출되었고, 6명은 한국 장로교총회에서 선출되었다. 또한 교장은 직권에 의한 이사회 회원으로 있다. 학교자산은 1925년부터 정부의 인가를 받은 재단이사회에서 관리하고 있다.

신학교는 매년 예산에서 약 7천 달러의 지출을 산정하고 있는데, 여기에는 외국인 교수들의 봉급이 포함되지 않고 있다. 우리 선교회는 이 금액 가운데 약 1,400달러를 매년 충당해왔다. 한국인 교수들 가운데 한 명은 특별히 남장로교 선교회의 후원을 받았다.

신학교가 공식적으로 조직되었던 1907년에는 76명의 학생들이 4개 반에 나뉘어 있었다. 2년 후(1909)에는 처음으로 5개 반으로 나뉘어 총 138명의 학생들이 다니고 있었다. 두 번째 졸업반 8명 중의 한 명인 김필수 목사는 1915년에 첫 한국인 총회장이 되었다. 몇 년 후에 그는 전국을 대상으로 하는 기독교 주간신문인 『기독신보』의 편집인이 되었다. 1915년에는 학생수가 230명에 달해 이 학교는 "세상에서 가장 큰 장로교 신학교"라는 말을 들었다. 최근 수년간 일 년 3학기제가 시작되었고, 학생수는 80명에서 100명 가량이 되었다. 1933년까지 578명이 졸업하였고, 그 중 92명이 죽었다. 1928년까지의 졸업생 450명 중에서 거의 100명이 1929년에 계속 사역을 하고 있었다.[19)]

현재 신학교는 5천 달러를 기부해줄 곳을 찾고 있으며, 기숙사들 중에서 임시로 사용하고 있는 몇 개 한옥건물들 대신 벽돌로 지은 현대식 새 기숙사를 마련하기 위해 1만 5천 달러를 필요로 하고 있다. 앞으로 더 많은 한국인들 교수들이 생기기를 기대하고 있으나, 이 일은 그들에게 봉급을 지불하기 위해 더 많은 예산을 필요로 한다. 24년간(1907-1930말) 한국 장로교회는 매년 평균 21명에게 목사안수를 주었다. 1930년도 총회 통계를 따르면, 교인 277명당 한 명의 목사가 있었다. 이 사실은 교회가 충분히 후원할 수 있는 모든 목사들을 신학교가 이미 공급할 수 있게 된 것을 말해준다. 앞으로 수는 더 적지만 더 잘 훈련된 졸업생들이 배출될 것이다.

6. 선교지역 분할

앞에서 언급했듯이 다른 장로교 선교회들과의 지역분할은 장로교공의회 안에서 쉽게 성사되었다. 남장로교 선교회가 1892년에 창설되었을 때, 그들은 남부지방의 충청도와 전라도에서 사역하기로 합의가 이루어졌다.(후에는 전라도에서만 사역하는 것으로 바뀌었다.) 캐나다인들은 1898년에 도착하여 동해안 쪽의 2개 함경도를 맡았다. 호주인들은 부산에 정착하였고, 1910년에 합의된 지역분할로 그 지역을 넘겨받았고, 1914년에 경상남도 전역을 넘겨받았다.

미북감리교 선교회와 우리 선교회는 1885년부터 서울에서 함께 사역을 시작하였으며, 얼마 안 있어 그들이 북쪽, 동쪽, 남쪽으로 활동범위를 넓혀감에 따라 협정을 맺을 필요가 발생하였다. 미남감리교 선교회가 1896년에 서울에 자리를 잡고 북쪽으로는 송도에서, 서쪽으로는 황해도에서, 동쪽으로는 원산에서 사역을 함에 따라 상황이 훨씬 복잡해졌다.

최초의 교계예양 협정은 북감리교와 우리 서울 선교기지 간에 이루어졌으며, 1892년 6월 11일에 체결되었다. 그런 다음 이듬해에 2개 선교회들이 일련의 교계예양 규칙들에 합의하였다. 이 규칙들을 간단히 설명하면, 인구 5천 명 이상의 마을들은 공동으로 점유하고, 인구 5천 명 미만의 마을들은 그곳에서 예배가 정규적으로 이루어지고 있는지에 따라 그리고 그곳의 기독교집단들이 일 년에 네 차례씩 정규적으로 방문을 받고 그 중 두 번은 선교사에 의해 방문을 받고 있는지에 따라 점유가 고려되고, 영역을 넓히고자 할 때는 필히 비점유지역으로 넓혀가야 하며, 초청 서신이 없이는 선교회 회원들이 다른 교회에 부임할 수 없으며, 각 선교회가 다른 선교회의 교육행위를 존중해야 하며, 어느 선교회에서 급여를 받는 사역자들이 다른 선교회에 허락 없이 고용되지 못하며, 규율서를 판매할 수 있으되 무료로 증정하지는 못하게 되어 있었다. 이 규칙들은 감리교의 포스터(Foster) 감독이 승인하지 않아 공식적으로 채택되지 못했지만 다른 규칙들이 마련되지 않아 양 선교회 회원들은 1909년에 협정을 맺을 때까지 이 규칙들을 준수하였다.[20]

1905년에 북감리교 선교회와 평안북도의 지역분할에 관해 분명한 합의가 이루어졌다. 그곳의 4개 군과 한 군의 절반이 감리교의 영변 선교기지 관할구역에 속하게 되었다. 나머지 지역은 우리 선교회에 남겨져서 현재 선천과 강계 선교기지들의 사역현장이 되고 있다. 동시에 우리가 다른 지역을 양보한 것에 상응하는 보답으로 감리교인들이 안주에서 물러났다.[21] 양 선교회는 이듬해(1906)에 평안남도의 다른 경계선들도 결정지었다.

다음으로 1907년 남장로교 선교회와 합의가 이루어졌다. 그 전 해에 선교회는 한 해 동안 웰번(Welbon)을 송도에 배치하는 복안을 마련하고 "지역분할이 가능한지를 알아보기 위해 남감리교 선교회와 접촉할 것"을 서울 선교기지에게 지시하였다. 리, 휘트모어, 밀러가 한 위원회에 임명되었고, 그 위원회는 일 년 후에 한 보고서를 상세하게 작성하였다. 이것이 선교회에 의해 채택되었을지라도 최종 합의사항은 1908년의 연례모임에서 보고되었다. 이 합의사항에 서울 선교기지 회원 4명과 남감리교 선교회 4명이 서명하였다. 이 합의에 의해 경기, 황해, 강원, 충청 등 네 도에 있는 두 선교회의 관할구역 경계선이 정해졌다. 백 박사의 글을 인용하면, "감리교인들은 강원도의 북쪽 3분의 2 지역, 서울 북쪽의 모든 장로교 사역, 강원도 남쪽 3분의 1 지역의 장로교인들, 서울의 동, 남쪽의 남감리교 개종자 집단들을 얻었다."[22] 서울은 남산으로부터 한강까지의 북쪽과 동쪽과 서쪽 성벽을 따라 그리고 영은문으로부터 "인왕산(Lone Tree Mountain Ridge) 정상의 북쪽과 남쪽을 따라 서대문부터 외국인 묘지까지의 큰 길—그때부터 강으로 난 길을 따르고 있었다—에 이르는" 지역이 공동 관할구역이 되었다.[23]

그와 동시에(1908) 한 위원회(O. R. Avison, C. A. Clark, E. H. Miller)가 충청도를 분할하는 문제를 놓고 감리교 선교회와 협상을 시작하였다. 그러나 감리교인들은 "전체 지역 할당(한국 전체의)이라고 하는 더 큰 문제가 더 완전히 해결될 때까지" 기다리기를 원했다. 선교지에 관한 이 같은 더 큰 문제는 1909년에 아더 J. 브라운(Arthur J. Brown) 박사에 의해 다뤄지기 시작하였다. 그러나 그 일에 앞서 1908년 9월 28일에 뉴욕에서 브라운 박사와 해리스 감독이 만나 두 선교회의 충청도 분할문제를 논의하였다.

1909년 2월 20일에 서울에서 이 의제를 가지고 마펫 박사, 클라크, 밀러가 감리교 측 위원들을 만났을 때, 감리교 측이 받아들일 수 없고 감리교 측의 역제안도 장로교 측이 받아들일 수 없는 것으로 확인되었다. 선교회의 특별위원회는 실행부와 통합한 후에 감리교의 '장로사'(Presiding Elders) 위원회를 1909년 8월 17-19일, 서울에서 만났다. 2일간의 회의를 마쳤을 때 아무런 합의도 이뤄내지 못했으나, 실행부의 보고에 따르면, "이 문제는 본질적으로 두 요소, 곧 충청북도와 황해 남서부의 문제로 귀착되었다."[24] 9월에 또 다른 모임이 브라운 박사가 참석한 가운데 열렸으며, 여기에서 최종적인 합의가 이루어졌다. 지역분할의 결과에 대한 재령과 청주의 선교기지들의 설명에 따르면, 이 일은 이 두 선교기지들의 관할구역과 인구를 크게 감소시켰다. 재령 선교지에서는 2천 명의 장로교인들이 감리교인으로 전환되었다. 이 양 선교회 사이의 지역분할로 각 방향에서 약 4천 명씩 교인이 전환되었다. 감리교 측은 이 분할로 해주와 공주 선교기지들의 관할구역 경계선을 확정짓고 원주라는 새 선교기지의 관할구역을 더하게 되었다. 그 전환을 계기로 감리교인들은 자산을 위해 약 2천 달러 이상을 투여하였다. 서울과 평양에서도 또 다른 사역 조정이 북감리교와 남장로교 간에 이루어졌다. 이 두 도시들은 공동 관할구역이었으나 근교 시골지역은 분할되었다. 1909년의 이 분할 결정은 다른 선교회들에게도 파급되었다. 한 경우를 제외하고, 최종 조정이 6개 연합 선교회들(4개 장로교 선교회와 2개 감리교 선교회) 사이에서 이루어졌다. 부분적으로 조금 달라지기는 하였지만 당시에 이루어졌던 지역분할이 지금도 유지되고 있다. 다른 작은 선교회들은 어느 한 편의 합의를 지지하는 경향을 보였다.

우리 선교회와 호주 장로교 사이의 지역분할에 대한 최종 합의는 1909년 가을 대구에서 브라운 박사가 참석한 가운데 이루어졌으며, 1910년 2월에 모국의 선교부로부터 재가를 받았다. 이 지역분할로 호주인들은 12개 기독교 집단을 받고 11개 집단을 내주었다. 그러나 이때 그 기독교인들은 모두 동일한 노회에 소속된 교회들의 교인이었다. 마지막으로 1914년에 그 도의 전 지역이 호주인들에게 넘겨졌고, 우리의 부산 선교기지는 포기되었다(VI.2.의 부산 선교기지에 대한 설명을 보라.) 1912년 이래 선교회들 사이의 지역분할에 관한 추가 조정 제안이 필연적인 일로서 장로교 측에서 한국 장로교 총회에 의해 제기되었다. (예를 들면, 만주에서, IX.4.를 보라)

대구에서 열린 제14회 전국주일학교대회. 1933년

독립한 한국 감리교회와 장로교회가 지역분할을 유지하도록 허용할 것인지 하지 않을 것인지는 우리가 알 수 없다. 앞으로 바꾸도록 조정하자는 안이 조선예수교연합공의회(National Christian Council)에서 자연스럽게 제기될 수 있다. 마지막 지역분할 후 25년이 경과되었으나, 최소한 감리교인들은 어떠한 변개를 원하는 것 같지 않았다. 만일 관할구역 경계선들이 없어진다면 의심할 바 없이 혼란과 무모한 수고와 교파경쟁이 초래될 것이다. 1928-1929년간의 통계에 따르면, 두 감리교 선교회들이 6개 연합 선교회들 가운데 관할구역의 3분의 1과 선교사들의 30퍼센트를 보유하고 있었다. 그 기간에 한국 감리교회들은 전체 교인의 23퍼센트와 한국인구의 28퍼센트를 차지하고 있었다. 만일 경계선들이 말소된다면 십중팔구 작은 교회에게 불리한 결과가 초래될 것이다.

7. 주일학교 사역

개신교복음주의통합선교공의회(General Council of Protestant Evangelical Missions)가 1905년에 조직되었을 때 주일학교부가 결성되었다. 그들은 먼저 통일공과를 준비하는 데에 주력하였다. 그 전에는 선교회나 교회가 주일학교 사역을 각기 나름대로 최선을 다해 수행하였다.

1911년 4월에 세계주일학교연합회의 특별 위원인 브라운(F. L. Brown)이 한국을 방문한 결과 '한국주일학교연합회 실행부'를 조직하여 세계주일학교연합회의 도움과 협력을 구하자는 결정이 이루어졌다. 1912년 2월 1-2일에 첫 모임을 가진 이 실행부는 13명으로 구성되었는데, 6명은 협력 선교회들에서, 6명은 한국교회들에서, 1명은 성교서회에서 파송된 자들이었다. 남장로교 선교회의 스와인하트(M. L. Swinehart)가 최초로 위원장이 되었다. 홀드크로프트(J. G. Holdcroft) 목사는 우리 선교회의 대표로서 총무라는 명목상의 직책에 선출되었다.[25] 이 부서는 10년간 할동하면서 매년 연합선교공의회에 보고하였다. 세계주일학교연합회가 맨 처음으로 매년 2천 달러에 이르는 재정지원을 해주었다.

1913년 봄 동안 의장 하인즈(H. J. Heinz)와 총무 프랭크 J. 브라운(Frank J. Brown)이 '네 번째 위원단'으로서 극동을 방문해 스위스 쮜리히에서 열린 세계주일학교연합회 대회에 관해 보고해주었다. 이 위원단은 그들의 견해를 곁들인 5개항의 권고안을 작성해 한국주일학교에게 특별한 도움을 주었다. 이 위원단이 한국을 방문했을 때, 대규모 주일학교대회가 1913년 4월 19일에 개최되었다. 이 행사는 궁궐 북쪽에서 공개적으로 개최되어 언더우드가 사회를 보았다. 실제로 1만 4,700명이 참석하였다. 언더우드 부인이 그녀의 책에서 썼듯이 "관리들과 비기독교인들은 놀랐다. 그들은 이 도시 안팎에 그처럼 많은 기독교인들이 있을 줄을 몰랐다."[26]

이 분야에서 얼마간 경험이 있고 총무의 일을 전담할 수 있는 선교사를 찾기 위한 시도가 2, 3차례 행해졌다. 이 사역을 위해서 홀드크로프트를 선교회가 놓아주어야 한다는 자주 반복된 요청을 거부할 수 없게 되어 1920년에 마침내 실질적으로 총무의 직책을 행하게 되었다. 2년 후에 한국주일학교연합회의 위원 13명이 이전의 실행부 13명으로 교체되었고, 새로운 헌법초안이 작성되었다. 1920년에 또한 세계주일학교연합회가 도쿄에서 개최된 후 다수의 대표들이 한국을 방문하였다.

세계연합회의 배려로 몇몇 뛰어난 주일학교 사역자들이 한국을 방문하여 각기 5달에서 6달 동안 머물며 도움을 주었다. 이들 중에서 남감리교의 톰슨(J. V. Thompson, D.D.) 목사가 1921년 11월, 서울에서 900명의 대표자들의 모인 제1회 전국주일학교대회에 참석하였다. 북장로교 아멘트라우트(J. S. Amentrout) 목사는 1922-1923년에, 남장로교의 톰슨(W. T. Thompson, D.D.)은 1923-1924년에, 밈 브록크웨이(Meme Brockway) 양은 1927-1928년에, 로버트 M. 홉킨스(Robert M. Hopkins, D.D.) 목사는 1930년에 왔고, 사무엘 D. 프라이스(Samuel D. Price) 목사와 다른 사람들도 왔다.

1925년 10월, 서울에서 열린 제2회 전국대회에는 2천 명의 대표들이 참석하였으며, 1만 5천 달러의 여행경비가 지출되었고, 숙박은 자비로 행해졌던 것으로 산정되었다. 1930년도 제3회 대회에는 3천 명이 참석하였으며, 홉킨스가 1만 명의 청중에게 연설하였다. 그는 또한 8천 명 이상이 참석하는 8개 기관을 도왔다. 당시에(1930) 5천 개 주일학교들과 35만 명의 학생들과 2만 5천 명의 교회 임직원들 및 교사들 등에게 강연하였는

서울 연동장로교회가 경신학교 건물에서 개최한 하기성경학교. 732명이 등록하였으며, 1933년에 한국에서 보고된 것 중에서 가장 규모가 큰 하기성경학교(D.V.B.S.)이다.

데, 이는 8년 동안 100퍼센트의 성장으로 이뤄진 것이었다. 학생들, 임직원들, 교사들의 6분의 5가 장로교회에 속해 있었고, 이들의 절반 이상이 우리 선교회의 관할구역 안에 있었다.

홀드크로프트 박사는 1932년까지 총무일을 계속하였다. 1923년부터 장로교인 정인과(James K. Chung) 목사가 부총무의 일을 보았다. 그는 미국에서 공부하였으며, 1924년는 글래스고우에서, 1929년에는 예루살렘에서, 1932년에는 리오데자네이로에서 열린 세계대회에 한국교회와 주일학교 대표로 참석하였다. 그는 인기 있고, 유능한 설교자이며, 지혜롭고 헌신된 지도자이다. 홀드크로프트 박사가 안식년을 갖는 동안 1921년에는 블레어(W. N. Blair, D.D.) 목사가, 1929년에는 클라크(C. A. Clark, D.D.) 목사가 총무로 활동하였다. 1921년에는 또한 크로더스(J. Y. Crothers) 목사가 사역의 3분의 1의 시간을 주일학교 사역에 투입할 것을 요청받았다.

홀드크로프트 박사와 수행 직원은 1925년에 서울로 이주하였다. 예수교서회 건물이 1931년에 세워졌을 때, 한국주일학교연합회는 대지를 포함해 6분의 1 만큼의 소유주가 되었다. 해마다 많은 주일학교 문헌들이 출판되어 나왔다. 1922년부터는 매년 4만~5만 부의 공과책(한 권이 일 년짜리였다)들이 판매되었다. 1932년에는 다른 주일학교용 출판물의 판매가 10만 부에 이르렀다.

모든 한국인 기독교단체들 중에서 주일학교가 가장 빠르게 성장하고 가장 크게 열심을 불러일으켰다. 연장사업으로서 하기성경학교의 성장은 가장 괄목할 만하였다. 1922년에 1개 학교, 5명의 교사들, 100명의 학생들로 시작해서 1931년 10년 후에는 800개 학교들, 4천 명의 교사들, 거의 7만 명의 학생들이 있게 되었다. 1930년에는 이 운동의 창설자인 보빌(F. G. Boville) 박사가 내한하였다.

여러 여건들이 조합으로 1932년 연합회의 조직과 사역에 큰 변화가 일어났다. 매년 5천 달러를 희사해왔던 후버(W. H. Hoover)의 죽음으로 세계주일학교연합회가 한국에 지급하는 충당금이 큰 폭으로 감소되었다. 여러 해 동안 감리교 측 선교회와 교회가 하나의 교파단체로서 별도의 보조금과 총무들을 가지고 많은 주일학교 사역을 행해왔다. 그에 따라 한국 장로교총회도 보다 교파주의적인 노선을 좇아서 행할 것을 결정하였다.[27] 한국주일학교연합회는 지금도 각 협력 선교회들과 교회들이 제공하는 소액의 연례 기부금을 가지고 계속 활동하고 있다. 이 사역은 주로 주일학교 통일공과를 마련하는 형태로 진행될 것이다. 홀드크로프트 박사가 1932년 10월에 사임함에 따라 스톡스(M. B. Stokes) 목사가 총무로 선출되었다. 가까운 장래에 이 연합회가 지난 많은 해 동안 매우 효과적인 사역을 성취해왔던 것보다 더 큰 사역을 다시 시작할 것으로 기대되고 있다.

연합선교공의회의 어학교. 1925

선교회 모임. 1897
중간에 로버트 E. 스피어(Robert E. Speer) 박사와 윌리엄 헨리 그랜트(Wm. Henry Grant)가 있다.

8. 어학교육

연합어학교(The Union Language School)가 연합선교공의회의 후원으로 1914년에 서울에서 수업을 시작하였다. 그런데 그 전에 우리 선교회의 어학교와 평양의 연합어학교가 운영된 일이 있었다.

한국선전운동의 효과로 많은 선교사들이 1908년에 새로 도착하였다. 이에 우리 선교회의 어학부가 선교회 안에 어학교를 세우는 방안에 대해 긍정적으로 보고하였으나, 그 권고안은 1909년에야 공식적으로 승인받았다. 그러는 동안 아더 J. 브라운 목사가 이 문제에 관해 한 권고편지를 보내왔다. 1909-1910년 사이에 한 달 기한의 어학반 2개가 진행되었는데, 하나는 평양에서 애니 L. 베어드 부인(Annie L. Baird)이 담당하였고, 또 하나는 대구에서 게일 박사와 브루엔(Bruen)이 담당하였다. 이듬해(1911)에 학교수업이 평양에서 베어드 부인의 지도와 평양 감리교인들의 협력 속에서 재개되었다. 그 해에 우리 선교회 어학부가 이 학교교육을 계속하고 감리교인들을 초청하여 교사로 임명할 것을 권고하였다. 또한 상세한 어학교육과정의 개요를 작성하였다.

이듬해 6월 중에 완전한 형태의 연합어학교가 10개 선교기관들에서 71명 혹은 그 이상이 참석한 가운데 열렸다. 교사는 베어드 부인, 시릴 로스(Cyril Ross), 번하이즐(Bernheisel), 베커(Becker), 밴 버스커크(Van Buskirk), 스톡스(Stokes)였다. 학생들은 학교를 항구적으로 만들기 위해 여러 선교회들에게 요청하는 방안을 내고 이를 결행하는 등, 학교를 위해 매우 적극적인 모습을 보였다. 이 선교회는 베어드 부인과 월터 C. 어드만(Walter C. Erdman) 목사를 계획된 연합학교의 이사회 이사로 추천하였다. 공식적인 조직이 성사되기 전에 평양에서 또 다른 학기가 1913년 6월에 96명의 참석으로 시작되었다. 9월의 연례 모임에서 선교회는 "번하이즐과 로버츠가 한 달씩 시간을 내고 게일 박사와 어드만이 두 달씩 시간을 내어 연합 어학교에서 가르치도록" 임명하였다.

이 문제가 1913년 연합선교공의회에 공식적으로 제기되어 게일 박사, 레이놀즈 박사, 하디 박사, 번하이즐, 베커가 어학교위원회로 배정되었다. 이 위원회의 감독 아래 이 학교의 다음 학기가 1914년 6월 14일부터 7월 10일까지 서울에서 개최되었으며, 여기에 6개 선교회와 구세군에서 60명이 참석하였다.[28] 1915년에는 학생들과 교사들의 모집이 어려운 점과 또 기록되지 않은 다른 이유들에서 학기가 열리지 못하였다. 어학교가 돌연히 중단되자, 선교회는 그 위원들에게 연합선교공의회의 어학교를 “모든 힘을 다해 재건하도록” 지시하였다.

재건은 1919년에야 시작되었다. 이때 선교회는 어학부에 대해 대구에서 어학공부 학습반을 이끌도록 지시하고 “감리교 선교회와 연계하여 서울에 어학반을 구성하여 개최하는” 권한을 주었다. 이 일이 이행되자 이 부서는 이듬해에 서울의 연합 어학반을 가능한 한 계속하라는 격려를 받았다. 연합선교공의회는 1919년에 위원회를 다시 만들어 어학교를 세우기로 표결하였다. 피어선 성경학원 건물에서 열린 한 가을학기에는 30명이 참석하였고, 어느 봄학기(1920)에는 58명이 참석하였다. 학기 중의 과제와 학기 후의 영어독서가 포함된 학습과정이 채택되었고, 세 선교회가(우리 선교회는 포함) 이 학교 교육활동에 완전한 신임을 보냈다. 1922년 9월에 언더우드(H. H. Underwood)는 이 학교의 교장으로서 1919–1922년 사이에 7학기가 연속해서 진행되는 동안 200명 이상의 선교사들이 공부했다고 보고하였다. 당시의 연례 예산은 약 400달러였다.[29)]

언더우드는 1928년 가을까지 교장으로 있었으며, 미국에 가서 자리를 비우게 된 2년 동안 쿤스(E. W. Koons)가 그 책임을 맡았다. 게일 박사는 첫 해에, 언더우드 박사와 쿤스 박사는 이 학교가 재건된 이후의 그 모든 기간에 교사로 있었다. 언더우드 박사는 『상용 한국어』(*Everyday Korean*)란 교과서를 준비하였고, 그의 부친 고 언더우드 박사(H. G. Underwood, LL.D.)가 시작하였던 『영한사전』을 완성하였다. 남장로교 선교회에 의해 임명된 최 부인(김필례)은 최초의 한국인 교사들 중의 한 명이다. 다른 한국인 교사로서 가장 오랫동안 임용되어 일한 자들은 서문안 장로교회의 차재명 목사와 홍목원(Mok Wun Hong) 교수이다. 홍목원은 어쩌면 다른 어떤 교사들보다 더 많은 선교사들에게 한국어를 가르쳤을 것이다.

어떤 요청이 있어서 그랬는지 모르겠지만, 매년 3년 3학기제 과정으로 교육이 행해졌다. 언더우드 박사가 교장직을 사임한 후, 이 학교는 연합선교공의회 어학부의 서울 위원들에 의해 2년간(1928–30) 운영되었고, 이어 남감리교 선교회의 스톡스가 교장직을 맡았으며, 다음으로는 북감리교 선교회의 아펜젤러(H. D. Appenzeller) 목사가 맡았다.

9. 장로교 선교공의회

2개 혹은 그 이상의 주한 장로교 선교회들에 속한 선교사들이 존재하는 한 장로교 선교공의회는 항상 존재한다. 그것은 1889년에 회장인 헤론(J. W. Heron) 의사와 총무인 데이비스(J. H. Davis) 목사가 맨 처음 조직하였다. 알렌(Allen) 박사, 기포드(Gifford), 언더우드(H. G. Underwood)는 창립멤버였다. 마펫(S. A. Moffett) 목사는 두 번째 회기때부터 있었다. 1890년 데이비스의 죽음으로 공의회가 1893년 1월 28일에 재조직되었으며, 그때 양 선교회 회원들이 참여하였다. 그리고 독립선교사인 존슨(C. Johnson) 목사가 참여하였다.[30)]

이 공의회의 목적은 XI.1.에서 진술되고 있듯이 단 하나의 한국장로교회를 조직하는 것이었다. 이 공의회는 1907년에 독노회(All-Korea Presbytery) 아래 독립된 장로교회가 조직되기까지 존재한 교회집단(ecclesiastical body)이었다. 그 후 공의회는 4개 협력 선교회들에 대해 조언하는 권한만을 행사하였다. 또한 한국 장로교회와는 조언하고 의사를 교환하는 관계에 있었다. 공의회는 최근 수년간 한국교회 총회의 개회에 앞서 같은 장소에서 열리는 하루 동안의 회의에서 안건들을 상의해왔다.

4개 협력 선교회들의 모든 남성 회원들은 이 공의회의 회원이 되며, 한국 장로교회의 헌법과 신앙고백에 동의하는 서명을 해야 하였다. 선교회들 사이에서 돌아가며 의장 선출을 하는 제도에 따라 1930년까지 37명의 의장들 중에서 13명이 주한 미국 북장로교 선교회의 회원이었다.

이 공의회에는 1919년까지 찬송가부가 있었는데, 이 부서는 연합선교공의회의 연합 찬송가부에 파견할 장로교측 대표들을 임명하고 장로교 몫의 기금을 관장하였다. 연합 선교공의회가 찬송가책의 출판을 1918년 성교서회에 위임함에 따라 장로교 선교공의회는 거기에 배정된 기금 1,500달러를 "이 공의회에 속한 신학교 이사회의 감독과 통제 아래" 『신학지남』의 출판기금으로 사용하기로 표결하였다.

이 공의회가 이양 정책을 추구하여 다른 기관들에게 사역들이 넘김에 따라 그들의 사역이 점점 줄어들었다. 주한 일본인과 중국인 그리고 도쿄 유학생 사역(Tokyo Student Work)을 포함한 재일 한국인을 대상으로 사역하는 위원회들은 1923년까지 활발한 활동을 벌였으나, 이 해에 이 사역들을 조선예수교연합공의회에 넘겼다. 게일 사전(Gale

Dictionary)의 원고와 기금도 장로교 선교공의회가 1927년까지 맡았으나, 이 모두 예수교서회에 넘어갔다.

장로회신학교는 이 공의회가 아직 관장하고 있지만, 한국 총회의 추천으로 6명의 한국인 교수들이 선출되었다. 신학교는 매년 공의회에 상세한 보고서를 제출하고 있다. 선

장로교 선교공의회. 1901

Presbyterian Council——1901.

(Government Hospital, Kurikei, Seoul)

See page 450-452.

Left to right

First Row—Junkin, Foote, Adamson, E. H. Miller, Gale, Sharp, Barrett.
Second Row—Ross, Sidebotham, Robb, Bernheisel, F. S. Miller, W. N. Blair.
Third Row—Moffett, McRae, Vinton, Bull, Bruen, Hunt, Baird.
Fourth Row—Tate, Adams, Harrison, Whittemore, Welbon, Swallen, Engel.
In the window—Dr. Willis Parsons of Danville, Ill.

장로교 선교공의회. 1901
(서울 구리개 공립병원)

왼쪽으로부터

맨 앞줄 – 정킨, 푸트, 아담슨, E. H. 밀러, 게일, 샤프, 바레트
둘째 줄 – 로스, 사이드보텀, 럽, 벌하이즐, F. S. 밀러, W. N. 블레어
셋째 줄 – 마펫, 맥레이, 빈튼, 불, 브루엔, 헌트, 베어드
넷째 줄 – 테이트, 아담스, 해리슨, 휘트모어, 웰번, 스왈른, 엥겔
창 너머 – 일리노이 댄빌의 윌리스 파슨스 박사

교회들을 대표하는 8명의 이사들 가운데 4명의 이사들과 직권이사인 교장이 우리 선교회의 회원이다.

이 공의회는 다른 사역도 감당하고 있으며 때에 따라 특별 부서들을 만들고 있다. 현재는 청년사역 및 학생사역에 관한 부서와 기독교교육 및 주일학교교육에 관한 부서를 세워두고 있다. 1930년에는 앤더슨(W. K. Anderson) 목사가 이 두 부서의 위원장으로 있었다. 한시적인 역할을 했거나 중단된 다른 부서들은 교육부, 교회표준 번역부, 교회통계부 등이다.

이 공의회의 목적은 때때로 교회와 선교회 사이에 발생하는 문제들을 해결함으로써 한국교회와 총회를 돕는 단체가 되는 것이다.

10. 통합선교공의회와 연합선교공의회

1905년 9월 11일 4개 주한 장로교 선교회들과 2개 주한 감리교 선교회들의 합동위원회(Joint Committee)가 결의안을 채택한 결과 1905년 주한 개신교복음주의통합선교공의회(General Council of Protestant Evangelical Missions in Korea)가 조직되었다.

이 공의회의 목적은 "선교사역을 협력하여 마침내 한국에서 단 하나의 토착교회를 조직하는 것"이었다. 맨 처음 협력한 일은 교회 찬송가, 『코리아 미션 필드』(*Korea Mission Field*), 주일학교 공과책을 펴내는 사역이었다. 그러나 이 공의회의 소망은 한국에 단 하나의 교회를 세우는 것이었다. 1905년 서울의 벙커(D. A. Bunker) 목사 부부의 집에서 열린 기도모임에서 그 자리에 참석한 모든 사람들이 연합을 향한 강렬한 열망에 사로잡혔고, 그들은 그것이 성령의 인도하심이라고 믿었다.[31)]

1905년 8월 서울에서 열린 선교사들의 성경공부 모임에서 하나로 통합된 교회를 향한 동일한 열망이 표출되었다. 합동위원회(Joint Committee)가 조직되었고, 그들은 9월에 보고서를 작성해서 통합선교공의회에 제출하였다. 언더우드 목사가 이 위원회의 초대 위원장이 되었다. 선교사들은 이 일을 "중요한 운동"으로 여기고 많은 모임을 가졌다. 한 정기간행물에서는 "모든 교육, 의료, 문서, 출판 사역을 즉각 연합시켜야 한다고 믿을 온갖 이유가 있다. 일반적으로 인정된 목적은 하나의 복음주의적인 토착교회를 세우는 것이다"라고 보고되었다.[32] 통합선교공의회에서 교리와 정책을 조화시키기 위한 위원회들이 조직되었다.

시기적으로도 하나의 통합교회를 세우기 적절하다고 여겨졌다. 1907년의 대부흥운동이 전국을 휩쓸었고, 1910년의 백만인 구령운동으로 이어졌다. 1909년 2개 선교회와 총회가 25주년기념대회를 열고 한국에서 개신교선교가 시작된 일을 기념하였다. 우리는 여러 선교회 회원들이 대거 투입되기 직전의 상황에 있었다. 그러나 이 통합교회는 아직 설립되지 않았다. 이러한 운동기간에 매우 자주 일어났던 일로서 교파들의 이해관계가 다시 상황을 압도하기 시작하였다. 성령의 분명한 인도하심으로 보이는, 통합을 향해 비추는 빛을 따르는 대신 연합을 향해 가는 길의 험난함이 더 위력을 떨치도록 허용하였다.

1905년도 선교모임에서 언더우드, 게일, 마펫, 샤록스, 아담스, 사이드보텀이 "한국에서 하나의 통합 복음주의교회를 설립하는 일의 실행가능성에 관한" 위원회에 배정되었다. 이듬해 선교회는 표결을 통해 교회통합 문제를 1907년에 독립된 장로교회가 조직되기까지 연기한다고 결정하였다. 이 일은 연합을 방해하고자 세운 '허수아비'였다. 선교사들은 교파교회를 세웠고, 하나의 통합교회를 세우는 일을 기뻐하지 않았다. 이 일의 근거가 된 이론은 그들이 만든 창작물의 자녀들이 그들의 아버지들이 간 걸음걸이를 계속 할 것인지 말 것인지 스스로 결정할 여지를 남겨주어야 한다는 것이었다. 그들 중의 많은 사람들이 분리를 물려주기보다 연합의 유산을 남겨주기를 소망했음에도 불구하고 그들은 물론 그 일을 계속 밀어부쳤다. 연합의 열정을 냉각시킨 지도자급 선교사들은 의심할 바 없이 성실했지만, 만일 잘못된 결정을 했다면 반드시 책임을 져야 할 것이며, 잘했다면 칭찬을 받아야 할 것이다. 그후 사반세기 동안 연합을 바라는 뜻이 자주 표출되었으나, 그 성취는 더욱 요원해지고 있다.

1911년도 제7차 통합선교공의회 모임에서 개신교복음주의연합선교공의회(Federal Council of Protestant Evangelical Missions)로 재조직하는 일이 표결로 결정되었다. 이 조직은 "분리되어 있기보다 연합하여 행하는 것이 더 나을 수 있는 사역"을 위한 대표기관이었다. 협력선교회들은 실행부를 구성하기 위해 각각 한 사람씩을 선출하였으며, 공의회에 보낼 대표로는 각 선교회가 부인들이 포함된 전체 회원들 중에서 5분의 1(1933년에 8분의 1로 바뀌었다)의 인원을 선출하였다.[33] 이 규칙으로 우리 선교회는 전체 대표들의 약 3분의 1에 달하는 권리를 행사하게 되었다.

이 공의회는 제20회(1933) 모임 때 출판, 연합찬송가, 대정부교섭, 어학학교, 사회봉사, 도서관, 조위(弔慰), 중국사역, 개인전도, 학생활동, 기독교절제운동, 한국선교연감 등의 부서들을 두고 있었다. 『코리아 미션 필드』(*Korea Mission Field*) 편집부도 있었다. 그 전 해까지는 교육국, 주일학교, 『기독신보』 편집, 조사연구, 기독교문서, 유치원, 교육, 복음전도, 재일 한국인, 교회를 통한 국제우호증진 등의 부서들이 있었다. 나중에 세워진 부서들 가운데 몇몇 부서들의 사역은 조선예수교연합공의회나 예수교서회로 넘어갔다. 이 공의회는 1913년부터 일본에 있는 연합선교공의회와의 사이에서 형제대표를

전도운동을 위해 1930년에 전시된 성막

피어선 성경학원(Pierson Memorial Bible School). 1915년 건립

1914년에 전시된 연합 전도관

서울에서의 연합사역

임명해보내거나 받았으며, 1919년부터는 교회들의 연합협의회 혹은 조선예수교연합공의회와의 사이에서 형제대표들을 보내거나 받았으며, 현재도 그들을 그렇게 부르고 있다.

해마다 총독부로부터 몇 명의 대표가 공의회에 와서 인사말을 전했으며, 공의회의 몇몇 회원들이 통상적으로 총독이 베푸는 다과회에 초청받았다. 이러한 우호적인 관계는 특별히 한국인의 '독립' 운동 때 도움이 되었다. 그때 공의회는 사이토 총독에게 선교사역과 교회에 도움이 될 제안을 하도록 초청받았다. 이에 법률부(Legal Committee)가 "총독과의 의사교환"이라는 제목의 보고서를 제출했으며, 1천 부를 인쇄하도록 주문해서 협력 선교회들에 배포하였다. 이 의사교환으로 제시된 많은 요구사항들이 나중에 받아들여졌다.

연합선교공의회의 모임이 갖는 다른 유용한 점들이 회의 보고서들로 작성되어왔는데, 기독교 문서, 복음전도, 사회봉사, 교육, 국가 및 인종 간 친선에 관한 토론들이 있다. 정부가 박람회를 두 차례 개최할 때마다 이 공의회의 한 부서와 한국교회의 협력으로 서울에서 거의 두 달 동안 전도집회들이 개최되었다. 이런 방법으로 복음이 거의 모든 지역의 한국 사람들에게 들려지게 되었다. 1915년에는 10만 명이 이 집회들에 참석하였으며, 사적인 모임들에서 거의 1만 2천 명이 질문을 해왔다. 전도지는 40만 부가 배포되었다.[34)]

11. 조선예수교연합공의회

1916년 연합선교공의회의 모임에서 교회들과 선교회들이 연합공의회를 가지며 한국 교회들을 대표하는 한 위원회를 조직하는 것이 권장할 만하다는 제언을 한국의 교파 교회들에게 하자는 안건이 표결되었다.[35)] 마침내 새로운 협의체가 1919년 2월 26일 서울에 있는 한국 YMCA 건물에서 조직되었다. 한국인으로는 처음 장로교 총회장이었던 김필수가 초대 의장이 되었다. 이 협의회는 9월에 정례적으로 모이다가 연합선교공의회로 모이게 되었을 때 해소되었다. 이 협의회는 65명의 대표들로 구성되었는데, 감리교회와 장로교회에서 20명씩 파송되었고, 우리 선교회에서는 6명이 파송되었다. 1924년에 이 조직의 이름이 조선예수교연합공의회(The National Christian Council)로 바뀌었다. 그 헌법에 따르면, 이 공의회의 목적은 "교회로 하여금 복음전파를 위해 함께 협력하게 하고,

공중도덕과 기독교문화의 향상을 위해 연합하게 하는 것"이었다.[36)]

헌법의 본 조문에 따르면 이 공의회는 세 종류의 사역을 행한다. 이 공의회는 한국교회와 세계 기독교단체를 연결하는 역할을 한다. 그들은 1925년 12월 28-29일에, 그리고 1929년 4월 18-20일에 국제선교협의회의 의장인 존 R. 모트(John R. Mott) 박사와 함께 하는 특별한 모임을 개최하였다. 이 공의회를 대표해서 4명의 한국인들이 1929년의[ii)] 예루살렘 대회에 파견되었다. 1932년에는 이 공의회 회장인 김관식 목사가 독일 헤른후트에서 열린 국제선교협의회 모임에 대표로 파견되었다. 공의회의 요청에 대한 응답으로 에드문트 D. 브루너(Edmund de S. Brunner) 목사가 1928년 가을 시골마을들을 조사하여 예루살렘대회에 보고서를 제출하였다.

이 공의회는 또한 몇 차례의 전도운동과 전진운동을 위해 협력하였다. 1929년 가을 서울에서 열린 조선박람회 때는 연합선교공의회 및 서울의 교회들과 협력하여 박람회장 입구 근처에 천막을 쳤다. 오후와 저녁에 총 100번 열린 집회들에는 총 2만 7천 명이 참석하였다. 전국 13도에서 온 3천 명 이상의 사람들이 문의를 해왔다. 이듬해 4월 1-10일 서울에서 전도자 로버트 정(Robert Chung)이 이끄는 한 집회가 열렸다. 그 해에 애스베리 대학전도단(Asbury College Evangelistic Team: Messers Erny, Krause, Kirkpatrick)이 내한하였다. 또한 이 공의회는 1932-33년의 전도운동 때도 협력하였다. 그 기간에 기독교인들이 130만 부의 "그리스도의 생활"(The Life of Christ)라는 소책자를 비기독교인들에게 배포하였다.

이 공의회가 최근까지 행한 가장 중요한 사역은 아마도 주한 · 주일 연합선교공의회들 및 재일 캐나다 장로교선교회와 협력하여 일본에 있는 40만 명의 한국인들에게 복음을 전한 일일 것이다. 그들 가운데 4천 명이 기독교를 고백하였고(1932), 그 중 1천 명이 세례를 받았다. 45개 기독교인 집단에 9명의 목사들과 4명의 조사(지역 설교자)들이 있었다. 이 공의회의 한 위원회는 위원장인 클라크 목사와 함께 1932년 1월 일본에 가서 그곳에 있는 한국인 연합교회를 위한 헌법의 초안을 작성하였다.[37)]

몇 해 동안 한국교회를 위한 주간신문인 『기독신보』의 편집과 운영을 공의회가 감당하게 하려는 노력이 행해져왔다. 이 노력은 아직도 진행 중이지만, 금년 안에(1933) 성사될 것으로 짐작된다. 이 공의회는 1931년 9월에 총무부의 부원으로 맥큔(G. S. McCune, D.D. LL.D.) 목사, 정인과(James K. Chung) 목사, 한국 YMCA 총무 신흥우(Hugh Cynn,

LL.D.) 씨 등 3명을 선출하였다. 이 공의회 사무소는 예수교서회에서 개설되었으나, 지금부족으로 어려움을 겪고 있다.

12. 선교사 자녀를 위한 외국인학교

주한 선교사의 자녀를 위한 교육은 여러 해 동안 어려운 지경에 처해왔다. 어머니들은 가정주부와 선교사의 일에 더해서 그들의 자신이 자녀들을 위한 교사가 되어야 했다. 규모가 더 작은 몇몇 선교기지에서는 이것이 실로 사실이며, 캘버트 교육과정(Calvert Couse)이 곧잘 행해져왔다. 수년 후에는 자녀들을 중국 지푸나 미국으로 보낼 수 있었다. 드문 경우로 한 선교기지에서는 자녀들을 위해 미국으로부터 교사 한 명이 보내지기도 하였다. 올리브 피어폰트(Olive Pierpont, 1913-1915) 양이 안동에 있는 웰번의 자녀들을 가르치려 왔으며, 리네트 마스(Lynette Maas, 1918-1920) 양과 클라라 고든(Clara Gordon, 1921-1922) 양이 대구로 왔고, 하비(A. S. Harvey, 1918-1921)양이 선천으로 왔다. 그런데 2개 선교기지는 정규적으로 조직된 학교를 보유할 수 있어서 1900년부터 대부분의 자녀들이 그곳에서 교육을 받아왔다.

1) 평양외국인학교

평양외국인학교는 1899년 2월에 시작되었으며, 애니 L. 베어드 부인의 제안으로 베어드 박사 부부의 집에서 열린 한 모임에서 학부모회가 조직되었다. 1900년 6월 15일 한 학교가 학생 6명으로 마펫의 집 뜰에 있는 한 작은 건물에서 개교하였다. 선교지를 여행하며 인디아나 주 찰스 타운의 해리엇 영(Harriette Young) 양의 후원을 받는 루이즈 오길비(Louise Ogilvy, 후에는 Mrs. C. D. Morris) 양이 교사가 되어 가르쳤고, 봉급은 학부모들로부터 지급받았다. 이 학교는 그 해(1900) 가을에 그래함 리 목사 부부의 집 부근 기와집으로 이전하였다. 메리 암스트롱(Mary Amstrong, 1902-1907) 양이 두 번째, 루이스 스트랭(Louise Strang, 1907-1910) 양이 세 번째 교사가 되어 가르쳤다. 1908년 가까운 선교기지들에 있는 부모들의 독려에 힘입어 학교를 키우고 지원금을 모으는 일을 결정하였다. (1909년 한국에 124명의 선교사 자녀들이 있는 것으로 조사되었다.) 고등학교 사역은 1903년에 시작되었다. 앨리스 마펫 부인(Alice Moffett)의 지도 아래 1912년 9월부터 리 하우스(Lee House)에 기숙사시설이 마련되었고, 시릴 로스(Cyril Ross)의 부인이 9명의 어린이들을 돌보았다. 이듬해는 도라 모즐리(Dora Mosely) 양이 그 일을 맡았고, 나중에는 벨 루키트(Belle Lucket, 1913-1916)의 부인이 그 일을 맡았다.

1914년에 최초의 기숙사 건물이 세워졌고, 1921년에 증축되었다. 그 학교의 교사이자 나중에 북감리교 선교회의 회원이 된 마게리트 잉글리쉬(Marguerite English) 양이 증축된 기숙사의 시설을 위해 2천 달러를 냈다. 현재의 부지에 있는 옛 교육관은 1915년에 500달러의 비용으로 개조되었다. 현재의 교육관은 1925년에 세워졌으며, 거의 1만 7천 달러가 소요되었는데, 그 중 1만 달러가 오히이오 주 클리블랜드 리빙스톤 테일러(Livingstone Taylor)의 부인으로부터 왔다. 양호실은 1928년 12월 1일에 개원했으며, 이듬해에 두 번째 기숙사가 9천 달러의 비용으로 세워졌다. 이 금액의 많은 부분이 남장로교 선교회의 재원에서 제공되었다. 가장 최근에 지어진 건물인 맥머트리 체육관(McMurtrie Gymnasium)은 이 학교에 대한 로버트 맥머트리(Robert McMurtrie)의 봉사에 감사하는 많은 사람들의 기부에 의해 1931년에 세워졌다. 중국의 스코트(C. E. Scott, D.D.) 목사는 도서관과 체육시설을 위한 비용의 대부분을 댔을 뿐만 아니라 새 기숙사의 건축을 시작하도록 1천 달러를 제공하였다. 그밖에 필라델피아 피츠버그의 조지 W. 맥키(George W. McKee) 여사가 1,500달러를, 캔사스 주 위치타의 하이드(A. A. Hyde)가 1천 달러를 이 학교를 위해 기부하였다. 양호실의 건립을 위해서는 북감리교 선교회가 500달러를, 캘빈 퍼디(Calvin Purdee) 여사가 600달러를 제공하였다.

1928년부터 모든 주한 복음주의 선교회들과 서구인 사업가들의 가정에서 100명 이상이 등록하였다. 전체 학생 중에 약 20명이 만주와 중국 본토에서 왔다. 최초의 고등학교 졸업생은 1925년에 졸업한 사라 티몬스(Sarah Timmons) 양이다. 1925년부터 1933년 말까지 졸업한 학생은 고등학교에서 69명이고 초등학교는 117명이다.

30년 이상의 기간에 정규직으로 임용된 41명의 교사들과 사감들 중에서 2명(Miss Jean Foote, Mrs. Anna Ashe)이 정규 선교사들이고, 네 명(Mrs. Luckett, Miss Cleland, Mrs. Thomas, Mr. Malsbury)이 우리 선교회의 준회원들이었다. 한국에서 선교활동을 하는 다른 교사 9명 중에 3명(Mrs. Moffett, Miss Hartness, Mrs. Bruce Hunt)은 우리 선교회 회원이었다. 9명의 교사들이 선교사의 자녀였는데, 그들 중 3명(Miss Adams,

Miss Lois Blair, Mrs. Bruce Hunt)이 우리 선교회 회원의 자녀들이었다. 평양에 있는 감리교 선교기지와 장로교 선교기지에 속한 많은 선교사들이 이 학교를 위해서 끊임없이 봉사를 하였다. 이들 가운데 로즈 F. 베어드 부인(Rose F. Baird)이 미술을, 파커(Parker) 박사가 수학을, 데이비드 솔타우(David Soltau) 부인과 루츠(Lutz) 부인과 말즈베리(Malsbury) 부인이 음악을, 쇼(Shaw)가 학생활동을 지도하였다. 솔타우(D. L. Soltau)는 1921년부터 1926년까지 교장으로 있었다. 그 후 레이너(R. O. Reiner)가 교장으로 있었으며, 그가 안식년을 맞았을 때는(1930-1931) 번하이즐(C. F. Bernheisel, D.D.) 목사가 교장직을 맡았다.

이 학교는 기숙사비와 식비를 포함해서 매년 2만 5천 달러의 예산을 집행하였다. 모든 협력 선교회들이 경상지출비를 지급하였으며, 최근까지 우리 선교부와 선교회가 지급한 액수는 각 교사의 봉급 절반에 달하였다. 이 학교는 5개 협력 선교회들을 대표하는 9명의 이사회의 관할로 운영되었다. 교장과 그 외 3명의 이사들이 우리 선교회의 회원들이다.

2) 서울외국인학교

서울외국인학교는 1901년에 시작하였으며, 헐버트(H. B. Hulbert)의 부인이 현재의 조선호텔 부근에 있는 그녀의 집에서 약 15명의 학생들을 가르쳤다. 이 학교는 1902년에 구 벨기에 영사관으로 같은 수의 학생들을 데리고 이전하였으며, 헐버트 부인이 계속 교사로 있었다. 제3년에는 현재의 조선은행 부근의 '무어(Moore)의 옛 집'에서 학기를 시작하였으며, 중국 지푸의 그레이스 콜베트(Grace Corbett) 양이 교사가 되어 가르쳤다. 이듬해에는 오거스타 스크랜턴(Augusta Scranton) 양이 교사가 되었다. 이후 8년 동안(1905-1912)은 학교가 운영되지 않은 듯하다.

1912년 4월 현재의 학교를 시작하기 위해 25명의 창립회원들로 학부모회가 구성되었다. 학교는 9월 배재학당 건물들 중의 한 교실에서 개교하였고, 에델 반 와고너(Ethel Van Wagoner, Mrs. H. H. Underwood) 양이 교사가 되어 가르쳤다. 1914년 '빨간색 소교육관'(Little Red School House)이 이 도시의 성 안쪽 감리교 부지 곁에 1천 달러의 비용으로 건축되었다. 두 번째 교실이 1916년에 더해졌고, 1918년에도 더해져서 3개의 교실을 갖게 되었다. 반 와고너 양은 4년 동안(1912-1916) 유일한 교사로 있었고, 그 기간에 평균 28명의 학생들이 출석하였다. 이듬해에는 거투르드 하디(Gertrude Hardie) 양과 수 홉킨스(Sue Hopkins) 양 등 2명의 교사와 36명의 학생이 있었다. 1917년부터 1922년까지 5년 동안은 3명의 교사와 평균 50명의 학생들이 있었다. 고등학교는 1919년에 개교하였고, 플로렌스 보이스(Florence Boyce) 양이 가르쳤다.

1920년 여름에 한국을 방문했던 윌리엄 P. 쉘(William P. Shell)의 도움으로 1922년에 러셀 세이지 레거시(Russell Sage Legacy) 여사로부터 받은 1만 5천 달러의 기부금으로 르페브르(Lefevre) 자산이라고 알려진 현재의 부지 1과 1/6에이커와 건물들이 3만 달러에 매입되었다. 서울 외국인회의 회원들이 1만 달러를 모아 이곳의 한 건물을 학교용으로 개조하고 시설을 갖췄다. 다른 건물들은 주택으로 사용되거나 임대하였다. 현재의 학교 건물들로는 1923년에 이전하였다. 1924년 모리스관(Morris Hall)이라고 알려진 7천 달러 상당의 구조물을 그 이층에 올리고 학교 바로 앞에 사업처를 가진 모리스(J. H. Morris)의 학교봉사에 감사하는 뜻에서 그의 이름을 붙였다. 이 강당은 서울연합교회(Seoul Union Church)의 주일학교를 포함하여 모든 정규 예배 때 사용되었다.

1923년에 새 건물로 이전한 후부터는 학생수가 평균 80명이었고, 1933년에는 100명의 기록이 세워졌다. 이 학생들 가운데 평균 약 20명이 고등학교에 진학하였다. 개교 이래 기숙사 설립안이 몇 차례 심각하게 제기되었다. 그러나 현재 평양에 기숙사 시설이 갖춰져 있는 가운데 서울의 기숙사를 짓기 위한 기부금이 부족하고 현재의 학교가 거의 1만 달러에 달하는 빚을 지고 있어 채무를 추가로 늘리는 일이 현명하지 않은 것으로 여겨지고 있다.

이 학교가 개교된 후에 임용된 40명의 정규 교사들 중에서 로이스 핸더슨(Lois Henderson) 양이 우리 선교회 회원으로서 5년 동안 미국 북장로교 선교부의 후원을 받았다. 산동 선교회의 로텐슐래거(S. Lautenschlager) 목사도 1928년에 같은 선교부로부터 후원을 받았다. 그때는 중국에서 일어난 내란으로 많은 선교사들이 그곳에서 사역할 수 없었다. 이전의 교사들 중에서 6명은 선교사의 자녀였다. 40명의 정규 교사들 외에도 서울에 있는 절반 이상의 선교사들과 다른 사람들이 오랜 기간 교사로 봉사하고 도서관을 돕고 오락활동을 도왔다. 이 학교는 여러 해 동안 영국교회 선교회의 헌트(C. Hunt) 신부의 효과적인 훈련을 받아 매우 평판이 좋은 세익스피어 연극을 공연하였다. 1919년 이래 잭(Jack) 부인, 플로렌스 보이스(Florence Boyce) 양, 루시 노튼(Lucy Norton) 양, 베커(A. L. Becker) 박사, 오르(E. B. Orr) 양, 버타 슬라이(Berta Slye) 양, 릴리안 아놀드(Lilian Arnold) 양, 언더우드(H. H. Underwood)의 부인, 베커(A. L. Becker) 박사, 클라크(W. M. Clark)의 부인 등이 연이어 교장직을 맡았다.

이 학교는 학교 연합회(School Association)에서 선출된 실행부 9명의 관할 아래 운영되었다. 그리고 교장은 직권 이사로 있었다. 1만 달러의 연례 예산을 위해 1,500달러를 6개 협력 선교회 단체들로부터 기부를 받았으며, 최근까지 우리 선교회는 이 금액의 약 3분의 1을 냈고, 선교부는 교사 일인 당 절반의 봉급을 제공하였다. 현재 이 학교는 10만 달러를 기부해줄 곳을 찾고 있다.

이 학교의 교육과정은 뉴욕 주의 36주 과정을 따르고 있다. 고등학교 최초의 졸업생은 1919년에 졸업한 미니 프렌치(Minnie French) 양이다. 1919–1933년간 22명이 졸업하였다.

13. 다른 형태의 연합사역

VI장에서 서울 선교기지가 선교회들과 연합사역을 행한 사실을 언급하였다. 서울에서 피어선 성경학원에서는 남자를 대상으로, 전도회관(Evangelistic–Social Centre)에서는 여자를 대상으로 연합사역이 행해졌다. 서울과 평양 양쪽에 있는 서구인들을 위한 연합교회는 설교, 기도회, 영어 주일학교사역 등을 행했다. 앞으로 사회복지 사역을 다루는 장에서 다른 형태의 협력사역이 더 언급될 것이다. 이 장을 마치는 부분에서 선교회의 협력활동과 특별히 YMCA와 구세군 선교회 회원들에 대해 필히 언급해야 할 것이 있다. 캠벨(E. L. Campbell)과 챔네스(O. V. Chamness) 목사는 YMCA의 시골사역 프로그램을 위해 시간을 일부 할애하도록 임명되었다. 언더우드(H. G. Underwood) 박사, 게일, 에비슨, 언더우드(H. H. Underwood)는 모두 서울의 중앙 YMCA 부서에서 활동하였다. 맥큔(McCune) 박사와 모우리(E. M. Mowry) 목사는 평양에서 그와 비슷한 활동을 하였다. 서울 선교기지에 있는 많은 사람들이 동물학대 금지회 회원으로 활동하고 있다. 또한 많은 회원들과 서울 유니온의 직원들이 오락활동과 사업을 함께 하고 이 도시 사람들에게 자문을 해주고 있다. 선교회의 많은 여성회원들이 W.C.T.U.의 회원으로 활동하고 있고, 한국 전역에 절제운동을 확산시키는 일에 적극적으로 참여하고 있다. 소래 해변과 원산 해변에서는 하기성경집회나 다른 여러 방면들의 협력활동이 이루어지고 있다.

선교회는 이제 서울에 있는 여자대학에서 협력하는 방향으로 기울고 있고, 우리는 아직도 한국에서 통합된 하나의 복음주의교회를 가지고 있지 않다. 다른 모든 일에서 선교회와 선교회의 개별 회원들은 협력사역과 연합사역에서 좋은 기록을 남기고 있다. 가장 큰 선교회가 된다는 것은 거의 모든 연합 사업계획에서 가장 큰 몫을 행하는 것이다.

존 D. 웰즈(John D. Wells, D.D., LL.D., 1885-1904) 목사

조지 알렉산더(George Alexander, D.D., 1904-1925) 목사

어윙(J. C. R. Ewing, D.D., K.C.I., 1925-1926) 목사

찰스 R. 어드만(Charles R. Erdman, D.D., LL.D., 1926-) 목사

네 명의 미국 북장로교 해외선교위원회 위원장 (그들의 사역으로 장식된 해외선교위원회의 역사)

:: 주석

1) C. A. Clark, *Digest of the Presbyterian Church of Korea*, pp. 137–154.

2) *The Korea Missions Year Book*, 1928, p. 153.

3) *The Korean Repository*, 1895, p. 441.

4) *The Korean Review*, 1906, pp. 165–180.

5) C. A. Clark, *The Korean Church and the Nevius Methods*, p. 119.

6) *Korea Mission Field*, March 1920, p. 47.

7) L. G. Paik, *History of Protestant Missions in Korea*, pp. 138, 139.

8) *The Korean Repository*, 1895, p. 479.

9) C. A. Clark, *Digest of the Presbyterian Church of Korea*, pp. 12, 34, 44; L. G. Paik, *History of Protestant Missions in Korea*, pp. 236–328.

10) *Minutes of the Korea Mission, Presbyterian Church, U.S.A.*, 1911, pp. 31–34; 1912, pp. 60–61; 1913, p. 36; 1914, pp. 37–39; 1915, pp. 73, 93; 1916, pp. 73–77; 1917, p. 67; 1918, p. 62.

11) *Minutes of the Presbyterian Council, 1922*, p. 10; 1925, p. 8.; 1926, p. 7.

12) *Minutes of the Korea Mission, Presbyterian Church, U.S.A.*, 1920, p. 62; 1921, p. 78; 1922, pp. 27, 88; 1923, pp. 50, 68; 1925, pp. 34, 40, 48; 1926, p. 26; 1927, p. 54; 1928, pp. 50, 68; pp. 40, 80; 1930, pp. 17–20, 41, 64, 92; 1932, p. 89.

13) *Severance Union Medical College*, Catalogue, 1925–26, p. 15.

14) *Minutes of the Korea Mission, Presbyterian Church, U.S.A.*, 1916, p. 121.

15) *Ibid.*, 1923, p. 73.

16) *Minutes of the Council of Presbyterian Missions in Korea*, 1907, p. 36.

17) *Ibid.*, 1905, pp. 39–21.

18) *Catalogue of the Presbyterian Theological Seminary of Korea*, 1928, pp. 18–20.

19) C. A. Clark, *The Korean Church and the Nevius Methods*, pp. 175.

20) *Ibid.*, pp. 118–119.

21) L. G. Paik, *History of Protestant Missions in Korea*, p. 369; *Syenchun Station Report*, 1905, p. 7; *Pyengyang Station Report*, 1905, p. 8.

22) L. G. Paik, *History of Protestant Missions in Korea*, p. 370.

23) *Minutes of the Korea Mission, Presbyterian Church, U.S.A.*, 1906, p. 50; 1907, pp. 47–48; 1908, pp. 27–29.

24) *Ibid.*, 1909, pp. 46–65.

25) *Ibid.*, 1911, pp. 22–24; 1912, p. 39.

26) L. H. Underwood, *Underwood of Korea*, pp. 299–300.

27) *Minutes of the Chosen Mission, Presbyterian Church, U.S.A.*, 1932, pp. 70–73.

28) *Minutes of Federal Council of Korea Missions*, 1914, p. 27.

29) *Ibid.*, 1922, pp. 22–25.

30) C. A. Clark, *Digest of the Presbyterian Church of Korea*, p. 6.

31) L. H. Underwood, *Underwood of Korea*, pp. 237–241.

32) *The Korean Review*, 1905, pp. 242–254; 346.

33) *Minutes, General Council, Korea Missions*, 1911, pp. 39–41.

34) *Korea Mission Field*, December 1915, p. 347.

35) *Minutes, Federal Council of Missions*, 1916, pp. 11, 13.

36) C. A. Clark, *The Korean Church and the Nevius Methods*, p. 256.

37) *Minutes, Chosen Mission, Presbyterian Church, U.S.A.*, 1932, pp. 107–108.

:: 역자주

i) 본문은 H. R. Lee 이나 이훈구 박사이므로 H. K. Lee가 맞는 표기이다.

ii) 1929년은 1928년의 오자인 듯하다.

제 **13** 장

한국 선교회와 미국 선교부

선교회와 선교부의 관계는 이 글에서 설명되고 있는 것보다 선교회가 지나온 역사의 훨씬 많은 부분을 지배한다. 어찌 보면 선교회 사역의 발전은 선교부가 기꺼이 하려고 하는 일과 할 수 있는 일에 달려 있다. 선교회와 그 회원들은 항상 여러 다양한 요청들을 제기하고 선교부의 응답을 근심스럽게 기다려왔다. 선교부는 파송한 사역자들과 기금을 감독하였다. 선교부는 정책을 지시하였고, 특별히 다른 선교회들과 관련되었을 때 더욱 그러했다. 선교부와 파송교회의 후원은 선교사들에게 큰 위로가 되었다. 그들의 후원은 위기가 발생하거나 다른 특별한 이유들이 생기지 않는 한, 사역이 방해받지 않을 것이란 확신을 주었다.

선교부의 조직은 다행히 선교회가 시작되어 사역해오는 동안 자주 바뀌지 않았다. 지난 반세기 동안 존 D. 웰즈(John D. Wells, D.D., LL.D., 1885-1904) 목사, 조지 알렉산더(George Alexander, D.D., 1904-1925) 목사, 어윙(J. C. R. Ewing, D.D., K.C.I., 1925-1926) 목사, 찰스 R. 어드만(Charles R. Erdman, D.D., LL.D., 1926-) 목사 등 4명이 선교부의 의장으로 있었다. 선교회의 입장에서는 선교부의 가장 중요한 직책이 회

계였다. 회계 직책 또한 윌리엄 랜킨(William Rankin, Esq., -1888), 길버트 K. 해로운(Gilbert K. Harroun, 1888-1889), 윌리엄 덜레스, Jr.(William Dulles, Jr. 1889-1898), 찰스 W. 핸드(Charles W. Hand, 1897-1906), 드와이트 H. 데이(Dwight H. Day, 1906-1924) 등 몇 명에 불과하였다. 러셀 카터(Russell Carter)는 1932년부터 그리고 중간에 틈틈이 회계의 역할을 하였다.

'뉴욕 5번가 156' (156 Fifth Avenue, New York)번의 주소는 1895년부터 친숙한 것이 되었다. 전에는 선교부 사무실이 5번가 53에 있었고, 맨 처음에는 중앙로 23에 있었다. 선교회와 선교부의 관계는 직간접적으로 선교부의 모든 총무들, 직원들, 부서들, 분과들과의 관계를 포함한다. 이 장에서는 선교 현장과 가장 직접적으로 접촉하고 있는 선교회와 선교부의 관계를 언급하게 될 것이다.

1. 총무들: 서신과 방문

지난 반세기 동안 한국을 책임 맡은 총무는 엘린우드(F. F. Ellinwood, D.D., 1884-1903) 목사, 아더 J. 브라운(Arthur J. Brown, D.D. LL.D., 1903-1929) 목사, 클레런드 B. 맥피(Cleland B. McAfee, D.D., LL.D., 1929-) 목사 등 단 3명이었다. 예외적으로 다른 사람들이 임시로 대신한 경우도 있었다. 이 세 사람은 서신들을 취급하고 사역을 감독하였으며, 특별히 마음을 다하여 선교회의 힘든 짐들을 감당하였다. 브라운 박사는 50년의 절반에다 1년을 더 총무로 있었다. 그 동안 그와 브라운 부인은 한국을 두 번 방문하였다. 엘린우드 박사는 한 번도 한국에 온 적이 없었고, 맥아피 박사 부부는 선교부의 총무가 되기 수년 전에 한국을 방문한 일이 있었다.

여러 해 동안 선교부 내에서 가장 큰 선교회로 있어온 한국 선교회와 편지를 주고받는 것은 그 자체가 큰 업무였다. 선교부의 편지들은 1910년 9월부터 번호가 매겨졌다. 그때 이후로 우리 선교회를 향해 800통 이상의 편지가 쓰여졌는데, 모든 선교회들에게 일괄적으로 보낸 수많은 '전체 서신들'은 제외되었다. 편지가 길어져서 10페이지에서 12페이지에 이르는 경우가 많았다. '선교부 편지' 외에 회계, 실행부, 의장에게 보내는 편지도 작성되었고 선교사들에게 개별적으로 보내는 편지도 수천 통이 작성되었다.

엘린우드(F. F. Ellinwood, D.D., 1884–1903) 목사

아더 J. 브라운(Arthur J. Brown, D.D., LL.D., 1903–1929) 목사

클레런드 B. 맥아피(Cleland B. McAfee, D.D., LL.D., 1929–) 목사

한국(Chosen) 선교와 관련된 3명의 해외 선교부 총무들

이들 가운데 위로의 편지도 있었고, 성탄축하 편지도 있었고, 선교사들의 사적인 문제를 다룬 편지도 있었다. 성공적인 선교부 총무가 되려면 필히 편지쓰기의 달인이 되어야 했다. 동일한 선교회에 매년 편지를 쓰면서 상투적이 되지 않고, 같은 내용을 같은 방법으로 쓰지 않고, 요청을 들어주지 않으면서도 왜 거절하는지에 대해 확신과 동정을 보여주는 식으로 편지를 쓰는 것은 하나의 훌륭한 예술행위였다.

선교회와 선교부의 관계는 친밀하고도 민감하였다. 1903년에 선교회의 결정에 따라 선교회의 총무직을 그만 두는 엘린우드 박사를 향해 감사와 인사의 편지가 작성되었다. 후임은 브라운 박사에게 맡겨졌다.

이듬해(1904)에 선교부는 엘린우드 박사에게 선교회를 향해서 선교회가 20주년을 보낸 것을 축하하는 편지를 쓰도록 요청하였다. 이 편지의 일부를 인용하면 다음과 같다. "당신들의 선교회가 지내온 모든 역사를 조금 알게 되고 당신들이 처음부터 진전시켜온 모든 행보에 강렬한 흥미를 느껴온 것은 나의 큰 특권이었습니다. 나는 하나님의 섭리로 한 개인이 풍성한 금액을–그것 없이는 선교회의 시작이 가능하지 않았을 것입니다–선교부에 제공하였던 사실을 감사한 마음으로 기억합니다. 선교부 총무로서 내가 알렌 박사에게 전보를 보내 중국에서 한국으로 가라고 지시했던 것을 기억합니다. 한국 선교회에서 당신들이 행한 사역들이 명백하게 영적인 사역이었던 것은 우리 모두에게 만족스런 일이었습니다. 당신들은 단순히 더 높은 문화를 추구하는 일만을 하지는 않았고, 오히려 남자와 여자 각 사람의 영혼을 향해 개인적으로 하나님과 화목해지기를 직접적으로 호소해왔고, 나아가 당신들의 사람들이 자기들의 짐을 감당하고 자기를 부인하며 미래를 완전히 보장하는 기독교의 불변성을 지키도록 준비되기를 호소해왔습니다. 당신들이 다음 20년에도 이 같은 부단히 돌봄과 성취로써 방대하고 거대한 성공을 기록할 수 있도록 하나님께서 당신들에게 복을 내려주시기를 기원합니다. 우리 중의 어떤 이들은 그들을 회고하는 이 자리에 함께 있지 못할 것이지만, 나는 우리가 어느 곳에서도 기쁨을 함께 할 것으로 믿습니다."

엘린우드 박사는 그의 편지에서 20년 동안(1884-1904) 90명이 우리 선교회에 참여하였으며, 당시에(1904. 12. 6) 그들 중에서 74명이 아직 남아 있다고 하였다.

2년 후, 선교회의 전도부는 엘린우드 박사에게 '생일축하' 편지를 쓰도록 지시를 받았다. 1906년 9월 29일에 보낸 그 편지에는 선교회의 모든 회원들이 서명하고 있었다. 그 편지는 다음과 같은 첫 구절로 시작되었다. "한국 선교회는 인생 여정의 80번째 이정표를 지나는 당신에게 축하인사를 드립니다. 생명의 주께서 이 세상에 그의 나라가 임하게 하는 사역을 당신이 오랫동안 섬기도록 허락하셨습니다. 우리는 해외선교의 위대한 사역으로 당신을 불러주신 그 분께 감사합니다. 우리가 선교사역의 기본 원칙들을 교육받는 동안에 당신으로부터 조언과 격려를 받았던 것은 우리의 특권이었으며, 이 땅에서 우리가 수고하여 많은 성공을 얻게 된 것도 총무로서 당신이 우리와 서신을 교환해준 덕분이었습니다."[1)]

상호 존경과 사랑의 관계는 브라운 총무 아래에서도 반세기가 넘는 동안 계속되었다. 수년전 이 역사책을 쓰려는 계획이 확정되었을 때, 우리는 브라운 박사에게 여기에 넣을 어떠한 글을 써줄 것을 요청하였다. 다음은 그가 썼던 것의 일부분이다.

"한국 기독교인들은 특별히 매력적인 자질을 갖고 있다. 나는 그 나라의 여러 곳에서 그들을 만났다. 촌락, 도시, 교회, 가정, 그리고 모든 곳에서 나는 그들의 신실함과 경건함에 크게 깊은 감명을 받았다. 우리는 어느 날 토요일 저녁에 기차역으로부터 5시간을 가서 어두워진 후에 재령에 도착하였다. 우리는 피곤하고 더러워져서 그날 저녁에는 기독교인들을 만나고 싶지 않았다.

그러나 그들이 교회에서 우리를 기다리고 있다는 것을 알고 그곳으로 갔으며, 나는 설교를 한 후, 그들이 어떻게 해서 그리스도를 만나 그리스도를 사랑하고 섬기게 되었는지를 말해달라고 그들에게 요청하였다. 또 다른 오후에 사람들이 일어나 나의 질문에 대답하였다. 나는 그들의 답변을 메모하였으며, 그 공책에서 다음과 같은 단어들이 발견되었다. '구원', '벗어남', '평화', '영생', '인도', '힘', '기쁨', '위로'.

이 가난한 사람들은 '세상에서 아무런 희망도 하나님도 없이' 비참하고 절망스런 삶을 살아왔다. 그들은 괴로움과 슬픔이 무엇인지를 잘 알고 있었다. 그때 그들은 용서와 구원과 평화를 말하는 깨끗하고 부드러운 복음의 초청을 들었다. 그들은 어린아이처럼 간절히 그리고 신뢰하는 마음으로 와서 그들의 영혼의 안식을 발견하였다. 우리가 마치는 기도를 하며 함께 경배하는 순간 내 마음은 온통 나보다 훨씬 적은 유익을 누리고 있으며, 하나님의 깊은 것에 대해 나보다 많이 배운 적이 없는 그들에게 쏟아졌다.

조선 방문은 신앙의 강장제가 되어주었다. 세계 어디에도 인간의 필요와 인간의 일의 가치에 대한 복음의 반응을 이보다 더 의미 깊게 조명해주는 곳은 없었다. 다른 여러 이유들과 특별한 조건들도 의심할 바 없이 작용했을 것이란 사실을 마땅히 모두 인정한다고 할지라도 신의 권능이 조용한 아침(Morning Calm)의 땅에 괄목할만한 방법으로 임하셨다는 사실은 부인할 수 없다. 이사벨라 버드 비숍(Isabella Bird Bishop) 여사가 그곳에서의 선교사역이 그녀가 세계 여러 곳에서 보아왔던 중에 가장 인상적이었다고 말했던 것은 놀라운 일이 아니다.

나는 이 미북장로교 조선 선교회의 역사를 사려 깊은 세계 복음화 운동의 동지들과 후원자들 모두에게 기쁘게 추천한다. 이 역사는 아시아에서 하나님의 나라가 전진해가는 역사의 중요한 장을 이루고 있으며, 그리스도의 신성한 사절로서 존경과 사랑을 바치도록 나를 깨우쳐준 남자들과 여자들의 수고를 기록하고 있다. 나는 그들을 후원하는 선교부의 총무로서 그들과 함께 하게 된 것을 큰 특권으로 여기고 있다."

1929년의 연례 선교모임에서 브라운 박사의 선교부 총무직 은퇴를 기하여 브라운 박사 부부에게 보낼 선교회의 선물인 자수 기념패가 선교회 앞에 진열되었으며, 로스와 브루엔이 선교회의 감사글을 작성하는 위원으로 위촉되었다. 선교회에 의해 채택된 그 진술의 일부분은 다음과 같다. "우리는 다음을 기록으로 남기기를 원한다. 그가 여러 해 동안 개별적 또는 선교회적으로 우리와 교제하며 쌓아올린 우정과 사랑의 인간관계에 대해 매우 깊이 감사하며, 그가 여러 해 동안 많은 문제들과 어려운 일들을 매우 효과적으로 해결해온 것에 대해 찬사를 드리며, 당혹스럽고 긴급한 많은 일들을 함께 다뤄오는 동안 인내하고 공감하는 길을 찾으며 우리에게 영감과 격려에 주었던 것에 대해 감사한다.

우리 선교회는 그가 우리에게 해준 모든 일을 기쁘게 생각하며, 지칠 줄 모르는 수고와 진심어린 마음의 표현으로 우리가 모교회에게 필요로 하는 것들을 공급함으로써 선교회의 성공적인 사역과 한국교회의 광범위한 설립에 다대하게 기여하였음을 인정한다. 우리는 우리 선교회를 위해 그가 계속 기도해주기를 바라고, 우리가 은혜의 보좌 앞에서 넘치는 사랑으로 그들을 기억할 것임을 그와 브라운 여사가 믿어주기를 바란다."[2)]

이것들은 공식적으로 행해지는 상투적인 진술을 넘어선 것들이다. 그들은 총무와 선교사들이 서로에 대해서 가졌던 신실한 감정을 표현하였다. 맥아피 박사가 총무가 되었을 때 그에게 개별적으로 편지를 썼던 선교회의 많은 사람들이 그가 브라운의 후임자라는 점에서 그를 환영하였다.

1) 총무들의 선교지 방문

선교회는 선교부 총무들이 자주 방문해주기를 항상 원해왔다. 선교회의 견지에서 말하자면, 만일 총무가 5년마다 혹은 더 적은 기간마다 몇 개월씩 특정 선교지의 현장에 머물러줄 수 있다면 유익한 점이 많았을 것이다. 그러나 재정적인 이유나 다른 이유들에서 가능한 일이 아니었다. 어떤 경우에는 그들의 방문기간이 한 달간 연장되기도 하였다. 다른 방문들은 바삐 서둘러서 행해졌다.

본무 총무의 첫 번째 한국 방문은 1889년 가을에 아더 미첼(Arthur Mitchell, D.D.) 목사 부부에 의해 이루어졌다. 그들은 극동에 있는 선교회들을 순회하는 중이었다. 그들의 방문은 당시에 한국 북부지방으로 유명한 '허니문' 여행을 떠났다가 방금 돌아온 결혼한 지 몇 개월 밖에 않된 신부, 곧 언더우드 부인을 위해 이루어졌다. 그녀는 미첼 박사의 방문으로 선교회가 "많은 도움과 조언"을 받았다고 말했다. 그는 서울 선교기지에게 전도금지 방침을 버리고 전도사역에 나서도록" 권유하였는데, 그 방침은 "1888년의 금령"으로 인한 것이었다. 언더우드 부인은 한 저서에서 그들의 방문에 대해 재미있는 일화를 소개하였다. "그 박사가 와 있던 어느 날 밤에 비바람이 심하게 몰아쳤다. 그 비에 물이 마루 위로 넘쳐들었다. 머리 위의 지붕이 새서 우리는 우산들과 방수복으로 젖

지 않게 하려 하였다. 아침이 되어 마루를 내다보니 창에 찢어진 종이조각들이 걸려 있었다. 미첼 박사는 우리를 부주의하다고 심하게 꾸짖으며 선교사들은 그처럼 잘못 보호되기에는 너무나 비싼 필수품들이라고 경고하였다."[3] 미첼 박사는 한국 방문에 관해 더 이상 보고서를 쓰지 않았다. 그러나 동료 총무에게 보낸 한 편지에서 다음과 같이 썼다. "나는 당신이 선교부에게 한국 사역에 수반되는 모든 당혹스런 일들에도 불구하고 한국에 세워질 참된 그리스도의 교회의 씨앗이자 확실한 예언인 이 젊고 지성적이고 열정적인 남자들과 여자들을 볼 수 있다면, 그리고 그들의 사역을 볼 수 있고 그들의 기도를 들을 수 있다면, 일어나서 하나님께 찬양의 노래를 부르게 될 것이라고 말해주기를 원한다."

두 번째 방문은 1897년 로버트 E. 스피어(Robert E, Speer) 박사에 의해 이루어졌다. 그는 헨리 그랜트(W. Henry Grant)와 함께 8월 2일 부산에 도착하였다. 그들은 증기선을 타고 해안선을 따라 제물포로 갔고, 계속해서 진남포에 갔으며, 대동강을 거슬러 올라가 평양으로 가서 일주일 동안 머물렀다. 그들은 그래함 리와 함께 육로로 서울에 돌아왔으며, 그곳에서 10일간 선교집회에 참석하였고, 그 후 육로로 제물포에 가서 9월 2일 그 항구에서 배를 타고 중국으로 향하였다. 스피어는 그 가는 길마다 47페이지 작은 책자에 그의 방문을 설명하며 기록하였다. 그는 한국에서 사역이 성장하는 이유들, 선교회의 방법들과 정책들, 사역의 문제점들과 위험한 점들에 대해 논하였다. 그는 사용 중인 방법들이 "뛰어나게 지혜롭고", 그 규칙들이 "엄격한 정신으로 충만하고", 그 선교사들은 그가 전에 평가했던 자들보다 "나은 남자들과 여자들"이라고 여겼다. 이 견해는 제임스 M. B. 실(James M. B. Sill) 주한 미국 공사가 확증한 것이다. 실 공사는 한 인터뷰에서 "이곳에 있는 선교사들은 강하고, 분별 있고, 유능한 사람들이다, 그들은 매우 뛰어나다. 나는 그들과 함께 하는 것을 매우 기쁘게 여겼다. 어떤 사람들은 선교사들이 문제가 많다고 말했지만, 나는 그들보다 더 양식 있고 함께 지내기 편한 자들을 만난 적이 없다. 나는 그들을 높이 평가한다."

스피어는 한국교회에 대해서 "좋은 바탕 위에 세워진 좋은 교회로 비춰지고 있다"고 결론지었다. 그는 평양을 떠날 때 거의 50명에 이르는 기독교인들이 빗속에 5마일을 걸어와 길가 초가집 교회에서 환송 기도모임을 열었을 때 크게 감동을 받았다.

총무의 다음 방문은 1901년 아더 J. 브라운(Arthur J. Brown) 박사 부부에 의해 한 달 동안 이루어졌다. 그들은 4월 23일 서울에 도착하였고, 육로로 소래를 거쳐 평양으로 갔다. 에비슨 박사와 샤프가 그들과 함께 황해도로 갔으며, 그곳에서 그들을 평양까지 안내할 자들을 만났다. 5월에 평양에서 열린 주일 성찬식에서 브라운은 두 명의 장로를 안수하고 권면하였다. 그 중 한 명이 나중에 유명한 길목사가 되었다.

브라운 박사는 황해를 건너는 증기선 '성걍'(Sung Kiang)호에서 한 작은 책자에 그의 한국방문에 대한 보고서를 작성하였다. 그는 교회가 정치와 선교사, 두 방향으로 이끌리고 있는 문제점에 대해 논하였다. 그는 대단한 안목으로 이후 수년간 일어날 정치적 사건들을 예견하였다. 그는 한국인들의 친절함과 우수한 자질에 대해 이야기하였다. 주한 로마가톨릭 선교회에 대해 언급하는 동안에는 뮈텔(Mutel) 신부를 그가 아시아에서 만난 사람들 중에 "가장 유능한 사람의 하나"라고 묘사하였다.

브라운 박사는 그의 보고서에서 선교회 사역의 여러 분야들-복음전도, 교육, 의료, 자선 사역-을 유용한 방법으로 거론하였다. 그는 선교회의 자급정책에 큰 감명을 받고 "성취된 결과에 비해서 세계의 다른 어느 선교지에서보다도 토착민 사역을 발전시키는 비용이 덜 들었다"라고 말하였다. 그는 선교회에 교회를 조직하고 교육사업을 더 많이 실시하는 방향으로 나아가도록 조언하였다. 의료사업은 '발전'과 '제한' 사이에서 중간의 입장을 취하도록 조언하였다. 평양에서 썼던 "지혜로운 선교 건축양식"을 칭찬하면서 한옥 양식의 건물들이 마치 기독교가 "원주민의 땅에 뿌리를 내리고 이 나라의 일부가 된 것처럼" 보이게 하라고 말했다. "한국 사역이 항구적으로 이루어질 것인가?"라는 질문에 대한 답으로 "나는 다만 항구성의 표징들이 내가 방문했던 다른 선교회들에서처럼 현재 나타나고 있다는 사실을 말할 수 있을 뿐이다"라고 기록하였다.

8년 후 브라운 박사 부부가 다시 한국을 방문하였다. 그들은 1909년 9월 6일 부산에 도착하였고, 강계를 제외한 모든 선교기지들을 돌아보았으며, 10월 1일 압록강을 건너 목단과 중국으로 갔다. 200페이지짜리로 인쇄된 일본과 한국과 중국에 관한 그의 보고서에서 한국은 35페이지가 할애되었다. 8년(1901-1909) 사이에 선교회 회원의 수가 거의 두 배로(53명에서 101명으로) 늘었으며, 선교기지의 수는 4개에서 8개로 늘었다. 교회와 기독교집단의 수는 3배 이상(300개에서 971개로), 교인수는 7배 이상(1만 3,569명에서 9만 6,443명으로), 토착민 조사는 11배 이상(91명에서 1,047명으로) 늘었다. 한국교회의 헌금총액은 18배가 늘었다. 브라운 박사는 두 차례의 방문을 비교하며 "1901년에 한국을 여행할 때는 하나님이 놀라운 일을 하고 계시는 것을 보고 흥분되었다. 그때 나는 다른 많은 사람들이 하는 것처럼 내 자신에게 '이 일이 계속 될 것인가?' 라고 물었다. 1909년에 나는 감소된 흔적을 발견하지 못하였고 오히려 교세가 증가된 것을 보았다."[4] 러일전쟁이 벌어지는 동안 한국에 큰 부흥이 일어났으며, 한국선전운동은 방금 종료되었다. 그러므로 브라운 박사의 선교지 방문은 시기적으로 매우 적절하였다. 그가 방문해 있는 동안 선교회들 사이에서 지역분할이 완성되었다.

브라운 박사의 보고서는 서론에서 한국인들의 역사, 문화, 성격이 다뤄진 후 "재한 일본인"과 "재한 선교회들"이란 두 개의 큰 제목으로 내용이 구성되어 있다. 이 보고서에서 그는 평양에서 선교회와 가진 회의에서 선교회와 선교사들은 새 정부에 대해 "충성을 인정" 하는 태도를 가져야 한다고 합의되었다. 한국교회에 대해서는 그가 결론적으로 "기독교 역사상 그들이 존재했던 초기 몇 년 동안 그렇게 많은 사람들이 등록한 역사가 거의 없었으며, 오늘날 그보다 더 밝은 전망을 가진 곳이 거의 없다"고 말하였다.[5]

이와 같은 브라운 박사 부부의 두 차례 방문이 있었던 그 사이의 기간에 『여성과 선교』(*Women and Missions*)지의 편집인 엘런 파슨스(Ellen Parsons) 양이 1902년에 한국을 방문하였고, 선교부의 세브란스(L. H. Severance)와 존 폭스(John Fox, D.D.) 목사가 1907년에 한국을 방문하였다. 또한 제임스(D. W. James) 부부가 1907년에 한국을 방문하였다. (제임스 씨는 선교부 재정부의 전임 의장이었다.) 1909년에는 갬블(D. B. Gamble) 부부가 왔다.

1910년부터 교통시설이 더 나아진 덕분에 선교부와 교회 대표들의 방문이 크게 빈번해졌다. 네 번째로 한국을 방문한 선교부 총무는 1913년에 온 스탠리 화이트(Stanley White, D.D.) 목사 부부였다. 그들은 뉴욕의 윌튼 멀 스미스(Wilton Merle Smith)와 함께 왔다. 그들의 방문에 대해 서울 선교기지는 보고서에서 "사역을 위해 좋은 아이디어를 얻고자 그들을 너무 재촉하였다"고 기록하였다.

1915년에 로버트 E. 스피어가 두 번째로 한국에 왔다. 그와 함께 회계인 드와이트 H. 데이(Dwight H. Day)와 의료 고문인 데이비드 보베어드(David Vobaird, M.D.) 부부가 왔다. 그들은 9월의 한 주일 동안 서울, 평양, 선천을 방문하였다. 일부 시간은 평양의 선교회 모임에 참석하는 데 썼다. 그들의 방문기간이 매우 짧았기 때문에 그들은 "진짜 방문지인 샴과 필리핀에서 집으로 돌아가는 도중 어느 오후에 잠깐 들린 것"으로 여겨달라고 요청하였다. 스피어와 보베어드와 데이는 각각 짧은 보고서를 제출하였다. 이때는 정치적 상황과 "대학문제"를 포함한 교육문제로 발생한 긴장들로 인해 선교회가 역사상 특별한 어려운 지경에 처한 시기였다.

스피어 박사의 보고서 제목은 "한국 선교사역의 몇 가지 문제"였다. 이 문제들은 "한국교회", "서울의 연희전문학교", "종교법", "사립학교법", "서울에서 가진 정부 관리들과의 회의"라는 소제목으로 정리되어 있었다. 당시 한국의 여러 조건들 속에서 그 때 부각되었던 문제들에 대한 스피어의 몇 가지 발언과 태도가 선교회와 한국인들을 기쁘게 하지 못하였던 것은 놀랄 일이 아니다. 스피어 박사는 어려운 점들이 있는 사실을 관대하게 인정하고 결론적인 진술에서 다음과 같이 말하였다. "나는 선교회의 모임에서 매우 어려운 문제들을 놓고 토론하는 동안 성실함과 진실함이 넘쳤던 것과 선교회의 다수가 자기 생각과 다른 논점들과 신념들을 반드시 이해할 수 있게 되리라는 것을 다시 증거하지 않고는 한국에 대한 이 보고서를 끝낼 수 없다. 선교회가 이 같은 전환의 시대에 가장 시련이 큰 문제들과 난관들을 해결하려고 노력했던 것을 진심으로 인정해야 한다. 선교부의 다른 선교회들도 혹 그럴 수 있겠지만, 이런 상황을 이겨내도록 부름을 받은 선교회는 거의 없다."

보베어드 박사는 "한국 의료선교의 몇 가지 문제점들"이란 제목의 보고서를 작성하였다. 그는 그가 묘사한 대로 '충격'을 받았으며, 선교회의 의료사역이 그 당시 의료진들이 감당할 힘을 넘어섰던 것은 매우 확실하다고 말하였다. 선교회의 7개 병원들 가운데 3개가 폐쇄되었다. 그는 "현재는 의학교에게 매우 중대한 시기"라고 판단하였다. 그는 세브란스 병원의 사역에 큰 감명을 받고 "동일한 권역에서 수준 높은 사역을 그처럼 많이 이룬 기관을 본 적이 없다"고 말하였다.

다행히도 이 모든 심각한 고비를 사역을 축소하지 않고 넘긴지 15년이 지나서 돌아보는 것은 흥미로운 일이다. 1915년에는 선교부의 명예 교육총무(Honorory Education Secratary)인 세일러(T. H. P. Sailer) 박사도 한국에 왔다.

처음 15년 동안(1916-1930) 다음과 같은 사람들이 선교부를 대표하여 한국을 방문하였다. 1917년에는 헨리 슬로얀 코핀(Henry Sloan Coffin, D,D, LL.D.)이 왔다. 1919년 한국 독립운동 기간에는 윌리엄 P. 쉘(William P. Schell, D.D.)과 협동총무 조지 T. 스코트(George T. Scott, D.D.) 목사, 현재 선교부 부의장인 제임스 M. 스피어스(James M. Speers) 부부가 왔다. 1932년에는 당시 선교부 회원이었고 현재는 선교부 의장인 찰스 R. 어드만(Charles R. Erdman, D.D. LL.D.) 목사, 부의장 마가렛 핫지(Margaret Hodge) 양, 교육총무 카터 밀리컨(Carter Milliken), 새시대운동(New Era Movement) 대표 풀크스(W. H. Foulkes, D.D.) 목사가 왔다. 1925년에는 클레런드 B. 맥아피(Cleland B. McAfee, D.D.) 목사 부부가 왔다. 1926년에는 로버트 E. 스피어(Robert E. Speer) 목사, 휴 T. 커(Hugh T. Kerr, D.D., LL.D.) 목사, 찰스 K. 로이스(Charles K. Roys) 여사, 거트루드 슐츠(Gertrude Schultz) 양이 왔다. 1929년에는 사무총무 데이비스 맥코노기(David McConaughy) 박사 부부가 왔다. 1930년에는 특수사역 총무 조지 J. 트럴(George J. Trull) 목사, 의료 총무 도드(E. M. Dodd, M.D.), 중앙지역 총무 프랭크 W. 바이블(Frank W. Bible, D.D.) 목사가 왔다. 1931년에는 헬렌 키트리지(Helen Kittridge) 양과 메리 E. 무어(Mary E. Moore) 양이 왔다.

스피어 박사는 선교부 총무로서는 유일하게 한국을 세 번 방문하였다. 그와 커 박사는 대구, 서울, 평양을 방문하였다. 스피어 박사는 보고서에서 그들은 이 방문 기간에 주로 선교회의 교육문제에 사로잡혀 있었다고 말하였다. 밀리컨은 한국에서 몇 주일을 머물렀다. 맥코노이 박사는 8군데의 다른 장소에서 3일 또는 그 이상 동안 집회를 열었다. 그 집회에는 150명에서 800명의 한국인들이 참석하였다. 그의 책, 『돈, 쓰라린 시험』(Money, the Acid Test)이 한국말로 번역되어 그 집회가 끝나기 전에 제2판이 출판되었다. 강계를 방문한 선교부 대표자들은 맥아피 부부와 바이블 박사가 전부였다. 만주에 있는 우리의 신빈 선교기지는 아직까지 어느 선교부 총무의 방문도 받은 적이 없었다. 한국을 방문하였던 선교부의 몇몇 대표들 가운데는 이름이 누락된 자가 틀림없이 있을 것이다.

러일전쟁 때부터 한국은 극동으로 가는 대로상에 놓이게 되었고, 많은 남녀 유명인사들이 한국을 방문해왔다. 그들 가운데는 신문기자들, 정치학 연구가들, 동양문화와 종교에 관심을 가진 학자들, 선교회들의 사역을 보기를 원하였던 목사들과 평신도들, 여행가들이 있었다. 그에 대해 완전한 목록을 만들려고 시도된 적이 없었다. 그들 중에서 여러 사람들은 이미 언급되었다. 몇몇 다른 사람들을 언급하자면, 윌리엄 제닝스 브라이언(William Jennings Bryan) 경, 셔우드 에디(Sherwood Eddy) 박사, 사무엘 셈플(Samuel Semple) 박사, 조지 B. 스튜어트(George B. Stewart) 박사, 플레처 브로크먼(Fletcher Brockerman), 파슨스 박사(W. E. Parsons) 박사, 부크만(F. F. Buchman) 박사, 존 D. 록펠러 주니어(John D. Rockerfeller, Jr.), 조시 E. 빈센트(George E. Vincent)

박사, 프레데릭 스타(Frederick Starr) 박사, 윌리엄 P. 메릴(William P. Merrill) 박사, 프랜시스 E. 클라크(Francis E. Clark) 박사, 윌리엄 E. 엘리스(Wm. T. Ellis), 로버트 딕 윌슨(Wobert Dick Willson) 박사, 할랜드 P. 비치(Larland P. Beach) 여사, 헨리 도스커(Henry Dosker) 박사, 화이트(W. W. White) 박사, 존 티모시 스톤(John Timothy Stone) 박사, 트럼벨(C. G. Trumbell), 폴 마틴(Paul Martin) 목사, 해리 코튼(J. Harry Cotton) 박사, 뉴욕신학교의 커밍스(Cummings) 박사, 치롤(Chirol, 런던 타임스 편집인), 키치너(Kitchener) 경, 캐논 스트리터(Streeter), 런던의 주교 등이 왔다.

2. 조선위원회

늘 조화롭게 지내왔던 선교회와 선교부의 관계가 '대학문제'(college question)라고 알려진 것으로 인해 긴장국면을 맞게 되었다. 이 문제는 선교회가 선교부에게 선교부와 선교회의 관계를 기존의 선교부 규범보다 더 명확하게 설정해주도록 요청한 데서 비롯되었다. 이 일은 총회가 "선교현장의 경영문제에 관해 선교부(Board of Foreign Missions)와 선교회가 가질 적절한 관계에 대한 권위 있는 방침을 얻기 위해" 한 위원회를 만드는 결과를 낳았다. 총회(General Assembly)가 임명한 이 위원회는 '조선위원회'(The Chosen Commission)라고 알려졌다.

'대학문제'로 돌아가자면, 이 문제는 선교회 안에서 각기 강력한 지도자들을 가진 큰 선교기지 두 곳-서울과 평양-이 성장과정에서 선교회의 특정 문제들에 관해 서로 다른 견해들을 갖게 된 데서 빚어진 것이었다. 서울은 수도일 뿐만 아니라 한국인들 사이에서 당연하게 정치, 사회, 교육, 종교 등 모든 운동의 중심지가 된 곳이었다. 연합선교 사역들이 거의 모두 서울로 집중되어왔고, 현재도 전체 선교사들의 3분의 1 이상이 이곳에 거주하고 있다. 그러나 서북지방 3개도에서 선교회의 사역이 빠르게 발전하면서 평양도 중요한 중심지가 되었다. 양 선교기지에 속한 우리 선교사들이 선교방법과 정책에 관한 가진 몇 가지 이견은 선교사 개인들이 가지는 어떠한 차이에서 기인하였을 뿐만 아니라 양편 도시환경의 차이에서도 크게 기인하였다. 그 차이는 그 두 선교중심지로 선교사를 배정한 일과는 무관하게 발생하였다고 볼 수 있다. 이 차이는 선교회 회원들 사이의 견해차였을 뿐만 아니라 '대학문제'로 극에 달하게 된 선교회들 사이의 견해차이기도 하였다.

두 번째 십 년이 종료될 무렵, 개신교인들의 3분의 2 이상이 평안남북도와 황해도에 있는 사실이 드러났다. 평양에서 대학교육이 맨 먼저 시작되어야 했던 것은 자연스런 일이었는데, 그것은 1906년에 시작되었다. 북부지방에 선교기지들과 많은 교회들을 가진 북감리교 선교회는 평양에서 전개되는 중등학교들과 대학에 대한 연합 교육사업에 가담하였다. 이 두 선교회들은 서울에서도 중등학교 교육사업을 연합해서 하였다. 그런 가운데 북감리교 선교회와 우리 선교회의 서울 선교기지는 대학교육을 당장이라도 서울에서 시작하기를 희망하고 있었다. 그러나 선교회는 선교중심지 두 곳에서 대학교육 사업을 감행하기를 꺼려하고 있었다. 장감연합학교(숭실학교)와 장로회신학교가 이미 평양에서 운영되고 있었기 때문에 선교회는 그곳에서만 대학교육을 계속 하기를 선호하였다.

이런 이유에서 서울 선교기지의 몇 차례 요구가 선교회에서 받아들여지지 않았다. 1909년, 서울에 대학 건물을 세우기 위해 제기된 1만 달러 요청안이 거부되었다. 1910년에는 선교회가 그 시점에는 서울에서 대학을 운영하지 않기로 표결하였다. 1911년에는 경신학교가 감리교 학교와 1년 동안 연합해서 "중등학교 교육과정에 2년제를 더하는 일"을 표결로 승인하였다. 거기에는 "이 일이 서울에서의 대학설립을 보증하는 것으로 해석되면 안 된다"는 추가조항이 붙어 있었다. 1912년에 다시 "현재는 한국에 오직 하나의 대학이 있어야 한다는 것이 우리 선교회의 판단이다"라는 결정이 내려졌다. 서울에 대학반을 계속 설치하자는 안건은 전처럼 폐기되었다. 선교회는 또한 '한국을 위한 하나의 대학'을 평양에 두기로 표결하였으며, "모든 복음주의 선교회들이 평양에서의 연합대학 사업에 우리와 연합하기를" 요청하였다.[6)]

우리 선교회와 다른 선교회들의 권고에 의해 이 문제는 교육평의회(Educational Senate)로 넘겨졌다. 협력 선교회들은 단 하나의 대학을 두는 것을 지지한다는 점에서 일치하고 있었으나, 감리교의 두 선교회는 그 대학을 서울에 두는 것을 지지하고 있었다. 호주 장로교 선교회와 남장로교 선교회는 평양을 선호하는 우리 선교회 편에 가담하였으며, 캐나다 장로교 선교회는 의사를 표시하지 않았다. 이런 차이로 인해 1910년에 평의회는 장소문제를 선교부의 합동위원회(Joint Committee)에 의뢰하기로 표결하였다. 1913년 3월, 평의회는 또한 6개 주한 선교회들의 선교사들이 투표를 하기로 결정하였다. 그 투표가 방금 끝났을 때 뉴욕으로부터 합동위원회가 서울을 설립 장소로 추천하면서 선교사들이 그 장소를 받아들일 것인지를 투표하기를 요청한다는 전언이 도착하였다. 그리하여 투표가 다시 이루어졌고, 평양 63표, 서울 37표, 기권 21표의 결과가 나왔다. 그러나 선교회 단위로 보면 두 감리교 선교회들이 29 대 3으로 서울을 지지하였고, 3개 장로교 선교회들이 57 대 7로 평양을 지지하였으며, 캐나다 장로교 선교회는 반반씩 나뉘었다.[7)]

이러한 정보를 접한 합동위원회는 1914년 1월 10일, 서울을 지지했던 이전의 추천안을 유지하기로 결정하였다. 이 결정은 장소를 정하는 문제보다 하나의 연합대학을 만드는 문제가 더 중요하다고 판단된다는 근거에서 1월 2일에 우리 선교부의 비준을 받았다. 선교부는 평양대학의 문을 닫도록 제안하고 선교회 회원들 가운데 원하는 자는 서울로 예정된 연합대학에 기꺼이 협력하도록 허락하였다.

이 결정에 선교회 회원 44명이 항의하고 나섰다. 실행부(Executive Committee)는 1914년 4월 2일, 선교부에 다음과 같은 항의 전보를 쳤다. "44명의 회원들이 대학결정 항의서에 서명을 하였으며, 권한을 위임받은 자들이 부지를 구매하도록 결정한 것에 대해서도 항의한다."

실행부는 4월 11일에 모임을 갖고 그 항의서를 세 항목으로 작성하였다. 그것은 선교회의 희망과 정책과 판단에 반하여 서울에 대학을 두기로 한 것을 반대하며, 선교회에게 묻지 않고 권한 위임자들이 서울에서 그 부지를 사는 것을 반대하며, 선교지를 통솔하는 책임을 갖고 있지 않은 합동위원회가 뉴욕에서 새로운 교육기관의 설립과 운영을 직접 제안한 것을 반대한다는 것이었다.[8)]

이러한 항의에 대응하여 선교부는 먼저 한국으로 대리인을 1914년 여름에 파견하고 그 사이에 우리 선교회와 선교부가 관여하는 대학 교육사업을 전면적으로 정지시키려고 하였다. 이 일은 재고되어 행해지지 않았으나 그 대신 1914년 7월 8일자로 선교부가 그 항의에 답하는 긴 편지를 써서 이 문제는 우리들만이 아니라 다른 선교회들 및 선교부들과도 더불어 행해져야 할 일이라고 진술하였다. 그리고 선교부는 고등교육 연합사업 정책의 시행을 위임받고 있으며, 재정과 교계예양에 대한 책무 때문에 그 일을 선교지만의 문제로 볼 수가 없으며, 비록 한국 내 2개 대학 설립안을 반대하는 입장에 있기는 하지만 "선교부는 좀 더 조정하려고 노력하면서 선교회가 지금 현재의 인력과 예산 범위 안에서 시행하고 있는 평양의 대학사업에 대한 후원을 철회하는 결정을 하려고 하지는 않는다"고 하였다.[9] (감리교인들은 1914년 3월 말에 평양에서의 대학과 남자 중등학교 연합사역에서 물러났다.)

1914년 8월의 연례모임에서 선교회는 한국을 위한 하나의 대학이 필히 평양에 있어야 한다는 신념을 재확인하였다. 그리고 선교부가 평양에서 현재의 대학을 계속할 수 있도록 허용한 데 대해 감사하며, 선교회들은 "선교부가 지시를 바꿀 때까지" 평양의 대학에 협력할 것을 서약하였다.[10] 선교부는 1914년 12월 8일자로 편지를 보내어 기독교인들만 그 학교에 입학시키는 선교회의 정책이 선교부의 정책은 아니며, 선교부는 평양대학을 '2년제 대학'(Junior College)으로 계속 운영하기를 원하며, 한국에서 그리스도의 대의를 이루려는 더 큰 관심(the larger interests)으로 인해 더 넓은 바탕(a broader basis)을 가진 기관을 필요로 하고 있다고 하였다. 선교부는 또한 선교회가 서울의 연합대학(Union College in Seoul)에 기꺼이 협력하기를 희망하며, 선교부는 다른 협력 선교부들이 동등한 재정부담을 하겠다고 약속할 경우, 건물과 설비를 위해 선교부가 첫 투자를 하도록 제공된 기부금 5만 달러를 기꺼이 받고자 한다는 뜻을 피력하였다.[11]

이에 대한 선교회의 답변은 1915년 9월의 연례모임에서 채택되었다. 곧 "우리는 매우 유감스럽게도 서울의 대학에 참여하는 길을 피해갈 수밖에 없으며 그 대학이 선교회로부터 독립해서 운영되도록 조정해줄 것을 선교부에게 요청한다"는 것이었다. 선교부는 이에 동의하였다. 사실상 선교회 회원들은 선교부로부터 전에 허락받았던 것에 의거하여 새로운 대학을 설립하는 문제에 관해 이미 선교부를 대표한 일이 있었다.

1915년의 연례모임 때도 실행부는 "선교부와 선교회의 관계를 검토하여 좀 더 명확하게 규정해달라"는 내용의 선교부에 보내는 청원서를 작성하였다. 이것은 선교회 모임에서 재고되어 책상에 일 년 동안 놓여 있었다.[12] 그 자리에 참석하였던 스피어 박사는 그의 보고서에서 "모든 문제가 얽히고 복잡해져서 해결될 가능성이 거의 없는 것이 분명하다"고 말했다. 실행부는 처음에 그 청원서를 총회에 제출하자는 제안을 냈으나, 스피어 박사의 항의를 받고 선교부에 부쳤다. 선교부는 그것이 책상에 놓인 후, 아무런 대응조치도 취하지 않았다.

1916년 2월에 선교부는 언더우드(H. G. Underwood) 목사와 밀러(E. H. Miller) 목사를 장로교를 대표하는 새 대학의 교수로 임명하였다. 두 사람 모두 서울 선교기지의 회원이었기 때문에 선교회는 아무런 반대를 하지 않았다. 그러나 언더우드 목사가 사망하여 서울에 있는 대학의 교장으로 선출된 에비슨(O. R. Avison) 박사가 미국에 가는 것을 선교부가 1917년 10월에 승인하고 또한 선교부가 1918년 1월에 로즈(H. A. Rhodes) 목사를 서울의 대학에 교수로 임명하였을 때 선교회는 이에 반대하였다.[13]

선교회는 이 두 요청의 승인을 거부하였다. 선교부는 서울의 대학 교장 에비슨 박사의 미국행을 거부하는 것은 다른 선교부들에 대한 교계예양 위반이며, 로즈를 이 대학에 임명해달라는 요청은 선교부의 지침서 조항에 따른 것으로 여겨지므로 그 요청을 인정하며, 이 두 결정은 선교회가 1915년에 선교부를 향해 "서울의 대학을 선교회로부터 독립해서 운영하도록 조정해달라"고 했던 요청에 부합된다고 진술하였다. 선교회는 그에 대해 선교회가 거부했던 에비슨 박사 부부의 미국행 요청은 의료사역을 위해서이고 대학문제 때문이 아니었으며, 로즈 자신은 어떠한 공식적인 호소도 할 생각이 없었다고 부인하고 있으며, 경험 많은 사역자를 대학으로 옮기게 하는 것은 새 사역자가 그 자리를 위해 선교회로 파송된다고 하더라도 선교부는 그 일로 선교회를 곤란하게 만들 것이라고 하였다. 선교회는 또한 정규 수업과정의 일부인 성경과목(성경 교육과 종교의식 시행)을 제외시킨 채 연희전문학교(Chosen Christian College)가 받은, 그 당시로서는 정당성을 인정받지 못하는 정부 인가를 선교부가 승인한 일에 대해 이의를 제기하였다. 선교회는 그 승인이 그들의 사역을 방해한다고 여겼고 모든 교육사업에서 종교 자유의 권리를 지키겠다는 강경한 자세를 지니고 있었기 때문에 그렇게 주장한 것이었다.[14] 정부로부터 대학인가를 받는 과정에서 선교회가 의견을 표명할 기회를 이용하지 못했다고 선교부가 지적했을 때는 선교회가 그 대학을 선교회로부터 독립해서 운영하기로 선교회와 선교부가 합의했기 때문에 그렇게 하지 못했던 것이라고 답하였다.

대학문제에 관한 선교회와 선교부 사이의 이 견해차들과 대학의 운영이 선교회에서 독립되어 시도되면서 발생한 여러 차례의 마찰은 선교회로 하여금 선교부 지침서의 문구를 수정해서 선교회와 선교부의 관계를 보다 분명히 설정하도록 새로이 노력하게 만들었다. 1917년의 이른 봄에 선교회의 어떤 회원들이 그 문제에 관해 기고한 기사들이 미국에 있는 교회신문들에 발표되었다. 선교사들이 작성한 편지들이 미국에 있는 목사들에게 발송되었고, "선교부의 결정사항들을 비난하고 총회가 현장 사역에 관한 선교회의 권한을 지켜줄 것을 요청한다"는 내용의 한 전보가 선교회 회원 39명이 서명으로 안식년을 맞은 한 선교회 회원에게 보내졌다.

이러한 여론운동의 결과로 총회의 해외선교부에 파송된 선교회 대표들에 의해 두 가지 결의안이 제출되었다. 총회가 이를 수용한 후에 다음과 같은 변화가 일어났다. "정부의 교육기관 지배를 위한 새 법률들이 통과되고 그에 따라 모든 교육이 세속화된 결과 선교부가 직면한 선교현장 몇 곳의 최근 심각한 교육사업 문제들에 관해 총회는 모든 선교회 학교들에서 성경교육과 종교의식을 법이 허용하는 한 계속할 것을 승인한다.

총회는 선교부를 향해 여러 선교지들에 있는 선교회들의 민주적인 자치를 극대화시키는 문제를 포함하여 더욱 효과적인 지역경영 정책을 보장하는 문제에 대해 특별한 관심을 기울이고 어느 때든지 주어진 여건 안에서 동일한 방향으로 더 진전된 조처를 취하도록 권고하되 특별히 규모가 큰 선교회들에 대해 더욱 그렇게 하도록 권고한다."[15]

비록 이러한 결정들로 인해 선교회들과 선교부의 관계가 이전보다 달라진 것은 아니었지만, 선교회는 그것을 근거로 더 강경하게 나갈 수 있도록 고무될 수 있었다. 총회의 권고를 좇아 선교부는 안식년을 보내는 선교사들과 더불어 두 번 회의를 했다. 1917년 6월 5일에 열린 회의에는 17명의 한국 선교사들이 참석하였고, 6월 18일에 열린 회의에는 12명의 선교사들이 참석하였다. 이 회의 결과가 전보를 통해 선교회에 알려졌다. 그것은 선교회의 희망사항을 선교부에 알렸으며, 만일 그것이 승인되면, 선교부의 지침서에 수정조항을 더할 수 있다는 것이었다.

그에 따라 1917년 6월 24일부터 7월 4일까지 열린 선교회 모임에서 청원서가 다음과 같이 작성되고 1915년에 작성하였던 것은 책상에서 치워졌다.

"1. 우리는 선교부가 다음에 제시한 것처럼 교범을 확실하게 수정하기를 요청한다. 해외 여러 나라들에서 조직된 정규 선교회들은 복음을 전파하고 교회를 개척하기 위해 총회를 대리하는 기관이다. 선교회는 그들의 범주 안에서 총회의 사역 방침을 따르며 총회의 검열 및 통제 권한에 의거하여 선교부나 권한을 위임받은 다른 대리인에게 복종한다. 선교회는 또한 총회를 상대할 위원들을 임명할 권한을 가진다.

2. 우리는 우리 선교부 산하의 다른 선교회들과 상기의 결의안에 관해 의견을 나누면서 이러한 요청에 관해 우리와 연합하도록 부탁한다."[16]

두 번째 항목은 이후 선교회에 의해 취소되었으나 선교부의 지시에 대해 다른 선교회들과 의견을 교환한다는 내용은 남겨졌다. 선교지의 이러한 결의안이 수령되면서 뉴욕에서 세 번째 회의가 1917년 9월 14일에 열렸고, 여기에 안식년을 맞아 한국에서 온 네 명의 선교사들이 참석하였다. 선교부의 위원들은 결의안의 문구를 바꿀 것과 선교회가 그들의 견해를 자세히 설명할 수 있도록 '적요서'를 준비할 것을 요구하였다.

이것들이 뉴욕에 도달하기 전인 1918년 1월 7일에 선교부는 선교회가 1917년에 제출한 지침서 수정안이 "실행불가능"하다는 결정을 내리고 몇 가지 심각한 결함들을 지적하였다. 그러면서도 선교부는 "우리는 지침서가 선교부와 선교회의 관계에 대한 권한들과 기능들을 충분히 정당하게 지시하지 않고 있다는 논점이 설득력을 지녔으며 이를 보다 명확하게 설정하는 것이 바람직하다는 사실을 인정한다"는 견해를 더하였다. 선교부는 선교회와 선교부 대표들이 전후(post war) 회의를 가지고 이 문제와 "다른 중요한 문제들, 특별히 제1차 세계대전으로 인해 발생한 문제들"을 생각하자고 제안하였다.

선교부가 위의 결정을 내린지 얼마 안 있어 선교회의 실행부가 작성한 '1917년의 청원서'의 대체안과 '적요서'가 뉴욕에서 받아들여졌다. 그 대체안은 지침서가 다음과 같이 수정되어야 한다고 주장하였다. "선교회는 그들의 범주 안에 있는 모든 사역들을 전반적으로 보살피며 감독한다. 선교회는 선교부의 동의 없이 개설되거나 사역을 수행하거나 정책을 시작할 수 없고 선교부도 선교회의 찬동 없이 선교현장에서 그와 같이 할 수 없다. 정책과 방법과 지출에 관한 모든 문제는 선교회의 판단에 따르며, 선교부의 결정이 필요한 모든 요구사항들은 선교회의 결정을 동반해야 한다." 선교회의 논점을 지시한 이탤릭체 문장은 주장이 달라진 것을 보여준다. '적요서'는 "선교지 경영에 관해 본부와 현장을 바람직하게 조정하는 문제에 관한 적요서"란 제목을 붙이고 있었으며, 14 페이지 분량으로 인쇄되어 연례모임 의사록에 들어 있다.[17] 이 사건의 역사를 회고하고 선교회의 입장을 주장하는 내용이 선교회의 실행부 부장인 제임스 E. 아담스(James E. Adams, D.D.) 목사에 의해 잘 표현되어 있었다.

선교부는 1918년 2월 4일에 다음과 같은 조처를 취하였다. "제출된 수정안"과 "적요서"가 1월 7일자 선교부의 결정을 재고하는 것이 마땅하다고 여기도록 선교부를 수긍시키지 못하였으므로 선교회가 1910년 6월의 연례 모임에서 모든 문제를 재고하기를 바란다고 주장하였다. 선교회는 그렇게 하였고, 다음의(전문과 결론의 진술은 제외되었다) 결의안이 채택되었다.

"우리는 선교부에 대해 다음의 목적을 위해 5명의 위원을 임명하도록 총회에 청원해줄 것을 요청한다.

1. 총회를 대표하는 위원은 개최 제안을 받은 회의에 참석해야 한다.
2. 선교지의 민주적인 자치, 장로교의 틀과 건전한 사업 원칙들에 부합하는 적절한 영역, 현재의 조건 아래 선교부가 선교회에 대해 지닐 적절한 권위 등에 관한 모든 문제들은 조심스럽고 철저하게 다뤄져야 한다.
3. 선교지 문제에 대한 선교부와 선교회-특별히 더 큰 선교회들의 경우에-그리고 지금 총회에 대해서도 마찬가지로 각각의 기능들을 조정하고 정의하는 일을 위해 지혜롭다고 여겨지는 이러한 권고에 근거하여 틀이 짜여져야 한다.[18)]

선교부는 이에 대해 다음과 같이 대답했다. 곧 총회(1918년 5월)가 이 문제와 또 다른 문제들을 다루기 위한 선교부의 전후회의 개최 계획을 승인하고 추천한 데 대해 선교부가 더 이상 조처를 취할 필요가 없다는 것이었다.

선교회는 1918년의 연례 모임에서 연희전문학교과 관련해서 다음과 같은 결정을 내렸다. "(전문 생략) 선교부가 선교회의 판단을 반대하면서까지 이 학교를 지속시키려 하는 것을 해결하기 위해 우리는 오직 총회가 연희전문학교 문제와의 절연, '선교회는 그들의 활동범위 안의 모든 사역을 돌보고 감독한다'는 지침서의 규칙(40항), 그리고 선교회의 범위 안에 있는 하나의 교육기관으로서 그 학교-그 때까지 선교회 밖에 있고 관계를 맺고 있지 않았다-의 설립과 운영에 대한 선교회의 권한 획득 등을 허락하는 경우에만, 선교부가 그 학교를 계속하도록 우리가 요청하기로 결정하였다." 그와 동시에 선교부는 "15명의 재조선 선교회 회원들이 왜 연희전문학교 관련 결의안에 반대하는 투표를 하였는가"라는 제목의 편지를 또한 수신하였다. 선교부는 그 대학에 대한 그들의 결의안이 총회에 보고되어 즉각적으로 승인되었다고 대답하였다. 그리고 선교부가 그 대학을 선교회와 무관하게 독립적으로 운영했던 것은 "선교부가 그 일을 선교부와 모교회 간 협력의 테두리 안에서 행할 필수적인 사역의 하나라고 인정하기를 거절하여 그 대학에 대한 권한을 포기하려 했지만 그러한 희망을 선교회가 자의적으로 반대하였기"때문이었다고 해명하였다.

그렇게 해서 이 문제를 가지고 선교회의 몇몇 회원들이 모교회에 호소하는 사이에 2년이 지나갔다. 그 결과 1929년의 총회에서 12노회들로부터 몇 가지 건의를 받았다. 그들은 "선교부와 조선 선교회의 관계를 철저히 조사함으로써 그리고 선교부와 선교회가 선교지 경영에 관해 가질 적절한 관계를 총회가 승인하여 선교부 지침서의 권위를 분명히 함으로써 이 같은 결정이 뒷받침되어야 한다"고 요청하였다. 이 요청이 총회에서 승인받아 7명의 위원이 임명되었다. 그들은 사무엘 S. 팔머(Samuel S. Palmer), 토마스 R. 굿(Thomas R. Good), 알프레드 H. 바(Alfred H. Barr), 존 하비 리(John Harby Lee) 등의 목사들과 조지 W. 서덜랜드(George W. Sutherlnd), 윌리엄 B. 헤이(William B. Hay), 조지 G. 바버(George B, Barber) 등의 장로들이었다. 총회장인 팔머 박사는 그 일에 종사할 수 없어서 대신 마이넛 C. 모건(Minot C. Morgan)을 임명하였다. 서덜랜드 또한 그 일에 종사할 수 없었다. 이 위원회는 1920년 6월 19-26일에 뉴저지 프린스턴에서 열린 전후회의에 참석하여 설명문과 규약 초안을 작성하여 이를 27개 선교회들과 선교부에 발송해 검토하게 하였으며, 1921년의 총회에 보고하였다.[20]

위원회는 보고서를 두 부분으로 나누어 설명하였다. 제1부에서는 조선 선교회와 본국 선교부의 문제를 다뤘다. 8년간의 편지들을 조사하고 선교회와 선교부 대표들의 말을 경청한 후에 양 편이 모두 양심적인 신념을 견지하고 있었으며, 선교부는 총회에서 부여받은 권한의 범위를 넘어서지 않았으며, 선교회는 대학의 장소를 지정한 합동위원회의 결정을 받아들여야 하였으며, 선교부는 평양의 대학의 지위를 '2년제 대학'으로 강등시키는 잘못된 판단을 하였으며, 선교부는 서울의 대학이 받은 정부인가를 승인할 때 매우 중요한 기독교의 원칙을 저버리지 않았다고 결론지었다. 위원회는 또한 그러한 논쟁을 벌인 양 편 모두가 "마음가짐과 정신자세"를 새롭게 해야 하며, 두 대학은 "서로를 보완적인 상대"로 여겨야 하며, 선교회는 "서울의 대학을 동정하고 협력해야"이며, 선교부는 "평양의 대학을 따뜻하게 후원하고 격려해야" 하며, 선교부와 선교사들은 모두 "서로를 비방하거나 차별하지 않고" 두 대학에서 함께 사역하라는 판단을 내렸다.

보고서의 제2부는 "해외 선교회들의 선교지 경영" 문제를 다뤘다. 위원회는 이 문제에 관한 전후회의의 조사가 공평하게 선교회와 선교부 양편의 판단을 대표하고 있다고 설명하고, 다음의 내용들을 선교부 지침서에 추가하도록 권고하였다. 선교회는 그들의 사역을 그들의 활동범위 안에서 통솔하고 지시해야 하며, 재정상의 새로운 책임문제, 다른 선교부들이나 교파들과의 관계, 국가 정부들이나 다른 선교회들의 영향을 받는 선교정책에 관한 근본문제 대해서는 선교부의 결정에 순복해야 한다. 만일 선교회가 아직 간여할 준비가 되어 있지 않는 사역에 선교부가 참여할 경우에는 선교부가 선교회의 기존 인원과 충당금에 추가로 인력과 자금을 제공해야 한다. 만일 선교사들이 그 장소나 사역에 관해 선교회나 공의회의 결정에 만족하지 못한다면 선교부에 최종 결정을 호소할 수 있다. 위원회는 또한 지침서에 보충시켜야 할 몇 가지 '해석적인 규정'을 더하였다. 이를 간단히 설명하면 다음과 같다. 전체 교회가 선교사회(Missionary Society)인바, 선교지 선교회들의 사역이 교회에 의해 선교부를 통해 수행되고, 선교부는 "이 일을 완전히 통제하고 지시하며," 선교사들은 "선교부의 지시와 인도 아래 있으며", 만일 선교사들과 선교부 사이에 회의를 통해 조정할 수 없는 어려운 문제가 생기면 총회에 호소할 수 있으며, 선교회들은 사역의 목표를 자전하고 자치하는 교회의 발전에 두어 교회가 전도사역을 완성하게 한다.[21]

선교회는 1921년의 연례 모임에서 그 보고서의 제1부를 최종적인 것으로 받아들이기로 표결하고 실행부로 하여금 연희전문학교 이사회와 더불어 "정부의 인가 아래 성경교육과 예배에 관한 완전한 종교의 자유를 보장하는 문제"를 협의하도록 요청하였다. 일년 후, 완전한 종교의 자유가 확보되어왔다고 보고되었으며, 선교회는 처음으로 그 대학의 이사회에 네 명의 회원을 추천하였다. 제2부는 다른 선교회들과 더불어 B항목("선교회의 권한")에 제시된 몇 가지 변화를 주장하는 기회로 활용되었다. 1927년의 개정 지침서에는 그것들을 그다지 많이 찾을 수 없다.[22]

우리는 10년 이상 진행된 사건들의 추이를 선교부와 선교회 간의 매우 심각한 견해차를 중심으로 일부 추적해보았다. '대학문제'가 발생하지 않았더라면, 선교부와 선교회의 관계를 좀 더 명확하게 진술해야 한다는 요청이 제기되지 않았을 것이다. 선교회가 결정한 것들은 거의 모두 선교부에 의해 승인되었다. 브라운 박사는 지난 1915년 4월 1일부터 1917년 3월 31일까지 2년 동안 조선에 관해 내린 선교부의 결정사항 159건 중에서 "단 3건만 선교회의 요구를 거절하였다." 아담스 박사는 지난 23년 동안 선교부가 선교회의 요청을 단 두번 반대한 것으로 알고 있다고 시인하였다.

이 일이 종료되었을 때 선교회와 선교부는 한국에 하나가 아니라 두 개가 있는 남자 기독교대학에서 협력하고 있었다. 이 일은 선교회의 시초부터 소수의 회원들에게 불가피한 일로 비쳐졌다. 이론적으로는 선교회와 선교부가 단 하나의 대학을 감당해야 하였다. 실제적으로는 그것이 불가능하였다. 현재까지 두 개의 대학을 유지하는 동안 발생한 어려운 일들에 관해 많은 이야기를 할 수 있다. 긴 안목에서 본다면, 두 개가 더 낫다. 이미 두 대학은 서로를 '보충' 하고 있다. 하나는 문과와 농과를 두고 있다. 다른 하나는 문과, 상과, 수물과를 두고 있다. 둘은 동일한 보조로 정부의 표준에 부응해가면서 종교적 특권을 누리고 있다. 현재 한국에 있는 수많은 기독교인들과 앞으로의 성장과 발전 가능성을 생각하면 두 개의 남자 기독교대학이 많은 것이 아니다.

"더 많은 선교지 경영 권한"에 대해 선교회는 그들이 원하는 것을 지침서에 추가시키는 결과를 얻지 못하였다. 그러나 선교회는 어느 면에서 그들의 위치를 확인하였다. '권한' 은 여전히 선교부에게 있었고, 선교부는 선교회가 확신을 표하는 사안을 뒤집지 않을 것이라는 말을 해주지 않았다. 그러나 지난 10년의 역사는 선교부가 앞으로 그렇게 하기를 망설이고 이전의 10년보다 더욱 그러하라는 것을 지시한다. 그것은 지금의 '여자 대학 문제' 에 반영될 것이다. 서울에서 이미 대학이 운영되기 시작하였다는 것을 제외하고는 동일한 상황이 전과 같이 펼쳐지고 있다. 선교회와 선교부의 소수는 기쁘게 이 대학에 협력할 것이다. 그러나 선교회는 거듭 거부해왔고, 평양에서 장로교만 연합해서 하는 대학교육 사업을 지향하고 있다. 선교부가 발전을 일깨우고 있으나, 어쩌면 끝내는 선교회의 요구에 굴복할 것이다.

선교부와 선교회의 관계는 조화롭고 충성스럽다. 선교부에게 선교회의 감사를 표시하기 위해 1930년에 다음과 같은 결정이 내려졌다. "들리는 말에 의하면, 선교부가 올해 조선 선교회에는 총 31만 7,421달러 23센트를 충당금으로 지급하였고 전 세계의 선교부 사역을 위해서는 총 416만 3,884달러 23센트를 지급하였다고 한다. 우리는 이러한 큰 금액이 확보되도록 선교부가 신뢰를 보여준 것에 감사를 표시하고 기도와 수고로써 선교부와 연합하기 원하는 우리의 소망을 표시하도록 선교회에 권고한다."[23]

존 언더우드(John Underwood)씨

세브란스(L. H. Severance)씨

존 L. 세브란스(John L. Severance)씨

프렌티스(F. F. Prentiss) 여사

네 명의 관대한 선교회 친구들

:: 주석

1) *Minutes, Korea Mission, Presbyterian Church, U.S.A.*, 1906, p. 41.

2) *Minutes, Chosen Mission, Presbyterian Church, U.S.A.*, 1929, p. 25.

3) L. H. Underwood, *Fifteen Years among the Top-knots*, p. 92.

4) A. J. Brown, *Report on a Visit to China, Japan and Korea*, p. 85.

5) *Ibid.*, p. 94.

6) *Minutes, Korea Mission, Pres. Church, U.S.A., 1909*, p. 96; 1910, p. 51; 1911, p. 103; 1912, pp. 53, 116, 117.

7) *Ibid.*, 1913, pp. 37-39.

8) *Ibid.*, 1914, pp. 13, 14, 18, 19.

9) Board Letter No. 228.

10) *Minutes, Chosen Mission, Pres. Church, U.S.A., 1914*, p. 95.

11) Board Letter No. 246.

12) *Minutes, Chosen Mission, Pres. Church, U.S.A.*, 1915, p. 44, 73.

13) *Ibid.*, 1918, pp. 12, 15.

14) *Ibid.*, 1918, pp. 129-134.

15) *Minutes, General Assembly, Pres. Church, U.S.A.*, 1917, p. 219.

16) *Minutes, Chosen Mission*, 1917, pp. 37-38; Board Letter No. 426.

17) *Ibid.*, 1918, pp. 19-23; Board Letters Nos. 436, 456.

18) *Ibid.*, 1918, pp. 17-18; Board Letter No. 468.

19) *Ibid.*, 1918, p. 130; Board Letter No. 473.

20) *Minutes, General Assembly, Pres. Church, U.S.A.*, 1920, pp. 94-96.

21) *Ibid.*, 1921, p. 99.

22) *Minutes, Chosen Mission, Presbyterian Church, U.S.A., 1921,* pp. 83-85; 1922, p. 89.

23) *Ibid.*, 1930, p. 27.

제 **14** 장

선교회와 정부의 관계

한국은 개신교 선교사들이 이 나라에서 사역을 시작하기 전 28년 동안 복음에 대해 문이 닫혀 있었다. 1866년의 대 박해 이후 극소수의 프랑스인 사제들만이 비밀리에 들어와서 일하고 있었으며, 한국 기독교인들도 비밀리 믿고 있었다. 기독교를 의심하는 한국인들이 매우 많아졌는데, 그것은 선교사들이 죽임을 당한 일로 인해 서구국가들이 도발해왔기 때문이었다. 이 서구국가들과의 조약은 합법적으로 복음을 전파할 수 있는 조건을 만들어주지 못하였다. 최초의 개신교 선교사들은 선교사의 자격으로 들어오지 못하고 의사와 교사로 왔다. 그들은 은밀히 복음을 전하였으며 최초의 개종자들에게 은밀히 세례를 주었다. 척사윤음(斥邪綸音)은 여전히 취소되지 않고 있었다.

이러한 의심의 태도가 어떻게 갑자기 바뀌지게 되었는지, 어떻게 전면적으로 선교회들이 보호와 지지를 받게 되었는지, 그리고 많은 시간 정부와 협력하며 지내게 되었는지를 설명하는 것이 이 장의 목적이다.

1. 한국 정부

개신교 선교가 처음부터 국왕의 호의 얻고서 좋은 출발을 보였다고 말할 수 있었다. 최초의 선교사들이 의사였던 것은 행운이었다. 삼 개월 안에 최초의 선교사가 한국인 왕족(prince)의 생명을 구할 수 있었고, 육 개월 안에 선교회가 정부의 후원을 받는 왕립병원을 맡아 운영하게 되었다. 이것은 선교회들이 경험한 일들 중에서 가장 로맨틱한 이야기이지만 이미 6장에서 이야기하였기 때문에 여기에서 더 이상 반복할 필요는 없을 것이다. 초창기 선교사들인 알렌(Allen) 박사 부부, 언더우드(Underwood) 박사 부부, 헤론(Heron) 박사 부부와 엘러즈(Ellers, 벙커〈Bunker〉 부인)는 모두 왕실의 총애를 받았다. 나중에는 동일한 총애가 에비슨(Avison) 박사 부부에게 주어졌다. 이 초창기 선교사들이 말해주는 왕궁 및 정부 관리들과의 관계에 관한 이야기를 들을 수 있는 것은 후에 온 많은 선교사들이 누릴 결코 잊지 못할 특권이다.

대한제국(한국)의 첫 황제

선교회 회원들 중에서 최소한 여섯 명이 왕실 주치의로 있었다. 다른 사람들, 특별히 언더우드는 고관들과 친밀한 관계를 맺고 있었으며, 언더우드는 한동안 왕과 외국 공사들 사이의 통역으로 봉사하였다. 언더우드 부인과 엘러즈 양(벙커 부인)은 왕비를 진료하러 갔던 일에 대해 흥미로운 기록을 남겼다. 언더우드 부인은 다음과 같이 말하였다. “나는 왕비에게서 작은 종기보다 더 심각하지 않으나 절개가 필요한 증세를 발견하였다.” 그러나 “사람들은 그녀의 신성한 몸에 수술기구를 대는 것을 허락하지 않았다. 그러므로 완화시키는 방법에 의존해야 했다.” 언더우드 부인은 계속해서 설명하였다. “이렇게 궁궐을 방문한 후 며칠 지나지 않아 한 관리가 왕후가 하사하는 아름답고 흥미로운 선물을 많이 가지고 우리집에 나타났다. 그 선물들 가운데는 훌륭한 자수병풍, 수놓인 베개와 요, 본견, 면제품, 부채 등등이 있었다”고 말하였다.[1)]

에비슨 박사와 알렌 박사는 그들이 얼마나 자주 치료차 궁궐을 방문하였으며, 때때로 그 일이 얼마나 당혹스러웠는지에 대해 기록하였다. 그들은 모두 알현을 위해 적절한 의상을 구하려고 한두 번은 외국인들에게 부탁해야 하는 유쾌한 사건들을 경험하였다. 그러나 궁궐 관리들은 매우 감사해하면서 왕진에 대한 기본 진료비에 선물들을 더해 주었다.

선교사들은 치료 외에도 여러 가지 봉사를 할 수 있었다. 언더우드 부인은 “1895년 봄에 왕비가 보낸 총리대신이 와서 언더우드에게 귀족들을 위한 학교를 세우는 계획안을 만들어 달라고 요청하였다”라고 기술하였다. 정부는 언더우드 박사가 선발할 미국인 교사들을 위해 몇 채의 집들을 지었다. 언더우드 박사는 그 요청을 수락하였으나, 그 해 가을에 왕비가 살해되었다.

언더우드 박사는 학부의 고문직을 맡아달라는 요청을 몇 차례 받았으나, 정중히 거절하였다. 다만 일본에 가서 왕의 아들들 중 한 명이 미국으로 유학가는 일을 주선해달라는 왕의 요청은 받아들였다. 그는 왕자의 여행에 필요한 물품들, 승선표, 일본에서 쓰게 될 경비 등을 위한 돈을 지급받았고, 왕자가 항해를 떠날 때 배웅해달라는 지시를 받았으며, 모든 것을 이행하였다.[2)] 언더우드 박사는 또한 몇 명의 각료들로부터 일간신문의 발행을 담당해주도록 강한 권유를 받았으나, 그렇게 하지 않았다. 하지만 스피어(Speer) 박사가 한국에 관해 쓴 그의 최초의 보고서에서 언급하였듯이 “한국 정부는 『그리스도신문』(*The Christian News*, 언더우드 박사와 빈튼〈Vinton〉 박사가 발행한 주간신문) 467부를 구독 신청하여 367부를 전국의 각 지방관청에 보내고 중앙정부의 10개 부서에 각각 10부씩 보냈으며, 왕은 따로 받아보았다.”

왕실과 선교사 집단 사이에서 사교도 이루어졌다. 몇몇 선교사들은 왕과 다른 사람들이 볼 수 있게 궁궐 마당에서 자전거 타는 공연을 주문받았다. 한번은 남녀 선교사들이 궁궐 마당의 인공호수에서 스케이트 타는 공연을 주문받았고, 그런 다음 중앙에 있는 누각에서 차를 대접받았다. 왕실 사람들은 에비슨 부인이 가장 우아하게 스케이트를 탔다고 평가하였다. 그것은 어쩌면 당연한 일이었는데, 그녀가 캐나다에서 성장하였기 때문이었다. 가장 어린 왕자는 교사들, 통역들, 온갖 지위와 연령의 수행원들을 한 무리 데리고 자주 언더우드의 집을 방문하였다. 에비슨 박사는 그가 쓴 "한국에서의 소년시절"("Boyhood Days in Korea")이란 글에서 왕자와 놀기 위해 궁궐을 방문한 일과 왕자가 "관광"하려고 그곳에 온 미국 해군들이 나무에 올라가게 만들었던 일을 이야기하였다. 언더우드 부인은 어린 아들(현재의 H. H. Underwood, 원한경)을 데리고 궁궐에 오라는 부탁을 받았다. 그녀는 "그들이 아들 주위에서 큰 소란을 떨고 그를 납치해갔는데, 왕비가 그를 토닥거리고 왕이 그의 외투의 단추를 채워주었다"고 말하였다. 언더우드 부인은 또한 "새해 첫날마다 매번 우리들 가운데 궁궐이나 정부기관과 아주 조금이라도 연결된 자는 누구든지 견과가 들어있는 자루, 쇠고기 여러 파운드, 큰 물고기, 계란 수백 개, 곶감 여러 파운드 등의 많은 선물들을 받았다"고 하였다. 한국 달력으로 새해 첫날이면 왕비가 언더우드 부인에게 그녀 자신이나 아들을 위해 진주나 그와 비슷한 어떤 것을 사도록 250달러를 선물로 보냈다. 1889년 3월에 있던 언더우드의 혼례일에는 아침 일찍 한국 조랑말들의 행렬이 종들을 울리며 도착하였다. 그것은 왕비가 보낸 선물로서 '백만 냥' 어치(2천~3천 냥이 1달러에 해당되었다)에 달하는 것이었다. 그들이 강계로 갔던 "신혼여행"에서 돌아 온 후 왕비는 언더우드 부인에게 그녀의 남편용으로 "진귀한 금팔찌 한 쌍과 아름다운 진주가 박힌 반지 세트"를 보냈다. 결혼식에는 병부를 대표하는 최고위층 귀족인 한규설 장관, 각료들을 대표하는 왕비의 친척인 민영환, 그리고 여러 궁궐에서 보이지 않게 일하는 많은 궁녀들이 참석하였다.[3)]

여러 축하행사들에서 왕실 인사들, 다른 고관들, 선교사들, 다른 외국인들이 이곳저곳으로 초청되었다. 1896년 9월 8일 국왕의 45번째 탄신일에 한 축하행사가 조선예수교서회의 후원 하에 서울 서대문 밖 모화관에서 거행되었으며, 3천 명이 참석하였다. 실내에 있는 군중을 향해서는 농부 협판인 이채근(Yi Chai Kun)이[i)] 연설하였고, 밖에서는 같은 시간에 천막 아래 있는 군중에게 서재필(Philip Jaison) 박사가 연설하였다. 10년 후에 기독교인들이 참석했던 비슷한 축하행사 때는 연사가 한성판윤인 윤치호(T. H. Yun)

와 서재필 박사였다.[ii] 왕은 한문 신약성경과 찬송가를 선물로 받았다. 에비슨 박사와 언더우드 박사가 황제로부터 3급 태극훈장을 받은 때가 이 해(1906)였다. 에비슨 박사는 또한 자주 많은 봉사를 한 데 대한 사의의 표시로 "많은 선물들"을 왕으로부터 받았다.

1914년 4월 6일 언더우드 박사의 내한 30주년 기념행사에서 전에 정부 각료였던 새문안교회의 김규식이[iii] 연사 중 한 명이 되었다. 다른 정부 관리들과 한국인 귀족들도 그곳에 참석하였다. 다른 외국인들도 이씨 왕조 건국 500주년 기념일 때와 같은 정부 주최 행사에 종종 초청되었다.

정치적인 위기의 시기에 선교사들은 자주 정부로부터 조언과 도움을 요청받았다. 1895년 10월에 왕비가 살해되었던 때로부터 7주 동안은 외국인들 가운데 두 명이 밤에 왕의 곁을 지켰다. 왕의 음식은 러시아 공사관과 언더우드의 집으로부터 날마다 교대로 보내졌다. 음식이 커다란 돈궤 안에 넣어지고 예일(Yale) (상표) 자물쇠가 채워진 채 언더우드에 의해 직접 왕에게 건네졌다. 궁궐이 습격을 받을 것으로 예상되었던 어느 날 밤에는 언더우드 박사와 에비슨 박사와 헐버트가 가서 밤새 왕 곁을 지켰다.[iv] 새벽 2시에 총성이 들렸을 때 왕은 "외국인들은 어디에 있느냐"고 하며 불렀다. 그들은 왕에게 그 방을 떠나지 말도록 조언하고 아침까지 그 곁에 남아 있었다. 왕은 빈번하게 언더우드 박사를 궁궐로 불러들이거나 사람을 보내 그의 의견을 들었다. 윤치호의 아버지 윤(웅렬)장군은 혐의를 샀을 때 그의 집에 숨었다. 윤장군은 면도를 하고 선교사의 복장을 하였으며, 밤에 언더우드 박사와 다른 선교사가 그를 러시아 공사관과 서대문으로 데려가고 그곳에서 만난 다른 선교사들이 제물포로 데려가 그는 그 항구에서 러시아배를 타고 지푸로 떠났다. 그 장군과 그의 아내는 기독교인이 되었다.

이렇게 관리들과 접촉하는 동안 복음을 전하는 기회들이 생겼다. 1894년의 크리스마스 전날, 왕비는 언더우드 부인에게 크리스마스의 기원, 의미, 기념하는 방법에 관해 이야기해주도록 요청하였다. 언더우드 부인은 "그리고 나는 그녀에게 그렇게 말해주었다"라고 하며 그때의 일을 설명하였다. "천사들의 노래와 그 별에 관해, 그리고 잃어버린 세상을 구속하러온 작은 아기에 관해, 그리고 세상을 그처럼 사랑하신 한 분 하나님에 관해, 그리고 그의 백성들을 죄에서 구원하기 위해 오식 구속자에 관해 ……. 나는 구원의 길을 명확하게 말할 수 있도록 허락받아서 말할 수 없이 감사하였다." 이것이 왕비가 살해되기 전에 맞은 마지막 크리스마스였다.

언더우드 부인은 다른 곳에서 이런 기록을 남겼다. "언더우드 박사는 귀족들과 유지들에게 그의 집에 와서 종교적인 문제를 논하자는 초청장을 보냈다. 두 개의 큰 방이 높은 신분의 한국인들, 곧 왕족들, 장군들, 정부 각료들로 가득 찼다. 모두들 깊은 관심을 갖고 경청하였다. 어떤 사람들은 책을 달라고 요청하였다. 많은 사람들이 개인적으로 와서 대화하였다. 모임은 일요일 오후에 정규적으로 개최되었고, 그리스도의 삶을 보여주는 환등기를 통한 강연도 행해졌다."[4] 한국은 귀족과 평민, 높은 자와 낮은 자, 부자와 가난한 자, 유식자와 무식자-모든 계층의 일부 사람들이-기독교인이 되었던 나라였다.

한국 정부가 1895년에 어떻게 에비슨 박사에게 콜레라를 퇴치하는 방안을 강구하도록 요청했었는지 그리고 에비슨 박사와 무어(F. S. Moore) 목사가 어떻게 백정 계급의 시민권을 보장하는 역할을 했는가에 대해서는 이미 언급하였다. 개신교 선교사들은, 하나의 규칙으로서, 체포된 기독교인들을 석방시키기 위한 목적에서 관리들을 찾는 일을 사절하였다. 선교사들은 그들이 교회에 속한 자이면서 법을 어긴 자들을 보호하려고 애쓰는 자들로 비쳐지기를 원치 않았다. 한번은 제임스 E. 아담스(James E. Adams) 목사가 그렇게 하기를 거절하여 교인 전체가 교회 출석을 거부한 적이 있었다. 후에 그가 그들 앞에 나아가 교회와 국가의 관계에 관해 설교하였을 때 두 사람만 빼고 모든 사람이 돌아왔다.[5]

관리들과 가졌던 우호관계를 돌아보면 기독교에 대한 적개심과 반 외국인 감정이 사라졌던 것은 놀라운 일이 아니다. 알렌 박사와 다른 외국 공사관 직원들의 도움으로 이전의 종교교육 금지 조치가 폐지되었다. 1909년에 선교회는 미국 총영사 새몬즈(Sammons)와 그의 부인에게 감사하는 결의안을 통과시켰다. 이는 그가 선교회 소속 학교들이 성경교육의 자유를 정부로부터 보장받도록 수고해주었기 때문이었다. 새 법은 "선교회 학교들이 한국정부의 법령들에 의거하여 등록된 후에도 종교교육의 자유는 어떤 방법으로든지 방해받지 않을 것이다"라고 기술하였다.[6] 어떤 정부 아래에서도 선교회들과 교회는 그보다 더 우호적인 위치에 있지 못하였을 것이다. 1905년과 1910년 사이에 정부가 바뀌면서 새롭고 때로는 매우 견디기 어려운 조건들이 부과되었다.

2. 일본 정부

한국이 침략을 당하고 있을 때에, 침략한 나라가 중국, 러시아, 일본, 혹은 다른 어떠한 나라였든지 간에 선교사들이 외국인의 입장에서 한국인들에게 동정심을 갖는 것은 매우 자연스런 일이었다. 어떠한 외부 집단도 한국어를 알고 그들의 삶과 희망과 관심사를 상세하고도 깊이 이해하는 선교사들만큼 한국인들과 밀접할 수는 없다. 한국인 지도자들은 선교사들을 신뢰하였고 그들에게 흉금을 털어놓았다. 선교사들은 자주 정치적인 움직임들에 관해 사전에 정보를 수신하였다. 한국에 있는 어떤 영리한 종군기자들은 그런 사실들을 알고 선교사들 및 한국 기독교인들과 친해지려고 하였다. 선교사들보다-그들은 대부분 미국인들이었다-과거 한국 정부의 약점을 더 잘 아는 사람들이 없었다. 그들은 자유와 자치를 사랑하는 마음을 전수받고 기독교가 도입되고 진보된 국가들과 접촉하던 시기에 그들 내부에서 개혁을 일으키고자 하였다. 만일 한국에게 스스로 구원을 이뤄낼 시간이 주어졌다면, 의심할 바 없이 개혁조치들이 큰 효력을 나타냈을 것이다.

선교사들은 또한 모든 정치적인 일들에 대해 중립을 지킬 것을 요구받고 있는 사실을 알고 있었고, 그렇게 하려고 지속적으로 노력하였다. 그들 자신들과 선교회와 조직교회는 결코 어느 편을 들어서는 안 되었다. 이것은 예수가 몸소 모범을 보여주신 것이었고 오랫동안 선교정책으로 수용되어온 것이었다. 1906년 당시 한국의 정황 속에서 "우리 선교회는 한국의 정치적인 일에 일절 개입하지 않는다"고 보고하였다. 한국 기독교인들은 개별적으로는 반드시 양심과 애국심이 이끄는 대로 행동해야 한다. 그러나 교회를 어떠한 정치운동에 가담시킬 수는 없다.[7)]

한국에서 정부가 바뀌었을 때 새로 들어선 정부가 선교사들과 기독교인들의 의심을 샀던 것은 놀랄 일이 아니다. 그러한 변화가 일어났던 때에 한국사회의 한 계층으로서 기독교인들은 다른 계층들보다 정보를 더 잘 접하고 있었고, 그들의 수에 비해서 상대적으로 더 유능한 지도력을 보유하고 있었다. 여자들과 서민들 중에서 기독교인들은 더 유식하였고, 기독교 교인들은 공중집회에서 교육을 받았으며, 서구식 학교들은 대부분 미션계 학교들이었다.

새 정부에 대한 선교사들과 한국 기독교인들의 의심은 점령과 합병의 시기(1905-1910), 105인사건(1912), 3·1운동(1919) 때 표출되었다. 예일대학교의 조지 T. 래드(George T. Ladd) 교수는 1907년에 일본정부의 손님으로 한국에 온 후, 다음과 같이 비난하였다. "주한 선교사들은 아무도 일본정부를 해롭게 할 생각에서 정치적인 일에 참견하지 않았다고 정직하게 말할 수 없다." 선교사들은 이 비난을 반박하였다. 백낙준 박사는 "선교사들은 이 정책을 견지하여 그들 스스로에 대해서뿐만 아니라 한국인 지도자들에게도 이렇게 행동하도록 가르쳤다"고 말하였다. 클라크(C. A. Clark) 목사는 1908년 1월 15일의 기록에서 선교회에 대해 언급하는 가운데 "우리는 교회가 영적인 기관이므로 현재의 정부 혹은 다른 어떠한 정부에 대해서도 정치적인 일에 관여하지 않는다는 입장을 취해왔다"고 하였다.[8]

'105인 사건'은 당국자들의 추측에 따라 선천에 집중되었다. 체포되었던 123명은 거의 대부분 기독교학교의 선생들과 학생들, 교회 임직원들, 기타 다른 지도자들이었다. 또한 매큔(McCune) 박사와 마펫(Moffett) 박사가 혐의를 입었다. 정부는 총독을 살해하려는 어떤 큰 음모가 배태되고 있다는 생각을 품었다. 가정된 범죄자에 대한 여러 차례의 재판은 널리 관심을 끌었고 일본으로부터 선교사들과 일본 기독교인들이 건너와서 한국인 형제들을 크게 동정하였다. 마침내 6명의 피고가 10년형을 선고받았다가 수년 후에 석방되었다. 일반적으로 사람들은 이 일에 대해 그 소송은 입증되지 못하였고 정부는 몇몇 경찰의 순전한 의혹을 잘못 다루는 실수를 범하였다는 견해를 갖고 있다.[9]

1919년 3월 1일에는 잘 준비된 계획을 따라 전국의 모든 도와 마을들에서 한국인들이 독립을 향한 그들의 소망을 소리로 표출하였다. 그들은 일본을 폭력적으로 공격하려는 계획을 조금도 품고 있지 않았다. 그들은 모든 지역에서 군중을 이루어 '만세'를 부르며 시위행진을 하는 것으로 나라를 회복시키고자 하는 욕망을 드러냈다. 서울의 한 식당(오늘날 전도사회 센터-태화기독교사회관)에 모여 '독립선언서'에 서명하였던 33명의 지도자들 가운데 절반이 기독교인들이었고 그들 가운데 다수는 큰 교회의 목사들이었다. 모든 지역에서 일어난 그 운동의 지도자들과 참가자들 가운데 기독교인들이 많았다. 그때는 사람들의 내면에 있는 우국의 충정이 자연발생적으로 터져 나온 국가적인 애통의 시기였다. 한국의 전 황제가 1월 21일에 서거하였고 그의 국장은 독립운동이 발발한지 2일 후에 거행되었다.

정부 당국은 이 운동을 극도로 가혹하게 다뤘다. 그들은 "마구 때렸고" 많은 경우에 시위자들을 "사살하였다." 어느 날은 감옥들이 정치범으로 가득 찼고, 유명한 "33인"도 그들 가운데 포함되어 있었다. 이후 수년간 체포된 자들에 대한 혐의와 고문, 재판 심리와 판결로 두려운 시간들이 점철되었다. 많은 한국인 지도자들이 만주와 상해로 도피해갔다.

기독교인들과 미션학교 학생들이 그들의 수에 비해 높은 비율로 이 운동에 참가하였기 때문에 교회가 특별한 의심을 받았다. 한동안 경찰이 모든 예배에 참석하였다. 여러 중심지역에서 기독교인들이 예배를 갖는 것을 금지 당하였다. 여러 교회들이 불에 탔고, 최소한 한 경우에는 교회에 모인 모든 사람들이 죽임을 당하였다. 선교사들도 여러 명이 혐의를 입었다. 선교회의 한 회원은 투옥되었고, 재판을 받아 유죄선고를 받았는데, 몇몇 학생들이 그의 집에 숨었다가 발견되었기 때문이었다. 다른 선교사들의 집들도 수색을 당하였다.

당시 상황에 대한 정부의 잔인한 대처방법은 문명세계의 항의를 불러 일으켰다. 일본의 선교회들과 교회들은 대표들을 파견해 조사해서 보고하도록 하였다. 그들은 지체없이 돌아가서 공개적으로 이곳에서 저질러진 "비인간적인 잔인하고 무도한 행위들을" 비판하였다. 주한 선교사들은 그들의 모임들에서 '독립운동'에 대한 중립적인 입장을 천명하고 그들의 영향력을 사용해서 교회가 중립을 지키게 하려 하였다. 그러나 정치범들에 대한 "야만적인 취급"에 대해서는 잠잠하지 않았다. 일본정부로부터 권한을 부여받은 하수인들이 한국인들에게 자행한 잔인한 일들에 대해 분노의 소리를 내지 않는다면 그들은 그리스도의 교회의 참된 선교사들이 될 수 없었고 일본과 일본 국민들의 참된 친구가 될 수도 없었다.[10)]

정부 당국은 물론 기독교를 증오하는 것을 허용한 적이 없었다. 그들은 일본헌법에 종교적 신념의 자유가 보장되어 있다는 점을 지적하였다. 그러나 정부의 어떤 규례에는 여전히 종교의 자유의 정신에 반대되는 것이 들어 있었다. 이러한 규례들 중의 일부는 1915년에 공포되었다. 정부는 교회의 신설에 관한 허가조항을 마련하였고, 모든 유급직원들도 반드시 허가를 받도록 하였다. 교회들과 교인들에 관한 상세하고 번거로운 보고체계가 고안되었다. 새로 설립될 미션계와 교회 학교들은 정규 교과과정의 일부로서 성경을 가르치고 종교의식을 행할 권리를 누릴 수 없었다. 얼마 후에는 모든 학교교육이 일본어로만 행해져야 하였다. 경찰은 교회 예배에 참석할 것을 고집하였다. 그들은 집회의 자유를 방해하였다. 한국인 설교자들은 설교 중에 하였던 특정의 진술들에 관해서 심문을 받기 위해 자주 경찰에 불려갔다. 권서들과 전도자들은 사역을 행하던 중에 협박을 받았다. 이러한 고통스런 상황은 '독립운동' 후에도 계속되었다.

1919년 사이토 남작이 이끄는 새로운 행정부가 출범하였을 때 새롭고 좀 더 회유적인 정책이 채택되었다. 학무국장은 9월에 열린 선교공의회에서 정부를 대표하여 연설하는 가운데 정부가 선교회들 및 교회들과 가장 잘 협력할 수 있는 방법을 선교사들이 제안해달라고 부탁하였다. 공의회는 이 기회를 타서 "주한 장로교 복음주의 선교공의회가 조선총독 사이토 남작 각하에게 보내는 전언"(A Communication to His Excellency, Baron Saito, Governor-General of Chosen, from the Federal Council of Protestant Evangelical Missions in Korea)을 제출하였다. 때마침 공의회 모임에 앞서 몇 개월 동안 서울 주재 선교사들의 한 위원회가 이 같은 전언을 제출할 기회를 가질 수 있게 되기를 바라며 이 전언에 관한 일을 맡고 있었다. 저다인(Gerdine)과 로즈(Rhodes), 두 명으로 구성된 이 위원회는 우리 선교회의 에비슨 박사와 마펫 박사를 포함한 여러 선교사들의 자문을 받아 최종 초안을 작성하였다. 선교공의회 모임에서 전언 초안이 법률부에 회부되어 더 개정이 이루어지고 공의회에 의해 채택된 후, 천 부의 인쇄가 주문되었다.

이 '전언'은 11페이지로 인쇄되었다. 그 서문은 "다른 모든 나라들에서처럼 일본제국헌법에 이미 보장된 종교의 자유가 실행되어야 할 것"을 촉구하고 있었다. 그것에 이어서 전도사역에 관해서 3가지, 교육사역에 관해서 7가지, 의료사역에 관해서 1가지, 기독교문서사역에 관해서 3가지, 자산문제에 관해서 3가지, 도덕적 개혁에 관해서 3가지 요구사항을 제시하고 있었다. 결론적인 진술에서 공의회가 정치범들에 대한 군인들, 무장경관들, 경찰들의 잔인한 처사를 항의하고, 보다 광범위한 개혁들이 약속된 데 대한 감사를 표시하고, 총독 각하에 대한 암살기도가 성공하지 않은 데 대한 감사의 뜻을 피력하고 있었다. 이 '전언'은 매우 시의적절하였고 정부에 의해 잘 받아들여졌다. 후에 정부 출판물에서 보고되었던 것처럼 총독은 "일부 제안들을 기꺼이 이행하였다."[11)]

사립학교에 관한 1915년의 법령에 반대되는 개정이 1920년 3월에 이루어졌고, 4월에는 종교를 전파하는 일에 관한 법이 개정되었다. 그 개정법에 따라 사립학교들이 종교교육의 권리를 갖게 되었고, 교회들은 정부에 간단한 보고만 할 수 있게 되었다. 1921년 9월 총독부의 학무부장인 나카라이(K. Nakarai)가 "조선에서의 정부와 기독교의 관계"(Relations between the Government and Christianity in Chosen)란 제목의 팸플릿을 발행하였다. 최종적으로 1923년 4월, 정부는 사립학교에 관한 한 포고령을 발표하였다.[v] 사립학교들이 공립학교에 상응하는 '지정'을 받는 정부의 교육요건을 충족시키면 정규 교과과정의 일부로서 성경공부반과 종교의식을 행할 권리를 인정한다는 것이었다. 미션 대학들에는 이것 외에도 다른 특권들이 부여되어 정부 관리들과 교회 지도자들 사이에 우호적이고 협력적인 관계가 생성되었다. 정부는 또한 선교회들과 교회들이 그들의 자산을 '재단법인'으로 확립시키는 것을 허락하였다. 국제친선협회(International Friendly Association)라 불리는 한 단체가 서울에 있는 일본인 유지들의 주도로 외국인과 일본인의 우호관계 증진을 꾀하는 수단으로서 조직되었다.

현재는 분노와 오해를 유발하는 작은 이유들이 없어졌다고 한다면 지나친 말이 될 것이다. 경찰은 어느 곳에나 출몰하고 때때로 괴롭힌다. 그들은 곧잘 교회들과 학교들의 예배에 참석할 것을 고집하며 말해지고 행해지는 것을 통제한다. 그들은 자주 학교 강당에 출입하며 모든 종류의 혐의를 붙여 학생들을 체포한다. 모든 출판물들을 검열하고 주간 교회신문인 『기독신보』(*The Christian Messenger*)의 기사들을 자주 비난한다. 그들은 이런 일들을 행할 권한을 갖고 있으며, 어쩌면 그것은 그들의 의무이기도 하다. 그들 중 많은 사람들이 사려깊고 반발을 사지 않는 방법으로 이러한 일을 수행한다. 다른 사람들은 오만하고 까다롭다. 정부와 다른 사립학교들의 관계에서도 그렇듯 우리 기독교 학교들의 학생들과 선생들에게 내린 정부의 명령들 가운데 자주 갈등을 빚는 요인이 되는 것은 국정 공휴일에 기념식에 참석하는 일, 신사에 참배하러 가는 일, 어떤 정부 관리의 환영행사에 참석하는 일 등이다. 이러한 일들은 일요일에 자주 행해진다. 한국 기독교인들과 선교사들은 자주 곤란한 입장에 처하게 된다. 정부와 공적인 관리들에게 정당한 모든 경의를 표하는 것은 그들의 권리이고 의무이다. 다른 한편 모든 참된 기독교인들의 양심 속에는 주일을 준수해야 한다는 관념이 있다. 어떤 기념식들은 기독교인들과 일반인들 사이에서 황제에게 예배하는 것과 동등한 것으로 간주되고 있다. 당국자들은 그것들을 단순한 존경과 경의의 표시라고 주장하지만, 그렇다고 한다면 다른 사람들과 마찬가지로 기독교인들도 거기에 반드시 참석할 수밖에 없게 된다.

바로 지금 우리 선교회는 사역에 있어 심각하게 곤란한 상황에 처해 있다. 그것은 우리 선교회에 새로 도착한 의사들이 정부의 의약시험을 거듭해서 치르고 있는데 그들에 앞서 자격증을 땄던 동료 의사들과 대등한 자격을 그들이 거의 확실하게 갖추었음에도 불구하고 치료를 행할 자격증을 받지 못하고 있기 때문이다.

이러한 몇몇 갈등요인들 외에는 선교회 및 교회가 정부 관리들과 돈독한 관계를 맺고 있다. 이 관계는 자주 만족스런 사교생활에서 유래되어 성실한 우호관계의 하나를 이루고 있다. 총독부의 현행 영어비서이며 기독교인인 오다(T. Oda)는 전체 선교사 공동체로부터 가장 높은 평판을 받고 있다, 그는 연희전문학교와 세브란스의학교 이사회를 비롯한 서울의 기독교 기관들에서 일원이 되어 적극 활동하고 있다. 그는 정부를 대표하여 선교사들과 한국을 방문하는 그의 손님들에게 많은 호의를 베풀고 있다. 정부는 마펫 박사, 플레처(Fletcher) 박사, 그 외 다른 사람들이 가치 있는 봉사를 한 사실을 공식적으로 인정하였다. 일본의 천황 폐하는 에비슨 박사에게 한국에서 40년 동안 봉사한 것을 인정하여 훈4등 서보장(瑞寶章)을 수여하였다. 또한 1934년 초에 제국교육협회는 마펫 박사에게 "조선 교육사업에서의 탁월한 공로"를 인정하여 금메달을 증정하였다. 우리 선교회는 사이토 자작 각하가 1928년에 총독 직위를 사임하였을 때 실행위원회를 통해 그와 사이토 자작 부인에게 축하편지를 보냈다. 사이토 자작은 답장에서 "나는 조선총독으로 있던 지난 8년여의 기간을 돌아보며 당신 모두와 나 사이에 있었던 충실한 관계를 큰 기쁨으로 회상합니다"라고 말하였다. 이것은 선교회와 각하 사이의 단순한 공식적인 편지 교환에 그치는 것이 아니었고, 오히려 양편 사이의 우정에 대한 진심어린 표현이었다.[12]

지난 50년 동안 한국에서 일어났던 변화무쌍한 정치적 격변의 중심에서 우리 선교회는 한국 정부와 일본 정부 모두로부터 받은 많은 호의에 대해 기뻐하고 감사할 이유를 갖고 있다. 이것들은 우리 선교회와 교회의 사역이 한국에서 있었던 과거의 박해기간보다 훨씬 용이해지게 만들었다. 또한 오늘날 비우호적인 정부의 제재아래 있는 다른 많은 선교지에서보다 훨씬 용이해지게 만들었다.

:: 주석

1. 한국 정부

1) L. H. Underwood, *Fifteen Years among the Top-knots*, pp. 24-27.
2) L. H. Underwood, *Underwood of Korea*, pp. 146-173.
3) L. H. Underwood, *Fifteen Years among the Top-knots*, pp. 24-26, 89, 116.
4) *Ibid.*, pp. 114-115, 252.
5) *Taiku Station Report 1903*, p. 9.
6) *Minutes, Korea Mission, Presbyterian Church, U.S.A., 1909*, p. 72.
7) *Korea Review*, 1906, pp. 290-292.
8) L. G. Paik, *History of Protestant Missions in Korea*, pp. 399-403.
9) C. A. Clark, *The Korean Church and the Nevius Methods*, p. 163.
10) *Ibid.*, pp. 164-167.
11) Kiyoshi Nakarai, Relation between the Gevernment and Christianity in Chosen, p. 16.
12) *Minutes Chosen Mission, Presbyterian Church, U.S.A., 1928*, p. 16.

:: 역자주

1. 한국 정부

i) 이채근은 이채연의 오기인 것 같다. 고종 탄신을 축하하는 만수성절 기념행사는 기독교인들이 주도하여 1896년 9월 2일에 모화관에서 처음으로 거행되었다. 이때 이채연과 서재필이 연설하였다. 이채근은 농상공부 협판(1895-)과 한성판윤(1897-) 등 여러 관직을 역임하였고, 독립협회 창립회원이었다.

ii) 10년 후라면 1906년인데, 이 때 윤치호는 을사조약 후 외무협판에서 물러나 관직에 있지 않았다. 한성판윤으로는 1898년 말에 짧은 기간 재직한 일이 있었다. 서재필도 1898년 5월에 독립협회 활동을 중단하고 도미하여 한국에 있지 않았다.

iii) 김규식이 전에 정부 각료였다는 말은 대한민국임시정부에서 파리강화회의 대표, 구미외교위원부 위원장, 학무총장 등을 맡았던 사실을 가리키는 것 같다.

iv) 1895년 11월 28일에 고종이 러시아 공사관으로 피신하려 했다가 실패했던 춘생문사건을 가리키는 것 같다. 일제측은 언더우드를 비롯한 미국 선교사들이 사건을 도모했다고 선전하였다. 윤치호의 아버지 윤웅렬은 이 거사에 가담했다가 실패한 후 중국으로 도피하였다.

v) 이것은 일제강점기에 이루어진 4차례의 조선교육령 중에서 1922년 2월 4일에 발표되었

던 제2차 교육령을 수정하는 것으로서 특별히 미션계 학교들을 대상으로 발표된 것이었다. 제2차 교육령 때도 해결되지 않은 기독교교육을 수업의 일환으로 실시하는 문제가 이때 해결되었다. 그에 따라 그 전에는 선교사들이 기독교교육을 실시하기 위해 일제 당국으로부터 학교를 지정받는 일을 포기하며 비인가학교로 남아 사회적 불이익을 감수하려 하였지만, 그 후에는 지정 받기를 오히려 소망하였다.

제**15**장

재조정기로서의 현재 국면

스피어(Speer) 박사는 1915년에 쓴 우리 선교회에 대한 첫 번째 방문 보고서에서 어쩌면 다른 어느 선교지에서도 한국에서 발생한 것에 필적할 만한 변화가 일어난 적이 없었을 것이라는 견해를 밝혔다. 이 변화는 "은자의 나라의 개방"으로부터 시작되었으나, 한국이 일본에 병합된 후에 크게 가속화되었다. 그 결과 "새 한국"이 만들어지고 있다. 이 변화들은 삶의 모든 영역들-종교, 교육, 사회관습, 언어, 의상, 예법-에 영향을 미치고 있다. 교통체계-철도, 전신 전화, 무선전신, 신작로, 항공노선-이 착수되거나 확장되고 있다. 이 나라는 상당 부분 상업화되고 산업화되었다. 전 국토가 측량되고 있다. 조림사업이 대규모로 행해지고 위생상황도 크게 개선되고 있다. 도시들은 근대화되고 있다. 정부는 농업, 양잠, 원예에 특별한 관심을 기울이고 있다. 의학, 농업, 법학 학교들이 설립되고 있다. 많은 신문들, 잡지들, 책들이 자국어로 출판되고 있다. 일본 문헌들이 이 나라에 홍수처럼 밀려오고 있다. 수백 명의 한국 학생들이 공부하러 해외로 나가고 정치학, 사회학, 공산주의 등등의 근대사상으로 가득 채워져서 돌아오고 있다. 이러한 변화들이 합병 없이도 일어날 수 있었는지 그렇지 않았는지에 관해 논쟁할 것 없이 변화가

연희전문학교의 1928년도 YMCA 전도팀 직원들과 다른 회원들

경신학교의 운동경기 트로피들. 1929

일어났다는 사실과 이 변화들이 사람들의 삶 전체에 강력한 영향을 미치고 있다는 사실에 대해서는 모두가 동의한다.

만일 이러한 변화들이 선교회들의 사역과 교회생활에도 영향을 미치지 않았다고 한다면 참으로 이상한 일일 것이다. 근래 여러 해 동안 선교회와 교회 내부에서 우리의 사역을 새로운 시대조건에 맞춰 어떻게 조정할 것인가에 관해 지속적으로 토론이 이루어져왔다. 한국인 교회지도자들의 모든 모임에는 청년사역, 시골생활, 경제상황과 관련된 주제의 프로그램이 들어 있다. 이 장에서는 이러한 재조정 문제와 관련해서 몇 가지를 생각해보고자 한다.

1. 미션계 학교의 유지

우리 선교회는 8개 중등학교들을 유지하려고 오랫동안 힘들고 어렵게 노력해왔으나 아직까지 완전한 성공을 약속하지 못하고 있다. 그 일은 주한 선교사들과 미국의 친구들 양측에게 우리 선교회가 역사적으로 지금까지 감당해온 그 어떤 것들보다도 더 많은 희생의 삶과 증여를 요구하고 있다. 이 문제는 1915년에 정부가 새롭고 가혹한 교육요건들을 부과함으로 말미암아 갑자기 직면케되었다. 그 당시에 우리 선교회는 교육 사업을 위해 약 7천 달러를 사용하고 있었으며, 당시의 예산과 시설을 위해 충당금을 크게 증가해 줄 것을 요구하였다. 2년 후 이 요구는 갱신되었다.[1] 1918, 1920, 1921년에 중등학교의 적자가 각각 2,000, 2,500, 7,500달러로 보고되었다.[2]

1923년 정부는 만일 사립학교들이 정부의 요구조건들을 충족시킨다면 공립학교에 상응하는 '지정'을 받게 되며 종교교육의 권리를 계속 누리게 될 것이라고 공포하였다. 우리 선교회는 중등학교들을 유지하면서 '지정'을 받게 하려고 가일층 노력하였다.

학교의 수를 줄이라는 선교부의 제안에 답하여 우리 선교회는 다음과 같은 결정을 내렸다. 현재 우리 선교회는 관할구역의 규모에 비해 학교의 수가 적고 초등과정 학교들의 학생수는 많으며 선교회가 책임질 인구가 많다. 우리 선교부가 관할하는 다른 선교지들의 선교회들과 한국에 잇는 다른 선교회들은 상대적으로 더 많은 교육비를 받아왔다. 한국교회는 이미 자유롭게 초등과정의 학교들을 후원해왔다. 그러므로 우리 선교회는 모든 중등학교들을 유지하는 정책을 계속 시행하도록 권고하고 선교부에 충당금의 증액을 요청하였다.[3] 이 요구가 받아들여져서 1926년에 우리 선교회는 이 학교들에게 2천 달러 이상을 지급할 수 있었다. 이것은 이전 4년간 지급되었던 액수보다 거의 1천 달러가 증액된 것이었다.

우리 선교회는 매년 모든 중등학교 유지의 중요성에 대한 확신을 피력해왔다. 1924년에는 "우리는 한국교회가 이 모든 학교들의 후원을 전적으로 담당할 수 있게 될 때까지 우리가 이 학교들의 유지를 돕는 일에 도덕적으로 속박되어 있다고 믿는다"고 말하였다. 1925년 3월에는 연례회의 회의록 가운데 4페이지 분량으로 인쇄된 "중등교육 프로그램"(Program for Secondary Education)에 관한 잠정적인 결정이 채택되었다. 4개 선교기지 중심지역들에 학교가 있을 필요성이 강조되었고, 연례예산을 매년 2천 달러를 증액할 것과 시설기금으로 5년간 총 1만 5천 달러를 지급해줄 것이 요청되었다. 결론부분에서는 "우리는 위기에 봉착해 있으며 40년간의 사역을 존속하는 것이 …… 위태롭게 되었다고 믿는다"는 호소가 기술되었다. 선교부는 그에 부응해서 5천 달러를 증액하였고 추가로 증액이 있을 것이라는 희망을 갖게 하였다. 선교회의 요구로 평양의 숭실대학과 병원을 위한 기금을 모금하기 위해 블레어(W. N. Blair, D.D.) 목사 부부의 안식년이 연장되었다. 블레어 박사는 다른 선교사들과 함께 “선교회의 중등교육 프로그램을 위한 기금을 청원하는” 권한을 또한 부여받았다.[4] 블레어 박사는 관심을 보이고 도움을 준 다수의 친구들을 명단에 올릴 수 있었다. 선교부는 1925년 봄에도 안식년을 맞은 우리 선교회 회원들과 더불어 이 문제에 관해 회의하였다.

1925년 6월의 연례모임에는 맥아피(McAfee) 박사 부부가 참석하였다. 맥아피 박사의 동의 아래 우리 선교회는 산하의 모든 중등학교를 유지하는 정책을 재천명하였고, 예상되는 시설비 5천 달러의 사용처를 정하여 선교부에게 5천 달러의 경상비를 추가로 지급해주도록 요청하였다. 맥아피 박사 부부가 떠난 후에는 그들에게 “그들의 방문과 선교회의 필요를 동정적으로 고려한 일에 대해 선교회가 감사를 표하는” 편지를 보낼 것을 표결하였다.[5] 1925-1926년간에 특별계정에 의해 1만 달러가 수신되었고, 그 중 4분의 1이 시설확충을 위해 사용되었다. 1927-1928년 사이에는 선교회가 1만 5천 달러의 예산증액을 요청하고 분배내역을 정하였다. 그 요구는 1926년 9월의 실행위원회에서 매년 1만 5천 달러를 4년 동안 더 지급해달라는 것으로 바뀌었다.[6]

1926년 12월, 선교부가 이 요구를 받아들일 수 없고 기금모금을 위한 특별활동도 계속할 수 없다고 답해왔을 때, 선교회는 비상 상황에 직면하게 되어 특별회의를 소집하였다. 현재 상황에서는 순서에 따라 평양의 남녀 중등학교만 ‘지정’을 받게 해줄 수 있었다. 서울의 여학교는 교사 건축을 위한 기금을 받아두었음에도 불구하고 건축을 지연시킬 수밖에 없었다. 5천 원(2,500달러)의 시설기금이 접수되어 분배되었고, 2년 동안 교육비가 일 년분 금액 2만 6천 달러(1925년에 받은 금액)을 가지고 분배되었다. 서울의 여학교는 예정된 충당금 때문에 폐교해야 할 상황에 몰리기도 하였다. 때로는 분배하려고 정한 액수가 2만 6천 달러의(그 돈을 받게 될 경우에) 충당금을 초과하기도 하였다.[7]

1927년 4월 1일에 그 해의 시작을 위해 5천 달러의 추가 충당금이 지급되었다. 또한 3,250달러의 시설비가 추가로 지급되었다. 우리 선교회는 감사를 표하면서 1925년 3월에 처음 요청하였던 것에 근거해 나머지 5천 달러도 지급되기를 희망하였다. 선교회는 또한 이때 선천지역의 교회들과 노회들이 그곳의 두 학교를 유지하기로 동의해준 것에 격려를 받았다. 선교회는 이 학교들에게 매년 보조금을 지급해왔으며, 최근 수년간은 9천 원을 지급해왔다.[8] 이듬해의 연례모임에서 선교회는 5천 달러의 추가 예산과 7천 달러의 시설비를 거듭 요청하였다.

그러나 이 문제에 앞서 실행위원회는 1928년 3월, 안식년을 보내고 있는 클라크 박사, 프레쳐 박사, 홀드크로프트 박사, 마펫 박사, 베스트 양, 솔타우 등의 우리 선교회 회원들이 선교부 이사들과 "선교회가 직면한 중요한 문제"에 관해 토론할 것을 요청하였다. 이 회의는 1928년 10월 4일 뉴욕에서 열렸다. 5천 달러(매년 1천 달러씩 5년간,

1893년 서울의 남학교(유일한 남학생 미션스쿨이었다.)

1934년의 경신학교

교육 프로그램

1928-1933)의 특별기금을 모금하여 그 중 절반은 이미 작성된 예산의 추가 충당금에 할당하고 절반은 추가로 늘릴 비용에 할당하기로 합의되었다. 안식년을 맞은 선교사들의 도움을 받고 최종적으로 홀드크로프트 박사와 블레어 목사의 특별한 노력을 힘입어 1929-1930년 사이에 모든 금액이 다수의 기부자들에 의해 약정되었다.

1930년 6월 26일, 연례모임 전날, 선교부의 죠지 H. 트럴(Geo. H. Trull) 목사가 참석한 가운데 교육회의가 하루 종일 개최되었다. 이때 학교들을 위해 1933년부터 이후 5년 동안 매년 3,500달러(71,516원)를 계속 지급하는 일이 투표로 결정되었다. 우리 선교회는 선교부를 향하여 이 일이 설혹 실행되지 못할지라도 연례 충당금을 3천 달러 이하로 줄이지는 말라고 부탁하면서 한국의 재원으로부터 5천 달러를 추가로 확보하기 위해 모든 노력을 아끼지 않겠다고 약속하였다. 학교를 지정 받게 하기 위한 연례 보조금을 비지정 학교를 돕기 위해 얼마간 줄이는 일이 결정되었다. 선교부의 최종적인 연례 충당금 감축에 대비하여 선교회는 하크니스 기금(Harkness fund) 혹은 특별모금으로 10만 달러의 기부금을 마련해주도록 요청하였다. 이 같은 기부금을 받고 한국 재원으로부터 매년 5천 달러를 받게 되면 1938년부터 선교부가 연례적으로 지급하는 학교 충당금을 2만 6천 달러(5만 4천 원)로 줄이게 할 수 있다. 선교부는 이 요구에 응할 수 없었다. 1933-1934년에는 중등학교 충당금으로 4만 5천 원(약 2만 달러)을 받았다. 1934-1935년에는 1만 3천 원 가량이 더 감소되었다.

그러는 동안 중등학교들로 하여금 정부의 지정을 받게 하려는 노력이 계속되어 얼마간 결실을 이루었다. 1934년 1월까지 5개 학교들이 다음과 같이 지정을 받았다. 서울의 남학교(경신학교)는 1923년 11월 2일에, 평양의 남학교(숭실학교)는 1928년 5월 23일에, 선천의 남학교(신성학교)는 1930년 3월 16일에, 평양의 여학교(숭의여학교)는 1931년 12월 18일에, 대구의 남학교(계성학교)는 1933년 4월 13일에 지정을 받았다. 새로운 교사건물이 대구의 남학교를 위해 건축되었다. 이때 대구 선교기지의 회원들이 그곳의 두 학교가 폐교되지 않도록 개인적으로 기금을 충당하였다. 아담스(J. E. Adams)의 부인과 다른 친구들이 큰 도움을 주었다. 서울의 여학교를 지정받게 하기 위해서도 많은 노력이 행해졌다. 이 학교 동창들과 뉴욕에 있는 그들의 한국인 친구들이 이 일을 도왔다. 8개 학교 모두가 지정받게 만들려는 희망은 1933년에 이르러 절반 이상이 실현되었다.

그러한 상황에서 또 다른 교육회의가 1933년 12월 서울에서 열려 아무 학교도 폐교시키지 않기로 결정하였다. 이 회의는 선교부가 삭감한 충당금을 한국인들의 충분한 재정지원으로 보충할 수 있게 되기를 바라면서 종료되었다. 미국에서 오는 5만 달러의 특별 기금이 고갈된 후에 그 충당금은 더욱 축소되었는데, 이는 선교부가 현재 재정위기에 직면해 있기 때문이기도 하였다. 이러한 환경 속에서 자연스럽게 선교부와 우리 선교회 내의 소수의 선교사들에 의해 중등학교의 수를 줄이라는 요청이 제기되고 있다. 선교회는 몇 차례 이 일을 대안으로 결정할 상황에 직면하였으나, 그 때마다 그런 일이 일어나서는 안 되며 그럴 경우 선교회가 큰 곤란에 빠지고 사역이 큰 해를 입는 일을 막을 수가 없다는 확신의 소리가 제기되었다. 예를 들면 경상북도에서는 선교회와 교회들이 200만 명 이상을 전도해야 할 책임을 지고 있는데, 우리는 그곳에 2곳의 선교기지, 200개 이상의 교회들과 전도소, 2만 명 이상의 교인, 약 3천 명 가량의 교회 초등학교 학생들을 두고 있다. 서울의 여학교는 우리 선교회 내의 여학교들 중에서 가장 오래된 여학교이다. 거의 50년을 지내오는 동안 3천 명의 여학생들을 교육시켰다. 그들 대부분은 기독교인들이며 그들 중 많은 사람들이 교회, 학교, 가정에서 기독교 지도자로서 힘 있게 활동하고 있다. 그러나 세계공황이 계속되면서 모든 주장들이, 선한 주장까지도 그쳐지게 되었다. 과거에 유용하였고 앞으로도 필요하며, 수많은 희생적인 삶의 헌신과 기금이 투여되었던, 그리고 그곳을 중심으로 수많은 거룩한 기억들과 전통들을 쌓았던 기관들이 그것들을 유지하기 위한 20년간의 노력한 끝에 강제로 문을 닫는 지경에 처해 있다.

2. 사회복지사역

한국교회는 근래 수년 간 한국인들에게 어떤 비판을 받아왔다. 그것은 교회가 사회복지 사역을 충분히 행하지 못했기 때문이다. 구세주이신 예수님의 공로로 죄에서 구원받고 죽어서는 천국에 간다는 복음의 메시지는 언제나 그랬듯이 그다지 인기가 없다. 사람들은 이 세상을 위한 복음, 곧 인간의 행동을 개선시키는 작용을 하는 복음이 필요하다고 말한다. 받기만 하고 행동하지 않는 것은 충분하지 않다. 우리 선교회와 교회는 사회복음 자체를 가르치지는 않았지만, 항상 사회복지 사역을 수행해왔다. 선교사들과 한국 기독교인들은 모두 도움을 베풀어야 절박한 상황을 무수히 만났고, 그들은 그런 일에 대해 냉담하지 않았다. 야고보서는 사경회 공부에서 가장 인기 있는 책들 중의 하나이다. 이 장의 이 항목에서는 복음을 한국의 사회문제에 적용한 일을 돌아보게 될 것이다. 이 문제는 이미 앞에서 많이 언급된 것이기도 하다.

1895년에 콜레라가 유행하였을 때 에비슨(O.R. Avison) 박사는 한국 정부의 '내부'(內部)로 불려가서 유행병에 맞서 싸우는 전권을 부여받았다. 그는 자금을 위탁받았고, 경찰을 그의 명령 아래 두었다. 다른 선교회의 의사들도 그를 도왔다. 한국어로 된 수천 부의 팸플릿들이 배포되었다. 그 질병과의 치열한 싸움은 7주 동안 진행되었다.[10] 수도에서 하루에 300명이 죽었고, 수도와 경기도에서 3만 명이 죽은 것으로 추정되었다. 그 2년 전에 언더우드가 좋은 한옥이 한 채 있는 서대문 밖의 언덕을 구매하고 그곳을 '프레데릭 언더우드 피난처'(The Frederick Underwood Shelter)라고 명명하였다. 그곳은 교파를 초월해서 의사들과 간호사들이 버림받은 환자들을 돌보는 장소가 되도록 의도된 것이었다. 콜레라가 유행하던 기간에 170명의 환자들이 그 피난처에 수용되었고, 그들 중에서 죽은 자가 60명에 불과하였다. 그곳은 다른 보고서들과 비교해서 뚜렷하게 낮은 사망률을 보이는 것으로 판단되었다. 1895년 8월 22일에는 김윤식이 한국정부를 대표해서 미국 공사 실에게 한 편지를 보냈다. 그는 "나는 언더우드 박사와 그의 친구들이 콜레라를 다스리기 위해 막대한 의료비와 수고를 베풀어 많은 환자들을 치료한 데 대해 우리 정부의 깊은 감사를 전하게 된 영예를 얻고 있다"는 말을 하였다.[11]

1904년 3월에는 맹인학교가 평양에 세워졌다. 이 프로젝트는 감리교 선교회 소속의 의사인 로제타 S. 홀(Rosetta S. Hall) 여사가 맨 처음 시작하였으나, 우리 선교회는 늘 협력하였다. 홀 박사가 일찍이 1894년에 한 명의 맹인 소녀를 가르치기 시작하여 그녀가 특별히 여학교에 관심을 갖게 만들었다. 이때 의사인 앨리스 피쉬 마펫(Alice Fish Moffett) 여사가 남학생 사역을 담당하고 있는 어느 한국 기독교인 집단의 조언자로 있었다. 그 후 1909년에 홀 박사는 농아들을 위한 학교를 더 세웠다. 1914년 11월 28일자 시카고 헤럴드(*Chicago Herald*)지는 평양의 어린 맹아 여학생들이 만들어 벨기에 여왕에게 보내는 선물들이 그 사무실 창문에 진열되어 있다고 보도하였다. 이 선물들은 아기 웃저고리들, 긴 양말들, 장갑들이었다. 1907년에는 그 남학교에 12명이 있었다. 1912년에는 39명이 있었으며, 그들 중에서 10명은 맹인이자 벙어리 소년이었다. 1915년, 마쯔나가 정부가 홀 박사를 환영하며 연설을 하였던 때는 40명의 학생들이 있었다.[12]

1906년에는 맹인을 형제로 둔 뉴욕 시의 클로크(Clocke) 여사가 한국 소녀들을 위해 교실을 마련하도록 돈을 보내왔다. 손가락으로 읽는 법을 맨 처음 배운 소녀는 오봉네(Oh Pong Nai, 파울린 오〈Pauline Oh〉로도 불린다)였다. 대구에서 온 한 맹인 남자는 읽는 법을 배우고 또한 돌아가서 다른 사람들을 가르치기 위해 평양까지 400마일 이상을 걸어왔다. 평양과 서울 그리고 다른 중심지들의 '외국인 교회들'은 자주 맹인 학교에 헌금의 일부를 보냈다. 그 기부금이 현재 약 600달러 이르고 있다.

한국 최초의 나환자 요양시설은 우리 선교회의 노력으로 1910년 부산에 세워졌다. 1904년 어빈(Irvin) 박사와 빈튼(Vinton) 박사 그리고 스미스(W. E. Smith) 목사가 한국에서 나환자 사역이 적절한 지를 조사하는 한 위원회에 임명되었다. 새로운 나환자 요양소의 본관이 선교회에 경비를 청구하는 일이 없이 1909년 세워졌고, 이듬해에는 20명이 수용되었다. 1907년에는 '인도와 동양 나환자 선교회'가 400달러를 주어서 그것으로 사역을 시작할 수 있었다. 1911년에는 "이런 종류로서는 한국에서 유일한 기관"에 40명의 수용자들이 있다고 보고되었다. 1914년, 부산의 선교기지가 호주장로교 선교회에게 넘겨질 때, 부산에 있는 나환자 요양소도 함께 넘겨졌고, 부산을 방문한 인도와 동양 나환자 선교회의 베일리(Baily)와 그의 부인이 건물을 증축하도록 1,500달러를 지원하기로 약속하였다. 수용자의 수는 80명으로 늘었다.

우리 선교회의 지도를 받는 두 번째 나환자 요양소는 1915년에 대구에서 세워졌다. 처음에는 8명의 여자들과 12명의 남자들이 작은 한옥들에서 보살핌을 받았다. 베일리 부부는 100명의 환자들을 수용할 수 있는 건물을 짓도록 5천 달러를 주기로 약속하였다. 베일리 부부가 대구에 와서 이 돈을 약속하고 기도하는 동안, 영국의 한 독지가가 나환자 사역자들에게 5천 달러를 기부하였다.

1904년부터 1916년까지 우리 선교회는 나환자 사역을 위해 상설 위원회를 두었다. 어빈 박사, 빈튼 박사, 존 플레처 박사, 스미스, 브루엔(Bruen), 윈(G. H. Winn)이 서로 다른 기간에 이 위원회에서 활동하였다. 부산의 사역이 1916년에 호주 장로교로 남겨졌고, 우리 선교회의 나환자사역부(Leper Work Committee)는 해산되었으며, 대구 나환자 요양소의 감독책임은 그곳의 선교기지에 있는 의료팀에게 넘겨졌다. 브루엔은 1920년에 120명의 수용자에게 설교한 일에 관해 보고하였다. 이 때 그는 36명에게 세례를 주었고, 36명에게 학습을 부었다. 1924년에는 나병원에 새 병동이 더해져서 300명을 수용할 수 있게 되었다. 이때 미국 나환자선교회 총무인 대너(W. M. Danner)가 한국을 방문하였다. 1923-1924년간에는 일본 황실 가족이 대구 요양소에 200달러를 주었고, 서울의 관립병원은 환자 100명분의 대풍수나무 기름을 주었으며, 조선총독부는 3,500달러를 기부하였다. 200명의 학생을 둔 어느 주일학교는 보고서에서 글자를 모르고 들어왔던 사람들이 읽는 법을 배웠을 뿐만 아니라 신구약을 통독하였으며, 25명이 학습문답을 외우고, 맹인 한 명은 신약성경을 마태복음부터 디모데후서까지 암기한다고 하였다. 1925년에는 대구 병원의 박 박사는 나환자들에게 한 주일에 500대의 주사를 놓았고 상처치료는 1천 번을 하였다. 이때 수용자의 수는 350명이었다. 100명이 이미 확실하게 치료되어 내보내졌다.[13] 수년전 플레처 박사(A.G. Fletcher)가 각각 다른 선교회에 소속된 메켄지(J. N. MacKenzie) 박사와 윌슨(R. M. Wilson) 박사와 더불어 한국 나환자 사역에 대해 일본정부로부터 표창을 받기 위해 일본으로 불려갔다. 현재 있는 4개 요양소들 중에 3곳이 선교회들과 선교사들이 관심을 보임으로써 시작되었고 한 곳은 정부에 의해 시작되었다. 이 4개 요양소에 약 2천 명의 환자들이 수용되어 있고, 이로써 한국에서 2만 명의 나환자들을 돌보는 일이 시작되었다. 최근 수년 동안에는 여러 지역의 '나병 추정 환자들'과 초기 단계 환자들에게 주사를 투여하였다. 한국에서 나병은 대부분 이 나라의 남부 지방에 집중되고 있다.

우리 선교회 전체 역사를 통해 다른 여러 형태의 사회복지 사역이 선교기지들, 개별 선교사들, 교회에 의해 수행되어 왔다. 1903-1904년 게일과 언더우드가 감리교의 벙커(Bunker)와 함께 서울의 감옥을 방문하였다. 이 때 높은 계층의 사람들이 정치적인 이유로 그곳에 수감되었다. 석방된 후에는 그들 가운데 130명이 교회에 출석하였다. 1909년에는 한국인들 사이에서 아편과 몰핀 주사를 사용하는 일이 증가한 까닭에 선교회가 샤록스(Sharrocks) 박사와 화이팅(Whiting) 박사와 월터 C. 어드만(Walter C. Erdman)를 한 위원회에 임명하여 정보를 수집하고 보고하게 하였다. 1914년에는 선교회를 대표하여 휘트모어(N. C. Whittmore) 목사와 클라크 박사가 거의 1천 달러를 선교사들과 한국교회로부터 받아서 만주에 있는 한인들이 수행하는 그곳의 기근구호 사역을 위해 보냈다. 기근구호 사역은 한국에서뿐만 아니라 중국과 인도에서도 이런 방법으로 빈번하게 행해졌다.

한국에서 빈민을 돌보는 일은 선교사들, 선교기지들, 교회들로부터 지속적으로 주목을 받아왔다. 여러 해 동안 교회의 크리스마스 헌금들 중의 일부가 가난한 자를 돕기 위해 쓰여졌다. 모든 한국교회가 가난한 자와 병든 자를 돕기 위해 어떤 일들을 행해왔다. 한국인들은 스스로 선천과 평양에 있는 노인 숙박시설들과 선천과 평양과 서울에 있

소아과. 평양 연합기독병원

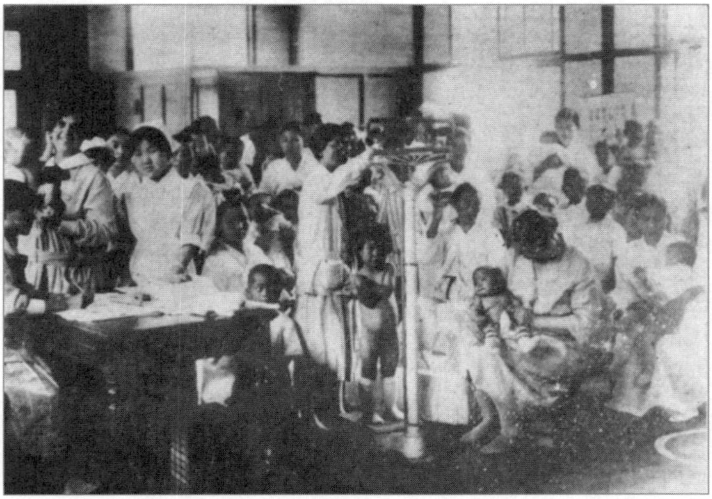

소아과. 세브란스 병원

어린 시절부터의 적절한 보살핌

는 고아원들을 세우는 일을 감당해왔다. 한번은 미국에 있는 한국인들이 이 사역을 위해 400달러를 보냈다. 선교사들도 개별적으로 많은 고아들을 보살폈다. 초기의 한 사례로서 아버지가 정치범으로 유형을 사는 4세 아이가 언더우드의 집으로 데려와져서 그곳에서 성장하였다. 그는 나중에 YMCA 총무와 존귀한 교회사역자가 되었다. 평양과 선천에서 불우한 한국인 과부들을 위한 학교가 세워졌고, 평양에서는 도리스(Doriss) 양이 여러 해 동안 이 사역을 수행하였다. 언더우드 목사가 집 없는 부인들과 쫓겨난 환자들을 위한 장소로 삼기 위해 매입하였던 서울 서대문 밖의 '보호소'는 고아원으로 바뀌어 세브란스 병원의 오긍선(K. S. Oh) 박사가 경영하였다. 그는 그 자신이 기부금을 냈을 뿐만 아니라 많은 한국인들, 선교사들, 정부의 도움도 확보하였다. 이 고아원은 현재 40명의 소년들을 보살피고 있다. 한 한국인은 기부금 수입 2,500달러 가운데 2천 달러를 냈다. 다른 사람은 일 년간 30가마의 쌀을 제공하였다.[14)]

1930년 2월에는 프란시스 킨슬러(Francis Kinsler) 목사가 평양에서 중요한 사역을 시작하였다. 최초의 '파이오니어 클럽들'(Pioneer Clubs)이 조직되었다. 그 클럽의 수는 이미 13개로 늘어났고, 1,500명의 어린이들을 가입시켰다. 그 이름은 '어린이 성경클럽들'(Children's Bible Clubs)로 바뀌었다. 하루에 3시간씩 일주일에 5일간 행하는 교육과정은 성경, 역사, 지리, 언어, 산수, 자연, 응급조치, 매일의 기도, 체육실기 실시로 구성되었다. 지도자들은 대부분 숭실대학의 학생들이었다. 1933년 봄에 개최된 두 번째 졸업행사에서 12명의 여학생들이 전 과정의 학습과 활동을 마친 것을 입증하는 수료증을 받았다. 이 클럽의 모든 회원들은 이런 방법이 아니면 학교에 갈 기회를 얻지 못 하는 아이들이었다. 이 사역은 선교사들, 일본 관리들, 한국 지도자들로부터 크게 칭찬을 받았다.

1919년부터 우리 선교회는 사회복지에 관한 상설 위원회를 각 선교기지에 하나씩 두었다. 이 선교회는 마약, 술 판매, 사회악 등에 대항하는 모든 종류의 운동에 참여하였다. 특별히 교회에 다니는 젊은 한국인들은 선교사들의 절제운동에 참여하였다. 강계에서는 1930년에 100명 이상의 청년들이 절제운동에 참여하였다. 선천에서는 절제회 회원들이 자신들에 대해 금주와 금연을 선언하였다. 청주와 재령에서는 소책자, 포스터, 절제회 전단, 위생에 관한 문헌들을 발행하였다. 1923년 9월 18일에 여러 선교회들의 여자들에 의해 여자절제회(W.C.T.U.)가 조직되었을 때, 크리스틴 I. 틴링(Christine I. Tinling) 양이 한국을 방문하여 거의 300차례 강연을 하였다. 그 해에 메리 송(Mary Song) 양도

1,500명의 회원으로 16개의 연합회를 조직하였다. 오긍선은 『코리아 미션필드』(*Korea Mission Field*)에 쓴 글에서 1924년에 서울에서 발행된 음주 계산서가 거의 백만 달러에 이르며, 이것은 남자 한 명당 6달러에 달한다고 하였다.[16)]

영아 보육사역은 선교회 내 여선교사들의 지도 아래 거의 모든 선교기지의 중심지역들에서 조직되었다. 대구에서는 1930년에 150명의 영아들이 등록되었다. 이것은 사회

농과 학생들과 교수들. 숭실전문학교. 1932

숭실전문학교 농장의 추수광경

이론과 실습을 겸비한 숭실전문학교의 농업교육 과정

전도센터와 서울 세브란스 병원에서 펼치는 사역들 중에서 독특한 특징의 하나가 되었다. 이 센터(연합 선교 프로젝트)의 기지가 1921년 4월 1일에 공개되었을 때, 이틀 동안 3, 4천 명이 그곳을 방문하였다. 이 시설들 중에서 어떤 한옥들은 400년 전에 지어졌으며, 이 기지의 중심에 있는 8각형의 돌은 1935년에 이 도시의 중심지를 표시하기 위해 세워졌다.

확실히 한국은 늘 사회봉사를 필요로 하고 있었다. 빈민들, 정신이상자들, 거지들, 불치병자들이 모든 곳에 있었지만, 그들을 돌볼 시설은 거의 마련되어 있지 않았다. 노동환경이 열악하고, 술 취하는 일이 유행하고, 청년들은 담배를 피우고, 마약과 몰핀 중독자가 많고, 사회악이 유혹하고, 결핵과 성병이 전국에 만연하고, 유아사망률이 높고, 어린이 노동이 일반화되고. 많은 소작인들이 빚에 속박되어 있는 이런 현상이 끝없이 계속되고 있다. 선교사들은, 선교회들, 교회들은 이러한 필요들에 대해 가능한 한도 내에서 책임을 져 왔으며, 다른 비기독교 기관들이 하는 것보다 훨씬 더 많이 해왔다.

3. 농촌교회 문제

농민층이 80퍼센트 이상을 이루고 있는 나라에서는 교회가 농촌에서 큰 역할을 해야 한다. 다행히도 한국에서 이런 일이 이루어지고 있다. 브루너 박사(E. de S. Bruuner)에 의하면, "일본 본토에 있는 교회들은 배타적으로 거의 대부분 도시에 있지만" 한국 개신교 교회의 73퍼센트는 농촌에 있다.[17] 한국에서는 시골교회가 남부지방의 인구 가운데 약 8분의 1을 차지하고, 중부 지방에서는 5분의 1을 차지하고, 북부 지방에서는 3분의 1 이상을 차지하고 있다. 문제는 교회가 그것들이 자리 잡은 7천 개 마을들에서 진정한 지역사회 중심지의 기능을 유지하게 하는 것이다. 현재까지 사용되어온 방법은 정규 교회예배, 주일학교, 사경회, 초등학교, 야학교, 하계일일성경학교, 선교기관, 청년회 등이다. 최근 수년 전부터는 농민들을 위한 몇몇 강습회들이 개설되었다. 시골교회의 문제점들은 교회가 보다 확대된 프로그램을 지원할 경제적인 능력을 갖추지 못한 데서 발생하였다. 농지 보유는 11퍼센트가 줄어들었고, 소작료는 매 십년마다 20퍼센트가 올랐다.[18] 청년들이 받고 있는 교육은 오히려 그들 중 다수가 성장해온 시골지역으로부터 관심을 돌리게 하고 있다.

'농촌생활'이 얼마 동안 선교계와 교육계에서 인기 있는 토론주제가 되고 있다. 예수교서회는 이 문제와 관련해서 몇몇 책들과 팸플릿들을 발행해왔다. 『농민생활』(Farmers Life Magazine)이 한국장로교 총회의 후원 아래 평양의 숭실대학교에서 발행되었다. 이 방면의 전문가들인 버터필드(Kenyon S. Butterfield) 박사와 브루너(Edmund de S. Brunner) 박사의 한국 방문은 농촌생활의 문제점들을 고찰하는 데에 큰 도움을 주었다. 한국인 지도자 몇 명은 농촌을 개선시킬 방법을 배우러 덴마크를 방문하였다.

우리 선교회는 시골교회들이 필요로 하는 것들에 대해 무관심하지 않았다. 사실 선교회는 늘 이 필요성을 강조해왔다. 한국에 있는 어떠한 선교회도 우리보다 더 시골지역의 교회 설립과 발전을 위해 착념해온 곳이 없었다. 서구에서 최초로 들여온 과일들, 곡식들, 채소들, 목초들은 거의 대부분 선교사들에 의해 행해진 것들이다. 우리 선교회는 오래 전부터 한국 학교들이 행하는 교육 형태가 농촌 사람들의 필요에 잘 부응하지 못하는 사실을 파악해왔다. 그러나 재정적인 이유로 인해 선교회는 '선례를 따라' 행할 수 밖에 없었으며 학생들이 받아들일 수 있을 만한 종류의 교육을 행해왔다. 선천, 평양, 서울, 대구의 학교들이 연계사업으로 설립한 농장일, 목수일, 대장장이일, 목축, 가마니 짜기, 바느질 등등의 자조부를 경영하는 일은 한국인 사회에서 실행할 가치가 있는 것으로 기대되었다.

1920년에 내한한 우리 선교회의 루츠(D. N. Lutz)는 시골교회가 필요로 하는 것들을 살펴보았다. 버터필드 박사는 그를 "한국에서의 농업선교 개척 선교사"라고 불렀다. 루츠가 그의 사역 중에서 강조하였던 것은 과일나무 기르기, 언덕배기 땅 이용, 콩과 식물의 지배, 토양 분석, 과일과 채소 통조림 저장 등이었다. 그와 그를 돕는 한국인들은 한국 농민들에게 이 일들 및 이와 유사한 일들에 관해 많은 실제적인 가르침을 주었다. 몇몇 지역들에서는 수확량이 늘어나고 그에 부응해서 교회의 수입이 증가하는 등의 좋은 결과가 벌써 나타나기 시작하였다.

연희전문학교는 수년 전에 농과를 설치하였으나, 충분한 학생들을 얻지 못하였다. 최근에 한국인들 사이에서 농업과 농촌 교육이 관심을 끌면서 평양의 숭실전문학교가 농과를 설치한 후 성공을 약속받고 있는데, 현재(1932-1933) 70명의 학생들을 두고 있다.

1925년부터 한국 YMCA는 농촌사역에 강조점을 두어왔다. 우리 외에 최소한 2개 선교회가 더 이러한 종류의 사역을 위해 전문가들을 확보하고 있다. 이로써 선교회들과

YMCA가 한국교회들과 협력하고 세계교회협의회의 후원을 받아 연합 사업으로 농촌사역 프로그램을 추진할 수 있게 되었다. 이 일은 YMCA 사역자들의 한 명인 클라크(F. O. Clark)의 지도력에 고취되어 이루어졌다. 우리 선교회는 이 사역을 위해 루츠 외에 캠벨(E. L. Campbell)과 챔네스(O. V. Chamness)를 파트타임으로 더 임명하였다. 1930년에는 이 사역자들과 여러 유능한 한국인 사역자들이 협력하여 20회의 농업강습회를 실시하였다. 등록자는 4,200명이었으나, 저녁 집회에는 총 4만 명이 참석하였다. 이 모든 운동은 '대공황'의 한 결과로 YMCA가 부득이 클라크를 소환시켜야 하였을 때까지 가장 고무적이고 가망성이 있는 한 방법으로서 지속되었다.

브루너 박사는 그의 조사를 종결지으면서 "한국 농촌교회를 위한 다음 조치들"이란 제목 아래 경제문제에 관해서는 11가지, 교육문제에 관해서는 10가지, 사회생활에 관해서는 4가지, 교회에 관해서는 6가지, 일반 행정업무에 관해서는 9가지를 제안을 하였다.[20] 여기에는 선교회들과 교회들이 이 농촌사역을 계속 해야 한다는 신념이 담겨져 있었다. 어떤 것들은 아직 진행되고 있으나, 선교회들과 교회들의 예산 삭감으로 인해 처음에 행하였던 사역들이 대거 중단되었다. 한국 기독교인 학생들은 지금도 자발적으로 농촌교육을 크게 돕고 있다. 이화여전의 학장인 김활란 박사는 이 문제에 관해 한 책을 썼다.[21]

4. 경제여건

한국은 다른 나라들과 다를 바 없이 어려워진 경제여건으로 인해 고통을 받고 있으며, 그로 인해 교회생활이 심각한 영향을 받아 교회들의 활동이 감소되고 있다. 한국에서는 다음과 같은 몇 가지 이유에서 사람들이 경제적인 곤궁에 처하고 있다. 한국인 지주의 감소, 터무니없이 높은 이자율과 소작료, 너무나 빈약한 공업, 농산물과 기타 생산품들의 미약한 유통능력, 외국 상품 구매, 음주와 흡연 습관으로 인한 낭비 등등이다. 한국은 항상 실업자가 넘쳐나는 나라로 여겨지고 있다. 상업과 공업의 이익이 일본인들에게 돌아가는 것은 놀랄 일이 아니다. 그들은 이 나라를 지배하고 있고, 내부 유통망을 장악하고 있고, 자금시장을 조종할 수 있고, 보다 많은 자본을 갖고 있고, 이 나라의 자연자원을 선점할 수 있는 등등의 조건을 지니고 있다. 한국 행정부는 한국인 복지문제에 무관심하지는 않다. 그럼에도 불구하고 여러 가지 구실로 일본인들이 더 나은 대접을 받고 있다.

지주문제에 관한 수많은 토론에서 한국인들은 일본인들이 자기들의 땅의 소유권을 박탈하고 있다고 주장한다. 일본인들은 합법적으로 대금을 지불하여 그 땅을 얻었다고 주장하며, 대부분은 그 주장이 옳다. 그렇지만 브루너가 "1915년부터 1926년 사이의 11년 동안 전체 농민의 수는 4.7퍼센트가 늘었으나, 땅을 소유하지 못한 소작인 농부의 비율은 25퍼센트 혹은 5배로 급격하게 상승하였다"고 보고한 것과 같은 문제는 잔존해 있다.[22] 그 보고서가 작성되었을 때 "한국인 농부의 75퍼센트가 지주들과 실랑이를 벌어야 하였으며", 5분의 1에 달하는 그 지주들은 소유지를 모두 남에게 차지(借地)시키고 있었는데, 한국의 모든 경각가능 농지의 절반 이상을 소유하고 있었다.[23] 이러한 현상은 이 나라가 일본에게 점령되기 오래 전부터 시작되었으나, 합병된 후에 더욱 가속화되었다. 많은 한국인들이 이런 상황을 심각하게 인식하여 많은 지역에서 단발적으로 땅 지키기 운동을 벌이고, 수입상품을 사는 대신 국산품을 생산해서 쓰고, 검소한 생활을 장려하고, 낭비하는 습관을 자제시키는 일을 시도하고 있다. 몇몇 마을들에서는 사람들이 이러한 시도들을 꾸준히 행한 결과 경제문제가 크게 개선되었다.

선교사들은 기독교인들의 경제여건과 간접적으로 관련되고 있다. 선교사들은 한국 기독교인들에게 빚을 지지 말고, 관혼상제에서 경제적인 능력 밖의 지출을 삼가고, 근면 검약하고, 사치하고 낭비하는 습관을 버리도록 역설해왔다. 선교사들은 항상 고리대금을 반대해왔으나, 한국교회가 이런 일에서 항상 선교사들을 따른 것은 아니었다.

하나의 사회계층으로서 한국 기독교인들이 비기독교인들보다 경제적으로 더 윤택하다는 주장이 자주 제기되고 있다. 만일 경제 수준이 본래 동일하였던 사람들을 비교한다면 어쩌면 그렇다고 할 수 있을 것이다. 그러나 한국에서는 다른 곳에서처럼 "부자라고 불릴만한 사람이 많지 않다." 한국인들 중에서 훌륭한 기독교인들은 주일을 지키고 교회에 헌신한다. 이러한 행동들은 얼마간 경제적인 희생을 치르게 한다. 브루너는 북부지방 35개 마을에서 한국 기독교인들과 비기독교인들의 상태를 조사한 후 "교인들이 전반적으로는 농촌 주민들의 평균 수준보다 더 잘 살지도 않고 못 살지도 않다"고 결론지었다.[24] 그러나 다른 한편으로 보면 기독교인들은 교회들을 건축하고, 교회 사역자들의 봉급을 지불하고, 자선을 하고, 기타 비기독교인들이 하지 않는 모든 일을 한다. 한국의 성인 기독교인들은 교회사역을 위해 일 년 동안 1~5달러를 헌금한다. 만일 그들이 이렇게 하고도 여전히 비기독교인들 만큼의 경제력을 유지할 수 있다고 한다면, 그들이 어떤 이득을 얻고 있다고 할 수 있다.

열심 있는 기독교인들이 교회에 헌금하다가 가난하게 된 개별적인 사례도 입증될 수 있다. 그러나 교회 전체를 보면 그렇지가 않다. 코엔(R. C. Coen) 목사는 1927년에 행한 조사에서 한국 교회의 신자는 당시에 수입의 약 3.5퍼센트를 바치고 있었는데 이것은 가난한 사람들에게도 너무 많은 것은 아니라고 결론지었다. 한국 기독교인들은 십일조를 바치도록 가르침을 받고 있으며, 그들 중에서 많은 사람들이 그 보다 더 많은 헌금을 하고 있다. 한국교회가 이처럼 거의 자급할 수 있게 된 이유는 여기에 있다. 그러나 몇몇 개인들의 경우들을 제외하고는 기독교인들이 가난해지지 않았다. 물론 교회는 고용할 수 있는 사역자들의 수와 감당할 수 있는 사역의 양에 있어서 경제적인 제약을 받고 있었다. 코엔은 한국교회가 개교회 지출비의 절반 정도를 현재 있는 수의 사역자들에게 적정 금액의 봉급으로 지출할 수 있는 형편에 있다고 말한다. 이것은 대부분의 선교지들에 있는 교회들의 실상이다. 한국에서는 교인수가 1천 명이 되어야 헌금의 36퍼센트를 지출하여 필요한 수의 사역자들에게 적정 금액의 봉급을 줄 수 있다.[25] 한국에서 교인이 천 명에 달하거나 그 이상인 교회가 적지 않다. 그러나 대다수의 교회들이 작고 이들 중 많은 교회들이 적절한 봉급을 지불하지 못하고 있다.

한국에서는 1평방 마일의 경작지에 대략 1,125명의 사람들이 있다. 그들 가운데 900명이 농부이며, 평균적으로 5인 가족이 $3\frac{1}{2}$ 에이커를 경작하여 연간 135달러의 수입을 내고 있다. 이 비율은 교회에 대해서도 참이며 주로 농촌지역에 해당된다. 교인들의 경제적 여건을 개선하기 위해 도움을 줄 수 있는 선교회와 교회들의 지도력에는 한계가 있으나, 영적 가치의 측면에서는 손실보다 이득을 얻고 있다. 1928년에 루츠(Lutz)가 말하였듯이 “우리의 목표는 섬김이란 용어로 해석된 기독교의 메시지를 전하는 것이며, 농업이나 다른 경제적 도움은 그 메시지의 표현 형태들에 불과하다.” 경제문제의 해결을 위해서는 교회가 손을 빌려줄 수 있을 뿐이다. 비록 미흡할지라도 그것을 가능하게 하기 위해 노력하는 것은 경제문제의 중요성에 무관심한 것보다는 더 나은 일이다. 그러나 교회는 세상을 향해 지니는 본연의 정신을 잃으면 안 된다. 만일 교회가 종교, 교육, 도덕 방면에서 그들의 사역을 잘 이행한다면, 경제적으로도 좋은 결과에 이르게 될 것이다.

5. 새로운 사회표준

한국인의 사회관습이 크고 급격하게 변함에 따라 재조정을 이룸에 있어 혼돈과 어려움이 초래되고 있다. 이러한 변화들은 의복, 결혼과 이혼, 남녀관계, 여성의 지위, 노년층을 대하는 청년들의 태도, 가족 내 권위의 소재, 학교, 교회 등에서 발생되어왔다. 이러한 변화들의 근저에는 분명한 명분들이 있고 또 그렇게 언급되어왔다. 짧은 기간 동안 정치, 교육, 종교, 상업, 교통, 출판, 세계접촉 등의 모든 여건이 달라져 새로운 한국이 만들어지고 있다.

외국식 혹은 반 외국식의 복장이 학생들, 선생들, 관리들, 일부 교회 지도자들 사이에서 유행하고 있다. 모자와 신발에서 외국식을 더한 한복을 보는 것이 특별한 일이 아니다. 한국 여자들은 가리개, 갈대 모자, 밀폐된 가마를 벗어던졌다. 그들 중에서 소수의 사람들은 단발한 자들에 합류하였다. 전에는 여성이 매우 엄격하게 격리되었다. 현재 그들은 남자들과 마찬가지로 대중교통을 이용하면서 가죽끈에 매달리고 있다. 부모들은 여전히 자녀들의 결혼을 중재하고 있지만, 약혼 당사자들은 이 문제에 관해 자기들의 의견을 곧잘 내세우고 있으며, 어떤 경우에는 부모나 보호자의 허락 없이 약혼을 하고 있다. 부모에 의해 어린 나이에 결혼하였던 많은 젊은 부부의 사이가 멀어지고 있다. 젊은 남편은 공부하러 학교로 떠나지만 젊은 아내는 교육을 받지 못한 상태로 시어머니의 집에 남겨지기 때문이다. 최근 수년 전까지도 모든 교회 예배에서 휘장을 사이에 두고 남자들은 한 편에 앉고 여자들은 다른 편에 앉았다. 이제는 그 휘장이 제거되었을 뿐만 아니라, 특별히 젊은 남자들과 여자들은 혼성 성가대와 사교단체에서 어울리고 있다. 많은 한국인들이 모든 학급에서 남녀공학을 행하는 것을 지지하고 있다. 전국에서 온 5 · 6,000명의 고등학생 연령의 소녀들이 서울에서 하숙하고 있다. 그들 중 많은 사람들의 방이 젊은 남자들의 방문을 받고 있다. 부모와 노인을 공경하는 것은 옛 한국의 큰 특색이었다. 우리는 이러한 것이 아직은 매우 널리 일반화되어 있다고 믿고 있다. 그러나 존경심의 외적인 표현인 예절바른 태도는 그렇게 일반화된 모습을 보이지 않고 있다. 사실 청년들이 먼저 자리를 잡으려고 노면전차들과 기차들을 향해 달려가고 노인들에게 그것들을 양보하기를 거절하는 것은 드물게 보는 일이 아니다. 많은 경우에 청년들은 가정, 학교, 교회의 권위에 복종하는 것을 전보다 덜 달가워하고 있다.

선교사들과 교회 지도자들은 분명히 이러한 풍습의 변화와 직접적으로 관련되어 있다. 우리 선교회와 선교사들이 지향해온 입장은 "점진적으로 변화시키는 것"이었다. 새로운 것이 모두 좋은 것은 아니며, 좋은 것이라고 하더라도 잘 적응하게 하려면 시간이 필요한 경우가 많다. 새로운 것이라면 모두 받아들이려 하는 어떤 조급한 한국인들은 선교회의 태도를 비판해왔다. 미국 북장로교가 교회들의 전열에 서서 교육과 목회자 교육을 위해 노력해왔지만 어떤 방면에서는 우리 선교회가 지나치게 보수적이라고 여겨지고 있다. 그것은 새로운 유행과 풍습을 향한 대중들의 요구를 무조건 따르려 하지 않기 때문이고, 교회생활과 분리된 세속교육 프로그램을 받아들이려 하지 않기 때문이고, 전도와 다른 분야 활동 사이에서 균형을 잃고 있기 때문이다. 내 생각에는 교육적인 자격과 영향력 면에서 어느 누구에게도 뒤지지 않지만 비자생적이고 극단적인 새 방법들과 정책들을 지나치게 강조함으로써 교인들 사이에서 지도력을 행사하지 못하고 있는 젊은 지도자 그룹이 한국 장로교회 안에 있다. 현재를 과거에 최선이었던 것으로부터 이반시키는 새롭고 시도되어본 적이 없는 방법, 장래의 성공을 충분히 약속해주지 않는 방법으로 줄달음치는 것보다는 차라리 비진보적이라는 비난을 듣는 편이 더 낫다. 한국의 새로

1932년 평양 서문교회에서 개최된 평안노회 주일학교대회

운 사회질서는 부조화를 이룬 사례들을 매우 많이 제공한다. 기독교인 소작인들은 역동적이고 혁명적이지만 지혜롭게 스스로를 통제하고 있다. 사회문제에 관한 예수와 바울의 가르침은 새로운 사회질서를 점진적으로 이끌어냈으며, 그 당대에는 이루지 못하였다.

재조정의 난관을 경시하지 않고도 기독교계의 당시 상황에 관해 희망적인 견해를 가질 수 있을 것이다. 교회 지도자들과 선교사들은 함께 그 문제에 관해 솔직하게 토론하며 해답을 찾아왔다. 정규예배, 주일학교, 수양회, 교회와 선교회의 일일학고, 기독교문헌 등은 올바른 원리들을 배울 풍부한 기회를 제공한다. 교회법은 올바른 실천을 추구하면서 극단적이고 급격한 변화를 억제해 도덕의 표준이 배제되지 못하게 한다. 기독교식의 결혼식은 일부 비기독교인들 사이에서도 인기가 있다. 한국인들은 이런 결혼식에 대한 선교사들의 도움과 조언과 참석을 희망하고 환영한다. 선교사들은 자주 결혼행진곡 연주를 요청받고 있고, 어떤 선교사들은 빌려주기 위해서 신부의 베일을 갖고 있다. 그들은 드레스와 예식에 관해 유용한 조언을 줄 수도 있다. 기독교들 사이의 이성간 사교모임은 유익하며 올바른 표준을 세우는 데 도움을 준다. 한국인들은 자주 선교사들의 집에서 그들의 모임을 갖는다. 많은 학교와 교회들이 소풍이나 다른 사교모임을 가지는 계획을 세운다. 교회는 전체적으로 건전한 재조정의 방향을 취하고 있다. 한국의 기독교인들은 한국 사회에서 더 널리 선한 영향력을 끼칠 수 있는 자질을 매우 충분하게 보유하고 있다.

6. 청년운동

모든 사람들은 "현재의 재조정기"가 한국 청년들이 특별히 새로운 시대를 맞이하고 있는 것을 지시한다고 말하고 있다. 옛 질서의 파괴로 청년들은 필히 지도자가 되어 새 질서를 세워야 할 사명을 부여받고 있다. 그 결과 기독교 지도자들이 갈망해온 것처럼 청년들이 교회에서 떨어져나가는 것을 막기 위한 '청년운동'이 확실하게 진행되고 있다. 10년 이전에 우리 선교회는 선천, 평양, 서울, 대구의 청년들 사이에서 일할 특별한 사역자들을 보내달라고 요청하기로 결정하였다.[28] 거의 모든 교회사역자들의 수양회에서 청년사역의 어떤 측면이 토론주제의 하나가 되고 있다. 이 주제에 관해 한국교회 지도자들과 선교사들이 쓴 많은 기사들이 교회와 선교회의 정기간행물들에 실리고 있다.

청년사역의 중요성과 청년 자신들의 태도는 『코리아 미션필드』(*Korea Mission Field*)에 실린 몇몇 글들에서 언급되어 있다. 감리교 선교회의 쇼(W. E. Shaw) 목사는 6일간의 YMCA 집회에 관해 「새로운 날에 직면함」("Facing a New Day")이란 제목의 보고서를 발표하였다. 이 집회에서 청년들은 "우리의 옛 관습들을 어떻게 할 것인가?", "그것들을 폐기하고 외국으로부터 새로운 것들을 받아들여야 하는가?", "누가 우리의 아내들을 선택해야 하는가-부모인가 우리 자신인가?", "사랑은 결혼의 필수 요인인가?" 하는 문제 등에 관해 해답을 찾았다.[29] 감리교의 변성옥(S. O. Pyun) 목사는 "청년과 교회"라는 제목의 글에서 청년들이 교회에 대해 불평하는 몇 가지 사항들을 기술하였다. 그들은 목사들이 그들을 영적으로 양육하는 대신 과학과 철학에 관해 이야기한다고 불평한다. 교회 청년들은 좋은 사교시간을 갖고 싶어 한다. 그들은 현대교육을 받지 않은 설교자들을 존경하지 않는다.[30] 언더우드(H. H. Underwood) 박사는 「청년과 교회」("Yong Men and the Church")라는 한 글에서 다음과 같이 건설적인 제안을 하였다. "첫 번째로 필요한 것은 청년들에게 관심이 많은 지도자이다. 청년들에게 할 일을 주라. 그들을 괴롭히는 문제들에 대한 해결책을 주라. 그들에게 생각할 거리를 주라. 그들에게 음악활동을 권장하라. 클럽. 토론장, 지역사회 활동의 장에 참여하게 하라." 어떤 교회들에서는 청년들과 나이든 교회 지도자들이 불화하고 있다. 청년 지도자들은 너무나 자주 교회의 공적인 직책들에 선택되지 못하고 있다. 그러나 일반적으로는 교회가 청년들의 도움과 지도력을 환영하고 있다. 어떤 경우에는 청년들이 교회의 기성 권위 아래 들어가 활동하기를 좋아하지 않는다. 그러나 전체적으로 교회들은 교회생활과 봉사를 열심히 하는 청년들로 가득 차 있다.

YW와 YMCA, 청년회, 주일학교, 하계일일성경학교, 야학교, 전도집회 등의 모든 기관들은 청년들이 기독교 사업에 적극적으로 참여할 수 있는 곳들이다. 한국 장로교회 안에서 기독교청년면려회가 1920년경부터 활동하기 시작하였다. 이 기관은 1923년도의 15개 단체와 1,500명의 회원에서 1933년의 1천 개 단체와 2만 8천 명 이상의 회원으로 발전하였다. 처음부터 이 운동에 관여하였던 앤더슨(W. J. Anderson) 목사는 그의 시간의 중요한 부분을 이 사역에 바치고 있다. 그는 임순춘(Yim Soon Choon), 조희염(E. R. Cho) 목사, 이대위(David Lee)를 비롯한 훌륭한 한국인 협력사역자를 두고 있다.

전국 기독청년면려회 제1회 하계대회. 1928년 연희전문학교 언더우드 홀에서 개최

앤더슨의 일은 두 차례의 안식년 기간에 그를 대신하여 코헨(R. C. Coen) 목사에게 맡겨졌다. 이 운동은 총회의 기관사업이지만, 연례 보고서는 장로교 공의회에 제출되고 있다.

1924년 12월 2~5일에 제1회 청년면려회 전국대회가 서울에서 개최되었다. 4년 후에 서울 연희전문학교에서 청년대회가 총회 종교교육부의 협조를 힘입어 개최되었다. 참석자들은 120명이었다. 이 면려회는 몇 해 동안 『진생』지를 발행하며 1,500명에서 2만 명의 구독자 명단을 보유해왔다. 1930년에는 대표(조목사) 한 명이 베를린에서 모인 제8회 기독교인면려회 세계대회로 파송되었다. 40개국에서 6천 명의 대표들이 참석한 이 대회에 앤더슨도 참석하였다. 이 해에 한국 청년면려회는 절제운동을 펼쳐 1만 4천 장의 포스터와 35만 부의 그림책을 인쇄해 배포하였다.

한국의 여자청년들은 외국인 총무의 도움 없이 YWCA를 조직하고 운영해왔다. 수년간 존 F. 젠소(John F. Genso)의 부인이 조언을 해주었다. YWCA는 여자청년들이 1922년 6월 13일에 서울의 여자성경학교에서 가진 하령회 기간에 조직되었다. 한국 전역에서 온 65명의 여자청년들이 YWCA의 창립위원이 되었다. 김필례(Pilley K. Choi)는 "전국을 순회하라"는 요청을 받았다. 그녀는 5개 도시와 11개 학교에서 조직을 결성하였다. 한국 YWCA는 1923년 11월에 2천 명의 회원을 보유하였다. 처음에는 영적인 메시지가 담긴 YMCA공책의 발행, 절제운동단체의 조직, 공창폐지운동의 시작 등 3개 노선의 사역을 결정하였다. 제2회 하령회는 1923년 8월에 개최되었고, 90명의 회원들이 참석하였다.

유각경(Lee Kak Kyung) 여사는 초대 총무가 되어 수년간 총무로 활동하였다. 그녀는 상해에 있는 감리교 학교에서 6주 동안 공부하였다. 뉴욕의 YWCA는 이성실((Yi Sung Sil) 여사에게 2년간의 장학금을 제공하였다. 그녀의 미국여행 경비는 900명의 한국인들과 15명의 대한 외국인들에 의해 모금되었다. 그녀는 이미 한국으로 돌아와 일하고 있다. 한국 YWCA는 적은 예산 안에서 담대하게 활동을 펼치고 있다. 어떤 조직들은 야학교, 유치원, 자수반을 만들어 운영하고 있다. 서울의 조직은 수년간 숙박과 목욕시설을 운영해왔다.[31] 이 모든 운동은 처음부터 자생적이었던 점에서 돋보였다. 그들은 서울에 있는 한 건물로 곧(1934) 이사할 예정이다.

환경의 변화가 한국의 기독청년들에게 민족주의, 공산주의, 자유주의의 과격한 사상들의 틈에서 새롭고 시도해본 적이 없는 운동들을 이끌 책임을 부여하고 있다. 극단적이고 위험한 형태의 활동은 기독교 청년 지도자들이 지혜롭고 유능한 까닭에 자제되고 있다. 그들 중 많은 사람들이 미국에 있는 최고의 학교들에서 교육을 받아왔다. 모든 연령층 중에 공, 사립학교들에서 훈련받은 한국청년들의 비율이 많아짐에 따라 자연스럽게 청년운동이 일어나게 되었다. 교회지도자의 역할은 청년들과 더 많은 교육을 받은 남녀의 손에 넘어갈 것이다. 그들은 이 같은 재조정기에 신뢰할 만한 지도자들로 인정받고 있다.

:: 주석

1) *Minutes, Chosen Mission, Presbyterian Church, U.S.A. 1915*, p. 63; 1917, p. 89.

2) *Ibid.*, 1918, p. 51; 1620, p. 60.

3) *Ibid.*, 1923, pp. 67–68.

4) *Ibid.*, 1924, p. 12; 1925, pp. 19–22.

5) *Ibid.*, 1925, pp. 39, 47–48.

6) *Ibid.*, 1926, p. 2; 1927, p. 3.

7) *Ibid.*, 1927, pp. 7–9.

8) *Ibid.*, 1927, p. 52.

9) *Ibid.*, 1930, pp. 124–126; 1933, p. 49. (본문에서는 각주 9번 표기 누락)

10) *Quarto-Centennial Papers, Korea Mission,* 1909, p. 36.

11) L. H. Underwood, *Underwood of Korea*, pp. 130, 143.

12) *Korea Mission Field*, 1909, May, p. 78; 1905, July, p. 174; 1913, Nov, pp. 294–295; 1915, March, p. 81.

13) *Ibid.*, 1924, Nov, p. 229; 1926, Feb, p. 39.

14) *Ibid.*, 1921, April, p. 80.

15) *Minutes Chosen Mission, Presbyterian Church, U.S.A., 1930*, pp. 82–84. (본문에서는 각주 15번 표기 누락)

16) *Korea Mission Field*, 1926, p. 69.

17) *Jerusalem Meeting, Vol. VI. Missions and Rural Problems,* p. 139.

18) *Ibid.*, p. 153.

19) K. L. Butterfield, *The Rural Mission, Church in Eastern Asia*, p. 163. (본문에서는 각주 19번 표기 누락)

20) *Jerusalem Meeting, Vol. VI. Missions and Rural Problems*, pp. 150–170.

21) Helen K. Kim, *Rural Education for the Regeneration of Korea*.

22) *Jerusalem Meeting*, Vol. VI. *Missions and Rural Problems*, p. 104.

23) *Ibid.*, pp. 122–124.

24) *Ibid.*, p. 118.

25) *Korea Mission Field*, June 1927, p. 128.

26) *Jerusalem Meeting, Missions and Rural Problems*, pp. 106, 109.

27) K. L. Butterfield, *The Rural Mission, Church in Eastern Asia*, p. 162.

28) *Minutes Chosen Mission, Presbyterian Church, U.S.A., 1920*, p. 55.

29) *Korea Mission Field,* 1924, Nov. p. 237.

30) *Ibid.*, 1927, Feb, p. 25.

31) *Ibid.*, 1923, Jan, p. 11.

제 16 장

미래 전망과 새로운 필요

이 장을 쓰는 일은 마지막까지 미뤄졌다. 만일 이 선교지에서의 25년간의 경험과 선교회의 50년 역사에 대한 깊은 연구가 미래를 전망하고 발전 가능성과 새로운 필요를 추정하는 일을 위해 적절한 준비작업이 될 것이라고 생각한다면, 이 역사서의 편집인은 잘 준비되어 있어야 할 것이다. 그러나 그는 이러한 예언을 시도하는 일을 매우 내켜하지 않고 있다.

지난 경험을 돌아보면 우리가 일이 잘 되어갈 때면 지나치게 낙관적으로 흐르고 시련과 박해의 시기를 만나면 지나치게 비관적인 데로 빠져드는 경향이 있다는 사실을 깨닫게 된다. 도표들은 1912년, 1919년, 1929년에 침체가 있었던 사실을 지시한다. 합병에 이어 105인 사건, 3 · 1운동, 광주학생운동이 일어났으며, 무엇보다도 대공황이 닥쳐왔다. 한국인들이 크게 실망하고 거의 낙심했던 때도 여러 번 있었다. 초기에는 서양인과의 접촉과 교회의 성장이 그들에게 어떤 정치적 이익을 가져올 것이라는 희망을 품고 있었다. 기독교 운동을 반대하는 세력이 이 일을 훼방하고 꺾어버릴 것만 같았던 시련과 압박의 때에는 소아시아와 북아프리카가 분명한 실례들을 제공한다고 쉽게 결론지을 수 있었다.

다른 한편 한국교회에는 부흥과 열렬한 전도와 놀라운 성장의 때들도 있었다. 특별히 1900–1910년 기간에 참으로 이런 현상이 일어났다. 한국은 복음화를 속히 이룰 것으로 자주 예언되었다. 1909년에 한 선교사는 처음 25년간(1884–1909)의 성장에 근거하여 다음 사반세기를 마칠 때면(1934) 200만 명의 교인들이 될것이고, 1901년에 기독교인이 1명이었다면 1934년에는 19명의 교인 수가 있을 것이라고 추측하였다.[1] 한국선전운동 기간(1908–1909)에는 모교회와 선교지에 임하는 새 선교사들이 만일 인력과 자금이 투입되기만 한다면 한국이 빠르게 복음화를 이룰 것이라고 믿었다. 열심 있는 선교사들의 제기하였던 어떤 예언들은 진지하였고 당시에 일어났던 것에 기초를 두고 있었다. 그들은 이후 몇 년 안에 반작용이 일어날 것을 예견하지 못하였다. 미션계 중등학교를 지키는 운동이 시작되었을 때도 1933년에 이르면 모든 중등학교들이 '지정'을 받게 될 것으로 다시금 예견되었다. 이 희망은 실현되지 못하고 있다. 판단하는 것이 이와 같았다고 한다면, 그들로서는 그 당시 최고의 지혜와 비전을 조합할 수밖에 없었다고 보는 편이 좋을 것이다. 그러나 선교회로 하여금 실패를 예측하게 하는 것은 옳은 일이 아니다. 지난 일을 조사하는 것은 가치 있는 일이지만 미래에 대해서보다 과거와 현재에 대해 더 많은 것을 말해줄 뿐이다.

근래 수년간 주한 선교사들 사이에서 권한을 이양하는 문제에 관해 어느 정도 토론이 행해졌다. 선교사들이 더 많이 필요한가 혹은 더 적게 필요한가? 한국교회와 한국인 지도자들은 얼마나 빨리 모든 책임을 넘겨받을 수 있을 것인가? 이러한 문제들에 답하고자 한다면, 무엇보다도 권한이양이 이미 시작되었다는 말을 할 수 있다. 사실 전도사역에 있어서는 이 일이 이미 성취되었다. 교회와 교회사역을 위한 모든 재정후원과 관리가 1912년과 그 5년 전가량부터 한국인의 손에 의해 대부분 이루어져왔다. 현재 선교사들은 사역자와 조언자로서 도움을 줄 것이 기대되고 있고 또 그럴 필요에 처해 있다. 우리 선교회가 교회에 주는 약간의 지원금은 교회가 스스로 충당하는 헌금의 약 20분의 1에 불과하고 교회 자선사업 예산의 2분의 1에도 못 미친다. 만일 전도사역 전담 선교사들과 전도기금이 없어진다고 하더라도 교회의 사역은 계속될 것이다. 그러나 그러한 철수는 결단코 어리석은 일이 될 것이다. 300개 학교들과 2만 명의 학생들 중에서 90퍼센트 이상이 한국교회의 운영과 후원 아래 있다. 현재의 형편으로는 한국교회가 더 많이 감당하여 모든 중고등학교를 후원하게 하는 것이 아주 불가능하다. 그러나 한국교회는 이사회에 참가할 대표들을 선정함으로써 이 학교들을 함께 운영하고 있다. 비록 선교현장에서 받고 있는 의료비가 선교비 지원금을 조금 더하면 선교회 병원들과 진료소들의 경상비로 충당하기에 적절하다 할지라도 하나의 규칙으로서 이 돈은 건물과 시설 및 외국인 직원들의 봉급으로 지급될 수 없다. 한국인들은 우리의 의료시설들 가운데 서울과 평양에 있는 선교회들의 연합 병원 두 곳에서 운영에 참여하기 시작하고 있다.

선교회들은 때때로 토착교회의 후원을 기대기 어려운 값비싼 교육, 의료 시설들을 짓는 일로 인해 비판을 받고 있다. 많은 경우에 이 일은 피할 수 없다. 대학들과 의료시설들이 사업의 필요성들과 정부의 요구조건들을 충족시키게 하려면 자급의 원칙을 적용시킬 수가 없다. 그러므로 큰 기관을 한국인의 관할로 넘기려고 할 때면 그 기관들이 운영될 수 있도록 외국 기금으로부터 충분한 자금이 공급되어야 한다. 연희전문학교는 상당한 금액의 기부금을 이미 확보하고 있고, 다른 기관들은 보다 적은 기부금을 확보하고 있다. 만일 이 정책이 건전하다고 한다면, 이들 중의 어떤 기관들이 받을 기부금은 우리 선교회가 요청하는 주요 품목들 중의 하나가 될 것이다. 또한 아직 시설이 부족한 몇몇 기관들에게 적절한 시설을 제공하는 것도 우리 선교회에게 필요한 일이 될 것이다.

우리 선교회는 선교사들이 앞으로 언젠가는, 어쩌면 또 다른 50년 동안에, 장래의 발전 정도에 맞는 필요성을 갖게 될 것이라고 믿는다. 1929년도 조사보고서는 "다음 5년 동안은 우리는 선교사들의 전체 숫자가 줄어들면 안 되고 오히려 약간 늘어나야 한다고 확신한다"고 진술하였다. 한국교회 지도자들에게 책임을 넘기는 일이 많이 성취되었지만, 기관사역이나 특수사역 등에서 다른 필요가 발생하고 있다. 인구가 조밀하고 상대적으로 기독교인이 적은 남부지방의 선교기지들은 더 많은 전도사역자들을 필요로 한다. 일부 선교기지들에서 사역자들의 수가 점점 줄어들고 있을지라도 앞으로 몇 년 동안은 우리 선교회의 전체 회원수가 줄어들면 안 된다. 지금부터 선교회에 들어온 새 회원들은 거의 모두 제2세대가 될 것이다. 그들은 부모들보다 한국어를 더 잘 하고 한국인들을 더 잘 이해하게 될 것이다. 경륜이 높고 사랑받는 기독교인 고 이상재(Yi Sang Chai)는 몇 년 전에 이 문제에 답하여 "오늘날 내가 만일 젊은 선교사가 된다면 어떤 일을 할까"라고 말한 후 "당신이 미국인이란 사실을 잊고, 봉사할 일의 비젼을 붙잡고, 한국인들이 자존심이 강한 사실을 알고, 하나님의 나라를 맨 앞에 두라"고 조언하였다.[2] 이런 점에서 제2세대 선교사들은 다른 사람들보다 더 잘 행할 수 있다. 선교사의 수를 줄이는 일은 한국교회 지도자들의 요망사항들에 맞추어 점진적으로 이루어질 것이다. 권한이양이 모든 방면에서 성취된 후라고 할지라도 지방사역, 대학교와 성경학원과 신학교의 교수, 의사와 간호사, 특수분야와 농업과 종교교육과 학생사역 분야의 사역자 등의 영역에서 남녀 선교사들이 여전히 필요하게 될 것이다.

옛날처럼 장래에도 이 나라에서 일어난 변화들이 사역의 발전을 늦추거나 빨라지게 만들 수 있다는 사실은 장래의 발전을 추정하기 어렵게 만드는 한 요소가 된다. 지난 50년의 역사는 정치적인 변화의 역사였다. 현재는 세계의 다른 어느 지역에서보다도 동아시아에서 정치적 동향을 예측하기가 더 어렵다. 어떤 변화가 발생한다고 할지라도 한국의 정황에 틀림없이 큰 영향을 미치게 될 것이다. 현재의 가장 큰 관심사는 단연 만주개발 문제이다. 우리 선교회의 어떤 사람은 그곳의 한인 인구가 빠른 시일 안에 두세 배로 늘어날 것이라고 예측하였다. 만일 그렇다고 한다면 우리 선교회가 가장 최근에 설립한 만주의 신빈 선교기지는 가장 중요한 곳이 될 것이다. 다른 한편 우리의 사랑하는 헨더슨(Henderson) 선교사를 1932년 10월 만주에서 총격으로 잃은 일과 신빈 선교기지가 외져서 그곳을 중심으로 사역을 계속 수행하는 데에 많은 어려움과 곤란한 상황이 발생하는 일로 인해 우리 선교회와 선교부의 어떤 사람들은 그 선교기지를 포기하라고 말하고 있다. 한 유명한 일본인 철도국 관리는 어떤 주한 선교사들에게 한국인을 만주로 이민시키고 일본인을 한국으로 이민시키는 것이 정부의 정책이라고 보고하였다. 만일 이 일이 이뤄지고 우리 선교회의 만주 사역이 다른 선교회나 선교부로 넘어가지 않는다고 한다면 그 규모나 중요성이 커지게 될 것이다. 다른 한편 동아시아에는 전면적인 정치적 격변이 일어날 가능성이 있다. 만일 그런 일이 일어난다면 우리 선교회와 교회의 사역은 큰 영향을 받게 될 것이다.

한국의 교육전망도 불투명하다. 관공립학교들은 아마도 더 많아질 것이다. 그러나 학교교육의 유익이 학령기에 있는 모든 한국인들에게 미치려면 한 세대는 더 기다려야 할 것이다. 현재는 다섯 명 중에서 한 명 만이 학교를 다니고 있다. 선교회들과 교회들이 세운 모든 학교들은 관공립학교 제도의 보충물로 비쳐지고 경쟁대상이 되지 못할 것이다. 우리 선교회와 교회가 교육사업의 이행을 부수적인 목표로 여기기는 하였지만, 교육상 이 일은 참으로 그렇게 될 것이다. 현재 주어진 교육 형태가 한국인의 필요에 가장 잘 맞춰진 것인지 그렇지 않은지가 또한 의심스럽다. 농업교육과 산업교육 제도를 크게 확대해 보충해야 하는 것인지? 사무원들, 비서들, 교사들, 기타 사무직 직업들에는 사람들이 공급되고도 남는다. 현재 한국인의 80퍼센트가 농부들인 반면 이 나라의 산업화는 갓 시작한 단계에 있다. 시행 중인 교육 형태를 바꾸는 조치로서 선교회는 교회 지도자들을 훈련시키는 교육 프로그램을 제한시킬 수 있으며, 막강한 재정 후원자들과 교회 지도자들이 될 농업과 산업 분야의 기독교 노동자들을 훈련시키는 일에 나설 수도 있다. 선교회 안에는 회원들이 필히 더 참석해야 할 사회봉사 사업형태는 어떤 것인가에 관해 서로 다른 견해들이 있다.

의료사역 또한 장래가 확실치 않다. 선교회는 의료사역이 계속되어야 한다고 굳게 확신한다. 정부와 선교사들이 있는 힘을 다한다고 해도 한국인들이 갖는 의료의 필요는 한 세대 혹은 그 이상이 지나도 다 충족될 수 없다. 더욱이 선교회의 역사는 복음전도의 목적을 성취하는 데 있어서의 의료사역의 중요성을 강력히 입증한다. 그러나 현재 외국인 의사들이 정부의 면허시험에서 거의 통과되지 못하고 있다. 짐작컨대 그들은 우리 선교회의 전임 선교사들보다 더 훈련을 잘 받은 자들이다. 만일 현재 여건이 계속된다면, 선교지를 찾는 새 의사는 한국에 가기를 희망하지 않게 될 것이고, 선교부는 그들을 보내지 않게 될 것이다. 선교부는 몇 년 전에 다른 이유들에서 우리 선교회의 의료사역을 점진적으로 축소시킬 것인가 말 것인가에 관해 질문을 제기한 적이 있었다. 재정부담 문제 외에 더 제시되었던 이유는 일본 정부의 통치 아래 위생상태가 더 나아진 것, 공립병원이 모든 주요 중심지들에서 세워진 것, 공립 또는 미션계 의학교를 졸업한 의사들과 간호사들의 수가 많아진 것 등이었다. 그 문제가 제기되었을 때에 우리 선교회는 모든 의료사역을 지속시킬 수 있도록 허락해달라고 간절하게 청원하였고, 그 정책은 지금도 유효하다. 그러나 반대되는 조건들이-이중 일부는 이미 언급되었다-선교회가 결국 의료사역의 일부를 중단시키지 않을 수 없게 만들고 있다.

가장 잘 알려지고 있지 않은 요인들 중에는 한국과 미국, 양편의 경제상황 문제가 있다. 우리는 자주 이 문제가 교회와 선교회들의 사역의 미래를 결정지을 것을 기정사실로 받아들인다. 이 요인들이 사역에 영향을 끼친다는 것은 의심할 수 없는 사실이다. 근래 수년간 한국인들은 경제상황에 관해 지속적으로 토론해왔다. 그들은 크게 실망하고 있다. 그들은 자신들이 점점 농노가 되어가고 있다고 느낀다. 기독교계에서 계속되고 있는 토론 주제들은 교회의 경제적 한계이다. 비록 그들이 잠시 몇 년 동안 교회헌금 면에서 침체현상을 보였을지라도 최근의 통계는 회복세를 보이고 있다. 학교 취학률은 계속 상승하고 있다. 여행자들의 수도 줄어들지 않고 있다. 한국은 항상 힘든 경제상황 속에 있어왔다. 현재의 상황은 어쩌면 이전의 여러 해들보다 크게 나쁜 것은 아닐 것이다. 그러나 이렇게 말한다고 하여 크게 위로가 될 수 있을 만한 것도 없다. 모든 선교사들은 경제적인 갈등이 심각하게 진행되고 있으며 최소한 개별적인 사례들에 있어서는 필요를 충족시킬 어떤 일이 시도되고 있다는 것을 안다. 불리한 경제상황은 의심할 바 없이 한국교회의 사역을 제한시키고 그 교인들과 유급 직원들 중 어떤 사람들에게 큰 어려움을 야기할 것이다. 그럼에도 불구하고 재정 면에서 교회의 기능은 계속될 것이다. 한국 기독교인들의 헌금은 많은 부분 그들의 생계비에서 나온다. 그들이 매끼 먹을 양에서 쌀을 한 숟가락씩 덜어낸다는 것은 말 그대로 사실이다. 지난 여러 해 동안 교회의 모든 헌금이 이미 선교부의 충당금을 넘었고, 여기에는 선교부의 새 자산과 선교사들의 봉급을 포함되어 있다.

더 큰 문제는 미국과 유럽의 경제공황이 선교회들의 사역에 영향을 미치는 것이다. 한국 사역 50년 역사의 마지막 시점에 우리는 정말로 사역을 줄이거나 중단해야 할 것인가 아니면 달라진 시대배경에 맞춰 다시 시작해야만 할 것인가? 물론 우리는 모두 현재의 상황이 일시적이라고 하는 희망을 붙들고 있다. 그러나 누가 알 것인가? 이전의 불경기들이나 예언들과 비교했던 것들은 모두 이후에 곧 끝나버릴 것을 바탕으로 행해진 것이 아니었는가? 우리는 경제적으로 새 세계질서를 만들기 시작해야 하는가? 우리는 현재의 선교사역 방법을 행하기 위해 얼마나 많은 돈을 들여야 하는지를 잘 알지 못한다. 우리는 다시 번창해지는 것이 우리 생각에 여러 종류의 사역들을 위해 필요한 것만큼이나 선교회들 자체의 장래를 위해서도 필요하다고 믿는다. 어떤 한국교회 지도자들은 선교사들의 수가 줄어들어도 그 자리를 지킬 것이며 오히려 더 많은 돈을 기뻐하며 받게 될 것이다. 아마도 적지 않은 선교부들이 선교사들을 보내는 대신 돈을 보내는 실수를 하게 될 것이다. 이 문제가 선교회에서 몇 차례 제기되었는데, 선교회는 전도사역과 기관사역을 위한 예산이 최소한으로 줄어들더라도 적절한 선교사 요원들을 보유하는 것이 더 중요하다고 항상 주장해왔다.

그러나 선교사들을 보내려면 물론 돈이 들며, 현재로서는 선교부와 선교회에 소속된 선교사들의 수를 줄일 가능성이 매우 크다. 경제적인 요인 외에 이러한 결과를 야기하는 다른 요인들이 있다. 현재 여러 선교회들을 향한 파송교회의 태도는 뜨겁지도 않고 차갑지도 않다. 그들은 무관심하고 비판적이다. 선교회들에 대한 과거의 열심이 어쩌면 우리 시대 안에 회복될 지도 모른다. 선교사들에 대한 큰 수요는 계속될 것이다. 한국에서만도 비기독교인들은 선교사역이 시작되었을 때보다 수백만 명이 더 있다. 한국에서의 목표는 다른 선교지들에서와 마찬가지로, 전도사업을 출발시키고 한국교회가 그것을 스스로 지속시켜 완수해낼 때까지 후원하는 것이다. 필요한 선교사의 수는 계속 많을 것이다. 파송교회가 그렇게 할 수 있는 생명력을 유지하기 위해서도 그것은 유익한 일이다. 한국에서 그 수가 안전하게 줄어들면 그 때 더 많은 선교사들이 새롭고 비어 있는 선교지로 파송될 수 있을 것이고 또 파송되어야 할 것이다. 선교회와 한국교회의 미래는 우리가 언급하였거나 중요하게 다뤘던 것들이 아닌 다른 요인들에게 달려 있다. 이것들은 당장은 중요한 작용을 하여 사역을 억제시키거나 늦출 수도 있고 발전을 위해 우호적인 여건들을 창출할 수도 있다. 그러나 성공과 실패를 좌우하는 요인들은 영적인 것이다. "하나님의 나라는 먹는 것과 마시는 것이 아니고 성령 안에서 의와 화평과 희락이다." "성령 안에서의 희락"이 있는 한 외적인 여건들이 비우호적인지라도 선교회들과 교회의 사역은 살아서 계속될 것이다. 이것은 우리 선교회와 한국교회의 역사에서도 명백하게 참이다. 동아시아에서 이루어질 정치적, 경제적 변화의 미래 전망은 일반적으로 불확실하다고 인정되고 있다. 그러나 선교회와 교회 지도자들은 다른 불확실한 일들에 대해 더 큰 관심을 갖고 있다. 한국교회가 세속화될 것인가? 우리 선교회와 교회의 교육사업이 세속교육보다 더 위축될 것인가? 현대주의의 마름병이 교회에 자리잡게 될 것인가? 한국교회가 순전히 박애주의적이고 인본주의적인 사회조직의 하나가 되고 말 것인가? 한국교회가 가치 있는 일들을 많이 하게 될 것인가? 그렇지 않고 하나님의 비젼을 선포하고 십자가에 달리시고 부활하신 예수가 우리를 죄에서 구원하시는 유일한 구세주라고 선포하는 열심을 잃게 될 것인가? 이러한 질문들이 깊은 관심을 갖고 말하고자 하는 것들이다.

세계의 모든 사람들은 한국에서 이루어진 선교회들과 교회의 사역을 특징짓는 괄목할만한 진보가 어떤 영적인 요인들, 예컨대 기도, 회개, 사경회, 예배, 증거, 주일성수, 부흥, 헌금, 절제, 의로운 삶 등에서 기인하였다는 사실을 안다. 이러한 것들을 대체할 다른 것들이 있는가? 방법의 변화, 지식의 성장, 재해석이 이루어질 것이지만, 만일 한국교회가, 혹은 다른 어떤 나라에서라도, 살아남아서 그리스도를 구세주와 주로 알지 못하는 자들에게 그를 전하는 일을 적극 행한다면 사도교회의 표가 머물게 되지 않겠는가? 우리는 반드시 진보해야 하며 세계 형제운동에 참여해야 한다는 구실 아래 이차적이고 그저 인본주의적이기만 한 것이 기초적이고 영적인 특징들을 잠식할 위험이 있다. 어떤 수단으로든지 진보해야 하고 모든 세계가 그리스도 안에서 형제가 되어야 한다. 복음주의적인 그리스도인은 올바른 생활과 인간을 개선시키는 모든 운동의 지도자가 되어야 하고 본이 되어야 한다. 그러나 믿음을 약화시키는 것으로는 이런 일을 할 수 없다. "행함 없는 믿음"은 오래 전에 "죽었다"고 선언되었다. 믿음 없는 사역은 찾아보기 어렵다. 충분한 믿음이 없으면 충분히 계속 행할 수 없다. 한국교회는 신앙과 행위, 이 모두를 강력하게 지켜왔다. 그들은 어느 한편이나 다른 편에 기울지 않고 양편 모두를 의존하며 그 존재와 유용성을 지속시킬 것이다.

사람들은 자주 "한국에서 사역이 계속될 것인가?"라고 묻는다. 선교회는 1929년에 행한 한 조사에서 이 질문을 다음과 같이 제기하였다. "교회는 날로 악화되는 환경에 직면해 있다. 현재 상황은 교회를 거슬려 빠르게 달려가고 있으며 교회는 지난 1, 2년 동안 그 기반을 힘들게 지켜왔다. 교회가 과연 이를 이겨내고 영광스럽게 전진할 수 있을 것인가, 아니면 열심을 잃고 후퇴할 것인가?" 이런 질문에 대해 한국교회가 만일 과거에 매우 돋보이게 잘 지켜왔던 사도성과 열심을 유지하기만 한다면 교회는 계속 살아남고 전진하게 될 것이라고 말할 수 있다. 그러면 교회는 과연 "좋았던 것을 굳게 붙잡을 것인가?" '일곱 교회들'은 그들의 '첫 사랑'을 버리고 '발람의 교훈'을 붙들었으며 '우상에게 바쳐진 제물을 먹고' '미지근하게' 되어 사라져갔다. 한국교회에서도 그럴 일이 일어날 것인가? 이 질문은 '예' 또는 '아니요'로 답해질 수 없다. 한국교회의 역사에는 확신을 갖게 해주는 어떤 것들이 있다. 한국에서 개신교 운동이 시작되기 100년 전에는 이곳에 로마가톨릭교회가 있었다. 그것은 한 사제가 들어오기 10년 전에 그리고 서양 나라들로부터 선교사들이 들어올 수 있게 되기 50년 전에 존재하였다. 비록 많은 박해를 받아 수많은 순교자들의 명단을 갖게 되었을지라도 그 모든 기간에 한국교회는 성장하였다. 서구 선교사들과 수천 명의 한국 기독교인들은 두 번, 곧 1839년과 1866년에 순교를 당하였다. 한국 정부와 국민들은 기독교를 박멸하려고 부단히 노력하였다. 그러나 기독교인들은 궁정에서도 계속 배출되었다.

최초의 개신교 선교사가 내한하였을 때, 기독교는 거의 25년 동안 금령 아래 있어왔고, 그것을 거슬러 전파하는 것은 여전히 방이 붙어 금지되고 있었다. 개신교 기독교인들은 선교사들이 내한하기 전에 만주로부터 들어와 비밀리 믿으며 전도하고 있었다. 이 기간에 전쟁들, 정변들, 반기독교운동들이 거듭해서 일어났다. 동학교도들은 서양의 모든 것을 내쫓으려고 하였다. 중국 의화단사건의 소문이 한국인들 사이에서 퍼지고 반선교사와 반기독교 감정이 강력하게 일어났다. 합병 이전과 이후의 정치적 혼란기에 수백명의 기독교인들이 체포되고 수개월로부터 수년 동안 구금되었으며, 죽임을 당한 자도 많았다. 포츠머스 조약기간에 한국인들은 최고의 우방국이라고 여겼던 미국으로부터 버림을 받았다고 느꼈다. 한국인들은 국가를 잃은 아픔으로 고통을 당하고 있을 뿐만 아니라 민족의 여러 가지 것들이 사라져가는 데 대한 상실감을 느끼고 있다. 어떤 선교사가 말하였듯이 "한국인들은 나라를 잃었을 뿐만 아니라 그들의 역사, 문학, 언어, 예법, 음악, 의복 등을 잃었고 잃고 있다." 그러나 은둔의 나라(a hermit nation)에서 어떤 사람이 일컫는바, "허락된 나라"(a permit nation)로 바뀌는 이 모든 흥망성쇠의 기간에 기독교 운동이 성장하여 한국은 전 세계적으로 복음의 씨가 뿌려져 30배, 60배, 100배를 거둔 나라로 유명하게 되었다. 그 씨는 빼앗기지 않을 것이다. 그것은 싹이 트지 않으면 죽는다. 그것은 지금까지의 보살핌 속에 질식되지 않았고, 이것에 관해서 한국인들은 그들의 몫보다 더 많은 것을 받았다. 전국에 걸쳐 수백 개의 작은 교회들이 흩어져 있고, 각 지역에 공급된 지도자가 거의 없는 가운데서도 그들의 존재를 10년, 25년, 30년 동안 지속시켜왔다. 한국인들은 전쟁, 혁명, 정변, 박해, 국가상실, 극심한 빈곤, 삶의 모든 영역에 전면적인 변화를 가져온 20세기의 변화 등의 와중에서 거의 모든 사람에게 영적 이익을 제공하는 새 종교를 과감히 믿었고 이 세상에 속하지 않은 새 나라의 시민권을 얻었다. 150년 동안 불리한 조건들이 계속되는 와중에서도 신앙을 수호하여 한국 기독교인들의 특징을 이루었던 것은 한국교회가 반대세력에 직면하게 되어도 확실히 계속될 것을 우리가 믿게 만든다.

예수의 삶과 가르침은 이 나라 사람들에게 호소력을 지닐 수밖에 없다. 그는 로마의 속국이 된 나라에서 희랍 문명의 지배 아래 유대인으로 살면서 희망, 위로, 구원의 메시지를 전하였다. 현재 한국의 공식적인 이름은 'Cho-sén'(아침의 신선함)이며,[i] 이는 가장 오래된 국명이다. 사람들은 그 이름이 간혹 'Chòsen'라고 불릴 때면 어색해 한다. 실수로 불리는 이 발음에는 아마도 이 나라의 미래를 위한 예언이 들어 있을 것이다. 하나님은 그의 말씀과 세상 구원 사역을 맡기려고 유대인들을 선택하셨다. 그러면 하나님은 오직 유대인만을 선택하셨던 것인가? 한국인을 또한 선택하지 않으셨을 것인가? 진실로 그러하며, 하나님은 특별한 목적을 위해 다른 민족들도 선택하신다. 지금은 희미하게 보이는 것이 밝히 드러나게 될 때면, 한국인들은 동아시아에서 가장 먼저 복음화 된 나라가 될 것이다. 그러면 그 주위에 있는 족속들에게 복음을 전하는 도구가 되지 않겠는가? 그들은 이미 이 일을 시작하였다. 근동에서 주변에 강대국들을 둔 작고 외세에 복속된 나라가 주변 나라들을 향해 선교할 특권을 받았다고 한다면, 극동에서도 그 같은 일이 일어나는 것이 가능하지 않겠는가? 한국과 팔레스틴의 지리적 위치와 역사를 그 주변 나라들과 관련지어 비교해보라. 그리고 마음으로 미래의 발전 가능성을 가늠해보라. 만일 이 고요한 아침의 나라에 있는 복음의 '신선함'이 주변의 족속들에게 이슬처럼 내리게 된다면, 그 때 '한국'(높고 아름다운)은 'Cho-sén'과 'Chòsen', 이 모든 것이 될 것이며, 세계 속에서 이 나라의 4천 년 역사와 그 역사 동안 이룬 것에 상응하는 사명을 행하고 이 나라를 세운 신화적인 인물 단군〈神人〉의 왕위를 바쳐 참된 하나님과 인간이신 예수에게 복속될 것이다.

:: 주석

1) *Korea Mission Field*, 1910, January, p. 17.

2) *Korea Mission Field*, 1933, December.

:: 역자주

I) 이 문장의 Cho-sén은 강세가 뒤에 있고, 뒷 문장의 'Chòsen'은 강세가 앞에 있는 점을 유의할 것.

제 17 장

통계표와 도표

처음 25년간의 통계는 대부분 클라크(C. A. Clark, D.D.) 목사가 1909년의 「사반세기」("Quarto-Centennial") 기사를 위해 작성한 통계표(Table of Statistics)에서 제시된 것과 같다. 약간의 수정이 이루어졌고, 어떤 경우에는 재배열도 이루어졌다. 19세기의 마지막 사반세기를 위해 몇 개의 항목들이 더해졌다. 일부 경우에는 입수된 부분적인 통계수치를 활용해야 할 필요도 있었다. 비록 주어진 통계수치가 정확하지 않은 듯 싶을지라도 다른 정보가 없어서 교정을 하지 못한 경우도 있었다.

선교회와 선교부의 연례 통계표 외에 1929년의 '선교회 조사표'(Mission Survey)와 한국 선교공의회 및 한국장로교총회의 통계표들이 검토되었다.

통계표들을 작성하는 일에는 1932년에 쿤스(E. W. Koons) 목사와 솔타우(T. S. Saltau) 목사가 만든 그래프들이 큰 도움을 주었다.

이 표들이 1933년에 만들어지기 전 해, 곧 반세기의 마지막 해의 통계표는 포함시키지 못하였다. 통계표와 도표, 양 면에서 공백으로 남겨졌다. 그러므로 이 통계표들은 나중에 보완되어야 한다,

기억해야 할 것은 여기에 제시된 통계표들이 우리 선교회의 관할구역 내에 있는 한국장로교회에만 해당된다는 사실이다. 전체 한국장로교회에는 우리 외에 다른 세 선교회들의 관할지역들이 더 포함되어 있다.

〈표 I〉 선교사들 한국인 사역자들

설립 당시의 선교기지	순서	연도	목사	비(非)안수 비(非)의사	의사(남)	독신여성	아내	총계	목사	조사(남)	교사(남)	교사(여)	전도부인 기타	총계 유급 사역자(의료제외)
서울	1	1884-85	1	-	1	-	1	3	-	-	-	-	-	-
	2	1885-85	1	-	2	-	2	5	-	-	-	-	-	-
	3	1886-85	1	-	2	1	2	6	-	-	-	-	-	-
	4	1887-85	1	-	1	1	1	4	-	3	-	-	3	6
	5	1888-85	2	-	2	1	2	7	-	3	-	-	2	5
	6	1889-85	3	-	2	3	3	10	-	3	-	-	2	5
부산	7	1890-85	4	-	1	2	4	11	-	3	-	-	2	5
	8	1891-85	5	-	2	1	6	14	-	3	-	-	4	7
원산	9	1892-85	9	-	2	3	9	23	-	8	2	1	1	12
	10	1893-85	9	-	3	3	12	27	-	6	5	1	4	16
평양	11	1894-85	9	-	3	4	11	28	-	5	5	1	4	15
	12	1895-85	9	-	3	4	11	28	-	5	5	3	5	18
	13	1896-85	11	-	4	4	13	33	-	5	14	4	7	30
	14	1897-85	13	-	5	6	15	42	-	11	19	4	6	40
원산	15	1898-85	12	-	5	7	16	43	-	22	18	4	8	52
(포기지역)	16	1899-85	15	-	6	8	18	49	-	23	27	5	14	74
대구	17	1900-85	18	-	6	9	19	53	-	23	47	7	9	91
선천	18	1901-85	23	-	6	10	21	53	-	30	58	8	43	142
	19	1902-85	23	-	6	8	26	81	-	51	73	8	46	179
	20	1903-85	25	-	8	10	26	66	-	70	78	9	29	192
		1904-05	29	-	9	11	28	77	-	61	96	21	48	226
재령	21 22	1905-06	29	-	9	9	31	79	-	81	201	28	61	373
	23 24	1906-07	30	-	9	9	34	82	-	103	279	39	77	493
충주	25	1907-08	30	1	8	10	37	87	7	124	545	68	93	837
강계	26	1908-09	35	3	9	14	40	101	12	146	634	111	149	1047
안동	27	1909-10	44	3	7	17	44	115	23	166	617	116	166	1088
	28	1910-11	44	3	7	19	44	117	23	188	678	142	188	1219
	29	1911-12	41	4	11	21	49	126	55	190	576	130	154	1105
	30	1912-13	42	4	11	21	50	128	53	219	573	110	154	1109
		1913-14	41	4	11	22	48	126	77	232	a 500	a 78	172	1059
	31													
부산	32	1914-15	41	5	11	20	54	131	95	213	b 452	b 89	125	a 974
(포기지역)	33	1915-16	39	5	11	21	52	128	106	201	b 471	b 101	165	1044
	34	1916-17	39	6	10	22	53	130	136	196	437	b 84	200	1053
	35	1917-18	40	6	10	26	54	136	136	187	465	135	189	1106
	36	1918-19	40	6	10	29	54	138	148	210	377	112	218	1065
	37	1919-20	42	5	7	26	52	132	137	215	423	105	209	1089
신빈	38	1920-21	44	5	9	35	57	150	156	250	535	182	220	1343
	39	1921-22	40	7	12	34	58	151	169	269	780	195	174	1587
	40	1922-23	38	7	13	36	57	151	173	281	683	143	153	1423
		1923-24	39	8	14	38	59	158	178	265	671	153	158	1430
	41													
	42	1924-25	42	8	14	38	60	162	209	274	626	167	186	1462
	43	1925-26	43	8	11	41	59	162	233	274	629	139	178	1453
	44	1926-27	38	8	14	35	57	152	240	266	593	169	205	1473
	45	1927-28	39	10	11	32	57	149	270	237	676	230	222	1679
	46	1928-29	42	9	11	31	58	151	294	259	717	235	a 129	1734
	47	1929-30	44	7	12	33	60	156	292	230	b 690	b 261	b 217	1699
	48	1930-31	42	8	11	35	58	155	316	238	681	378	b 241	1854
	49	1931-32	41	8	11	33	58	151	275	240	b 638	b 261	267	a 1681
	50	1932-33	41	6	13	37	57	154	333	234	b 750	b 375	b 233	b 1928
		1933-34												

a. 정확성이 의심되는 수치　　b. 부분적인 수치

〈표 II〉 교회 통계표

순서	연도	비조직 교회	조직 교회	자급교회	세례인	세신자	유아 세례인	교인	학습인	평균 출석
1	1884-85									
2	1885-86	1			9	9				
3	1886-87	1			25	20				
4	1887-88	1	1		65	45				
5	1888-89	1	1		104	39				
6	1889-90	3	1		100	3				
7	1890-91	5	1		119	21				
8	1891-92	5	1		127	17				
9	1892-93	5	1		141	14				
10	1893-94	7	1		236	76				
11	1894-95	13	1		286	50				
12	1895-96	26	1	15	530	210				
13	1896-97	73	1	40	932	347		6800	2344	4800
14	1897-98	205	1	170	2079	1153		7500	2800	5200
15	1898-99	261	2	230	2804	841		9634	3426	6500
16	1899-00	287	2	255	3690	1086		13569	4000	9114
17	1900-01	300	3	270	4793	1263		13694	4480	10865
18	1901-02	240	3	295	5481	970		16333	5986	13836
19	1902-03	372	3	302	6491	1435		22662	6197	15306
20	1903-04	385	7	353	7916	1876	486	23356	6285	16869
21	1904-05	418	10	329	9756	2034	410	30386	7320	22121
22	1905-06	623	20	480	12546	2811	1059	44587	11025	35262
23	1906-07	767	29	619	15153	3421	1009	54987	16721	46235
24	1907-08	809	42	787	19654	5423	2078	73844	19336	58308
25	1908-09	871	57	965	25057	6532	3163	96443	23885	72876
26	1909-10	1065	65	1065	32509	9592	3853	110362	26981	90543
27	1910-11	1055	78	1133	36074	6823	3671	108470	25948	76332
28	1911-12	1104	90	1190	39475	6408	b 4200	96488	22503	73114
29	1912-13	1135	134	1268	42913	5755	4484	92612	18441	73112
30	1913-14	1007	189	1076	46804	5900	6415	109401	19264	70760
31	1914-15	986	270	1196	47090	5464	7075	104926	18438	88130
32	1915-16	939	251	1190	49554	4987	7678	107858	17434	b 90940
33	1916-17	927	272	1127	52665	4445	8331	116322	17031	94685
34	1917-18	879	321	1219	53141	5067	9254	117137	16701	96844
35	1918-19	859	322	1201	50783	3722	7865	101501	12986	79833
36	1919-20	816	369	1154	52420	4925	8795	115652	15740	90668
37	1920-21	826	424	1169	53705	6463	9414	125217	18825	104443
38	1921-22	902	430	1111	56909	7611	10744	132399	20965	110606
39	1922-23	949	463	1152	60018	7211	13821	133465	16197	101147
40	1923-24	879	568	1205	64476	5574	11100	129865	a 16197	103684
41	1924-25	1088	537	1305	62550	5521	11009	112309	22536	112309
42	1925-26	1343	543	1169	65891	5574	11204	127227	18346	106946
43	1926-27	1093	584	1203	61758	5673	12900	112005	19312	103164
44	1927-28	862	617	1112	62925	5117	13244	135295	18217	102622
45	1928-29	833	640	1078	65234	5648	13201	127142	17723	118964
46	1929-30	833	676	1113	64437	5126	12976	137729	18380	107965
47	1930-31	834	687	1521	66824	6184	13151	143888	20199	125564
48	1931-32	788	717	1431	74738	6974	14562	179066	22059	139040
49	1932-33	847	746	1496	b 74566	6944	16076	199625	26366	160864
50	1933-34									

a. 정확성이 의심되는 수치　　b. 부분적인 수치

〈표 Ⅲ〉 종교교육

순서	연도	교회건물	주일학교	주일학생	사경회 (4일 또는 그 이상 기간)	사경회 등록자	성경학원	성경학원생	신학생
1	1884-85	-	-	-	-	-	-	-	-
2	1885-86	-	-	-	-	-	-	-	-
3	1886-87	-	-	-	-	-	-	-	-
4	1887-88	-	-	-	-	-	-	-	-
5	1888-89	-	-	-	-	-	-	-	-
6	1889-90	-	-	-	-	-	-	-	-
7	1890-91	-	2	54	-	-	-	-	-
8	1891-92	-	2	40	-	-	-	-	-
9	1892-93	-	2	40	-	-	-	-	-
10	1893-94	-	2	25	-	-	-	-	-
11	1894-95	-	3	115	-	-	-	-	-
12	1895-96	-	3	115	-	-	-	-	-
13	1896-97	-	9	545	-	-	-	-	-
14	1897-98	-	165	1139	-	-	-	-	-
15	1898-99	-	225	4302	-	-	-	-	-
16	1899-00	-	250	5000	-	-	-	-	-
17	1900-01	-	250	8678	-	-	-	-	2
18	1901-02	215	237	a 1816	-	-	-	-	2
19	1902-03	240	290	5834	-	-	-	-	6
20	1903-04	293	316	15407	-	-	-	-	7
21	1904-05	324	361	17894	-	-	-	-	20
22	1905-06	400	491	20389	-	-	-	-	43
23	1906-07	523	596	36975	-	-	-	-	58
24	1907-08	665	793	49545	-	-	-	-	82
25	1908-09	840	942	87177	766	45464	-	-	120
26	1909-10	938	1077	89117	973	55894	-	-	138
27	1910-11	1124	1088	90544	1429	50587	-	-	134
28	1911-12	b 1000	1380	66808	1055	43398	-	-	140
29	1912-13	1088	1620	67793	1821	47484	7	502	204
30	1913-14	1064	1147	67084	1519	72947	11	804	227
31	1914-15	1012	1096	87914	1494	61045	11	1011	230
32	1915-16	1064	1096	87854	1517	71987	11	868	190
33	1916-17	1203	1241	85375	1506	71379	12	a 868	204
34	1917-18	1281	2036	121641	1597	76081	14	892	174
35	1918-19	1113	1802	87125	1443	66273	14	744	
36	1919-20	1110	2053	103025	1442	60744	15	777	20
37	1920-21	1119	2166	135629	1729	66255	14	1239	182
38	1921-22	1159	2355	141606	1668	70855	17	1233	150
39	1922-23	1309	1798	124917	1467	68694	16	1185	122
40	1923-24	1205	1838	134792	1887	68225	17	1070	150
41	1924-25	1360	2652	129838	1892	72110	18	882	114
42	1925-26	1401	2413	140808	1714	67084	18	984	105
43	1926-27	1417	1824	116033	1582	65160	17	885	145
44	1927-28	1421	2763	167217	1422	62322	13	861	150
45	1928-29	1423	2555	146237	1109	63317	17	973	125
46	1929-30	1464	2632	174064	1245	79802	16	1073	101
47	1930-31	b 1500	2768	192214	1283	84126	16	1241	119
48	1931-32	b 1500	1824	205122	1342	100005	17	1538	115
49	1932-33	1694	1828	198709	1571	112023	16	1694	108
50	1933-34								

a. 정확성이 의심되는 수치　　b. 부분적인 수치

〈표 Ⅳ〉 교육

순서	연도	대학생	중등학생	남학생	여학생	초등학교 와 유치원	남학생	여학생	학생 총계 (대학제외)	자급 학교
1	1884-85	-	-	-	-	-	-	-	-	-
2	1885-86	-	-	-	-	-	-	-	-	-
3	1886-87	-	-	-	-	-	-	-	-	-
4	1887-88	-	1	25	-	-	-	-	25	-
5	1888-89	-	2	26	3	-	-	-	39	-
6	1889-90	-	2	15	9	-	-	-	24	-
7	1890-91	-	2	24	10	-	-	-	34	-
8	1891-92	-	2	9	13	-	-	-	22	-
9	1892-93	-	2	13	16	2	15	-	44	-
10	1893-94	-	2	46	16	5	60	-	122	-
11	1894-95	-	2	46	16	5	60	-	122	-
12	1895-96	-	2	46	17	7	141	26	230	-
13	1896-97	-	2	46	17	14	252	80	405	-
14	1897-98	-	2	47	19	25	170	63	309	-
15	1898-99	-	2	50	19	19	140	72	281	-
16	1899-00	-	2	55	20	28	485	112	682	-
17	1900-01	-	2	60	22	48	544	109	737	-
18	1901-02	-	3	67	25	63	845	148	1082	50
19	1902-03	-	3	85	27	75	1033	300	1450	36
20	1903-04	-	3	115	69	84	1031	240	1462	64
21	1904-05	-	5	151	118	115	1451	387	2147	85
22	1905-06	15	7	255	125	208	3116	795	4399	188
23	1906-07	12	9	603	146	344	5649	1093	7579	324
24	1907-08	15	8	503	165	457	9315	3165	12234	454
25	1908-09	23	16	982	233	589	10916	2511	14858	588
26	1909-10	54	15	988	285	539	10938	2556	14507	556
27	1910-11	49	15	811	245	544	8640	2351	12484	501
28	1911-12	76	13	987	266	488	8971	2211	11192	450
29	1912-13	50	10	830	367	402	8012	a 1769	10978	402
30	1913-14	85	10	989	390	375	8065	3069	12513	390
31	1914-15	80	9	896	480	371	7447	2550	11448	371
32	1915-16	75	10	858	389	244	7679	2597	11803	344
33	1916-17	87	10	908	426	259	9096	2943	13704	375
34	1917-18	70	10	826	393	346	9639	3054	14104	355
35	1918-19	65	10	802	236	280	7632	2498	11608	293
36	1919-20	36	11	809	302	323	8205	3063	12921	344
37	1920-21	135	8	1207	359	421	12408	5339	22722	532
38	1921-22	b 295	13	2518	615	502	19921	7309	33225	597
39	1922-23	228	14	1891	645	414	17759	6317	25995	411
40	1923-24	335	15	2663	680	453	16137	7431	26072	459
41	1924-25	238	14	1576	631	426	15998	6238	24102	413
42	1925-26	276	16	1435	827	371	13042	5878	21383	374
43	1926-27	292	12	1593	521	238	9007	4157	19688	238
44	1927-28	300	11	1461	509	300	12151	6669	20790	300
45	1928-29	321	11	1600	594	278	11579	5361	19191	278
46	1929-30	321	11	1667	683	277	12167	5780	19277	277
47	1930-31	376	11	1882	668	258	13775		20302	258
48	1931-32	465	10	1986	591	297	11783	5993	20639	297
49	1932-33	471	10	1848	657	264	14184	6279	23316	267
50	1933-34							6627		

a. 정확성이 의심되는 수치　　b. 연희전문학교 포함

〈표 V〉 의료(선교회들의 연합 병원 포함)

순서	연도	의학생	병원	침대	환자	진료소	진료소 환자	선교회 보조금 U.S Gold	지출 총액 U.S Gold	수입 총액 U.S Gold	세브란스 간호사
1	1884-85	-	-	-	-	-	-	-	-	-	-
2	1885-86	-	-	-	-	-	-	-	-	-	-
3	1886-87	-	-	-	-	-	-	-	-	-	-
4	1887-88	-	-	-	-	-	-	-	-	-	-
5	1888-89	-	-	-	-	-	-	-	-	-	-
6	1889-90	-	-	-	-	-	-	-	-	-	-
7	1890-91	-	-	-	-	-	-	-	-	-	-
8	1891-92	-	-	-	-	-	-	-	-	-	-
9	1892-93	-	-	-	-	-	15	-	-	-	-
10	1893-94	-	-	-	-	1398	60	-	-	-	-
11	1894-95	-	-	-	-	4466	60	-	-	-	-
12	1895-96	-	-	-	-	4866	141	-	-	-	-
13	1896-97	-	-	-	-	10308	252	-	-	-	-
14	1897-98	-	-	-	-	24161	170	-	-	-	-
15	1898-99	-	-	-	-	22372	140	-	-	-	-
16	1899-00	-	-	-	-	21801	485	-	-	-	-
17	1900-01	-	-	-	-	19993	544	-	-	-	-
18	1901-02	-	1	15	-	27225	845	421	615	1036	-
19	1902-03	-	1	15	-	a 12824	1033	1974	3697	1705	-
20	1903-04	-	1	15	-	32629	1031	1655	3395	1739	-
21	1904-05	-	2	55	-	5	21737	1807	5924	4117	-
22	1905-06	-	4	95	-	5	36656	1969	7950	5931	-
23	1906-07	-	5	112	-	6	41787	2753	8200	9111	5
24	1907-08	15	6	126	-	6	47649	2335	13592	15605	7
25	1908-09	23	6	137	-	9	56763	2273	16081	16008	9
26	1909-10	34	7	159	1393	8	55310	3414	15745	12925	-
27	1910-11	56	8	173	1739	9	67119	3314	17613	16663	-
28	1911-12	65	8	158	1559	9	68878	2891	-	-	-
29	1912-13	77	8	193	2351	9	62489	2998	17575	16261	-
30	1913-14	81	8	203	2474	9	104652	3868	23814	24175	-
31	1914-15	75	8	a 146	2696	9	84201	3647	24290	20977	-
32	1915-16	80	7	237	2898	8	108186	4223	19392	19411	21
33	1916-17	63	7	222	3088	8	116931	4901	41825	39554	-
34	1917-18	60	7	227	3195	8	135795	3438	58346	54620	-
35	1918-19	55	7	259	4164	9	94679	4833	51026	50571	-
36	1919-20	48	5	267	4179	5	112522	2979	71693	67417	30
37	1920-21	64	6	256	2982	6	95841	5540	93513	95300	30
38	1921-22	57	6	251	4887	6	141860	3594	102736	116545	21
39	1922-23	65	7	269	4835	7	154288	6637	132997	100600	31
40	1923-24	62	7	309	5158	8	157188	5757	110058	110233	25
41	1924-25	70	7	300	5359	7	148881	5691	138343	138882	23
42	1925-26	80	8	317	4893	9	149194	5717	166328	173743	27
43	1926-27	90	8	317	6347	10	134920	3993	213819	a 151451	31
44	1927-28	92	8	321	5257	10	147618	4500	211221	a 160149	30
45	1928-29	120	8	347	5757	9	153904	3098	241410	209183	47
46	1929-30	140	8	393	b 5848	11	b 215386	3442	b 273807	b 245300	83
47	1930-31	153	8	393	5402	10	181771	4424	168112	152343	58
48	1931-32	163	8	436	6225	8	161194	4588	169597	140807	63
49	1932-33	156	8	458	5123	8	b 165095	4821	b 162743	b 156603	63
50	1933-34										

a. 정확성이 의심되는 수치 b. 부분적인 수치

〈표 VI〉 재정

순서	연도	한국교회 헌금			자선사업비	기부금총액	선교부 총당금	토착사역비
		경상비	교육비	건축보수비			총액	
1	1884-85	-	-	-	-	-	$6310.70	-
2	1885-86	-	-	-	-	-	8238.09	-
3	1886-87	-	-	-	-	-	8868.09	-
4	1887-88	-	-	-	-	-	12412.01	-
5	1888-89	-	-	-	-	-	14375.00	-
6	1889-90	-	-	-	-	-	15200.00	-
7	1890-91	-	-	-	-	-	16116.56	-
8	1891-92	-	-	-	-	-	24295.61	-
9	1892-93	-	-	-	-	-	33583.50	-
10	1893-94	-	-	-	-	-	31620.62	-
11	1894-95	-	-	-	-	-	35860.20	-
12	1895-96	-	-	-	-	-	32721.79	-
13	1896-97	$545	$100	$260	$136	$921	39080.85	-
14	1897-98	-	-	-	-	2203	41631.88	-
15	1898-99	-	-	-	-	3310	41191.21	-
16	1899-00	1144	296	2195	222	3858	49295.26	-
17	1900-01	1959	546	1806	120	5186	62042.03	-
18	1901-02	2149	874	944	303	4433	65995.39	-
19	1902-03	1317	671	778	329	3173	73199.53	-
20	1903-04	3306	1740	2016	853	8222	78445.60	-
21	1904-05	4929	2930	4084	1110	13766	78445.08	-
22	1905-06	7235	6135	9053	4499	27429	88385.07	-
23	1906-07	10426	13458	15422	1338	40088	101708.96	-
24	1907-08	16293	25183	18035	2219	61731	140664.93	$13052
25	1908-09	22852	36727	16599	2258	81075	128333.34	14007
26	1909-10	36102	48364	18451	2556	73939	112280.85	20474
27	1910-11	27386	26527	18024	3466	81009	135733.02	23686
28	1911-12	20941	17020	22252	2810	79281	218646.86	26054
29	1912-13	28047	17916	22022	5200	99323	171392.80	27250
30	1913-14	30724	21948	20810	4747	81615	168668.50	30459
31	1914-15	24157	17481	14057	4753	63033	157807.17	30394
32	1915-16	24438	14248	12148	3644	60794	776825.22	33254
33	1916-17	36329	21329	15477	4520	80371	169637.70	33269
34	1917-18	45258	33674	23682	5739	112136	199299.00	33769
35	1918-19	60284	41406	26139	7825	143730	217578.98	33769
36	1919-20	86121	49289	47578	12862	210285	255559.58	34769
37	1920-21	96242	100367	68960	15454	289385	314066.57	44173
38	1921-22	136728	118822	122617	11533	393864	347530.55	55773
39	1922-23	129829	96855	108651	16895	455055	311237.78	55773
40	1923-24	102653	113415	87666	15372	379881	312361.90	60773
41	1924-25	103680	72679	100655	29561	387535	343995.42	61009
42	1925-26	128889	75960	53016	20186	238051	403159.90	68180
43	1926-27	120069	97878	97878	33715	232122	379623.63	68180
44	1927-28	191904	107362	65107	13412	177787	381648.80	71130
45	1928-29	188980	102888	66605	23971	365369	368371.99	69565
46	1929-30	101808	145452	51647	b 19676	362644	382782.74	73213
47	1930-31	146475	146920	65056	b 17279	444731	357549.19	43213
48	1931-32	227456	220353	48091	20937	516743	354859.93	74713
49	1932-33	245763	285823	72303	18948	522843	265690.66	70717
50	1933-34	-	-	-	-	-	-	-

a. 정확성이 의심되는 수치　　b. 부분적인 수치

■ 표에 대한 설명

〈표 I〉 선교사들 한국인 사역자들

초창기에는 몇몇 독신여성 사역자들이 의사였다. 선교사들 가운데 안수받은 목사의 수가 가장 많았을 때(47명)는 1910년이었고, 평균적으로는 매년 41명이 있었다. 의사가 가장 많았을 때는 1924년의 14명이었고, 전체 선교사들 가운데 9퍼센트를 이루고 있었다. 또한 그 기간에 독신여성 선교사를 가장 많이(38명) 받아들여 전체 선교사들 가운데 24퍼센트를 이루었다. 이듬해(1925)에는 선교사의 아내들이 전체 162명 가운데 60퍼센트 혹은 37퍼센트를 이뤄 선교회 역사상 명부에서 가장 다수를 이루었다. 25주년 때는 선교사들의 수가 100명을 돌파하였다. 그 후부터는 평균적으로 141명이 있었으나, 처음 25년간은 평균적으로 40명이 있었다.

한국인 유급사역자들의 전체 숫자는 15주년(1899) 때 선교사들의 전체 숫자를 넘기 시작하였다. 28째 되던 해(1912) 초에는 안수 받은 한국인 목사의 총수가 안수 받은 선교사 목사들의 총수를 넘기 시작하였다. 1927년부터는 한국인 목사의 총수가 선교사의 총수와 같거나 더 많아졌다. 1931년 초에는 한국인 목사의 수가 선교사 수의 2배를 넘었다. 선교사 총수와 한국인 유급사역자 총수의 비율은 1909년(25주년)에 1 대 10이었다가 1919년에 1 대 8로 떨어졌고, 1931년에 1 대 13으로 늘어났다. 1910년에 클라크 박사는 1909년 9월까지 선교회의 모든 회원들(사임하거나 사망한 회원들 포함)의 전체 사역기간이 965년이었다고 보고하였다. 당시에는 2만 5,057명의 성인 세례자와 10만 명의 교인이 있었고, 선교사역을 통해서 매년 평균 25명이 새로 세례를 받았고, 75명의 교인들이 새로 증가하였다.[1)]

〈표 II〉 교회통계표

처음 십 년 동안은 10개 미만의 교회 및 전도소가 있었으며, 매년 평균 26명의 세례인들이 생겨났다. 그 기간에 평균 10.7명의 선교사들과 5.6명의 한국인 사역자들이 있었다. 25주년 말에는 교회가 1천 개, 세례교인이 1만 5천 명, 전체 교인이 10만 명 가량 있었다. 등록부에서 학습교인이 가장 많았을 때는 1910년의 2만 6,981명이었다. 이는 1907년의 대부흥운동과 1909-1910년의 백만인구령운동 바로 뒤에 나온 통계였다.

1912년의 105인사건 때 전체 교인수가 결정적으로 감소하였으며, 3 · 1운동이 일어났던 1919년에도 다시 그런 현상이 나타났다. 교회가 계속 성장해온 사실은 최근에 입수된 통계들이 세례교인수, 교인 총수, 한국인 유급사역자수에서 최다 수치들을 보여줌으로써 입증되었다(표I). 몇 해 동안 통계 작성자들은 조직교회나 비조직 교회들이 모두 자급을 하고 있다고 보고해왔다. 이런 층에 속한다고 할 수 없는 교회들도 항상 조금은 있었다.

1933년도에는 교회 및 전도소의 총수가 첫 사반세기의 마지막 해(1909)보다 절반이 더 많았고, 세례교인들의 총수는 당시보다 거의 3배 더 많았다.

1914-1924년을 살펴보면 해마다 어느 정도의 교인 손실이 발생했는지를 알 수 있다. 그 기간에 전체 세례교인이 1만 7,622명으로 늘어났다. 그러나 신앙을 고백하여 교인수에 더해진 사람이 5만 5,469명이었으므로 10년 동안 3만 7,847명이 빠져나간 것을 알려준다. 만일 문서상에서 들어온 사람과 떠난 사람의 수가 같다면, 위의 손실은 죽음, 제명, 여러 다른 이유들에 의한 이명 등으로 인해 일어난 것이 된다. 그러나 문서상에서 떠난 교인의 수는 받아들인 사람들보다 늘 지나치게 많았다. 이때를 제외하고는 교인손실의 비율이 다른 나라 교회들보다 크지 않았다.

〈표 Ⅲ〉 종교교육

약간의 경우를 제외하고는 교회 건물들이 모두 한국 기독교인들의 손으로 지어졌고, 외국돈이 사용되지 않았다.

근래 수년간 하계 일일성경학교(여기에는 항목이 없다)가 매우 빠르게 성장하였다. 당시(1931-1932)의 통계에서는 학교가 681개 교, 교사들이 3,579명, 학생들이 5만 3,869명이었다.

사경회는 1980년부터 매년 정례적으로 개최되었다. 그러나 몇몇 선교기지들 외에서는 통계가 작성되지 않았다. 사경회는 4일부터 10일 동안 연속으로 진행되었으며, 성경학원은 한 달에서 2달 반 동안 진행되었다. 학생들은 모두-약간의 예외가 있었다-적은 액수의 입학금과 자신들의 숙박비용 전체를 지불하였다.

1914-1924년의 10년 동안 사경회 참석자들은 평균 6만 8,153명으로 그 기간의 평균 교인수 11만 8,434명의 58퍼센트에 달하였다. 1916년에는 사경회 참석자가 전체 교인의 75퍼센트에 이르렀고, 전체 세례교인의 50퍼센트를 넘었다. 그 해에 7만 명 이상이 공부하였다. 만일 일렬종대로 행진을 시킨다면 40마일 길이의 행렬을 이루게 될 것이다.[2)]

1919년과 1920년 동안에는 3 · 1운동으로 인해 신학생이 거의 없거나 아주 없었다. 신학생이 가장 많았던 1914-1915년에는 평양장로회신학교가 "세계에서 가장 큰 장로교신학교"라는 말을 들었다.

〈표 Ⅳ〉 교육

대학생의 수는 평양의 숭실전문학교와 서울의 연희전문학교만을 가리키는 것이다. 이 학교들은 남학생을 위한, 선교회들과 교회들의 연합기관이다. 우리 선교회의 8개 중등학교들은 기숙학교들이다. 다른 학교들은 한국인이 운영하고 있으며, 주로 한국인들로부터 재정후원을 받고 있다. 예외적으로 한 두 학교가 외국 기금으로부터 약간의 도움을 받고 있다. 1901년까지 두 개의 기숙학교가 서울에 있었다. 이 학교들은 처음에 초등학교였다가 현재의 남녀 중등학교로 발전하였다.

중등학교들과 초등학교들에서는 남학생과 여학생들이 별도의 명단에 등록되어 있다. 처음에는 학교에 여학생들이 드물거나 아주 없었다. 여학생 취학률은 점점 증가하여 여러 해 동안 3분의 1을 차지하게 되었다. 1894년에는 여학생 취학률이 전체 취학률의 13퍼센트였다. 1904년에는 21퍼센트였고, 1914년에는 28퍼센트, 1924년에는 31퍼센트, 1931년에는 거의 38퍼센트가 되었다.

1909년부터는 학생수 집계에 두 대학의 학생들이 포함되지 않았다. 그것은 이 학교들이 연합기관이기 때문이었다. '학생수 총계' 항목에는 정규학교, 야학교, 특수학교의 학생들이 포함되었고 구별해서 작성되지 않았다. 어떤 때는 몇 해 동안 그 같은 학교들이 매우 적거나 아주 없었다.

일반적으로 자급하는 학교들은 초등학교 학교수나 유치원들의 수와 일치하고 있었다. 그것은 거의 모든 중고등학교들이 부분적으로 선교회의 후원을 받고 있기 때문이었다.

학생총수는 1905년부터 1909년 사이에 7배가 늘었고, 1919년부터 1922년 사이에는 거의 3배가 늘었다. 1924년부터는 학교수가 3분의 1 혹은 그 이상으로 줄어들었고, 학생수는 2만 명 가량이 되었다. 이것은 1924년보다 20퍼센트가 줄어든 것이었다. 105인사건과 3.1운동이 일어났던 1912년과 1919년에는 각각 큰 폭으로 줄어들었고, 1921년과 1925년 사이에 비상한 증가가 이루어졌다.

1899년에는 취학 학생들이 전체 교인수의 2.9퍼센트였다. 1904년에는 6.3퍼센트, 1914년에는 11.4퍼센트, 1924년에는 20퍼센트, 1929년에는 15.1퍼센트였다.

〈표 V〉 의료(선교회들의 연합 병원 포함)

의학교의 첫 졸업생 7명은 1908년에 배출되었다. 초기에는 선천과 평양에 약간의 의학생들이 있었고, 선천에 한 명의 졸업생이 있었다. 그들은 이 표에서 나타나지 않는다. 이 표의 학생들은 오직 세브란스의학전문교의 학생들만을 가리킨다.

병원과 진료소의 수는 매년 달라졌다. 몇몇 의료시설들은 안식년 아니면 다른 이유 때문에 잠정적으로 문을 닫아야 했다.

1909년까지 환자수는 '진료소 환자 총수' 항목에 포함되어 있다.

선교회의 보조금에는 의료선교사들의 봉급이 포함되지 않았다. 또한 세브란스 병원과 평양 연합병원이 받은 많은 특별 증여금들도 포함되지 않았다. 이 항목과 '지출' 와 '수입' 항목들에서는 2원:1달러의 환율이 적용되었다. 이것이 환율이 하락한 최근 2년 이전까지는 매우 정확하였다.

얼마 동안은, 예컨대 1930년에는, 선교지에서 받은 치료비만을 '수입 총액' 에 포함시켰다. 이것은 다른 여러 해 동안에도 마찬가지였다.

'진료소 환자 총수' 항목에서는 초진 또는 재진 건수들이 의사가 왕진을 나간 건수와 더불어 산정되었다. 그러나 이 항목은 때때로 '총 진료회수' 란 표제로 표시된다. 한동안은 입원일수도 보고되었다.

몇몇 병원들은 간호사들을 훈련시킨다. 여기에서는 그 수가 정부의 인가를 받은 세브란스 간호학교에 경우에 한해서만 보고되었다.

〈표 V〉 재정

'교육비' 란 표제는 세속교육을 가리킨다. 대부분의 경우에 학비, 봉급, 건축비, 보수비, 시설비, 초등학교와 유치원과 특수학교 운영비 등이 모두 여기에 포함된다. 일부 중등학교들은 전적으로 교회에서 재정후원을 받고 있다.

'자선사업비' 는 한국교회가 시행하는 국내 및 해외 선교비와 더불어 노회 관할지역 내 지역 전도사들의 봉급을 포함한다. 또한 지역사회 교회가 가난한 자와 환자를 돕는 것도 이 항목에 포함되어 있다. 그밖에 영국과 해외 성서공회, 예수교서회, 총회교육비 등에 내는 돈도 포함된다. '기부금총액' 은 여기에 제시된 네 항목들 외의 다른 부문들을 포함한다.

'선교부 충당금 총액' 항목은 '토착사역' 을 위해 선교회에 주는 지원금을 포함한다. 전도사업비, 교육사업비, 의료사업비, 문서사업비, 활용 중인 자산, 세금, 선교회 모임경비 등이 그것이다.

토착사역비와 선교부 충당금 총액의 관계는 다음과 같다. 1909년에는 10.9퍼센트, 1914년에는 10.8퍼센트, 1919년에는 15.5퍼센트, 1924년에는 19퍼센트, 1929년에는 18.9퍼센트였다. 액수 증가는 주로 미션계 중등학교들에 관해 발생한 긴급상황에서 기인되었다.

'한국교회 헌금' 은 2원이 1달러로 계산되었다. 이것은 환률이 하락한 지난 2년을 제외하고는 매우 정확하였다.

좀더 말해서 만일 잘못된 것이 없다고 한다면, 선교부가 한국에 제공한 충당금 총액은 $7,744,985.95가 되고 한국교회의 기부금 총액은 $6,448,312가 된다. 조심해서 말하자면, 한국교회가 37년간 해온 증여금은 선교부가 49년 동안 한국에 보낸 충당금의 약 80퍼센트에 달한다. 그러나 동일한 37년 기간을 맞추면 86퍼센트에 달하게 된다.

〈도표 I〉

a. 남자 선교사들
b. 여자 선교사들
c. 선교사 총수
d. 한국인 목사 총수

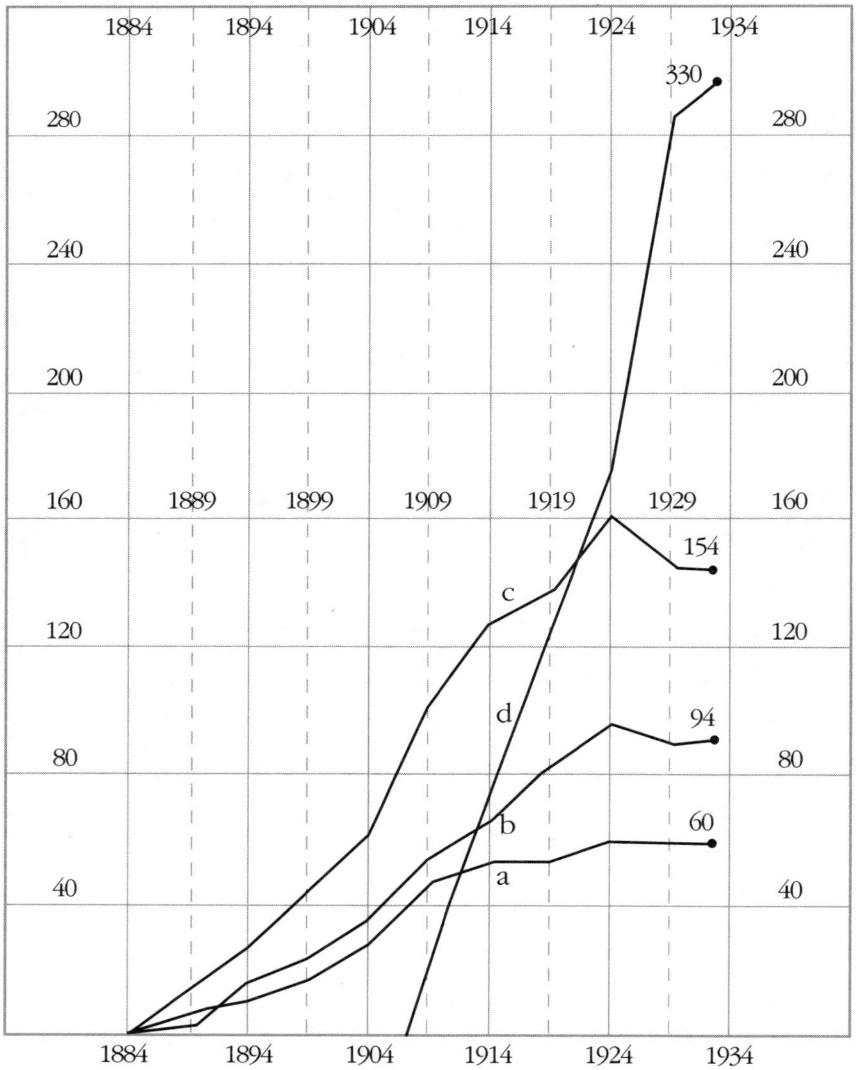

〈도표 Ⅱ〉

a. 교인총수 b. 세례인 총수
c. 학습교인 총수 d. 유아세례자 총수

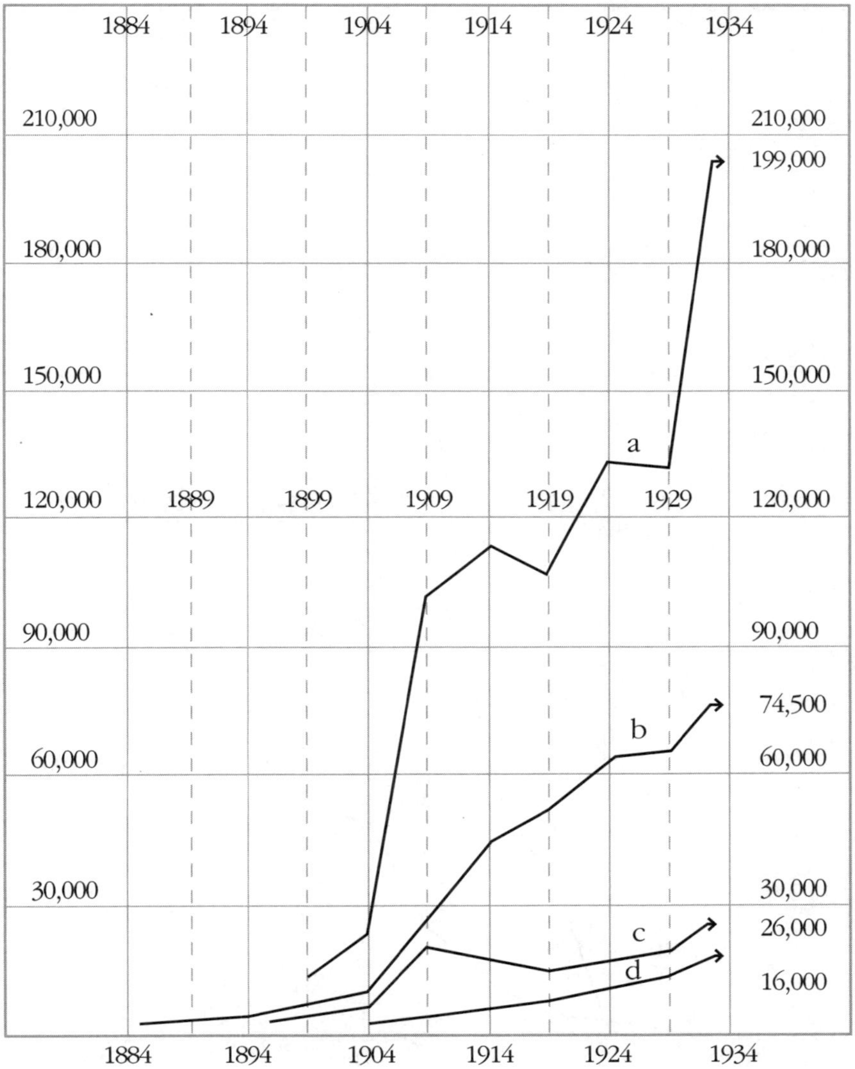

〈도표 I과 II〉

a. 조직교회와 비조직교회 총수

b. 안수 받은 한국인 목사들과 안수 받지 않은 조사 총수

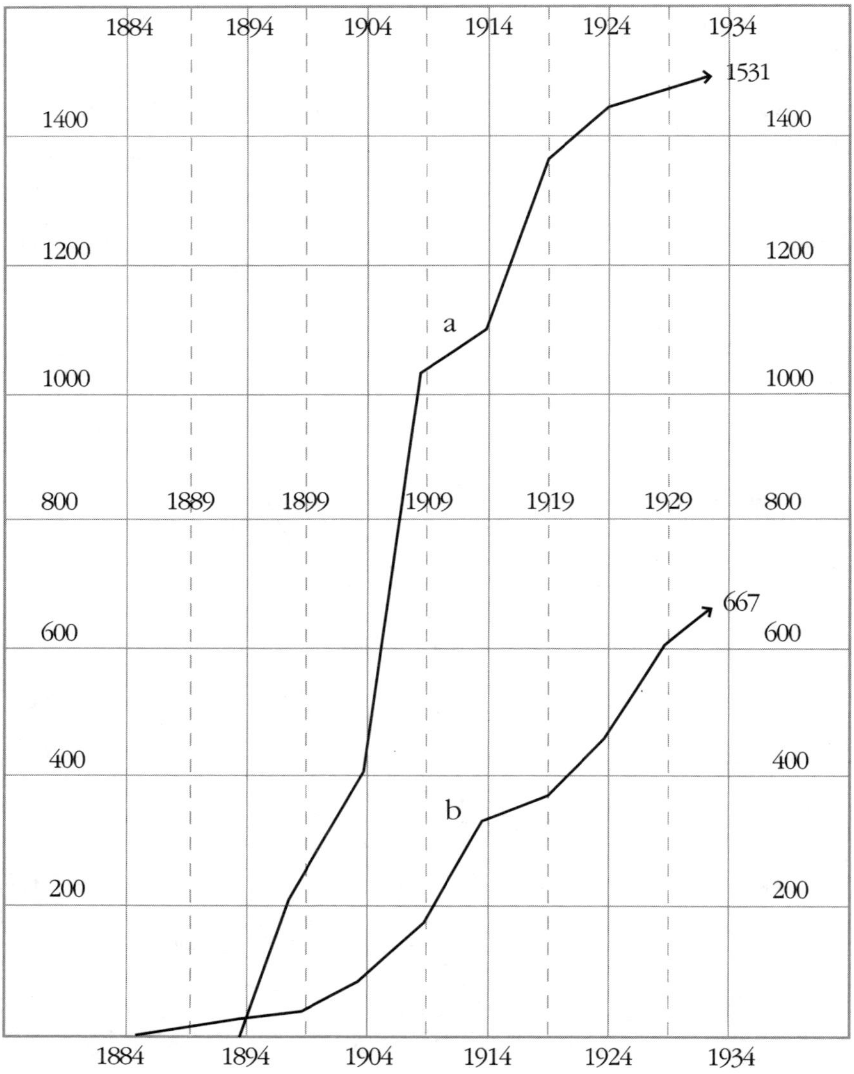

〈도표 III〉

a. 주일학생 총수 b. 사경회 등록자 총수

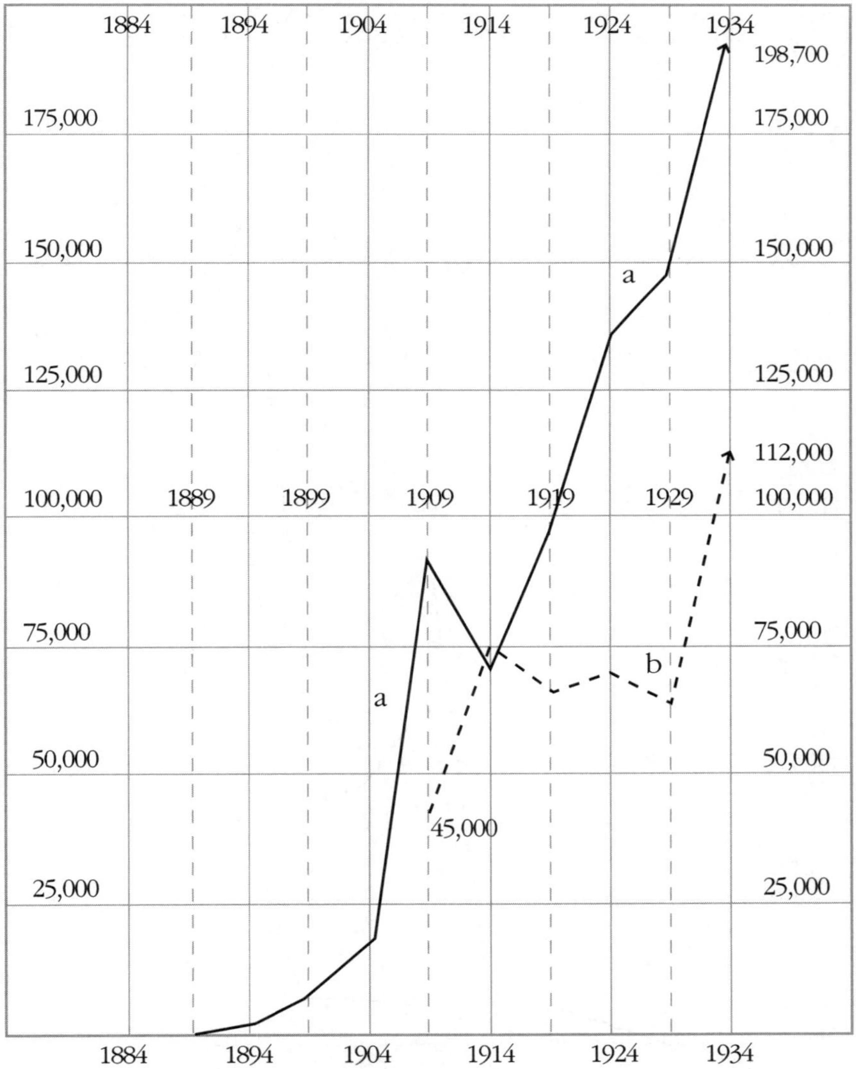

〈도표 Ⅳ〉

a. 초등 · 중등학생 총수　　b. 초등학교 남학생 총수
c. 초등학교 여학생 총수

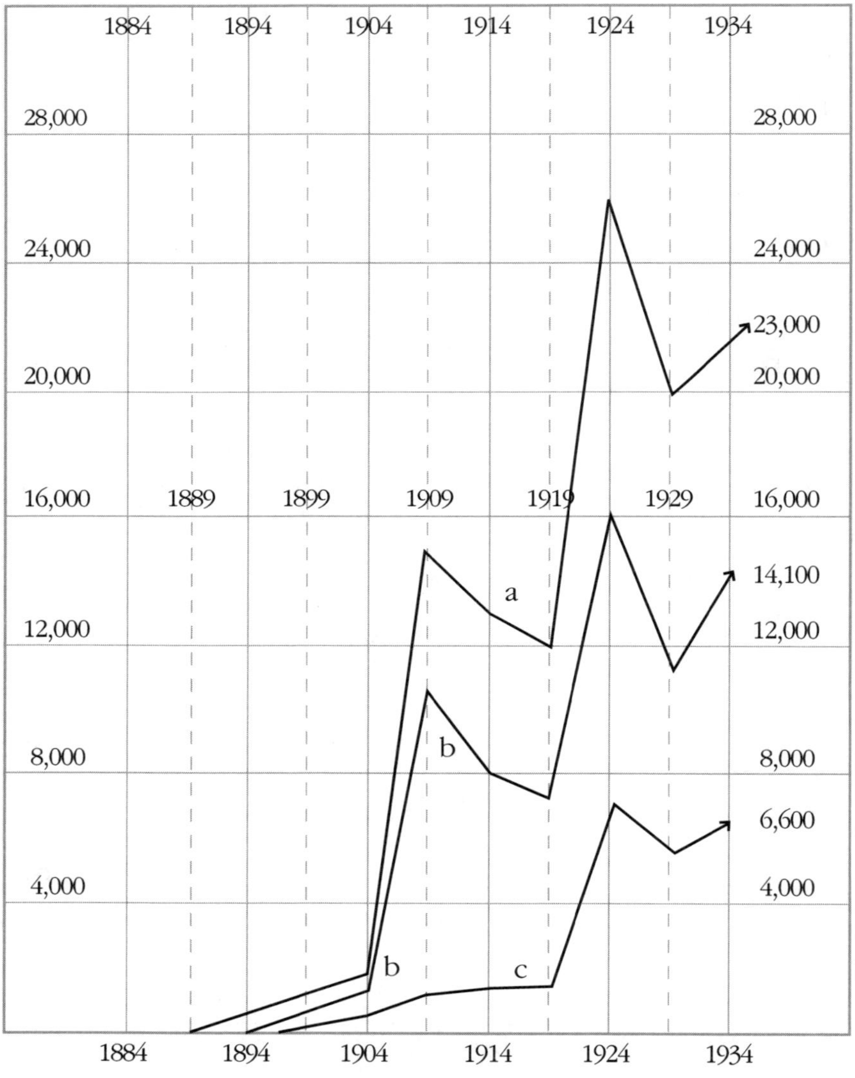

〈도표 V〉

a. 진료소 환자 총수(신입 혹은 재래 환자)
b. 지출비 총수 c. 입원환자 총수

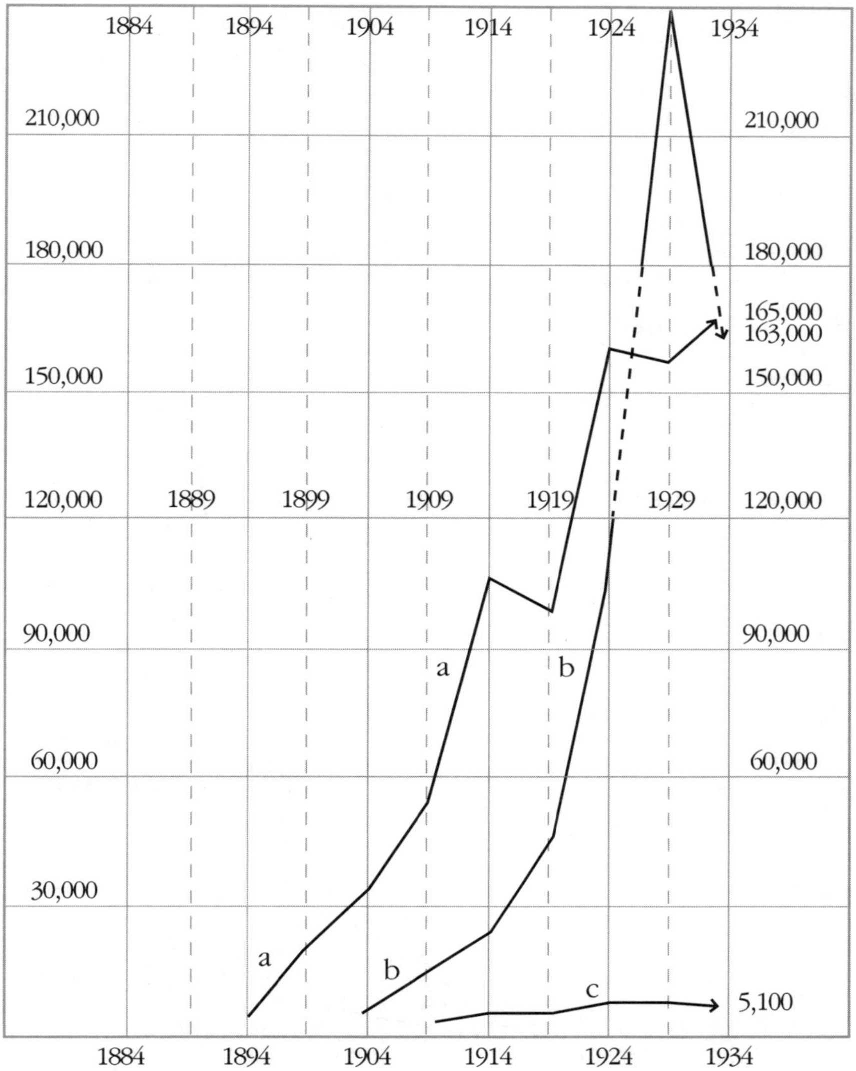

〈도표 VI(part I)〉

a. 경상비 b. 교육비(세속교육)
c. 건축 · 보수비 d. 자선사업비

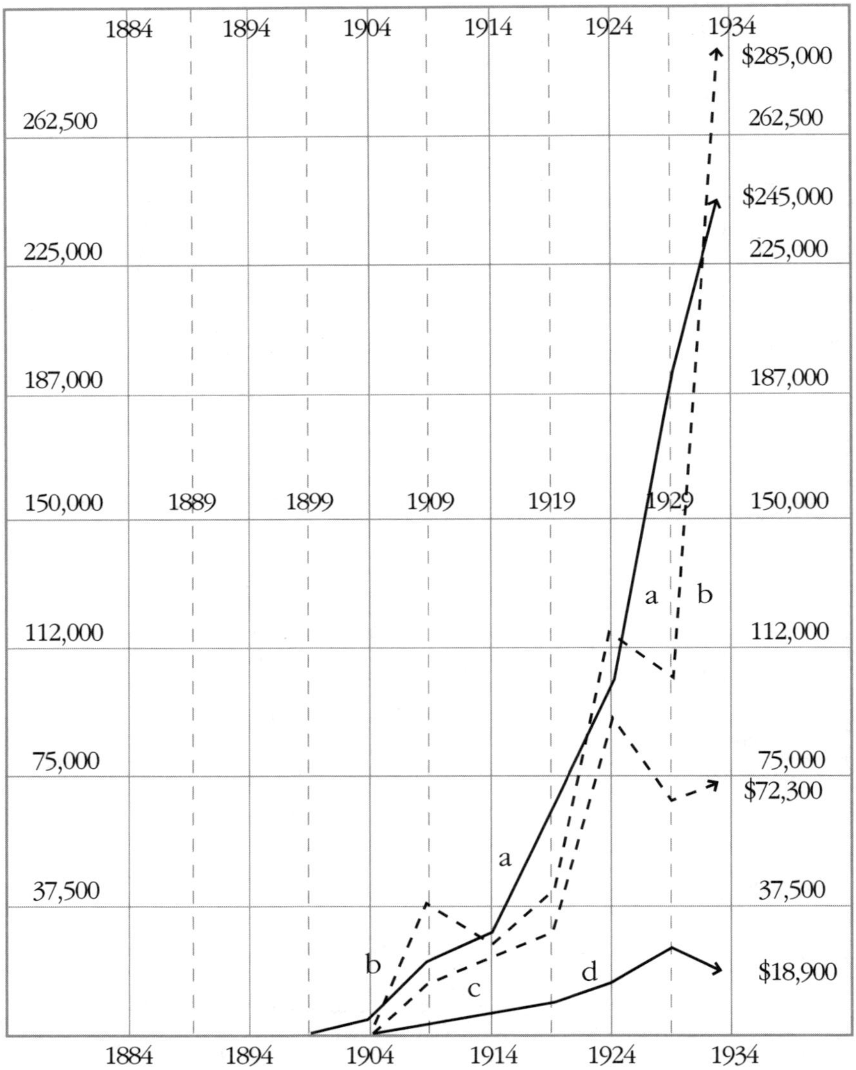

〈표 VI(part II)〉

a. 한국교회 기부금 총액　　　　　　　　b. 선교부 충당금 총액
c. 선교회의 토착사역비(b.에 포함됨)

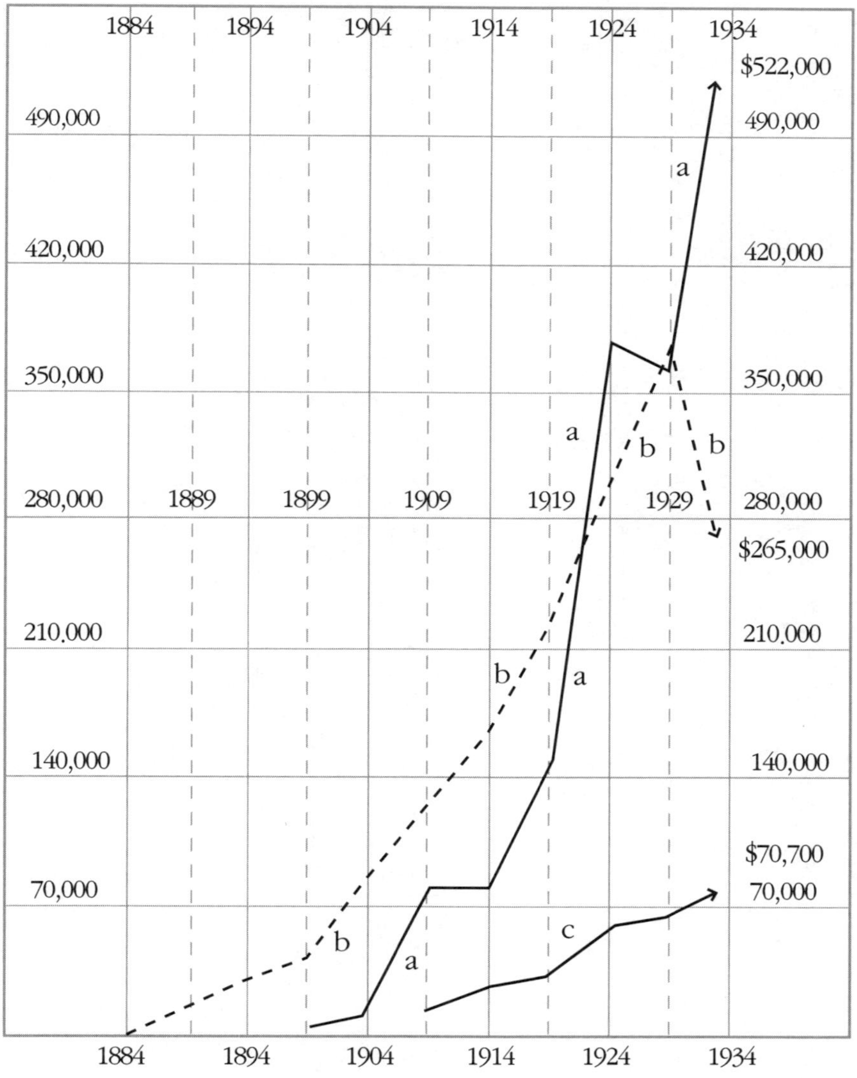

:: 주석

1) *Korea Mission Field*, 1910, June, p. 128.

2) *Annual Meeting Minutes, Chosen Mission, 1916; Presbyterian Church U.S.A.*, p. 78.

제 **18** 장

• • •

연대기

주) 이 연대기는 한국에서의 선교사역을 잘 이해할 수 있도록 역사, 교회, 선교 방면의 주요 사건들을 선별하는 데 목적이 있다. 주로 알렌(Horace N Allen, LL.D.)의 *A Chronicle Index*, 게일(J. S. Gale, D.D.)의 A *History of the Korean People*, 윌리엄 엘리어트 그리피스(Wm Elliot Griffis, LL.D.)의 *Corea, the Hermit Nation*, 백낙준 목사(Lark-June George Paik, Ph.D.)의 *The History of Protestant Missions in Korea, 1832-1910*에 있는 기록들을 참고하였다.[i] 정치적 사건들에는 밑줄이 없고, 교회역사와 다른 선교 관련 일들에는 밑줄이 있다. 우리 선교회에서 일어났던 일들은 짙은 글자로 기록되었다.

2333 B.C. 한 신인이 백두산[ii] 신단수 아래에 강림하였다. 그 나라 사람들이 그를 왕, 곧 단군으로 삼았다. 그 나라의 이름은 조선이었다. 처음에는 평양이 도읍지였다. 강화도 마니(Mari)산에는 단군을 기리는 큰 제단이 있다. 그곳은 그가 하나님께 제사를 드린 곳으로 추정되고 있다.

1122 B.C. 기자가 5천 명의 식민지 개척민들을 이끌고 조선에 와서 평양에 도읍을 세웠다. 그 도읍의 북쪽에 그의 무덤이 있다. 그는 접경지역들을 단속하고 백성들에게 법률을 베풀었으며, 중국 예절의 이론과 실제를 점진적으로 도입시켰다. 그는 이 나라에 가장 많은 영향을 끼쳤다.

550 B.C. 유교, 불교, 도교는 이 나라의 3대 종교로서 모두 B.C. 6세기에 전파되었다.[iii] 그렇지만 저술가들은 모든 무교(정령숭배)가 한국인의 신앙의 바탕이라는 데에 동의한다.

215 B.C. 한국인들은 중국 황제 진시황이 훈족을 쫓아내려고 만리장성을 쌓는 것을 도왔다.

194 B.C. 중국 북쪽에서 온 위만이 한국의 왕위를 찬탈하였으며, 상투를 도입하였다.

107 B.C. 이때에 이르러 대동강 이남의 모든 한국인들이 세 개의 '한' 혹은 지리상 남쪽의 마한, 동쪽의 진한, 서쪽의 변한으로 구분되었다. 동시에 중국 한나라가 한국 북부지방을 정복한 후 4군으로 나누었다.

58 B.C. 삼국이 일어나 다음과 같이 자리를 잡았다.

신라(58 B.C.-918 A.D.)는 대구 부근 경주에 도읍하였다. 서울 부근 비봉의 정상에 있는 돌이 신라의 북쪽 경계를 표시하였으며, 그것은 555년에 세워졌다. 경주에 있는 첨성대는 647년에 세워졌고, 그곳의 큰 종은 773년에 제작되었다.

고구려(37 B.C.-668 A.D.)는 처음에 강계강(Kangkei river) 입구에서 약간 북쪽에 있는, 압록강 너머 만주지방의 국내성을 도읍지로 삼았으며, 마지막 200년 동안은 평양을 도읍지로 삼았다. 국내성에는 가장 오래된 고대 한국의 비석이 있다. 그것은 20피트 높이로 414년에 세워졌다.

백제(18 B.C.-663 A.D.)는 남한에 도읍하였다가 북한으로 옮아갔으며(5 B.C.), 마지막으로 논산(Non-san, Ron-san)에서 13마일 떨어지고 대전(Taiden)과 목포 간 일직선 상에 있는 부여로 옮아갔다. 여기에 한국에서 가장 오래된 탑이 있으며 그것은 중국에서 온 당나라 사람들에 의해 1,300년 전에 세워졌다.

42 A.D. 가야국(경상남도)은 고령에 도읍을 정함으로써 시작되었다. 526년에 가야가 망하고 그 땅이 신라에 흡수되었다. 가야는 대대로 전해지는 음악을 남겼다. 위대한 음악가 우륵(OoReul)이[iv] 한국에서 음악을 시작하였다.

284 A.D. 필기법이 한국에서 일본으로 전해졌다.

372 A.D. 최초의 불교승려 순도가 중국에서 한국으로 왔고, 그 후 아도(Ado)가 왔다. 경주에는 544년에 세워진 아도 기념비가 있다.

552 A.D. 불교가 백제로부터 일본에 전해졌다.

781 A.D. 네스토리안 비석(경교비)이 중국 장안에 세워졌다. 영국인 고든(E. A. Gordon) 여사가 그것을 본뜬 비석을 금강산 장안사(Changan Sa, Choanji) 입구에 세웠다.

918 A.D. 왕건이 신라의 왕위를 찬탈하고 고려(Korai, Korea)국을 세우고 송도를 도성으로 삼았다. 이 나라는 1392 A.D.까지 지속되었다.

957 A.D. 과거가 쌍기(Seung Keui)에 의해 도입되었다. 이 제도는 1894년에 폐지되었다.

982 A.D. 평양 보통문이 성종(981-997년) 때 세워졌다고 한다.

1004 A.D. 거대한 부처상이 충청도와 전라도 경계의 은진에 세워졌다.

1012 A.D. 거란(Kitan) 황제와 싸운 후 요동반도와 압록강 북쪽의 모든 지역을 잃어 현재의 한국 국경선이 정해졌다.

1100 A.D. 한국과 아라비아 사이에서 무역이 행해진 듯하다. 아랍 상인들이 한국인 선원으로부터 나침반을 얻어 유럽과 콜럼버스에게 전했다고 한다.

1101 A.D. 가운데에 구멍이 뚫린 구리돈(동전)이 처음으로 주조되었다.

1169 A.D. 위대한 시인 이규보가 태어났다. 그의 무덤은 강화도에 있다.

1232 A.D. 몽고의 침입으로 인해 강화도 천도가 행해져 1270년까지 지속되었다.

1282 A.D. 고려왕이 쿠빌라이칸의 딸인 왕비와 함께 그녀의 아버지를 만나러 북경을 방문하였다. 이때는 마르코 폴로도 중국 도성에 있었다.

1380 A.D. 망건이 중국인 자비스트(Javist) 승려에 의해 도입되었다.

1392 A.D. 이조의 태조가 나라를 세우고 서울(한양)을 도성으로 삼았으며, 나라를 조선이라 불렀다.

1396 A.D. 수도 서울의 성벽이-현재의 남대문도 포함되어 있었다고 말해진다-6개월 동안 20만 명의 인력을 들여 수축되었다.

1400 A.D. 문익점이 목화를 중국에서부터 한국으로 들여왔다.

1404 A.D. 이동식(移動式) 활자가[v] 이 해에 발명되었다고 널리 여겨지고 있으며, 1241년에 죽은 이규보의 저술들에는 그의 시대에 사용되고 있다는 언급이 있다. "고려의 한 책은 유럽에서 최초로 인쇄되었다고 알려진 책보다 한 세기도 더 전인 1317-1334년에 인쇄된 것으로 알려졌다."

1429 A.D. 평양에 단군 사당이 세워졌다.

1446 A.D. 한글이 3년 전에 세종이 임명한 한 위원회에 의해 창제되었다.[vi]

1465 A.D. 세조가 서울에 탑을 세웠다.

1469 A.D. 서울 종로 보신각의 큰 종이 세조(1457-1469) 치하에서 제작되었다.

1485 A.D. 역사책인 통각(Tong-gak), 통감(Tong-gam)이[vii] 왕이 임명한 10인 위원회에 의해 편찬되었다. 이 작품은 1455년 세종 때 편찬이 시작되었다.

1592 A.D. 히데요시 휘하의 대 침략군이 부산에 상륙하였다. 한 부대는 기독교인인 고니시가 지휘하였고, 다른 부대는 불교도인 가토가 지휘하였다. 그들은 서울과 평양을 점령했다가 나중에 물러났다.

1592 A.D. 이순신이 최초로 철갑선을 만들었고, 호주 장로교 선교기지들 중의 하나인 통영 부근의 한국 남해바다에서 해전을 치르는 동안 일본군에 맞서 그의 함대를 효과적으로 지휘하였다.

1594 A.D. 제수이트 신부 그레고리 세스페데스(Gregory de Cespedes)와 일본 기독교인 한 명이 고니시 장군으로부터 일본군인들과 토착민들을 위해 일해달라는 초청을 받고 한국에 왔다

1598 A.D. 히데요시가 죽으면서 그의 군대를 한국으로부터 철수시켰다. 나베시마 장군이 한국 도공들을 포로로 잡아 일본에 데려갔고, 도공들은 사쓰마 사람들에게 진흙으로 만드는 법을 가르쳤다.

1603 A.D. 한 한국 왕족이 일본에서 세례를 받고 서울로 가는 길에 북경에 왔다. 그러나 일본으로 돌아가야만 하였고 이에미스 치하의 기독교 박해 때 죽임을 당하였다. 최초의 한국 기독교인으로 기록된다. 나가사키에서 죽은 205명의 순교자들 중에 9명이 한국인이었다.

1614 A.D. 담배가 일본으로부터 한국에 전해졌다.

1627 A.D. 네덜란드의 프리기트함 오데르데레스(Auderderes)호가 한국까지 바람에 밀려 와서 세 명을 해변에 보내 물을 구하게 하였다. 이들은 주민들에게 붙잡혀 한국에서 남은 생애를 보내야 하였다. 두 명이 전쟁 중에 죽었고, 나머지 한 명, 존 벨테브레(John Watteree)는 58세까지 살았으며, 또 1653년 다른 네덜란드 사람들이 해변으로 왔을 때 궁궐에서 총애를 받고 있었다.

1653 A.D. 네덜란드배 스파베르(Spar-wehr)호가 제주도 해안에서 난파되었다. 총 64명 중에서 36명이 구조되었다. 1666년에 생존해 있던 선원 16명 중에서 8명이 한 배를 훔쳐 나가사키로 도망쳤으며, 그곳에서 1668년에 암스테르담으로 돌아갔다.

1707 A.D. 북경에서 온 몇몇 프랑스인 신부들이 한국의 북쪽 국경에 왔으나 입국하지 못하였다.

1777 A.D. 유학자 권철신이 일군의 학생들을 이끌고 서울에서 동쪽으로 30마일 떨어진 양근 부근의 산으로 가서 10일 동안 공부하였다. 오늘날 그곳은 '신앙의 요람' 또는 '기독교의 탄생지' 라고 불린다. 공부했던 것들 중에 일부 기독교 책자들은 북경에서 들여온 것이었다. 학생들 중에 한 명인 이덕조-그의 부친은 그를 벽이(Pyuk-eui, 돌벽)라고 부른다-와 그의 선생 권과 그 형제가 기독교인이 되었다. 친구 중 한 명으로 외교사절의 아들인 이승훈도 개종하고 북경에서 '베드로' 란 이름으로 영세를 받았다.

1783 A.D. '베드로' (이승훈)이 서울로 돌아와서 그의 친구, '돌벽' 으로부터 환영을 받았다. 그 친구는 '요한' 이란 이름으로 영세를 받았다. 얼마 안 있어 많은 기독교인들이 생겨났고, 그중에 김 토마스란 사람이 있었다. 한글로 된 최초의 기독교서적이 '복음, 안식일, 성찬에 대한 설명' 이란 제목의 중국책으로부터 번역되었다.

1784 A.D. 척사윤음이 반포되었고, 김도마가 체포되어 죽임을 당하였다.

1791 A.D. 북경에서 세례를 받았던 두 명의 한국인 윤바오로와 권야고보가 서울에서 참수되었다. 기독교가 한국에서 빠르게 전파되기 시작하였다.

1794 A.D. 중국인 기독교 사제 주 야고보가 일 년간의 노력 끝에 서울에 도착하는 데 성공하였다. 그는 한국에 온 최초의 외국인 기독교 선교사였다.

1799 A.D. 영국 포함 '프로비던스'(Providence)호의 브로튼(W. R. Broughton) 선장이 부산과 한국 동해안에 왔다. 그는 그곳을 브로튼 만이라고 명명하였다.

1801 A.D. 중국인 사제 주야고보가 그의 친구들을 구하기 위해 4월 28일 자수하여 5월 31일에 참수당하였다. 〈역자주: 신유대박해가 있었다〉

1816 A.D. 바실 홀(Basil Hall) 선장이 한국 서해안에 와서 맨 처음 접한 섬들을 에딘버러 왕립학회 회장을 기려 써 제임스 홀(Sir James Hall) 제도라고 명명하였다. 그는 그의 방문에 관한 도해 기록을 남겼다.

1831 A.D. 방콕 샴에 있던 바델레미 브뤼기에르(Barthelemy Brugiere) 선교사가 한국행을 자원하여 대목구 주교로 임명되었다. 그는 힘들게 여행하여 만주까지 왔으나 새 선교지의 국경지대에 이르러 1835년 10월 20일에 죽었다.

1832 A.D. 영국배 '로드 암허스트'(Lord Amherst)호가 한국을 방문했는데, 네덜란드인 선교사 찰스 구츨라프(Charles Gutzlaff) 목사가 승선해 있었다. 전라도에서 한 달간 머물러 있으면서 책들과 약들과 감자를 나누어주었으며, 감자 재배법을 가르쳐주었다.

1836 A.D. 피에르 필리베르 모방(Pierre Philibert Maubant) 프랑스인 사제이자 최초의 유럽인 상주 선교사가 서울에 도착하였다. 1837년 자크 샤스탕(Jaques Chastan)이 상주로 변장하고 왔으며, 이듬해에는 앵베르(Imbert) 주교가 왔다.

1839 A.D. 또 다른 척사윤음이 반포되었다. 앙베르 주교는 기독교 박해를 멈추게 하려고 그 자신을 내어주었고, 모방과 샤스탕도 그와 같이 행하였다. 그들은 모두 9월 21일에 죽임을 당하였다.

1845 A.D. (봄) 중국 마카오의 신학교에서 교육을 받은 김안드레(김대건)가 한국으로 들어왔다. 바다에 대해서 알지 못한 사람이 대부분인 11명의 다른 기독교인들과 더불어 갑판이 없는 배를 타고 상해로 갔다. 그곳에서 서품을 받고 페레올(Fereol) 주교와 다른 한 신부, 곧 니콜라스 다블뤼(Niclolas Daveluy)와 함께 한국으로 와서 10월 21일 밤에 상륙하였다. 김안드레는 1864년 9월 16일에 참수당해 서울에서 가까운 용산의 신학교 채플에 매장되었다.

1855 A.D. 영국배 '실비아'(Sylvia)호가 부산에 들렀다. 세인트 (H. C. St. John) 선장은 한 주민을 보고 외국인에게 닭 한 마리를 팔라고 매질을 하였다.

1856 A.D. 베르뇌(Berneaux) 주교, 푸르티에(Pourthie) 신부, 프티니콜라(Petitnicholas) 신부가 서울에 도착하였다. 콜레라가 일본에서 들어와 40만 명의 목숨을 앗아갔다고 전한다.

1861 A.D. 신부 네 명, 랑드르(Landre), 조안노(Joanno), 리델(Ridel), 깔레(Calais)가 더 도착하였다. 기독교인의 수가 1만 8천 명으로 집계되었다.

1864 A.D. 이태왕이[viii] 왕위에 올랐다. 그의 아버지 대원군은 섭정이 되어 9년 동안 나라를 다스렸다. 오매트르(Fr. Aumaitre)가 도착하였다. 랑드르(Landre)와 조안노(Joanno)가 갑자기 죽었다.

1864 A.D. 일본 최초의 개신교인 세례식을 개혁교회의 제임스 랄로프(James Rallaugh) 목사가 거행하였다.

1865 A.D. 스코틀랜드 성서공회 대리인 알렉산더 윌리암슨(Alexander Williamson)이 9월에 지푸에서 두 명의 한국 천주교인 도피자들을 만났다. 로버트 J. 토마스(Rober J. Thomas) 목사가 그 한국인들과 함께 돌아갈 것을 제의하였고 윌리암슨은 여비를 제공하였다. 토마스는 9월 4일 지푸를 떠나 13일에 한국에 도착하였다. 그는 한 달 반을 한국에서 머문 뒤 1866년 1월에 육로를 통해 북경으로 돌아갔다. 윌리암슨은 1867년 가을에 만주의 변문을 방문하여 한국인들에게 많은 책을 팔았다.

1866 A.D. 베르뇌 주교와 다블뤼 그리고 7명의 신부들이 대원군에 의해 처형되었다. 뒤이어 토착 기독교인들에 대한 대박해가 가해졌다.

매캐슬린(McCaslin) 선장이 이끄는 미국 스쿠너선 '서프라이즈'(Surprise) 호가 황해도 해안에서 좌초되었으나 선원들이 구조되어 의주로 안전하게 보내졌다.

리델, 페롱(Feron), 깔레가 도피하여 7월 7일에 지푸에 도착하고 로즈(Rose) 제독에게 한국에서 9명의 선교사들이 처형당한 사실을 알렸다.

프레스톤(Preston)이 선주인 미국 스쿠너선 '제너럴 셔먼'(General Sherman)호 가 팔 수 있을 만한 물품들을 싣고 한국을 향해 천진을 떠났다(7월 29일). 그 배는 대동강을 거슬러 평양시까지 갔다가 그곳에서 파괴되었고, 모든 승선자들이 죽임을 당하였다. 그들 중의 한 사람인 로버트 토마스(Robt. J. Thomas) 목사는 한문 신약성경을 건네주었다. 그는 스코틀랜드 장로교인으로 스코틀랜드 전국성서공회와 연결되어 있었다.

1873 A.D. 한국의 왕이 성년에 달해 나라를 다스리기 시작하였다.

1875 A.D. 이홍장이 압록강 너머의 좁고 긴 지대에서 결속되어 있는 도둑들의 21개 은신처를 파괴하고 그 지대를 중국에 병합시켰다.

1876 A.D. 한국 최초의 개신교인들 중의 한 사람인 서상윤이 만주에서 기독교인이 되었다. 존 매킨타이어(John McIntyre) 목사가 최초의 한국인 개종자들에게 세례를 주었다. 그들은 의주사람들인데, 그 중의 한 명인 이씨는 1883년에 존 로스(John Ross)와 더불어 누가복음을 번역했고, 이후 1886년에 신약성경 전체의 번역을 끝냈으며, 이것은 1887년에 출판되었다. 서씨는 1926년 1월, 소래마을 교회 부근에서 기독교인으로 죽었다. 이것은 한국에서 가장 오래된 개신교 교회이다. 서경조 은퇴목사는 서상윤의 동생으로 한국에서 최초로 안수받은 장로교 목사 7인 중의 한 명이다.

1882 A.D. 미국과 한국 간 최초의 조약이 제물포의 임시천막에서 조인되었다. 푸트(Foote) 공사는 1883년 5월 12일에 도착하였다. 민씨 집안이 정동에 있는 한 집을 샀는데, 이것은 나중에 미국정부에 양도되어 공사관으로 계속 사용되었다.

9월 2일, 민영익이 이끄는 한국인 사절단이[ix] 워싱턴을 가는 길에 샌프란시스코에 도착하였다.

1883 A.D. 스코틀랜드 전국성서공회의 일본인 권서 나가사키가 부산에 자리를 잡았다. 1884년 4월 오스틴 톰슨(J. Austin Thomson) 대리인이 그의 아내과 일본 기독교인 2명을 데리고 부산을 방문하였다. 이듬해 7월에는 톰슨이 서울을 방문하였다.

1883. A.D. 최초의 근대식 학교인 영어학교가[x] 묄렌도르프(P. G. von Mollendorf)에 의해 서울에서 개교되었다. 두달 전에 헬리팩스(Halifax)가 책임을 받았다.

1883 A.D. 지푸에 있는 중국 내지선교회의 다우트와이트(A. W. Douthwaite) 박사가 스코틀랜드 전국 성서공회의 알렉산더 윌리암슨의 요청으로 한국의 항구들을 방문하고 성서들을 배포하였다.

1883. A.D. 10월에 코네티컷 하트포드에서 신학교 연맹이 모였을 때 장래의 한국 개척선교사 두 명, 곧 뉴 브륀스윅(New Brunswick)의 언더우드(H G. Underwood)와 드류(Drew)의 아펜젤러(H. G. Appenzeller)가 참석하였다. 그 전 겨울 동안 일본의 올트먼스(A. Oltmans, D.D.) 목사가 뉴 브륀스윅 신학교 학생들 앞에서 "은자의 나라"에 관한 한 신문기사를 읽은 일이 있었다.

1883 A.D. 11월 존 가우처(John F. Goucher, D.D.)가 미국의 한 열차 안에서 민영익과 다른 사람으로 구성된 한국정부의 특별 사절단을 만났다. 11월 6일자로 가우처 박사는 감리교 선교부에 편지를 써서 한국 사역을 개시하도록 조언하고 2천 달러를 부담할 것을 약속하였다. 나중에 여기에 3천 달러를 더했다.

1883 A.D. 감리교 선교회의 로버트 S. 매클레이(Robert S. Maclay), 미국성서공회의 헨리 루미스(Henry Loomis), 재일 장로교 선교회의 조지 녹스(George W. Knox)가 동경에서

한국 학생들을 만났다. 이 학생들 중에서 두 사람이 세례를 받았고, 그 중 한 명인 리주테(Rijutel, 이수정〈Yi Su Chon〉인 듯하다)가[xi] 마가복음을 번역하였고, 이 책은 1885년에 출판되었다.

1884.2.28. 일본과 부산 사이에 해저전선이 완성되었다.

1884.2. **프레데릭 마퀀드(Frederick Marquand)의 재산에 대한 유언 집행자인 뉴욕의 평신도 데이비드 W. 맥윌리엄스(David W. McWilliams)가 한국선교를 시작하도록 장로교 선교부에 6천 달러의 처분권을 넘겼다.**

1884.7.3. 재일 감리교 선교회의 로버트 S. 매클레이가 서울을 방문하여 병원과 학교 사업의 시작을 허가받았다.

1884.9.20 **주중 장로교 선교회의 알렌(H. N. Allen) 의사가 한국에 도착하여 미국공사관의 의사로 임명되었고, 나중에 한국정부, 영국, 일본 공사관의 의사로 임명되었다. 알렌의 부인과 아이는 10월 26일에 도착하였다.**

1884.12.4. 김옥균을 수장으로 하는 '개화당'이 정변을 시도하여 궁궐을 장악하였다.[xii] 그들은 고관들을 죽이고 '수구당'에 속한 왕족 민영익에게 심각한 상처를 입혔다. 이틀 후 동관 궁궐이 3천 명의 한국인들과 원세개 휘하의 중국 군인 2천 명의 공격을 받았다. 140명의 일본 군인들이 방어하다가 지뢰를 터트리고 흩어져 공사관으로 물러갔다가 제물포로 도망쳤다. **알렌 박사는 부름을 받고 가서 부상당한 왕족 민영익의 목숨을 구할 수 있었다.**

1884 겨울에 주만 스코틀랜드 장로교 선교회의 존 로스와 제임스 엡스터(James Webster)가 만주 북동쪽의 4개 마을을 방문하고 75명의 한국인들에게 세례를 주었다.

1885.2.25 **관립병원이 알렌의 책임 하에 구 외무아문 건물 뒤의 정부에 몰수된 홍영식의 집에서 개원되었다. 1887년 이 병원은 구리개에 있는 새 건물로 옮겨갔고, 정부가 시설을 제공하고 선교회가 운영하였다. 이러한 협력은 1894년에 중단되었다. 1904년 9월 병원은 새 부지로 옮겨져 '세브란스 병원'이란 이름을 갖게 되었다.**

1885.4.5. **언더우드 목사가 도착하여 개신교 성직자의 선교사역을 공식적으로 개시하였다.** 아펜젤러와 테일러(Taylor) 박사와 미국 선교부의 스쿠더(Scudder) 박사가 같은 기선을 탔다. 후자 두 명은 이 나라에 대한 기대심으로 가득차 있었다. 미국 공사 푸크(Foulk)는 외국 여성이 이 나라에 들어오는 것이 안전하지 않다고 생각하여 아펜젤러에게 일본으로 돌아가도록 권고하였다.

1885.5.1. 6월에 윌리엄 B. 스크랜턴(Wm. B. Scranton) 의사가 도착하였고, 곧 그 뒤를 이어 아펜젤러 목사가 도착하였다. 그들은 미국인 감리교 선교회의 사역을 출범시켰다.

1885.6.21. **헤론(J. W. Heron) 의사와 헤론 부인이 도착하였다. 헤론 박사는 1890년 7월 26일 서울에서 죽었다.**

1885.6.28. 알렌 박사의 일기에 따르면, “오늘 저녁 식사 후 8시에 우리의 첫 번째 정례 주일예배가 드려졌다. 헤론 박사 부부와 나이 많은 스크랜턴 부인, 나와 아내가 참석하였다.”

7.13 **미국 북장로교 주한 선교회가 조직되었고 제1회 모임이 개최되었다.**

11. 중국 복주의 교회선교회(Church Missionary Society)의 부감독 울프(J. R. Wolfe)가 두 명의 중국인 전도자들과 함께 부산에 도착하였다. 선교회를 출범시키는 경비는 푸조우에 있는 사람들과 호주에 있는 친구들이 댔다. 이듬해에 마틴(J. Martin) 목사가 부산을 방문해서 50명에서 60명의 사람들이 우호적인 것을 발견하였다. 이 선교회는 1890년까지 존속하였다. 이 선교회의 활동 결과로 호주 장로교와 영국교회가 한국에서 사역을 시작하였다.

1886.4. 부활주일의 알렌 박사의 일기에 따르면, “오늘 한국 최초의 개신교 세례가 거행되었다. 스크랜턴 박사와 아펜젤러 목사의 유아 딸들과 일본 공사관의 영어통역자 일본인 한 명이 세례를 받았다.”

1886.6.8. 남학생을 위한 감리교 배재학당이 정부의 후원 아래 개교하였고, 아펜젤러가 그 책임을 맡았다.

여학생을 위한 감리교 이화학당이 스크랜턴(M. F. Scranton) 부인에 의해 개교하였다. 현재의 부지에 그녀가 세운 한 건물에서 개교하였는데, 그곳에 그 전에는 60여 채의 초가집들이 있었다.

1886.7.5. 미국정부의 요청으로 3명의 미국인 교사들, 길모어(Gilmore), 벙커(Bunker), 헐버트(Hulbert)가 파송되어 왔다. 그들은 한 영어학교를 열고 1894년까지 그들 중의 한 사람 혹은 다른 사람이 맡아 계속 이끌어왔다. 길모어는 1889년에 사임하였고, 헐버트는 1892년에, 벙커는 1894년에 사임하였다.

1886.7.5. **정규 의학교육 과정을 거의 다 마친 유능한 간호사 애니 엘러즈(Annie Ellers, 벙커 부인)가 왕비의 의사로서 내한하였다. 그녀는 1888년에 릴리안 호튼(Lillian Horton, 언더우드 부인) 의사에게**[xiii)] **그 일을 넘겨주었다.**

1886.7.11. **언더우드 박사가 주한 선교회의 첫 개종자 노도사에게 세례를 주었고, 처음으로 성찬을 집행하였다.**

1886 **서울 정동에서 언더우드 박사에 의해 남학생들을 위한 ‘예수교학당’이 시작되었다. 한동안 게일이 책임을 맡았는데, 당시에는 우리 선교회의 회원이 아니었다. 그 학교는 1890년부터 1893년까지 마펫(Moffett)의 감독 아래 있었고, 1893–1897년에는 밀러**

(F. S. Miller) 목사의 보살핌 아래 있었다.

1886 여름 연합기독교회(영어)가 조직되었다. 예배는 미국공사 윌리엄 H. 파커(Wm. H. Parker) 대위의 초청으로 미국 공사관에서 행해졌다. **언더우드 박사는 다음과 같이 말했다. "1886년이 끝나갈 무렵 서상윤 권서가 로스의 소개 편지를 가지고 우리 집에 와서 그의 마을(소래)에 세례받기를 바라는 사람이 많이 있다고 말했습니다. 이듬해 봄에 그 마을의 기독교인들을 대표하여 사람들이 우리에게 세례받기를 바라며 대기하고 있었습니다. 헐버트가 문을 지키는 동안 세 명이 세례를 받았습니다."**

1887.2.7. 선교사들이 서울에서 임시 성경위원회를 조직해 언더우드를 회장, 아펜젤러를 총무로 세웠다.

1887.3. 영국과 해외성서공회의 이반 브라이언트(Evan Bryant)가 한국을 방문하였다. 털리(R. T. Turley)가 한국과 만주의 부대리인으로 임명되었다.

1887 중국 기독교인들이 2명의 중국인 전도자들을 부산에 있는 한국인들에게 파송하였다. 그들은 푸조우 교회선교사회 울프 부감독의 방문을 받았다. 호주로 선교사들을 보내달라는 호소가 있었고, 그에 응답으로 데이비스(J. H. Davis) 목사와 여동생 메리(Mary)가 1889년에 왔다.

1887.7.24. 아펜젤러가 그의 첫 개종자인 한 일본인에게 세례를 주었다. 한국인을 위한 예배가 10월 9일에 열렸다. 그 다음 일요일에 아펜젤러가 처음으로 한 여성-그의 권서의 아내-에게 세례를 주었다.

9. **서대문 장로교회가 언더우드에 의해 설립되었고, 이때 만주의 존 로스가 참석하였다. 1888년 5월 이 교회에는 40명의 교인이 있었다.**

1887 가을 **언더우드가 의주를 방문하였다. 도중에 소래를 방문하여 7명에게 세례를 주었다. 1889년에는 언더우드와 그의 부인이 신부와 신랑으로서 북쪽으로 강계까지 가서 의주를 거쳐 돌아오는 장거리 여행을 하였다. 언더우드는 의주에서 33명의 성인에게 세례를 주었다.**

1888.4.28. **한국정부로부터 선교사들의 내지 사역에 대한 반대가 제기되어 미국 공사가 평양에 있는 언더우드 부인과 아펜젤러를 소환하였다.**

1888 의주의 기독교 개척자 백홍준이 만주 우장에서 세례를 받았다.

1888.11.25. 감리교 선교회가 2명의 지역 설교자에게 권한을 부여하였다. 그중 한 명은 전에 만주의 존 로스 목사 아래에서 권서로 있었다. 다른 한 명은 배재학당의 한문성생이었다.

1889 **선교부 총무 미첼(Mitchell) 박사가 우리 선교회를 방문하였다(최초의 총무 방문). 그는 선교회가 척사윤음을 무시하기로 결정하는 일을 도왔다. 그는 또한 선교사들이**

사는 집들을 얼마간 개선시킬 필요가 있다고 주장하였다.

1889.8. 데이비스와 여동생이 호주 선교회를 개설하기 위해 서울에 도착하였다. 이듬해 4월에 데이비스가 부산으로 순회여행을 행하던 중에 천연두에 걸려 죽었다. 부산에 있던 게일이 그를 보살폈다.

1889 펜윅(M. C. Fenwick)이 서울에 도착하였다. 그는 소래로 가서 몇 달 동안 있다가 서울로 돌아왔다. 그 후 소래에서 한 동안 거주하였다.

1889.10.31. 호주 선교회와 협력하기로 하여 연합공회가 결성되었다. 이것이 싹이 되어 4개의 장로교 선교회들이 모두 포함된 장로회 공의회로 발전하였다. 그리고 다음 순서로서 이로부터 연합 노회가 생겨났다.

1890.2.21. 가톨릭교회의 블랑(Blanc) 주교가 서울에서 죽었다. 뮈텔(Mutel) 주교가 그의 후임이 되었다.

1890.3.15. **공식적인 언어시험이 처음 실시되었다. 기포드(Gifford)와 헤이든(Hayden) 양이 헤론 박사 앞에서 시험을 치렀다. 그들은 시험을 통과하였고 나중에 결혼하였다.**

1890.6.19. 헤론이 인도하는 우리 선교회의 연례모임에서 어떤 기관을 유치하는 문제를 다룬 결과, 한국 성교서회가 조직되었다(6.25).

1890.6. **언더우드가 요코하마에서 『한영문법』(*An Introduction to the Korean Spoken Language*)을 출판하였다.**

1890.7.23. 알렌 의사가 7월 9일 미국 공사관의 서기관에 임명되었다. 1897년 7월 17일에 대리공사로 승진하였다.

1890 제물포에서 의료사역이 시작되었고, 랜디스(E. B. Landis)가 그 일을 맡았다. 그는 1892년에 고아 소년들을 위한 학교를 설립하였다. 1898년 4월에 발진티푸스로 죽었다.

1890.9.29. 코페(Corfe) 주교가 영국국교회 선교회를 설립하였다. 그의 후임 줄리우스 와일스(Julius Wiles)가 선교회의 의료사역을 시작하였고, 볼덕(E. H. Baldock)이 그의 뒤를 이었다.

서울의 메리(S. S. Mary)와 니콜라스(Nicholas) 대성당이 1926년 3월에 봉헌되었다.

1890.10. 서울 양화진의 외국인묘지 규정이 제정되었다. 이 묘지의 땅은 헤론 박사가 1890년 7월에 죽었을 때 마련되었다.

1899.6.[xiv] **존 L. 네비우스(John L. Nevius, D.D.) 목사가 중국에서 25년간 선교사역을 행한 후 서울을 방문하여 이곳에 있는 선교사들에게 그의 정신을 전수하고 선교사역의 2대 원칙-성경훈련제도와 자급-에 대한 생각을 심어주었다. 모든 선교사들은 그의 책 『선교 교회들의 개척과 성장』(*The Planting and Development of Missionary***

***Churches*)이란 책을 읽어야 했다.**

1891 매케이(J. H. Mackay)와 그의 부인, 멘지스(Menzies) 양, 포세트(Fawcett) 양, 페리(Perry) 양이 한국에 도착하여 부산에서 호주교회의 사역을 시작하였다.

1891 게일이 『한영사전』(*Korean-English Dictionary*)을 만들기 시작하였다. 그 책은 1897년에 일본에서 출판되었다.

1892.1. 『코리언 리포지터리』(*Korean Repository*)가 발행되기 시작하였다. 일 년 후에 발행이 중단되었다가 1895년, 1896년, 1897년, 1898년에 다시 발행되었다.

1892 감리교 선교회가 개설되어 원산의 맥길(McGill) 박사, 평양의 홀(Hall) 박사, 제물포의 존스(G. H. Jones) 목사가 거의 동시적으로 사역을 시작하였다.

1892.11. 미국 남장로교 선교회가 전킨(Junkin), 레이놀즈(Reynolds), 리니 데이비스(Linnie Davis, Harrison의 부인) 양, 테이트(M. B. Tate) 양, 레이놀즈 부인, 전킨 부인에 의해 시작되었다.

1893.1.28. 장로교 정치형태를 따르는 선교공의회가 조직되었다.

1893.2.23. 알렌 의사가 세계박람회에 참석하기 위해 시카고로 떠났다. 한국인 위원들과 10명의 음악인들도 미국으로 떠났다.

1893.3.29. 40명의 동학도들이 궁궐문에서 무릎을 꿇고 외국인 반대 청원을 하였다. 동학교인들의 폭동은 1894년 6월까지 계속되었고, 이때 정부군에 의해 진압되었다고 발표되었다.

1893.5.[xv] 영국인 케븐디쉬(Cavendish) 부인과 굴드-아담스(Gould-Adams)가 한국을 방문하고 이 나라에 관한 한 책을 썼는데, 백두산 여행기가 포함되어 있다.

1893.9.26. 한국 우정국이 그레이트하우스(C. R. Greathouse)의 협조로 설립되었다. 그는 나중에 한국정부의 고문이 되었고, 1899년 10월 21일에 임지에서 죽었다.

1894.1.8. **마펫이 평양에서 7명에게 세례를 주고 성찬을 베풀었다.** 어느 해 5월에는 감리교 선교회의 홀 박사가 아내와 아이들을 데리고 평양으로 이주하였다.

1894.2. 영어학교가 한국정부에 의해 서울에서 시작되었고, 허친슨(W. de F. Hutchinson)과 헬리팩스(T. E. Halifax)가 이를 관할하였다.

1894.4.30. 프랭크 G. 카펜터(Frank G. Carpenter)가 미국 신문들을 대표하여 서울을 방문하였다. 그는 한국을 1888년에도 방문하였다.

1894.8. 리드(C. T. Reid) 목사가 서울에 도착하여 남감리교 선교회를 개설하였다.

1894.9.4. 왕과 왕비가 이조 건국 500주년을 기념하기 위한 외국인 대표들과의 고급 연회에 참석하였다.

1894.9.26. 파울링(C. E. Pauling) 목사가 미국 침례교 선교회를 개설하기 위해 왔다.

1894.12. 미국에서 필립 제이슨(Philip Jaison)이란 이름으로 귀화한 서재필(Soh Jai Pil)이 10년 계약으로 한국 정부의 고문이 되었다. 여러 해 후에 그는 필라델피아 인근의 메디아(Media)에서 살았다.

1895.2. 윤치호 씨가 미국에서 5년 동안 있으면서 벤더빌트(Vanderbilt) 대학을 졸업한 후 한국으로 돌아왔다.

1895.6.23. 독립선교사로 1893년에 왔던 윌리엄 J. 메켄지(Wm. J. McKenzie) 목사가 소래에서 죽었다. 그는 그곳에서 혼자 살고 있었다. 그의 생애와 죽음은 캐나다 장로교회에 큰 영향을 끼쳐 한국 선교회를 설립하게 하였다.

1895.7.3. **소래교회가 언더우드에 의해 봉헌되었다. 이것은 한국인에 의해 지어진 최초의 개신교 교회건물이다.**

1895.7.15. 평안남도 운산 지방의 광산 이권이 미국인 제임스 R. 모스(James R. Morse)에게 주어졌다. 그는 그 해 안에 일을 시작하였다. 이것은 '미국광산'으로 알려져 있다.

1895.9.9. 서울 정동감리교회의 머릿돌이 놓여졌다. 건축은 1898년에 완공되었다.

1895.10.9. 재일 미국성서공회의 헨리 루미스가 한국을 방문하였다.

1895.10.8. 한국의 왕비가 새벽에 살해되었다. 궁내부 대신 이경식, 연대장 홍(계희), 세 명의 궁녀들, 그 밖에 다른 사람들도 함께 살해되었다.

1895.10.18. 헨드릭스(E. A. Hendrix) 주교와 리드(C. F. Reed, D.D.) 목사가 남감리교의 사역을 시작시키기 위해 상해에서 왔다. 리드 박사는 1896년 8월 14일에 가족과 함께 한국으로 이주하였다.

1895.11.17. 한 밤중에 경복궁이 공격받았다. 고종을 혁명가들로부터 구출해내기 위한 것이 었다.

1896.1. 테이트(L. B. Tate) 목사와 그의 여동생 테이트(M. S. Tate) 양이 전주에 정착하였다. 이해 초에 윌리엄 전킨(Wm. Junkin) 목사와 드류(Drew) 박사가 가족을 이끌고 군산으로 이주하였다. 리니 데이비스 양도 군산으로 이주하였다.

1896.2.11. 왕과 세자가 경복궁을 빠져나와 러시아 공사관에 거하였다.

1896.4.7. 『독립신문』(*Independent*)을 서재필이 발행하기 시작하였고, 그는 그 일을 1898년까지 그 일을 계속하였다. 그 다음에는 윤치호가 1898년 12월까지 그 일을 맡았다.

1896.4. 영국인 세관원 맥리비 브라운(G. Mcleavy Brown)이 황제의 명령으로 한국 재정을 맡게 되었다.

1896.10. 비숍(I. B. Bishop) 여사가 서울을 방문하고 한국에 관해 한 책을 썼다. 그녀는 1895년에도 방문했었다.

1896.11.4. 의화군이 유학하러 미국에 보내졌다. 그는 한동안 일본에서 있었는데, 그곳으로 돌

아갔다가 후에 다시 미국으로 갔다.

1896. 여름 관립학교가 미국인의 책임 하에 설립되었다.

1897. **선교부 총무 로버트 E. 스피어(Robert E. Speer) 박사가 한국을 방문하고 평양에서 서울까지 육로를 걸어서 갔다.**

1897.1. 콜리어(C. T. Collyer) 목사가 서울에 도착하여 송도 구역에 임명되었다. 이듬해 하디(R. A. Hardie) 박사가 송도에서 의료사역을 시작하였다.

1897.1.11. 윤치호 씨가 서울에서 열린 한국 최초의 남감리교의 정규 예배에서 설교하였다.

1897 **언더우드 박사가 주창하여 『그리스도신문』(*The Christian News*)이 발행되기 시작하였다. 『죠션크리스도인회보』(*The Methodist Christian Advocate*)도 그 해에 처음 발행되었다. 1905년에 이 신문들이 통합되어 『그리스도신문』(*The Christian News*)란 주간신문이 되었다.**

1897.10.12. 3A.M.에 [xvi] 국왕이 대한제국 황제로 즉위하였다.

1898.11.21. 한국 왕비의 장례식에서 그녀가 황후로 추서되었다. 외국인 대표들은 그들의 부하직원들과 함께 장례식에 참석해서 밤새 무덤에 머물러 있었다.

1898.1.9. 황제의 모친인 대원군의 부인이 죽었다. 그녀는 기독교인으로 1896.10.11에 뮈텔 신부에게서 영세를 받았다. 황제의 부친 대원군은 1898년 2월 23일에 죽었다.

1898.5.29. 서울 가톨릭성당이 봉헌되었다. 1899년 10월, 1866년 3월 8일에 순교당한 프랑스인 선교사들의 시신이 발굴되고 은밀히 성당으로 옮겨져 지하실에 안장되었다.

1898.9.7. 푸트(W. R. Foote) 목사와 그의 부인, 맥래(D. M. McRae) 목사, 로버트 그리어슨(Robt. Grierson, M.D) 목사와 그의 부인이 캐나다 장로교의 선교사역을 시작하러 왔다.

1898.9.6. [xvii] 땅이 파헤쳐지고 서울의 전기철도 공사가 시작되었다. 그 전차선은 1899년 5월 20일에 공중에게 개방되었다. 그것은 5월 26일에 폭도들에 의해 손상을 입었다.

1898.9.8. 일본 신디케이트가 서울과 부산을 연결하는 철도를 놓을 이권을 얻었다. 그 일을 위한 조사는 1899년 봄에 시작되었다.

1898 남장로교의 유진 벨(Eugene Bell) 목사 부부와 오웬스(C. C. Owens) 박사, 스트래퍼(Straffer) 양이 목포에 선교기지를 개설하였다.

1899.1.10. 러시아 선교회가 서울에 도착하였다. 서대문 부근의 현재 집과 학교 건물로는 1900년 여름에 입주하였다.

1899.5.2. 남감리교 선교회 최초의 교회가 고양읍에 설립되었다. 성인 24명과 어린이 3명이 세례를 받았다. 윤치호가 이들에게 한 집과 많은 자금을 선물하였다.

1900.5. 신약성경의 번역이 완료되고 2판 2만 7천 부가 발행되었다. 1902년 10월부터 1906년

3월까지 번역위원회는 언더우드 박사, 게일 박사, 레이놀즈 박사로 구성되어 있었으며, 그들은 555차례 모였다.

1900 남감리교 선교회가 원산에서 사역을 시작하였다. 이듬해 북감리교 선교회가 그들의 권리를 남감리교 선교기지로 넘겼다.

1900 에스더 박(Esther Pak) 박사가 한국 최초의 기독교 여성 의사가 되어 한국에 돌아왔다.

1900.12.6. **언더우드 박사 부부가 이 나라를 여행하면서 정해진 날에 외국인들에게 폭동을 일으키라고 충동하는 비밀 칙령이 유포되고 있는 것을 발견하였다. 언더우드는 이 문제를 라틴어 전신으로 미국 공사에게 보고하여 그 음모가 무산되었다.**

1901.5.14. 무어(D. H. Moore) 주교가 김창식과 김이범을 집사 목사로 안수하였다. 이것은 그들에게 세례식과 결혼식을 인도할 수 있는 권한만을 준 것이었다. 이 두 사람은 한국에서 안수 받은 최초의 개신교 목사였다.

1901.5. 캐나다 장로교 선교회의 성진 선교기지가 의사이자 목사인 그리어슨과 그의 부인에 의해 개설되었다. [xviii]

1901 『코리아 리뷰』(*The Korea Review*)가 헐버트(H. B. Hulbert)의 개인사업으로그에 의해 편집 · 출판되어 1906년까지 계속되었다. 『코리안 리포지터리』(*The Korean Repository*)는 1899년에 발행이 중단되었다.

1901 신학교육이 평양에서 2명의 학생으로 시작되었다. 이듬해 4명이 더 등록하였다.

1902.6.11. 일본배 구마가와 마루(S. S. Kumagawa Maru)가 동일 노선의 기사가와 마루(Kisagawa Maru)와 제물포 남쪽 86마일 지점에서 충돌하였다. 감리교 선교회의 아펜젤러 목사, 4명의 승객, 14명의 한국인, 8명의 선원이 실종되었다.

1902.12.27. 미국 남장로교 선교부 총무 랭킨(D. C. Rankin, D.D.) 목사가 한국 방문 도중에 폐렴으로 평양에서 죽어 그곳에 장사되었다.

1903.10.28. 서울의 YMCA가 헐버트를 의장으로 하고 질레트(P. L. Gillette)를 총무로 하여 조직되었다. 1904년 가을에 임시로 건물을 마련하였으며, 1908년에 존 워너메이커(John Wanamaker)의 많은 지원을 힘입어 본 건물을 지었다.

1903 로버트 A. 샤프(Robert A. Sharp) 목사가 한국에 도착하였다. 얼마 안 있어 그와 그의 부인이 공주로 이사하고 그곳에 선교기지를 개설하였다.

1904 캐나다 선교회의 함흥 선교기지가 맥래 목사와 그의 부인에 의해 개설되었다.

1904.5. 북감리교 선교대회가 한국 선교회에 선교대회를 조직할 권한을 부여하고 해리스(M. C. Harris)를 일본과 한국의 감독으로 선출하였다.

1904 러일전쟁이 일어나 1905년 포츠머스(Portsmouth) 조약체결과 함께 종료되었다. 이

전쟁 중에 한 전투가 의주에서 벌어졌다.

1904.9. 세브란스병원이 봉헌되었다. 세브란스(L. H. Severance)가 건물 짓는 데 1만 달러를, 부지를 구하는데 5천 달러를 기증하였다.

1904 제7일 안식교 선교회가 한국에서 사역을 시작하였다. 첫 번째 선교기지를 1905년 순안에서 스미스(W. R. Smith)가 개설하였다.

1905.6.3. 주간 서울 프레스(Seoul Press) 제1호가 발행되었다. 경영인은 호지(J. W. Hohge)였다.

1905.9. 앨리스 루즈벨트(Alice Roosevelt) 양과 그녀의 일행이 '오하이오'(Ohio) 전함을 타고 제물포에 도착하였다. 서울에서 그녀는 한국어로 된 신약성경과 찬송가를 선물로 받았다. 언더우드 박사가 증정식에서 연설을 하였다.

1905.9.15. 6개 선교회들에 속한 150명의 선교사들이 주한 복음주의통합선교공의회를 조직하였다. 헌법 제2항은 "이 공의회의 목적은 기독교 사역을 협력해서 수행하고 종국에 한국에 하나의 복음주의 교회를 세우는 것이다"라고 되어 있다. 1912년 선교공의회(General Council)는 연합선교공의회(Federal Council)로 바뀌었고, 하나의 연합교회를 지향한다는 목적이 새 헌법에서 삭제되었다.

1905 벨 목사와 그의 부인 그리고 오웬(Owen) 목사의 부인이 광주에 선교기지를 개설하였다. 벨은 그 전에 나주에서 선교기지를 건설하기 시작하였으나, 반대가 일어나고 외국인을 죽이겠다는 위협을 받았다.

1905 호주 장로교 선교회의 커렐(Currell) 박사와 그의 부인이 진주에서 선교기지를 개설하였다.

1905 북감리교에서 영변을 중심으로 새 관할구역이 설정되었다. 모리스(C. E. Morris) 목사가 이 새 선교기지에서 일할 책임을 맡았다.

1906 일본의 이토 후작이 한국의 통감으로 임명되었다.

1906 여의사 로제타 S. 홀 부인(Rosetta S. Hall)이 평양에서 7명의 학생들로 맹아학교를 설립하였다. 그녀는 이 사역을 1894년에 시작하였다.

1906 한국교회에서 큰 부흥이 시작되었다. 1903년부터 하디 목사가 이끄는 일군의 감리교 선교사들이 원산에서 모여 기도회와 성경공부를 하였다. 1906년 8월 하디 박사가 평양에서 열리는 그와 비슷한 한 모임을 이끌도록 초청을 받았다. 미국 북장로교 선교회의 하워드 애그뉴 존슨(Howard Agnew Johnson) 박사가 서울의 모임에서 인디아와 웨일즈의 부흥운동에 관해 이야기하였다.

1907.7.19. 한국 황제 이태왕이 이왕에게 양위하였다.

1907 찰스 E. 카우먼(Chas. E. Cowman) 목사 부부와 킬보른(E. A. Kilbourne) 목사 부부가

한국에서 동양선교회 사역을 시작하였다. 이때 서울에서 성경학원이 개설되었다.

1907.9.17. 한국 장로교회 노회가 평양 중앙교회에서 조직되었다. 마펫 목사가 노회장이 되었다. 33명의 외국인 선교사들과 36명의 한국인 장로들이 참석하였다. 이 모임에서 신학교 제1회 졸업생 7명이 안수를 받았다. 그들 중 한 명인 이기풍은 제주도에 선교사로 파송되었다.

1907.12. **미국 북장로교 해외선교부가 안식년을 맞은 주한 선교사들에게 한국을 위해 '한국선전운동'이라 일컫는 특별한 운동을 시작하도록 허가하였다.**

1907 겨울 한국 의료연합회가 조직되었고, 뒤를 이어 1908년 3월에 간호학교 졸업생 연합회가 조직되었다.

1908.3. 조선통감 이토의 통치 아래 외부 고문으로 있던 스티븐스(D. W. Stevens)가 샌프란시스코에서 한국 개신교인 장인환에게 암살당했다.

1908.3.19. 세계주일학교 연합회의 한국지회가 윤치호를 의장으로 하여 조직되었다.

1908.5.15. 평양의 신학교 첫 건물의 머릿돌이 놓였다. 시카고의 사이러스 매코믹(Cyrus McCormick) 여사가 이것의 건축비용을 주었다. 그녀는 다시 새 건물을 위한 선물을 주었고, 그 머리돌은 1922년 5월 12일에 놓여졌다. 매코믹 여사는 또한 신학교를 위한 기부금으로 1만 달러를 주었다.

1998.6.[xix] 세브란스 의학교에서 최초로 7명이 졸업하였다. 또한 5명의 간호사들이 제복과 캡을 받았다.

1908.6. 평양의 숭실대학이 제1회 졸업식을 가졌다.

1908 구세군이 한국에서 호가드(Hoggard) 위원의 지도 아래 소수의 직원들을 데리고 사역을 시작하였다. 구세군 회관의 머리돌은 1910년 4월 17일에 놓였고, 그 건물은 7월 2일에 봉헌되었다.

1908 남감리교 선교회의 선교기지가 무스(J. R. Moose) 목사 부부에 의해 순천에서 개설되었다.[xx]

1909.9.6. **선교부의 한국담당 총무 아더 J. 브라운(Arthur J. Brown) 목사가 브라운 부인을 대동하고 부산에 도착하였다. 그들은 수개월 동안 우리 선교회 내의 강계를 제외한 모든 선교기지들을 방문하였으며, 9월 9일에 평양에서 선교사들과 특별집회를 개최하였다.**

1909.10. 전도자 채프만-알렉산더(Chapman-Alexander) 일행이 도착한 후 '백만인구령운동'과 관련하여 여러 차례 집회를 열었다.

1909.10.20.[xxi] 이토 후작이 하얼빈에서 안중근이란 한 젊은 가톨릭 교인에 의해 암살당했다.

1910.4.2. 구약성경의 번역이 완료되었다. 이는 번역위원회가 생긴지 24년 만의 일이었다.

1910.4.16. 니와(G. Niwa)와 그의 가족이 일본 YMCA의 책임을 맡기 위해 서울에 도착하였다. 이 단체는 1916년 6월 16일 와타나베 판사의 집에서 조직되었다. 현재의 건물은 1923년에 헌정되었다.

1910.6.23. 감리교신학교가 공식적으로 조직되었다. 신학교육은 몇 년 전에 시작되었다. 23명이 1911년 12월 20일 제1회로 졸업하였다.

1910.8.22.[xxii] 한국이 일본에 병합되어 공식적으로 조선이란 명칭을 갖게 되었고, 테라우치 백작이 총독이 되었다.

1910 최초의 나환자의 집이 미국 북장로교 선교사들에 의해 부산에서 개원되었다. 남장로교 선교사들은 1913년에 나환자촌을 봉헌하였다. 그 기금은 런던의 나환자선교회가 기부하였다. 대구의 나병원은 1916년에 설립되었다.

1911. 부활절. 남감리교의 맥도웰(McDowell) 감독이 배재학당 앞의 뜰에 있는 5천 명의 학생들에게 연설을 하고 110명에게 세례를 주었다.

1912.7. 중국인을 위한 첫 번째 기독교 봉사활동이 서울 YMCA 건물에서 베풀어졌다. 한국에 있는 최초의 중국인 교회를 위해 서울에서 건물들이 임대되었다.

1912 두만강변에 있는 수비대 마을 회령에서 캐나다 장로교 선교사들이 선교기지를 열었다.

1912 일본 구마이(Kumai) 교회(조합교회)가 한국에서 한국인을 위한 사역을 시작했다. 그 교회의 목사 와다세(T. Watase)는 당시에 고베 교회의 목사이기도 하였는데, 그 운동의 책임자로 임명되었다.[xxiii]

1912.9.28 105인 사건으로 105명의 한국인들이 징역형을 언도받았다. 그들은 조선총독 테라우치 백작 암살음모로 고소당하였다.

1913 남장로교의 순천 선교기지가 프레스톤(J. F. Preston) 목사 부부와 코이트(R. T. Coit) 목사 부부에 의해 개설되었다. 이 선교기지는 노스케롤라이나 더햄에 사는 조지 W. 와츠(Geo. W. Watts)의 후원을 받았다.

1913 호주장로교 선교회의 켈리(Kelly) 목사 부부와 매크래(F. J. MacRae) 목사가 진주에서 거창으로 옮겨 가서 그곳에 선교기지를 세웠다. 같은 해에 왓슨(R. D. Watson) 목사 부부가 마산에서 동래로 갔다.

1914.6. 이화여자전문학교가 제1회 졸업식을 가졌다. 프레이 홀(Prey Hall)이 1923년에 건축되었다. 연희전문 부근의 새 대학부지는 1924년에 구입되었다. 1933-1934년간에 이 부지에서 새 건물들이 스와인하트(M. L. Swinehart)의 감독 아래 세워졌다.

1915.4. 서울에서 연희전문학교가 공식적으로 조직되어 개교하였고, 언더우드가 교장이 되었다. 이 학교는 1918년에 새 부지의 임시건물로 이전하였다. 최초의 졸업식은 1919

년에 거행되었다.

1918.2.26. 장감연합공의회가 서울 한국 YMCA에서 40명이 참석한 가운데 처음 조직되었다. 1924년 9월 26일 교회들과 선교사들의 '조선예수교연합공의회'(Korean Christian Council)란 이름으로 재조직되었다.

1919.1.21. 한국의 전 황제가 붕어하였다. 국장이 3월 4일에[xxiv] 거행되었다.

1919.3.1. 한국인의 '독립만세운동'이 시작되었다. 33명의 한국인 대표들이 서울의 한 식당(현재 여성 사회복지관 자리)에서 독립선언서를 선포하고 경찰이 체포하도록 자신들을 내어주었다.

1919.8.12. 사이토 남작(현재는 자작)이 하세가와 장군의 후임으로 조선총독에 임명되었다.

1919 두 성서공회 사이에 조정이 이루어져 미국성서공회는 한국에서, 영국과 해외성서공회는 필리핀에서 철수하였다.

1920 남감리교 선교회의 철원 선교기지를 앤더슨(E. W. Anderson) 박사와 그 부인 그리고 코델리아 어윈(Cordelia Erwin) 양이 개설하였다.

1922 한국 YWCA를 일군의 젊은 한국 여성들이 조직하였다.

1923.4. 정부가 사립학교들에 대해 만일 자격조건을 갖춘다면 등록된 학교와 동등하고 종교교육을 실시하면서도 그런 학교의 특권을 누리는 '지정'을 받을 수 있다고 공포하였다.

1923.6. WCTU가 틴링(C. Tinling) 양의 방문 결과 조직되었다.

1926.4.25. 마지막 전 황제(이왕)이 서울에서 붕어하였다. 그의 국장은 1926년 6월 10일에 거행되었다. 그는 1874년 3월에 태어났다.

1929.4.18-20. 세계선교협의회(International Missionary Council) 의장인 존 R. 모트(John R. Mott)가 서울 YMCA에서 열린 조선예수교연합공의회의 확대 모임에 참석하였다. 모트 박사는 플레처 브로크먼(Fletcher Brockman)과 동행하여 그 전 1925년 12월 27-29일에 열렸던 집회를 이끌었다. 그 때 한국 기독교인들과 외국인 선교사 지도자들의 대표 60명이 참석하였다.

1930.11.18-29. 통합된 한국 감리교 연회가 서울의 한 모임에서 조직되었다. 양주삼 목사(J. S. Ryang, D.D.)가 초대 총리사로 선출되었다. 제1회 연회는 12월 2-12일 서울에서 열렸다.

국장 장례행렬

주일학교대회. 1913년에 동쪽 궁궐에서 개최되어 1만 5천 명이 참석하였다.

수도의 군중들

:: 역자주

i) 알렌의 글은 1901년과 1903년에 서울에서 출판되었다가 1904년에 내용을 증보하고 *Korea: Fact and Fancy*란 책의 일부분으로 편집되어 서울에서 출판되었다. 게일의 책은 1924~27년에 *The Korea Mission Field*에 연재되었다가 1927년에 서울에서 출판되었다. 그리피스의 책은 1882년에 미국에서 출판되었다. 백낙준의 책은 1927년에 예일대 박사학위논문으로 제출되었고, 1929년에 평양의 숭실전문학교 출판부에서 출판되었다. 원문에서 1732~1910에서 1732년은 1832년의 오기이다.

ii) 여기에서 표기된 'Ever White Mountain'은 백두산을 가리킨다. 다른 자료들에서는 그 산이 영변의 'Tābăk Mountain'이라 명기되기도 한다. 예: Gale, J. S., "Korean History" (Translations from the Tong-gook T'ong-gam), *The Korean Repository*, Sep. 1895.

iii) 유교, 불교, 도교의 B.C. 6세기 도입설은 게일의 주장을 따른 것이다.

iv) 우륵이 OoReul로 잘못 표기되어 있는 것 같다.

v) 1403년에 주조된 금속활자를 가리킨다.

vi) 집현전 학자들을 가리키는 듯하다. 이 기록은 세종의 주도적 역할을 약화시키고 있다.

vii) '통각, 통감' 은 성종 때 서거정 등이 쓴 『동국통감』을 잘못 표기한 것이다.

viii) 고종을 일제시대의 통칭을 따라 표기하고 있다.

ix) 1883년의 보빙사를 가리킨다. 1882년에 조미수호조약이 체결되고 1883년에 푸트 공사가 부임한 후, 민영익을 정사로, 홍영식을 부사로 한 보빙사가 미국에 파견되었다.

x) 동문학을 가리키며 통변학교라고도 불렸다.

xi) 여기 본문에서는 'Rijutel'로 표기되어 있지만 2장의 첫 부분에서는 'Rijutei'로 표기되어 있다.

xii) '진보당'이란 표현은 그가 임의로 사용한 것이다. 일반적으로는 '개화당' 혹은 '개화파'로 불렸고, 민씨 일파는 '수구당'으로 불렸다.

xiii) Lillian은 Lillias의 오기이다.

xiv) 1890년이 1899년으로 잘못 표기되어 있다.

xv) 1893년이 2893으로 잘못 표기되어 있다.

xvi) 3A.M은 3P.M.의 오기인 것 같다.

xvii) 9월 6일자 부분이 9월 7일자 부분보다 뒤에 기재되었다.

xviii) 원문의 1801은 오기이다.

xix) 본문에서는 1908년이 1998년으로 잘못 표기되어 있다.

xx) 평안도의 순천이다.

xxi) 이토가 암살당한 날은 26일이다.

xxii) 국치일인 29일이 22일로 잘못 기재되어 있다.

xxiii) 구마이(Kumai)는 구미아이의 오기이다.
xxiv) 고종의 인산일은 3월 3일이었다.

제 **19** 장

• • •

참고문헌 목록

수년 전 선교회의 역사를 쓰는 일이 처음 계획되었을 때, 언더우드(H. H. Underwood, Ph. D) 교수에게 한국에 관한 문헌의 목록을 제공해주도록 요청했었고, 그는 그 일을 해주었다. 그는 서문에서 그 목록이 "최종 목록"을 의도했던 것이 아니라 "이 나라에 대해 더 많이 알기를 원하는 독자들을 돕기 위한" 것이었다고 말하였다. 그 후 언더우드 박사는 1931년 6월 3일, 왕립아시아학회 한국지회 앞에서 "한국에 관한 서구문헌"이란 글을 발표하였다. 그 때 2,800개 이상의 제목들이 있는 "한국 문헌목록"을 제출하였다. 이들 중 500개를 제외하고는 모두 영어로 되어 있었다. 그 논문과 문헌목록은 그 학회에 의해 출판되었다. 이 책의 목록은 언더우드 박사의 보다 긴 목록과 그 전에 제출하였던 목록에서 취해진 것이다. 이것들에다 지난 2 · 3년 사이에 출판되었던 책의 제목들이 약간 더해졌다. 이 책에 제시된 문헌목록의 목적은 선교사들과 선교사역에 관한 다른 연구자들이 참고하기를 바랄 것으로 예상되는, 한국과 한국선교에 관한 중요한 출판물들을 구분해서 제시하는데 있다. (*)라고 표시된 것들은 이 역사책을 준비할 때 참고했던 것들이다. 표제 아래 있는 분류법은 언더우드가 사용하였던 것과 같은 것이며,

뒷 부분에는 최근의 출판물들의 목록이 별도로 제시되어 있고, 그가 추가로 제출하였던 자료들도 별도로 제시되어 있다. 약어 'L', 'RAS', 'U'는 각각의 경우에 따라서 그 저작물들이 랜디스(Landis), 왕립아시아학회, 언더우드 문고에 있다는 것을 나타낸다. 목록의 정렬은 연대순으로 되어 있다. 번호는 언더우드 박사의 목록에 있는 것을 따른 것이다.

1. 초기 저작물들–1880년까지(비분류)

14. Hendrick Hamel. *Narrative of an Unlucky Voyage and Imprisonment in Korea, 1653-1677*. English Versions. Astley and Pinkerton's voyages, 1744-1811, and later. (L) (Reprint by Korea Branch, R.A.S. 1918-50 pp.) (L. RAS. U) 1744

24. Capt. Basil Hall. *Vayage of Discovery to the West Coast of Corea and the Great Loo-choo Island*. 222 pp. (Chap. 1. 57 pp. deals with voyage along the Korean Coast) (L. U.) (*) 1818

40. Charles Gutzlaff. *Journal of Three Voyages along the Coast of China in 1831, 1832, and 1833.* pp. iv. 312. London. (Gutzlaff was the first Protestant missionary to visit Korea. He landed on an island not far from the present port of Kunsan, spent some time there and distributed many Christian books.) (L) (*) 1834

67. *Annual Report of the Bible Society for Scotland for 1865*. pp. 35-37. (Refers to Mr. Thomas.) 1865

98. Letters from Mr. Thomas. *Missionary Magazine and Chronicle*. London. July 1866. pp. 200-201. 1866

72. Death of Mr. Thomas. *Annual Report London Missionary Society for 1867*. p. 80. 1867

86. Rev. A. Williamson. *Journeys in North China*. 2 vols. (Korea : Vol. II. Chap. XV.pp. 295-312.) (L.) 1870

105. Ch. Dallet. *Histoire de L. Eglise de Coree*. 2 vols. pp. cxcii, 383 and 395. map. 8vo. Paris. (In addition to the valuable and interesting history of the church this work contains an introduction of almost 200 pp. on the history, geography, language, etc. of the country.) (L. RAS. U.) 1874

110. J. Ross. "A visit to the Corean Gate", Rev. *The Chinese Recorder*. Nov.-Dec.

pp. 8. (L.) 1874

127. W. G. Aston. *Hideyoshii's Invasion of Korea*. Asiatic Society of Japan. 1878

Chap. I. Vol. VI. pt. 1. pp. 227-248. 1878.

Chap. II. Vol. IX. pt. 1. pp. 87-93. 1881.

Chap. III. Vol. IX. pt. 3. pp. 213-222. 1881.

Chap. IV. Vol. XI. pt. 1. pp. 117-125. 1883. (L. RAS. U.)

128. E. Satow. *The Korean Potters in Satsuma*. Asiatic Society of Japan. Vol. VI. pt. 2. (L. RAS. U.) 1878

141. John Ross. *Corea, Its History, Manners and Customs*, Rev. pp. 404. 8vo. London. (One of the first English books devoted entirely to a study and description of Korea.) (L. RAS. U.) 1880

150. *Dictionaire Coreen-Francais.* pp. 694. Les missionaries de la Societe des Missions Etrangers de Paris. (Both this work and the French Grammar (see No. 178.) would have appeared much earlier had not the manuscript been destroyed in the persecutions of 1866.) (L. U.) 1880

II. Language and Literature

A. Word Lists and Dictionaries

155. H. G. Underwood. *Korean-English Dictionary*. pp. 196. (L. U.) Yokohama. 1890

156. H. G. Underwood. *English-Korean Dictionary*. pp. 239. Yokohama. (L. U.) (These were the first attempts at either a Korean-English or English-Korean dictionary and except for Mr. Scott's work, pub. 1891. remained for many years the only English Korean dictionaries.

167. James Scott. *English-Korean Dictionary.* pp. 345. Seoul (L. U.) 1891

162. J. S. Gale. *Korean-English Dictionary*. 1169 pp. Yokohama. Revised. 1930. and published in Seoul. (U.) 1897

173. H. G. and H. H. Underwood. *An English-Korean Dictionary*. pp. 741. Seoul. Revision and great enlargement of No. 156. (L. U.) 1925

177. D. S. Kim. *The New Korean-English Dictionary*. pp. 572. Seoul. (L. U.) 1929

B. Grammars and Language Helps

178. *Grammaire Coreene*. pp. 295. pas les Missionaires de Coree de la Societe des Missions Etrangers de Paris. Yokohama. (L. RAS. U.) (Companion volume to the dictionary by the same tireless workers.) 1881

180. James Scott. *A Corean Manual, or Phrase Book with Introductory Grammar*. pp. 241. Shanghai. (L. U.) 1887

182. H. G. Underwood. *Introduction to the Korean Spoken Language*. pp. 425. Yokohama. (L. U.) (Revised and enlarged in 1914.) 1890

183. J. S. Gale. *Korean Grammatical Forms*. pp. 229. Seoul. Revised in 1916. (L. U.) 1893

185. Annie L. Baird. *Fifty Helps for the Beginner in the Use of the Korean Language*. pp. 74. 16 mo. Seoul. (Later editions were much enlarged.) (L. U.) 1897

189. M. B. Stokes. *Korean by the Clause Method*. pp. 64. Yokohama. (L. U.) 1921

190. H. G. Underwood. *Introduction to Korean Spoken Language*. pp. 475. Yokohama. (L. U.) (Revision and enlargement of N. 182) 1914

191. H. H. Underwood. *Every-day Korean*. pp. 115. (L. U.) (Conversations in Korean prepared for Language School use, with Korean-English Vocabulary.) 1921

194. C. A. Sauer. *Korean for Beginners*. pp. 115. Seoul. (L. U.) 1925

195. C. Y. Song. *Religious Phrases and Prayer Forms*. Seoul. (Pamphlet in Korean for Language School Use.) (U.) 1925

C. Philology, Etc.

203. H. B. Hulbert. "The Korean Alphabet". *Kor. Rep*. 1. 1-9, 69-74. 1892

206. J. S. Gale. "The Inventor of Eunmon". *Kor. Rep*. 1. 364-368. (*) 1892

227. H. B. Hulbert. "The Itu." *Kor. Rep*. V, 47-54. (*) 1898

250. J. S. Gale. "The Korean Alphabet". *Korea Branch R. A. S*. Vol. IV. Part 1. pp. 49. (L. RAS. U.) (*) 1912

252. J. S. Gale. "The Korean Language". *Kor. Magazine* I. 50, 98, 149, 255. II. 53-54. 1917

253. J. S. Gale. "Difficulties in Korean". *Korea Magazine* I. 98, 149, 215, 345, 386. 1917

254. J. S. Gale. "Modern Words and Korean Language". *Korea Magazine*. I. 304-96. 1817

255. J. S. Gale. "Korean Language Study". *Korea Magazine* II. 116-118; 153-154; 208-209; 253-255; 305-307; 404-405; 441-442; 497-498; 540-541. 1918

D. Literature

260. H. N. Allen. *Korean Tales*. pp. 193. (These are the first Korean stories to be put into English. They were later republished with other material under the title, *Korea Fact and Fancy*.) No. 312. (L) 1889

264. M. Courant. *Bibliographie Coreen*. 3 vols. ccxiv. 502; ix, 538; ix, 446; clxxvii,

Paris. 1894. 95; 96. (An immense and most valuable book, being a classified bibliography of all works published in Korea from the beginning of printing to 1890. The first volume contains a most interesting discussion of Korean books and literature. For review and brief resume of contents see Korean Repository Vol. IV. 1897. pp. 201-206, 258\&266.) (L. U.) 1894

304. H. B. Hulburt."Korean Folk-Tales". *Korea Branch R. A. S.* Vol. II, Part II. pp. 22. (L. RAS. U.) 1902

312. H. N. Allen. *Korea, Fact and Fancy*. pp. 285. Seoul. (L. RAS. U.) 1904

341. W. E. Griffis. *The Unmannerly Tiger and other Korean Tales*. pp. xii, 155. Illus. 8vo. New York. (L. U.) 1911

344. J. S. Gale. *Korean Folk Tales, translated from the Korean of Imu Bang and Yi Ryuk*. by pp. xii, 233. 8vo. London. (L. U.) 1913

375. Charles M. Taylor. *Winning Buddha's Smile.* A Korean Legend, adapted and translated by pp. 153. Boston. (U.) 1919

378. *The Cloud Dream of the Nine*. A Korean Novel by Kim Man Choong, translated by James S. Gale, with introduction by E. K. Robertson Scott. 16 illus. pp. xl. 307. 8vo. London. (L. RAS. U.) 1922

382. *Omjee, the Wizard, Korean Folk Stories* by Homer B. Hulbert. Illus. in color. pp. 156. Springfield Mass. (L. U.) 1925

III. History, Politics, and Government

A. History

390. W. E. Griffis. *Corea, the Hermit Nation*. pp. xvii, 462. Demy. 8vo. London. (Revised and enlarged to 506 pp. in 1907.) (*) 1882

408. H. G. Appenzeller. "The Opening of Korea; Admiral Shufeldt's Account of it". *Korean Repository*. 1. 57-62. 1892

409. H. G. Appenzeller. "The Beginning of Seoul". *Korean Repository* I. pp. 143-146. 1892

416. E. V. Dickens and St. Lane-Poole. *Sir Harry Parks, His Life while in China and Japan*. 2vols. pp. 512 and 477. Maps. 8vo. London. (L. U.) 1894

426. *Korean Repository II*. "The Battle of Pyengyang, as seen by a Korean". pp. 350-353. 1895

427. "The Assassination of the Queen of Korea". *Korean Repository.* Vol. II. 386-353. 1895

430. Wm. M. Junkin. “The Tong-Hak”. *Korean Repository II*. pp. 56-61. 1895

436. H. G. Appenzeller. *A Visit to Pyengyang and the Battlefield*. Korean Repository, III. 241-247. 1896

440. Vladamir. *The China-Japan War*. Compiled from Chinese, Japanese, and foreign sources. pp. 449. Illus. 8vo. London. (L. RAS.) 1896

451. The Taiwon Kun. Geo. H. Jones. *Korean Repository* V. 241-250. 1898

467. Rear-Admiral Schley on Korea. *Korea Review* I. 430-435. (*) 1901

469. H. N. Allen. Chronological Index. pp. 61-8. Seoul. (L. RAS. U.) 1901

471. Notes on Southern Korea, Mahan, Chin-han and Pyong-han. *Korea Review II*. 13-17. 1902

474. J. S. Gale. Hanyang or Seoul. pp. 43. *Korea Branch. R. A. S*. Vol. II, Part II. (L. RAS. U.) (*) 1903

478. Ch’ce Chi Wun. G. H. Jones. pp. 18. *Korea Branch RAS*. Vol. III Part I. (L. RAS. U.) 1903

497. *The Russo-Japanese Conflict* ; its causes and issues, with an introduction by F. W. Williams and K. Asakawa. pp. 14 and 383, 10 plates and map. 8vo. Boston. Korea. Chap XVI. ff. 1904

506. R. Linthicum. *War between Japan and Russia with historical and descriptive sketches of Russia, Siberia, Japan, Korea Manchuria*. pp. 448. Plates and portrait. 8vo. Chicago. 1905

509. Rear-Admiral Schley on the Little War of 1871. *Korea Review*. Vol. V. 97-106. (*) 1905

510. Min Yong Whan. L. H. Underwood. *Korea Review*. V. 1-10. 1905

512. Gen. Min’s Farewell and Last Appeal to the People. *Korea Review*. V. 427-28 1905

513. H. B. Hulbert. *The History of Korea*. II vols. pp. viii, 409; 374, 16, 8, 7. Seoul. (L. RAS. U.) (The only work devoted entirely to Korean history.) 1905

527. H. B. Hulbert. *The Passing of Korea*. 473 pp. London. Chap. III, XIV and XXVII, XXXIV, XXV, deal chiefly with history and politics. (L. RAS. U.) 1806

541. F. A. Mackenzie. *The Tragedy of Korea.* pp. 312. London, 8vo. (Chaps. I-VIII cover approximately from the opening of Korea to 1900. Chaps. IX-XI, the passing of the country under Japanese rule.) 1908

544. Ernest W. Clement. *Comparative Chronological Tables of the Christian Era, Japanese Eras and Emperors, Chinese Emperors and Eras, and Korean Kings with years of the sexagenery cycles from 660 B. C. to 1910 A. D.* Trans. As.

Soc. Jap. 1910

548. Joseph H. Longford. *The Story of Korea*. pp. vii, 400. 8vo. London. 33 illustrations and 43 maps. (Chap. 117-xiv, chiefly history.) (L. U.) 1911

555. Korea's Noted Women. *Korea Magazine* I. 29, 60, 154, 218, 295, 345, 389, 438. 1917

559. Admiral Shufelt's visits to Korea. *Korea Magazine* I. 243-248. 1917

560. W. E. Griffis. The Opening of Korea. *Korea Magazine* I. 506-510. 1917

568. A. J. Brown. *The Mastery of the Far East*. pp. 11, 671. Demy. 8vo. New York. Parts I and II largely historical. (L. RAS. U.) 1919

572. Hugh Cynn. *The Re-birth of Korea*. pp. 272. illus. New York. (L. U.) 1920

573. F. A. McKenzie. *Korea's Fight for Freedom*. pp. 320. 8vo. London. (L. U.) 1920

576. Henry Chung. *The Case of Korea*. pp. 367. illus. New York. (L. U.) 1921

581. Alleyne Ireland. *The New Korea*. pp. 353. Demy. 8vo. New York. (Account of the Japanese administration in Korea from the government point of view.) (L. U.) 1926

583. Arthur J. Brown. *Japan and the World Today*. pp. 382. New York. (Korea : pp. 31-39; 143-165; 215, 217.) (L. U.) 1928

B. Treaties, International Relations, Laws etc.

635. Korean Edict against Christianity, 1839. *Korea Magazine* I. 488-495. 1917

637. Henry Chung. *The Oriental Policy of the United States*. pp. 306. illus. 8vo. New York. (L. U.) (Contains texts of many treaties.) 1919

638. *Korean Treaties*. Compiled by Henry Chung. pp. 226. New York. (L.) 1920

C. Political Propaganda and Discussions etc.

690. John W. Foster. *American Diplomacy in the Orient*. New York. pp. xiv, 498. 8vo. (Korea, Chap. IX, 343-307) (U.) 1903

836. *The Korean Conspiracy Case*. Official Reports of Proceedings. Japan Chronicle. pp. 136. Kobe. (L. U.) 1912

835. Arthur J. Brown. *The Korean Conspiracy Case*. pp. 27. New York. (U.) 1912

879. C. W. Kendall. *The Truth about Korea*. pp. 104. San Francisco. Korean National Association. (L. U.) 1919

955. J. O. P. Bland. *China, Japan, Korea*. pp. 327. References throughout, see especially Chaps. VII, X, XV. (L. U.) 1921

IV. Travel and Description

1019. Percival Lowell. *Chosen, the Land of the Morning Calm*. pp. x. 402. 8vo. illus. Maps. Boston. (L. U.) 1885

1027. W. R. Carles. *Life in Corea*. pp. xiv. 8vo. London. Chaps xviii and xix. Describes political events of '84-'85. (L. RAS. U.) 1888

1035. J. S. Gale. To the Yaloo and Beyond. *Korean Repository* I. 27, 51, 75. (*) 1892

1078. J. S. Gale. A Trip across the Northern Korea. *Korean Repository*. IV. 81-89. 1897

1084. D. L. Gifford. *Everyday life in Korea*, pp. 231. illus. New York. (L.) 1898

1085. J. S. Gale. *Korean Sketches.* pp. 356. illus. New York. (L. RAS. U.) 1898

1088. Mrs. I. B. Bishop. *Korea and Her Neighbors*. 2 vols. xciii, 261. x, 321. illus. maps. 8vo. London. (L. RAS. U.) 1898

1094. Graham Lee. Kasa Cave (Pyengyang). *Korean Repos*. V. 251-2. 1898

1157. A. A. Pieters. A Visit to Quelpart, *Korea Review*, V. 172-179; 215-219. 1905

1180. H. N. Allen. *Things Korean*. pp. 256. illus. New York. (L. RAS. U.) 1908

1229. Places of interest about Seoul. *Korea Magazine* Vol. II., Mang-wul Monastery, pp. 252-253; Seung ka-sa, pp. 302-303; Pong-eum-sa, pp. 409-10; Yak-sa-chul, pp. 443-444; Mansan pp. 492-495. 1918

1249. Diamond Mountains. J. S. Gale. pp. 73. *Korea Branch, R. A. S.* Vol. XIII. (L. RAS. U.) (*) 1922

1281. Ilhan New. *When I was a Boy in Korea*. pp. 190. Boston. (U.) 1929

1283. C. S. Deming. *A Guide to the Diamond Mts*. pp. 47. Illus. Seoul. (L. RAS. U.) (*) 1929

V. Social Conditions and Customs

1299. W. H. Wilkinson. Korean Chess. Pall Mall Budget, Dec. 27th. London. *Korean Repository* II. 88-95. 1894

1902. Stewart Culin. *Korean Games.* pp. xxxvi, 177. Illus. 8vo. Phila. (L. RAS. U.) 1895

1399. W. J. McKensie. Seven Months among the Tonghaks. Rev. *Korean Repository*. II. 201-208. 1895

1313. Annie E. Bunker. My First Visit to Her Majesty the Queen. *Korean Repository* II, 373-375 (*) 1895

1337. S. F. Moore. The Butchers of Korea. *Korean Repository* V. 127-132 (*) 1898

1344 The Status of Woman in Korea. *Korea Review*, I. 529-534; II. 1-8 ; 53-59 ; 97-101 ; 155-159. 1901

1373. The Stone-Fight. *Korea Review*, V. 49-53. 1906

1379. Women's Rights in Korea. *Korea Review* VI, 51-59. 1906

1397. J. Robert Moose. *Village Life in Korea.* pp. 242. illus. 8vo. Nashville. Tenn. (L. U.) 1911

1401. Arthur Hyde La. Marriage Customs of Korea.pp. 15. *Korea Branch R. A. S.* Vol. IV, Part III. (L. RAS. U.) 1913

1492. J. S. Gale. Selection and Divorce. pp. 6. *Korea Branch, R. A. S.* Vol. IV, Part III. (L. RAS. U.) 1912

1406. P. L. Gilette. Village Guide of Old Korea. *Korea Branch, R. A. S.* Vol. IV. Part II. pp. 31. (L. RAS. U.) 1913

1418. Tobacco in Korea. *Korea Magazine*, I, 248-254. 1917

1430. W. C. Rufus. The Kwaga (National Examination), *Korea Magazine* II. 64-69. 1918

1434. Tea, Story of, in Korea. *Korea Magazine* II. 406-409. 1918

1435. Prohibition in Korea (48 A. D. and later). *Korea Magazine* II. 438-441. 1918

1436. W. E. Griffis. Women of Chosen. *Missionary Review of the World*. New York. 41 : 196-201. March. 1918

1437. Ellasue Wagner. *Children of Korea*. pp. 93. Ilius. 8vo. London. (L. U.) 1918

1459. Hugh Miller. A Royal Funeral in Korea. pp. 15. *Korea Branch R. A. S.* Vol. XVII. (L. RAS. U.) 1927

VI. Religions and Superstitions

1470. D. L. Gifford. Ancestral Worship as Practised in Korea. *Korean Repository* I. 169-176. 1892

1476. Confucianism in Korea. *Korean Repository* II, 401-404. (*) 1896

1480. H. N. Allen. Some Korean Customs. The Mootang. *Korean Repository* III. 163-165. 1896

1484. E. B. Landis. Korean Geomancy. *Korean Repository* V. 41-6 1898

1490. E. B. Landis. The Tonghaks and their Doctrine. *China Branch R. A. S.* Vol. XXI. 1903

1505. H. G. Underwood. *The Religions of Eastern Asia*. pp. xi. 267. 8vo. N. Y. (L. U.) (*) 1910

1514. M. N. Trollope. Introduction to the Study of Corean Buddhism. *Korea Branch R. A. S.* Vol. III, pp. 41. (L. RAS. U.) (*) 1917

1521. Frederick Starr. *Korean Buddhism*. pp. xix. 104. illus. Boston. (L. U.) (*) 1918

1525. The Si-Chun and Chun-Do Churches. *Korea Magazine* II. pp. 160-165. 1918

1532. Y. T. Pyun. *My Attitude toward Ancestor Worship*. pp. 113. Seoul. (L. U.) 1926

VII. Missions

A. Roman Catholic

1547. Corea. Rt. Rev. G. Mutel. D. D., Article-*The Catholic Encyclopedia*. N. Y. 1908

1566. *The Catholic Church in Korea*. pp. 108. illus. Hongkong. (L. U.) 1924

B. Biography

1599. John W. Heron, M. D., D. L. Gifford, *Korean Repository* IV, pp. 441-443. 1897

1605. *In Memory of George Leck*. pp. 50. Illus. (U.) (*) 1902

1606. *A Corn of Wheat, or the Life of Rev. W. J. McKenzie of Toronto*. (L. RAS. U.) 1903

1610. W. E. Griffis. *A Modern Pioneer in Korea, the life story of Henry G. Appenzeller*. pp. 298. illus. 12mo. New York. (L. RAS. U.) 1912

1614. A. J. Brown. Dr. Underwood's Service in Korea. *Missionary Review*. Dec. 1916

1620. *Underwood of Korea*. being an intimate Record of the Life and Work of Rev. H. G. Underwood, D. D., LL. D., for thirty one years a Missionary of the Presbyterian Board in Korea, by his wife, Lillias H. Underwood, M. D. pp. 350. illus. New York. (L. RAS. U.) (*) 1918

1621. *For the Faith*. Gest de Bretenmeres, adapted from the French of A. Appert by Florence Gilmore. pp. 179. Ossining, N. Y. (L. U.) 1918

1630. Our First Letter from Korea. *The Foreign Missionary*. N. Y., Dec. 1884. (Letter from Dr. H. N. Allen, published by the Presbyterian Board of Foreign Missions.) 1884

C. I. Protestant, General

1644. Standing Rules and By-laws of the Korea Mission, adopted at Presbyterian Annual Meeting 1890. pp. 16. (U.) 1891

1654. S. A. Moffett. A New Mission Station at Pyengyang. *Church at Home and Abroad*. N. Y., pp. 107 Aug. 1893

1672. R. S. Maclay. The Commencement of the Korea Methodist Episcopal Church. *Gospel in All Lands*. Nov. 1896

1676. W. D. Reynolds. Bible Translation in Korea. *Korea Repository* III, 469-474. (*) 1896

1680. Robert E. Speer. Report of the Mission in Korea of the Presbyterian Church U. S. A. (*) 1897

1726. L. H. Underwood. *Fifteen Years among the Top-Knots*. pp. xviii, 271. illus. New York. (L. RAS. U.) (*) 1904

1746. H. G. Underwood. Twenty Years Missionary work in Korea. *Missionary Review*, N. Y. 28 : 371-376, May. (*) 1905

1799. H. G. Underwood. *The Call of Korea*. Illus. pp. 205. New York. (L. U.) (*) 1908

1780. Wm. N. Blair. *The Korea Pentecost and Other Experiences on the Missionary Field*. pp. 51. N. Y. (U.) (*) 1908

1795. *Quarto-Centennial Papers. Read before the Korea Mission of the Presbyterian Church in Annual Meeting*. pp. 140. Seoul. (U.) (*) 1909

1798. J. S. Gale. *Korea in Transition*. pp. xxiv. 170. illus. Map N. Y. (L. U.) (*) 1909

1809. M. C. Fenwick. *The Church of Christ in Corea*. pp. xi, 134. Illus. 8vo. N. Y. (L. U.) 1911

1830. Annie L. A. Baird. *Inside Views of Missionary Life*. pp. 138. Philadelphia. (L. U.) 1913

1844. F. L. Brown. *A Sunday School Tour of the Orient*. Illus. pp. xvi. 370. Garden City. Kansas. Korea. pp. 157. (U.) 1814

1848. M. N. Trollope. *The Church in Corea*. Rt. Rev. pp. 132. Illus. Map. London. (L. U.) 1915

1861. *Report of Deputation of the Presbyterian Board of Foreign Missions to Siam, the Phillippines, Chosen, and China, April-Nov*. 1915. Speer-Day-Bovaird. pp. 512. N. Y. The Mission in Korea, pp. 351-391. (*) 1916

1888. C. A. Clark. *Digest of the Presbyterian Church of Korea*. (Cho-Sen).pp. viii, 263. Yokohama. (L. U.) (*) 1918

1896. A. M. Nisbet. *Day in and Day Out in Korea*. pp. 199. Illus. 8vo. Richmond, Va. (Study and history of the work of the Southern Presbyterian Mission. (L. U.) 1920

1897. M. L. Swinehart. *Korea. Handbook of Missions in 1920*. pp. 71. Illus. Map of. Stati'cs. Yokohama. (L. U.) (*) 1920

1917. *Within the Gate Ways of the Far East. Charles R. Erdman*. pp. 128. Illus. N. Y. Korea. pp. 62-92. (U.) 1922

1964. James Cannon III. Nashville. *History of Southern Methodist Missions*. Tenn. Korea. pp. 148-171. 1926

1981. *Korea. Preliminary Survey of Economic and Religions conditions*. Ed. des Brunner. pp. 74. New York. (U.) (*) 1928

2001. L. George Paik. *History of Protestant Missions in Korea*. 1832-1910. (*) 1929

2006. *Southern Methodism in Korea*. Thirtieth Anniversary. Edited by J. S. Ryang. pp. 186. LXVIII, 299. Illus. 8vo. Seoul. Text in English and Korean. (L. U.) 1830

2007. C. A. Clark. *The Korean Church and the Nevius Methods.* pp. 278. New York. (U.) (*) 1930

C. II. Protestant, Schools and Education

2021. J. E. Adams. *Senate of the Educational Federation of Christian Missions in Korea, Minutes and Reports*. pp. 24. (U.) 1915

2033. F. H. Smith. Chart Showing School System of Chosen. *Korea Magazine* II, p. 168. 1918

2044. *Report of the Chosen Commission, General Assembly of the Presbyterian Church in U. S. A. Parts I and II*. pp. 5 and 6. New York. Part I. The Chosen Mission and the Board of Foreign Missions. (U.) (*) 1921

2065. H. H. Underwood. *Modern Education in Korea*. pp. 336. Illus. 8vo. New York. (L. RAS. U.) (*) 1926

2070. J. E. Fisher. *Democracy and Mission Education in Korea.* pp. xiv. 187. 8vo. New York. (L. RAS. U.) (*) 1928

D. Politics and Missions

2153. A. J. Brown. Politics and Missions in Korea. *Missionary Review*. 25 : 180-90. New York, March. 1902

2194. Baron Saito. Communication to His Excellency, Governor-General of Korea, from the Federal Council of Missions in Korea. pp. 11. Seoul. 1919

VIII. Commerce and Indestries

2246. F. H. Morsel. Chinnampo and Mokpo. I. *Korean Repository* IV. 334-338. 1897

2247. G. H. Jones. Chemulpo. *Korean Repository* IV, 373-384. 1897

2258. H. B. Hulbert. Korean Inventions. *Harper's Magazine*. New York. 99 : 102.

2275. C. T. Collyer. The Culture and Preparation of Ginseng in Korea. *Korea Branch, R. A. S*. Vol. III. Part I. pp. 12. (L. RAS. U.) 1899 1903

2293. W. E. Smith. The Making of Pottery. *Korea Review* V. 121-123. 1905

2296. W. E. Smith. The Making of Brass Ware. *Korea Review* V. 321-323.

IX. Art and Antiquities

A. Art, General and Pictorial

2405. W. E. Griffis. *The Corean Origin of Japanese Art*. Century, N. Y. 3 : 224. 1883

2410. H. B. Hulburt. Korean Art. *Korean Repository* IV. 145-149. 1897

2416 *Catalogue of Prince YI Household*, 3 vols. Seoul. Vol. I, Buddhistic Deities and Pictures. Vol. II, Earthen Wares, Porcelains, Bricks, Tiles, Glass Beads. Vol. III, Metallic, Stone Works, Wooden Engravings, Lacquer, Embroidered Clothes Woven Fabrics 8vo. 695. illus. (U.) 1912

2419. *Ancient Korean Remains*. Government-General of Chosen. Seoul. (10 vols. of pictures, legend, and text in Chinese character.) 1915

2427. P. A. Andreas Eckhart. *History of Korean Art*. pp. XXII. 225. 505 illus. 168 plates, Roy. 8vo. London. (L. U.) 1929

2439. Rev. Charles Hunt. Some Pictures and Painters of Corea. *Korea Branch R. A. S.* Vol. XIX. pp. 34. illus. Seoul. (L. RAS. U.) 1930

B. Coins and Coinage

2446. H. A. Ramsden. *Corean Coin, Charms and Amulets*. pp. 40. (L. U.) 1910

2450. F. Starr. *Corean Coins, Charms and Amulets*. Korea Branch R. A. S. Vol. VIII pp. 37. 40 Plates. (L. RAS. U.) 1913

C. Ceramics

2460. Wm. Burton. *A General History of Porcelain.* 2 vols. pp. xviii, 204. m 228. 32 color plates. 80 black and white plates. London. (U.) (Vol. I. pp. 106-110, Corean Porcelain) 1921 1921

2461. A. I. Ludlow. Pottery of the Korai Dynasty. *Korea Branch R. A. S.* Vol. XIV. pp. 29. 8 Plates. (L. RAS. U.) 1923 1923

D. Monuments and Antiquities

2470. The Miryoks or stone men of Korea. *N. China Branch R. A. S.* Vol. XXII, pp. 3. (L. RAS.) 1887

2475. W. Gowland. Dolmens and other Antiquities of Korea. *Journal of the Anthropological Inst.* 24 : 316. London. 1895

2476. The Marble Pagoda. *Korea Review* I. 534-538. 1901

2477. A Celebrated Monument, Marking the Fall of Pak-je. *Korea Review* II. 102-107 1902

2478. The Treasuries of Kyongju. *Korea Review* II. 385-389. 1902

2479. The Oldest Relic in Korea (Tangun's Altar, Kangwha Island). *Korea Review*

IV. 235-259. 1904

2485. J. S. Gale. The Pagoda of Seoul. *Korea Branch R. A. S.* Vol, VI, Part I. pp. 23. (L. RAS. U.) 1915

2489. W. C. Rufus. *The Observatory of Silla*. Popular Astronomy. Northfield. 23 : 490-496. 1917

2491. The Tombs of Oo-Hyun-li. *Korea Magazine* II. 249-252. 1918 1918

2492. H. H. Underwood. Nam Han or the South Fortress. *Korea Magazine* II. 260-263. 1918

2493. Ancient Korean Remains. *Korea Magazine* II. 254-256 ; 401-404 ; 498-502. 1918

2494. The Tomb on the Chosen Christian College Grounds. *Korea Magazine* II. 548-550. (*) 1918

2499. E. M. Cable. Bells of Old Korea. *Korea Branch R. A. S.* Vol. XVI. (L. RAS. U.) 1825

2500. E. W. Koons. Beacon Fires of Old Korea. *Korea Branch R. A. S.* Vol. XVI. pp. 46-52. 1825

E. Music

2508. H. B. Hulburt. Korean Vocal Music. *Korean Repository* Vol. III. pp. 45-53. 1896

2510. Music. *Korea Magazine* I. pp. 160-164. 1918

2512. A. Eckhart. Mitt. Deusche Gesell. *Koreanische Musik*. sur Natur and Volkerkunde Ostasiens. Tokyo. 1928

X. Scientific and Special Studies

A. Botany

2560. Ernest A. Wilson. The Vegetation of Korea. *Korea Branch R. A. S.* Vol. IX. pp. 16. (L. RAS. U.) 1918

2561. M. N. Trollope. Arboretum Coreense. Rt. Rev. Parts II and III *Korea Branch R. A. S.* Vol. ix. pp. 20. 1918 Parts II and III. Vol. XI. pp. 61. 1920. 1918

2567. R. G. Mills. Ecological Studies in the Tong Nai River Basin, North Korea. pp. 78. Article No. 7, S. U. M. C. Research Dept. *Korea Branch R. A. S.* Vol. XII. Part I. (L. RAS. U.) 1921

2577. Sister Mary Clara. Some Wayside Flowers of Central Korea, and Herbae Koreans, being a first list of some of the commonest Herbaceus Plants found in Korea. C. S. P. Transactions 1929 of *Korea Branch R. A. S.* Vol. XVIII. pp. 22-82. plates. (L.) 1929

B. Medical Studies including Hygiene and Health

2617. N. H. Bowman. The History of Korean Medicine. *Korea Branch R. A. S.* Vol. VI, Part 1. pp. 34. (L. RAS. U.) 1915

2645. J. D. VanBuskirk. The Climate of Korea and its Probable Effect on Human Efficiency. S. U. M. C. Res. Dept. Art. No. 15 pp. 10. *Korea Branch R. A. S.* Vol. X, pp. 58. (L. RAS. U.) (*) 1919

2653. J. D. Van-Buskirk. *Studies in the Diet of the Korean People*. S. U. M. C. Res. Dept. Art. No. 14. pp. 10. China Med. Jr. 36 : 136-145. (U.) 1922

C. Zoology

2743. A. H. Clark. Report on the Collection of Birds made by Pierre Jouy in Korea. *U. S. Nat'l Museum*. Vol. 28. pp. 147-176. 1910

2746. David Starr Jordan, and C. M. Metz. Catalogue of the Fishes known from the Waters of Korea. Carnegie Museum Memoirs. (L.) 1913

2747. H. H. Underwood. Hunting and Hunters'Lore. pp. 21. *Korea Branch R. A. S.* Vol. VI, Part II. (L. RAS. U.) 1913

XI. Fiction and Poetry

2758. J. S. Gale. *The Vanguard.* pp. 320. 8vo. N. Y. (Thinly Veiled story of early mission work in Korea, dealing chiefly with work in the north. As accurate a picture as is found in most such fiction.) (L. RAS. U.)

2759. L. H. Underwood. *With Tommy Tompkins in Korea*. pp. 326. Illus. 8vo. New York. (L. U.) (*) 1905

2761. Jean Perry. *Chilgoopie the Glad, A Story of Korea and Her Children*. pp. 144. Illus. 8vo. London (L. U.) 1905

2763. W. Arthur Noble. *Ewha*. A. Tale of Korea, pp. 354. Illus. 8vo. New York. (L. U.) 1906

2864. Annie L. A. Baird. *Day-break in Korea*. pp. 123. New York. (U.) 1909

2765. Ellasue Wagner. *Kim Su Bang and Other Korean Sketches*. pp. 99. Illus. 8vo. Nashville Tenn. (U.) 1909

2766. Ellasue Wagner. *Pokjunie. A Story from the Land of the Morning Calm*. pp. 115. 8vo. Nashville, Tenn. (U.) 1911

2769. Minerva L. Guthaphel. *The Happiest Girl in Korea*. pp. 106. Illus. New York. (U.) 1911

2770. W. E. Griffis. *The Unmannerly Tiger and Other Korean Tales*. pp. xii, 155. 8vo. Illus, in color. New York. (A later edition of the same book is published under the title of "Korean Fairy Tales.") (L. RAS. U.) 1911

2775. Charles Allen Clark. *First Fruits in Korea*. pp. 338. 8vo. Illus. New York. (Facts of Korean Church told as fiction.) (L. U.) 1921

2777. Ellasue Canter Wagner. *Kumokie, A Bride of Old Korea*. Love Story of the Orient. pp. 230. 8vo. Illus. Nashville Tenn. (U.) 1922

2779. Lois Hawks Swinehart. *Jane in the Orient*. pp. 153. New York (Missionary Fiction). (L. U.) 1923

2784. Joan Grigsby. *Lanterns by the Lake*. pp. 136. Illus. by L. Miller. Kobe. (Poems on Korea. pp. 83-104.) (L. U.) 1929

2785. L. H. Swinehart. *Korea Calls*. pp. 160. 8vo. New York (Missionary Fiction). (L. U.) 1929

2789. Younghill Kang. *Grass Roof.* viii, 367. New York. (U.) 1931

XII. Periodicals

2791. *The Korean Repository*. Monthly. "devoted to Korean affairs." Messrs. Ohlinger, Appenzeller, and Jones, Seoul. Korea Branch R. A. S. Library, Landis Library, Underwood Library. Vols. II-V. (*) 1892

2797. *The Korea Review*. Monthly. All Korean affairs. Edited and published by H. B. Hulburt. (L. RAS. U.) (*) 1901-06

2799. *The Korea Mission Field*. Monthly. Published in the interests of all evangelical Missions in Korea by Fed. Council of Evang. Missions. (*) 1904

2807. *The Korea Magazine*. Monthly. All Korea Affairs, Editor, Rev. S. A. Beck. 1917, to April 1919. (L. U.) (*) 1917-19

2808. *The Korea Review*. Monthly. Pub. in interests of Korean Independence by Korean Information Bureau, Phila., Pa. 1920-22

2818. *Korea Missions Year Book*. Annual. Feb. Council of Prot. Evan. Missions in Korea. 1928 only. (L. U.) (*) 1928

Addenda

Historical.

2870. Harold J. Noble. Trans. The Korea Mission to the United States in 1883. *Korea Branch. R. A. S.* Vol. XVIII, pp. 1-21 (L. RAS. U.) 1929

2871. Wm. F. Sands. *Undiplomatic Memories.* pp. 238. 8vo. Illus. New York 1930

2872. J. S. Gale. *The History of the Korean Peoples*. (Reprint from the *Korea*

Mission Field, 1924-27.) Seoul. (U.) (*) 1931

Dictionaries.

2873. James Scarth Gale. 3rd edition. *Korean-English Dictionary*. Edited by Alex. A. Pieters. pp. 1781. Seoul. (U.) 1931

Description.

2874. *Directory of Foreign Residents in Chosen*. Government-General of Chosen. pp. 66. Seoul (U.) 1927

2875. Ellasue Wagner. *Korea, the Old and the New*. pp. 160. Illus. 8vo. New York. (U.) 1931

Missions.

2876. James Dale Van-Buskirk. *Korea, Land of the Dawn.* pp. 200. N. Y. (No.) 1931

2881. E. A. McCully & E. J. O. Fraser. *Our Share in Korea.* 64pp. Map. Illus. 8vo. Toronto (United Church of Canada Supplement to No. 2876) (U.) (*) 1931

Fiction.

2882. Stella Benson. *Tobit Translated*. pp. 362. (Story of white Russians in Kanto among the Koreans there.) 1931

Additional Recent Books

1. *Jerusalem Meeting I. M. C.* Vol. VI. Missions and Rural Problems. New York. (*) 1928
2. Kenyon L. Butterfield. *Rural Missions of the Church in Eastern Asia.* New York (*) 1931
3. Helen Kiteuk Kim. *Rural Education for the Regeneration of Korea*. New York (*) 1613
4. T. Stanley Soltau. *Korea the Hermit Nation and Its Response to Christianity.* London. (*) 1932
5. Florence Hedleson Crane. *Flowers and Folk-Lore from Far Korea*. pp. 93. Plates XLV. Tokyo, Osaka.

Fifty Books on Korea

Some Suggested Readings on Korea (Nos. refer to the numbers of the Bibliography). The following list makes no pretense of being "the best fifty books". H. H. U.

I. General Description : -Nos. 390, 527, 1019, 1027, 1088, 1726, 2875.

II. History : -Nos. 105, 513, 548, 572, 573, 576, 581, 2872.

III. Life and Customs : -Nos. 1180, 1281, 1302, 1397, 1437, 2789.

IV. Religions : -Nos. 1505, 1521. (Also Religions of Old Korea)

V. Art : -No. 2437.

VI. Fairy Tales, Segends and Stories : -Nos. 312, 341, 344, 375, 378, 382.

VII. Missions : -Nos. 568, 1566, 1600, 1606, 1610, 1620, 1779, 1848, 1888, 1896, 2001, 2006, 2007, 2065, 2070, 2758, 2775, 2777, 2876.

Other Valuable Publications.

The Transactions of the Korea Branch of the Royal Asiatic Society. 1900 to date. A catalogue of these was issued in 1927. Vol. XVII. (*)

Libraries.

In Korea : 1. Landis Library, English Church Mission, Seoul, Korea. Probably the most complete library of the early works on Korea.

2. Library of the Federal Council of Missions, Seoul. Many copies of minutes, reports, etc. not available elsewhere, are in this library, though as a whole the collection is small.

3. Library of Korea Branch of the Royal Asiatic Society, Seoul. Small but with files of Japan, India and other branches of the R. A. S., and some works not found elsewhere.

4. Underwood Library, Chosen Christian College, Seoul. Over 200 volumes on Korea, including most of the more modern and some of the earlier books.

5. Private Library of N. C. Whittmore, Seoul. Very good collection of works on Korea.

In the United States :

1. Congressional Library in Washington, D. C.

2. Foreign Missions Research Library, Union Theological Seminary, New York. One of the most complete collections especially of reports and periodicals.

3 Library of the Board of Foreign Missions, Presbyterian, 156, Fifth Ave., New York.

4. Library of Board of Foreign Missions, Methodist Episcopal, 150 Fifth Ave., New York.

5. New York Public Library.

제 20 장

부록

1. 선교회 명단[i)]

1934년 3월 31일, 우리 선교회에는 144명의 정규 회원들이 있었다. 그들 중에서 15명이 5년 미만의 기간을 선교지에서 보냈고, 8명이 1년 미만을 보냈다. 달리 말하자면, 선교회 회원들 중 85퍼센트가 10년 동안 혹은 더 오래 활동해왔다는 것이다. 선교회 회원들 중에 10퍼센트가 못 되는 12명만이 안식년을 가졌다.

은퇴한 회원들은 7명이 한국에 있고, 5명이 미국에 있으며, 2명이 영국에 있다. 이들 14명은 한국에 450년의 사역을 바쳤다. 사임한 회원의 수는 85명이다. 그들 중에서 사망자가 52명인데, 이들 중에서 36명이 사역하다 죽었고, 16명이 사임한 후에 죽었다. 1884년 3월부터 1934년까지 총 295명이 선교회의 정규회원으로 일해 왔다. 이들 외에 15명의 준회원들이 있는데, 현재 2명이 있고, 6명이 사임하였으며, 7명이 죽었다. 지난 50년간의 정규회원들과 준회원들을 모두 합하면 310명이 된다.

선교회사 준비위원회는 여러 해 동안 선교회 회원들을 조사해왔다. 그 결과는 몇 차례에 걸쳐 연례모임에서 보고되었다. 이 장은 그 결과물들 중의 몇 가지를 제시할 것이며, 현재 추가로 조사된 것들도 제시할 것이다.

선교사들의 최종 명단은 한 두 번의 예외를 빼고는 선교지에 도착한 순서대로 나열될 것이다. 앞에서 지시하였던 대로 그들 중 일부는 나중에 선교회에 가입하였다. 제2세대 선교사들은 사역에 확실하게 임했던 때부터 목록에 올랐다. 시기 항목 중에서 달과 날을 분명하게 알아내기 어려운 경우도 일부 있다. 햇수만을(월 · 일은 빼고) 세면-일부 회원들의 경우 사임했다가 후에 다시 임명되었던 경우의 극히 짧은 햇수를 포함해서-295명의 정규 회원들이 총 4637년을 선교회(1884-1934)에 속해 있었다. 1인당 평균 햇수는 15.7년이고, 5년 미만을 현장에 있었던 자들을 빼면 16.2년이 된다. 여러 사람이 선교회에 가입하기 전부터 선교사역에 참여하였다. 그들의 사역 햇수는 사임했다가 다시 임명되었던 다른 회원들의 차감 기간보다 더 많다. 15명의 준회원들은 총 105년을 한국에 바쳤으며, 1인당 평균 7년이 된다. 정규회원들 중에서 지난 5년 내에 도착하였던 사람들을 빼면 38명(13퍼센트)이 각기 5년 미만 동안 있었다. 다른 14명은 5년씩 혹은 6년씩 있었다. 사임했거나 사망한 회원 총 52명(38+14)은 1925년 이전에 선교지에 온 정규회원들 중에서 18퍼센트에 해당된다.

1893년 혹은 1894년의 선교회 모임
이것이 사진으로 볼 수 있는 최초의 선교회 모임이다.

FIRST MISSION PICTURE
(Taken in front of former Ancestral Temple, Girls School compound in Chundong)

Left to Right :

First Row—S. F. Moore, Dr. Vinton and Fred, Mrs. H. G. Underwood and Horace, H. G. Underwood, W. M. Baird, Mrs. Annie Baird and Rose, W. L. Swallen, Mrs. Swallen, Miss Susan Doty in front Miss Ellen Strong, Miss V. C. Arbuckle, Mrs. Anna Reinecke Miller, Mrs. O. R. Avison and Wilbur. Children in front—Lawrence and Lera Avison.

Second Row—Mrs. S. Moore, S. F. Moore, Mrs. Vinton, Graham Lee, D. L. Gifford, Mrs. Gifford, S. A. Moffett, Hugh Brown, M. D., J. S. Gale, F. S. Miller, Dr. O. R. Avison.

최초의 선교회 사진
(옛 사당 앞에서 찍은 사진, 정동 여학교 부지)

왼쪽부터:

앞줄 – 무어(S. F. Moore), 빈튼 박사와 프레드(Dr. Vinton and Fred), 언더우드의 부인과 아들 호레이스(Mrs. H. G. Underwood and Horace), 언더우드(H. G. Underwood), 베어드(W. M. Baird), 베어드의 부인과 로즈(Mrs. Annie Baird and Rose), 스왈른(W. L. Swallen), 스왈른의 부인(Mrs. Swallen), 수잔 도티 양(Miss Susan Doty)과 그 뒤의 엘렌 스트롱 양(Miss Ellen Strong), 아버클 양(Miss V. C. Arbuckle), 안나 레이네크 밀러 부인(Mrs. Anna Reinecke Miller) 에비슨의 부인과 윌버(Mrs. O. R. avison and Wilbur). 맨 앞의 어린이들–로렌스와 리라 에비슨(Lawrence and Lera Avison).

뒷줄 – 무어의 부인(Mrs S. Moore), 무어(S. F. moore), 빈튼의 부인(Mrs. Vinton), 그래함 리(Graham Lee), 기포드(D. L. Gifford), 기포드의 부인(Mrs. Gifford), 마펫(S. A. Moffett), 휴 브라운 의사(Hugh Brown, M.D), 게일(J. S. Gale), 밀러(F. S. Miller), 에비슨 박사(Dr. O. R. Avison).

선교회의 전체 명단

A. 정규 회원

번호	이름	한국도착	Re-사임 Rt-은퇴 De-사망
1.	Horace N. Allen, M.D.	Sept. 20. 1884	Re-July 9, 1890
2.	Mrs. H. N. Allen (Frances Messenger)	Oct. 26, 1884	Re-July 9, 1890
3.	Rev. H. G. Underwood	Apr. 5, 1885	De-Oct. 12, 1916
4.	J. W. Heron, M.D.	June 21, 1885	De-July 26, 1890
5.	Mrs. J. W. Heron (Hattie Gibson) (Mrs. J. S. Gale)	June 21, 1885	De-Mar. 28, 1908
6.	Miss Annie Ellers (Mrs. D. A. Bunker)	July 4, 1886	Re-July 5, 1887
7.	Miss Lillias Horton, M.D. (Mrs. H. G. Underwood)	Mar. 27, 1888	De-Oct. 29, 1921
8.	Miss Mary Hayden (Mrs. D. L. Gifford)	Sept. 29, 1888	De-May 5, 1900
9.	Rev. D. L. Gifford	Oct. 27, 1888	De-Apr. 10, 1900
10.	Charles Power, M.D.	Fall, , 1888	Re-July 15, 1889
11.	Rev. James S. Gale (Joined Mission, 1891)	Dec. 16, 1888	Rt-Aug. 31, 1928
12.	Rev. William Gardner	June ?, 1889	Re-Fall , 1889
13.	Miss Sarah Gardner	Feb. , 1889	Re-Fall , 1889
14.	Rev. S. A. Moffett	Jan. 25, 1890	Rt-Jan. 25, 1934
15.	Miss Susan A. Doty (Mrs. F. S. Miller)	Jan. 25, 1890	De-Mar. 31, 1931
16.	Rev. William M. Baird, Sr.	Feb. 2, 1891	De-Nov. 28, 1931
17.	Mrs. W. M. Baird (Annie L. Adams)	Feb. 2, 1891	De-June 9, 1916
18.	Hugh Brown, M. D.	Dec. 8, 1891	Re-Mar. 18, 1895
19.	Mrs. Hugh Brown (Fannie Hugh, M. D.)	Dec, 8. 1891	Re-Mar. 18, 1895
20.	C. C. Vinton, M. D.	Apr. 3, 1891	Re-Dec. 16, 1907
21.	Mrs. C. C. Vinton (Letitia Coulter)	Apr. 3, 1891	De- Dec. 4, 1903
22.	Miss Victoria C. Arbuckle	Sept. 21, 1891	Re- May 18, 1896
23.	Rev. Graham Lee	Sept. 21, 1892	Re- Apr. 1, 1912
24.	Rev. S. F. Moore	Sept. 21, 1892	De-Dec. 22, 1906
25.	Mrs. S. F. Moore (Rose Ely)	Sept. 21, 1892	Re-Nov. 18, 1907
26.	Rev. W. L. Swallen	Nov. 15, 1892	Rt-Mar. 24, 1932
27.	Mrs. W. L. Swallen (Sallie Willison)	Nov. 15, 1892	Rt-Mar. 24, 1932
28.	Rev. F. S. Miller	Nov. 15, 1892	
29.	Mrs. F. S. Miller (Anna Reinecke)	Nov. 15, 1892	De-June 13, 1903
30.	Miss Ellen Strong	Nov. , 1892	Re-May 6, 1901
31.	O. R. Avison M. D.	July 16, 1893	Rt-June 30, 1932

번호	이름	한국도착	Re-사임 Rt-은퇴 De-사망
32.	Mrs. O. R. Avison (Jennie Barnes)	July 16, 1893	Rt-June 30, 1932
33.	C. H. Irvin, M. D.	Nov. 9, 1893	Re-Apr. 1, 1911
34.	Mrs. C. H. Irvin (Bertha Kimmerer)	Nov. 9, 1893	Re-Apr. 1, 1911
35.	Mrs. Graham Lee (Blanch Webb)	May 6, 1894	Re-Apr. 1, 1912
36.	Miss Anna Jacobson, R. N.	Apr. 6, 1895	De-Jan. 20, 1897
37.	Miss Georgiana Whiting, M. D. (Mrs. C. C. Owen)	Apr. 6, 1895	Re-Dec. 12, 1900
38.	Rev. James E. Adams	May 29, 1895	Re-July 13, 1921
39.	Mrs. J. E. Adams (Nellie Dick)	May 29, 1895	De-Oct. 31, 1909
40.	Rev. A. A. Pieters (Joined Mission, 1904)	May , 1895	
41.	J. Hunter Wells, M. D.	June 3, 1895	Re-Sept. 14, 1915
42.	Miss Katherine Wambold	May 23, 1896	
43.	Miss M. Louise Chase	Oct. 19, 1896	Re-Sept. 26, 1911
44.	Mrs. J. H. Wells (Lulu Ribble)	Oct. 20, 1896	Re-Sept. 14, 1915
45.	Rev. Norman C. Whittemore	Oct. 20, 1896	
46.	Miss Margaret Best	July 21, 1897	
47.	Rev. Cyril Ross	Oct. 11, 1897	
48.	Mrs. Cyril Ross (Susan Shank, M. D.)	Oct. 11, 1897	
49.	Miss Esther L. Shields, R. N.	Oct. 14, 1897	
50.	Miss Eva Field, M. D. (Mrs. A. A. Pieters)	Oct. 14, 1897	De-July 20, 1932
51.	Rev. William B. Hunt	Oct. 14, 1897	
52.	Miss Alice Fish, M. D. (Mrs. S. A. Moffett)	Dec. 4, 1897	De-July 12, 1912
53.	W. O. Johnson, M. D.	Dec. 23, 1897	Re-Nov. 18, 1913
54.	Mrs. W. O. Johnson (Edith Parker)	Dec. 23, 1897	Re-Nov. 18, 1913
55.	Mrs. W. B. Hunt (Bertha Finley)	Oct. 5, 1898	De-May 14, 1905
56.	Rev. Henry M. Bruen	Sept. 29, 1899	
57.	Miss Sadie Nourse (Mrs. A. G. Welbon)	Sept. 29, 1899	De-July 20, 1925
58.	A. M. Sharrocks M. D.	Sept. 29, 1899	De-Dec. 25, 1919
59.	Mrs. A. M. Sharrocks (Mary Ames)	Sept. 29, 1899	Rt-Oct. 22, 1933
60.	Rev. R. H. Sidebotham	Nov. , 1899	De-Dec. 3, 1908
61.	Mrs. R. H. Sidebotham (Effie Bryce)	Nov. , 1899	Re-Apr. 30, 1909
62.	Rev. Arthur G. Welbon	Oct. 17, 1900	De-Apr. 5, 1928
63.	Rev. George Leck	Oct. 18, 1900	De-Dec. 25, 1901
64.	Mrs. George Leck (Frances Oakley) (Mrs. L. L. Smyth)	Oct. 18, 1900	Re-Dec. 1, 1902
65.	Rev. Charles E. Sharp	Oct. 18, 1900	Re-Oct. 1, 1921
66.	Miss Eliza Howell (Mrs. C. E. Sharp)	Oct. 18, 1900	Re-Oct. 1, 1921
67.	Rev. C. F. Bernheisel	Oct. 18, 1900	

번호	이름	한국도착	Re−사임 Rt−은퇴 De−사망
68.	Miss Velma L. Snook	Oct. 18, 1900	
69.	Miss Sadie Harbaugh (Mrs. J. W. Hirst) (Joined Mission, 1906)	Mar. 4, 1901	De-Feb. 19, 1928
70.	Rev. W. N. Blair	Sept. 10, 1901	
71.	Mrs. W. N. Blair (Edith Allen)	Sept. 10, 1901	
72.	Rev. W. M. Barrett	Sept. 10, 1901	Re-Apr. 15, 1907
73.	Miss M. B. Barrett	Sept. 10, 1901	Re-Sept. 21, 1908
74.	Rev. E. H. Miller	Sept. 10, 1901	
75.	Miss Mattie Henry (Mrs. E. H. Miller)	Sept. 10, 1901	
76.	Mrs. H. M. Bruen (Martha Scott)	May 10, 1902	De-Oct. 20, 1930
77.	Rev. C. Allen Clark	Sept. 22, 1902	
78.	Mrs. C. A. Clark (Mabel Craft)	Sept. 22, 1902	
79.	Rev. Carl E. Kearns	Sept. 22, 1902	Re-Apr. 25, 1907
80.	Mrs. C. E. Kearns (Daisy Rohrer)	Sept. 22, 1902	Re-Apr. 25, 1907
81.	Rev. Walter E. Smith	Nov. 15, 1902	Re-Oct. 21, 1919
82.	Mrs. W. E. Smith (Grace Purnell)	Nov. 15, 1902	Re-Oct. 21, 1919
83.	Miss Jane Samuel	Feb. 1, 1903	Re-Nov. 23, 1927
84.	Rev. Walter V. Johnson	Feb. 12, 1903	De-Mar. 19, 1903
85.	Mrs. W. V. Johnson (Emily Hartman)	Died in Kobe	De-Jan. 13, 1903
86.	Rev. Ernest F. Hall	Sept. 1, 1903	Re-Nov. 16, 1908
87.	Miss Mary E. Brown	Sept. , 1903	Re-Feb. 19, 1906
88.	Rev. E. Wade Koons	Sept. 27, 1903	
89.	M. M. Null, M. D.	Sept. 27, 1903	Re-Oct. 7, 1907
90.	Mrs. M. M. Null (Nell Johnson, M. D.)	Sept. 27, 1903	Re-Oct. 7, 1907
91.	Miss Helen Kirkwood (Mrs. C. F. Bernheisel)	Oct. 27, 1903	
92.	Rev. Harry C. Whiting, M. D.	Nov. 24, 1903	Re-June 7, 1920
93.	Mrs. H. C. Whiting (Elizabeth Fuller)	Nov. 24, 1903	De-Oct. 10, 1918
94.	Jesse W. Hirst, M. D.	Sept. 13, 1904	Rt-Mar. 30, 1934
95.	Mrs. A. A. Pieters (Elizabeth Campbell)	Sept. 13, 1904	De-Jan. 4, 1906
96.	Harriet McLear (Mrs. E. F. Hall)	Oct. 4, 1904	Re-Nov, 16, 1908
97.	Miss Elizabeth Carson (Mrs. W. M. Barrett)	Nov. 19, 1904	Re-Apr. 15, 1907
98.	Rev. E. F. McFarland	Nov. 19, 1904	Re-Jan. 6, 1928
99.	Rev. Herbert E. Blair	Nov. 21, 1904	
100.	Miss Cordelia Erwin (Mrs. J. W. Hirst) (Joined Mission, 1929)	Aug. 22, 1905	Rt-Mar. 30, 1934
101.	Mrs. E. F. Mcfarland (Mary Stewart)	Sept. 8, 1905	De-Nov. 21, 1922
102.	Miss Christine Cameron, R. N.	Sept. 8, 1905	Re-Feb. 1, 1909
103.	Rev. George S. McCune	Sept. 12, 1905	

번호	이름	한국도착	Re-사임 Rt-은퇴 De-사망
104.	Mrs. G. S. McCune (Helen McAfee)	Sept. 12, 1905	
105.	Mrs. E. W. Koons (Floy Donaldson) (Joined Mission, 1907)	Sept. 12, 1905	
106.	Miss Susan Gillette (Mrs. H. E. Blair) (Joined Mission, 1907)	Oct. 21, 1905	
107.	Mrs. N. C. Whittemore (Maud Parsons)	Aug. 8, 1906	
108.	Rev. Walter C. Erdman	Oct. 20, 1906	Rt-May 18, 1931
109.	Mrs. W. B. Hunt (Anna Lloyd)	Nov. 17, 1906	
110.	Miss S. Anna Heron	Aug. 11, 1907	Re-Nov. 5, 1910
111.	Rev. Stacy L. Roberts	Aug. 30, 1907	
112.	Mrs. S. L. Roberts (Evelyn Millen)	Aug. 30, 1907	
113.	Rev. Edwin Kagin	Aug. 30, 1907	Re-Jan. 17, 1921
114.	Miss Alice M. Butts	Aug. 30, 1907	Re-July 13, 1921
115.	Miss C. M. Babcock (Mrs. J. E. Adams) (Joined Mission, 1912)	Aug. 31, 1907	Re-July 13, 1921
116.	Rev. M. Willis Greenfield	Sept. 15, 1907	Re-June 5, 1916
117.	Mrs. M. W. Greenfield (Maud Saxe)	Sept. 15, 1907	De-Jan. 29, 1910
118.	Mrs. Walter C. Erdman (Julia Winn)	Sept. 17, 1907	Rt-May 18, 1931
119.	Rev. Chase C. Sawtell	Oct. 16, 1907	De-Nov. 16, 1909
120.	Mrs. C. C. Sawtell (Katherine McClung) (Mrs. B. R. Vanderlippe)	Oct. 16, 1907	Re-Jan. 19, 1911
121.	Mr. Robert McMurtrie	Dec. 24, 1907	Rt-Apr. 4, 1933
122.	Walter C. Purviance, M. D.	Feb. 19, 1908	Re-July 24, 1914
123.	Mrs. Walter Purviance (Lulu Byram)	Feb. 19, 1908	Re-July 24, 1914
124.	Rev. Harry A. Rhodes	Aug. 18, 1908	
125.	Mrs. Harry A. Rhodes (Edith Brown)	Aug. 18, 1908	
126.	Miss Catherine A. McCune	Aug. 18, 1908	
127.	Rev. Henry W. Lampe	Aug. 20, 1908	
128.	Rev. William C. Kerr	Oct. 8, 1908	Re-Nov. 17, 1919
129.	Mr. Ralph O. Reiner	Oct. 8, 1908	
130.	Mrs. R. O. Reiner (Jessie Munro)	Oct. 8, 1908	
131.	Miss Frances Johnstone (Mrs Edwin Kagin) (Joined Mission, 1914)	Oct. 8, 1908	Re-Jan. 17, 1921
132.	Ralph G. Mills, M. D. Oct. 9, 1908		Re-Apr. 1, 1918
133.	Mrs. R. G. Mills (Ethel Bumgarten) Oct. 9, 1908		Re-Apr. 1, 1918
134.	Miss Blanch Essick (Mrs. G. H. Winn)	Nov. 18, 1908	
135.	Rev. J. U. Selwyn Toms	Nov. 18, 1908	Re-Jan. 7, 1924
136.	Mrs. J. U. S. Toms (Ella Burt)	Nov. 18, 1908	Re-Jan. 7, 1924
137.	Mr. John F. Genso	Nov. 19, 1908	
138.	Rev. W. T. Cook	Nov. 19, 1908	
139.	Mrs. W. T. Cook (Maud Hemphill)	Nov. 19, 1908	

번호	이름	한국도착	Re-사임 Rt-은퇴 De-사망
140.	Miss Anna S. Doriss	Nov. 19, 1908	
141.	Miss Mabel Rittgers (Mrs. J. F. Genso)	Nov. 27, 1908	
142.	Miss Helen Taylor (Mrs. B. W. Billings)	Nov. 30, 1908	Re-Sept. 19, 1910
143.	Miss Anna Rae Mills (Mrs. M. W. Greenfield)	Dec. 1, 1908	Re-Dec. 7, 1914
144.	Rev. George H. Winn	Jan. 16, 1909	
145.	A. G. Fletcher, M. D.	Aug. 28, 1909	
146.	Miss Hilda Helstrom, R. N.	Aug. 28, 1909	Re-Aug. 24, 1927
147.	Miss Mary McKenzie, R. N.	Aug. 28, 1909	Re-Dec. 19, 1910
148.	Miss Lucile Campbell, R. N.	Aug. 28, 1909	Re-Dec. 15, 1913
149.	Miss Grace Davis (Mrs. A. R. Ross)	Aug. 28, 1909	Re-Jun 19, 1916
150.	Miss Florence Plummer (Mrs. C. L. Phillips)	Aug. 28, 1909	
151.	Miss Anna McKee	Aug. 29, 1909	Re-June 5, 1933
152.	Rev. John Y. Crothers	Sept. 16, 1909	
153.	Rev. Rodger E. Winn	Sept. 16, 1909	De-Nov. 22, 1922
154.	Mrs. R. E. Winn (Catherine Lewis)	Sept. 16, 1909	Re-June 29, 1925
155.	Rev. Eli M. Mowry	Oct. 7, 1909	
156.	Mrs. E. M. Mowry (Lois Thomas)	Oct. 7, 1909	
157.	Rev. J. Gordon Holdcroft (In Korea, 1903-1905)	Dec. 15, 1909	
158.	Mrs. J. G. Holdcroft (Nellie Cowan)	Dec. 15, 1909	
159.	Mrs. J. S. Gale (Jane Sale)	Apr. 16, 1910	Rt-Aug. 31, 1928
160.	Mrs. H. W. Lampe (Ruth Heydon)	Sept. 3, 1910	
161.	Miss Margo L. Lewis	Sept. 3, 1910	
162.	Rev. E. A. Renich	Sept. 3, 1910	Re-July 16, 1913
163.	Mrs. E. A. Renich (Ethel Eckel)	Sept. 3, 1910	Re-July 16, 1913
164.	Rev. C. S. Hoffman	Oct. 29, 1910	
165.	Rev. C. L. Phillips	Nov. 3, 1910	
166.	Miss Ruby B. Brownlee	Dec. 3, 1910	Re-June 8, 1917
167.	Miss Ethel McGee, R. N. (Mrs. Chas. Rewarts)	Mar. 10, 1911	Re-Nov. 2, 1914
168.	Miss Helen Forsyth, R. N. (Mrs. Wm. Gray)	Aug. 2, 1911	Re-Jan 4, 1915
169.	John D. Bigger, M. D.	Aug. 11, 1911	
170.	Miss Blanch I. Stevens	Aug. 23, 1911	
171.	Roy K. Smith, M. D.	Aug. 23, 1911	
172.	Mrs. R. K. Smith (Laura McLane)	Aug. 23, 1911	
173.	Miss Lera Avison (Mrs. C. L. Larson)	Sept. 9, 1911	
174.	Miss Harriet E. Pollard	Nov. 10, 1911	
175.	Mrs. J. Y. Crothers (Ella McClung)	Nov. 13, 1911	

번호	이름	한국도착	Re-사임 Rt-은퇴 De-사망
176.	Mrs. C. S. Hoffman (Katherine Davis)	Nov. 21, 1911	
177.	Miss Martha Switzer	Dec. 11, 1911	De-Apr. 3, 1929
178.	A. I. Ludlow, M. D.	Jan. 13, 1912	
179.	Mrs. A. I. Ludlow (Theresa Lange)	Jan. 13, 1912	
180.	Mr. Horace H. Underwood (Joined Mission, 1917)	Aug. 24, 1912	
181.	Miss Ethel Van Wagoner (Mrs. H. H. Underwood) (Joined Mission, 1917)	Aug. , 1912	
182.	Mrs. William C. Kerr (Grace Kilborne)	Aug. 30, 1912	Re-Nov. 17, 1919
183.	Mrs. J. D. Bigger (Norma Blunt)	Sept. 21, 1912	
184.	Miss Jessie Rodgers (Mrs. A. G. Fletcher)	Sept. 21, 1912	
185.	Miss Lucia Fish (Mrs. S. A. Moffett) (Joined Mission, 1915)	Sept. 8, 1913	Rt-Jan. 25, 1934
186.	Miss Elizabeth Sanders, R. N. (Mrs. E. L. Campbell)	Sept. 17, 1913	
187.	Mr. Ansel W. Gillis	Nov. 22, 1913	Re-July 20, 1919
188.	Mrs. A. W. Gillis (Harriet Whiting)	Nov. 22, 1913	Re-July 20, 1919
189.	Rev. T. Stanley Soltau	Sept. 16, 1914	
190.	Mrs. T. S. Soltau (Mary Campbell)	Sept. 16, 1914	
191.	Mr. E. L. Campbell	Sept. 18, 1914	
192.	S. P. Tipton, M. D.	Dec. 5, 1914	Re-Mar. 31, 1926
193.	Mrs. S. P. Tipton (Vannie Knorr)	Dec. 5, 1914	Re-Mar. 31, 1926
194.	Miss Carrie L. Few (Mrs. W. E. DeWolfe)	Jan. 9, 1914	Re-Oct. 7, 1919
195.	Miss Kathlyn M. Esteb, R. N.	Apr. 19, 1915	
196.	Miss Olivette R. Swallen	Aug. 21, 1915	
197.	Miss Marian E. Hartness (Joined Mission, 1918)	Aug. 24, 1915	
198.	Miss Gerdo O. Bergman	Aug. 30, 1915	
199.	Miss Elizabeth B. Bekins (Mrs. D. D. Depree)	Nov. 16, 1915	Re-Oct. 8, 1819
200.	Miss Vera F. Ingerson, R. N.	Sept. 1, 1916	
201.	Miss M. L. Dean (Mrs. F. S. Miller)	Nov. 17, 1916	
202.	Miss Ella M. Reiner, R. N.	Nov. 24, 1916	Re-Feb. 5, 1923
203.	Rev. Archibald Campbell	Dec. 9, 1916	
204.	Mrs. A. Campbell (Helen Ott)	Dec. 9, 1916	
205.	Miss Jennie M. Rehrer, R. N.	Aug. 24, 1917	Re-May 14, 1928
206.	Mrs. Anna S. Harvey (Joined Mission, 1920)	Sept. 24, 1917	
207.	Rev. Wallace J. Anderson	Sept. 27, 1917	
208.	Mrs. W. J. Anderson (Lillian Beede)	Sept. 27, 1917	
209.	Rev. Harry J. Hill (Joined Mission, 1920)	Sept. 27, 1917	
210.	Mrs. H. J. Hill (Mary Ross) (Joined Mission, 1920)	Sept, 27, 1917	
211.	Miss Helen W. Anderson	Oct. 5, 1917	Re-Nov. 20, 1922

번호	이름	한국도착	Re-사임 Rt-은퇴 De-사망
212.	Miss Hallie Covington	Oct. 30, 1917	Re-Sept. 18, 1933
213.	Miss Marjorie L. Hanson	May 23, 1918	
214.	Rev. Harold H. Henderson	Sept. 27, 1918	
215.	Mrs. H. H. Henderson (Edna Pusey)	Sept. 10, 1918	
216.	Miss Faye Edgerton	Sept. 14, 1918	Re-Mar. 5, 1923
217.	Rev. Roscoe C. Coen	Oct. 1, 1918	
218.	Mrs. R. C. Coen (Mary Buchanan)	Oct. 1, 1918	
219.	Mrs. W. M. Baird, Sr. (Rose Fetterolf)	Nov. 19, 1918	
220.	Miss Etta B. Grimes (Mrs. E. F. McFarland)	Mar. 5, 1919	Re-Jan. 6, 1928
221.	Rev. Floyd E. Hamilton	Jan. 4, 1920	
222.	Mrs. F. E. Hamilton (Ruth Bonebrake)	Jan. 4, 1920	
223.	Miss Lisette Miller (Mrs. John E. Moore)	Aug. 4, 1920	Re-Apr. 5, 1926
224.	Miss Jean Delmarter	Sept. 13, 1920	
225.	Miss Edna M. Lawrence, R. N.	Sept. 13, 1920	
226.	Rev. Lloyd P. Henderson	Oct. 30, 1920	De-Nov. 16, 1932
227.	Mrs. L. P. Henderson (Helen McQuilkin)	Oct. 30, 1920	
228.	Miss Ranier J. McKenzie	Nov. 6, 1920	
229.	John L. Boots, D. D. S.	Feb. 25, 1921	
230.	Mrs. J. L. Boots (Florence Schumacher)	Feb. 25, 1921	
231.	Miss Olga Johnson	Mar. 3, 1921	
232.	Miss Anna L. Bergman	Mar. 4, 1921	
233.	Mr. Dexter N. Lutz	Mar. 4, 1921	
234.	Mrs. D. N. Lutz (Lenore Harpster)	Mar. 4, 1921	
235.	Douglas B. Avison, M. D.	Mar. 15, 1921	
236.	Mrs. D. B. Avison (Kathleen Rawson)	Mar. 15, 1921	
237.	Mr. David L. Soltau	May 17, 1921	Re-June 17, 1929
238.	Mrs. D. L. Soltau (Grace Zimmerman)	May 17, 1921	Re-June 17, 1929
239.	C. C. Hopkirk, M. D.	June 4, 1921	Re-Nov. 6, 1924
240.	Mrs. C. C. Hopkirk (Myrtle Church)	June 4, 1921	Re-Nov. 6, 1924
241.	R. M. Byram, M. D.	Sept. 6, 1921	
242.	Mrs. R. M. Byram (Bertha Stanley, M. D.)	Sept. 6, 1921	
243.	J. Albert McAnlis, D. D. S.	Sept. 13, 1921	
244.	Mrs. J. A. McAnlis (Florence Guthrie)	Sept. 13, 1921	
245.	O. K. Malcolmson, M. D.	Sept. 16, 1921	Re-Aug. 26, 1925
246.	Mrs. O. K. Malcolmson (Elizabeth McKee)	Sept. 16, 1921	Re-Aug. 26, 1925
247.	Miss Effie Swier, R. N.	Oct. 25, 1921	Re-Apr. 21, 1924

번호	이름	한국도착	Re-사임 Rt-은퇴 De-사망
248.	Rev. Edward Adams	Dec. 24, 1921	
249.	Mrs. Edward Adams (Susan Comstock)	Dec. 24, 1921	
250.	Miss Marian Kinsler	Aug. 22, 1922	
251.	Miss Jean Foote (Mrs. F. B. Baker)	Aug. 22, 1922	Re-June 9, 1927
252.	Mrs. Adaline S. Ashe	Aug. 24, 1922	De-Dec. 13, 1933
253.	Miss Louise B. Hayes (Teacher, Syenchun, 1918-1921)	Sept. 1, 1922	
254.	H. Spencer Hoyt, M. D.	Oct. 1, 1922	Re-Mar. 6, 1930
255.	Mrs. H. S. Hoyt (Nell Henderson)	Oct. 1, 1922	Re-Mar. 6, 1930
256.	Miss Lois Henderson	Oct. , 1922	Re-June 17, 1929
257.	Miss Helen C. Kinsler	Aug. 22, 1923	Re-July 20, 1932
258.	Rev. Jason G. Purdy	Sept. 3, 1923	De-May 14, 1926
259.	Mrs. J. G. Purdy (Emily Montgomery)	Sept. 3, 1923	Re-Aug. 1, 1926
260.	Rev. William M. Baird, Jr.	Sept. 4, 1923	
261.	Rev. Benjamin N. Adams	Sept. 4, 1923	Re-Dec. 1, 1930
262.	Mrs. B. N. Adams (Phyllis Taylor)	Sept. 4, 1923	Re-Dec. 1, 1930
263.	Rev. Richard H. Baird	Sept. 8, 1923	
264.	Mrs. R. H. Baird (Golden Stockton)	Sept. 8, 1923	
265.	Rev. W. B. Lyon	Sept. 16, 1923	
266.	Mrs. W. B. Lyon (Lorene Jones)	Sept. 16, 1923	
267.	W. H. Chisholm, M. D.	Oct. 9, 1923	
268.	Mrs. W. H. Chisholm (Bertha Cowell)	Oct. 9, 1923	
269.	Rev. J. B. Livesay (Joined Mission, 1925)	Oct. 18, 1923	
270.	Miss Clara M. Hedburg, R. N.	Dec. 19, 1923	
271.	Z. Bercovitz, M. D.	Sept. 9, 1924	Re-Mar. , 1934
272.	Mrs. Z. Bercovitz (Nina Bierman)	Sept. 9, 1924	Re-Mar. , 1934
273.	Rev. O. Vaughn Chamness	Sept. 22, 1925	
274.	Mrs. O. V. Chamness (Helen Mitchell)	Sept. 22, 1925	
275.	Mrs. J. B. Livesay (Muriel Smith)	June 21, 1926	
276.	Miss Ella J. Sharrocks, R. N.	Sept. 24, 1926	
277.	Miss Anna L. Reist, R. N. (Mrs. Wm. Baird, Jr.)	Sept. 24, 1926	
278.	Miss Lilian Ross	Sept. 25, 1926	
279.	Rev. Bruce F. Hunt	Sept. 4, 1928	
280.	Rev. Francis Kinsler	Oct. 4, 1928	
281.	Miss Katherine Blair (Mrs. Bruce Hunt) (Joined Mission, 1932)	July 11, 1929	
282.	Rev. Harold Voelkel	Sept. 2, 1929	
283.	Mrs. Harold Voelkel (Gertrude Swallen)	Sept. 2, 1929	

번호	이름	한국도착	Re-사임 Rt-은퇴 De-사망
284.	DeWitt S. Lowe, M. D.	Sept. 28, 1929	
285.	Mrs. D. S. Lowe (Gladys Livingstone)	Sept. 28, 1929	
286.	Mrs. Francis Kinsler (Dorothy Woodruff)	Sept. 12, 1930	
287.	Miss Daisy Hendrix	Apr. 9, 1931	
288.	Harold T. Baugh, M. D.	Sept. 28, 1931	
289.	Mrs. H. T. Baugh (Emma Walker)	Sept. 28, 1931	
290.	Miss Edith Myers, R. N.	Sept. 6, 1932	
291.	Rev. George J. Adams	Sept. 23, 1932	
292.	Mrs. G. J. Adams (Margaret Roberts)	Sept. 23, 1932	
293.	Miss Minnie C. Davie	Sept. 23, 1932	
294.	Rev. Allen D. Clark	Aug. 2, 1933	
295.	Mrs. Allen D. Clark (Eugenia Roberts)	Aug. 2, 1933	

1933년도 선교회 모임. 뒤의 건물은 평양 외국인학교이다.

B. 준회원

번호	*이름*	*한국도착*	*Re-사임* *De-사망*
1.	Mrs. J. V. Logan	Mar. 5, 1909	De-Dec. 7, 1919
2.	Rev. Allen F. DeCamp	, 1910	Re- , 1927
3.	Mrs. A. F. DeCamp (Alice Giles)	, 1910	Re- , 1927
4.	Rev. T. A. Mills, Ph. D.	, 1912	Re-Sept. 30, 1913
5.	Mrs. Belle S. Luckett	Aug. 11, 1913	Re-July 31, 1916
6.	W. J. Scheifley, D. D. S.	Aug. 30, 1915	Re-Dec. 6, 1920
7.	Mrs. W. J. Scheifley (Ruth Lappley)	Aug. 30, 1915	Re-Dec. 6, 1920
8.	Miss Fannie Cleland	Aug. 1, 1916	De-Mar. 11, 1918
9.	Rev. A. E. Lucas (Japan, 1913-15) (Joined Mission, 1921)	, 1916	Re-July 1, 1924
10.	Mrs. A. E. Lucas (Georgiana Santee) (Japan, 1913-15) (Joined Mission, 1921)	, 1916	Re-July 1, 1924
11.	Mr. Herbert T. Owens	Aug. 19, 1918	Re-Feb. 20, 1933
12.	Mrs. H. T. Owens (May Sumner)	Aug. 23, 1918	Re-Feb. 20, 1933
13.	Mrs. J. G. Thomas	Sept. 7, 1918	Re-July 1, 1923
14.	Mr. D. W. Malsbury (Affiliated) (Joined Mission, 1932)	Aug. 27, 1929	
15.	Mrs. D. W. Malsbury (Pauline Swim) (Joined Mission, 1932) (Affiliated)	Aug. 27, 1929	

2. 선교기지 선교사 명단

선교회의 정규회원은 295명인데 비해 선교회 내의 부산과 원산을 포함한 11개 선교기지들에서 행해진 임명 건수는 437회였다. 이것은 임명이 평균 2명당 3회가 행해진 것으로 회원들 중 절반만이 처음 임명된 선교기지로 갔다는 것을 뜻한다. 임명 건수의 절반 이상이 3개의 선교기지들-서울, 평양, 대구-에서 행해졌다. 1928년에는 임지에서 5년 이상 있던 134명 중에서 63명이 이전하였고, 그 중 13명은 이전 사유가 새 선교기지의 개설에 있었다.

1932년에는 크고 작은 선교기지들에 임명된 선교자수의 상호 비율에 관해 그리고 전도사역과 다른 종류의 사역의 관계에 관해 이 같은 조사가 행해졌다. 당시에는 정규회원 151명 가운데(새로 임명되었던 회원 4명을 세지 않고) 44퍼센트의 회원들이 평양과 서울, 두 선교기지에 있었다. 신빈, 강계, 청주, 안동의 네 작은 선교기지에는 19퍼센트만이 있었고, 혹은 재령을 포함시키면 25퍼센트에 이르게 된다. 달리 말하자면, 선교회의 4분의 1이 이 9개 선교기지들 중에서 5개 기지들에 있었다. 1929년에 만들어진 조사에 의하면 소규모 선교기지 5곳에 선교회가 책임을 져야 할 주민의 38퍼센트가 있었고, 교인의 28퍼센트가 있었다. 신빈을 포함시키면 선교회의 소규모 선교기지 4곳의 관할지역은 한국 선교지 전체 면적의 45퍼센트가 넘는다. 남편과 동등한 수준의 사역을 수행하였던 아내들을 산정하면 선교회의 정규회원들 중에서 44퍼센트가 직접전도 사역에 종사하였다.

21년 전(1912), 신빈 대신 부산이 선교기지였을 때 128명의 정규회원들이 있었고, 이들 중 33퍼센트가 5개의 소규모 선교기지들에 있었으며, 41퍼센트가 서울과 평양에 있었고, 55퍼센트가 직접전도 사역에 종사하고 있었다.[1] 1931년까지 선교회의 역사에서 189명의 정규회원들 중 53.3퍼센트가 직접전도 사역에 종사하고 있었다.[2]

1908년 9월 1일부터 1930년 6월 30일까지(21년 10일간) 이행된 안식년에 관해 한 조사가 실시되었으나 정확한 정보를 얻기가 어려웠다. 이 조사에는 1930년도의 선교회 회원 145명이 포함되었다. 그들은 1회 혹은 그 이상 안식년을 가졌다. 그들이 1908년 9월 1일부터 투여한 전체 사역 기간은 2322년 8개월 7일이었다. 그들이 가진 안식년(정례 안식년, 준안식년, 임지 부재, 질병으로 인한 귀국 등등)은 21년 10달 동안 총 277회였다. 정례 안식년의 수는 236회였고, 그중에서 90명이 가진 127회의 안식년이 정해진 기간을 넘어 1년, 2개월, '며칠 간의 혜택' 등으로 연장되었다. 달리 말하자면, 선교사들의 60퍼센트가 가진 안식년 회수의 53퍼센트가 정해진 안식년 기간보다 연장되었다. 27명의 선교사들이 41회의 준안식년과 단기 안식년을 가졌으며, 이것은 전체적으로 총 안식년 회수의 14.4퍼센트에 달하였고, 선교사들의 18퍼센트에 해당되었다.

임지에서 부재했던 기간은 384년 6개월 16일이었고, 이것은 전체 사역기간의 16.5퍼센트에 달하였다.(1908. 9. 1.-1930. 6. 30.) 41회의 준안식년과 단기 안식년은 총 28년 2개월 18일로 집계되었고, 이것은 평균 안식일 1회 당 7개월 21이었다. 상기의 전체 기간에서 이것을 빼면 236회의 정례 안식년 기간은 총 256년 3개월 28일이 되었고, 1회 당 평균 1년 6개월 4일이 되었다. 다음에 열거되는 선교기지들의 명단에서 40회의 임명 건수는 새 선교기지의 개설을 위해 시찰하도록 임시로 내려진 것이었다. '비고'란은 죽음, 사임, 이전으로 선교기지가 어떠한 영향을 받았는지를 보여주고 다른 선교기지와 선교회가 어떻게 연계되어 있었는지를 보여주려는 의도에서 제시되었다. 외국인학교 교사들, 단기 간호사들, 기숙사 사감들이 있었던 서울, 평양, 선천을 제외하고는 정규회원 혹은 준회원들만이 명단에 제시되어 있다.

– 서울 –

이름	선교기지 재임연도	비고	내한연도
Horace N. Allen, M. D.	1884-90	Resigned	1884
Mrs. H. N. Allen (Frances Messenger)	1884-90	〃	
Rev. H. G. Underwood, D. D., LL. D.	1885-16	Deceased	1885
J. W. Heron, M. D.	1885-90	〃	1885
Mrs. J. W. Heron (Harriet Gibson) (Mrs. J. S. Gale)	1885-08	〃 (Wonsan, 1899-99)	1885
Miss Annie Ellers (Mrs. D. A. Bunker)	1886-88	Resigned Joined M. E. Mission	1886
Miss Lillias Horton, M. D. (Mrs. H. G. Underwood)	1888-21	Deceased	1888
Rev. J. S. Gale, D. D. 1888-28 (Joined Mission 1891) Wonsan	1892-99.	Retired	1888
Charles Power, M. D.	1888-89	Resigned	1888
Rev. D. L. Gifford	1888-00	Deceased	1888
Miss Mary E. Hayden (Mrs. D. L. Gifford)	1888-00	〃	1888
Rev. William Gardner	1889 only	Resigned	1889
Miss Sarah Gardner	1889 only	〃	1889
Rev. S. A. Moffett, D. D.	1890-93	Transferred Pyengyang	1890
Miss Susan A. Doty (Mrs. F. S. Miller)	1890-05	Transferred Chungju	1890
C. C. Vinton, M. D.	1891-07	Resigned	1891
Mrs. C. C. Vinton (Letitia Coulter)	1891-03	Deceased	1891
Miss V. C. Arbuckle	1891-96	Resigned	1891
Rev. S. F. Moore	1892-06	Deceased	1892
Mrs. S. F. Moore (Rose Ely)	1892-06	Resigned	1892
Miss Ellen Strong	1892-01	〃	1892
Rev. Graham Lee, D. D.	1892-95	Transferred Pyengyang	1892
Rev. F. S. Miller	1892-05	Transferred Chungju	1892
Mrs. F. S. Miller (Anna Reinecke)	1892-03	Deceased	1892
Rev. W. L. Swallen, D. D.	1892-94	Transferred Wonsan Pyengyang	1892
Mrs. W. L. Swallen (Sallie Willison)	1892-94	〃	1892
O. R. Avison, M. D., LL. D.	1893-32	Retired	1893
Mrs. O. R. Avision (Jennie Barnes)	1893-32	Retired	1893
Mrs. Graham Lee (Blanche Webb)	1894-95	Transferred Pyengyang	1894

이름	선교기지 재임연도	비고	내한연도
Miss Anna Jacobson	1895-97	Deceased	1895
Rev. A. A. Pieters	1895-13	Joined Mission 1904	1895
	1927-	Transferred Chairyung	
Rev. Wm. M. Baird, Ph. D., D. D.	1895-97	Transferred Pyengyang See Taike-Fusan	1891
Mrs. W. M. Baird (Annie Adams)		do.	1891
Miss Katherine Wambold	1896-		1896
Miss Georgiana Whiting M. D. (Mrs. C. C. Owen)	1895-00	Resigned	1895
Miss Esther L. Shields, R. N.	1897-	(Syenchun 1901-02)	1897
Miss Eva Field, M. D.	1897-13	Transferred	1897
(Mrs. A. A. Pieters)	1927-32	Chairyung-Deceased	
A. M. Sharrocks, M. D.	1899-00	Transferred Pyengyang	1899
Mrs. A. M. Sharrocks (Mary Ames)	1899-00	do.	1899,
	1926-33	Retired	
Miss Velma L. Snook	1900-01	Transferred Pyengyang	1900
Rev. Arthur G. Welbon	1900-09	Transferred Andong	1900
Rev. C. E. Sharp, D. D.	1900-06	Transferred Chairyung	1900
Rev. E. H. Miller 1901- 1901			
Rev. E. H. Miller (Mattie Henry)	1902-	Transferred from Pyengyang	1901
Miss M. B. Barrett	1901-07	Resigned	1901
Mrs. A. G. Welbon (Sarah H. Nourse)	1901-09	Transferred Andong	1899
Rev. C. A. Clark, D. D.	1902-22	Transferred Pyengyang	1902
Mrs. C. A. Clark (Mabel Craft)	1902-22	do.	1902
Rev. W. V. Johnson	1903-	Deceased	1903
Mrs. W. V. Johnson (Emily Hartman)	1903-	Died in Kobe	
Miss Mary E. Brown	1903-05	Resigned	1903
Mrs. C. E. Sharp (Eliza Howell)	1902-06	Transferred Chairyung	1900
J. W. Hirst, M. D.	1904-34	Retired	1904
Mrs. A. A. Pieters (Elizabeth Campbell)	1904-06	Deceased	1904
Miss Harriet McLear (Mrs. E. F. Hall)	1904-08	(For Chungju) Resigned	1904
Rev. E. F. Hall, D. D.	1905-08	do.	1903
M. M. Null, M. D.	1905-07	(For Chungju) Resigned	1903

이름	선교기지 재임연도	비고	내한연도
Mrs. M. M. Null. (Nell Johnson, M. D.)	1905-07	do.	1903
Mrs. J. W. Hirst (Sadie Harbaugh)	1907-28	M. E. S. Mission. Deceased.	1901
Miss S. Anna Heron (Mrs. E. M. Gale)	1907-10	Resigned (Born in Seoul)	
Rev. M. W. Greenfield	1907-11	Transferred-Taiku	1907
Mrs. M. W. Greenfield (Maud Saxe)	1907-10	Deceased	1907
Rev. Henry W. Lampe, D. D.	1908-09	Transferred Syenchun	1908
Mr. R. O. Reiner	1908-10	Transferred Taiku	1908
Mrs. R. O. Reiner (Jessie Munro)	1908-10	Transferred Taiku	1908
Miss Helen I. Taylor (Mrs. B. W. Billings)	1908-10	Resigned. Joined M. E. Mission.	1908
Mr. John F. Genso	1908-	1908	
Miss Mabel Rittgers (Mrs. J. F. Genso)	1908-	1908	
Mrs. J. S. Gale (Ada L. Sale)	1910-28	Retired	1910
Rev. J. U. S. Toms	1910-24	Resigned. See Taiku	1908
Mrs. J. U. S. Toms (Ella Burt)	1910-24	do.	1908
Miss Margo L. Lewis	1910-		1910
Miss Ruby B. Brownlee	1910-15	Resigned	1910
Ralph G. Mills, M. D.	1911-19	Resigned See Kangkei Tr. to Peking	1908
Mrs. R. G. Mills (Ethel Bumgartner)	1911-19	do.	1908
Miss Helen Forsyth, R. N. (Mrs. Wm. Gray)	1911-15	Resigned	1911
A. I. Ludlow, M. D., F. A. C. S.	1912-		1912
Mrs. A. I. Ludlow, R. N. (Theresa Lange)	1912-		1912
Miss Lera Avison (Mrs. C. L. Larson)	1911-14	Resigned (came to Korea as a child)	
Mr. H. H. Underwood, Ph. D.	1912-	Born in Seoul	
Rev. E. Wade Koons	1913-	See Chairyung, Pyeng Yang	1903
Mrs. E. W. Koons (Floy Donaldson)	1913-	do.	1905
Miss Kathlyn Esteb, R. N.	1915-22	Transferred Chungju	1915
W. J. Scheifley, D. D. S. (Affiliated)	1915-21	Resigned	1915
Mrs. W. J. Scheifley (Ruth Lappley) (Affiliated)	1915-21	do.	1915
Miss M. Lillian Dean	1916-20	Transferred Chungju	1916
Mrs. H. H. Underwood (Ethel Van Wagoner)	1917-	Tea. Seoul Foreign School 1912-16	1912
Rev. Harry J. Hill (Affiliated)	1917-19	Transferred Pyengyang	1917

이름	선교기지 재임연도	비고	내한연도
Mrs. H. J. Hill (Mary Ross) Affiliated.	1917-19	Transferred Pyengyang	1917
Miss Marian E. Hartness	1918-	P. Y. For. Sch. 1915-18	1915
Rev. Harry A. Rhodes, D. D.	1918-	See Syenchun, Kangkei	1908
Mrs. H. A. Rhodes (Edith Brown)	1918-	do.	1908
Rev. Roscoe C. Coen	1918-		1918
Mrs. R. C. Coen (Mary Buchanan)	1918-		1918
Mr. H. T. Owens (Affiliated)	1918-33	Resigned	1918
Mrs. H. T. Owens (Mary Sumner) (Affiliated.)	1918-33	Resigned	1918
Miss Jean Delmarter	1920-		1920
Miss Edna M. Lawrence, R. N.	1920-		1920
J. L. Boots, D. D. S.	1921-		1921
Mrs. J. L. Boots (Florence Schumacher)	1921-		1921
C. C. Hopkirk, M. D.	1921-25	Resigned	1921
Mrs. C. C. Hopkirk (Myrtle Church)	1921-25	do.	1921
J. A. McAnlis, D. D. S.	1921-	(Affiliated 1921-26)	1921
Mrs. J. A. McAnlis, R. N. (Florence Guthrie)	1921-	do.	1921
Rev. A. E. Lucas (Affiliated)	1921-24	(Three year term) Y. M. C. A. 1916-20	1916
Mrs. A. E. Lucas (Georgiana Santee) Affiliated.	1921-24	do.	1916
Rev. A. F. DeCamp (Affiliated, 1921)	1910-27	Resigned	1910
Mrs. A. F. DeCamp (Alice Giles) (Affiliated, 1921)	1910-27	do.	1910
Miss Marian Kinsler	1922-	1922	
Mr. J. E. Rex Taylor (Associate)	1922-25	Resigned	1922
Mrs. J. E. Rex Taylor (Lucia Arends) (Associate)	1922-25	do.	1922
D. B. Avison, M. B.	1923-	See Syenchun	1921
Mrs. D. B. Avison (Kathleen Rawson)	1923-	do.	1921
Miss Lois E. Henderson	1924-29	Seoul For. School 1922-27. Resigned	1922
Rev. W. J. Anderson	1922-	See Andong	1917
Mrs. W. J. Anderson (Lillian Beede)	1922-	do.	1917
Rev. J. G. Holdcroft, D. D.	1926-	See Pyengyang. Sec'y to Dr. Underwood. 1903-5	1903
Mrs. J. G. Holdcroft (Nellie Cowan)	1926-	See Pyengyang	1909
Rev. Geo. H. Winn, D. D.	1926-	See Taiku, Fusan	1909
Mrs. Geo. H. Winn (Blanche Essick)	1926-	do.	1908
Rev. N. C. Whittemore	1929-	Trans. from Syenchun	1896
Mrs. N. C. Whittemore (Maud Parsons)	1929-	do.	1906

– 서울 선교기지와 연계된 다른 선교사들 –

이름	선교기지 재임연도	비고
Mrs. M. L. Gifford	1899-02	Evan. and Med. work
Miss Grace Corbett	1903-04	Seoul Foreign School
Miss Ella Burpee R. N.	1908-15	Severance Hospital
Roy K. Smith, M. D.	1911-12	Severance Hospital,
	1932-34	Chosen Christian College
Mrs. R. K. Smith	1911-12	do.,
	1932-34	
Rev. Frederick S. Curtis	1910-15	Work among Japanese
Mrs. F. S. Curtis (Helen Pierson)	1910-15	do.
Miss Ruth Butler	1917-18	Seoul Foreign School
Miss Margaret Johnson	1917-19	do.
Miss H. Alice Bligh	1918-19	do.
Miss Ruth Spaulding	1918-19	do.
Miss Mary Staples	1918-19	do.
Rev. Wm. C. Kerr	1919-	Work among Japanese
Mrs. Wm. C. Kerr	1919-	Work among Japanese
Miss Edythe Nevitt	1919-22	Seoul Foreign School
Miss Marion Stark	1919-22	do.
Miss Florence Boyce	1919-23	do.
Miss Faye Fisher R. N.	1921-22	Severance Hospital
Miss Azile Mayben	1922-25	Seoul Foreign School
Miss Lucy Norton	1923-24	do.
Miss Fannie Butterfield	1923-25	do.
Miss Eula B. Orr	1925-28	do.
Miss Anna Beck	1925-26	do.
Miss E. V. Standen S. R. N.	1925-30	Severance Hospital
Miss Bertha Slye	1926-29	Seoul Foreign School
Miss Dorothy Smith	1926-28	do.
Miss Helen Abbott	1927-28	do.
Rev. S. Lautenschlager	1927-28	do.
Miss Lillian Arnold	1927-30	do.
Miss Leila Moore	1928-31	do.
Miss Inez King	1929-30	do.
Miss Irene Jackson	1929-30	do.
Miss Marian Sharrocks	1930-31	do.
Mr. Reuben Pieters	1930-31	do.

이름	선교기지 재임연도	비고
Mr. Richard Piete	1931-31	do.
Miss Ruth Fisher	1931-34	do.
Miss Hermie Lewis	1931-	do.
Miss Sue DeArmon	1932-	do.
Miss Olive Fletcher	1933-34	do.

- 부산 -

이름	선교기지 재임연도	비고	내한연도
Rev. W. M. Baird, Ph. D., D. D.	1891-05	Trans. Taiku See Seoul and Pyengyang	1891
Mrs. W. M. Baird (Annie L. Adams)	1891-95	do.	1891
Hugh Brown, M. D.	1891-94	Resigned	1891
Mrs. Hugh Brown (Fannie Hurd)	1891-94	do.	1891
C. H. Irvin, M. D.	1893-11	do.	1893
Mrs. C. H. Irvin (Bertha Kimmerer)	1893-11	do.	1893
Rev. Jas. E. Adams, D. D.	1895-96	Transferred-Taiku	1895
Mrs. J. E. Adams (Nellie Dick)	1895-96	do.	1895
Miss M. Louise Chase	1896-01	Transferred-Syenchun	1896
Rev. Cyril Ross	1897-02	do.	1897
Mrs. C. Ross, M. D. (Susan Shank)	1897-02	do.	1897
Rev. Richard H. Sidebotham	1900-08	Deceased. See Taiku	1899
Mrs. R. H. Sidebotham (Effie Bryce)	1900-09	Resigned do.	1899
Rev. Walter E. Smith, D. D.	1902-12	Transferred Pyengyang	1902
Mrs. W. E. Smith (Grace Purnell)	1902-12	do.	1902
Rev. Ernest F. Hall, D. D.	1903-05	Tr. Seoul, Chungju	1903
Rev. Geo. H. Winn	1909-14	Transferred-Taiku 1909	
Miss Anna S. Doriss	1909-13	〃 Pyengyang See Chungju	1908
Rev. Rodger E. Winn	1909-14	Transferred-Andong	1909
Mrs. R. E. Winn (Catherine Lewis)	1909-14	do.	1909
Mrs. G. H. Winn (Blanche Essick)	1910-14	Transferred-Taiku	1908

주 - 이 선교기지의 사역은 1914년에 호주장로교 선교회로 이양되었다.

이름	선교기지 재임연도	비고	내한연도

– 원산 –

이름	선교기지 재임연도	비고	내한연도
Rev. James S. Gale, D. D.	1892-99	Transferred to Seoul	1888
Mrs. J. S. Gale (Harriet Gibson)	1892-99	do.	1885
Rev. W. L. Swallen, D. D.	1894-99	Trans. to Pyengyang	1892
Mrs. W. L. Swallen (Sallie Willison)	1894-99	do.	1892

– 평양 –

이름	선교기지 재임연도	비고	내한연도
Rev. Samuel A. Moffett, D. D.	1893-34	Trans. from Seoul Retired	1890
Rev. Graham Lee, D. D.	1895-12	Resigned	1892
Mrs. Graham Lee (Blanch Webb) 1	895-12	Resigned. See Seoul	1894
J. Hunter Wells, M. D.	1895-15	Resigned	1895
Mrs. J. H. Wells (Lulu Ribble)	1896-15	Resigned	1896
Rev. Norman C. Whittemore	1896-01	Transferred to Syenchun	1896
Miss Alice Fish M. D. (Mrs. S. A. Moffett)	1897-12	Deceased 1897	
Miss Margaret Best L. L. D.	1897-		1897
Rev. William M. Baird, Ph. D., D. D.	1897-31	Transferred from Seoul. See Fusan & Taiku. Deceased.	1891
Mrs. W. M. Baird Sr. (Annie L. Adams)	1897-16	do.	1891
Rev. William B. Hunt	1897-06	Trans. to Chairyung	1897
Mrs. W. B. Hunt (Bertha Findley)	1898-05	Deceased	1898
Rev. William L. Swallen, D. D.	1899-	Trans. from Wonsan	1892
Mrs. W. L. Swallen (Sallie Willison)	1899-	Trans. from Wonsan	1892
Mrs. C. E. Sharp (Eliza M. Howell)	1900-02	Trans. to Seoul	1900
A. M. Sharrocks, M. D.	1900-01	Trans. to Syenchun	1899
Mrs. A. M. Sharrocks (Mary Ames)	1900-01	do.	1899
Rev. George Leck	1900-01	do.	1900
Mrs. George Leck (Frances Oakley)	1900-01	do.	1900
Rev. Charles F. Benheisel, D. D.	1900-		1900
Rev. William N. Blair, D. D.	1901-		1901
Mrs. W. N. Blair (Edith Allen)	1901-		1901
Miss Velma L. Snook	1901-	Trans. from Seoul	1901
Miss Mattie Henry (Mrs. E. H. Miller)	1901-02	Trans. to Seoul	1901
Mrs. C. F. Bernheisel (Helen Kirkwood)	1903-		1903
Rev. Harry C. Whiting, M. D.	1903-06	Transferred to Chairyung	1903
Mrs. H. C. Whiting (Elizabett Fuller)	1903-06	do.	1903
Rev. Edwin W. Koons	1903-06	do.	1903

이름	선교기지 재임연도	비고	내한연도
Mrs. E. W. Koons (Floy Donaldson)	1905-06	do.	1905
Rev. George S. McCune, D. D. LL. D.	1905-09 1928-	Trans. to Syenchun, Reappointed to P. Y. 1927	1905
Mrs. G. S. McCune (Helen McAfee)	1905-09 1928-	do.,	1905
Miss Alice M. Butts	1907-		1907
Mr. Robt. McMurtrie	1907-33	Retired	1907
Miss Lucile Campbell, R. N.	1909-13	Resigned	1909
Miss Florence Plummer (Mrs. C. L. Phillips)	1909-		1909
Rev. Eli M. Mowry	1909-		1909
Mrs. E. M. Mowry (Lois Thomas)	1909-		1909
Rev. J. Gordon Holdcroft, D. D.	1909-26	Trans. to Seoul. Secy. to Dr. H. G. Underwood 1903-05	
Mrs. J. G. Holdcroft (Nellie Cowan)	1909-26	Trans. to Seoul	1909
Rev. Charles L. Phillips	1910-	1910	
Rev. Clarence S. Hoffman	1910-12	Transferred to Kangkei	1910
Mrs. C. S. Hoffman (Katherine Davies)	1911-12	Transferred to Kangkei	1911
Rev. Walter E. Smith, D. D.	1912-19	Trans. from Fusan Resigned	1902
Mrs. W. S. Smith (Grace Purnell)	1912-19	Trans. from Fusan, Resigned	1902
Mr. A. W. Gillis	1913-19	Resigned 1913	
Mrs. A. W. Gillis (Harriet Whiting)	1913-19	Resigned (Came to Korea as a child)	1913
Miss Anna S. Doriss	1913-	Trans. from Fusan	1908
Mrs. Belle Luckett (Affiliated)	1913-16	Matron P. Y. F. S. Deceased	1913
Miss Olivette R. Swallen	1915-18, 1929-	Teacher Women's Academy (3yr. term) Born in Seoul	
Mrs. S. A. Moffett (Lucia Fish)	1913-34	Teacher P. Y. F. S. 1913-15, Regular missionary 1915- Retired	1913
Mr. Ralph O. Reiner	1915-	Trans. from Taiku	1908
Mrs. R. O. Reiner (Jessie Munro)	1915-	do.	1908
Miss Fanny F. Cleland (Affiliated)	1916-18	Matron P. Y. F. S.,	

이름	선교기지 재임연도	비고	내한연도
		Deceased	
Miss Helen W. Anderson	1917-23	Resigned	1917
Rev. A. G. Welbon	1917-19	Trans. from Taiku	1900
		Re-transferred to Andong	
Mrs. A. G. Welbon (Sadie Nourse)	1917-19	do.	1899
Mrs. J. C. Thomas (Affiliated)	1918-22	Matron P. Y. F. S.	1926
		Deceased	
Mrs. W. M. Baird Sr. (Rose Fetterolf)	1918-		1918
Rev. Harry J. Hill	1919-	Transferred from Seoul	1917
Mrs. H. J. Hill (Mary Ross)	1919-	do.	1917
Rev. Stacy L. Roberts, D. D.	1920-	Transferred from	1907
		Syenchun	
Mrs. S. L. Roberts (Evelyn Millen)	1920-	do.	1907
John D. Bigger, M. D.	1920-	Transferred from	1911
		Kangkei	
Mrs. J. D. Bigger (Norma Blunt)	1920-	do.	1912
Rev. Floyd E. Hamilton	1920-		1920
Mrs. F. E. Hamilton (Ruth Bonebrake)	1920-		1920
Miss Anna L. Bergman	1921-		1921
Mr. Dexter N. Lutz	1921-		1921
Mrs. D. N. Lutz (Lenore Harpster)	1921-		1921
Mr. David L. Soltau	1921-29	Resigned	1921
Mrs. D. L. Soltau (Grace Zimmerman)	1921-29	do.	1921
Miss Effice Swier, R. N.	1921-24	do.	1921
Rev. Charles Allen Clark, D. D.	1922-	Transferred from Seoul	1902
Mrs. C. A. Clark (Mabel Craft)	1922-	Transferred from Seoul	1902
Miss Louise B. Hayes	1922-	(Syenchun Foreign	1918
		School 1918-21)	
Mrs. Adaline S. Ashe	1922-33	Deceased	1922
Miss Jean N. Foote	1922-27	Teacher P. Y. F. S.	
		(Born in Wonsan)	
Mrs. Catherine L. Winn	1923-26	Resigned. See Andong,	1909
		Fusan	
O. K. Malcolmson, M. D.	1923-25	Resigned. See Chungju,	1921
		Taiku.	
Mrs. O. K. Malcolmson (Elizabeth McKee)	1923-25	do.	1921
Rev. Walter C. Erdman, D. D.	1924-30	Trans. from Taiku Retired	1906

이름	선교기지 재임연도	비고	내한연도
Mrs. Walter C. Erdman (Julia Winn)	1924-30	do.	1907
Miss Catherine A. McCune	1925-	Transferred from Chiryung	1908
Miss Anna L. Reist, R. N. (Mrs. W. M. Baird Jr.)	1926-29	Trans. to Chairyung	1926
Rev. Francis Kinsler	1928-		1928
Mrs. Francis Kinsler (Dorothy Woodroff)	1930-		1930
Z. Bercovitz, M. D.	1930-34	Trans. from Andong Resigned	1930
Mrs. Z. Bercovitz (Nina Bierman)	1930-34	do.	
Mr. D. R. Malsbury (Affiliated)	1931-	Teacher P. Y. F. S. 1929-	1929
Mrs. R. Malsbury (Affiliated) (Pauline Swim)	1931-	do.	1929
Miss Edith F. Myers R. N.	1932-		1932

– 평양 선교기지와 연계된 다른 선교사들, 1893-1934 –

Miss Dorothy D. Adams	1926-	Teacher P. Y. F. S.
Mrs. Mary R. Antrobus	1925-26	do.
Miss Mary Armstrong (Mrs. C. H. Hamilton)	1902-07	do.
Miss Etta Boyer	1920-22	do.
Miss Emily H. Bruce	1926-28	Community Service
Mrs. Lucia E. Burnham	1913-16	do.
Mrs. Philip Cousland (Ida R. Luther)	1907-08	Work for Japanese
Miss Flora J. Coutts	1921-25	Teacher P. Y. F. S.
Rev. Frederick S. Curtis	1907-09	Work for Japanese
Mrs. Helen P. Curtis	1907-09	do.
Miss L. Dupuy	1916-17	Teacher Women's Academy (S. P. Missionary)
Mrs. Agnes Engel	1918	Matron P. Y. F. S. (A. P. Missionary)
Mrs. John Ensor (Dora Mosely)	1913-14	Matron P. Y. F. S.
Miss Margerite G. English	1918-21	Teacher P. Y. F. S.
Miss Nellie Gibson	1924-27	do.
Miss Marian E. Hartness	1915-18	do.
Mrs. H. E. Hull (Ann Gittins)	1917-19	do.
Miss Effie Jaquett	1925-	do.
Mrs. W. A. Linton (Charlotte Belle)	1916-17	do.
Miss Margaret S. Lloyd	1921-22	do.
Mrs. C. D. Morris (Louise Ogilvy)	1900-02	do.

이름	선교기지 재임연도	비고	내한연도
Miss M. Allene Parks	1923-25	do.	
Miss Amy I. Radcliffe	1926-29	do.	
Mr. J. Bolling Reynolds	1916-18	Teacher P. Y. F. S., & U. C. C.	
Mrs. Cyril Ross	1912-13	Matron P. Y. F. S.	
Miss Jeane G. C. Sloane	1915-16	Teacher P. Y. F. S.	
Mr. William Stiles	1906-07	do.	
Miss Louise H. Strang	1907-10	do.	
Miss Maude V. Trissell	1910-13	do.	
Mrs. Margaret A. Webb	1895-02	Mrs. Lee's Mother	
Mrs. Frank Clarke (Georgia Crane)	1916-17	Teacher P. Y. F. S.	
Miss Katherine Blair (Mrs. Bruce Hunt)	1930-32	do.	
Miss Elsa M. Logan	1927-32	do.	
Miss G. Osterling	1928-31	do.	
Mr. Tracy H. Logan	1929-31	do.	
Miss Margaret Neisley	1927-30	do.	
Miss Lois Blair	1932-	do.	
Miss Ella Reynolds	1928-29	do.	
Miss Louise Doty	1927-33	do.	
Miss Jessie McKinnon	1931-32	do.	
Miss Helen Swinney	1931-32	do.	
Miss Mabel Axworthy	1932-	do.	
Miss Mary Thomas	1932-33	do.	
Mr. Raymond Chandler	1932-	do.	
Miss Harriet Bruen	1933-	do.	
Miss Evelyn Buschbaum	1934-	do.	

– 대구 –

Rev. W. M. Baird, Ph. D., D. D.	1895-96	Transferred-Pyengyang	1891
Mrs. W. M. Baird (Annie Adams)	1895-96	do.	1891
Rev. Jas E. Adams, D. D.	1896-21	From Fusan. Resigned.	1895
Mrs. J. E. Adams (Nellie Dick)	1896-09	do. Deceased.	1985
W. O. Johnson, M. D.	1897-13	Resigned	1897
Mrs. W. O. Johnson (Edith Parker)	1897-13	do. 1897	
Rev. H. M. Bruen	1899-		1899
Miss Sadie Nourse (Mrs. A. G. Welbon)	1899-01	Transferred-Seoul	
Rev. R. H. Sidebotham	1899-00	Transferred-Fusan	1899
Mrs. R. H. Sidebotham (Effie Bryce)	1899-00	do.	1899

이름	선교기지 재임연도	비고	내한연도
Rev. W. M. Barrett	1901-08	Resigned	1901
Mrs. H. M. Bruen (Martha Scott)	1902-30	Deceased	1902
Marion M. Nell, M. D.	1903-06	Trans. Seoul-Chungju.	1903
Mrs. M. M. (Nell Johnson, M. D.)	1903-06	do.	1903
Miss Elizabeth Carson (Mrs. W. M. Barrett)	1904-08	Resigned	1904
Rev. E. F. McFarland	1904-27	Resigned 1922 Reappointed 1925	1904
Mrs. E. F. McFarland (Mary Stewart)	1905-22	Resigned. Deceased.	1905
Miss Christine Cameron, R. N.	1905-09	Resigned	1905
Rev. Walter C. Erdman, D. D.	1906-26	Trans.-Pyengyang	1906
Mrs. W. C. Erdman (Julia Winn)	1907-26	do.	1907
Rev. C. C. Sawtell	1907-09	Deceased	1907
Mrs. C. C. Sawtell (Katherine McClung)	1907-10	Resigned	1907
Rev. J. U. S. Toms	1908-10	Trans.-Seoul	1908
Mrs. J. U. S. Toms (Ella Burt)	1908-10	do.	1908
Miss Blanche Essick (Mrs. G. H. Winn)	1908-26	Trans. Seoul. (1910-14, Fusan)	1908
Miss Anna R. Mills (Mrs. M. W. Greenfield)	1908-14	Resigned	1908
Miss Mary McKenzie, R. N.	1909-10	do.	1909
Mr. R. O. Reiner	1910-15	Trans.-Pyengyang. See Seoul	1908
Mrs. R. O. Reiner (Jessie Munro)	1910-15	do.	1908
A. G. Fletcher, M. D.	1910-	Trans. from Andong	1909
Miss Ethel Magee, R. N.	1911-14	Resigned	1911
Miss Harriet E. Pollard	1911-		1911
Miss Martha Switzer	1911-29	Deceased	1911
Rev. M. W. Greenfield	1911-16	Resigned. Deceased Trans. from Seoul	1907
Rev. Thornton A. Mills, Ph. D. (Aff.)	1912-14	Resigned	1912
Rev. H. E. Blair	1913-	See Syenchun, Knangkei	1904
Mrs. H. E. Blair (Susan Gillette)	1913-	do.	1906
Rev. Geo. H. Winn	1914-26	Trans.-Seoul. See Fusan	1908
Mrs. A. G. Fletcher (Jessie Rodgers)	1915-	See Andong	1912
Miss Gerda O. Bergman	1915-		1915
Miss Elizabeth Bekins, R. N.	1915-19	Resigned	1915
Rev. H. H. Henderson	1918-		1918
Mrs. H. H. Henderson (Edna Pusey)	1918-		1918

이름	선교기지 재임연도	비고	내한연도
Miss Etta B. Grimes (Mrs. E. F. McFarland)	1919-27		1919
Miss Ella M. Reiner, R. N.	1919-23	See C. J. & P. Y. Resigned	1916
Roy K. Smith, M. D.	1920-22	Trans. Chairyung. See Andong.	1911
Mrs. R. K. Smith (Laura McLane)	1920-22	do.	1911
O. K. Malcomson, M. D.	1921-22	Trans.- Chungju. See P. Y.	1921
Mrs. O. Malcomson (Elizabeth McKee)	1921-22	do.	1921
H. Spencer Hoyt, M. D.	1922-30		1922
Mrs. H. S. Hoyt (Nell Henderson)	1922-30		1922
Mr. William B. Lyon	1923-		1923
Mrs. W. B. Lyon (Lorene Jones)	1923-		1923
Miss Clara M. Hedburg, R. N.	1923-		1923
Miss Helen C. Kinsler	1923-30	Resigned 1932	1923
Rev. Edward Adams	1925-	Trans. from Chairyung Born In Taiku	
Mrs. Edward Adams (Susan Comstock)	1925-	Trans. from Chairyung	1921
Rev. O. V. Chamness	1925-		1925
Mrs. O. V. Chamness (Helen Mitchell)	1925-		1925
Mrs. Helen Henderson	1932-	Trans. from Sinpin	1920

– 선천 –

이름	선교기지 재임연도	비고	내한연도
Rev. Norman C. Whittemore	1901-26	Transferred from P. Y. Resigned. Reappointed. See Seoul	1896
Mrs. N. C. Whittemore (Maud W. Parsons)	1906-26	Resigned do.	1906
Alfred M. Sharrocks, M. D.	1901-19	Deceased. Trans. from Pyengyang	1899
Mrs. A. M. Sharrocks (Mary S. Ames)	1901-19	Resigned do. Reappointed, 1926, Seoul.	1899
Rev. George Leck	1901	only Died, Deceased See Pyengyang	1900
Mrs. Leck George (Frances Oakley)	1901-02	Resigned. Trans. from P. Y.	1900
Miss M. Louise Chase	1901-11	Resigned. Trans. from Fusan	1896
Miss Esther L. Shields, R. N.	1902-04	See Seoul	1897

이름	선교기지 재임연도	비고	내한연도
Rev. Cyril Ross	1902-	Trans. from Fusan	1897
Mrs. C. Ross (Susan F. Shank, M. D.)	1902-	do.	1897
Rev. Carl E. Kearns	1902-07	Resigned	1902
Mrs. C. E. Kearns (Daisy Rohrer)	1902-07	do.	1902
Miss Jane Samuel	1902-27	Resigned	1902
Rev. Herbert E. Blair	1904-08	Trans. to Kangkei. See Taiku	1904
Mrs. H. E. Blair (Susan Gillette)	1907-08	do.	1906
Rev. Stacy L. Roberts, D. D.	1907-20	Trans. to Pyengyang	1907
Mrs. S. L. Roberts (Evelyn Millen)	1907-20	do.	1907
Rev. Henry W. Lampe, D. D.	1909-	Trans. from Seoul	1908
Miss Hilda Helstrom	1909-20	Trans. to Kangkei	1909
Rev. Geo. S. McCune, D. D., LL. D.	1909-23	Resigned Re-appointed 1927 Trans. from Pyengyang	1905
Mrs. G. S. McCune (Helen McAfee)	1909-23	do.	1905
Mrs. H. W. Lampe (Ruth Heydon)	1910-		1910
Miss Blanche I. Stevens	1911-		1911
Miss Elizabeth Sanders, R. N. (Mrs. E. L. Campbell)	1913-		1913
Mr. Edwin L. Campbell	1914-		1914
Miss Vera F. Ingerson, R. N.	1916-		1916
Rev. Harry A. Rhodes, D. D.	1917-18	Trans. to Seoul. See Kangkei	1908
Mrs. H. A. Rhodes (Edith Brown)	1917-18	do.	1908
Miss Hallie Covington	1918-	Trans. from Andong	1917
Samuel P. Tipton, M. D.	1919-25	Resigned. Trans. from Chungju	1914
Mrs. S. P. Tipton (Vannie Knorr)	1919-25	do.	1914
D. B. Avison, M. D.	1920-21	Trans. to Seoul. Born in Fusan	1920
Mrs. D. B. Avison (Kathleen Rawson)	1920-21	Trans. to Seoul	
Miss Faye Edgerton	1920-23	Resigned. Trans. from Chungju	1918
Rev. A. A. Pieters	1921-27	Trans. from Chairyung. See Seoul	1895
Mrs. A. A. Pieters (Eva Field, M. D.)	1921-27	do.	1897
Miss Olivette Swallen	1922-29	Tran. Pyengyang 1915-18. Born in Seoul.	

이름	선교기지 재임연도	비고	내한연도
		Trans. to P. Y.	
Rev. C. S. Hoffman	1923-	Trans. from Kangkei. See Pyengyang	1910
Mrs. C. S. Hoffman (Katherine Davies)	1923-	do.	1911
William H. Chisholm, M. D.	1923-		1923
Mrs. W. H. Chisholm (Bertha L. Cowell)	1923-		1923
Miss Marjorie L. Hanson	1930-	Reappointed. See Andong	1918
Mr. Anna S. Harvey	1917-20	Teacher. See Chairyung	1917
Miss Lousie B. Hayes	1918-21	Teacher, Missionaries Children. See Pyengyang	1918

– 재령 –

이름	선교기지 재임연도	비고	내한연도
Rev. Wm. Hunt	1906-	See Pyengyang	1897
Mrs. Wm. B. Hunt (Anna M. Lloyd)	1906-		1906
Rev. Charles E. Sharp, D. D.	1906-21	Resigned. See Seoul	1900
Mrs. C. E. Sharp (Eliza Howell)	1906-21	〃 See Seoul, Pyengyang.	1900
Rev. Harry C. Whiting M. D.	1906-19	〃 See Pyengyang	1903
Mrs. H. C. Whiting (Elizabeth Fuller)	1906-18	Deceased. See Pyengyang	1903
Rev. E. Wade Koons	1906-13	Transferred-Seoul See Pyengyang	1903
Mrs. E. W. Koons (Floy Donaldson)	1903-13	do.	1905
Miss Katherine McCune	1908-25	Trans. Pyengyang	1908
Rev. Wm. C. Kerr	1908-17	Trans. Seoul (Japan Miss.)	1908
Miss Anna M. McKee	1909-	1909	
Mrs. Wm. C. Kerr (Grace Kilborne)	1912-17	Trans. Seoul (Japan Miss.)	1912
Rev. A. A. Pieters	1913-21	Trans. Syenchun. See Seoul	1895
Mrs. A. A. Pieters (Eva Field, M. D.)	1913-21	do.	1897
Mrs. A. S. Harvey	1920-	(Syenchun 1917-20)	1917
Rev. Edward Adams	1921-25	Trans. Taiku (Born in Taiku)	
Mrs. E. Adams (Susan Comstock)	1921-25	〃	1921
Roy K. Smith, M. D.	1922-	See Andong, Taiku	1911
Mrs. R. K. Smith (Laura McLean)	1922-	do.	1911
Rev. Wm. M. Baird, Jr.	1923-	(Born in Seoul)	
Rev. J. B. Livesay	1925-	(Taiku 1923-25)	1923

이름	선교기지 재임연도	비고	내한연도
Mrs. J. B. Livesary (Muriel Smith)	1926-		1926
Miss Lilian Ross	1926-30	(Born in Fusan) Trans. to Kangkei	
Mrs. W. M. Baird, R. N. (Anna Reist)	1929-	See Pyengyang	1926

– 청주 –

이름	선교기지 재임연도	비고	내한연도
Rev. F. S. Miller	1905-	See Seoul	1892
Mrs. F. S. Miller (Susan A. Doty)	1905-31	〃 Deceased	1890
M. M. Null, M. D.	1905-07	Resigned. Resided in Seoul	1903
Mrs. M. M. Null (Nell Johnson, M. D.)	1905-07	do.	1903
Rev. Ernest F. Hall, D. D.	1905-08	do.	1903
Mrs. E. F. Hall (Harriett McLear)	1905-08	do.	1904
Rev. Edwin Kagin	1907-20	Resigned	1907
Walter C. Purviance, M. D.	1908-14	do.	1908
Mrs. W. C. Purviance (Lulu Byram)	1908-14	do.	1908
Rev. W. T. Cook	1908-17	Trans.-Hingking	1908
Mrs. W. T. Cook (Maude Hemphill)	1908-17	do.	1908
Miss Anna S. Doriss	1908-09	Trans.-Fusan	1908
Miss Grace Davis (Mrs. A. R. Ross)	1909-15	Resigned. (Joined Canadian Mission)	1909
Mrs. J. V. Logan (Affiliated)	1909-20	Deceased	1909
Mrs. Edwin Kagin (Frances Johnstone)	1914-20	Resigned. (M. E. S. Mission 1908-14.)	1908
Samuel P. Tipton, M. D.	1914-19	Trans.-Syenchun	1914
Mrs. S. P. Tipton (Vannie Knorr, R. N.)	1914-19	do.	1914
Miss Faye Edgerton	1918-20	do.	1918
Miss Ella M. Reiner, R. N.	1918-19	Trans. Taiku. See P. Y.	1916
Miss M. Lillian Dean (Mrs. F. S. Miller)	1920-	See Seoul	1916
Rev. T. S. Soltau	1921-	See Hingking	1914
Mrs. T. S. Soltau (Mary Campbell)	1921-	do.	1914
Miss Olga Johnson	1921-29	Trans. to Kangkei	1921
Miss Kathlyn M. Esteb, R. N.	1922-	See Seoul	1915
O. K. Malcomson, M. D.	1922-23	Trans. Pyengyang. See Taiku.	1921
Mrs. O. K. Malcomson (Elizabeth McKee)	1922-23	Trans. Pyengyang. See Taiku.	1921

이름	선교기지 재임연도	비고	내한연도
Rev. Jason G. Purdy	1923-26	Deceased	1923
Mrs. J. G. Purdy (Emily Montgomery)	1923-26	Resigned	1923
Rev. Bruce F. Hunt	1928-	Born in Pyengyang	
D. S. Lowe, M. D.	1929-		1929
Mrs. D. S. Lowe (Gladys Livingstone)	1929-		1929
Miss Minnie C. Davie	1932-		1932

– 강계 –

이름	선교기지 재임연도	비고	내한연도
Rev. Herbert E. Blair	1908-13	Trans.-Taiku. See Syenchun	1904
Mrs. H. E. Blair (Susan Gillette)	1908-13	do.	1906
Ralph G. Mills, M. D.	1908-11	Trans.-Seoul	1908
Mrs. R. G. Mills (Ethel Bumgartner)	1808-11	do.	1908
Rev. Harry A. Rhodes, D. D.	1908-17	Trans.-Syenchun. See Seoul	1908
Mrs. H. A. Rhodes (Edith Brown)	1908-17	do.	1908
John D. Bigger, M. D.	1911-20	Trans.-Pyengyang	1911
Mrs. J. D. Bigger (Norma Blunt)	1912-20	do.	1912
Rev. C. S. Hoffman	1912-23	Trans.-Syenchun. See Pyengyang	1910
Mrs. C. S. Hoffman (Katherine Davies)	1912-23	do.	1911
Miss Carrie L. Few	1915-19	Resigned	1915
Rev. Archibald Campbell	1916-		1919
Mrs. A. Campbell (Helen Ott)	1916-		1916
Miss Jennie M. Rehrer, R. N.	1917-28	Resigned	1917
Miss Hilda Helstrom, R. N.	1920-27	Resigned. Trans. from Syenchun	1909
Roy M. Byram, M. D.	1921-		1921
Mrs. R. M. Byram, M. D. (Bertha Stanley)	1921-		1921
Rev. Richard H. Baird	1923-	(Born in Pyengyang)	
Mrs. R. H. Baird (Golden Stockton)	1923-		1923
Miss Olga C. Johnson	1929-	Trans. from Chungju	1921
Miss Lilian Ross	1929-	Trans. from Chairyung (Born in Fusan)	1921

이름	선교기지 재임연도	비고	내한연도
	– 안동 –		
Rev. A. G. Welbon	1910-28	Deceased. See Seoul (1917-19 Pyengyang)	1900
Mrs. A. G. Welbon (Sadie Nourse)	1910-25	do.	1899
Rev. J. Y. Crothers	1910-	(1909-10, Taiku)	1909
A. G. Fletcher, M. D.	1909-10	Trans. Taiku	1909
Rev. A. E. Renich	1910-13	Resigned	1910
Mrs. A. E. Renich (Ethel Eckel)	1910-13	do.	1910
Mrs. J. Y. Crothers (Ella McClung)	1911-		1911
Roy K. Smith, M. D.	1911-20	Trans.-Taiku see Chairyung	1911
Mrs. R. K. Smith (Laura McLane)	1911-20	do.	1911
Miss Jessie L. Rodgers (Mrs. A. G. Fletcher)	1912-15	do.-Taiku	1912
Rev. R. E. Winn	1914-22	Deceased. See Fusan	1909
Mrs. R. E. Winn (Catherine Lewis)	1914-23	Trans. Pyengyang See Fusan	1909
Rev. W. J. Anderson	1917-22	Trans. Seoul	1917
Mrs. W. J. Anderson (Lillian Beede)	1917-22	do.	1917
Miss Hallie Covington	1917-18	Trans.-Syenchun	1917
Miss Marjorie L. Hanson	1918-28	Reappointed-Syenchun 1930	1918
Miss Rainier McKenzie	1920-		1920
Rev. Benj. N. Adams	1923-30	Born in Taiku. Resigned.	
Mrs. B. N. Adams (Phyllis Taylor)	1923-30	Resigned	1923
Z. Bercovitz, M. D., Ph. D.	1924-30	Trans.-Pyengyang	1924
Mrs. Z. Bercovitz (Nina Bierman, R. N.)		do.	1924
Miss Ella J. Sharrocks, R. N.	1926-	Born in Pyengyang	
Rev. Harold Voelkel	1929-		1929
Mrs. H. Voelkel (Gertrude Swallen)	1929-	Born in Wonsan	1929
Miss Daisy I. Hendrix	1931-		1931
Harold T. Baugh, M. D.	1931-		1931
Mrs. Harold To. Baugh (Emma S. Walker)	1931-		1931
Rev. George J. Adams	1932-	Born in Taiku	1932
Mrs. Geo. J. Adams (Margaret Roberts)	1932-		1932

이름	선교기지 재임연도	비고	내한연도
	– 홍경 –		
Rev. T. S. Soltau	1914-21	Trans. Chungju	1914
Mrs. T. S. Soltau (Mary Campbell)	1914-21	do.	1914
Rev. W. T. Cook	1917-	Trans. from Chungju	1908
Mrs. W. T. Cook (Maude Hemphill)	1917-	do.	1908
Rev. L. P. Henderson	1920-32	Deceased	1920
Mrs. L. P. Henderson	1920-	Trans. Taiku	1920
Rev. Allen D. Clark	1933-	Born in Seoul	
Mrs. A. D. Clark (Eugenia Roberts)	1933-	Born in Syenchun	

3. 사망 선교사 명단

사역 도중에 죽은(1933년 2월까지) 35명의 평균 사망연령은 43.5세였다. 5명이 30세 이전에 죽었고, 12명이 30세에서 39세 사이에 죽었다. 2명만이 70세까지 이르렀고, 한 명은 69세였다. 다른 2명은 16주년을 보냈다.

그 35명 중에서 2명이 의사였고, 2명이 독신여성이었고, 12명이 안수 받은 목사였고, 19명이 부인이었다. 선교사역의 고난이 아내들과 어머니에게는 훨씬 심하였다.

사임한 후에 죽은 16명 중에서 3명이 의사였고, 3명이 부인이었고, 5명이 독신여성이었다. 11명의 평균 사망연령이 55.2세였다.

정규회원 사망자(1934년 3월) 총 52명 중에서 5명이 의사였고, 7명이 독신여성이었고, 17명이 안수 받은 목사였고, 23명이 부인 혹은 과부였다,

선교사 자녀로서 사망한 자는 47명이었고, 생존한 어린이수의 6분의 1이었다.

선교회의 사망한 회원

이름	사망시기		사망년도	내한연도		
John W. Heron, M. D.	July 26, 1890	:	Seoul, Korea	34	:	1885
Miss Anna P. Jacobson	Jan. 20, 1897	:	Seoul, Korea	29	:	1895
Rev. Daniel L. Gifford	Apr. 10, 1900	:	S. Kyungkui, Korea	39	:	1888
Mrs. Mary E. Gifford	May 5, 1900	:	Seoul, Korea	43	:	1888
Rev. George Leck	Dec. 25, 1901	:	Amer. Mines, Korea	31	:	1900
Mrs. Emily Johnson	Jan. 13, 1903	:	Kobe, Japan	27	:	1893
Rev. Walter V. Johnson	Mar. 19, 1903	:	Seoul, Korea	29	:	1903
Mrs. Anna R. Miller	June. 13, 1903	:	Seoul, Korea	36	:	1892
Mrs. Letitia Vinton	Dec. 4, 1903	:	Seoul, Korea	30	:	1891
Mrs. Bertha Hunt	May 14, 1905	:	Pyengyang, Korea	37	:	1898
Mrs. Elizabeth Pieters	Jan. 4, 1906	:	Seoul, Korea	34	:	1904
Rev. Samuel F. Moore	Dec. 22, 1906	:	Seoul, Korea	46	:	1892
Mrs. Harriette Gale	Mar. 28, 1908	:	Seoul, Korea	48	:	1885
Rev. R. H. Sidebothan	Dec. 3, 1908	:	Lapeer, Mich.	34	:	1899
Mrs. Nellie Adams	Oct. 31, 1909	:	Taiku, Korea	43	:	1895
Rev. Chase C. Sawtell	Nov. 16, 1909	:	Taiku, Korea	29	:	1907
Mrs. Maude S. Greenfield	Jan. 29, 1910	:	Seoul, Korea	34	:	1907
Mrs. Alice F. Moffett	July 12, 1912	:	Pyengyang, Korea	42	:	1897
Mrs. Annie L. Baird	June 9, 1916	:	Pyengyang, Korea	32	:	1891
Rev. H. G. Underwood, D. D., L. L. D.	Oct. 12, 1916	:	Atlantic City, N. J.	57	:	1885
Mrs. Elizabeth F. Whiting	Oct. 10, 1918	:	Chairyung, Korea	49	:	1903
Alfred M. Sharrocks, M. D.	Dec. 25, 1919	:	Rochester, Minn.	47	:	1899
Mrs. Lillias H. Underwood M. D.	Oct. 29, 1921	:	Seoul, Korea	70	:	1888
Mrs. Mary S. McFarland	Nov. 21, 1922	:	Pasadena, Calif.	37	:	1905
Rev. Rodger E. Winn	Nov. 22, 1922	:	Andong, Korea	30	:	1909
Mrs. Sadie N. Welbon	July 20, 1925	:	Maryville, Tenn.	53	:	1899
Rev. Jason G. Purdy	May 14, 1926	:	Seoul, Korea	29	:	1923
Mrs. Sadie H. Hirst	Feb. 19, 1928	:	Seoul, Korea	53	:	1901
Rev. A. G. Welbon	April 5, 1928	:	Seoul, Korea	6	:	1900
Miss Martha Switzer	April 3, 1929	:	Taiku, Korea	49	:	1911
Mrs. Martha S. Bruen	Oct. 20, 1930	:	Seoul, Korea	50	:	1902
Mrs. Susan Doty Miller	Mar. 31, 1931	:	Pasadena, Calif.	70	:	1890
Rev. W. M. Baird, D. D.	Nov. 28, 1931	:	Pyengyang, Korea	69	:	1891
Mrs. Eva Field Pieters, M. D.	July 20, 1932	:	Seoul, Korea	64	:	1867
Rev. L. P. Henderson	Oct. 16, 1932	:	Malintun, Manchuria	37	:	1920
Mrs. Adaline S. Ashe	Dec. 13, 1933	:	Butler Pa.	45	:	1922

사임 후에 사망한 회원

이름	사망시기	사망년도	내한연도
Hugh Brown, M. D.	Jan. 5, 1896	Danville, N. Y.	29, 1891 1895
Miss Ella Strong	May 9, 1903	Los Angeles, Cal.	43, 1892 1901
Miss Mary E. Brown	July 1, 1907	Connorsville, Ind.	36, 1903 1906
Miss Sarah B. Gardner	Aug. 22, 1917	Manchester, N. H.	68, 1889 only
Miss V. C. Arbuckle (Mrs.-)	1923	Pueblo, Colo.(?)	55? 1891 1896
Mrs. Rose E. Moore	May 29, 1923	Castile N. Y.	61, 1892 1906
Rev. Graham Lee, D. D.	Dec. 2, 1916	Gilroy, Cal.	55, 1892 1912
Mrs. Lulu R. Wells	Nov. 26, 1921	Portland, Ore.	54, 1896 1915
Mrs. Ethel Renich	Jan. 29, 1918	Swink, Colo.	29, 1910 1915
Rev. M. W. Greenfield	Nov. 9, 1917	Ventnor, N. J.	36, 1907 1916
Rev. James E. Adams, D. D.	June 25, 1929	Berkeley, Cal.	62, 1895 1921
Miss Hilda Helstrom, R. N.	Mar. 24, 1932	Pasadena, Cal.	65, 1909 1927
Rev. Wm. Gardner, D. D.	June 24, 1932	Cedar Falls, Iowa	72, 1890 only
Rev. Walter E. Smith, D. D.	July 6, 1932	Wilmington, Del.	58, 1902 1919
Horace N. Allen, M. D., LL. D.	Dec. 11, 1932	Toledo, Ohio	74, 1884 1890
C. H. Irwin, M. D.	Feb. 8, 1933	Fusan, Chosen	64, 1893 1911

사망한 준회원

Rev. Thornton A. Mills, Ph. D.	July 2, 1912	Flanders, N. J.	70, 1912 1914
Mrs. J. V. Logan	Dec. 7, 1919	Seoul, Korea	63, 1909
Mrs. J. G. Thomas	Feb. 11, 1926	Mansfield, O.	67, 1918 1923
Miss Fannie Cleland	Feb. 11, 1918	Pyengyang, Korea	50, 1916
Mrs. Belle S. Luckett	June 24, 1918	Washington, D. C.	60, 1913 1916
Rev. A. F. DeCamp	Dec. 27, 1928	Boonton, N. J.	80, 1910 1927
Mrs. Alice Giles DeCamp	Jan. 9, 1931	Chicago, Ill.	59, 1910 1927

사망한 선교사 자녀

이름	사망시기	사망장소
Nancy Rose Baird	May 13, 1894	Seoul, Korea
Cadwallader C. Vinton	Aug. 22, 1894	Seoul, Korea
Thomas Vinton	Aug. 19, 1896	Seoul, Korea
Fred R. Miller	Nov. 7, 1898	Seoul, Korea
Charles Raymond Lee	June 9, 1899	Pyengyang, Korea
Dewey Ross	Sept. 28, 1899	Fusan, Korea
Frank Miller	Mar. 7, 1902	Seoul, Korea

이름	사망시기	사망장소
Arthur Faris Baird	Jan. 18, 1903	Pyengyang, Korea
Mary Lou Wells	Feb. 13, 1903	Pyengyang, Korea
Thomas Haweg Welbon	May 27, 1903	Seoul, Korea
Cadwallader Vinton	Jan. 1904	Seoul, Korea
Joseph Allen Kearns	Oct. 18, 1904	Syenchun, Korea
Burton Winthrop Clark	Dec. 21, 1904	Seoul, Korea
Gordon Neil Clark	Oct. 29, 1905	Seoul, Korea
Amy Hirst	Nov. 6, 1907	Seoul, Korea
Mary Blanchard Vinton	Nov. 29, 1907	Seoul, Korea
Joel Hirst	Aug. 2, 1908	Seoul, Korea
Lawrence Ross	Dec. 8, 1908	Syenchun, Korea
Harold Gault Rhodes	Feb. 6, 1909	Syenchun, Korea
Willard Ross	June 22, 1912	Pyengyang, Korea
Margaret Lee Moffett	July 1912	Pyengyang, Korea
Ruth Garnet Rhodes	Mar. 13, 1913	Kangkei, Korea
Helen Winn	Nov. 20, 1913	Taiku, Korea
Alice Welbon	Feb. 9, 1914	Seoul, Korea
Antoinette Blair	July 26, 1914	Pyengyang, Korea
John Rittgers Genso	Aug. 30, 1914	Seoul, Korea
Muriel Soltau	June 23, 1915	Syenchun, Korea
Edwin London Campbell Jr.	Sept. 3, 1916	Syenchun, Korea
Vivian Scarth Gale	Aug. 7, 1917	Seoul, Korea
Miles Stanley Coen	Feb. 23, 1919	Seoul, Korea
Honora McClure Blair	Aug. 2, 1919	Seoul, Korea
Dorothy E. Anderson	Jan. 25, 1920	Andon, Korea
Lloyd Hunt	June 25, 1920	Seoul, Korea
Carol Hirst	Nov. 15, 1920	Seoul, Korea
Samuel P. Tipton, Jr.	June 3, 1921	Syenchun, Korea
Harold H. Henderson, Jr.	Sept. 17, 1921	Taiku, Korea
James M. Mowry	June 10, 1922	Pyengyang, Korea
Theodora G. Soltau	June 16, 1922	Chungju, Korea
David Ross Hill	June 23, 1922	Pyengyang, Korea
Bruce Henderson	July, 6, 1923	Syenchun, Korea
Samuel S. Winn	Oct. 6, 1924	Taiku, Korea
William B. Underwood	Mar. 4, 1926	Brooklyn, N. Y.
Barbara F. Chamness	June 4, 1927	Taiku, Korea
Richard H. Baird Jr.	Aug. 9, 1927	Kangkei, Korea

이름	사망시기	사망장소
Emily Baird	Aug. 14, 1927	Kangkei, Korea
David C. Campbell	June 23, 1928	Pyengyang, Korea
Wm. Harold Voelkel	June 15, 1933	Andong, Korea
Gwynneth Livesay	Apr. 10, 1934	Seoul, Korea

4. 사임 · 은퇴 선교사 명단

1933년 2월의 사임자 명단에 오른 81명의 정규회원들 중에서 10명이 안수받은 목사였고, 2명이 목사가 아니었으며, 12명이 의사였고, 11명이 과부로서 사임하였고, 12명이 부인이었고, 26명이 독신여성이었다.

독신여성들 중에서 8명이 간호사였고, 4명이 한국에 있는 다른 선교회 회원과 결혼하면서 사임하였고, 5명이 미국에서 결혼생활을 하기 위해 사임하였다.

1928년에는 사임자 명단에 81명이[i] 있었다. 사임 사유에 관한 조사가 행해졌고, 그 결과는 다음과 같았다. 건강상의 이유 13명, 남편의 질병 4명, 아내의 건강문제 2명, 남편의 사망 5명, 아내의 죽음 1명, 자녀의 죽음 2명, 친척의 건강문제 2명, 결혼 8명, 다른 선교회 가입 4명, 다른 사역 1명, 남편의 사임 12명, 부적응 6명, 본인의 불만족 6명, 남을 만족시키지 못함 9명, 단기사역 3명, 기타 2명 등이었다. 다른 선교사들의 건강약화나 죽음 때문에 사임한 경우가 20명 혹은 24.7퍼센트였고, 친척의 질병 때문인 경우가 11명 혹은 13.5퍼센트였고, 사역에 부적합하거나 남을 만족시키지 못했기 때문인 경우가 21명 또는 26퍼센트였다. 1928년 당시까지 사임한 회원 89명이 총 759년의 사역을 행했고, 1인당 평균은 9.4년이었다.[1]

1933년까지 사임한 회원 81명에 사임한 후에 죽은 16명을 더하면 총 97명의 사임한 정규회원이 거의 정확하게 선교회 설립 이후의 전체 정규회원들(295) 중에서 3분의 1을 이루었다. 그러므로 선교부에 의해 한국으로 임명되었던 모든 자들 가운데 세 명 중 한 명이 여러 가지 이유에서 사임한 것이었다.

8명의 회원들 중에서(1933년 2월) 5명이 한국에서 각기 40년을 일하였다. 사임한 회원과 은퇴한 회원의 명단에 있는 주소들은 몇몇 경우를 제외하고는 모두 정확하다. 선교회의 의장은 매년 그들에게 편지를 보내어 연례모임 진행상황을 간단히 요약하여 전하였다.

"한국을 위해 협조"하는 관행이 생겨나 뉴욕, 프린스턴, 시카고, 버클리에서 한국에서 전에 일했던 모든 사역자들, 안식년을 맞은 선교사들, 각 지역과 모든 교파의 선교사 자녀들이 초대받았다. 캘리포니아 버클리의 캐롤라인 B. 아담스 부인(Caroline B. Adams)이 이처럼 유쾌한 모임을 여러 번 열었다. 그녀는 안식년으로 오고 가는 많은 선교사들과 인근 지역에서 거주하는 많은 '재한 선교사 자녀들'을 접대하였다. 월터 C. 어드만(Walter C. Erdman) 박사 부부는 한국에서 온 수십 명의 청년들과 다른 사람들을 위해 펜실베니아 저먼타운(Germantown)에 있는 그의 집을 늘 개방해왔다.

– 선교회의 사임한 회원 –

이름	최근 주소	사역기간
Miss Annie Ellers (Mrs. D. A. Bunker)	Seoul, Chosen	1886-1887
Charles Power, M. D.	Unknown	1888-1889
Mrs. Fannie Hurd Brown, M. D.	Castile, N. Y. (c/o Sanitarium)	1891-1895
Miss Georgiana Whiting, M. D. (Mrs. C. C. Owen)	122 Centre St. Springfield, Mass.	1895-1900
Mrs. Frances Leck (Mr. L. L. Smyth)	710 Third Ave., St. James, Minn.	1900-1902
Rev. Carl E. Kearns	212 E. Pierce St., Council Bluffs, Ia.	1902-1907
Mrs. C. E. Kearns (Daisy Rohrer)	212 E. Pieres St., Council Bluffs, Ia.	1902-1907
M. M. Null M. D.	1855 Hill Drive, Eagle Rock, Calif.	1903-1907
Mrs. M. M. Null (Nell Johnson, M. D.)	1855 Hill Drive, Eagle Rock, Calif.	1903-1907
Rev. W. M. Barrett Box	202, Wendall, Idaho	1901-1907
Mrs. W. M. Barrett (Elizabeth Carson)	Box 202, Wendall, Idaho	1904-1907
C. C. Vinton, M. D.	725 Greene Ave., Brooklyn, N. Y.	1891-1907
Miss M. B. Barrett	Panama City, Fla.	1901-1908
Rev. E. F. Hall, D. D.	156 Fifth Ave., New York, N. Y.	1903-1908
Mrs. E. F. Hall (Harriet McLear)	156 Fifth Ave., New York, N. Y.	1904-1908
Mrs. Effie N. Sidebotham	109 Madison Ave., Lapeer, Mich.	1899-1909
Miss Christine Cameron, R. N.	Lennox Hotel, Spruce and 11th St., Philadelphia, Pa.	1905-1909
Miss Annie Heron (Mrs. E. M. Gale)	Salt River Office, 18, The Bund, Shanghai, China	1907-1910
Mrs. Katherine Sawtell (Mrs. B. R. Vanderlippe)	4334 Lake St., Omaha, Nebr.	1907-1910
Miss Mary McKenzie, R. N. (Mrs. T. E. Neel)	108 S. Bannock St., Denver, Colo.	1909-1910
Miss Helen Taylor (Mrs. B. W. Billings)	Seoul, Chosen	1908-1910
Mrs. Bertha K. Irvin	36 Asahidori, Horuke cho, Kyoto, Japan	1893-1911
Miss M. Louise Chase	Parker, S. Dak.	1896-1911
Mrs. Blanch W. Lee	391 N. 14th St., San Jose, Calif.	1894-1912
Rev. W. O. Johnson, M. D.	2423 Ridgeview Ave., Los Angeles, Calif.	1897-1913

이름	최근 주소	사역기간
Mrs. W. O. Johnson (Edith Parker)	2423 Ridgeview Ave., Los Angeles	1897-1913
Mr. E. A. Renich	Newton, Kan., R. D. 3	1910-1913
Miss Lucile Campbell, R. N.	1155 Pine St., San Francisco, Calif.	1909-1913
Miss Ethel Magee, R. N. (Mrs. Charles Rewarts)	Garden City, Kan.	1911-1914
Walter C. Purviance, M. D.	Paddleford Apt. 8, Manhattan, Kan.	1908-1914
Mrs. Purviance (Lulu Byram)	Paddleford Apt. 8, Manhattan, Kan.	1908-1914
Mrs. Anna R. Greenfield	36-20 Parsons Blvd., Flushing, N. Y.	1908-1914
Miss Lera Avison (Mrs. C. L. Larson)	Muskogee, Ill.	1911-1914
Miss Ruby Brownlee	17145 Waterloo, Grosse Pointe, Mich.	1910-1914
Miss Helen Forsyth, R. N. (Mrs. William Gray)	No. 1 McDonald St., Manley, New South Wales, Australia	1911-1915
J. Hunter Wells, M. D.	1907 N. E. Halsey St., Portland, Ore.	1895-1915
Miss Grace Davis (Mrs. A. R. Ross)	Lungchingtsun, Manchuria	1909-1916
Miss Carrie L. Few (Mrs. Waldo E. DeWolfe)	Moosup, Conn.	1915-1919
Mr. A. W. Gillis	Ganado, Ariz.	1913-1919
Mrs. A. W. Gillis (Harriet Whiting)	Ganado, Ariz.	1913-1919
Miss Elizabeth Bekins (Mrs. D. D. Depree)	245 Lincoln St. Zealand, Mich.	1915-1919
Mrs. Grace P. Smith	712 West St., Wilmington, Del.	1902-1919
Rev. William C. Kerr	Seoul, Chosen	1908-1919
Mrs. Wm. C. Kerr (Grace Kilbourn)	Seoul, Chosen	1912-1919
Ralph G. Mills, M. D.	300 Sheboygan St., Fond Du Lac, Wisc.	1908-1919
Mrs. R. G. Mills (Ethel Bumgartner)	300 Sheboygan St., Fond Du Lac, Wisc.	1908-1919
Rev. Edwin Kagin	486 Otis Ave., St. Paul, Minn.	1907-1921
Mrs. Edwin Kagin (Frances Johnstone)	486 Otis Ave., St. Paul, Minn.	1914-1921
Mrs. Caroline B. Adams	2799 Benvenue Ave., Berkeley, Calif.	1912-1921
Rev. C. E. Sharp, D. D.	121 W. Spruce St., Montesano, Wash.	1900-1921

이름	최근 주소	사역기간
Miss Eliza Howell (Mrs. C. E. Sharp)	121 W. Spruce St., Montesano, Wash.	1900-1921
Rev. Harry C. Whiting, M. D.	602 S. Main St., Fairfield, Ia.	1903-1921
Wm. J. Scheifley, D. D. S. (Affiliated)	Riverview Manor, Harrisburg, Pa.	1915-1921
Mrs. W. J. Scheifley (Ruth Lappley) (Affiliated)	Riverview Manor, Harrisburg, Pa.	1915-1921
Miss Helen Anderson	614 S. Fiftieth St., Omaha, Nebr.	1917-1922
Miss Faye E. Edgerton	Ganado, Ariz.	1913-1923
Miss Ella M. Reiner, R. N.	2021 Algaroba St., Honolulu, T. H.	1916-1923
Rev. S. U. S. Toms	Woodstown, N. J.	1908-1924
Mrs. J. U. S. Toms (Ella Burt)	Woodstown, N. J.	1908-1924
Rev. A. E. Lucas (Affiliated)	208 Eulalia St., Glendale, Calif.	1921-1924
Mrs. A. E. Lucas (Georgia Santee)	208 Eulalia St., Glendale, Calif.	1921-1924
Miss Effie Swier, R. N.	Wapaco, Wash.	1921-1924
C. C. Hopkirk, M. D.	333-19th St., Santa Monica, Calif.	1921-1925
Mrs. C. C. Hopkirk (Myrtle Church)	333-19th St., Santa Monica, Calif.	1921-1925
S. P. Tipton, M. D.	Watsonville, Calif.	1914-1926
Mrs. S. P. Tipton (Vannie Knorr)	Watsonville, Calif.	1914-1926
O. K. Malcolmson, M. D.	1041 Second St., Santa Monica, Cal.	1921-1926
Mrs. O. K. Malcolmson (Elizabeth McKee)	1041 Second St., Santa Monica, Cal.	1921-1926
Mrs. Emily Purdy	715 Caldwell St., Piqua, Ohio.	1923-1916
Miss Lisette Miller (Mrs. John E. Moore)	R. D. No. 1, Box 134, Redwood City, Calif.	1920-1926
Mrs. Catherine L. Winn	401 Market St., Emporia, Kan.	1909-1926
Miss Jean Foote (Mrs. F. S. Baker)	Sipaco, Camines Sur via Legancy, P. I.	1922-1927
Miss Jane Samuel	1969 Cardigan Ave., Columbus, Ohio.	1902-1927
Rev. E. F. McFarland	504 Harriman St., Bend, Ore.	1904-1927
Mrs. E. F. McFarland (Etta Grimes)	504 Harriman St., Bend, Ore.	1919-1927
Miss Jennie M. Rehrer, R. N. (Mrs. Wm. Bullock)	Danner Ave., Harrison, N. Y.	1917-1928
Mr. D. L. Soltau	4710, 15th Ave., Seattle, Wash.	1921-1929
Mrs. D. L. Soltau (Grace Zimmerman)	4710, 15th Ave., Seattle, Wash.	1921-1929
Miss Lois Henderson	850 West End Ave., New York, N. Y.	1923-1929
H. Spencer Hoyt, M. D.	Pacific Grove, Calif.	1923-1930
Mrs. H. S. S. Hoyt (Nell Henderson)	Pacific Grove, Calif.	1923-1930

이름	최근 주소	사역기간
Rev. Benj. N. Adams	Cambridge, Wisc.	1923-1930
Mrs. B. N. Adams (Phyllis Taylor)	Cambridge, Wisc.	1923-1930
Miss Helen C. Kinsler	Haddonfield, N. J.	1923-1932
Miss Anna M. McKee	521 S. Oxford Ave., Los Angeles, Cal.	1909-1933
Miss Hallie Covington	303 S. Main St., Marion, S. C.	1917-1933
Mr. Herbert T. Owens (Affiliated)	1038 Ossington Ave., Toronto, Canada	1918-1933
Mrs. H. T. Owens (May Summer) (Affiliated)	1038 Ossington Ave., Toronto, Canada	1918-1933
Z. Bercovitz, M. D., Ph. D.	156 Fifth Ave., New York, N. Y.	1924-1934
Mrs. Z. Bercovitz (Nina Bierman)	156 Fifth Ave., New York N. Y.	1924-1934

사무엘 마펫 목사의 한국선교봉사 40주년 기념 감사예식. 평양 숭실전문 학교 강당. 평양. 1930

– 명예롭게 은퇴한 선교회 회원 –

이름	최근 주소	사역기간
Rev. James S. Gale, D. D.	35 St. James Sq., Bath, England	1891-1928
Mrs. J. S. Gale (Jane Sale)	35 St. James Sq., Bath, England	1910-1928
Rev. Walter C. Erdman, D. D.	5818 Morris St., Germantown, Pa.	1906-1931
Mrs. Erdman (Julia Winn)	5818 Morris St., Germantown, Pa.	1906-1913
Rev. W. L. Swallen, D. D.	Pyengyang, Chosen	1892-1931
Mrs. W. L. Swallen (Sadie Willison)	Pyengyang, Chosen	1892-1932
Oliver Avison, M. D., L L. D.	Seoul, Chosen.	1893-1932
Mrs. O. R. Avison (Jennie Barnes)	Seoul, Chosen	1893-1932
Mr. Robert McMurtrie	Pyengyang, Chosen	1907-1933
Mrs. Mary A. Sharrocks	1119 High St., Palo Alto, Calif.	1899-1933
Rev. S. A. Moffett, D. D.	Pyengyang, Chosen	1890-1934
Mrs. S. A. Moffett (Lucia Fish)	Pyengyang, Chosen	1915-1934
Jessie W. Hirst, M. D.	Durham, N. C.	1904-1934
Mrs. J. W. Hirst (Cordelia Erwin)	Durham, N. C.	1929-1934

5. 선교사 자녀 명단

선교회의 정규회원들에게서 319명의 자녀들이 태어났다(1933년 3월). 이 자녀들 중에서 41명이 죽었고, 나머지 278명이 생존해 있다. 183명이 16세 이상이거나 혹은 1934년 중에 그렇게 된다. 그들 중 97명 혹은 53퍼센트가 남자이다. 87명 혹은 42퍼센트가 사임하였거나 사망한 회원의 자녀이다. 1934년까지 연령이 16세 미만인 95명 중에서 8명이 현재 사임해 있는 선교사들의 자녀이다. 현재의 선교회 회원들 중에는 56개 가족에 183명의 자녀들이 있고, 한 가족에 평균 3.3명의 자녀들이 있다(1934년 5월까지 생존 자녀의 총수는 288명이다).

1934년에 연령이 16세이거나 그 이상인 183명 중에서 15명이 재한 선교사이고, 4명이 다른 나라 선교사이고, 3명이 목사이고, 2명이 미국에서 YMCA 사역을 하고 있고, 7명이 신학교 학생이고, 3명이 성경학원을 다니고, 3명이 선교사 자녀들을 가르치는 선생

1931도 연례모임에서의 유아세례자들
룻 루실 해밀턴(Ruth Lucille Hamilton), 앤 루이스 베어드(Ann Louise Baird), 메리 매클레넌 치솜(Mary McLennan Chisholm), 메리 골든 베어드(Mary Golden Baird), 마가레트 앤 리온(Margaret Ann Lyon), 안나 런던 캠벨(Anna London Campbell)

이고, 3명이 사임한 선교사이다. 총 39명이 기독교 사역을 위해 고용되어 있거나 고용되었고 또는 그와 같은 일을 준비하고 있다.

전체 자녀들 중에서 47명이 컬리지 혹은 종합대학에 다니고, 40명이 고등학교 혹은 중등과정의 학교를 다니고 있다. 다음의 분류는 개별적인 모든 경우들과 다음의 분류에 해당되지 않은 항목들을 다 포함하고 있지 못하다. 사업 9명, 의사와 의학교 학생 4명, 간호사 혹은 간호훈련생 7명, 목사의 아내 9명, 비 목사의 아내 11명, 교사 8명, 교회 직원이나 다른 사역 간사 9명 등이다. 상기의 전체 집계 외에 선교회 준회원의 자녀들이 있다-컬리지 4명, 의학교 1명, 고등학교 2명, 초등학교 2명. 이로써 선교회의 생존 자녀들의 수가 총 297명에 이르고 있다.

– 선교회 회원 전체의 생존 자녀 –

A. 16세 이상

이름	직업	최근 주소
Edward Adams (Rev.)	Missionary	Taiku, Chosen
Benjamin N. Adams (Rev.)	Pastor	Cambridge, Wisconsin
Dorothy Adams	Foreign School	Pyengyang, Chosen
George J. Adams (Rev.)	Missionary	Andong, Chosen
Mary E. Adams	College-U. C.	2799 Benvenue Ave., Berkeley, Calif.
Henry B. Adams	College	2799 Benvenue Ave., Berkeley, Calif.
Horace E. Allen	Business	2248 Parkwood Ave., Toledo, O.
Maurice Allen	Writer	4269 Jackdaw St., San Diego, Calif.
Anna D. Ashe	University	Miami, Fla.
Lawrence B. Avison	Y. M. C. A. Sec'y.	984 E. 39th St., New York, N. Y.
Gordon W. Avison	Missionary	Kwangju, Chosen
Lera Avison (Mrs. C. L. Larson)	Insurance	Muskogee, Ill.
Douglas B. Avison, M. D.	Missionary	Seoul, Chosen
O. Martin Avison	Halle Bros	443 Fairmount Ave., Warren, O.
Raymond Avison	Business	237 Federal St., Greenfield, Mass.
Edward S. Avison	Teaching	412 N. 12th St., Quincy, Ill.
John A. Baird	Physician	Veterans Home, Dayton, Ohio.
William M. Baird (Rev.)	Missionary	Chairyung, Chosen.
Richard H. Baird (Rev.)	Missionary	Kangkei, Chosen.
Charles K. Bernheisel	Iowa Univ.	19 Bloomington St., Iowa City, Ia.
Helen F. Bernheisel	College-Beaver	Jenkintown, Pa.
John D. Bigger, Jr.	College	Wooster, Ohio
William P. Bigger	High School	Pyengyang, Chosen
Ruth E. Bigger	High School	Pyengyang, Chosen
Lois Blair	Teacher P. Y. F. S.	Pyengyang, Chosen
Katherine Blair (Mrs. B. F. Hunt)	Missionary	Chungju, Chosen
Edgar A. Blair	College	Wooster, Ohio
Edith E. Blair	College	Wooster, Ohio
Mary G. Blair	Bible Inst. 1418 N. 16th. St.,	Philadelphia, Pa.
Susan B. Blair	College-Wilson	Chambersburg Pa.
Margaret Blair	Invalid	Vineland, N. J.
Huldah Blair	High School	Pyengyang, Chosen
Agnes L. Brown	Physician	277 Alexander St., Rochester, N. Y.
Donald H. Brown	U. S. Army	Co. G. 28th Infantry, Ft. Niagara, N. Y.

이름	직업	최근 주소
Anna M. Bruen	Nurse	Wading Run, Long Island, N. Y.
Harriet Bruen	Teacher P. Y. F. S.	Pyengyang, Chosen
Archibald Campbell, Jr.	High School	Pyengyang, Chosen
Frederick S. Campbell	High School	Pyengyang, Chosen
Allen D. Clark (Rev.)	Missionary	Sinpin, Manchuria
James M. Crothers	College	Wooster, Ohio
Samuel D. Crothers	High School	Pyengyang, Chosen
Livingstone Erdman	Med. Student	5818 Morris St., Germantown, Pa.
Winn Erdman	Seminary	Princeton, N. J.
Marjorie Erdman	College-Beaver	Jenkintown, Pa.
Elsie E. Fletcher	High School	Pyengyang, Chosen
Archibald Fletcher	High School	Pyengyang, Chosen
George J. Gale	Clerk	Bank of Montreal, Regina, Sask., Can.
Ada A. Gale	High School	35 St. James Sq., Bath, England
Abigail Genso	College	Wooster, Ohio
Barbara Genso	College	Wooster, Ohio
Elizabeth Gillis	College	Maryville, Tenn.
Robert S. Gillis	College	Maryville, Tenn.
Willis S. Greenfield	Coast Guardsman	634-4th St., Niagara Falls, N. Y.
Anna Heron (Mrs. E. M. Gale)	Housewife	Salt River Office, 18 The Bund, Shanghai, China
Jessie Heron (Mrs. C. J. Carroll)	Housewife	323 York Ave., Towanda, Pa.
Mary E. Hill	High School	Pyengyang, Chosen
Jessie M. Hirst	College-Art	327 Greenwood Ave., Jenkintown, Pa.
Richard W. Hirst	Clerk	Y. M. C. A., Washington, D. C.
Donald V. Hirst	College-Duke	Durham, N. C.
Stanley L. Hoffman	College	Wooster, Ohio
Elizabeth V. Hoffman	College-Wilson	Chambersburg, Pa.
Katherine L. Hoffman	High School	Pyengyang, Chosen
Myrtle Hopkirk	College	333-19th St., Santa Monica, Calif.
Dorothy Hunt (Mrs. W. J. Anderson)	Missionary	Dibaya, Kasai Dist., Belgian Congo, africe, c/o A. B. C. M.
Bruce F. Hunt (Rev.)	Missionary	Chungju, Chosen
Margaret Hunt	Moody Bible Inst.	Chicago, Ill.
Mary Hunt	Moody Bible Inst.	Chicago, Ill.
Roderick Irvin	Business	45 Yamato dori, 2 Chome, Kobe, Japan

이름	직업	최근 주소
Mary P. Johnson	Sec'y W. C. T. U.	2423 Ridgeview Ave., Eagle Rock, Calif.
Woodbridge O. Johnson, Jr.	Minister	1301 Chavez Ravine Rd., Los Angeles, Calif.
Ruth D. Johnson	Social Service	2423 Ridgeview Ave., Eagle Rock, Calif.
Newton A. Johnson	Teaching	2423 Ridgeview Ave., Eagle Rock, Calif.
Julia E. Kagin	College	486 Otis Ave., St. Paul, Minn.
Margaret E. Kearns (Mrs. H. A. Meuller)	Missionary	Azarbaijan, Songbulak, Persia
Katherine E. Kearns (Mrs. Francis N. White)	Missionary	Kribi, Cameroun, W. Africa
Donald C. Kerr	College-Stanford	Palo Alto, Calif.
Elizabeth Koons (Mrs. G. M. Gompretz)	Housekeeping Y	okohama, Japan
Louise Koons (Mrs. J. T. Stephens)	Pastor's wife	Sand Lake, N. Y.
Barbara Koons	Music School	Sand Lake, N. Y.
Donaldson Koons	College	Wooster, Ohio
Margaret Koons	College	Wooster, Ohio
J. Heydon Lampe	College	Wooster, Ohio
H. Willard Lampe	College	Maryville, Tenn.
Helen C. Lampe	College	Wooster, Ohio
Nathan Lampe	High School	Wooster, Ohio
George Leck	Bell Telephone	2504 Girard Ave. So., Minneapolis, Minn.
Margaret Lee (Mrs. C. H. Mansfield)	Chaplain's Wife	934 Dodson Ave., San Pedro, Calif.
Mylo Lee	Civil Service Post Office	1025 Carolyn St., San Jose, Calif.
Graham Lee	Draftsman	2375 Humbolt St., Oakland, Calif.
Henry M. Lee	U. of C.	391 N. 14th St., San Jose, Calif.
Anna C. McCune (Mrs. Robt. W. Kingdon)	Missionary	Kahului, Maui, T. H.
G. McAfee McCune	Teaching	Watsonville, Calif.
Helen M. McCune	Secretary	Pyengyang, Chosen
Shannon B. McCune	College	Wooster, Ohio

이름	직업	최근 주소
Ruth McFarland (Mrs. Theodore Rolf)	Clerk	177 Amity St., Brooklyn, N. Y.
Lisette Miller (Mrs. J. E. Moore)	Nurse R. D. 1, Box	134, Redwood City, Calif.
Anna E. Miller	Nurse	Laguna Home, San Francisco, Calif.
William N. Miller	Accountant	1167 Chelton St., Pasadena, Calif.
Roger L. Mills	College	300 Sheboygan St., Fond Du Lac, Wisc.
Marion T. Mills	College	300 Sheboygan St., Fond Du Lac, Wisc.
James M. Moffett	Seminary-Biblical	New York, N. Y.
Samuel H. Moffett	College	Wheaton, Ill.
Howard Moffett	High School	Pyengyang, Chosen
John E. Moore (Rev.)	Pastor	R. D. #1, Box 134, Redwood City, Calif.
Forrest Moore	Business	2537 Taylor Rd., Cleveland, Ohio
Edward Moore	Invalid	Veterans Administration Hosp., Palo Alto, Calif.
Lucetta Mowry	College-Wilson	Chambersburg, Pa.
Howard W. Null	College	Eugene, Ore.
Robert P. Null	Med. Student	Palo Alto, Calif.
Laura Phillips	College-Wilson	Chambersburg, Pa.
Edith Phillips	College-Wilson	Chambersburg, Pa.
Charles L. Phillips, Jr.	High School	Pyengyang, Chosen
Reuben Pieters	Seminary	Princeton, N. J.
Richard Pieters	P. G. Univ.	Princeton, N. J.
Emma B. Purviance	College	Peddleford Apt. 8, Manhattan, Kan.
Hugh M. Reiner	Seminary	San Anselmo, Calif.
D. Eugene Reiner	U. of C.	Berkeley, Calif.
R. Everett Reiner	U. of C.	Berkeley, Calif.
Ruth Reiner	U. of C.	Berkeley, Calif.
Elizabeth Renich	Bible Institute	Los Angeles, Calif.
David G. Renich	College	Newton, Kan., R. D. 3.
Helen F. Rhodes	College-Beaver	Jenkintown, Pa.
Paul B. Rhodes	College	Wooster, Ohio
Howard B. Rhodes	College	Wooster, Ohio
Eugenia Roberts (Mrs. Allen D. Clark)	Missionary	Sinpin, Manchuria
Lucy S. Roberts (Mrs. Henry E. Hale III)	Pastor's wife	Punta Gorda, Fla.

이름	직업	최근 주소
Grace Roberts	College-Wilson	Chambersburg, Pa.
W. Dayton Roberts	College	Wheaton, Ill.
Lilian Ross	Missionary	Kankei, Chosen
Albert Ross	Teaching	Pyengyang, Chosen
Mary E. Sawtell	Stenographer	4334 Lake St., Omaha, Nebr.
James H. Sharp	Invalid	121 Spruce St., Montesano, Wash.
Elizabeth Sharp	Relig. Educ.	121 Spruce St., Montesano, Wash.
Charles Sharp	Teaching	Richland, Wash.
Ella J. Sharrocks, R. N.	Missionary	Andong, Chosen
Marian Sharrocks	Kindergartner	22 East 38 St., New York, N. Y.
Theodora Sharrocks	Nurse	1119 High St., Palo Alto, Calif.
Horace F. Sharrocks	Stanford Univ.	1119 High St., Palo Alto, Cali.
Alfred B. Sidebotham	Seminary	San Anselmo, Calif.
Margaret Sidebotham (Mrs. Geo. S. Curtice)	Housekeeping	Webster, N. Y.
Caroline M. Smith	Art Student	712 West St., Wilmington, Del.
Walter E. Smith	Journalism	712 West St., Wilmington, Del.
Anna M. Smith	Teaching	4319 Garrison Blvd., Baltimore, Md.
Kenneth Smith	C. U. Medical	Chicago, Ill.
Robert B. Smith	College	Lake Forest, Ill.
Rodger B. Smith	College	Lake Forest, Ill.
Albert B. Smith	High School	Pyengyang, Chosen
Eleanor Soltau	College	Wheaton, Ill.
Mary E. Soltau	High School	Pyengyang, Chosen
Olivette Swallen	Missionary	Pyengyang, Chosen
Gertude Swallen (Mrs. Harold Voelkel)	Missionary	Andong, Chosen
J. Wilbur Swallen	Business	4456 W. Lake Harriet Blvd., Minneapolis, Minn.
Esther Swallen (Mrs. Hugh R. Fitch)	Housekeeping	615 Undercliff Ave., Edgewater, N. J.
Mary S. Swallen	Nurse	Vanderbilt Univ. Hosp., Nashville, Tenn.
Helen Tipton	College-U. C.	Watsonville, Calif.
Mary Tipton	High School	Watsonville, Calif.
Robert H. Toms	College	Maryville, Tenn.
F. Burton Toms	College	Maryville, Tenn.
Mary Elaine Toms	High School	Woodstown, N. J.

이름	직업	최근 주소
H. H. Underwood, Ph. D.	Missionary	Seoul, Chosen
Horace G. Underwood	High School	9 Clifton Place, Brooklyn, N. Y.
Frederick Vinton	Civil Engineer	3414-63d Ave., S. W. Seattle, Wash.
Dorothy Vinton	Med. Student	Oregon Med. Sch., Portland Ore.
Hugh C. Vinton	Law	2618-12th Ave., N. Seattle, Wash.
Henry G. Welbon (Rev.)	Pastor	303 W. Main St., Newark, Del.
Barbara Welbon	College	Wheaton, Ill., 330 E. Univ. Ave.
Mary E. Welbon	Actress	303 W. Main St., Newark, Del.
(Mrs. Geo. B. Fluhrer)		
Charles P. Welbon	Clerk	303 W. Main St., Newark, Del.
Scott Wells	Salesman	24 Pinecrest Rd., Newton Centre, Mass.
Helen Wells	Housekeeping	914 W. Fifth St., Albany, Ore.
(Mrs. John B. Cusick)		
Henry M. Wells	Bank Clerk	1907 N. E. Halsey St., Portland, Ore.
Edward L. Whittemore	Seminary	Auburn, N. Y.
Paul Winn	College-Duke	Durham, N. C.
Elinor Winn	College	Maryville, Tenn.
George H. Winn, Jr.	High School	N. Portland Ave., Ventnor, N. J.
Julia C. Winn	High School	N. Portland Ave., Ventnor, N. J.
Gardner L. Winn	Seminary	Chicago, Ill.
Allan Winn	College	Emporia, Kan.
Ruth E. Winn	College-Stevens	401 Market St., Emporia, Kan.

B. 1934년까지 16세 미만(1934년 5월 작성 명단)

1. 선교회 현재 회원들의 자녀

John E. Adams
Richard C. Adams
Edward Benj. Adams
Shirley L. Anderson
Phyllis M. Anderson
Helen Dell Avison
Lera Avison
Joyce Avison
Margaret L. Avison
Elizabeth Baird
John Baird
Mary Golden Baird
Ann Louise Baird
Mary Anna Baird
Helen C. Bigger
John Boots
Jean M. Boots
Elizabeth Boots
Phyllis Boots
Mertis Byram
Laura Belle Byram
Helen M. Campbell
Frances Campbell
Anna L. Campbell
Elizabeth R. Campbell
Leland Chamness
Robert M. Chamness
Oliver V. Chamness Jr.
Grace E. Chisholm
Florence M. Chisholm
Mary McL. Chisholm
Katherine Clark
Dean B. Coen
Stephen W. Coen
Sibyl W. Coen
Alfred L. Coen
Catherine Crothers
Donald Fletcher
Robert G. Hamilton
Richard A. Hamilton
Mary H. Hamilton
David E. Hamilton
Ruth L. Hamilton
Elizabeth L. Henderson
Richard Henderson
Anne Henderson
Margaret J. Henderson
Lloyd P. Henderson
Donald H. Henderson
Dorothy J. Henderson
Lawrence P. Henderson
Robert Hill
John Hoffman
Robert E. Hoffman
Claire S. Hoffman
Dorothy H. Kinsler
Arthur W. Kinsler
Tracy Mae Koons
Elizabeth E. Lampe
Frances Lampe
James S. Lampe
Mary L. Lampe
Kenneth L. Lowe
Rodney Lowe
Margaret Lutz
Elizabeth A. Lutz
Rachel L. Lutz
Carol M. Lutz
Lorene W. Lyon
Mary F. Lyon
Margaret A. Lyon
Donald McAnlis
Robert G. McAnlis
James A. McAnlis
Charles W. McAnlis
Thomas F. Moffett
Miriam M. Mowry
James P. Phillips
Florence R. Phillips
Phillip Reiner
Stacy L. Roberts Jr.
Newton M. Roberts
George C. Soltau
Addison P. Soltau
James H. Underwood
John T. Underwood
Richard Underwood
Grace M. Underwood
Sara L. Voelkel
Thomas C. Winn

2. 사임 또는 사망한 회원들의 자녀

Phyllis J. Adams
James F. Adams
Mary C. Bercovitz
Samuel T. Bercovitz
Dorothy L. Hoyt
Joseph S. Hoyt
Oliver K. Malcolmson Jr.
Katherine I. Malcolmson
Martha L. Purdy
John C. Purdy
John I. Tipton

3. 준회원 선교사들의 자녀

Ledyard DeCamp	U. of Penn. Medical	Philadelphia
Otto DeCamp	Seminary	Princeton, N. Y.
Grace DeCamp	College	Wheaton, Ill.
Paul DeCamp	College	Wheaton, Ill.
Dwight Malsbury	School	Pyengyang, Chosen
Keith Owens	Clerk	1038 Ossington Ave., Toronto, Can.
Elinor Owens	High School	1038 Ossington Ave., Toronto, Can.
Sumner Owens	School	1038 Ossington Ave., Toronto, Can.
William J. Scheifley Jr.	High School	Riverview Manor, Harrisburg, Pa.

:: 주석

2. 선교기지 선교사 명단

1) *Minutes Chosen Mission, Presbyterian Church U.S.A.*, 1932, p. 77.

2) *Ibid.*, 1931, p. 69.

3) *Ibid.*, 1928, p. 78. (본문에 각주 표기가 없음)

4) *Ibid.*, 1930, p. 81. (본문에 각주 표기가 없음)

4. 사임 · 은퇴 선교사 명단

1) *Ibid.*, 1928, p. 78.

:: 역자주

1. 선교회 명단

i) 이 표제가 목차에는 있으나 여기에서는 누락되어 목차를 좇아 삽입하였다.

4. 사임 · 은퇴 선교사 명단

i) 아래의 밑줄 친 부분의 89명과 숫자가 어긋난다.

■ 최재건

최재건 박사는 연세대학교(신학사, 신학석사), 고려신학대학원수학, 토론토 대학 Emmanuel College(Th.M.), 예일대학 The Divinity School(S.T.M.)과 The Graduate School(M.A.), 하버드대학 The Divinity School(R. G.)과 The Graduate School of Arts & Science(Ph. D.)에서 학위를 받았다. 뉴욕 근교의 웨스트체스터 연합교회를 담임하여 미국 장로교(PCUSA) 허드슨 노회 부회장을 역임하였다. 이후 한국으로 귀국하여 서울대, 연세대학교 강사와 천안대학교(현 백석대) 교수를 거쳐 현재 연세대학교에서 객원교수로 재직하고 있다.
저서로 『조선후기 서학의 수용과 발전』(한들, 2005), *The Origin of the Roman Catholic Church in Korea*(The Hermit Kingdom Press, 2006), *The Korean Church under Japanese Colonialism*(Jimundang, 2007)이 있으며, 역서로 『미국 · 캐나다 기독교역사』(CLC, 2005), 종교개혁사상』(CLC, 2006)이 있고, 편저로 『근현대부흥운동사』(CLC, 2007)가 있다.

미국 북장로교 한국 선교회사

지 은 이 해리 로즈
옮 긴 이 최재건
펴 낸 곳 연세대학교 출판부
주 소 서울시 서대문구 성산로 262
전 화 2123-3380~2
팩 스 2123-8673
홈페이지 http://www.yonsei.ac.kr/press
E-mail ysup@yonsei.ac.kr
등 록 1955년 10월 13일 제9-60호
인 쇄 (주)태화북스

2009년 2월 27일 1판 1쇄
ISBN 978-89-7141-872-7 (93230)

값 35,000원